中国社会科学院院长学术基金资助

·中国社会科学院民俗学研究书系·

朝戈金　主编

中日学者中国神话研究论著目录总汇

Studies on Chinese Myth, 1882-1998:
A Bibliographic Guide to Sino-Japanese Scholarship

贺学君　蔡大成　[日]樱井龙彦 ｜ 编

中国社会科学出版社

图书在版编目（CIP）数据

中日学者中国神话研究论著目录总汇／贺学君、蔡大成、[日]樱井龙彦编.—北京：中国社会科学出版社，2012.9
ISBN 978-7-5161-0751-5

Ⅰ.①中… Ⅱ.①贺…②蔡…③樱… Ⅲ.①神话—研究—中国—专题目录 Ⅳ.①Z88.B932.2

中国版本图书馆 CIP 数据核字（2012）第 079665 号

出 版 人	赵剑英
责任编辑	张　林
责任校对	王应来
责任印制	戴　宽

出　　版	中国社会科学出版社
社　　址	北京鼓楼西大街甲 158 号（邮编 100720）
网　　址	http://www.csspw.com.cn
	中文域名：中国社科网　010-64070619
发 行 部	010-84083685
门 市 部	010-84029450
经　　销	新华书店及其他书店
印　　刷	北京君升印刷有限公司
装　　订	廊坊市广阳区广增装订厂
版　　次	2012 年 9 月第 1 版
印　　次	2012 年 9 月第 1 次印刷
开　　本	710×1000　1/16
印　　张	50
插　　页	2
字　　数	845 千字
定　　价	128.00 元

凡购买中国社会科学出版社图书，如有质量问题请与本社联系调换
电话：010-64009791
版权所有　侵权必究

"中国社会科学院民俗学研究书系"编委会

主　编　朝戈金

编　委　卓新平　刘魁立　金　泽　吕　微　施爱东
　　　　巴莫曲布嫫　叶　涛　尹虎彬

总　序

自英国学者威廉·汤姆斯（W. J. Thoms）于 19 世纪中叶首创"民俗"（folk-lore）一词以来，国际民俗学形成了逾 160 年的学术传统。作为现代学科意义上的中国民俗学肇始于五四新文化运动，80 多年来的发展几起几落，其中数度元气大伤。从 20 世纪 80 年代开始，这一学科方得以逐步恢复。近年来，随着国际社会和中国政府对非物质文化遗产（其学理依据正是民俗和民俗学）保护工作的重视和倡导，民俗学研究及其学术共同体在民族文化振兴和国家文化发展战略中，都正在发挥越来越重要的作用。

中国社会科学院曾经是中国民俗学开拓者顾颉刚、容肇祖等人长期工作的机构，近年来又出现了一批较为活跃和有影响力的学者，他们大都处于学术黄金年龄，成果迭出，质量颇高，只是受学科分工和各研究所学术方向的制约，他们的研究成果没有能形成规模效应。为了部分改变这种局面，经跨所民俗学者多次充分讨论，大家都迫切希望以"中国民俗学前沿研究"为主题，申请"院长学术基金"的资助，以系列出版物的方式，集中展示以我院学者为主的民俗学研究队伍的晚近学术成果。

这样一组著作，计划命名为"中国社会科学院民俗学研究书系"。

从内容方面说，这套书意在优先支持我院民俗学者就民俗学发展的重要问题进行深入讨论的成果，也特别鼓励田野研究报告、译著、论文集及珍贵资料辑刊等。经过大致摸底，我们计划近期先推出下面几类著作：优秀的专著和田野研究成果；具有前瞻性、创新性、代表性的民俗学译著；以及通过以书代刊的形式，每年择选优秀的论文结集出版，拟定名为《中国民俗学》（*Journal of China Folkloristics*）。

那么，为什么要专门整合这样一套书呢？从学科建设和发展的角度考虑，我们觉得，民俗学研究力量一直相对分散，未能充分形成集约效应，未能与平行学科保持有效而良好的互动，学界优秀的研究成果，也较少被本学科之外的学术领域所关注、进而引用和借鉴。其次，我国民俗学至今还没有一种学刊是国家级的或准国家级的核心刊物。全国社会科学刊物几乎都没有固定开设民俗学专栏或专题。与其他人文和社会科学的国家级学刊繁荣的情形相比较，学科刊物的缺失，极大地制约了民俗学研究成果的发表，限定了民俗学成果的宣传、推广和影响力的发挥，严重阻碍了民俗学科学术梯队的顺利建设。再者，如何与国际民俗学研究领域接轨，进而实现学术的本土化和研究范式的更新和转换，也是目前困扰学界的一大难题。因此，通过项目的组织运作，将欧美百年来民俗学研究学术史、经典著述、理论和方法乃至教学理念和典型教案引入我国，乃是引领国内相关学科发展方向的前瞻之举，必将产生深远影响。最后，近些年来，国内外非物质文化遗产保护工作的大力推进，也频频推动国家文化政策的制定和实施中的适时调整，这就需要民俗学提供相应的学理依据和实践检验，并随时就我国民俗文化资源应用方面的诸多弊端，给出批评和建议。

从工作思路的角度考虑，"中国社会科学院民俗学研究书系"着眼于国际、国内民俗学界的最新理论成果的整合、介绍、分析、评议和田野检验，集中推精品、推优品，有效地集合学术梯队，突破研究所和学科片的藩篱，强化学科发展的主导意识。

我们期待着为期三年的第一期目标实现后，再行设计二期规划，以利我院的民俗学研究实力和学科影响保持良好的增长势头，确保我院的民俗学传统在代际学者之间不断传承和光大。本套书系的撰稿人，将主要来自民族文学研究所、文学研究所、世界宗教研究所和民族学与人类学研究所的民俗学者们。

在此，我代表该书系的编辑委员会，感谢中国社会科学院文史哲学部和院科研局对这个项目的支持，感谢"院长学术基金"的资助。

朝戈金

总目录

前言 …………………………………………………………（1）

编辑说明 ……………………………………………………（1）

正文 …………………………………………………………（1）

分类目录

甲 总论

一、神话基本理论

A01-001	1. 综论	(1)
	2. 定义、特征、范围	
A02a001	a. 综论	(7)
A02b001	b. 神话与史诗	(11)
A02c001	c. 神话与传说	(12)
A02d001	d. 神话与"童话"	(13)
A02e001	e. 神话与寓言	(15)
A02f001	f. 神话与仙话	(15)
A02g001	g. 神话与民间文学	(16)
	3. 产生、发展、演变	
A03a001	a. 神话的产生	(19)
A03b001	b. 发展、演变	(21)
A03c001	c. "中国神话不发达"	(23)
A04-001	4. 体系、分类	(25)
A05-001	5. 神话的价值	(26)
A06-001	6. 神话思维	(27)
A07-001	7. 神话美学	(30)
A08-001	8 方法论	(34)
A09-001	9. 其他	(35)
A10-001	10. 域外神话理论及神话研究	(37)

二、神话学史

B01-001	1. 综论	(45)
B02-001	2. 早期	(46)
B03-001	3. 明清	(46)
	4. 现当代	
B04a001	a. 综论	(47)
B04b001	b. 神话教材及题材问题	(48)
	5. 神话学者	
B05a001	a. 鲁迅	(50)
B05b001	b. 茅盾	(51)
B05c001	c. 闻一多	(51)
B05d001	d. 顾颉刚	(52)
B05e001	e. 袁珂	(54)
B05f001	f. 萧兵	(55)
B05g001	g. 其他	(56)
B06-001	6. 史料与动态	(57)
B07-001	7. 工具书	(60)

乙　专题研究

一、神话与社会历史

A01-001	1. 神话与社会	(62)
A02-001	2. 神话传说与历史的关系	(66)
	3. 神话与上古史	
A03a001	a. 综论	(68)
A03b001	b. 神话与夏代史	(71)
A03c001	c. 神话与商代史	(73)
A03d001	d. 神话与周代史	(74)
A03e001	e. 神话与其他古国、古氏族史	(74)
A04-001	4. 神话与四川地方史	(75)

二、神话与古地理

B01-001	1. 夏都及夏代地理	(76)
B02-001	2.《禹贡》地理	(77)

B03-001	3. 商周地理	(78)

三、神话与民族

C01-001	1. 神话与民族学	(79)
	2. 神话与古民族	
C02a001	a. 综论	(81)
C02b001	b. 三苗与苗族	(82)
C02c001	c. 古代楚族	(84)
C02d001	d. 古代越族	(86)
C02e001	e. 古代契丹族	(87)
C02f001	f. 古代突厥	(88)
C02g001	g. 古代女真族	(89)
C02h001	h. 其他古代民族	(89)

四、神话与宗教

D01-001	1. 神话与原始宗教	(93)
D02-001	2. 神话与图腾	(103)
D03-001	3. 神话与萨满教	(117)
D04-001	4. 神话与傩	(133)
	5. 神话与宗教信仰	
D05a001	a. 综论	(140)
D05b001	b. 巫术	(148)
D05c001	c. 生殖崇拜	(162)
D05d001	d. 鬼、魂信仰	(167)
D06-001	6. 神话与迷信	(176)

五、神话与民俗

E01-001	1. 神话与民俗学	(176)
E02-001	2. 神话与各种民俗事项	(179)

六、神话与哲学

F00-001		(186)

七、神话与科学

G01-001	1. 综论	(191)
	2. 神话与天文历法	
G02a001	a. 神话与天文	(193)

G02b001　　b. 神话与历法 ……………………………………… (194)

八、神话与文学
H00-001 …………………………………………………………… (194)

九、神话与艺术
I01-001　　1. 神话与艺术起源 ………………………………… (201)
　　　　　　2. 神话与艺术诸门类
I02a001　　a. 神话与舞蹈 ……………………………………… (202)
I02b001　　b. 神话与音乐 ……………………………………… (204)
I02c001　　c. 神话与戏剧 ……………………………………… (205)
I02d001　　d. 神话与美术 ……………………………………… (205)
I02e001　　e. 神话与体育及其他 ……………………………… (206)

十、神话与文化及其他
J00-001 …………………………………………………………… (206)

丙　作品研究

一、综合研究
A00-001 …………………………………………………………… (211)

二、分类研究
　　　　　　1. 创世神话
B01a001　　a. 盘古神话 ………………………………………… (232)
B01b001　　b. 其他创世神话（天开辟地、宇宙起源神话） ……… (234)
　　　　　　2. 天体神话
B02a001　　a. 综论 ……………………………………………… (239)
B02b001　　b. 太阳及日神神话 ………………………………… (240)
B02c001　　c. 月亮及月神神话 ………………………………… (246)
B02d001　　d. 星辰及星辰神神话 ……………………………… (248)
B02e001　　e. 雷电及雷电神神话 ……………………………… (248)
B02f001　　f. 风雨雪及风雨雪神神话 ………………………… (250)
B02g001　　g. 其他 ……………………………………………… (251)
　　　　　　3. 人类起源神话
B03a001　　a. 伏羲女娲神话 …………………………………… (252)
B03b001　　b. 其他人类起源神话 ……………………………… (262)

4. 洪水神话

B04a001	a. 综论	(263)
B04b001	b. 共工神话	(269)
B04c001	c. 鲧的神话	(270)
B04d001	d. 大禹治水神话	(273)
B04e001	e. 防风神话	(275)

5. 水火、山石神话

B05a001	a. 水及水神神话	(278)
B05b001	b. 火及火神神话	(281)
B05c001	c. 山石及山石神神话	(282)
B06-001	6. 昆仑神话	(285)
B07-001	7. 天梯、绝地通天神话	(289)
B08-001	8. 冥界神话	(290)
B09-001	9. 植物神话	(291)

10. 动物神话（一）

B10a001	a. 综论	(295)
B10b001	b. 玄武神话	(296)
B10c001	c. 龙、夔及虹蜺神话	(297)
B10d001	d. 凤凰神话	(311)
B10e001	e. 麒麟神话	(313)
B10f001	f. 饕餮神话	(314)
B10g001	g. 其他	(314)

11. 动物神话（二）

B11a001	a. 综论	(316)
B11b001	b. 鸟	(316)
B11c001	c. 龟	(318)
B11d001	d. 蛇	(318)
B11e001	e. 蚕	(321)
B11f001	f. 牛	(321)
B11g001	g. 鱼	(322)
B11h001	h. 虎	(322)
B11i001	i. 马	(323)

B11j001	j. 羊	(323)
B11k001	k. 其他	(323)

12. 古帝神话

B12a001	a. 综论	(324)
B12b001	b. 古帝感生	(325)
B12c001	c. 三皇五帝	(326)
B12d001	d. 炎帝神农	(329)
B12e001	e. 精卫	(333)
B12f001	f. 刑天	(334)
B12g001	g. 黄帝	(334)
B12h001	h. 黄帝与古地理	(340)
B12i001	i. 黄帝战蚩尤	(341)
B12j001	j. 蚩尤	(341)
B12k001	k. 颛顼	(343)
B12l001	l. 祝融	(344)
B12m001	m. 后土	(346)
B12n001	n. 彭祖	(347)
B12o001	o. 巫咸	(347)
B12p001	p. 少昊	(347)

13. 尧舜传说

B13a001	a. 尧的传说	(348)
B13b001	b. 尧舜传说	(349)
B13c001	c. 尧舜禅让传说	(351)
B13d001	d. 舜的传说	(353)
B13e001	e. 舜象传说	(355)
B13f001	f. 伯夷传说	(355)
B13g001	g. 娥皇、女英	(356)
B13h001	h. 有扈氏传说	(356)
B13i001	i. 丹朱的传说	(357)
B13j001	j. 驩兜传说	(357)
B13k001	k. 皋陶传说	(357)
B13l001	l. 夏禹传说（治水见"洪水神话"类）	(358)

B13m001	m. 与禹相关的传说	(361)
B13n001	n. 启	(363)
B13o001	o. 少康	(363)
B13p001	p. 羿	(364)
B13q001	q. 嫦娥	(367)

14. 殷商神话

B14a001	a. 综论	(369)
B14b001	b. 帝俊	(372)
B14c001	c. 玄鸟	(372)
B14d001	d. 商汤	(374)
B14e001	e. 伊尹	(375)
B14f001	f. 王亥、王恒	(376)
B14g001	g. 其他	(377)

15. 周代神话

B15a001	a. 综论	(378)
B15b001	b. 姜嫄	(379)
B15c001	c. 后稷	(381)
B15d001	d. 其他	(382)

| B16-001 | 16. 先秦祖先神话 | (383) |

17. 文化发明神话

B17a001	a. 综论	(384)
B17b001	b. 火的发明	(385)
B17c001	c. 爻卦及其他	(385)
B17d001	d. 黄帝制器	(387)
B17e001	e. 嫘祖养蚕	(387)
B17f001	f. 仓颉造字	(388)
B17g001	g. 农耕	(388)
B17h001	h. 其他	(389)

| B18-001 | 18. 数字与神话 | (390) |

19. 上古典籍与神话

| B19a001 | a.《周易》 | (392) |
| B19b001 | b.《尚书》 | (393) |

B19c001	c.《尧典》	(395)
B19d001	d.《禹贡》	(396)
B19e001	e. 其他	(397)

20.《楚辞》与神话

B20a001	a. 综论	(397)
B20b001	b.《离骚》综论	(409)
B20c001	c.《离骚》分论	(412)
B20d001	d. 彭咸	(414)
B20e001	e.《九歌》综论	(415)
B20f001	f.《国殇》	(422)
B20g001	g.《天问》综论	(422)
B20h001	h.《天问》与古史	(427)
B20i001	i.《天问》与宇宙神话	(428)
B20j001	j.《天问》分论	(429)
B20k001	k.《招魂》、《大招》	(432)
B20l001	l.《神女赋》	(434)

21.《九歌》诸神

B21a001	a. 综论	(435)
B21b001	b. 东皇太一	(437)
B21c001	c. 云中君	(438)
B21d001	d. 湘君、湘夫人	(439)
B21e001	e. 大司命、少司命	(441)
B21f001	f. 东君	(442)
B21g001	g. 河伯	(443)
B21h001	h. 山鬼	(445)

22.《山海经》与神话

B22a001	a. 综论	(446)
B22b001	b.《山海经》神话地理	(463)
B22c001	c. 西王母	(465)
B22d001	d. 夸父	(469)
B23-001	23.《穆天子传》	(471)

24.《老子》、《庄子》、《列子》等与神话

B24a001	a.《老子》	(475)
B24b001	b.《庄子》	(476)
B24c001	c.《列子》	(477)
B24d001	d.《诗经》	(478)
B24e001	e.《吕氏春秋》、《淮南子》	(480)
B24f001	f.《史记》及其他	(481)

25. 中古文学与神话

B25a001	a. 综论	(481)
B25b001	b.《洛神赋》	(484)
B25c001	c.《水经注》	(484)
B25d001	d.《搜神记》	(484)
B25e001	e. 唐代传奇及诗歌	(485)
B25f001	f. 其他	(486)

26. 明清及近代小说与神话

B26a001	a. 综论	(487)
B26b001	b.《西游记》	(487)
B26c001	c.《西游记》:孙悟空	(489)
B26d001	d.《西游记》:猪八戒	(490)
B26e001	e.《四游记》	(490)
B26f001	f.《封神演义》	(490)
B26g001	g.《红楼梦》	(491)
B26h001	h.《聊斋志异》	(492)
B26i001	i.《镜花缘》	(492)
B26j001	j.《老残游记》	(492)
B26k001	k.《故事新编》	(492)

27. 道教神话

B27a001	a. 综论	(493)
B27b001	b. 神话与仙话	(494)
B27c001	c. 玉皇、王母	(499)
B27d001	d. 七仙女	(499)
B27e001	e. 二郎神	(500)
B27f001	f. 碧霞元君	(502)

B27g001	g. 城隍神	(502)
B27h001	h. 灶神	(504)
B27i001	i. 门神	(506)
B27j001	j. 财神	(508)
B27k001	k. 关帝	(508)
B27l001	l. 土地爷	(509)
B27m001	m. 临水奶	(510)

28. 佛教神话

B28a001	a. 综论	(511)
B28b001	b. 观音	(512)

29. 民间神祇神话

B29a001	a. 综论	(513)
B29b001	b. 天帝、天公	(514)
B29c001	c. 天妃妈祖	(517)
B29d001	d. 龙王、龙母	(524)
B29e001	e. 姜太公	(524)
B29f001	f. 杜宇	(525)
B29g001	g. 紫姑神	(525)
B29h001	h. 其他	(526)

30. 地方神话

B30a001	a. 综论	(528)
B30b001	b. 广东地区	(529)
B30c001	c. 闽、台地区	(529)
B30d001	d. 其他地区	(532)

31. 民间传说与神话

B31a001	a.《牵牛织女》	(535)
B31b001	b.《白蛇传》	(540)
B31c001	c.《孟姜女》	(541)

32. 考古研究与神话

B32a001	a. 综论	(542)
B32b001	b. 史前期	(542)
B32c001	c. 青铜器及商周时期	(544)

B32d001	d. 龙蛇纹	(546)
B32e001	e. 饕餮纹	(548)
B32f001	f. 战国时期	(549)
B32g001	g. 镇墓兽	(551)
B32h001	h. 汉代帛画及漆画	(551)
B32i001	i. 汉代画像石	(554)
B32j001	j. 汉代壁画及其他	(557)
B32k001	k. 铜鼓	(559)
B32l001	l. 岩画	(560)
B32m001	m. 其他	(562)
	33. 比较研究	
B33a001	a. 综论	(565)
B33b001	b. 中国各民族神话的比较研究	(569)
B33c001	c. 中国与日本的比较	(576)
B33d001	d. 中国与韩国（朝鲜）的比较	(584)
B33e001	e. 中国与印度的比较	(585)
B33f001	f. 中国与希腊的比较	(587)
B33g001	g. 中国与亚太地区的比较	(591)
B33h001	h. 中国与其他国家及地区的比较	(593)
	34. 杂论	
B34a001	a. 神话与女性	(594)
B34b001	b. 高禖	(596)
B34c001	c. 十二生肖	(597)
B34d001	d. 其他	(598)

丁　中国少数民族神话研究

一、综合研究

A01-001	1. 综论	(604)
	2. 南方地区少数民族神话	
A02a001	a. 综论	(610)
A02b001	b. 盘瓠神话	(619)
A03-001	3. 北方地区少数民族神话	(624)

二、分论

B01-001	1. 回族(汉藏语系)………………………………	(627)
B02-001	2. 畲族(汉藏语系苗瑶语族苗语支)…………………	(628)
	3. 瑶族(汉藏语系苗瑶语族瑶语支)	
B03a001	a. 综论………………………………………………	(630)
B03b001	b.《盘王歌》………………………………………	(635)
B03c001	c.《密洛陀》………………………………………	(635)
	4. 苗族(汉藏语系苗瑶语族苗语支)	
B04a001	a. 综论………………………………………………	(636)
B04b001	b.《苗族古歌》……………………………………	(646)
B05-001	5. 仡佬族(汉藏语系)………………………………	(650)
	6. 壮族(汉藏语系壮侗语族壮傣语支)	
B06a001	a. 综论………………………………………………	(650)
B06b001	b.《布伯》…………………………………………	(656)
B07-001	7. 布依族(汉藏语系壮侗语族壮傣语支)…………	(657)
B08-001	8. 傣族(汉藏语系壮侗语族壮傣语支)……………	(660)
B09-001	9. 侗族(汉藏语系壮侗语族壮傣语支)……………	(664)
B10-001	10. 水族(汉藏语系壮侗语族侗水语支)…………	(669)
B11-001	11. 毛南(难)族(汉藏语系壮侗语族侗水语支)……	(670)
B12-001	12. 仫佬族(汉藏语系壮侗语族侗水语支)………	(671)
B13-001	13. 黎族(汉藏语系壮侗语族黎语支)……………	(671)
	14. 藏族(汉藏语系藏缅语族藏语支)	
B14a001	a. 综论………………………………………………	(672)
B14b001	b.《格萨尔王传》…………………………………	(678)
B15-001	15. 门巴族、珞巴族、僜人、夏尔巴人(汉藏语系)……	(681)
B16-001	16. 彝族(汉藏语系藏缅语族彝语支)……………	(682)
B17-001	17. 哈尼族(汉藏语系藏缅语族彝语支)…………	(695)
B18-001	18. 傈僳族(汉藏语系藏缅语族彝语支)…………	(698)
B19-001	19. 纳西族(汉藏语系藏缅语族彝语支)…………	(699)
B20-001	20. 拉祜族(汉藏语系藏缅语族彝语支)…………	(709)
B21-001	21. 白族(汉藏语系藏缅语族彝语支)……………	(710)
B22-001	22. 景颇族(汉藏语系藏缅语族景颇语支)………	(715)

B23-001	23. 土家族(汉藏语系藏缅语族)	(716)
B24-001	24. 羌族(汉藏语系藏缅语族)	(719)
B25-001	25. 普米族(汉藏语系藏缅语族)	(722)
B26-001	26. 怒族(汉藏语系藏缅语族)	(723)
B27-001	27. 独龙族(汉藏语系藏缅语族)	(723)
B28-001	28. 阿昌族(汉藏语系藏缅语族缅语系)	(724)
B29-001	29. 基诺族(汉藏语系藏缅语族)	(724)
B30-001	30. 德昂族(南亚语系孟高棉语族)(1985年前称崩龙族)	(725)
B31-001	31. 佤族(南亚语系孟高棉语族)	(725)
B32-001	32. 布朗族(南亚语系孟高棉语族)	(726)
B33-001	33. 克木人(南亚语系)	(727)
B34-001	34. 维吾尔族(阿尔泰语系突厥语族)	(727)
B35-001	35. 哈萨克族(阿尔泰语系突厥语族)	(728)
B36-001	36. 柯尔克孜族(阿尔泰语系突厥语族)	(729)
B37-001	37. 撒拉族(阿尔泰语系突厥语族)	(730)
B38-001	38. 裕固族(阿尔泰语系突厥语族)	(730)
B39-001	39. 塔吉克族(印欧语系伊朗语族)	(731)
B40-001	40. 蒙古族(阿尔泰语系蒙古语族)	(731)
B41-001	41. 土族(阿尔泰语系蒙古语族)	(736)
B42-001	42. 东乡族(阿尔泰语系蒙古语族)	(737)
B43-001	43. 达斡尔族(阿尔泰语系蒙古语族)	(737)
B44-001	44. 鄂温克族(阿尔泰语系通古斯满语族通古斯语支)	(738)
B45-001	45. 鄂伦春族(阿尔泰语系通古斯满语族通古斯语支)	(738)
B46-001	46. 满族(阿尔泰语系通古斯满语族满语支)	(739)
B47-001	47. 锡伯族(阿尔泰语系通古斯满语族满语支)	(743)
B48-001	48. 赫哲族(阿尔泰语系通古斯满语族满语支)	(743)
B49-001	49. 朝鲜族(阿尔泰语系)	(745)
B50-001	50. 京族(京语)	(746)
B51-001	51. 台湾各少数民族(高山族等)	(746)

前　言

一

从世界范围来看，神话被作为科学研究的对象，或者说现代神话学的诞生，其源头可以追溯到17、18世纪，甚至更早。许多学界先驱为此作出了有益的贡献。维柯（1668—1744）的《新科学》（1725）可以作为神话学发轫时期的代表性著作。维柯探讨人类文化发展史，以神话问题为发端，为核心，提出人类发展的三个时代：神话时代、英雄时代和人的时代，并提出了"神话思维"说。此后19世纪初期，格林兄弟将语言研究中的历史比较研究法运用于神话研究，创立了影响巨大的神话学派。这些理论有力地推动了欧洲的"神话复兴"，到19世纪末20世纪初，神话学达到了鼎盛时期，学派林立，众说纷呈，思想活跃，生机盎然，其中很自然地也涉及中国的神话问题。此期（那时），西方神话学作为一种势头正健的强势文化，开始对古老的东方文化发生影响，即所谓"西学东渐"。

中国知识分子对于本民族神话的科学思考与探索，可以说是古已有之，只是一般都散见于各类典籍之中，未能形成自己的系统和相对完备的理论形态。20世纪初，西方神话学理论开始传入中国。路线有两条：直接的来自西方，间接的来自日本。这种影响，使整个学界冲破对神话的传统观念，开始进行积极的学术反思，进而促成了现代神话学的诞生和发展。

从时间上看，最早接受新理论的，是20世纪初留学日本的一批青年学子。比较活跃的人物有梁启超、蒋观云、王国维、夏曾佑、周作人、周树人（鲁迅）、章太炎等。1902年，梁启超在日本创办宣传新学的《新民丛报》。次年，蒋观云在该报发表《神话历史养成之人物》一文，率先在中国学界引入"神话"概念，虽为千字文却成为中国现代神话学的开源之作。接着，夏曾佑《中国历史教科书》(1905)、王国维《屈子文学之精神》(1906)、鲁迅《破恶声论》(1908)等著述，都借鉴神话学观点，并从不同角度论及中国神话，提出许多新鲜见解。在这些见解中，夏曾佑关于将中国古史之第一阶段称为"传疑时代"的提法，使整个思想界为之震动，启发了后来的"古史辨"学派，顾颉刚称之为"霹雳一声的革命爆发"。在此前后，周作人、沈德鸿（茅盾）等人又直接对西方神话学，特别是人类学派代表人物安德鲁·兰、泰勒、弗雷泽等人的理论、方法，作了翻译介绍。经过十余年的介绍和初步实践，神话学作为一门新兴学科在中国学界日益受到重视。

标志这一学科开始形成的，是20世纪20年代几位重镇人物的出现。

一位是鲁迅。他的《中国小说史略》(1923)和《中国小说的历史变迁》(1924)均有专门章节论述神话问题。他是把中国神话纳入中国文学系统，并对其本质、起源、发展、演变、分期、消歇原因，以及它与后世文学的关系等基本问题，作出系统探讨与阐释的第一人。由于具有深厚的国学修养，又吸收了人类学派的新观念，他的立论既富创见，且严谨扎实，显示着唯物主义的光芒。例如，关于神话产生于初民对天地间异常现象的"自造"的解释的观点；关于神话"不特为宗教之萌芽，美术所由起，且实为文章之渊源"的观点；关于小说出自神话，中外皆然的观点；关于中国古代神话分期（先秦、秦汉、六朝）及其演变（神话、鬼话、仙话）的观点；关于不了解神话就无法了解西方文学乃至西方文明的观点；等等。这些论述被后来治文学史者视为经典反复引证，由此确立了中国神话研究的重要一翼——文艺学的神话学。

一位是茅盾（玄珠）。他的理论和方法，更直接地来源于西方人类学和神话学。与鲁迅着重从中国文学自身系统探讨的路向不同，他把目光投向更为广阔的视野：力求通过中西神话的比较研究，将中国神话置于世界神话之林，揭示它们的共同性。代表性著作有《中国神话研究》(1928)、《中国神话研究ABC》(1929)、《神话杂论》(1929)等。这些论著显示出更强的现代性和理论色彩，使中国神话学在起步的时候便具备了相当坚实的基础。同时，作者也在比较中对中国神话的一些重要问题，阐述了自己的观点。他率先指出，中国神话"过早消亡"的一个主要原因，是被历史化、哲学化改造的结果；中国远古神话在地域上应包括北方神话、中部区域神话和南方神话；并特别强调研究南方少数民族神话的重要性。他还在具体神话人物（如黄帝、蚩尤、夸父、帝俊等）研究上，发表了许多独到的见解。这些理论见解对当时和后来的研究都有重要的影响，推动了中国神话学人类学派的发展。

另一位是顾颉刚。他是一位著名的历史学家，精通文献古籍。二三十年代，他和杨宽等人以巨大的科学勇气和艰苦的学术探索，提出"古史是层累地造成的"的惊世之论，创立了著名的"古史辨"历史学派。在这一过程中，他们以崭新的历史观念和扎实的文献学功夫，沉潜到中国历史文化的底部，对上古神话资料和神话人物进行仔细的发掘、校勘、考辨、梳理、探究，力求从古史中还原神话，重构民族的神话体系。结论是：夏以前的古史都是神话，不是史实。这些成果包含在1924—1941年出版的七册《古史辨》中。顾颉刚本人有许多精彩的论述，其中特别引人注目的是对大禹形象的探讨。他以翔实的资料，细密地论述了大禹如何由古代典籍中开天辟地的神，逐渐演化为最早的人王，进而是耕稼的人王，最后，后生的人和缵绪的人才改成了他的同寅的过程，条分缕析，层层推进，完成了神话与历史的剥离。他和他的"古史辨"学派的历史功绩，在理论和方法上形成了历史学的神话学派和民族的神话史观，为中国神话研究的进一步民族化提供了示范和借鉴。

三位重镇人物以他们卓越的成就，为早期的中国神话学树立了三根坚实的柱石。在他们的周围，还有一批相当有影响的学者。这些学者虽然只是在各自专业研究（文学、文化史学、历史学、民俗学、宗教学、心理学等）过程中顺及于此，但由于学养别具，所论多有创见，如梁启超《太古及三代载记》、郑振铎《汤祷篇》、江绍原《中国古代旅行之研究》、林惠祥《神话论》、黄石《神话研究》、陈梦家《商代的神话与巫术》、黄芝岗《中国的水神》、钟敬文关于盘瓠神话及《山海经》研究系列论文、卫聚贤《中国神话考》、《三皇五帝的产生及纠纷》、郑德坤《〈山海经〉及其神话》、吴晗《〈山海经〉中的古代故事及其系统》等重要专著和论文。这些论著分别发表于20年代到30年代中期，使这一时期的神话研究从整体上更为丰富充实。其中《中国的水神》（1934）和《中国古代旅行之研究》（1935）两书尤其受人称道。前著以丰博的资料和比较方法，对水神神话的发展演变进行了追根寻源的系统探讨，是中国神话分类研究的第一部专门论著。后著从一种非常特别的角度介入神话研究。他认为，人出门会遇见形形色色的鬼神精怪和有毒有害的生物，由此对古籍中大量有关的奇闻逸事进行分类研究，旁征博引，见解奇特，又不失严谨。

30年代后期，抗日战争爆发，许多大学和科研机构被迫迁到西南边疆。出乎意料的是，这个被迫的行为却促成了积极的学术成果。在缺少典籍资料的情况下，大批人文学者转而对西南地区少数民族神话展开空前规模的田野调查和综合研究。那些直接采自民众口头的大量鲜活的神话材料，不仅大大拓展了研究者的学术视野，也使他们的观念发生了重大的变化。从此，神话研究在更大的范围内，从单一依靠古籍文献走向文献与田野调查相结合，涌现出一批新的代表性成果。

影响最大的是闻一多的《伏羲考》（1942）。闻一多是一位学识渊博的学者，他不仅以文学创作和研究著称，在古汉语、古文字以及语言学、民俗学、民族学等方面也都有很深的造诣。在《伏羲考》中，他大量引用南方少数民族的民间文学资料，特别指出，研究神话不能只依靠那些最古老的版本，因为其中的神话形象描写过于简单，并且受到了撰写者的歪曲。经过重新考辨，他得出结论："伏羲、女娲传说"并不如古书所记，二人先是兄弟，后来变为兄妹，再后才是夫妻；其原貌实际是叙述上古洪水遗民，兄妹成婚，繁衍人类的故事。同时他还对作为中华民族象征的龙、凤形象进行了寻根问底的探析，论证了龙为夏民族图腾、凤为殷民族图腾。他的著述，严谨细密，新见迭出，深受好评，至今仍具有重要学术价值。有关论文，在他逝世后被收入《闻一多全集·第一卷》（50年代曾以《神话与诗》单行再版）。此外，较有影响的还有芮逸夫《苗族的洪水故事与伏羲女娲的传说》、马长寿《苗族之起源神话》，以及吴泽霖、陈国钧、陶云逵、马学良等一批民族学家的神话论文。

在田野调查和综合研究方面起步较早的是民族学家凌纯声，30—40年代期间，他曾分别到浙江、湘西、云南、东北等地区对畲、苗、彝、赫哲等少数民族进行深入考察，写出一批内容新鲜翔实富有见地的调查报告和研究论文，如《湘西苗族调查报告》、《畲民图腾文化的研究》（1947）、《松花江下游的赫哲族》（1948）等，殊堪珍贵。这一时期，杨成志《云南倮倮族的巫师及其经典》（1931），孙作云《中国古代的灵石崇拜》（1937）、《中国古代神话研究》（专著，1942）、《后羿传说丛考》（1944），常任侠《重庆沙坪坝出土之石棺画像研究》（1939），吕思勉《盘古考》（1941）、《女娲与共工》（1941），徐旭生《中国古史的传说时代》（专著，1943），杨堃《灶神考》（1944），吴泽霖《麼些人之社会组织与宗教信仰》（1954），许道令《玄武之起源及其蜕变考》（1947），傅懋绩《丽江象形文〈古事记〉研究》（1948）等等，也都是很受关注的重要论作。

这里还要提到一位几乎被湮没的重要人物——程憬。据神话学史学者马昌仪介绍，在三四十年代，程憬曾专注于神话研究，先后发表《古代中国神话中的天、地及昆仑》等多篇有分量的论文，并以 20 年的努力于 40 年代末完成 27 万字的专著《中国古代神话研究》。全书包括"天地开辟及神统"、"神祇"、"英雄传说"、"海内外纪"四个部分，上下融贯自成一体，在方法和理论上均有建树，是继茅盾《中国神话研究 ABC》之后"第二部　系统研究中国神话"的专著。（见《程憬及其中国神话研究》文，刊《中国文化研究》1994 年秋季号）可惜作者不幸于 1950 年去世，此后由于种种原因该书迟迟未能问世。可喜的是，该书经顾颉刚整理，陈泳超编订，2011 年 1 月由北京大学出版社正式出版。

20 世纪 50 年代至 70 年代后期，近三十年的时间里，由于日益严重的"左"的教条主义和庸俗社会学的影响，特别是"文革"的破坏，中国大陆神话学领域，除袁珂《中国古代神话》（1950，后有增订版）、何满子《神话试论》（1957）、丁山《中国古代宗教与神话考》（1961）、徐旭生《中国古史的传说时代》（增订版，1960）等少数几部著作，和顾颉刚《息壤考》（1957）、胡念贻《关于后羿的传说》（1957）、胡小石《屈原与古神话》（1957）、李岳南《论后羿、嫦娥》（1957）、周庆基《黄帝传说与仰韶文化》（1959）、杨明照《四川治水神话中的夏禹》（1959）、孙作云《楚辞九歌之结构及其祀神时神巫之配置方式》（1961）、吴泽《女娲传说史实探源》（1962）、高亨《上古神话初论》（1962）、谭正璧《〈雪精〉的故事：一个古佚民间神话故事的探索》（1963）、袁珂《关于舜象斗争神话的演变》（1964）、《漫谈民间流传的古代神话》（1964）、胡厚宣《甲骨文商周鸟图腾的遗迹》（1964）等为数不多的一些较有分量的论文，以及内容相关的几部文学史外，几乎无甚可谈。而且，即使上述论著，也大多思维拘谨，在理论与方法上少有创新。这是一段令人遗憾的学术沉默期。

值得高兴的是，在这一段时期里，台湾及香港地区的神话学界相当活跃，成果显著，正好弥补了大陆的不足。首先是老一辈学者，他们整理旧作，发表新论，形成一批重要论著，如卫聚贤《封神榜故事探源》(1960)、芮逸夫《中国民族及其文化论稿》(1972)、《尧舜禹出现于甲骨文考》(1988)、凌纯声《中国边疆民族与环太平洋文化》(1979)、苏雪林屈赋探索系列论著（20世纪70年代），以及管东贵《川南苗歌》(1980)等。20世纪60年代之后又涌现一批新人新作。1960年，杜而未的《〈山海经〉的神话系统》问世，该书观念新异，广受欢迎，多次再版；之后，这位才华横溢的博士又在创世神话研究、古帝系神话研究、虚拟动物神话研究、易经研究、古代宗教研究等方面推出多部新作。在有关著作中，他以月亮崇拜的模式对大量中国古代神话进行新的阐释。但印顺法师和王孝廉曾提出批评。他们指出，杜的许多结论套用外国理论而缺乏有力的本土材料依据。70年代，影响较大的是印顺法师的《中国古代民族神话与文化之研究》(1975)和王孝廉的《中国的神话与传说》(1977)。前著从上古神话中提出了羊、鸟、鱼、龙四大图腾信仰，进而由此区分出先民的四大部族联盟系统，并对龙、凤、麒麟、龟四种神兽作了详细分析，内容广博而丰富。后著是一部论文集，其中对神话发展与社会经济形态的关系、上古神话的分流、巨人神话以及神话与古代诗歌等方面的论述，均有独到之处。1987年，王孝廉又出版重要论著《中国的神话世界——各民族的创世神话及信仰》，尝试对中华各民族神话作整体性历史性的研究。他的研究似更富民族特色。此外，文崇一、李亦园、李丰懋、朱传誉、杨希枚、张光直、谭达先、陈炳梁等也都是成果显著的人物。目前，他们有的依然活跃在台、港神话学界。值得注意的是，台湾神话学者还积极开展对台湾土著民族神话的田野调查与研究，李亦园《台湾土著民族的社会与文化》(1982)、浦忠成《台湾邹族的风土神话》(1993)、刘其伟《台湾原住民文化艺术》(1995)等著作显示了这一方面的实绩。

自70年代末、特别是80年代开始，随着"文化大革命"和极"左"的政治、思想路线的结束，整个中国大陆在"改革开放"中发生了巨大变化，相应地，神话研究也获得了前所未有的发展。据本书资料统计，自1978—1998的20年间，计出版专著784部，发表论文及有关文章6465篇，与1950—1977近30年的发表量（专著76部、论文及有关文章613篇）相比，增加9倍。这还只是量的变化，更令人欣慰的是研究之深度、广度的推进。

首先是神话基础理论研究得到加强。基础理论研究的强弱，不仅直接影响着应用研究的进退，也标志着一门学科的成熟程度。这一方面的研究在以前是相当薄弱的。80年代以来，大陆神话学者积极研讨，奋力建设。他们就神话的性质、定义、特征、起源、发展、演变，以及神话与历史、神话与宗教、神话与社会、神话与文学、神话与史诗、神话与传说、神话与习俗、神话与文化、神话学方法论等等诸多理论课题，广泛研究，热烈讨论，发表了大量论著。在研讨中，有的提出"广义神话"说；有的强调神话的非理性；有的突出神话起源的主体条件（心理机制、思想认识根源）；有的着重从神话自身探其各种因素发展演进的轨迹；有的坚持传统理论的继承与革新；有的开辟更新的研究视角……新见不断，众说纷纭，百家争鸣。代表性的理论成果，有袁珂《中国神话通论》（主要是"概论之部"，1993）、武世珍《神话学论纲》（1993）、叶舒宪《中国神话哲学》（1992）、邓启耀《中国神话的思维结构》、郑志明《中国社会的神话思维》（1994）等。这些著作均从中国神话实际出发，前二者重在探讨神话学本体论，虽然见解不尽相同，但都提出了自己系统理论，尤其武世珍著，内容更为集中充实，结构更为完整严谨，实为我国第一部系统的神话学基础理论专著；后三者力求将神话学与哲学、文化学、语言学、思维科学等多学科贯通考察，通过对上古神话的重新解读与原型拟构，求索神话赖以生存的思维机制及其特征，并回答为什么"中国至今未脱原始思维"的问题。积极的理论建设有效地突破了传统的神话观念、理论框架乃至思维模式，从内部推动了神话学的发展和具体研究的深化。还要特别指出，经过讨论人们对中国神话内涵的认识，纠正了以前只讲汉族神话的偏颇，树立起包括56个民族在内的整个中华民族所创造、保存的全部神话（书面的和口传的）的整体观念。这一点，对于开阔研究视野，完整准确地认识中国神话，进一步提高研究水准，具有重要意义。

其次是神话本体研究的深入。这里首先要提出的是袁珂和萧兵的研究。袁珂是中国大陆一直坚持神话研究并取得丰硕成果的老一辈学者。他的贡献，主要表现在三个方面：一是在深入研究的基础上，以历史为线索，以材料为依据，精心"连缀"与"熔铸"，将古神话系统化，《中国古代神话》（增订版，1960）、《中国神话传说》（1984）、《中国神话史》（1988）是其代表。这些著作集学术性、知识性、通俗性于一身，既体现着对中国上古神话"体系"的深层探讨，同时也促进了神话知识的广泛普及。二是对《山海经》的独到研究。1980年，他的《山海经校注》问世。该书以对1181年以来的16种版本及各家注释仔细比较鉴别为基础，第一次专从神话的角度对《山海经》全书给予系统解释。校勘精当，注释翔实，征引详博，探微释疑，自成一家。三是《中国神话传说词典》(1985)、《中国神话大词典》(1988)的编辑和出版。前者可以说是完成了一个巨大的基础工程。后者则倾注了作者20余年心血、以辞书面貌出现的大型著作，在某种意义上，可以说是他毕生从事神话研究的集大成之作。从条目设置、体例架构、分类编排，到文字撰写，都直接体现着他的学术思想。这些思想主要包括："神话的本质，始终在于文学"；"广义神话"论；"古籍记载"和"民族传闻"并重；中华多民族整体神话观——他认为，"少数民族神话，是和汉民族神话同步的……研究中国神话，少数民族神话这座宝库是值得我们花大力气去开发的。"（该书"代前言"）他的建树，有如一棵根深叶茂的大树，使20世纪八九十年代的中国神话学坛，显得更加生机盎然。

与袁珂相比，萧兵显然是后起之秀，70年代末才步入学坛。但他一起步就紧紧抓住神话不放，心无旁骛，真积力久，又选择了一个底蕴丰厚的学术对象——"楚辞"神话，加之自觉的方法论意识，主动地向其他学科吸取相关的理论滋养，这一切，使他在同辈人中具有了自己的优势。他认为，人类文化是一个广袤而又绵密的大系统，各子系统及系统诸元素之间既相独立又相制约，不可分割，研究任何具体文化现象，必须具有这样的意识。因此，他以"楚辞"神话为基点，一方面沿纵向向民族文化的根部，乃至山川气候、地理土壤，文化因子，进行深挖细探，力图破译其所以会如此的原始"密码"；一方面沿横向通过与中华上古不同集群文化，以及世界其他相关民族神话的比较研究，意欲在更为广阔的背景中进一步阐释其特殊的文化蕴涵。他的著述，广泛引用上古甲骨文、金文资料，以及日本、朝鲜、印度、伊朗、埃及、希腊、北欧的神话资料，分析独到，见解新颖。你或许会有不同识见，但不能不承认它的扎实，厚重。正因为如此，他的《楚辞与神话》(1987)、《楚辞新探》(1988)、《中国文化的精英——太阳英雄神话比较研究》(1989)、《楚辞文化破译》(1991)等论著及一些重要论文发表后，很快受到国内外学界的关注。他的成果，从一个方面代表了这一时期中国神话研究的新水平。

20世纪八九十年代的神话本体研究，就总体而论，一个突出之点是对上古神话探讨的不断深化。还在 70 年代末,老一辈学者顾颉刚发表《昆仑·蓬莱两个神话系统的流传与融合》(《中华文史论丛》第十期)一文,以丰富的资料,独到的见解,高屋建瓴地论述了中国古代神话由昆仑系统东传形成蓬莱系统,到战国中期,两大系统又在新的历史条件下结合成为一个新的神话世界,并在后来的流传中,其故事和人物,逐渐转化为人的世界中的历史事件和人物的历史发展进程。这是他积数十年之思考所得出的结论。80 年代初,历史学家冯天瑜《上古神话纵横谈》(1983)问世。该书虽为普及性读物,却于中西比较之中,贯穿着作者对中国古代神话起源及其发展规律的独到阐释。此后,研究日趋精细,视角与方法越来越多样化。《诸神的起源》(何新,1987)由神话与历史之联系切入主题;《原始信仰与中国古神》(王小盾,1989)选择原始信仰作为观察视角;《空寂的神殿》(谢选骏,1989)试图借神话探讨"中国文化之源";《英雄与太阳》(叶舒宪,1991)欲由"英雄与太阳"神话的研究重构"中国上古史诗原型";《中国上古神话通论》(刘城淮,1991)意在揭示上古神话演化的历史轨迹;《神祇与英雄》(陈建宪,1994)关注的是"古代神话的母题";《中原上古神话流变论考》(张振犁,1991)尝试利用民间神话资料对中原上古神话的流变进行新的探析;《盘古之神》(马卉欣,1993)以大规模、长时间田野调查为基础,提供了大量生动新鲜的文字和音像资料;杨义《中国历朝小说与文化》(1993)以现代意识和"亦析亦悟"的方法,谋求辨析上古神话的精神原型、思维模式和衍变脉络,并逐步形成自己的理论体系;《女娲神话与信仰》(杨利慧,1997)则进一步将女娲神话研究与相关民俗信仰考察相结合,促成这一领域的新拓展……这些都是有一定影响(也包括某种批评与商榷)的专题论著。

与论著交相辉映的,是众多富有见地的论文。这些论文涉及创世神话、人类起源神话、洪水神话、天体神话、土石山川水火神话、动植物神话、天国冥界神话、古帝神话、尧舜神话、商周及先秦祖先神话、文化神话、数字神话、上古典籍中的神话、原始宗教与神话、民间信仰与神话、考古研究与神话,等等,可以说上古神话各个领域无所不包。在这些论文作者中,叶舒宪是值得注意的一位。他既努力学习西学,又坚持从中学出发,所谓以"世界眼光",做"中国学问",所论多有新意,如《日出扶桑——中国上古英雄史诗发掘报告》(1988)、《从"盘古之谜"到中国原始创世神话之谜》(1989)、《人日谜:中国上古创世神话发掘》(1989)、

《帝王与太阳："夔一足"与"玄鸟生商"神话今释》(1989)、《性与火：一个文学原型的跨文化研究札记》(1989)、《混沌、玄同、馄饨——中国上古复乐园神话的发掘》(1992)、《中国上古地母神话发掘——兼论华夏"神"概念的发生》(1997)，等等。其新锐之气，仅从题目即可见出。此外，潜明兹《神话与原始宗教源于一个统一体》(1981)、程蔷《鲧禹治水神话的产生和演变》(1982)、杨堃《女娲考——论中国古代的女性崇拜与图腾》(1986)、吕微《中国洪水神话结构分析》(1986)、《"昆仑"语义分析》(1987)、金开诚《系统方法与〈九歌〉分析》(1987)、徐华龙《太阳神话的民俗学价值》(1987)、刘晔原《禹神话传说在中华文化系统中的位置》(1987)、蔡大成《东方之道——扶桑神话整体解读》(1988)、钟敬文《洪水后兄妹再殖人类神话》(1990)、宋兆麟《洪水神话与葫芦崇拜》(1990)、张铭远《洪水神话新论——兄妹婚与生殖信仰》(1990)、陈建宪《宇宙卵与太极图：论盘古神话的中国"根"》(1991)、李耀宗《天心一柱定中华——论黄帝出生、建都有熊的历史人文契机》(1992)、王钟陵《上古神话传说所反映的两性斗争》(1993)、许钰《黄帝传说的两种形态及其功能》(1993)、庞朴《黄帝考源》(1993)、巫瑞书《炎帝神农传说圈试探》(1993)、涂殷康《蛙神话源流》(1993)、吕洪年《防风神话的文化遗存》(1994)、龚维英《中国的〈金枝〉故事：由民俗神话学训释"逢蒙杀羿"》(1995)、李衡阳《三皇五帝传说及其在中国史前史中的定位》(1997) 等，也都是有代表性的论文。透过这些论文以及前述论著，大体可以看出 20 年来中国大陆学界在上古神话研究方面，探讨方向和思维方式的深化、拓展与变革。

  20 世纪八九十年代神话本体研究的另一特点，是少数民族神话研究备受重视。这与前面提到的全民族整体神话观的树立密切相关。在这一观念指导下，少数民族神话成为全民族共同关注的文化财宝。对于这些神话的研究，既有本民族范围的探源，不同民族间的比较，又有全民族的整合，也有共同理论的探讨，内容相当丰富。从本书收集的资料看，中国大陆 55 个少数民族有 50 个民族都有神话受到关注，比较集中的是西南和东北地区的民族神话，特别是盘瓠神话和萨满神话。"盘瓠"被视为"西南民族起源的神话"，计有专题论文 60 余篇，分别对该神话的始作者、源流、演变、特征、价值、文化遗存，盘瓠氏的起源、分布、迁徙及其与苗、瑶、畲族的渊缘，以及盘瓠神话与盘古神话的关系等问题，进行了仔细的探讨。在这个基础上，1994年，农学冠的专著《盘瓠神话新探》出版，从而使这一研究有了一个比较扎实的成果。萨满教是中国北方民族的宗教，涉及满、蒙、哈萨克、维吾尔、鄂伦春、锡伯、赫哲、达斡尔、鄂温克、裕固等众多民族。萨满神话与萨满教紧密相关，萨满神话的研究也是如此。这一研究成果更为丰富，发表论文二百四十余篇，出版专著九部，其中乌丙安《神秘的萨满世界——中国原始文化根基》(1990)、富育光《萨满教与神话》(1990)、石伟光等《苗族萨满跳神研究》(1993)、宋和平《满族萨满神歌译注》(1993)、富育光等《萨满教女神》(1995)等，都是有分量的著作。这些论著从不同视角、不同层面对萨满神话给予全方位探求，显示着研究的深度和广度。不少民族的神话研究均有论著出版，如《傣族诗歌发展初探》(王松，1983)、《论白族神话与密教》(赵橹，1983)、《苗族神话研究》(过竹，1988)、《纳西东巴文化》(和志武，1989)、《藏族神灵论》(丹珠昂奔，1990)、《彝族母石崇拜及其神话》(钟仕民，1992)、《景颇族创世史诗》(勒包齐娃，1992)等，有的民族如彝族、白族、纳西族等甚至有多部面世。许多神话研究者在对少数民族作品进行民族文化溯源的同时，都很注意将其置于中华民族文化大系中进行考察，于纵横比较中探讨不同民族文化之间互相影响共同发展的关系。由中国社会科学院少数民族文学研究所（现为民族文学研究所）主编的《中国少数民族文学史丛书》（目前已出40种），每一种一个民族，其中都有关于该民族神话的专门篇章。这套丛书的立意即在于从中华民族文学整体的角度观察和论述各个具体民族的文学。90年代，个人对少数民族神话综合研究的论著开始出现，如孟慧英《活态神话》(1990)、李子贤《探寻一个尚未崩溃的神话王国》(1991)即是受到好评的专著。为了推动少数民族文学研究的深入，相关的理论探讨也受到重视，陶立璠的《民族民间文学基础理论》(1985)是这一探讨的成果。至此，少数民族神话研究不再只是作为汉族神话研究的参照与补充，而开始具有了独立的学术地位。

与研究相关的是田野作业的广泛开展和民间"活资料"的大量搜集。据有关统计，至90年代初，已新征集神话60余万篇，逾十亿字。其中比较集中影响较大的，有防风神话、中原神话、纳西族祭天古歌等。这些新资料，不仅确证了中华民族神话的丰富性、连续性，也为一些重要问题（如洪水神话、上古神源流等）的进一步探讨提供了有力的资源。正如钟敬文教授所指出的："今天我们手头拥有这么多古典神话的口头遗存，

她呈现着种种可供探索、判断的实证资料，这个学术史上的意义是值得我们大大重视的。"(《中原古典神话流变考·序》)

　　神话学史研究的开拓，也是八九十年代中国神话研究的一个进步，它标志着大陆神话学界对于神话研究各个领域的全面进入。这一研究的展开与中国民间文艺学史研究的展开是同步的，它们又同钟敬文教授的名字紧密相关。特别近20年来，他撰写、主编、整理出版了大量学术著作，里面就包含着神话研究的内容，《马王堆汉墓帛画的神话史意义》（1979）、《论民族志在古典神话研究上的作用——以〈女娲娘娘补天〉新资料为例证》（1981）、《作为民间文艺学者的鲁迅》（1982）等论文即是其中的名篇。他很早便开始关注民间文艺学史（自然也包括神话学史）的研究，还在1963年，已发表《晚清革命派著作家的民间文艺学》一文，1980年以后，又陆续推出几篇有关民间文艺学史的重要论文，同时又专就鲁迅、茅盾的神话观，以及人类学派对中国近代神话学的影响等问题进行深入研讨。他指出，鲁迅是我国近代文学史上第一个把神话作为科学研究对象的人，自他以后，神话成为文学史家共同探究的课题；茅盾的神话观概括了我国近代第一批神话学者在未接触马克思主义神话理论以前对神话的基本观点，他的有关论著为我国现代神话学的建立奠下了第一块基石。由于钟敬文的倡导，这一领域受到更多学者的关注，用力较多的有潜明兹、马昌仪等。80年代初，马昌仪对于鲁迅、茅盾等人神话思想的专论相继问世，并受到学界好评。其后她一直心系于此，时有文章发表，后来在大量搜集和阅读材料的基础上，以史家眼光遴选完成《中国神话学文论选萃》（1994）。该书前有钟敬文序言和编者序言，内有选文版本、出处及作者介绍，实际上显示着编者对中国神话学史发展轨迹和历史风貌的一种学术重构。潜明兹研究兴趣比较广泛，80年代中后期转向神话学史，一面撰写论文，有关于闻一多、顾颉刚、袁珂等人神话研究的多篇文章发表，一面建构专著，1989年《神话学的历程》出版。这是当时中国唯一一部系统梳理神话学历史进程的专著，被认为是一次"成功尝试"。此外，张铭远、叶舒宪、李少雍、陈建宪、柯杨、刘锡诚、费振刚、董晓萍、郭于华等，也都有相关论文发表，但大多只是偶尔涉及，并非专攻。相比而言，无论研究力量还是学术成果，这个领域都还显得比较薄弱，还需要进一步加强。

二

日本学界接受西方神话学理论是在明治维新时期。那时，他们以开放的胸襟吸纳西方新学，逐渐以西洋的学术思想和治学方法取代了传统相承的中国儒学。20世纪初出版的《西洋文明史》、《世界文明史》（高山林次郎）和《支那文明史》（白河次郎、国府种德）等史学著作，都采用了"比较神话学"的新观念。在西学的刺激下，一些学者尝试以新的理论方法研究中国神话，很快获得成果，并不断向前推进。

本总汇所收论文中最早的，是井上圆了1882年于《东方学艺杂志》第9号上发表的《论尧舜是孔孟之徒所创造的圣人》一文。接着，1886年，赤松谦淳发表《周易起源的传说》；1894年，清野勉先后发表《尧舜》和《续尧舜》；1898年，中村德五郎发表《五帝论》。最先涉及中国神话研究的论著，是高木敏雄1904年出版的《比较神话学》。这部被尊为"日本神话学的奠基性著作"的书，在详细介绍西方神话学理论流派的同时，对日本和中国的神话进行了比较分析，把中国盘古神话区分为"尸体化生"与"天地分离"两种类型，并破天荒提出了这一神话的印度起源论。当然，这些在书中只是被顺便提及的。这一时期可以说是日本学界中国神话研究的萌芽期。

日本中国神话研究的真正开拓者，是史学家白鸟库吉。他主攻东洋史，曾任东京大学东洋史主任教授，以一种新的历史观念考察神话，一改儒家的传统思路。1909年（明治42年），他发表《中国古代传说研究》一文，大胆提出了尧、舜、禹非历史人物，而是神话传说中的英雄的新论。此后，顺势而下，进一步论证中国上古史记载都具有神话性。他的惊世之说，当时曾引发激烈论争，也有力地影响了日本汉学界中国神话研究的发展。

到20世纪二三十年代，这一领域研究进入活跃期。许多不同专业的学者都来参与，出现了一批相当有影响的人物和著述。早期以津田左右吉为代表。在学术思想上，他是白鸟库吉的继承者。他从思想史的角度切入神话研究，其《左传思想史之研究》（1935）一书，同样贯穿着怀疑和推翻中国上古传统的论证目标；他还借助西方人类学理论，通过比较研究揭示了某些中外神话人物的相似性。他的重要神话论著《关于中国的开辟神话》和《古代中国关于天及上帝的观念》，分别发表于1921、1922年。白鸟清是白鸟库吉的儿子。他继承父业并积极开拓，尤其关注对殷周感生神话和神话中龙的形象的研究，认为中国先民的龙崇拜，是因为他们把"龙"幻想为专司降雨的天神，因此与祈雨活动有关。

小川琢治以中国历史地理研究著称，其主要著作有《中国历史地理研究》。他从《山海经》、《穆天子传》等古代典籍记载的各种殊方异物来考察中国神话，把它们与古希腊、古巴比伦相关的神话内容进行比较，试图论证儒家是如何把神话改变为历史的。

这一时期成果最丰的是出石诚彦。他是津田左右吉和白鸟库吉的学生。在前辈研究的基础上，他希望通过自己的探讨，进一步将中国神话从后人累加的政治因素和道德观念中剥离出来，《关于古代中国异常诞生神话》、《关于中国帝王传说之考察》、《关于古代中国洪水神话》等即是代表作品。在研究中，他以比较神话学方法为基础，同时勇敢突破前人纯以文献为主的传统观念，注意从古代绘画、雕刻等历史遗物中寻求原始神话的痕迹，又引进自然史方法，对那些相关的自然现象进行详尽统计，列成图表，以期由此揭示某些神话产生的现实基础。他是日本第一位专治中国神话研究的学者，发表论文20余篇，结集为《中国神话传说之研究》（1943），该书为日本第一部中国神话研究的专门著作。他的有关见解特别是灵活开放的研究方法，对后人有很大影响。可惜年仅47岁（1942年）便去世了。

比出石诚彦稍后，1944年，森三树三郎的专著《中国古代神话》出版。如果说出石的著作还只是一部论文集的话，那么此书更进一步显示出比较严谨的结构体系。全书共五章，先四章分别对上古诸神、帝王传说、自然宇宙神话和民间神话人物作了整理论述，为前所未有；末章总论"神话与中国文化"，亦多有新见。在论述中国神话为什么过早"消亡"时，森三树三郎强调了古代知识阶层的作用，指出主要原因是他们因热衷"合理主义"而对"神秘主义"的神话进行了拒绝和排斥。在论述中国神话何以未能形成自己的发达体系时，他又与希腊、北欧诸国比较考察，独抒己见：其一，是中国的疆域过于辽阔；其二，是在神话形成的年代，中国人的"民族统一观念"不强。这些见解即使在今天看来也是颇有意思的。该书是作者早年的著作，遗憾的是此后他便不再关注神话。

森三树三郎之后二十余年，是日本学界中国神话研究的淡季，六七十年代又渐入新的发展期。这一时期的特点，是分类研究和一些重要问题专项探讨的深化。值得注意的学者有如下一些：

森安太郎。他的《黄帝传说——中国古代神话研究》（1970）一书集中了专题论文12篇。这些文章分别对黄帝、祝融、鲧禹、帝舜、河伯冯夷、殷汤与夏桀等众多神话人物进行仔细的考证分析，力图超越故事的表层，寻踪推原，发掘其潜在的深层文化内涵。例如，考察祝融形象，他依据对"融"字的音韵学分析，得出祝融的原始意义是指由天而降的火蛇即闪电的结论，并进而解释与祝融相关的神话传说；论析大禹，由其父鲧其祖父颛顼的原身（鱼）推定他的原始本义为鱼，据此又推断中国古代应存在以细长鱼蛇为崇拜对象的原始信仰；等等。他的某些结论或许太过大胆，很难为人接受，但这种底层探秘的努力，的确显示出学术研究的一种新的深入。

御手洗胜。据他的中国学生、目前正活跃的神话学者王孝廉介绍，他从事中国神话研究的最初动机，"是由于他目睹当时日本人对战争的狂热和对天皇的盲目信仰的刺激而引起的。他认为日本人这种思想的根源由于他们对日本古代神话的信仰而来"。因此，"要想真正了解一个民族的古代历史和思想根源就不能不研究那个民族的古代神话"。（见王编《中国的神话与传说》第292、293页）由这种观点出发，他笔下的中国古代神话人物，也都沿纵深向古貌推进，大多追源到某一特定的古代部族，探讨他们最初是以何种身份又如何受到尊崇的。研究黄帝传说，先证其为"龙"，进而论及其与"云"的关系，以及与相关神话人物（如少皞、伯翳、伯夷等）的同源同性，最后探寻故事的发祥地，认为应在山东省境至江苏北部一带；论昆仑神话，更是作为"中国古代思想之民族学考察"，其思路是"昆仑"连天接地，上住天神——神而犯错，被贬为"迁人"，联系神人，又为"巫"——由此推论古人的宇宙观——进而导出老庄超验性的哲学观和邹衍循环转移的历史论。他六七十年代的著述大多被收集在《中国古代的诸神》一书（1984）。

白川静。他是一位中国古文字学家，对甲骨文、金文研究有素。有《中国神话》（1975）一书，在探讨洪水神话时，不仅把大禹、共工、伏羲、女娲和伊尹都归为水神，而且为他们分出族系：禹为夏系，共工为藏系（羌），伏羲、女娲为古苗系；还指出他们所属的不同的文化系统——

禹和共工属仰韶文化，伏羲、女娲属屈家岭文化，伊尹属龙山文化。全书贯穿中日神话的比较研究，力求寻找两国神话的共同点。

林已奈夫。他是一位考古学家，长期从事中国出土的古代器皿研究，所关注的是出土文物殷周青铜器和汉画像石上所描绘的精灵异物世界，希望藉此探寻对神话人物的新认识。主要论著有《中国古代的神巫》（1967）、《长沙出土楚帛书之十二神之由来》（1970）、《汉代的诸神》（1989）等。他论证帛书带有巫的性质，并指出其中的神怪形象印证了《山海经》等古籍中的记载。

此外，还有其他一些研究者及其成果值得一提。如，从中国古代宗教思想的角度对神话加以论述的加藤常贤《中国古代的宗教与思想》（1954）、《中国古代文化研究》（1980），赤冢忠《中国古代的宗教与文化》（1977），池田末利《中国古代宗教史研究》（1981）等等。另外，历史学家贝冢茂树《诸神的诞生》（1963）尝试运用柳田国男、折口信夫的民俗学方法论，对中国神话加以解释。

作为文化人类学家、民族学家的研究者，首先必须举出的是鸟居龙藏。他于1902—1903年间深入华南少数民族地区进行实地调查，从而成为把彝、苗少数民族神话介绍到日本的早期人类学家。其后，出现松本信广《东亚民族文化论考》（1968）、大林太良《稻作神话》（1973）、《东亚的王权神话》（1984）等研究者及其成果。这些都是包括中国和日本在内的亚洲多个民族的比较神话学研究。

20世纪80年代以来，日本汉学界对中国神话的研究又有新的发展。从历史学的角度进行研究的有谷口义介《中国古代社会史研究》（1988）；从哲学视点进行研究的有铁井庆纪《中国神话的文化人类学研究》（1990）等，铁井的研究运用了米尔查·艾利亚德的宗教学和神话学理论；从文学的角度进行研究的有中钵雅量《中国的祭祀与文学》（1989）、小南一郎《中国的神话与故事》（1984）、《西王母与七夕传承》（1991）等。

"文革"之后，在中国陆续出版了许多有关少数民族传承的资料。而日本在这样的趋势下，为探求日本文化的起源，对中国西南地区少数民族的传承尤其感兴趣，君岛久子、伊藤清司、铃木健之等学者，利用新资料推进了中国古代神话和少数民族神话研究。特别是君岛久子，在天女、龙神、竹王神话研究等多方面取得了成果。伊藤清司在与日本神话的比较研究及对《山海经》神话的研究方面作出突出贡献，其主要著作有《日本神话与中国神话》(1979)、《中国的神兽·恶鬼》(1986)。

此外还有一些正从事中国西南地区少数民族神话研究的学者,如百田弥荣子、谷野典子、齐藤达次郎、村井信幸、樱井龙彦等。百田迄今的研究成果集中体现在《中国传承曼陀罗》(1999)之中。谷野以贵州、云南为中心制作了少数民族神话主题分布图,并且在古代神话的研究中积极灵活地使用考古学的图像资料。齐藤和村井针对纳西族神话进行了论证与考察。樱井多年从事以彝族为中心的西南地区少数民族神话、运用图像资料的古代神话以及《山海经》等方面的研究。

在古代神话研究领域,近年来有两位学者值得瞩目。一位是工藤元男。工藤通过解读秦简等考古学材料,发现了禹具有迄今尚未为人所知的旅行神的性格,并且在禹与四川羌族的关系问题上也有新的见解。这一系列的研究成果经整理后形成《从睡虎地秦简所看到的秦代的国家与社会》一书(1998)。另一位是森雅子。她从巴比伦、美索不达米亚等古代东方之地探寻中国古代神话的起源,认为有关黄帝、后羿、西王母、穆王等的神话是从西方传来的。不可否认,这是来自比较神话学的,为修复片断残存着的中国古代神话的一种尝试。

三

打开这部《总汇》,你会发现几乎在每一个重要研究领域都有日本学者的奉献。这表明,日本学界对中国神话的关注与西方学界的关注其动机和动力是并不相同的——它直接来自于日本文化与中国古文化深刻的渊源联系。实际上,对中国古文化的研究已内在地成为日本学界一个不可缺少的学术领域。正因为如此,中日两国学者关于中国神话的研究,构成一种互相影响共同发展的格局。

从现代神话学的起步看,日本学界稍早,并在理论、方法上启发和影响了一批中国学者。例如,中国学界早期乃至二三十年代的一些有关论文甚至就是在日本发表的,前面提到的蒋观云等人的文章,发表于在日本出版的中文报刊,钟敬文的重要论文《盘瓠神话的考察》(1936)则以日文登载于日本的学术杂志。但很快中国学者的研究便反过来对日本学者发生影响,如鲁迅、茅盾、顾颉刚等人的有关论著都在日本受到广泛注意。其中影响最大的是以顾颉刚、杨宽为代表的"古史辨"学派关于神话研究的成果，这一学派的理论、资料和方法，曾使一些日本学者深受启发，当然也有与之商榷共同探讨的。这些无疑促进和深化了两国学界的沟通与交流。

在研究内容上，一些重要问题，如中国神话的构成、神话与历史的关系、神话人物考辨、神话的文化内涵、上古神话过早"消亡"的原因等，一直为两国学者所共同关注。他们有时各自独立研究，得出相似、相近的结论，例如顾颉刚与白鸟库吉关于必须区分神话与历史的见解。有时互相借鉴，互相补充，例如探讨上古神话过早"消亡"原因，鲁迅首先借鉴日本学者盐谷温的观点，同时做了补充；茅盾不满意于日本学者的解释，另行提出新见；森三树三郎又不完全赞成鲁迅、茅盾等人的见解，他更强调中国知识分子"合理主义"的影响。有时互相启发，连锁反应，例如，日本学者森安太郎的"恒字考"得益于王国维《观堂集林》所列举的丰富资料；出石诚彦作《关于中国古代的洪水神话》（1931）受到顾颉刚《洪水之传说及治水等之传说》的启发；内藤虎次郎写《王亥》（1916），曾事先同中国友人王国维进行商讨，而王国维因此而有《殷墟卜辞所见先公先王考》，此后内藤又据王文写下《续王亥》（1917、1921）。有时又互相驳难，互相商榷，例如御手洗胜在《关于黄帝之传说》（1967）一文中，认为杨宽《中国上古史导论》一书中的某些观点不能成立，他还对中国学界曾经相当流行的将上古神话英雄看作部族或部族集团酋长的观点，进行了激烈的批评。

在研究方法和学术视野上，两国学者也有许多共同之处，并互相影响。首先，汉语的古文字学、音韵学、训诂学等，都是必修的基本功，在此基础上，虽然具体研究思路和方法各有差异，但比较神话学的方法却更多地为两国学者所共同采用。这里有中日神话比较，有中国和亚洲其他国家地区神话比较，也有中国和西方神话比较。这一方法由于具有世界文化背景，显得更富生命力，在应用中不断成熟，到20世纪80年代末，成果已相当丰富，并涌现了萧兵《中国文化的精英》这样的比较文学巨著。在学术视野上，由于80年代以来田野作业的大面积展开，丰富多彩的少数民族神话进一步得到开掘，中国学者（特别是少数民族地区的学者）越来越重视对少数民族神话的研究，以至于形成一个非常重要的独立的学术领域。

受此影响，日本新一代学者也开始更多地关注这一领域，形成一批新成果，如伊藤清司、君岛久子、铃木健之、谷野典子、樱井龙彦、齐腾达次郎、百田弥荣子、村井信幸等人的一些作品。这些作品大多直接发表在中国的刊物上。这表明，两国学界的联系已经到了声息相通的程度。

正因为两国学者的研究如此息息相关，互相之间的交流便是很自然的事情。这种交流包括学者互访、合作研究、专题学术研讨会、互派留学生等，但更多的是学术论著的互相发表。还在清光绪三十二年（1907），蔡元培就翻译出版了日本井上圆了的《妖怪学讲义录》（共六册，但因失火被烧仅剩《总论》一册）。20—40年代，两国学者互相在对方国发表文章是常有的事，茅盾《中国的神话》也于这一时期在日本翻译出版。70年代之后，学术交流进一步加强，中国神话学者袁珂的《中国古代神话》（上、下）、《中国神话传说》、《中国神话选译百题》等多部著作先后被译成日文在日出版，成为日本神话学界不可缺少的参考书。此外，闻一多的《中国神话》以及萧兵的一些作品也都被译介到日本。同期，日本学者森安太郎、白川静、中野美代子等人的代表性论著，均被译成中文在大陆或台湾出版。在这一交流中，台湾神话学者王孝廉由于求学和任教均在日本，兼具中、日文之长，发挥了重要作用。他不仅翻译了许多日本学者（如森安太郎、白川静等）的著作，对日本学界研究中国神话的状况进行了综合评价，还主持编辑出版了日本、中国大陆及台湾学者共同参与的专题论文集《神与神话》，使这种交流更为深入和丰富。

自然，中日两国学者的研究也有明显的不同。一般说来，日本学者长于对具体问题作精细的微观研究。他们特别重视实证，对文化背景、历史资料把握之细致，辨析之精微，运用之充分，是其他国家的学者所难以相比的。正是这一点，显示了日本学术的优长、特点与独到的贡献。中国学者则更多地关注纵横交错的宏观研究。他们的目光常常盯住那些带有关键性的重大问题，希望透过可靠的资料分析，进入更深广的内在层面，从而给出综合性的理论阐释。可以说两者之长，正形成一种有效的互补之势，其互相间的交流与影响，必将对推动两国神话研究乃至整个学术事业的进一步发展，起到重要作用。

我们相信，在21世纪里，两国神话学者将会继续携手并进，创造出更为丰硕的新成果。

四

　　中国是世界四大文明古国之一，包括汉民族和众多少数民族在内的丰富多彩的神话传说，作为一宗不朽的文化遗产，不只是炎黄子孙的骄傲，也是人类共享的精神瑰宝。

　　长期以来，特别是进入 20 世纪以来，中国学者和世界许多国家的汉学家对这份遗产进行了广泛的日益深入的研究，积累了丰硕的成果。关于这一研究的状况，俄罗斯汉学家、民间文艺家李福清教授 20 世纪 80 年代曾在一篇题为《中国神话研究史试探》的文章中，作了扼要的梳理和富有见地的评点。根据他的介绍，国外第一部研究中国神话的专著是由俄罗斯学者 C. M. 格奥尔吉耶夫斯基完成的，书名为《中国人的神话与神话观》，出版于 1892 年。该书首次对中国神话进行了分类研究，并对许多相关的神话理论问题作了探讨。可惜未能引起学界的关注。李文中涉及的主要国家、人物及论著，除中、日而外，最突出的是俄国，继格奥尔吉耶夫斯基之后，有 Э. M. 杨申娜《汉墓画像石略论》(1961)、李福清《从神话到章回小说·中国文学人物形貌的演变》(1979)、B. B. 叶甫秀柯夫《仰韶文化彩陶文样的含义》(1984)，以及 E. M. 梅列金斯基、B. B. 伊万诺夫、B. H. 托波洛夫等人的有关著作；其次是德国，有 E. 埃克斯《中国美洲神话的类似》(1926)、W. 艾伯华《中国古代的地方文化》(1942)、K. 芬斯特布施（原民主德国）《〈山海经〉与造型艺术的关系》(1952)、盖尔哈德·施密特（原民主德国）《从鬼神故事的角度分析〈易经〉》(1970)、《舜即凤——解决这个史前史的关键》(1974)、《神农——种植的发明者》(1979)，U. 劳（原民主德国）《对于公元前三—五世纪中国古代哲学家与古代史观点的民族学和历史学考察》(1981)、W. 蒙克《中国古典神话》(1976) 等。此外尚有，英国 F. T. C. 委纳《中国神话与传说》(1922)、《中国神话词典》(1932)；法国 H. 马伯乐《〈书经〉中的神话传说》(1924)；瑞典高本汉《古代中国的传说与宗教意识》(1946)；美国杰克·波德《中国古代神话》(1961)；波兰 T. 日比柯夫斯基、M. 孔兹勒等人的有关著作。所论内容十分广泛丰富，更为可喜的是，世界各地至今仍有许多学者继续从事这项研究。

由于中国神话研究已成为一门世界性的学问，编纂一部包含不同国家地区研究成果的完整的论著目录索引，以为未来研究的深入提供一份有益的基础资料，是中外学者早就期望的事。实际上已有一些学者在不同的地方以不同的方式做着这方面的努力。20世纪80年代末，李福清教授曾在中国创议进行此项工程，并由贺学君分担主持。贺为此断断续续奋斗十年之久，终因种种原因（主要是经费和出版的困难）未能成功。

1998年12月，此工程作为一项与名古屋大学大学院国际开发研究科教授樱井龙彦先生的合作项目，获得日本学术振兴会的批准。这才使我们有机会联手共成此事。鉴于中日两国研究成果最为丰富，其他国家的材料又一时难以搜集齐全，我们决定集中目标，先完成中国与日本学者研究部分，故本书定名为《中日学者中国神话研究论著目录总汇》。其中日文部分，在原有初步资料基础上，樱井龙彦教授又率他的中国研究生重新进行搜集、核实和分类，倾注了大量心血，并对"前言"中涉及日本学界的内容作了认真的审核、订正和增补。该书1999年最终完成，并作为名古屋大学大学院国际开发研究科"开发丛书"在该校出版。

五

编纂这样一部规模庞大的工具书，最麻烦的是两件事：

其一，是原始资料的搜集与核实。这一点耗去编纂过程的大部分时间。具体办法有两条：一是广泛动员和依靠学界师友。笔者曾向百余位相关的中国学者发函，恳请当事人详细提供著述目录；又得到蔡大成、陈建宪等朋友的鼎力帮助。陈建宪发动他的研究生对1990年至1998年中国大陆学者发表的神话研究论著进行普查；蔡大成则将他花大量心血搜集并初步分类整理的包括20世纪初至80年代初期相当丰富的资料无私地奉献出来。日本及台湾地区的资料，王孝廉、钟宗宪、李福清、铃木健之诸先生都曾给予很大支持。借此，我们对所有提供帮助的师友和同仁表示最诚挚的谢忱！可以说，没有他们的帮助，要顺利完成这件事几乎是不可能的。二是我们自己的努力。为了尽可能完备地搜集、核实资料，笔者首先以多年编纂民间文学索引、撰写民间文学研究年鉴、追踪民间文学研究现状时掌握的自1949—1998年大量有关研究论著为基础，参照友人提供的资料，并尽可能寻找中国大陆所能找到的相关参考书，进行仔细核实和补充；之后，又走遍北京相关大学和研究机构的图书馆，疏通关系，直入书库，一一核实原刊原著，标注页码，常常顶风冒雨，寝食不安。尽管如此，依然有不少原刊原著未能查到，有的有书名、作者，注不出出版社；有的对书名、作者或期刊、出版时、出版地有疑问，但无法核证，更多的是未能查出页码。这是我们最大的遗憾。

其二，是全书体制的整体设计和分类编排。我们确立了两项原则：科学性，实用性。没有科学性，体制便失去学理统领，资料再丰富也只能成为一堆乱麻；没有实用性，资料便脱离服务对象，体制再科学也于使用者无补。我们以为，一部好的工具书在体制上应该是科学性和实用性的统一，进一步说，应该是将科学性贯注于实用性之中。或许这种"统一"与"贯注"，正是工具书特殊的科学性。不过在实行中欲做到这种"科学性"，十分烦难，它比资料的搜集、核实更令人头疼，因为学理的科学与资料的实用，两者常常要闹矛盾，往往顾此失彼，难以两全，许多分类项目，立了又撤，分了又合，常常弄得不知如何是好。经多方参考、请教，反复推敲，最后确定了现在的体制。也许从纯学理的角度看，有些分类设置并不完全合规矩，但它可能更方便于使用者，还是这样做了。例如，总体分四大部类，即：甲，"总论"；乙，"专题研究"；丙，"作品研究"；丁，"少数民族神话研究"，其中第二部类严格说应是属于第一部类的范畴，但由于内容甚多，另立一块，跟在第一项之后，这样既不出大格，又可将有关专题性内容（如图腾、萨满、巫、傩研究等）相对集中，方便使用，我们认为是可行的。又如，"作品研究"中有"上古典籍与神话"一项，本来《山海经》、《楚辞》等均应列入其中，与《周易》、《尚书》等平行，现也因内容甚多考虑实用而分别单独列项，在形式上与"上古典籍与神话"并列，虽有越轨之嫌，亦可理解。再如《九歌诸神》原本应入《楚辞》项下，也因该类本身内容繁多而给予单列。类似不尽"规范"的情形尚有多处，我们希望它们能给使用者带来更多的方便。

这部《总汇》，在体制结构上有一个突出特点，就是它的开放性，即在主体框架设定的前提下，具体项类均独立编号，有始无终，呈开放滚动之势。为后人拾遗补缺，增补续修预留空间。诚望有志于此事者，能以此为基础，为起点，不断补充，修订，充实，推动它伴随神话研究的发展进步，不停顿地滚动向前。

本书编纂过程中，中国民间文学、民俗学界先辈学者钟敬文教授一直给予热情关注与支持，并为此书在中国大陆的出版"竭诚推荐"（见钟少华文《钟敬文先生生前竭诚推荐出版的一部书》，载《中华读书报》2002年10月23日）；刘魁立先生在分类、体例等方面给予了具体指导；马昌仪、陶立璠先生提供了珍贵的私人藏书。由于他们的支持与帮助，这部书减少了许多缺憾。对此，我们表示由衷的感谢和敬意。

由于本书在日本印数仅为200册，带回国内不到50册，实在无法满足研究者的需求。本人曾多方寻找出版途径，终因经费无法解决而一搁十年。令人欣喜的是，中国社会科学院丛书编委十分看重工具书的作用，并提出在保持原样的前提下，将本书纳入"丛书"，使它获得了再生的机会。我们由衷感谢丛书主编朝戈金等人的努力，以及中国社会科学出版社的鼎力支持。

遵照丛书编委的出版要求，我们仅对原书中已知的错误进行订正，而未作增补。敬请有关专家学者和读者鉴谅。

在这部书即将印行的时候，我们既充满喜悦之情——因为十年辛苦的结晶终于可在自己的祖国面世；又深感诚惶诚恐——因为它确实还有许多不尽人意之处。

真诚地期待着海内外学界同仁的批评指教！

贺学君

2010年10月7日

于北京南方庄

编辑说明

一、本书所收，为中日两国学者自近代以来至1998年间公开发表的有关中国神话研究的专著、论文及相关著述（包括翻译其他国家学者的著作）的中日文本"目录总汇"。共11490条，其中，中文10443条，日文1047条；中文文本最早为1903年，日文文本最早为1882年。

二、在体制设计上，本《总汇》有两个特点。

其一，在科学性与实用性相结合的原则下，尽量兼顾实用性，以更好地方便读者。根据内容实际，全目分为四大部类，即：甲，总论；乙，专题研究；丙，作品研究；丁，少数民族神话研究。其中，甲、乙两部为神话学基本理论和以理论探讨为重点的专题研究，丙部主要是汉民族神话研究，丁部则如标题所示，为少数民族神话研究。每一"部类"之下，再分若干细类，细类内容多的，再列若干小项，力求细致清晰。每一细类和小项之中，如遇内容相对较多者，为便查找也予集中单列。这样做有时可能会在"科学性"上有触规之嫌，例如，在"作品研究"下，有"上古典籍与神话"一类，按规矩，"山海经与神话"，"楚辞与神话"等均应列于其下，现因其条目甚多而独立出来，形成与前者平行并置。虽然在形式上略有"不规"，但内容前后相接，并不会造成分类的误会。像这样的例子还有不少，相信读者能够理解。

其二，是"序号"编码机制的开放性。即在总体架构框定的前提下，每一基础项下具体文献篇目的序号都是独立而不封顶的。这样就为后人的修订、增补，滚动推进，提供了方便。例如："甲、总论""一、神话基本理论"项下"神话美学"小项（代码为A07-001），其下共有文章63篇，以时间为序由远及近排列，这样，今后如有新的文章仍可按时序续列于后。

三、编排原则

1. 所有收录文献，均按其主要内容归入相应部类，不作互见，凡内容偏杂难以区分者，入"其他"项。

2. 各类文献目录，均按先中文后日文，先专著（序言和书评紧随其后）后论文顺序排列。

3. 同一文种的篇目，按发表时间先后（多次发表者，以首次发表为准）排列。

4. 少数民族先后顺序，按其民族所属语系、语族排列。

四、条目说明

1. 参照国际惯例，每篇文献按照著（译）者、篇名、所载报刊或论文集名称、出版年代、卷数、期数（报纸按年、月、日、版）顺序排列。

2. "著（译）者"一项：合著者只录第一作者，后加"等"字；译作，原作者与译者间用"；"隔开；书目后随附相关序文和书评。

3. "报刊或论文集名称"一项：所收学报一般为哲学社会科学版，不另作说明；1949年后的台湾、香港地区文献篇目，分别用"＊"、"（港）"标出。

4. "年、卷、期"一项：报纸出版年代、月份、日期间用"."相隔，"（）"内表示版期，隔日载用"、"相隔。例如：

"1986.6.8（8）、10（8）、16（8）"，即"1986年6月8日、10日、16日，第8版"；

刊物出版年代与卷、期间用","相隔，"期"用"（）"表示，卷或期间连载用"—"表示，合刊用"／"表示，同题作品隔年或隔卷、期续载，或又载于其他刊物、论文集中，均用"："表示，论文的页码用数字表示。例如：

"1926，2（1—4）"，即"1926年2卷1至4期"；

"1988，3（6/7）：4（5）"，即"1988年3卷6、7期合刊，续载于1988年4卷5期"；

"1927，2（3），18—21，6：《》1986.3.131—261"，即"1927年2卷3期18页至21页，转6页，又载1986年3月出版的某书第131页至261页"。

5. 专著在体例上增加"出版地"和"出版社"，全书页码用"p"

表示。

6."序号"项：先专著，后论文，专著与论文间空一行，以示区分。论文序号另行排列。

每个条目均有一个代码。"A、B、C、D、E……"代表分类中的"一、二、三、四、五……"前二位数"01、02、03、04、05……"代表细类中的"1、2、3、4、5……""a、b、c、d……"即与细类中的符号相同，如无"a、b、c、d……"的则用"—"表示，后三位数代表文章的序码。

例如"甲、总论"中"A02b001"：

"A"指"总论"里的"一、神话基本理论"；前二位数"02"中的"2"，指"一、神话基本理论"下的"2.定义·特征·范围"；

"b"指"2"下的小项"b.神话与史诗"；后三位数中的"001"指"神话与史诗"类里的第一篇文章，以后数字依次类推。

再如"乙、专题研究"中"F00-002"：

"F"指"专题研究"里的"六、神话与哲学"，该类无"1、2、3……"前2位数用"00"表示，也无"a、b、c……"用"—"表示，后三位数中的"002"表示该类里的第二篇文章。

"字号"后有"+"者，表示著译作、序或书评；

"序号"前有"J"者，表示日文篇目。

五、本《总汇》中文方面资料主要由蔡大成、贺学君两位先生利用北京图书馆（现为中国国家图书馆）、中国科学院图书馆、中国社会科学院文学研究所、民族文学研究所、民族研究所、宗教研究所、文献情报中心、中国民间文艺家协会、北京师范大学、中央民族大学等单位的丰富馆藏资料和近百种检索目录，百余名中国大陆神话研究者提供的个人研究成果目录，中国社会科学院文学研究所吕微研究员、华中师范大学民间文学研究生龚浩群、罗宏杰、台湾师范大学钟宗宪教授提供的部分目录，并受惠于俄罗斯科学院通讯院士、汉学家鲍·李福清先生，日本西南学院大学院王孝廉教授，总汇核订而成。

日文篇目，在王孝廉、钟宗宪、李福清先生提供资料的基础上，樱井龙彦教授又率他的中国研究生作了认真的补充、核实与分类。在这些研究生中，程群、刘京宰博士用力最多，他们还在电脑输入方面做了不少工作。铃木建之先生也曾协助核实过部分日文材料。可以说本编是众多国际学者共同合作的成果。

　　六、尽管做了种种努力，但由于内容繁多，且许多原件难觅，无法一一亲手核查，故仍有不少疏漏和差错，有的还不得不留下空白，或缺出处，或缺时间，更多的是无法注出页码。这不能不是一件憾事。分类上也难免有望文生义之处，敬请读者批评指正。

甲

总　论

一、神话基本理论

1. 综论

A01-001+ 　谢　六逸　　《神话学 A.B.C》 世界书局　1928
A01-002+ 　玄　　珠　　《中国神话研究 ABC》 上海　世界书局　1929.107p：上海文艺出版社影印　1990.12. 106p
A01-003+ 　玄　　珠　　《中国神话研究 ABC》序　上海　世界书局　1929：上海文艺出版社影印　1990.12.
A01-004+ 　茅　　盾　　《神话杂论》 上海　世界书局　1929
A01-005+ 　林　惠祥　　《神话论》 上海　商务印书馆　1934.1.107p：台北　商务印书馆　1968：上海文艺影印　1987
A01-006+ 　林　惠祥　　《文化人类学》 上海　商务印书馆　1934
A01-007+ 　黄　　翼　　《神仙故事与儿童心理》 上海　商务印书馆　1936
A01-008+ 　何　满子　　《神话试论》 上海　出版公司　1957
A01-009+ 　李　　谦　　驳斥何满子在《神话试论》中的谬论　光明日报　1958.1.19
A01-010+ 　娄　子匡　　《神话丛话》* 台北　文化书局　1958：台北　东方文化供应社影印　1970.245p

A01-011+	李　亦园	《师徒、神话及其他》* 台北　正中书局 1983.337p
A01-012+	吴　昭明	《神话·话神》* 台北　新生报出版部　1984
A01-013+	陈　炳良	《神话·礼仪·文学》* 台北　联经出版事业公司　1985
A01-014+	谭　达先	《古典·口头·神话》* 台北　东方文化书局 1985
A01-015+	谢　选骏	《神话学》(民间文学刊授大学讲义)　北京　中国民间文艺研究会　1985(内刊)
A01-016+	谢　选骏	《荒漠·甘泉——文化本体论》　山东　文艺出版社　1987
A01-017+	段　宝林	《中国民间文艺学》　北京　文化艺术出版社 1987
A01-018+	叶　舒宪	《探索非理性的世界——原型批评的理论与方法》　成都　四川人民出版社　1988
A01-019+	季　红真	神话的衰落与复兴：读《探索非理性的世界》有感　文学评论　1989,(4),87—92,109
A01-020+	屈　育德	《神话·传说·民俗》　北京　中国文联出版公司　1988
A01-021+	叶　舒宪	《结构主义神话学》　西安　陕西师范大学出版社　1988
A01-022+	叶　舒宪	《中国神话哲学》　北京　中国社会科学出版社 1992.1.363p
A01-023+	仇　丹	诞者传焉本始之茫——评《中国神话哲学》　读书　1992,(10),100—102
A01-024+	萧　兵	《中国神话哲学》书评　文艺研究　1993,(1), 152—153
A01-025+	户　晓辉	神话研究的方法论变革：评《中国神话哲学》　人文杂志　1993,(2),72—73
A01-026+	徐　坤	比较文化研究的新探索——评《中国神话哲学》 中国图书评论　1993,(2),93—94
A01-027+	武　世珍	《神话学论纲》　兰州　敦煌文艺出版社

		1993.5. 225p
A01-028+	王世德等	神话研究的曙光:评武世珍先生的《神话学论纲》 社科纵横 1994,(2),75—76,35
A01-001	周 作人	神话的辩护 晨报副刊 1924.1.29：《雨天的书》 1925.243—248
A01-002	周 作人	续神话的辩护 晨报副刊 1924.4.10：《雨天的书》 1925.249—252
A01-003	陶 然	神话的典故 《雨天的书》 1925.253—259
A01-004	胡 怀琛	神话 小说世界 1927,16(14)
A01-005	朱 应鹏	神话 《艺术三家言》 1927
A01-006	郭 沫若	关于文艺的不朽性(马克思《〈政治经济学批判〉导言》) 《文艺论集续集》 1931
A01-007	林 惠祥	论神话 《文化人类学》 1934
A01-008	于 京	创造中的神话 晨报·学园副刊 1934.7.14(707)
A01-009	汪 锡鹏	民众文学中的神话 黄钟 1935,6(2)
A01-010	钟 敬文	神话杂谈 北平民声报·民俗周刊 1936.11.10(2)
A01-011	世 骥	鲁迅译的红星佚史 天下文章 1943,1(5),48—49
A01-012	公 刘	神话发凡 野草新集·追悼专号 1949
A01-013	鲁 迅	论神话(鲁迅的一封信) 文汇报 1950.10.19
A01-014	林 衡立	神话、传说、民话 台湾省通志稿*(八) 1952
A01-015	何 满子	神话试论《蒲松龄与聊斋志异》 上海出版公司 1955.1
A01-016	袁 珂	关于神话(节自改写本《中国古代神话》导言) 草地 1957,(3),54—58
A01-017	鲁 楠	释神话 沈阳晚报 1961.6.3
A01-018	吴 知	神话·民间故事及其他 唐山劳动报 1962.3.18

A01-019	邵 海清	试论神话 东海 1962,(12),43—46
A01-020	娄 子匡	神话 《五十年来的中国俗文学》 1964
A01-021	苏 尚耀	神话与中国神话 "中央日报"* 1964.8.11—12
A01-022	邹 郎	神话·中国神话 大华晚报* 1975.5.22—26
A01-023	毛 庆其	神话浅议:读《〈政治经济学批判〉导言》 辽宁师范大学学报 1978,(2)
A01-024	琢 之	初民的想象——神话 天津文艺 1978,(3),61—63
A01-025	谢 华等	美妙的神话世界 罗浮山文艺 1979,(1)
A01-026	袁 珂	神话——幻想的科学 科学文艺 1980,(2),91—93
A01-027	林 惠祥	神话论 《林惠祥人类学论著》 1981;《神话三家论》 上海文艺出版社影印本 1989.11
A01-028	宪 宪	神话浅谈 艺谭 1981,(2)
A01-029	武 世珍	神话辩义 兰州大学学报 1981,(4),79—86
A01-030	叶 春生	神话理论新探 华南师院学报 1982,(2),74—79
A01-031	刘 魁立	神话及神话学 民间文学论坛 1982,(3),75—80
A01-032	郑 明娳	神话 新文艺* 1983,(322),32—35
A01-033	毛 建华	试论神话内容的二重性 四川大学学报 1984,(1),106—112
A01-034	胡 中行	关于神话的对话 文科月刊 1984,(2)
A01-035	史 宗龙	神话断想 山茶 1984,(3),82—83
A01-036	黄 惠焜	论神话 民族文学研究 1984,(4),118—126;《云南民间文艺源流新探》 1986.150—159
A01-037	郑 凡	神话和神话学:《新大英百科全书》条目摘译 山茶 1984,(5),91—94;1984,(6),88—93
A01-038	于 乃昌	神话漫话 邦锦梅朵 1984,(3—6)
A01-039	钟 敬文	神话学及当前的任务 民族文化 1984,(6),2

A01-040　张　学仁　神话基本知识　邦锦梅朵　1985,(2)
A01-041　郭　精锐　神的观念与神话——神话基础理论初探　韶关师范专科学校学报　1985,(2/3)
A01-042　袁　珂　前万物有灵论时期的神话　民间文学论坛　1985,(4),33—40
A01-043　罗汉田　信仰中的神话　民间文学　1985,(10),43
A01-044　阿·叶古巴耶夫　神话——传奇及其科学的幻影　新疆大学学报(论文集)　1986,(2)
A01-045　叶舒宪　神话——原型批评的理论与实践　陕西师范大学学报　1986,(2),上112—121、1986,(3),下43—53
A01-046　杨秀禄　诗化的史实　民族文学研究　1987,(3),52—56
A01-047　长　石　历史的迹化　山茶　1988,(2),59—63
A01-048　刘之侠　相信·想象·神话　贵州文史丛刊　1988,(4)
A01-049　卜　雨　远古神话——人类社会的毁灭史与发展史　南风　1988,(5),76—78
A01-050　袁　珂　神话杂感　中国文化报　1988.6.19
A01-051　杜声锋　神话·科学·艺术及其他　读书(北京)　1988,(7),20—26
A01-052　关序华　神话三辩　荆门大学学报　1989,(3)
A01-053　余达忠　论神话的解释功能　贵州教育学院学报　1989,(4),77—83
A01-054　林在勇　发现神话观初论　文艺理论研究　1990,(3),47—51
A01-055　夏宗经　神话——科学的原型　湖北师范学院学报　1990,(4),1—8
A01-056　何　萍　论神话认识之形成　中国文化月刊*(129)1990.7.51—56
A01-057　毛德富　神话的移位:民间文学原型批判二题　中州学刊　1991,(1),81—85
A01-058　伊　敏等　历史并非神话　喀什师范学院学报　1991,(3),

44—47,68

A01-059　王　晓华　集体无意识,类本质与神话时代　浙江学刊 1991,(3),51—55

A01-060　叶　铭　神话:仪式,语言的"科学"　民间文学论坛 1991,(5),10—14

A01-061　王　亚南　六合奇谜的认知——口承文化的原始物态观 民族文学研究　1992,(1),35—40

A01-062　徐　晓力　神话原型与典型的潜结构　吉林师范学院学报 1992,(2),36—40

A01-063　骆　振渝　神话:开始退缩的主题——女性原型符号的历史解码　唐都学刊　1992,(2),31—32,27

A01-064　于衍存等　试论神话创作的三个要素　东疆学刊　1993,(3)

A01-065　刘　锡诚　神话与象征:以哈尼族为例　中央民族学院学报 1993,(3),59—64

A01-066　钟　浩　神话、世界神话、东方神话　求索　1993,(5), 64—70

A01-067　田　兆元　论神话的矛盾法则　文艺理论研究　1994,(2), 46—53

A01-068　王　世芸　神话意象与分类　上海师大学报　1994,(2), 61—65

A01-069　黄　惠焜　神话就是巫话:三论神话　云南民族学院学报 1994,(2),22—30

A01-070　傅　治平　神界意识流——原始神话与人类意识　社科辑刊　1994,(4),19—24

A01-071　何　文祯　神话的启示　天津文学　1994,(6),74—79

A01-072　姚　周辉　论马克思关于神话是不自觉的艺术创作　云南师范大学学报　1994,(10)

A01-073　朱　大可　神话话语识读　戏剧艺术　1995,(2),46—56

A01-074　田　兆元　论主流神话与神话史的要素　文艺理论研究 1995,(5),63—68

A01-075	王　晓华	神话与集体无意识显现　浙江大学学报　1995, 9(2)	
A01-076	朱　利民	寻根考辨:神话　唐都学刊　1996,12(4),68—71	
A01-077	赵　沛霖	关于神话的功利价值取向　齐鲁学刊　1997,(1),4—7	
A01-078	陈　建宪	论神话的基本概念与方法　湖北民族学院学报 1997,(2)	

2. 定义、特征、范围
a 综论

A02a001	中　孚	什么叫神话　《童话评论》　1934,42—48
A02a002	Comme; 有　竞	神话、故事与传说的定义　民俗季刊　1936,1(1)
A02a003	赵　廷鹏	也谈神话的幻想　山西日报　1958.12.4
A02a004	林　衡立	神话象征之离题表现　民族学所集刊*　1964,(18),58
A02a005	郑　恒雄	神话中的变形　中外文学*　1974,3(6)
A02a006	朱　宜初	论民族民间文学中的现实主义与浪漫主义　思想战线　1979,(4)
A02a007	武　世珍	古代神话特点初探　甘肃师大学报　1981,(3),61—73
A02a008	刘　东远	民间传说中的浪漫主义色彩　民间文艺集刊 (一)　1981.29—36
A02a009	白　崇人	中国上古神话的民族特点初探　《民间文学论丛》　1981.153—159
A02a010	龚　鹏程	幻想与神话的世界:人文创设与自然秩序 《中国文化新论·文学篇〈一〉:抒情的世界》* 1982.307—362
A02a011	张福三等	试论神话中的灵性、神性和人性　思想战线 1982,(3),89—94,46;《云南少数民族文学论集》〈二〉　1983.165—178;《中国少数民族神话

论文集》 1984.270—281

A02a012　袁　珂　从狭义的神话到广义神话——《中国神话传词典》序(节选)　社会科学战线　1982,(4),256—260

A02a013　袁　珂　从狭义到广义神话　民间文学论坛　1983,(2),10—16

A02a014　郭　精锐　上古神话性质特点初探:兼谈儒家的不语神话　中山大学学报　1983,(2)

A02a015　陶　思炎　神话文体辩证　华南师范大学学报　1983,(3),130—132

A02a016　王　孝廉　神话的定义　民俗曲艺*(27)　1983.89—104

A02a017　　　　神话是一种幻想的意识形式　《第十六届世界哲学讨论会论文集》　1984

A02a018　周　明　试论神话范畴的狭义性和广义性　兰州大学学报　1984,(2),86—92

A02a019　杨　知勇　神话的幻想与幻想故事的幻想　山茶　1984,(3),55—59

A02a020　袁　珂　再论广义神话　民间文学论坛　1984,(3),58—65

A02a021　萧　兵　神话是人类与自然斗争的原始性幻想故事　民间文学论坛　1985,(2),51—58

A02a022　谷　子　关于神话的特征、范围及消亡问题　思想战线　1985,(3),92—93

A02a023　周　明　再论神话范畴的狭义性和广义性　民间文学论坛　1985,(4),41—47

A02a024　潘　定智　论中国社会各时期神话的本质特征　苗岭风谣　1985,(创刊号);《神话新探》　1986.86—99

A02a025　李　景江　从神话的发展演变探讨神话的范围和性质　民间文艺季刊　1986,(1),96—117

A02a026　张　福三　论我国神话形象发展的三种形态　思想战线　1986,(3),51—57

A02a027	武　世珍	神话研究的对象和范围——评现行"广义神话"论的广义性　西北师范学院学报　1986,(3),67,82
A02a028	李　子贤	试论神话的内涵、本质及特征　《云南民间文艺源流新探》　1986.168—176
A02a029	蓝　　克	从创世神话的社会作用看神话的本质特征　云南民族学院学报　1986,(4),27—31：《神话新论》　1987.(署名阿南)204—214
A02a030	袁　　珂	探讨有益——答武世珍同志　民间文学论坛　1987,(1),81—84
A02a031	谷　德明	论神话与后世神话色彩文学的本质区别——与现代派神话论者商榷　西北民族学院学报　1987,(1)
A02a032	陶　思炎	试论神话的语言　民间文学研究　1987,(1/2)
A02a033	田　文信	论原始神话的本质　河北师范大学学报　1987,(2),21—27
A02a034	秦　家华	论神话的想象　思想战线　1987,(2),65—71：《边疆文化论丛》(一)　1988.35—42
A02a035	钟　福祖	谈神话特征中所谓"不合理"性　西北民族学院学报　1987,(3),66—67
A02a036	刘　之侠	神话想象的根基——相信　花溪文坛　1987,(3—4),15—17
A02a037	袁　　珂	中国神话之我见　文史知识　1987,(12)
A02a038	阎　云翔	神话的真实性和神圣性　《神话新论》1987.81—93
A02a039	赵　　橹	神话之原始性及其相对独立性　《神话新论》1987.94—107
A02a040	谢　选骏	中国汉籍上古神话的叙事特征　中国神话(一)　1987.288—295
A02a041	罗　越光	对神话本质的思考　云南教育学院学报　1988,(1)
A02a042	袁　　珂	广义神话与模糊学　云南社会科学　1988,(3),

			98—101
A02a043	史　军超	神话的整化意识　云南社会科学　1988,(4), 106—112	
A02a044	邓　启耀	从自身感万物——神话的"自我中心意识"　山茶　1988,(6),39—42	
A02a045	袁　珂	"探讨有益"续篇——与武世珍同志商榷　西北师范大学学报　1989,(1),30—34	
A02a046	涂　石等	汉族上古神话的特点及对后代文化的影响　西北师范大学学报　1989,(1),34—39	
A02a047	袁　珂	关于广义神话的探讨——读谷德明编《中国少数民族神话》　社会科学研究（成都）　1989,(1),123—125	
A02a048	周　明	神·鬼·人——三位一体的神话结构　社会科学研究（成都）　1989,(2),89—94	
A02a049	邓　启耀	中国神话的逻辑结构　民间文学论坛　1989,(3),42—48,35：《边疆文化论丛》（二）1989.115—123	
A02a050	朱　霞	论神话的象征意义　云南社会科学　1989,(3),109—114	
A02a051	史双元等	中国古神话特质　南京师大学报　1989,(4),57—62,68	
A02a052	郭　于华	神话的主体意识　社会科学辑刊（辽宁）　1990,(3),151	
A02a053	陈　全得	袁珂"神话无下限"初探　中华学苑　1991,(3),253—275	
A02a054	王　钟陵	论中国神话特征　中国文学研究　1992,(3),10—19	
A02a055	刘　竹	试论神话的文学特性　云南师范大学学报　1993,(2)	
A02a056	李　子贤	神话的民族特色与文化生态　中国民间文化　1993,(3)	
A02a057	王　钟陵	神话特征与世界两大文艺之异趋——兼驳几何	

		纹饰的"积淀"说　社会科学战线　1995,(1),171—181
A02a058	陈　建宪	试论神话定义与形态　黄淮学刊　1995,11(4)
JA02a001	白川　静	神話と経典　『中国哲学史の展望と模索』　東京　創文社　1976.91—110

b. 神话与史诗

A02b001＋	潜　明兹	《史诗探幽》　北京　中国民间文艺出版社　1986
A02b001	成　惕轩	论史诗　中央日报　1946.8.17(19)
A02b002	孙　隆基	神话、戏剧与史诗　大学论坛*　1954,(15)
A02b003	古　丁	浅谈史诗及其发展　中央日报*　1980.2.22
A02b004	李　子贤	创世史诗产生时代刍议　思想战线　1981,(1),55—60
A02b005	杨　知勇	试论史诗对神话的继承和否定　思想战线　1981,(5),80—85；《云南少数民族文学论集》1983.224—237
A02b006	潜　明兹	神话与创世史诗小议　民间文学论坛　1982,(1),25—26
A02b007	潜　明兹	英雄史诗简论　《民间文艺学文丛》　1982.86—107
A02b008	李　子贤	试论创世史诗的特征　思想战线　1982,(4)
A02b009	段　宝林	什么是史诗　中国青年报　1983.1.23
A02b010	潜　明兹	英雄史诗浅释　民间文学　1983,(1),84—88
A02b011	鲁　兵	谈创世史诗　民间文学　1983,(2),119—122
A02b012	龚　鹏程	史诗与诗史　中外文学*　1983,12(2)
A02b013	古　远清	关于史诗　青海湖　1983,(3),75—76
A02b014	宝音和西格	谈史诗的特征及其价值　民族文学研究　1987,(增刊),3—6
A02b015	潜　明兹	史诗类型略论　民族文学研究　1987,(4),9—14
A02b016	刘　亚湖	论原始性史诗的成因　民间文学论坛　1987,

			(6),23—28
A02b017	朱　宜初	略谈我国的史诗　民间文学　1984,(10),13—15,46
A02b018	赵　洪林	中国古代史诗考察　社会科学战线　1984,(2),294—302
A02b019	刘　玉凯	我国少数民族的史诗　语文学习　1986,(9),49
A02b020	潜　明兹	创造的火花——史诗文化物质拾零　民族文化　1987,(4),7
A02b021	叶　舒宪	日出扶桑:中国上古英雄史诗发掘报告　陕西师范大学学报　1988,(1),16—32

c. 神话与传说

A02c001+	娄　子匡	《神话与传说》*　台北　东方文化供应社影印　1970
A02c002+	潜　明兹	《中国古代神话与传说》　天津　天津教育出版社　1991.11
A02c001	仲　密	神话与传说　妇女杂志　1922,8(8),71
A02c002	周　作人	神话与传说　《自己的园地》　1923.36—41;《童话评论》1934.48—53
A02c003	方　璧	神话和传说　《西洋文学通讯·第二章》　上海世界书局　1930
A02c004	容　肇祖	传说的分析　城市民众教育　1934,3(3/4)
A02c005	孟　日清	神话传说　民俗周刊(杭州)(100)　1934
A02c006	鲁　迅	神话与传说　《中国小说史略》(二)　1923;《鲁迅全集》(九)　1957.158—166
A02c007	盐谷温；君　左	神话及传说　《中国小说概论》　1971
A02c008	乌　丙安	传说学浅识　民间文学论坛　1983,(3),78—88
A02c009	李　子贤	试论神话与传说的区别　山茶　1984,(3),60—65
A02c010	杨　东晨	神话传说时代论析　贵州文史丛刊　1984,(1),94—100

A02c011	王　松	论由神话到传说的转变　民间文艺集刊(七) 1985.29—48;《中国少数民族神话学术讨论会论文集》1986.52—67	
A02c012	巫　瑞书	传说探源　报刊复印资料(古代、近代文学) 1986,(2),31—36	
A02c013	张　学仁	神话与传说的区别是什么？　邦锦梅朵　1986,(2)	
A02c014	瑞　虢	神话传说的相似雷同问题　中山大学学报 1986,(3),104—112,119	
A02c015	陶　思炎	略论民间传说与神话　民间文艺季刊(八) 1986.31—41	
A02c016	潜　明滋	从创世史诗看神话与传说的区别　《神话新论》 1987.183—203	
A02c017	王　牌	说神话与传说　香港时报　1987.5.24	
A02c018	陈　界华	阅读传说——神话的变衍式　中外文学* 1986,15(3)	
A02c019	方　祖桑	谈神话与传说　中华文化复兴与月刊*　1990, 23(11),15—17	
A02c020	傅　光宇	由传说演变成神话的实例剖析　思想战线 1991,(5),43—49	

d. 神话与"童话"

A02d001+	刘　守华	《中国民间童话概说》　四川民族出版社　1985. 8.375p	
A02d001	周　作人	童话研究　民兴日报(绍兴)　1912.6.6—7;教育部编纂处月刊　1913,1(7),1—14;《儿童文学小论》1932.415—424	
A02d002	周　作人	童话略论　教育部编纂处月刊　1913,1(8);《儿童文学小论》1932.408—414	
A02d003	张　梓生	论童论　妇女杂志　1921,7(7),36—40; 《1913—1949儿童文学论文选集》1962.24—29	

A02d004	冯　飞	童话与空想　妇女杂志　1922,8(7),55—61、8(8),62—71:《1913—1949儿童文学论文选集》1962.57—82	
A02d005	雪　门	儿童和玩具　晨报副刊　1925.1.18	
A02d006	赵景深	童话的分系　文学周报　1925,(200)	
A02d007	赵景深	童话的意义来源和研究者的派别　学灯　1925.11.30	
A02d008	均　正	童话的起源　文学周报　1927,4(合订):《1913—1949儿童文学论文选集》1962.117—120	
A02d009	夏文远	艺术童话的研究　中华教育界　1928,17(1),1—6:《1913—1949儿童文学论文选集》1962.122—129	
A02d010	顾均正	童话与儿童　新女性　1929,4(9)	
A02d011	朱文印	童话作法之研究　妇女杂志，1931,17(10),23—33:《1913—1949儿童文学论文选集》1961.183—202	
A02d012	杨昌溪	童话概论　文艺创作讲座　1932,(1)	
A02d013	陈伯吹	童话研究　儿童教育　1933,5(10):《1913—1949儿童文学论文选集》1962.203—210	
A02d014	赵景深等	童话的讨论　《童话评论》1934.55—75:《1913—1949儿童文学论文选集》1962.42—56	
A02d015	陈汝惠	民间童话与神话、传说的区别及其传统形象　厦门大学学报　1956,(3),1—16	
A02d016	陈汝惠	儿童读物中的神话和传说　学术论坛　1957,(2)	
A02d017	陈伯吹	简说神话、传说和童话　语文学习　1958,(9),20—22,10	
A02d018	胡　伟	神话、童话、传说三者之间有何区别　文学知识　1960,(7)	
A02d019	林　良	神话跟儿童文学　中国语文 *　1975,36(5)

A02d020	刘 守华	民间童话与神话、传说 《中国民间文学论文选》(下) 1979.50—69	

e. 神话与寓言

A02e001	林 达	神话和寓言的价值 世界日报副刊 1928.9.13
A02e002	黄 海华	寓言与神话 辅仁大学中文所硕士论文* 1976
A02e003	谭 嘉定	先秦文学史中有寓言而无神话 《中国小说发达史》(第一章) 1978
A02e004	林 钟隆	寓言、神话、传说和民间故事 中国语文* 1982,5(5),13—18
A02e005	程 永玲	试谈寓言的起源及其他 吉林民间文学 1982,(5)
A02e006	赵 沛霖	试谈中国寓言的起源 文艺研究 1984,(5),98—104

f. 神话与仙话

A02f001	鲁 迅	从神话到神仙传 《中国小说的历史变迁·第一讲》 1924；收获 1957,(1),1—3；《鲁迅全集》(八) 1957
A02f002	骆 瑞鹤	试说神话与仙话的区别 广西民间文学丛刊(五) 1982.42—49
A02f003	张 磊	论仙话的形成与发展 民间文艺季刊 1986,(1),118—134
A02f004	罗 永麟	论仙话及其对中国文学的影响(上) 民间文艺季刊 1986,(3),91—111
A02f005	罗 永麟	论仙话及其对中国文学的影响(下) 民间文艺季刊 1987,(2),126
A02f006	李 丰懋	不死的探求——从变化神话到神仙变化传说 中外文学* 1986,15(5),36—59；附胡万川讲评58—59
A02f007	袁 珂	仙话——中国神话的一个分枝 民间文艺季刊 1988,(3),51—67
A02f008	罗 永麟	仙话与神话的关系及其异同 民间文艺季刊

1988,(3),68—89

A02f009　　郑　克宇　　质的区别:仙话与神话　民间文艺季刊　1988,(4),92—104

A02f010　　罗　永麟　　中国神话的仙化及其对文学艺术的影响　浙江社会科学　1995,(1),77—82

A02f011　　姜　　生　　论神仙思想的伦理功能　河北师范学院学报　1996,(3),84—91

A02f012　　王　纯五　　仙话是中国神话后期的主干　文史杂志　1997,(1),24—25

g. 神话与民间文学

A02g001+　徐　蔚南　　《民间文学》　上海　世界书局　1927.6,　65p

A02g002+　杨　萌深　　《中国民间文学概说》　上海　华通书局　1930

A02g003+　赵　景深　　《民间故事丛话》　广州　中山大学语历研究所　1930

A02g004+　王　显思　　《中国民间文艺》　上海　广益书局　1932.320p

A02g005+　赵　景深　　《民间文艺概论》　上海　北新书局　1950.10.40p

A02g006+　匡　　扶　　《民间文学概论》　兰州　甘肃人民出版社　1957.4.102p

A02g007+　北师大中文系55级学生　《中国民间文学史(初稿)》(上下)　北京　人民文学出版社　1958.12. 408p;459p

A02g008+　谭　达先　　《民间文学散论》　广州　广东人民出版社　1963

A02g009+　张　紫晨　　《民间文学知识讲话》　长春　吉林人民出版社　1963.12.135p

A02g010+　张　紫晨　　《民间文学基本知识》　上海　上海文艺出版社　1979.258p

A02g011+　钟敬文主编　《民间文学概论》　上海　上海文艺出版社　1980.7.409p

A02g012+　乌　丙安　　《民间文学概论》　沈阳　春风文艺出版社　1980.9.260p

A02g013+　天　　鹰　　《中国民间故事初探》　上海　上海文艺出版社　1981

A02g014+ 高　国藩　《中国民间文学基本知识》　南京大学印行
　　　　　　　　　1984
A02g015+ 刘　守华　《民间文学概论十讲》　武汉　湖北教育出版社
　　　　　　　　　1985.12.321p
A02g016+ 段　宝林　《中国民间文学概要》　北京　北京大学出版社
　　　　　　　　　1985.1.　327p:1985增订,308p
A02g017+ 李　惠芳　《民间文学的艺术美》　武汉　武汉大学出版社
　　　　　　　　　1986.12.191p
A02g018+ 老　　彭　《民间文学漫话》　重庆　重庆出版社
　　　　　　　　　1987.3.227p
A02g019+ 吴　蓉章　《民间文学基础理论》　成都　四川大学出版社
　　　　　　　　　1987.9.　340p
A02g020+ 叶　春生　《简明民间文学教程》　长沙　湖南文艺出版社
　　　　　　　　　1987
A02g021+ 段宝林等　《中国民间文艺学》　北京　文化艺术出版社
　　　　　　　　　1987
A02g022+ 段宝林等　《民间诗律》　北京　北京大学出版社　1987
A02g023+ 谭　达先　《中国民间文学概论》*　台北　贯雅　1992.407
A02g024+ 涂　　石　民间文学四十年研究的新成果——评《谭达先·
　　　　　　　　　中国民间文学概论》　中国民间文化　1994,
　　　　　　　　　(1),224—247
A02g025+ 李　惠芳　《中国民间文学》　武汉　武汉大学出版社1996.
　　　　　　　　　6.311p

A02g001　愈　　之　论民间文学　妇女杂志　1921,7(1),53—62
A02g002　哈特兰德;　神话与民间故事的混合
　　　　　赵　景深　新民意报副刊　1923,(8)
A02g003　哈特兰德;　神话与民间故事
　　　　　赵　景深　小说月报　1926,17(8),1—18;《童话论集》
　　　　　　　　　　1927
A02g004　麦苟劳克;　民间故事的探讨
　　　　　赵　景深　《童话论集》　1927.41—53

A02g005	刘　万章	读《民间故事研究》	民俗周刊(广州)　1929,(51),5—13
A02g006	胡　愈之	论民间文学	《童话评论》　1934
A02g007	王向锋等	民间文学概论教育大纲	吉林大学人文科学学报　1959,(1)
A02g008	上海师大《简明中国文学史》编写组	原始歌谣与神话	朝霞　1974,(12)
A02g009	杨　白桦	原始的劳动诗歌与神话传说	南京师范学院学报　1978,(4),51—61
A02g010	龚　鹏程	论诗与叙事诗、故事诗之间的纠葛	中央日报*　1979.8.21
A02g011	张　紫晨	民间文学知识讲话	吉林民间文学丛刊　1979,(2)
A02g012	赵　景深	民间文学在文学史上的地位	《浙江民间文学论文集》　1982.1.5—23
A02g013	柯　杨	简论民间文学的学术价值	民间文学　1982,(1),113—120
A02g014	张　紫晨	关于民间文学的研究问题	河北师院学报 1983,(3),66,73
A02g015	苏　晓星	关于民间文学对作家文学的影响	南风　1983,(5),76—80
A02g016	伊藤清司；白　庚胜	古典与民间文学	云南社会科学　1984,(3),108—116
A02g017	刘　锡诚	发展我国自己的民间文学理论	民间文学1984,(7),33—37
A02g018	倪　晓丹	试谈民间故事的"神话化"问题	南宁师院学报1984,(4)
A02g019	叶　舒宪	神话与民间文学的理论建构	海南师院学报 1998,(1),16—22,44；复印报刊资料　1998,(8),298—305

3. 产生、发展、演变
a. 神话的产生

A03a001	屠　孝实	宗教及神话之起源　北大月刊　1919,(2),39—45	
A03a002	胡　寄尘	隐话与神话　小说世界　1926,13(6),1—4;《文艺丛谈》(一)　1928	
A03a003	玄　　珠	人类学派神话起源的解释　文学周报　1928,6(19);《神话研究》　1981.10—14	
A03a004	陈　伯达	中国古史上的神话传说源流考　太白　1935,2(1),48—52	
A03a005	松村武雄; 钟　敬文	神话传说中底话根和母题 艺风　1935,3(8)	
A03a006	秋　　帆	生产经济形态与神话传说 光明日报　1949.12.11	
A03a007	李　希凡	原始宗教神话不产生于空想 大公报　1950.8.10	
A03a008	张　其年	关于古代神话产生的时代问题的探讨　扬州师范学院学报　1961,(11)	
A03a009	武　世珍	略论古代神话的起源　甘肃师范大学学报　1979,(1),51—63	
A03a010	刘　城淮	上古神话的形成和发展过程　郴州师范学院学报　1980,(2)	
A03a011	张　炳森	关于我国古代神话产生年代、发展及起源　河北师范学院学报　1980,(3),63—69	
A03a012	王　红旗	我国远古传说与自然环境变迁　《中国古代史论丛》(三)　1981.14—25	
A03a013	朱　宜初	论神话的产生　思想战线　1982,(2),39—44;《中国少数民族神话论文集》　1984.1—13	
A03a014	赵　东栓	原始的社会生活是原始神话创作的现实基础 克山师范专科学校学报　1982,(3)	
A03a015	黄　凤蓝	关于"神话起源"问题的争鸣　民间文学研究动	

态　1983,(1),1—5

A03a016　杨　继国　再论神话的起源与族属问题　宁夏日报
1984.7.7

A03a017　潜　明兹　从创世史诗谈神话的起源　民族文学研究
1984,(4),127—132

A03a018　华　轩　神话制造之来源　青年战士报　1984.
6.13—21

A03a019　秦　家华　神话是特定历史阶段的产物　云南社会科学
1984,(5),105—112

A03a020　杨　堃　论神话的起源与发展　民间文学论坛　1985,
(1),66—76

A03a021　潜　明兹　再探神话的起源　民间文学研究(北京)　1985,
(3),104—107

A03a022　季　镇淮　古代神话述略(产生和发展)　文献　1985,(4)

A03a023　郭　精锐　神话产生的认识基础——兼谈科学幻想不等于神
话　学术研究(广东)　1985,(5),108—111

A03a024　徐　涛　神话源流例说　语文函授　1986,(4)

A03a025　郑　谦　现代是否产生新神话
《神话新探》　1986.119—126

A03a026　程　蔷　神话发生的时代条件　《神话新论》
1987.120—136

A03a027　刘　守华　今人之"原始思想"不能产生新神话　《神话新
论》　1987.227—236

A03a028　武　世珍　关于神话生成的时代问题　西北师院学报
1988,(4),19—27,76

A03a029　王　明达　神话产生于"人类童年时代"的提法不科学　《神
话新探》　1986.113—118;中国神话（一）
1987.296—305

A03a030　袁　珂　中国神话的源与流　社会科学战线　1989,(1),
165—269

A03a031　陶　思炎　华夏神话与渔业经济　民间文学论坛　1989,
(1),4—7;北京师范大学学报　1989,(2),87—91

A03a032　徐　华龙　鬼话:中国神话形成的中介　民间文艺季刊 1989,(2),29—44

A03a033　周　均美　试析神话起源中的同和异　中国社会科学院研究生院学报　1989,(2),24—28

A03a034　武　世珍　再论神话生成的时代问题——答袁珂先生之一　西北师范大学学报　1989,(6),47—54,67

A03a035　田　汉　神话起源新探　殷都学刊(豫)　1990,(2)

A03a036　刘　宁波　神话起源的理论探询　苗侗文坛　1990,(2),50—58

A03a037　刘　城淮　神话萌生的主观根源　民间文学论坛　1991,(4),48—53

A03a038　杨　文虎　可能性的构成:梦、神话和艺术　上海文学 1992,(4),1—9

A03a039　于　乃昌　从珞巴族神话谈神话的产生　民族文学研究 1993,(2)

A03a040　杨　遒乔　神话三界与华夏神话的生成　江西社会科学 1993,(2),44—49

A03a041　米　学军　从神话反映的婚姻状况看神话产生的时代　伊犁师范学院学报　1995,(1)

A03a042　邴　正　原始神话与人类自我意识的起源　学习与探索 1995,(5)

A03a043　田　兆元　论中华民族神话的构成及其来源　史林　1996,(2),1—8

A03a044　刘　宗迪　鼓之舞之以尽神——论神和神话的起源　民间文学论坛　1996,(4),2—8,18

A03a045　王　青　中国神话形成的主要途径——历史神话化　东南文化　1996,(4),44—48

b. 发展、演变

A03b001　刘　北斗　神话演变及其影响　北平晨报历史周刊 1936.12.16(12)

A03b002　郑　师许　中国古代神话传说的发展　风物志　1944,(1),

			10—12
A03b003	杨　生枝	神话与传说的演化　陕西青年　1979,(5)
A03b004	武　世珍	试论古代神话的发展和演变　甘肃师大学报 1980,(1),30—43
A03b005	袁　　珂	古代神话的发展及其流传演变　民间文学论坛 1982,(1),11—23:《神话论文集》 1982.73—99
A03b006	张　振犁	从实际出发,建立我国的马克思主义民间文艺学;兼谈中原古典神话、传说流变今昔　湘潭大学学报　1982(增刊),20—26
A03b007	张　振犁	中原古典神话流变初议　民间文学论坛　1983,(4),3—13
A03b008	武　世珍	再论古代神话的发展和演变　西北师范学院学报　1983,(4),149—159:《民间文学论文集》(二)(甘肃)　1986
A03b009	张　才明	中国古代神话演变初探　山西师范学院学报 1981—1983届本科毕业论文选　1983
A03b010	朱　宜初	试论神话的发展、演变和"消失"　民族文学研究 1984,(1),109—117:《中国少数民族神话论文集》　1984.82—99
A03b011	许　英国	汉族神话的历史化和宗教化初探　青海民族学院学报　1984,(2)
A03b012	武　世珍	神话发展和演变中的几个问题——兼与袁珂先生商榷　民间文学论坛　1984,(3),66—72
A03b013	赵　沛霖	"兴"产生的时代与原始诗歌和神话的结束　天津社会科学　1984,(3),90—95
A03b014	秦　家华	论神话的原始形态和发展形态　民族文学研究 1985,(2),90—98
A03b015	郑　　谦	关于神话的发展问题　云南社会科学　1985,(3),95—103
A03b016	甘　万莲	试论神话的文学化　思想战线　1985,(6),45—50
A03b017		神话的发展自成系统　新华文摘　1986,(1)

A03b018	杨知勇	从民间信仰的神灵特点看神话的发展 《神话新论》 1987.137—150
A03b019	袁　珂	中国神话发展的途径　民间文艺季刊　1989,(4),93—110
A03b020	郑土有	中国古代神话仙话化的演变轨迹　民间文学论坛　1992,(1)
A03b021	涂元济等	从中原古典神话看古神话的演变和新神话的产生　《神话、民俗与文学》　福州　海峡文艺出版社　1993.11.16—37
A03b022	刘亚湖	原始叙事艺术的发展和演变　中国民间文化　1993,(3),19—34
A03b023	郭仁昭	神话的传播与演进　内蒙古电大学刊　1996,(1),10—14,24
A03b024	赵　林	伦理意识与中国神话传说的演变　社会科学战线　1996,(3)
A03b025	张　强	论神话在汉代传播的成因　淮阴师范专科学校学报　1996,(4),40—43

c. "中国神话不发达"

A03c001	玄　珠	中国神话不发达的因原　时事新报、文学旬刊　1921.5.10
A03c002	玄　珠	中国神话的保存　文学周报　1928,6(15/16)
A03c003	黄季棠	子不语怪力乱神　孔孟月刊*　1964,2(7)
A03c004	钟峻文	怪、力、乱、神　道风*　1974,(38)
A03c005	袁　珂	孔夫子的喜剧:关于"子不语怪、力、乱、神"《神话论文集》　1982.182—187
A03c006	杨志刚	中国神话不发达原因试探　史翼　1983,(4),14—16
A03c007	江世平	中国古神话没有发展出史诗的原因　上饶师范专科学校学报　1986,(1),59—63
A03c008	东　生	中国古代神话不发达之我见　文汇报　1986.2.25
A03c009	东　生	从民族文化的比较看中国古代神话不发达的原因　复旦大学学报　1986,(3),109—112

A03c010	鉴　　踪	中国古神话发育与散亡情况浅析——兼论鲁迅先生观点　成都师范专科学校学报　1987,(1)
A03c011	张　治中	中国神话散亡原因探测　伊犁师院学报　1987,(1)
A03c012	谢　选骏	中国上古神话历史化的契机　《神话新论》1987.237—253
A03c013	关　序华	中国神话散失的原因试探　荆门大学学报　1989,(1)
A03c014	花　之科	从语言角度看中国远古神话断片化原因　宁夏大学学报　1991,(2),35—38
A03c015	赵　沛霖	神话历史化思潮出现的历史时期　贵州文史丛刊　1992,(2),48—49
A03c016	傅　修延	试论中国早期叙述的欠发育问题　南昌大学学报　1993,(2),63—68
A03c017	赵　沛霖	论神话历史化思潮　南开大学学报　1994,(2),56—63
A03c018	詹　　丹	寓言化:中国古代神话衰微的重要原因　教育学院学报　1994,(2),60—66
A03c019	楼伟明等	中国原始神话流失原因琐谈　温州师院学报　1994,(2),33—39
A03c020	陈　金文	汉族神话未能得到充分发展及失传原因之我见　济宁师专学报　1994,(4),74—76
A03c021	张　新科	中国古代神话零散片断原因试析　西安外国语学院学报　1995,3(1)
A03c022	赵　沛霖	孔子发现和肯定神话历史化的伟大意义　贵州社会科学　1995,(3),72—76
A03c023	柳　存仁	神话与中国神话接受外来因素的限度和理由《中国神话与传说学术研讨会论文集》* 上册 1996.3.1—31
A03c024	金　国政	神话的历史化与历史的神话化　山东工业大学学报　1997,(1),32—36
A03c025	赵　沛霖	论中国神话的历史命运　天津师范大学学报

1997,(1),46—52,80

A03c026　温　希良　神话与政体:论中国汉族神话不发达的社会形态原因　民间文学论坛　1997,(2),53—58

A03c027　宁　湘伟　中国神话遗失何方　民间文学论坛　1997,(2),59—61

A03c028　何　满子　中国神话的淹没及其后果　东方文化　1997,(7),57—62

4. 体系、分类

A04-001　杨　成志　关于相同神话解释的学说　民间文艺　1927,(3),7—13

A04-002　玄　珠　各民族的神话何以多相似　文学周报　1927,5,(13)

A04-003　玄　珠　神话的意义和类别　文学周报　1928,6(22)

A04-004　赵　景深　中国民间故事型式发端:英国谭勒研究的结果　民俗周刊　1928,(8),1—10

A04-005　钟　敬文　中国民间故事型式　民俗学集镌(一)　1931:即开展杂志　1931(10/11)

A04-006　郑　振铎　民间故事的巧合与转变　《佝偻集》(上)　1934,563—573;《中国文学研究》(下)　1957

A04-007　汪　锡鹏　民众文学的分类　黄钟　1935,6(5),7—8

A04-008　郑　凡　神话与文化系统
《民族文谈》(一)　1985.121—163

A04-009　杨　继国　论神话的同源共祖现象　六盘山　1985,(1),59—64

A04-010　殷　骥　神话系统论:兼论中国上古神话不发达的原因　江西师范大学学报　1985,(4),83—89

A04-011　孙　致中　我国上古神话的系统及其融合　天津师范大学学报　1985,(5),77—85

A04-012　谢　选骏　中国体系神话简论　民间文学论坛　1985,(5),23—32

A04-013　郑　凡　神话与文化系统　民族文谈　1985

编号	作者	篇名及出处
A04-014	郑　凡	神话系统与社会阶层　《云南民间文艺源流新探》1986.182—195
A04-015	乌　丙安	论神话系统　辽宁大学学报　1986,(2),24—28;《神话新论》1987.70—80
A04-016	洪　玮	论神话类型体系　民间文学论坛　1987,(1),38—45
A04-017	萧　兵	多元与整合——神话的分类　民间文学论坛　1987,(3),68—75
A04-018	史　军超	神话的整合变形系统　民族文学研究集刊(二)1988
A04-019	朱　宜初	试谈另一类型的神话　民间文学论坛　1988,(5/6),172—174,183
A04-020	王　人恩	各民族神话呈现相似现象的原因初探　西北师范大学学报　1990,(6),36—41
A04-021	陈　训明	宇宙层次神话——"世界神话体系"之一　贵州社会科学　1990,(12),35—39
A04-022	陈　训明	世界天柱神话略论——"世界神话体系"之一　贵阳师范专科学校学报　1992,(1),8—16
A04-023	陈　训明	世界宇宙神话略论——"世界神话体系"之一　贵州教育学院学报　1992,(3),48—52
A04-024	金　荣权	关于中国古代神话体系的构想　信阳师范学院学报　1993,(4),74—79
A04-025	丁　勇望	从人类文化视角看神话系统　西北师范大学学报　1993,(5),20—26
A04-026	陈　建宪	略谈神话之分类　高师函授学刊　1993,(10)
A04-027	王　世芸	神话意象与分类　上海师范大学学报　1994,(2)
A04-028	田　兆元	论中华神话系统的构成及其来源　史林　1996,(2),1—8

5. 神话的价值

编号	作者	篇名及出处
A05-001	黄　石	神话的价值　《神话研究》之一章　1927

A05-002	林 达	神话和寓言的价值 世界日报·副刊 1928	
A05-003	钟 敬文	中国神话之文化史价值 青年界 1933,4(1)	
A05-004	温 梁华	神话认识价值纵横谈 邦锦梅朵 1986.11.2	
A05-005	杨 知勇	论神话价值取向 民间文学论坛 1990,(6),19—25	
A05-006	李 景江	神话价值新说 吉林大学学报 1994,(4),58—65	

6. 神话思维

A06-001+	邓 启耀	《中国神话的思维结构》 重庆 重庆出版社 1991	
A06-002+	黄 光成	开凿"混沌"的新尝试——《中国神话的思维结构》的评介与启示 北京 中国出版 1993,(4),51—53	
A06-003+	郑 志明	《中国社会的神话思维》* 谷风出版社 1993.6	
A06-004+	苗 启明	《原始思维》 上海 上海人民出版社 1993	
A06-001	朱 湘	中国神话的美丽想像 文学周报* 1928,6(13)	
A06-002	马 昌仪	逞神思而施以人化——神话的形象思维初探 《文艺论丛》(五) 1978.195—203	
A06-003	于 乃昌	人类思维的历史发展进程 西藏民族学院学报 1981,(2)	
A06-004	杨 知勇	从崇拜猎神到歌颂猎神：人类思维发展的飞跃 民族学报 1982,(2),305—311	
A06-005	李子贤等	神话思维试论 《语言文学论文集》 1983；《民间文学探索》 1987.98—115	
A06-006	赵 仲牧	原始思维整体结构的分析 云南大学中文系油印本 1984	
A06-007	李根蟠等	浅谈原始思维的若干特点 哲学研究 1984,(11)	
A06-008	赵 钟牧	从思维学角度研究原始思维的十个问题 哲学研究 1985,(1),52—54	

A06-009	伍 雄武	原始思维和云南少数民族的原始意识 哲学研究 1985,(1),54—55	
A06-010	刘 蔚华	原始思维的进化 齐鲁学刊 1985,(6),2—11	
A06-011	叶 绪民	原始思维在英雄神话中的特约作用 民族文学研究 1986,(5),54—65	
A06-012	邓 启耀	神话的有机整体意识与中国民族文化心理结构 思维科学通讯 1986,(5):《边疆文化论丛》(一) 1988.51—58	
A06-013	邓 启耀	脑结构和神话的思维结构 民族文学研究集刊(一) 1987	
A06-014	章 建刚	我对原始思想研究的几点透视 哲学研究 1987,(12),63—79	
A06-015	武 世珍	神话思维辨析 《神话新论》 1987.1—19	
A06-016	屈 育德	神话创作的思维活动 《神话新论》 1987.20—41	
A06-017	邓 启耀	神话思维的心理结构中思维主体和思维对象的关系 《神话新论》 1987.42—50	
A06-018	程 蔷	神话幻想和文化心理 烟台师专学报 1988,(1)	
A06-019	叶 舒宪	原始思维发生学研究专论 哲学研究 1988,(2),60—66	
A06-020	王 四代	论神话思维的二重性及其他 云南民族学院学报 1988,(4),80—86:《边疆文化论丛》(一) 1988.43—50	
A06-021	邓 启耀	神话的思维程序 思想战线 1988,(6),46—52	
A06-022	邓 启耀	神话的思维形式因素 云南社会科学 1989,(1),63—68	
A06-023	邓 启耀	神话及其思维功能散论(之一) 云南民族学院学报 1989,(1)	
A06-024	邓 启耀	神喻、神制及神话的思维机制 玉龙山 1989,(1),52—56	
A06-025	赵 橹	我国古占卜与神话思维 民间文艺季刊 1989,

(1),106—118

A06-026　邓　启耀　神话及其宗教功能的思维基础　山茶　1989,(2),31—33,30

A06-027　袁　珂　原始思维与活动论神话　云南社会科学　1989,(2),94—104

A06-028　邓　启耀　神话的"思维"与民族文化心理　《民族文学研究集刊》(三)　1990

A06-029　杨　文虎　神话思维的发生　文艺争鸣(长春)　1990,(6)

A06-030　武　世珍　评"原始思维"与"活物论神话"(上)——答袁珂先生之二　西北师范大学学报　1990,(6),26—35

A06-031　邓　启耀　"神话式规范"心理探源　《西南民族伦理学论文集》　1990

A06-032　邓　启耀　神话的思维程序　思维科学通讯　1991,(1),31—36

A06-033　王　钟陵　神话思维的历史上限、坐标及其走向　中国社会科学　1991,(1),195—211

A06-034　刘　乃寅　神话思维与神话衍生　西北第二民族学院学报　1991,(3),71—77

A06-035　邓　启耀　神话思维机构的分化与序化　云南社会科学　1991,(4),76—82

A06-036　叶　舒宪　神话思维再探　文艺理论研究　1992,(1),79—82

A06-037　余　小沅　神话发生、思维刍议　浙江学刊　1992,(2),81—85

A06-038　王　钟陵　论神话思维的特征　中国社会科学　1992,(2),207—223

A06-039　余　小沅　神话思维的原则　九江师范专科学校学报1992,(2—3),55—58

A06-040　丁　勇望　神话思维与原始思维　西北师范大学学报1992,(4),6—12

编号	作者	题目	出处
A06-041	曲 景春	神话思维与艺术	文艺研究 1993,(4),130—138
A06-042	王 钟陵	神话意象思维的序化整合	社会科学战线 1993,(4),214—223
A06-043	苗 启明	原始思维、直感整合	云南师范大学学报 1993,(4)
A06-044	哲 兵	从南方少数民族神话看神话思维结构的特征	中央民族学院学报 1993,(6),26—30,34
A06-045	张 浩	在原始思维的神秘性中孕育着创造性	甘肃社会科学 1993,(6),40—44
A06-046	荆 荃	神话思维与艺术思维:兼论先秦南北文学的特色和差异	江汉论坛 1994,(11),79—82
A06-047	杨 魁	从原始人的灵魂"观念"看人类认识观和思维的早期萌芽	甘肃社会科学 1995,(3),5—7
A06-048	魏 善浩	论神话的灵性思维及向人性思维与神性思维的分化	中国文学研究 1995,(4),13—17
A06-049	张 晓芒	上古神话中的思维法则观念	晋阳学刊 1996,(3),48—53
A06-050	周 乐诗	双性同体的神话思维及其现代意义	文艺研究 1996,(5),89—91

7. 神话美学

编号	作者	题目	出处
A07-001	贾 芝	民间故事的魅力(《中国民间故事选》二集序言)	民间文学 1961,(12),2—20
A07-002	李 亦园	神话的意境	中国时报 1978.5.15
A07-003	杨 寄林	富于永久魅力的艺术想象——谈我国古代神话浪漫主义的一个特征	河北师范学院学报 1978,(3),30—35
A07-004	潜 明兹	创世史诗的美学意义初探	思想战线 1981,(2),63—68
A07-005	李 致钦	论原始神话的美学价值	锦州师范学院学报 1981,(2)

A07-006	萧 兵	审美是人类的特权 淮阴师范专科学校学报 1981,(4)	
A07-007	萧 兵	美、美人、美神 美的研究与欣赏丛刊(一)1982	
A07-008	李 永生	民间文学的美学价值 山西民间文学 1982,(1)	
A07-009	武 世珍	神话与审美 西北师范学院学报 1982,(3),34—46;《民间文学论文集》(甘肃)(一) 1982	
A07-010	邓 启耀	审美与象征 云南日报 1982.5.26	
A07-011	屈 育德	神话的魅力与欣赏 民间文学 1982,(11),88—93	
A07-012	孟 慧英	浅识神话的永久魅力 《辽宁民间文学论集》(一) 1983.1—10	
A07-013	郑 凡	创世神话的结构和审美发生 山茶 1983,(4),50—57;《少数民族文学论集》(三) 1987.103—114	
A07-014	陆 广美	试论神话美 天津师专学报 1983,(4)	
A07-015	计 永佑	神话美与图腾美 云南社会科学 1984,(1),91—100	
A07-016	计 永佑	从中国古代神话传说看美与艺术规律 美学文献(一) 1984	
A07-017	马 昌仪	我国第一个评述拉奥孔的女性:论单士厘的美学见解 文艺研究 1984,(4),27—37	
A07-018	郑 海	神话和机智人物故事的审美意识比较 山茶 1984,(6),83—86	
A07-019	费 秉勋	论太古神话的悲剧精神 齐鲁学刊 1984,(6),88—91	
A07-020	萧 兵	中国的潜美学:读李泽厚中国美学史论著有感 读书 1984,(11),16—28	
A07-021	汤 晓青	中国古代神话中的美学观念初探 绍兴师范专科学校学报 1985,(1)	
A07-022	攸 延春	神的演变与人的自觉和审美意识的形成 《民族文谈》(一) 1985.294—312	

A07-023	史 军超	人的艺术与神的艺术 民间文艺季刊(七) 1985.1—27:《中国少数民族文学论集》(三) 1987.70—89	
A07-024	丁 守璞	卵崇拜的美学意义 美育 1986,(2),21—22	
A07-025	北 明	从史前神话阳刚之气到当代文艺崇高美——中华民族心理性格、审美意识跃变初探 黄河 1986,(3)	
A07-026	张 宝坤	神话传说的美学特征 人文杂志 1986,(4),74—79	
A07-027	郑 谦	神话中怪诞变形的狞厉美——神话世界探美之一 云南民院学报 1986,(4),20—26:《民族文学研究集刊》(一) 1987	
A07-028	卢 治安	上古神话的美学风格 天津教育学院学报1986,(5)	
A07-029	周 腊生	中国上古神话审美意识的三个特点 江汉论坛 1986,(5),47—51	
A07-030	褚 斌杰	中国古代神话中的悲剧美和崇高美 文史知识 1986,(6),20—25	
A07-031	徐 丽玲	不废江河万古流:论古代神话中对抗大自然之悲剧英雄的悲剧意义 东吴大学中文系系刊 1986,(12),6—12	
A07-032	郑 谦	高瞻远览的宏伟美——神话世界探美之三 《云南民间文艺源流新探》 1986.177—181	
A07-033	刘 城淮	初民的艺术美学观 美学研究与应用 1987	
A07-034	刘 城淮	初民的自然美学观 长沙水利电力师范学院学报 1987	
A07-035	刘 城淮	原始的积极浪漫主义 郴州师范专科学校学报 1987,(2)	
A07-036	郑 凡	神话的美学价值 《神话新论》 1987.151—162	
A07-037	萧 兵	美学的神话起源论 《神话新论》 1987.108—119	
A07-038	刘 辉豪	从"乌鸦文化"看民间美学意识的转移 民间文	

艺季刊 1987,(4),49—59,89;《边疆文化论丛》(一) 1988.59—65

A07-039 郑　谦　纯朴天真稚拙美——神话世界探美之二　山茶 1987,(4),85—88

A07-040 孙　桂春　中国神话与古人的审美形态　烟台大学学报 1988,(2)

A07-041 陈　科华　悲剧与历史——试论中国上古神话的悲剧诞生　益阳师专学报 1988,(3)

A07-042 李　潞　神话美学观的逻辑进程　新疆师范大学学报 1988,(3),15—19,14

A07-043 刘　城淮　简论上古神话之美　长沙水利电力师范学院学报 1988,(4)

A07-044 李　景江　神话反映的原始审美心理　民间文艺季刊 1988,(4),21—37

A07-045 王　晓秦　精神分析与悲剧神话　内蒙古社会科学 1988,(5),72—77

A07-046 郑　谦　强力、昂扬的崇高美——神话世界探美之四　民族文学研究集刊(二) 1988

A07-047 巫　瑞书　神话理论与鉴赏　《民间文学名作鉴赏》 1988.23—28

A07-048 王　运春　神话的美学结构刍议　南风 1989,(3),60—70,78

A07-049 邓　启耀　神话审美意识发生论　民族文学研究 1989,(4),88—92

A07-050 孟　慧英　神话的原始艺术特点　民族文学研究 1989,(5),66—70

A07-051 李　明　原始崇拜与审美　民族文学研究 1990,(2),54—58

A07-052 周　延良　论汉藏神话的审美活动　青海社会科学 1991,(2),56—63

A07-053 刘　晔原　论戏曲净丑艺术美的神话底蕴　民间文学论坛 1991,(3),61—66

A07-054	翁　银陶	试论古神话中人的崇高美　中国民间文化 1991,(4),51—61	
A07-055	曹　永成	评一种审美超越的神话　四川师范大学学报 1992,(1),1—7	
A07-056	汪　裕雄	神话意象的解体与审美意象的诞生　安徽大学学报　1992,(2)	
A07-057	江　建文	民族创世神话的美学审美观:兼论原始审美意识　民族艺术　1993,(4),22—23	
A07-058	宋　建林	中国古代自然审美观　北京社会科学　1994,(4),61—67,76	
A07-059	户　晓辉	神话的诗学　西域研究　1995,(4),92—100	
A07-060	陈　志昂	"混沌"之美　文艺理论与批评　1995,(4),106—115	
A07-061	孙　云英	中国远古神话与审美演变　思想战线　1996,(3),51—54	
A07-062	吴　育林	论审美意识在中国原始神话中的发展　长沙水电师范学院学报　1996,(4),82—84,93	
A07-063	董　华	试论原始神话的文化内涵及艺术魅力　青海师范大学学报　1998,(3),76—80	

8. 方法论

A08-001	冯　天瑜	从神话传说透视上古历史——上古史研究方法的一种探索　民族论丛(二)　1982.20—30;民族译论　1984,(2),20—30
A08-002	张　隆溪	诸神的复活——神话与原型批评　读书　1983,(6),100—110
A08-003	赖　千坚	神话原型学派批评方法　文学评论家　1985,(3)
A08-004	郑　凡	神话学研究方法的几个问题　云南社会科学 1985,(4),104—109
A08-005	何　新	论远古神话的文化意义与研究方法　学习与探索　1986,(3),4—12

A08-006	韦 兴儒	神话平行与交叉比较研究刍议 花溪文坛 1987,(3—4),8—12	
A08-007	刘 魁立	神话研究的方法论问题 《神话新论》 1987.163—172	
A08-008	宋 建林	用神话的眼光看文学——略读神话原型批评 民间文学论坛 1987,(?),93—96	
A08-009	叶 舒宪	原型批评理论及其由来 文艺报 1987,(26)	
A08-010	孟 慧英	活态神话研究的历史基础 民族文学研究1989,(1),28—34	
A08-011	萧 兵	因子播化论:交叉研究的现代复归 淮阴师范专科学校学报 1989,(3)	

9. 其他

A09-001	郭 沫若	神话的世界 创造周报 1923,(27);《文艺论集》 1925.254—264;《沫若文集》(十) 1959	
A09-002		掌故为神话 时事新报 1936.4.29	
A09-003		神话与人话 武汉日报 1936.6.20	
A09-004	杨 槐	神话与"神话" 华西晚报·文艺副刊 1943.11.7(346)	
A09-005	林 向肖	神的世界和人的气息 玉龙山 1980,(3),82—86	
A09-006	袁 珂	关于神话搜集 民间文学工作通讯 1980,(25)	
A09-007	严 永通	向神话学习浪漫主义 广西民族学院学报 1983,(1),125—142	
A09-008	和 钟华	色彩的灿烂的画卷 云南日报 1983.12.21	
A09-009	程 星	神·英雄·人 文科学报报摘 1985,(1)	
A09-010	英 高	炎黄子孙龙传人 风俗 1985,(1),4—7	
A09-011	万 九河	史前的神话传说与爱国主义教育 史学月刊 1985,(2),1—6	
A09-012	赵 森林	原始观念中的"人"——人的自我认识的历史考察(之一) 贵州民族学院学报 1985,(2),10—16	

A09-013	龚　维英	原始人"植物生人"观念初探　民间文学论坛 1985,(1),83—86	
A09-014	刘　城淮	花开满树　连根并蒂　邦锦梅朵　1986,(4)	
A09-015	刘　子英	神话、传说与地名学　民间文学研究动态 1986,(7)	
A09-016	毕　坚	浅谈神话和人　毕节师专学报　1987,(2):怒江 1987,(3),66—68	
A09-017	孙　国彪	中国神话与中国山水　旅游天地　1987,(1)	
A09-018	李　景江	论半人半兽神的心理根源　民族文学研究 1987,(5),67—72	
A09-019	周　穗明	原始的人与自然关系及其演变特点　天府新论 1988,(3)	
A09-020	朱　恒夫	神话反映的初民心态　江苏教育学院学报 1988,(4)	
A09-021	邓　启耀	从自身感万物——神话的"自我中心意识"　山茶　1988,(6)	
A09-022	袁　珂	碎陶镶嵌的古瓶　今晚报　1988.9.13	
A09-023	王　杰	神话的意义与我们的态度　广西师范大学学报 1989,(2),11—14	
A09-024	王　亚南	文化混沌未开时——对神话的多维思考　民间文艺季刊　1989,(4),132—143	
A09-025	包　丽俊	神话与文明的进步　内蒙古社会科学　1989,(5),101—104	
A09-026	王　斌等	当代神话:永恒的朝圣者　批评家　1989,(6)	
A09-027	李　缵绪	从神界看人界　云南日报　1990.3.14	
A09-028	蔡　申	论神的本质就是人的本质　宁夏大学学报1990,(3),72—76	
A09-029	陆　坚	神话传说与旅游文学　海南师院学报　1991,(1),48—51	
A09-030	成　建正	神话、传说与丝绸之路　文博　1991,(1),53—56	

10. 域外神话理论及神话研究

A10-001+ ［日］井上圆了；《妖怪学讲义录》
　　　　　蔡　元培　　商务印书馆　清光绪三十二年；《蔡元培全集·第一卷》　中华书局　1984

A10-002+ 周　作人　《红星轶史·序》　1907；《说部丛书·初集》（第78集）

A10-003+ 方　壁　《北欧神话ABC》（上下）　ABC丛书社出版：世界书局1930.10

A10-004+ Amy Cruse；《北欧神话》
　　　　　胡　伯恳　　商务印书馆　1934.5

A10-005+ 李广熙编　《古代希腊神名索引》　山东师范学院聊城分院中文系外国文学教研室编印　1979.4.124p

A10-006+ 汪　倜然　《希腊神话ABC》　上海　世界书局　1928.8.118p

A10-007+ ［英］法朗锡兰；《希腊神话神与英雄》
　　　　　海　鸥　　广益书局　1930.3

A10-008+ 劳　斯；《希腊的神与英雄》
　　　　　周　遐寿　上海　文化生活出版社　1950

A10-009+ ［法］拉法格　《思想起源论》　北京　三联书店　1963

A10-010+ ［美］摩尔根　《古代社会》　北京　商务印书馆　1977

A10-011+ 梁　德润　《希腊罗马神话和〈圣经〉小辞典》　北京　外语教学与研究出版社　1982.1.295p

A10-012+ 曾　簇林　《论希腊艺术和史诗何以具有永久的魅力》　北京　文化艺术出版社　1983.3.61p

A10-013+ 陈　洪文　《荷马和〈荷马史诗〉》　北京　北京出版社　1983.6.120p

A10-014+ ［苏］M.H.鲍特文厄克等编著；《神话辞典》
　　　　　黄鸿森等　北京　商务印书馆　1985.1.382p

A10-015+ ［日］松村武雄；《神话与神话学》
　　　　　林　相泰　北京　中国民间文艺出版社　1986

A10-016+ ［奥］弗雷泽　《图腾与禁忌》　北京　中国民间文艺出版社　1986

A10-017 +　　K.W. 博勒　《神话与神话学》　北京　中国民间文艺出版社
　　　　　　　　　1986

A10-018 +　　[英]马林诺夫斯基　《巫术科学宗教与神话》　北京　中国民
　　　　　　　　　间文艺出版社　1986

A10-019 +　　[法]列维·布留尔；《原始思维》
　　　　　　　丁　由　　北京　商务印书馆　1986

A10-020 +　　[苏]杰烈维扬科　《黑龙江沿岸的部落》　长春　吉林文史出
　　　　　　　　　版社　1987

A10-021 +　　[荷兰]斯宾诺莎；《神、人及其幸福简论》
　　　　　　　洪汉鼎等　　北京　商务印书馆　1987.4.266p

A10-022 +　　郑　凡译　《震撼心灵的古旋律》　成都　四川人民出版社
　　　　　　　　　1987

A10-023 +　　[美]魏勒　《性崇拜》　北京　中国文联出版公司　1988

A10-024 +　　[英]卡纳　《人类的性崇拜》　海口　海南人民出版社
　　　　　　　　　1988

A10-025 +　　[英]弗雷泽；《金枝》
　　　　　　　徐育新等　　北京　中国民间文艺出版社　1988

A10-026 +　　刘　魁立　《金枝》中译本序　1987:《刘魁立民俗学论集》
　　　　　　　　　1998.10.316—342

A10-027 +　　[日]大林太良；《神话学入门》
　　　　　　　林相泰等　　北京　中国民间文艺出版社　1989

A10-028 +　　[美]塞·诺·克雷默；《世界古代神话》
　　　　　　　魏庆征等　　北京　华夏出版社　1989

A10-029 +　　[德]麦·缪勒；《比较神话学》
　　　　　　　金　泽　　上海　上海文艺出版社　1989

A10-030 +　　刘　魁立　《比较神话学》中译本序:缪勒与他的《比较神
　　　　　　　　　话学》　1989:《刘魁立民俗学论集》　1998.10.
　　　　　　　　　296—302

A10-031 +　　[美]阿兰·邓迪斯；《世界民俗学》
　　　　　　　陈建宪等　　上海　上海文艺出版社　1990.7

A10-032 +　　[俄]梅列金斯基；《神话的诗学》
　　　　　　　魏庆征等　　北京　商务印书馆　1990

A10-033+ ［法］列维·斯特劳斯；《面具的奥秘》
　　　　　知　寒等　　上海　上海文艺出版社　1992

A10-034+ ［德］恩斯特·卡西尔；《神话思维》
　　　　　黄龙保等　　北京　中国社会科学出版社　1992

A10-035+ ［美］戴维；《神话学》
　　　　　李培荣等　　上海　上海人民出版社　1992.6

A10-036+ ［英］迈克尔·罗维；《宇宙,神谕与人伦》
　　　　　郭　净等　　沈阳　辽宁教育出版社　1992

A10-037+ 古野清人　《原始文化的探求》*　台北　联经出版公司　1992

A10-038+ 阿　　海　《北欧的神话传说》　沈阳　辽宁大学出版社　1992

A10-039+ ［英］爱德华·泰勒；《原始文化》
　　　　　连　树声　　上海　上海文艺出版社　1992

A10-040+ 刘　魁立　《原始文化》中译本序:泰勒与他的《原始文化》1992:《刘魁立民俗学论集》　上海　上海文艺出版社　1998.10.303—315

A10-041+ G.H.吕凯编著；《世界神话百科全书》
　　　　　徐　汝舟　　上海　上海文艺出版社　1992.3

A10-042+ ［美］艾瑟·哈婷；《月亮神话——女性的神话》
　　　　　蒙　梓等　　上海　上海文艺出版社　1992

A10-043+ ［英］泰　勒；《人类学》
　　　　　连　树声　　上海　上海文艺出版社　1993

A10-044+ ［俄］哈通；《图腾崇拜》
　　　　　何　星亮　　上海　上海文艺出版社　1993.238p

A10-045+ ［俄］梅列金斯基等编著；《世界各民族神话大观》
　　　　　魏庆征等　　北京　国际文化出版公司　1993

A10-046+ ［美］阿兰·邓迪斯编；《西方神话学论文集》
　　　　　朝戈金等　　上海　上海文艺出版社　1994

A10-047+ ［英］丽莉·弗雷泽夫人；《金叶》
　　　　　汪培基等　　上海　上海文艺出版社　1997

A10-048+ 刘　魁立　《金叶》中译本序　1997:《刘魁立民俗学论集》

上海文艺出版社　1998.10.343—353

A10-001	单　士厘	育斯（宙斯）·章华庭四室　《归潜记》归安钱氏家刻毛本　1910：湖南人民出版社　1981	
A10-002	玄　珠	人类学派神话起源解释　文学周报　1928,6(19)	
A10-003	沈　玄英	希腊神话与北欧神话　小说月报　1928,19(8)	
A10-004	玄　珠	希腊罗马神话的保存　文学周报　1929,7	
A10-005	玄　珠	埃及印度神话之保存　文学周报　1929,7	
A10-006	玄　珠	北欧神话的保存　文学周报　1929,7	
A10-007	西　谛	希腊罗马神话与传说中的英雄传说　小说月报　1930—1932,21(1)—22(6)	
A10-008	黄　石	湿婆与沙谛的恋爱故事——印度神话　青年界　1932,2(3)	
A10-009	周　作人	金枝上的叶子　《夜读抄》　1934.9	
A10-010	周　作人	希腊神话　1934	
A10-011	周　作人	希腊的神、英雄、人　1935,(19)	
A10-012	顾　颉刚	自然民族神话之美和伟人：序太平洋西北岸土人神话传说集　民声报·民俗周刊　1936.12.1	
A10-013	刘　魁立	欧洲民间文学研究中的神话学派　民间文艺集刊　1982,(3)	
A10-014	刘　魁立	欧洲神话学派的奠基人——格林兄弟　《民间文学论文选》　湖南人民出版社　1982.12.79—96	
A10-015	刘　魁立	欧洲民间文学研究中的流传学派　民间文学论坛　1983,(3)	
A10-016	徐　华龙	拉法格的神话观　思想战线　1983,(6),59	
A10-017	阎　云翔	泰勒、兰、弗雷泽神话观理论述评　云南社会科学　1984,(6),83	
A10-018	魏庆征译	西方学者论神话　民间文学论坛　1984,(4),89；1985,(2),79；1986,(2),88	
A10-019	郑凡译	神话和神话学——《新大英百科全书》　山茶　1984,(5),91；1984,(6),88	

A10-020	潎　之	怎样理解希腊神话中的"乱伦"、"乱爱"现象？ 民间文学论坛　1985,(2)	
A10-021	吴　文辉	《旧约·创世记》开篇词语考　中山大学学报 1985,(2)	
A10-022	刘　锡诚	普列汉诺夫的神话观初探　民间文学论坛 1985,(5)	
A10-023	[日]大林太良； 张　铭远	神话学史略 民间文艺季刊　1986,(1),250—258;《民间文学 理论译丛·一》　1986	
A10-024	斯杰布林—卡明斯基； 易　方	神话理论 民间文学论坛　1986,(2):西北师范学院学报 1986,(3)	
A10-025	叶　舒宪	荣格及其原型理论　民间文学　1986,(7)	
A10-026	张　铭远	施密特的原始神话论　民间文学　1986,(8)	
A10-027	朱　立元	神话的奥秘:下意识结构——列维·斯特劳斯的 结构主义神话学评价　批评家　1986,(8),67	
A10-028	刘　魁立	《金枝》论评　民间文学论坛　1987,(3)	
A10-029	阎　步克	人的原罪——弗雷泽的死亡起源神话研究　民 间文学论坛　1987,(4),91	
A10-030	都　本海	旧约众神创世神话的审美层次　民间文学论坛 1987,(5)	
A10-031	徐　昌翰	西方神话研究纵谈　学术交流　1987,(6),119	
A10-032	盛　宁	"关于批评的批评"——论弗莱的神话——原型 批评理论　外国文学评论　1990,(1),5	
A10-033	刘　连祥	《圣经》伊甸园神话与母亲原型　外国文学评论 1990,(1),35	
A10-034	金　泽	当代西方神话研究的新走向　世界宗教资料 1990,(2),1—7	
A10-035	张　化新	从俄林波斯山上流出的乳汁——试说希腊神话 传说对西方文化的影响　延边大学学报　1990, (2),78	
A10-036	张　朝柯	希腊神话中的西亚北非影响——读希罗多德《历	

　　　　　　　　　　史》札记　外国文学评论　1990,(2),109

A10-037　林　骧华　诺思罗普·弗赖依与神话——原型批评　环球文学　1990,(3),11

A10-038　冯　志臣　罗马尼亚民间文学中的神灵、鬼怪与奇人　东欧　1990,(3),39

A10-039　梅列金斯基；论英雄神话中的血亲婚原型
　　　　　马　昌仪　民族文学研究　1990,(3),89—92

A10-040　刘　魁立　《原始文化》论评　民间文学论坛　1990,(6)

A10-041　[日]松前健；日本神话论
　　　　　刘　天为　国外社会科学　1990,(9),29

A10-042　陈　建宪　更新方法,扩展领域——西方民间文学、民俗学发展动向　社会科学动态　1990,(12)

A10-043　何　乃英　印度神话特点刍议　南亚研究　1991,(2),57—61

A10-044　萨　克翘　谈印度神话的分类:读《人类学入门》的一点体会　南亚研究　1991,(2),62—65

A10-045　王　　凯　古埃及人的太阳崇拜　内蒙古师范大学学报　1991,(2),83—90

A10-046　马　晓朝　论古希腊神话的人本主义世界观　成都师范专科学校学报　1991,(2)

A10-047　[苏]涅克柳多夫；关于蒙古神话研究的几个基本问题
　　　　　申　屠荣　内蒙古社会科学　1991,(2)

A10-048　张　朝柯　是抄袭、剽窃,还是改造、创新?——通过比较重新评价诺亚方舟的故事　辽宁大学学报　1991,(4)

A10-049　[美]杰姆斯·威格尔；神话学简论
　　　　　蒙　　梓　民间文学论坛　1991,(5),82—85

A10-050　陈　建宪　到中国去寻根——日本的民俗研究动态　社会科学动态　1991,(6)

A10-051　[美]戴维；神话的创造者
　　　　　李路阳等　民间文学论坛　1992,(2)

A10-052　[英]阿尔蒙德·B；西方社会的七个道德神话　国外社会科

	沅　良能	学　1992,(2)
A10-053	叶　舒宪	从千面英雄到单一神话:坎贝尔神话观述评　上海文论　1992,(2)
A10-054	孙　超英	关于神话的神话:当代西方神话学研究掠影　法国研究　1992,(2)
A10-055	张　立生	试论古希腊神话的现实因素　新疆师范大学学报　1992,(3),66—72
A10-056	陈　健宪	西方当代迷信研究动态　社会科学动态　1992,(3)
A10-057	刘　连祥	试论圣经的神话结构　上海师范大学学报　1992,(4),77—81
A10-058	洪　伟	神话与古希腊哲学　福建论坛　1992,(6)
A10-059	张　培勇	印度神话的思维形态　社会科学家　1992,(6)
A10-060	阴　玺	俄塞里斯:古埃及的冥神和丰产神　西北大学学报　1992,22(3)
A10-061	张　志刚	马林诺夫斯基的原始宗教与巫术研究　晋阳学刊　1993,(1)
A10-062	邓　启耀	外国神话学理论评介　广东民俗文化研究　1993,(1/2),33—36
A10-063	叶　秀山	希腊"神话"——作为理解世界的一种方式　东方论坛　1993,(2)
A10-064	孙　承熙	巴比伦泥板书、《旧约·创世记》和《古兰经》中创世神话之比较兼论闪族宗教观的演变　国外文学　1993,(2)
A10-065	[美]HaghRoss	圣经《创世记》第一章的科学透视　合肥教育学院学报　1993,(3)
A10-066	赵　复兴	古希腊神话内容特点探源　外国文学研究　1993,(4),36—40
A10-067	魏　善浩	古伊朗神话中"世界末日"预言的哲学思辨　长沙水电师范学院学报　1993,(4)
A10-068	邓　晓	论希腊诸神的历史功能　重庆师范学院学报　1994,(1),74—83

编号	作者	题目	出处
A10-069	张 玉安	试论印尼死体化生型谷物神话	东南亚 1994,(2)
A10-070	张 玉安	东南亚神话的分类及其特点	东南亚纵横 1994,(2)
A10-071	吴 忠诚	合理与非理的宇宙人生——古希腊神话"命运观"浅析	外国文学研究 1994,(4)
A10-072	杨素娥等	希腊神话果真产生于原始社会吗？	教学与管理 1995,(1)
A10-073	殷 国明	西方"狼文学"及其神话渊源	暨南大学学报 1995,17(1),72—82
A10-074	吴 忠诚	文明：不尽斗争之途：希腊神话"命运观"辨析	外国文学研究 1995,(2)
A10-075	刘 绩生	日本《记》、《纪》神话的原始世界观	湖南大学社会科学学报 1995,9(1)
A10-076	张 朝柯	希腊丢卡利翁洪水神话溯源——巴比伦、希腊洪水神话的比较	民间文学论坛 1995,(3)
A10-077	窦 重山	工笔重彩绘神奇：评刘毅《高天原浮世绘：日本神话》	日本研究 1996,(1)
A10-078	麦 永雄	古埃及神话中的宇宙论与形象体	广西师范大学学报 1996,(2),34—41
A10-079	李 娟芬	论西欧原始神话中人的哲学	社会科学战线 1996,(2),97—100
A10-080	戈丁尼奥；乔 亚	葡萄牙神话与时间	第欧根尼 1996,(2)
A10-081	钱 莉等	浅谈希腊神话对英美文化的影响	社会科学论坛 1996,(3)
A10-082	韩 立军	从希腊神话谈西方民族个性解放精神	河南师范大学学报 1996,(4),81—84
A10-083	[日]杜村一男；何 彬	日本近十年神话研究	思想战线 1997,(1)
A10-084	[美]林肯	美国社会中的神话和文化多样性	现代外国哲学社会科学文摘 1997,(1),31—32

A10-085	龚　北方	创时世的真主角,争平等的女豪杰:古希腊神话中的叛逆女性辨析　大庆高等专科学校学报 1997,17(1)	
A10-086	梁　其严	人类童年时代的产物之魅力:读《希腊罗马神话与传说》　中山大学学报　1997,37(1)	
A10-087	李　保平	非洲神话与黑人精神世界:试析非洲神话的类型和功能　西亚·非洲　1997,(2),56	
A10-088	刘　敏等	希腊神话对西方思想文化的影响　曲靖师范专科学校学报　1997,16(2)	
A10-089	黄　艳霞	浅谈西方古典神话的应用　广东民族学院学报 1997,(增刊)	
A10-090	张　金玲	希腊神话基本精神的再认识　青海师范大学学报　1998,(1),41—45	
A10-091	[日]铃木岩弓；何　燕生	"民族信仰"概念在日本的形成及其演变　民俗研究　1998,(3),20	

二、神话学史

1. 综论

B01-001+	潜　明兹	《神话学的历程》　哈尔滨　北方文艺出版社 1989.460p	
B01-002+	刘　玉凯	梳理神话学史的成功尝试——读潜明兹《神话学的历程》　博览群书　1990	
B01-001	古　铁	中国民族的神话研究　中原文化　1934,(14):1935,(19)	
B01-002	钟　敬文	几点意见(有关神话研究)　思想战线　1980,(5),43—46	
B01-003	王　孝廉	中国神话研究的兴起——从古史到神话　民俗曲艺*(25)　1983	
B01-004	谢　选骏	世界文化中的中国神话及其研究　中国文化报	

1987.1.14

B01-005　马　昌仪　中国神话:寻求与世界的对话　北京师范学院学报　1988,(3),47—54

B01-006　陶　思炎　一门持久的显学——谈中国神话学的未来　北京师范大学学报　1988,(3),85,110

B01-007　信　　之　从两部新著看中国神话研究　当代青年研究　1990,(2),61—63

B01-008　潜　明兹　神话学在中国　南风　1996,(5),36—39

B01-009　钟敬文等　中国古代神话研究史上的合理主义　《中国神话传说国际学术研讨会论文集·上》*　1996.3.33—60

B01-010　赵　沛霖　关于中国神话思想史研究的几个问题　天津社会科学　1997,(4),80—86

2. 早期

B02-001　洪　善鼎　刘勰论文艺创作中的神话运用　民间文学论坛　1984,(1),61—65

B02-002　钱　　基　刘勰民间文学思想管窥　《年会论文选》(上海)　1984.82—111

B02-003　洪　善鼎　刘勰神话思想初探　《年会论文选》(上海)　1984.136—155

B02-004　李　欣复　试论郭璞的神话学思想　学术月刊　1994,(8),72—78

B02-005　田　兆元　论春秋战国时期的神话派系　中国民间文化　1996,(2),96—118

3. 明清

B03-001　海　　波　崔东壁学记　中和月刊　1940,1(4),52—61

B03-002　钟　敬文　晚清革命派著作家的民间文艺学　北京师范大学学报　1963,(2):《中国近代文学论文集(戏剧、民间文学卷)》　1982.465—510

B03-003　钟　敬文　晚清时期民间文艺学史试探　北京师范大学学

报　1980,(2),1—9

B03-004　杨　向奎　略论王国维的古史研究　东岳论丛　1980,(1),77—85

B03-005　静　闻　晚清革命派作家对民间文学的运用　《民间文艺学文丛》　1982.178—202

B03-006　张　振犁　晚清时期顽固派的民间文学观　《民间文艺学文丛》　1982.203—224

B03-007　钟　敬文　晚清改良派学者的民间文学见解　《钟敬文民间文学论集》(上)　1982.290—353

B03-008　顾　颉刚　崔东壁遗书序　《崔东壁遗书》　1983.1—71

B03-009　[日]冈崎文夫；　崔述对于禅让之见解
　　　　　周　一良　《崔东壁遗书》　1983.1078—1079

B03-010　马　昌仪　《释神》与"语言疾病说"　活页文史丛刊(200)　1984.2—9;民间文艺季刊　1986,(1),135—141

B03-011　董　晓萍　杨慎的神话观　思想战线　1992,(2),52—59

4. 现当代
a. 综论

B04a001+　马　昌仪　《中国神话学文论选萃》(上下)　北京　中国广播电视出版社　1994.12.753p;906p

B04a002+　钟　敬文　《中国神话学文论选萃》序　1994.12.1—5

B04a003+　马　昌仪　中国神话学发展的一个轮廓　《中国神话学文论选萃》编者序　1994.12.7—17

B04a004+　杨　堃　中国神话学重构之作——《中国神话学文论选萃》简评　民间文学论坛　1994,(3),78—79

B04a001　王　孝廉　日本学者的中国古代神话研究　大陆杂志*　1972,54(1),31—38;《从比较神话到文学》*　1977;《中国的神话与传说》*　1977;《神话学信息》　1984,(1),7—11

B04a002　梁　超然　关于神话和神话领域中的路线斗争:文艺史上的儒法斗争札记　广西民族学院学报　1975,(2),

41—43

B04a003　马　昌仪　人类学派与中国近代神话学　民间文艺集刊
　　　　　　　　　（一）1981.37—73

B04a004　宋　　晞　七十年来中国上古史的研究　珠海学报（港）
　　　　　　　　　1981,(12)

B04a005　袁　　珂　神话领域里反映的阶级斗争　湘潭大学学报
　　　　　　　　　1982,(10),7—12

D04a006　蔡　铁民　对1927—1936年民间文学运动的考察　民间文
　　　　　　　　　学论坛　1983,(1),75—81

B04a007　李　少雍　近年神话研究述评　文史知识　1983,(5),
　　　　　　　　　119—122

B04a008　何　光宇　民间文学界关于神话的一场论争　民族文化
　　　　　　　　　1984,(6),6—7

B04a009　钟　敬文　中国民间文艺学的形成与发展　文艺研究
　　　　　　　　　1984,(6),4—10

B04a010　程　　蔷　神话学十年　民间文学论坛　1986,(5),5—8

B04a011　杨　　等　人类学派对我国神话学研究的影响　中国神话
　　　　　　　　　（一）1987.14—30

B04a012　[俄]李福清；中国古神话研究史试探
　　　　　　一　方　黑龙江民间文学(20)　1987

B04a013　贺　学君　关于近年来的神话研究　《神话新论》
　　　　　　　　　1987.354—366

B04a014　陶　思炎　李福清与中国神话　乡土报　1989,(1)

B04a015　叶　舒宪　神话学的兴起及其东渐　人文杂志　1996,(3),
　　　　　　　　　111—116,126

B04a016　潜　明兹　百年神话研究略论　铁道师范学院学报　1997,
　　　　　　　　　(6),53—58

B04a017　陈　建宪　精神还乡的引魂之幡——20世纪中国神话学回
　　　　　　　　　眸　河北师范大学学报　1998,(3),132—137；
　　　　　　　　　报刊复印资料　1998,(10),18—23

b. 神话教材及题材问题

B04b001　周　邦道　神话教材问题　教育汇刊　1919,(1)

B04b002	邵爽秋	对神话教材之怀疑 中华教育界 1921,10(7)	
B04b003	秋 心	小学教授神话故事的研究 时事新报·学灯 1922.5.2	
B04b004	周毓英	神话非儿童读物 时事新报·学灯 1923.12.7	
B04b005	赵金源	神话和儿童教材 时事新报·学灯 1923.12.11	
B04b006	赵承预	为疑神仙做儿童读物者进一解 时事新报·学灯 1924.2.12	
B04b007	徐 纶	头发谣言和神话教材 时事新报·学灯 1924.6.5	
B04b008	魏冰心	童话教材的商榷 世界杂志 1931,2(2),367—375;《1913—1949儿童文学论文选集》 1962	
B04b009	张周勋	神话有害 文化与教育 1937,(132);《1913—1949儿童文学论文选集》 1962	
B04b010	姜炳泰	为什么要保存我们民族的古代神话 群众日报 1952.10.28	
B04b011	光未然	历史唯物主义与历史剧神话剧的问题 人民戏剧 1951,(38),32—36	
B04b012	马少波	严肃对待整理神话剧的工作:从天河配的改编谈起 人民日报 1951.11.4	
B04b013	姜炳泰	关于神话剧的修改和演出问题 群众日报 1951.10.27	
B04b014	严敦易	关于神话题材的处理 人民文学 1952,(12),95—97	
B04b015	绿 由	我对"关于神话题材的处理"一文的意见 人民文学 1953,(9),110—112	
B04b016	张纪元	神话故事的教育作用 文汇报 1953.11.20	
B04b017	高 荣	我对神话剧的意见 陕西文艺 1954,(1)	
B04b018		关于神话剧的问题 陕西文艺 1954,(5)	
B04b019	常春雁	向诗歌的作者进一言(涉及神话题材) 长春 1959,(4),55	
B04b020	姚家齐等	《开天辟地》宣扬什么? 文汇报 1963.4.12	
B04b021	肖 凌	应该从头本《开天辟地》吸取教训(改编神话问	

题） 文汇报 1963.4.17
B04b022　辛　　聂　　题材多样化及其他　边疆文艺　1978,(3)
B04b023　晓　　林　　从《天仙配》说神话戏　中国青年报　1979.1.20
B04b024　不　　周　　如何看待神话题材作品　广西日报
1981.4.21

5. 神话学者
a. 鲁迅

B05a001　赵　景深　鲁迅先生与民间文章　人民日报
1956.10.19—22
B05a002　路　　工　　鲁迅与民间文学　新建设　1959,(12),50—56
B05a003　黄　　华　　鲁迅与《山海经》　文汇报　1961.3.16
B05a004　孙　昌熙　鲁迅与《山海经》　吉林大学学报　1979,(1)
B05a005　许　钦文　鲁迅和《山海经》　山海经（一）　1981.3
B05a006　马　昌仪　鲁迅论神话　《民间文学论丛》　1981.120—152
B05a007　柴　生祥　鲁迅的神话研究　民族文学研究（内部）　1981,
(3),3—8
B05a008　钟　敬文　作为民间文艺学者的鲁迅　文学评论　1982,
(2),51—65;《钟敬文民间文学论集》（上）
1982.371—403
B05a009　金　　玉　　鲁迅和民间文艺　《民间文艺学文丛》
1982.247—263
B05a010　柯　　杨　　试论鲁迅早期的神话观　关陇文学论丛（一）
1982.35—48
B05a011　许　　钰　　鲁迅对民间文艺理论的贡献　《民间文学论文
选》　1982.97—116
B05a012　潜　明兹　鲁迅论神话的界限　广西民间文学丛刊（十二）
1985.1—9
B05a013　刘　铁梁　鲁迅的民间文艺观和他的"国民性"思想　北京
师范大学学报增刊·学术之声（二）
1988.248—262
B05a014　黎　本初　鲁迅论神话　巴蜀风　1989,创刊号

B05a015	徐　毓琴	鲁迅论中国神话研究	淮北煤炭师范学院学报 1994,(4),119—123

b. 茅盾

B05b001	罗　睒	茅盾先生论《伊利亚特》和《奥德赛》	大公报·文艺副刊(天津)　1934.9.12
B05b002	茅　盾	《茅盾评论文集》前言	《茅盾评论文集》 1978.1—4
B05b003	茅　盾	商务印书馆编译所生活之二	新文学史料 1979,(2),43—54
D05b004	马　昌仪	试论茅盾的神话观	民间文学　1981,(5),77—89
B05b005	吕　禾	茅盾神话研究的理论贡献	杭州大学学报 1984,14(1),54—61
B05b006	曹　万生	论茅盾的神话美学观	高校文科学报文摘 1986,(1),30
B05b007	张　铭远	茅盾在中国现代神话学史的地位	民间文艺季刊　1986,(3),38—49
B05b008	蔡　茂松	人类学派神话观与马格斯主义神话观比较——对茅盾同志的研究神话观提几点意见	雷州师范专科学校学报　1987,(2),30
B05b009	崔　柳生	从《神话研究》看茅盾的神话观及其人类学派	社会科学探索　1990,(5),56—60
B05b010	李　德芳	论茅盾的中国神话研究	北京师范大学学报增刊学术之声(二)　1988.220—247

c. 闻一多

B05c001	郑临川述	闻一多先生论《楚辞》(上下)	社会科学辑刊 1981,(1)(上),117—125;1981,(2)(下),137—141
B05c002	杨　知勇	发彩扬辉要我人〔闻一多〕	民间文学　1984,(7),49—50
B05c003	孙　昌熙	闻一多与《山海经》	云南师范大学学报　1985,(6),66—73

B05c004	潜　明兹	闻一多对道教、神仙的考释在神话学上的意义　思想战线　1986,(1),33—40	
B05c005	吕　　维	寻找民族文化的母题——闻一多的神话研究　社会科学战线　1986,(2),298	
B05c006	潜　明兹	从闻一多的端午考窥其神话观　民间文学论坛　1986,(3),53—59	
B05c007	陈　建宪	闻一多与民间文学　华中师范大学研究生报　1986,(3)	
B05c008	潜　明兹	闻一多对龙考证的贡献与意义　云南社会科学　1987,(1),98—103,97	
B05c009	郭　于华	论闻一多的神话传说研究　民间文学论坛　1988,(1),67—74	
B05c010	费　振刚	闻一多先生的《楚辞》研究　《闻一多研究四十年》　1988.159—169	
B05c011	袁　謇正	闻一多《楚辞》研究的基本层面　《闻一多研究四十年》　1988.170—181	
B05c012	李　思乐	一项别开生面的古籍研究工作——读闻一多《九歌》古歌午剧悬解　《闻一多研究四十年》　1988.182—190	
JB05c001+	闻　一多；中島みどり	『中国神話』　東京　平凡社（東洋文庫）　1989	

d. 顾颉刚

B05d001	顾　颉刚	自序　《古史辨》（一）　1926.1—103
B05d002	陆　懋德	评顾颉刚《古史辨》　《古史辨》（二）　1930.369—387
B05d003	顾　颉刚	孟姜女故事研究:古史辨自序删去之一部分　现代评论　1927,(增刊):《孟姜女故事论文集》1983.24—73
B05d004	绍　　来	整理古史应注意之条件:质顾颉刚的《古史辨》釜世报・学术周刊　1928.12.3(6):《古史辨》（二）1930.416—421
B05d005	梁　园东	"古史辨"的史学方法商榷　东方杂志　1930,27

		(22),65—73
B05d006	Athur W. Hummel;	近百年来中国史学与古史辨——英译《古史辨》自序
	郑 德 坤	史学年报 1933,1(5),147—162
B05d007	黎 东 方	被否认的中国古代 中山大学文史学研究所月刊 1934,4(3)
B05d008	顾 颉 刚	自然民族神话之美和伟人:序太平洋西北岸土人神话传说集 民声报·民俗周刊 1936.12.1(5)
B05d009	童 书 业	自序二 《古史辨》(七) 1941.1—7
B05d010	李 季	古史辨的解毒剂 求真杂志 1946,1(1),26—36
B05d011	杨 向 奎	"古史辨派"的学术思想批判 文史哲 1952,(3),34—37
B05d012	李 锦 全	批判古史辨派的疑古论 中山大学学报 1956,(4),67—91
B05d013	顾 颉 刚	我在民间文学的园地里 民间文学 1962,(3),26—36
B05d014	杨 向 奎	论"古史辨派" 《中华学术论文集》1981.11—36
B05d015	顾 颉 刚	我是怎样编写《古史辨》 中国哲学(二)(三) 1980—1981;《古史辨》(一)(影印本) 1982.1—29
B05d016	许 冠 三	顾颉刚之新古史学 中国文化研究所学报(港) 1983,(14)
B05d017	方 诗 铭	顾颉刚与《古史辨》 书林 1983,(4),18—19
B05d018	周 春 元	论古史辨派的史学 史学史研究 1984,(1),20—28,13
B05d019	庄 藏等	考辨古史,廓清迷雾——评《古史辨》 史学月刊 1984,(1),118—120,84
B05d020	刘 起 舒	顾颉刚先生与《尚书》研究 社会科学战线 1984,(3),220—229

B05d021	王　孝廉	从古史到神话——顾颉刚的思想形成、神话研究以及和富永仲基加上说的比较　民俗曲艺*(30)　1984.1—8	
B05d022	王　红旗	八十年代读《古史辨》　民间文学论坛　1985,(3),56—61	
B05d023	张　铭远	顾颉刚古史辨神话观试探　民间文学论坛　1986,(1),44—52	
B05d024	潜　明兹	评顾颉刚的古史神话观　民间文学论坛　1987,(4),52—60	
B05d025	李　稚田	评《古史辨》派神话研究　北京师范大学学报·学术之声（二）　1988.263—280	
B05d026	杨　志钧	《古史辨》和经今文　《纪念顾颉刚学术论文集》1990.73—82	
B05d027	王　煦华	顾颉刚先生对民间文学、民俗学的研究及贡献　文史哲　1993,(2)	
JB05d001	王　孝廉	顧頡剛について——古史辨を中心とする神話研究（1）　西南学院大学文理論集　19(2)　1979.235—261	

e. 袁珂

B05e001	杨　振汉	一组有毒的神话——兼评袁珂同志"漫谈民间流传的古代神话"一文　民间文学　1966,(1),134—140	
B05e002	战　白	"害不死的大舜"是一篇什么神话？兼谈对古代神话的研究和整理　民间文学　1966,(2),119—124	
B05e003	袁　珂	"摆龙门阵"　散文　1980,(6),47—48	
B05e004	陈　均	太阳终归出,一样照人行　民间文学　1981,(9),115—119	
B05e005	袁　珂	我和神话　人民日报　1983.9.6	
B05e006	袁　珂	袁珂自传　《中国现代社会科学家传略》（四）1983.323—333	

B05e007	袁　珂	从积累、钻研到写作　文史知识　1985,(4),3—9	
B05e008	远　明	夸父追日,矢志不移——访神话学家袁珂 1985,(8),58—59	
B05e009	吴　曼青	袁珂先生的神话学研究　北京日报　1987.3.5	
B05e010	潜　明兹	袁珂对当代神话学的贡献　社会科学研究(成都)　1988,(1)	
B05e011	袁　珂	我在神话研究方面做的工作　中华文化论坛 1996,(4)	
B05e012	文　鹤	筚路蓝缕,以启山林:袁珂先生学术历程及神话思想述要　社会科学研究　1996,(5)	

f. 萧兵

B05f001	萧　兵	从我的业余研究谈起　情况与建议　1979,(73)	
B05f002	萧　兵	因枝以振叶,沿波而讨源——由《楚辞·天问》阳离、顾菟的考释说到古典文学研究的边缘化 社会科学(上海)　1981,(1),112—120	
B05f003	萧　兵	三十年自学生涯　文史哲　1984,(1),54—58;《治学之道》(续集)　1986	
B05f004	杨步才等	求索者的足迹——记楚辞研究专家萧兵　淮海报　1985.1.29	
B05f005	杨步才等	春风送暖,惠我良多——记淮阴师专中文教师萧兵　新华日报　1985.3.1	
B05f006	赵　沛霖	评萧兵的楚辞研究　文艺研究　1985,(6),33—39	
B05f007	周　健忠	他山攻玉,考微知著——萧兵楚辞研究方法述评 淮阴师范专科学校学报　1987,(1),35—39	
B05f008	潘　年英	萧兵印象　文化与人　1988,(4)	
B05f009	云　中君	萧兵教授美国访问一夕谈　华东比较文学通讯 1988,(1);淮阴师范专科学校学报　1988,(1)	
B05f010	胡　健	萧兵的潜美学观　《中国当代美学家》　1989	
B05f011	胡　健	再论萧兵的潜美学观　淮阴师范专科学校学报 1987,(4),47—52	

| B05f012 | 梅 琼琳 | 萧兵现象:反思一种文化研究方法:论楚辞学专家萧兵的研究 社会科学 1998,(8),53—57,52 |

g. 其他

B05g001	卫 聚贤	古史研究自序 语历所周刊 1928,4(39),1411—1412
B05g002	朱 芳圃	评卫聚贤古史研究 语历所周刊 1928,(59/60),2271—2278
B05g003	钟 敬文	顾实先生的考证学 新学生 1931,(3),221—240
B05g004	张 铁燕	黄芝冈对民间文学的贡献 楚风 1984,(2)
B05g005	苏 雪林	周作人先生研究 青年界 1934,6(5)
B05g006	于 彤	周作人对中国民俗学民间文艺学的贡献 人物 1983,(6)
B05g007	徐旭生等	试论传说材料的整理与传说时代的研究 史学集刊 1947,(5)
B05g008	徐 旭生	我们怎样研究传说时代 新建设 1956,(9),1—10
B05g009	黄 石林	徐旭生先生在历史学上的贡献 考古 1981,(4),383—384
B05g010	刘 尧民	从神话的研究批判胡适的反动思想 云南大学学报 1956,(1),1—21
B05g011	张 振犁	批判胡适的民间文学观 开封师范学院学报 1957,(2),1—18
B05g012	郭 沫若	关于文艺的不朽性 《文艺论集续集》1931.165—180;《沫若文集》(十) 1959.377—385
B05g013	张 积玉	对郭沫若古神话传说研究的初步探讨 陕西师范大学学报 1982,(4),31—41
B05g014	钟 敬文	自传 《中国现代作家传略》 1981
B05g015	钟 敬文	民间文艺学生涯六十年 文艺报 1982,(8)
B05g016	马 昌仪	求索篇:钟敬文民间文艺学道路探讨之一 民间

		文艺集刊(四) 1983.213—245
B05g017	许　钰	钟敬文先生在民间文艺学园地里　楚风　1983,(3),7—10
B05g018	钟　敬文	《新的驿程》自序　民间文学论坛　1987,(1),32—37
B05g019	王　孝廉	关于杜而未博士的中国神话　幼狮月刊*　1975,42(6);《中国的神话与传说》*　1977.299—330
B05g020	杜　而未	答复王孝廉先生　幼狮月刊*　1976,43(2);《中国的神话与传说》　1977.331—334
B05g021	王　孝廉	童年·梦·神话及其他　《花与花神》*　1980.191—198
B05g022	吴　浩	王孝廉的神话世界　大华晚报*　1988.3.13
JB05g001	王　孝廉	楊寬について――古史辨を中心とする神話研究(2)　西南学院大学文理論集 20(2) 1980.227—244

6. 史料与动态

B06-001	贺　学君	1980年民间文学研究概况　《中国文学研究年鉴》 1981.129—136
B06-002	贺　学君	1981年民间文学研究概述　《中国文学研究年鉴》 1982.202—212;民间文学论坛 1982,(2),78—87
B06-003	贺　学君	1982年民间文学综述　广西民间文学丛刊(九) 1983.248—254
B06-004	贺　学君	1982年神话研究　《中国文学研究年鉴》 1983.186—188
B06-005	秦　家华	把神话研究推向深入:昆明神话讨论会综述　民间文学论坛 1984,(4),35—38;山茶 1984,(5),78—81,90
B06-006	贺　学君	1983年民间文学研究概况　《中国文学研究年鉴》 1984.257—266

B06-007	马昌仪	苏联汉学家李福清对中国民间文学的研究 文学研究动态 1984,(11),38—39	
B06-008	李福清；田大畏	苏联对中国古代民间文学的研究 文学研究动态 1984,(11),28—37	
B06-009	贺学君	民间文学研究的新收获 文学研究动态 1984,(11),14—18	
B06-010	徐纪民	神话研究的新拓展：全国理论神话研讨会综述 民间文学论坛 1985,(4),48—50	
B06-011	一申	全国神话理论研讨会述要 中外文学研究参考（北京） 1985,(5),1—4	
B06-012	逸申	神话研究的新收获——全国神话理论研讨会略述 文学评论 1985,(5),142—143	
B06-013	贺学君	1984年神话研究纵览 语文导报 1985,(6),3—5；《中国文学研究年鉴》 1985.357—361	
B06-014	韦达	全国神话理论研讨会在南通举行 民间文学 1985,(6),63	
B06-015	贺学君	神话研究的反思——记一次青年神话学者座谈会 民间文学论坛 1986,(5),90—94	
B06-016	谢选骏	多层面多视角的探索——1985年国内神话研究的动向 文学研究参考 1986,(6),35—38,12	
B06-017	谢选骏	新的神界：1986年上半年神话研究一瞥 文学研究参考 1987,(3),35—38,12	
B06-018	谢选骏	新的视界——1986年国内神话研究 文史知识 1987,(7),124—128	
B06-019	金应熙	中国神话研究在国外 文史知识 1987,(8),91—97	
B06-020	谢选骏	世界文化中的中国神话及其研究 中国文化报 1987.1.14	
B06-021	贺学君	1979—1985年神话研究大事记 《神话新论》 1987.367—370	
B06-022	谢选骏	1985年神话研究述评 《中国文学研究年鉴1986》 1988.2.356—359	

B06-023	潆 之	1986年神话研究的进展 《中国文学研究年鉴1987》 1989.11.387—390
B06-024	刘 艳军	1987年神话研究综述 《中国文学研究年鉴1988》 1992.2.413—417
B06-025	董 晓萍	1990—1991年神话研究 《中国文学研究年鉴》 1993.2.658—660
B06-026	马 昌仪	文化学新视野:1992中国神话研究概观 文艺通讯 1993,(10),9—14;《中国文学研究年鉴》 1994.1.563—573
B06-027	马 昌仪	1993年神话研究概说 《中国文学研究年鉴》 1995.7.533—540
B06-028	汉学研究中心	中国神话与传说学术研讨会 汉学研究通讯 1995,14(1),1—15
B06-029	［日］中西进；蔡 毅	中国神话在日本 文史知识 1997,(4),49—56,102
B06-030	汪 馥泉	神话及传说的动态 绸缪月刊 1936,2(5),93—98
B06-031	程 建军	河南师范大学中文系发掘出一批上古神话传说 民间文学 1982,(4)
B06-032		中国神话学会成立(消息) 民间文学论坛 1984,(4),38
B06-033		中国神话学会首届学术研讨会在郑州召开 民族文学研究 1988,(2)
B06-034	林 乐山	中国齐鲁神话讨论会在济召开 民间文学论坛 1990,(3),75
B06-035	中州学刊记者	"黄帝故里故都论证会"与黄帝文化研讨会分别在郑州、密县举行 中州学刊 1990,(5),129
B06-036	文艺报讯	我国神话研究已形成独特理论框架成就喜人 文艺报 1990.6.16
JB06-001	铃木健之	中国における最近の神话研究について 古代研究(早稻田大学)19 1987
JB06-002	铃木健之	近年中国における神话研究の新たな动向——

		個別研究を中心として　中国文学研究（早稲田大学）13　1987.116-131
JB06-003	伊藤清司	中国神話研究の動向と三論文の位置づけ　史学 66(4)　1997.109—118

7. 工具书

B07-001+	袁　　珂	《中国神话传说词典》　上海　上海辞书出版社　1985.540p；香港　商务印书馆　1986；台北　华世出版社　1987
B07-002+	陶　　然	中国神话传说之大观：评介《中国神话传说词典》　书刊导报　1985,(10)
B07-003+	袁珂等编	《中国神话资料萃编》　成都　四川社科院出版社　1985.433p
B07-004+	祁连休等	《民间文学辞典》　石家庄　河北教育出版社　1988
B07-005+	老　　彭	《民间文学书目汇要》　重庆　重庆出版社　1988.10.570p
B07-006+	袁　　珂	《中国民族神话词典》　成都　四川省社会科学院出版社　1989.387p
B07-007+	袁　　珂	《中国民族神话词典》　民族　1989,(6),21
B07-008+	蓝鸿恩等	《中国各民族宗教与神话大词典》　北京　学苑出版社　1990.900p
B07-009+	袁　　珂	《中国神话大词典》　成都　四川辞书出版社　1998.1.1075p
B07-001	古　添洪	中国神话研究书目　书评书目*　1974,(19)
B07-002	古　添洪	我国神话研究书目提要　《从比较神话到文学》*　1977；《神话学信息》　1984,(1),2—6
B07-003	古　添洪	神话学和比较神话学的一些书目　《从比较神话到文学》*　1977
B07-004	李　丰懋	中国古典小说研究书目（一）：神话、传说　《中国古典小说研究专集》*　（一）　1979.263—274

B07-005　　王　国良　　中国古典小说研究书目(五):神话、传说(续补)《中国古典小说研究专集》* (四) 1982.425—430

B07-006　　王　孝廉　　中国古代神话研究论文目录(1882—1946)《中国古典小说研究专集》* (六) 1983.359—399

B07-007　　杨得月等　　中国古代神话研究论文目录之二(1969—1970) 文讯月刊* 1985,(20)(上),350—359;1985,(21)(下),357—370

B07-008　　　　　　　　神话资料二集　中国学术资料社(港) 1985

B07-009　　曹　廷伟　　我国神话论文目录索引(1900—1984) 广西民间文学丛刊(十二) 1985.38—91

B07-010　　钟　宗宪　　中国古代神话研究论文目录(1970—1990)《辅仁大学中国文学研究所》* 1990

专题研究

一、神话与社会历史

1. 神话与社会

A01-001+ 　崔　载阳　　《初民心理与各种社会制度之起源》　广州　中山大学民俗学会　1929

A01-002+ 　尹　　达　　《中国原始社会》　延安　作者出版社　1933

A01-003+ 　吕　振羽　　《史前期中国社会研究》　北平　人文书店　1934.332p

A01-004+ 　袁业裕编述　《中国古代氏姓制度研究》　上海　商务印书馆　1936.669p

A01-005+ 　李　玄伯　　《中国古代社会新研》　上海　开明书局　1938.283p

A01-006+ 　吕　振羽　　《中国原始社会史》　桂林　耕耘出版社　1943.199p

A01-007+ 　吴　　泽　　《中国原始社会史》　桂林　桂林文化供应社　1948

A01-008+ 　吕　振羽　　《中国社会史纲》内含《中国原始社会史》和《殷周时代的中国社会》　上海　耕耘出版社　1949.514p

A01-009+ 　吴　　泽　　《中国历史大系古代史:殷代奴隶制社会史》　上海　棠棣书局　1953

A01-010 +	李　亚农	《殷代社会生活》 上海　上海人民出版社 1953.152p	
A01-011 +	陈　邦怀	《殷代社会史料微存》 天津　天津人民出版社 1959.32p	
A01-012 +	郭　沫若	《中国古代社会研究》 北京　人民文学出版社 1954.9.281p:北京科学出版社　1960.345p	
A01-013 +	吕　振羽	《史前期中国社会研究》(《中国原始社会史》的补订本) 北京　三联书店　1961.299p	
A01-014 +	杨　向奎	《中国古代社会与古代思想研究》 上海　上海人民出版社　1962.1051p	
A01-015 +	江　绍原	《古代中国》* 台北　商务印书馆　1966(再版)	
A01-016 +	黄淑娉等	《中国原始社会史话》 北京　北京出版社 1982.148p	
A01-017 +	宋兆麟等	《中国原始社会史》 北京　文物出版社 1983.499p	
A01-018 +	岑家梧遗作	《中国原始社会史稿》 北京　民族出版社 1984.155p	
A01-019 +	李根藩等	《中国原始社会经济研究》 北京　中国社会科学出版社　1987	
A01-020 +	宋　兆麟	《共夫制与共妻制》 上海　三联书店 1990.229p	
A01-001	刘　师培	氏姓学发微　国粹学报　1907,3(4)	
A01-002	裘　可桴	唐虞三代婚姻制度考(上)　学灯·青光副刊 1923.7.4	
A01-003	何　恩泽	母系制度与父系制度之探究　民俗周刊 1928,(6),1—7	
A01-004	陈　子怡	中华民族的女系时代　学术季刊　1930,1(2)	
A01-005	曹　觉生	中国女权时代的辨证　学风　1931,1(5)	
A01-006	卫　聚贤	中国的母系时代　明日(暨南大学)　1933,1 (1—2):《古史研究》(三)　1936.165—210	
A01-007	王　礼锡	古代的中国社会　读书杂志　1933,3(3—4)	

A01-008	钟　道铭	中国古代氏族社会之研究　东方杂志　1934,31(1)
A01-009	季　　子	中国古代社会史的研究——兼评中外作者对此问题的意见　中山文化教育馆季刊　1934,(1)
A01-010	李　则纲	中国姓氏的起源及其流变　中山文化教育馆季刊　1934,1(2)
A01-011	卫　聚贤	中国的氏族社会　新中国　1934,1(5—6):《古史研究》(三)　1936.211—238
A01-012	吴　　泽	史前期中国社会之意识诸形态　文化批判季刊　1934,4(2)
A01-013	任　达荣	关于中国古代母系社会的考证　东方杂志　1935,32(1),社类71—76
A01-014	刘　亚生	中国原始社会探究　文化论衡　1936,1(2)
A01-015	陈　伟旋	中国古代社会果有群婚制度吗?　食货半月刊　1936,4(10)
A01-016	许　同莘	论初民　河南教育月刊　1936,6(12)
A01-017	翦　伯赞	中国的母系氏族社会　现代妇女　1943,(1—2):《中国史论集》(一)　1947.83—94
A01-018	陈　震异	中国原始社会之母系制的考证　中华月报　1944,7(2)
A01-019	杨　念基	论中国的母系社会制度　新妇女　1945,1(2)
A01-020	魏　笠庵	关于家族研究之史的观察　中国学报　1945,3(2)
A01-021	马　长寿	中国古代传疑中之女系氏族社会　文史杂志　1945,5(5—6)
A01-022	张　政烺	古代中国的十进制氏族组织　历史教学　1951,2(5—6),13—19
A01-023	梁　金韬	氏族的起源及其早期发展　学术研究　1963,(4),56—66
A01-024	杨　胤宗	姓与氏族考　建设*　1963,11(11)
A01-025	杨　美惠	从女娲氏说起——母权社会初探之一　联合报·副刊*　1977.3.15—18

A01-026	程　德祺	人类婚姻形式的重要发展阶段——群婚　化石　1979,(2)	
A01-027	陈　克进	从原始婚姻家庭遗俗看母权制向父权制的过渡　民族研究　1980,(1),60—71	
A01-028	姜　彬	从"古歌"看古代婚姻制度的演变　社会科学(上海)　1980,(6),136—146;《少数民族文学论集》(一)　1983.214—242	
A01-029	田　昌五	中国古代的氏族和部落　《古代社会形态研究》1980.115—169	
A01-030	程　德祺	略谈婚姻制度的演变　百科知识　1981,(6)28—31	
A01-031	王　美逢	谈"兄弟民族"　民族文化　1982,(3),26—27	
A01-032	刘　正浩	氏族制度考源　国文学报*　1982,(11)	
A01-033	陈　启新	氏族起源初探　史前研究　1983,(1),18—26	
A01-034	韩　肇明	华夏族原始婚姻形态研究　民族学研究(五)1983.272—296	
A01-035	陈　剑山	神话传说与华夏族原始婚俗　民族学研究(七)1984.125—132	
A01-036	陈　立浩	从各族神话看远古社会　贵州民族研究1985,(2)	
A01-037	王　焰安	原始社会母系制向父系制过渡在神话中的反映　阜阳师院学报　1987,(2),125—129	
A01-038	朱　宜初	原始婚配习俗及其民间文学　民间文艺季刊1987,(2),234—252	
A01-039	郝　连昌	试论传说时代的对偶婚　牡丹江师院学报1987,(4),42	
A01-040	刘　昌安	从《天问》看史前社会的对偶婚　北京大学学报1988,(4)	
A01-041	王　亚南	文化与基因的对抗:婚配神话探微　民间文学论坛　1988,(5/6),24—29	
A01-042	袁　珂	神话传说与中国原始社会研究　《中国古代史研究入门》　1989.237—259	

A01-043	叶　舒宪	中国国家形成之路　华东师范大学学报　1990，(6)，59—65,71	
A01-044	罗　若群	从中国各民族神话看原始社会教育　湖北教育学院学报　1992,(2),55—59	
A01-045	林　树明	"女人国"：父系意识形态景象　外国文学研究　1993,(4),29—35	
A01-046	田　兆元	神话与原始社会的矛盾冲突　上海大学学报　1995,(4),41—46	

2. 神话传说与历史的关系

A02-001+	梁　启超	《中国历史研究法》(补编·第四章《文化专史及其做法》)　1926：《饮冰室专集·之九十九》　上海　中华书局	
A02-001	姜　亮夫	"史"与"神话"的邂逅　青年界　1933,4(4)	
A02-002	陈　伯达	中国古史上神话传说源流考　太白　1935,2(1)	
A02-003	顾　颉刚	战国秦汉间人的造伪与辨伪　史学年报　1935,2(2),209—248；古史辨(七)　1940	
A02-004	杨　宽	略论古史传说　大美晚报·历史周刊　1935.11.11(1)	
A02-005	李　希三	歌谣传说与历史的关系(二)　大美晚报·历史周刊　1936.1.7(9)	
A02-006	陈　慕禄	中国上古史史料之评论　武大文哲季刊　1936,6(1)	
A02-007	孔　令谷	我们检讨古史主张神话还原说　说文月刊　1940,(1)	
A02-008	徐　旭生	应该怎样正确地处理传说时代的史料　《中国古史的传说时代》　1943：人民日报　1956.12.19：新华半月刊　1957,(3),95—97	
A02-009	梁　园东	处理中国上古时代史料的方法问题　山西师范学院学报　1957,(4),35—55	
A02-010	钱　穆	历史与神　人生(港)　1959,(215)	

A02-011	刘　金	怎样探索传说故事的来源？与顾颉刚先生商榷　学术月刊　1964,(6),50—54
A02-012	黎东方	史后传说中的史前事实　史学汇刊　1970,(3)
A02-013	屈万里	传说史料中常见的几种现象:以关于先秦的史料为例　《沈刚伯先生八秩荣庆论文集》　1976
A02-014	蓝鸿恩	历史的脚印　广西民间文学丛刊　1980,(2)
A02-015	徐旭生遗稿	关于搜集整理古史传说资料的信　活页文史丛刊(117)　1982
A02-016	钟敬文	传说的历史性　《民间文艺谈薮》　1981.194—196
A02-017	韦　唐	神话传说与上古历史　中国青年报　1982.1.14
A02-018	洪　玮	神话与"人话":试论神话传说的历史真实性问题　广西民间文学丛刊(五)　1982.24—42
A02-019	冯天瑜	从神话传说透视上古历史:上古史研究方法的一种探索　民间论丛(二)　1982
A02-020	朱宜初	论民间传说的历史性和幻想性　民间文艺集刊(四)　1983.62—76
A02-021	乐　佳	神话是怎样成为历史的:记考古学家斯里曼和伊文思　环球　1983,(12),39—41
A02-022	王孝廉	中国神话研究的兴起——从古史到神话　民俗曲艺*　1983,(25)
JA02-001＋	小川琢治	『支那歷史地理研究』初集　東京　弘文堂書房　1928
JA02-002＋	小川琢治	『支那歷史地理研究』續集　東京　弘文堂書房　1929
JA02-003＋	何　新;後藤典夫	『神々の起源——中国遠古神話と歷史』樹花舍　1998
JA02-001	出石誠彦	支那古代史研究の趨勢と説話考察の意義　史觀1　1931.173-207

3. 神话与上古史
a. 综论

A03a001+ 曹聚仁辑 《古史讨论集》 上海 梁溪图书馆 1925

A03a002+ 蒙　文通 《古史甄微》 上海 商务印书馆 1933

A03a003+ 赵　世昌 《中国上古史之研究》 北平 新史研究社 1934

A03a004+ 岑　家梧 《史前史概论》 商务印书馆 1936

A03a005+ 黎　东方 《中国通史论·远古篇》 国立编译馆 1943

A03a006+ 徐　炳昶（徐旭生） 《中国古史的传说时代》 重庆 中国文化服务社 1943：北京 科学出版社（增订新版）1960：台北 地平线出版社 1978：北京 文物出版社（增订本） 1985.302p

A03a007+ 王　钟翰 评徐炳昶著《中国古史的传说时代》 燕京学报 1946,(30)

A03a008+ 毓 《中国古史的传说时代》（书评） 图书季刊 1944,新5(2/3)

A03a009+ 赵　光贤 《中国古史的传说时代》（书评） 大公报·图书周刊(天津) 1947.2.8(6)

A03a010+ 徐　炳昶 关于《中国古史的传说时代》（书评）答赵光贤、王钟翰两先生 大公报·图书周刊(上海) 1947.9.17(27)

A03a011+ 徐炳昶等 《试论传说材料的整理与传说时代的研究》 北京 国立北平研究院史学研究所 1947：史学集刊 1947,(5)(单行本),1—28

A03a012+ 裴　文中 《中国史前时期之研究》 北京 商务印书馆 1950(修订版)

A03a013+ 任映沧编述 《中国远古史述要》* 台北 中国政治书刊出版合作社 1954

A03a014+ 徐　亮之 《中国史前史话》 香港 亚洲出版社 1954

A03a015+ 崔蜕园选评 《古史选择》 上海 春明出版社 1955

A03a016+ 王玉哲编著 《中国上古史纲》 上海 上海人民出版社

			1959
A03a017+	何兹全主编	《中国通史参考资料古代部分》(一)	北京 中华书局 1962
A03a018+	范　文澜	《中国通史简编》(修订本第一编)	北京 人民出版社 1964.(4版)
A03a019+	赵　铁寒	《古史考述》*	台北 正中书局 1966
A03a020+	许倬云主编	《中国上古史论文选辑二册》	台北 台联国风出版社 1966
A03a021+	杜　而未	《神州溯源》*	台北 商务印书馆 1974
A03a022+	赵　铁寒	《古史考》*	台北 正中书局 1975
A03a023+	钱　穆	《古史地理论丛》*	台北 东大图书公司 1982
A03a024+	黎　东方	《中国上古史八论》*	台北 文化大学出版部 1983

A03a001	蒋　观云	神话、历史养成之人物　新民丛报　1903,(36)
A03a002	朱　希祖	中国史学之起源　国立北京大学社会科学季刊 1922,1(1)
A03a003	梁　启超	太古及三代载记(《古代传疑章第一》)《饮冰室专集》12册43卷　1922:《国史研究六篇》 1936
A03a004	顾　颉刚	与钱玄同先生论古史书　读书杂志　1923,(9):古史辨(一) 1926.59—66
A03a005	刘　掞黎	读顾颉刚君《与钱玄同先生论古史书》的疑问 读书杂志　1923,(11):古史辨(一) 1926.82—92
A03a006	胡　堇人	读顾颉刚先生论古史书以后　读书杂志　1923,(11):古史辨(一) 1926
A03a007	顾　颉刚	答刘胡两先生书　读书杂志　1923,(11),15—17:古史辨(一) 1926
A03a008	胡　适	古史讨论的读后感　读书杂志　1924,(18):古史辨(一) 1926.189—198
A03a009	柳　诒征	论以《说文》证史必先知《说文》之一例　史地学报　1924,3(1/2):古史辨(一) 1926

编号	作者	题名 出处
A03a010	张　萌麟	评近人对于中国古史之讨论　学衡　1925，(40)；古史辨(二)　1930.271—288
A03a011	顾　颉刚	答李玄伯先生　现代评论　1925,1(10)；古史辨(一)　1926
A03a012	顾　颉刚	答柳翼谋先生　北大研究所国学门周刊　1926，(15/16)：古史辨(一)　1926.223—231
A03a013	王　国维	《古史新证》第一、二章　古史辨(一)　1926.264—267　全文见燕大月刊　1930,7(1—2)：国学月报　1927,2(8—10)
A03a014	蒙　文通	中国开化始于东方考　国立中央大学半月刊　1929,1(3)
A03a015	蒙　文通	古史甄微　史学杂志　1929,1(5—6)；1930,2(1)
A03a016	张　鄞	古史甄微质疑　国立中央大学半月刊　1930,1(12),57—68
A03a017	张　崟	古史甄微质疑　史学杂志　1930,2(3/4)
A03a018	程　憬	古史的研究　社会科学丛刊　1935,2(1)
A03a019	卫　聚贤	中国史的年代　中山文化教育馆季刊　1935,2(2)
A03a020	王　镇九	中国上古各地物产　食货半月刊　1935,2(4)
A03a021	游　仪声	中国古代社会的新研究　中国社会　1936,3(2)
A03a022	吕　思勉	古史纪年考　古史辨(七)　1941
A03a023	缪　凤林	国史上之战斗观　思想与时代　1942,(9)
A03a024	简　概	古史纪年考略　学海月刊　1944,1(3),33—38
A03a025	蒋　逸雪	三代释名　东方杂志　1947,43(4),33—46
A03a026	缪　凤林	与某君论古史书　学原　1947,1(2),33—48
A03a027	白　寿彝	中国史学的童年　北师大学报　1963,(2),5—28
A03a028	李　宗侗	读中国上古史札记　大陆杂志*　1964,29(10/11)
A03a029	[日]佐藤武敏；刘　文献	日本的中国上古史研究近况　书目季刊　1970,4(3)

A03a030	王　子杰	原始社会的民主制　广西日报　1979.10.29	
A03a031	刘　毓璜	从我国古史传说看原始氏族公社到奴隶制国家的过渡　南京大学史学学论　1980,(3)	
A03a032	吕　思勉	古史时地略说　《吕思勉读史札记》　1982	
A03a033	刘　起釪	我国古史传说时期综考（上）　文史(28)　1988.17—27	

b. 神话与夏代史

A03b001	顾　实	华夏考源　国学丛刊　1923,1(2)
A03b002	周　谷	夏商二代学者考略　史地学报　1923,2(7)
A03b003	盛　朗西	先周教育制度　民铎杂志　1925,6(2)
A03b004	程　憬	夏民族考　大陆杂志　1932,1(6)
A03b005	姜　亮夫	夏殷民族考　民族　1933,1(11—12);1934,2(1—2)
A03b006	梁　园东	华夏名称及其种族考源　大夏学报　1934,1(6)
A03b007	童　书业	"蛮夏"考　禹贡半月刊　1934,2(8)
A03b008	傅　斯年	夷夏东西说　《庆祝蔡培元先生六十五岁论文集》（下）　1935
A03b009	陈　德俭	夏商时代之文化　河南政治月刊　1936,6(6)
A03b010	高　燮	书史记夏本纪后　《吹万楼文集》（二）　1936
A03b011	许　同莘	释夏　河南政治月刊　1937,7(1)
A03b012	杨　宽	说夏　禹贡半月刊　1937,7(6/7)
A03b013	杨　向奎	夏民族起源于东方考　禹贡半月刊　1937,7(6/7)
A03b014	吕　思勉	唐虞夏史考　古史辨（七）　1941
A03b015	顾颉刚等	夏史三论　《古史辨》（七）　1941
A03b016	卫　聚贤	夏民族起源于西北补证　说文月刊　1943,(合刊)
A03b017	翦　伯赞	诸夏的分布与鼎鬲文化　中山文化季刊　1943,1(2)
A03b018	罗　香林	夏民族发源于岷江流域说　说文月刊　1943,3(9)
A03b019	罗　香林	夏民族源流考　《中夏系统之百越》　1943

A03b020	许 同莘	释夏 东方杂志 1946,42(15)
A03b021	王 茂富	中国古代史上的华夏于夷狄 大学生活(港) 1956,2(6)
A03b022	赵 铁寒	夏民族与巴蜀的关系 大陆杂志* 1960,21(1/2)
A03b023	田 倩君	"中国"与"华夏"称谓之寻源 大陆杂志* 1965,31(1)
A03b024	罗 香林	夏族源流考 珠海学报(港) 1973,(6)
A03b025	陈显泗等	河南地区的夏文化 郑州大学学报 1978,(2)
A03b026	朱 绍侯	谁是夏朝的创世人 河南文博通讯 1978,(4)
A03b027	卓 秀岩	史记夏本纪尚书义考证 成功大学学报* 1978,(13)
A03b028	李 民	简论夏代国家的形成:从二里头遗址看夏代国家的出现 历史教育 1979,(11)
A03b029	赵 希鼎	夏代是中国国家的起源 开封师范学院学报 1979,(1)
A03b030	吴 汝祚	夏文化初论 中国史研究 1979,(2)
A03b031	程 德祺	夏为东夷说 中央民族学院学报 1979,(4)
A03b032	施 之勉	史记夏本纪校注(五) 大陆杂志* 1980,60(1)
A03b033	郑 杰祥	夏部族起源的探讨 河南大学学报 1980,(5)
A03b034	王树民等	"夏"和"中国":祖国古代的称号 中国历史地理论丛(一) 1980
A03b035	许 顺谌	夏王朝前夕的社会形态 中州学刊 1981,(1)
A03b036	萧 兵	从神话传说看夏王朝之建立 徐州师范学院学报 1981,(2)
A03b037	田 昌武	夏文化探索 文物 1981,(5)
A03b038	姚 政	论夏族的起源 西南师范学院学报 1982,(4)
A03b039	韩 连琪	夏代是从原始社会解体到奴隶占有制的形成的时代 文史哲 1983,(5)
A03b040	曲 英杰	近年来夏史与夏文化研究概述 中国史研究动态 1984,(1)
A03b041	江 浦	从"民"的本义看初夏奴隶的来源 史学月刊

1984,(1)

A03b042	沈　长云	华夏民族的起源与形成过程　中国社会科学 1993,(1)	
A03b043	陈　连开	论华夏民族雏形的形成　社会科学战线　1993,(3)	
A03b044	张　国硕	夏商周三族起源研究述评　中国史研究动态 1996,(10)	
A03b045	王　克林	论夏族的起源　文物季刊　1997,(3)	
JA03b001	出石誠彦	夏朝に関する史伝とその批判　史観 11 1937.25—61:『支那神話伝説の研究』　東京 中央公論社　1943, 597—644:1973.(増訂版), 597—644	

c. 神话与商代史

A03c001	徐　中舒	从古书推测之殷商民族　国学论丛　1927,1(1)
A03c002	李　泰棻	帝立子生商别解　朔风　1939,(15)
A03c003	丁　山	新殷本纪　史薹　1940,(1)
A03c004	金　祖同	剖面的殷代社会举例　说文月刊　1940,2(1)
A03c005	姜　蕴刚	殷商民族与文化　说文月刊　1944,4(合订)
A03c006	张　光直	商王庙号新考　民族学所集刊*　1963,(15);《中国青铜时代》　1983
A03c007	屈　万里	史记殷本纪及其他记录中所载殷商时代的史事 文史哲学报*　1965,(14)
A03c008	杜　正胜	商颂"景员维河"试说:夏商之际史事的探讨　东吴文史学报*　1978,(3)
A03c009	金　景芳	商文化起源于我国北方说　中华文史论丛 1978,(7);《古史论丛》　1981
A03c010	赵　林	商代的羌人　边政研究所年报*　1983,(4)
A03c011	王　玉哲	商族的来源地望试探　历史研究　1984,(1)
A03c011	李　民	豫北是商族早期活动的历史舞台　殷都学刊 1984,(2)
JA03c001+	赤塚　忠	『中国古代の宗教と文化——殷王朝の祭祀』 東京　角川書店　1977

JA03c002+	池田末利	書評:『中国古代の宗教と文化—殷王朝の祭祀』史学雑誌 87(7) 1978	
JA03c003+	西岡市祐	書評:『中国古代の宗教と文化—殷王朝の祭祀』国学院雑誌 29(1) 1978.84—88	

d. 神话与周代史

A03d001	孙 海波	记周公东征 禹贡半月刊 1935,2(11)
A03d002	孙 次舟	周人开国考 历史与考古 1937,(2)
A03d003	丁 山	开国前周人文化与西域关系 禹贡半月刊 1937,6(10)
A03d004	蒙 文通	晚周史学 华文月刊 1942,1(5—6)
A03d005	许 倬云	周人的兴起及周文化的基础 史语所集刊* 1968,(38)
A03d006	宗 德生	先周世系考 南开史学 1980,(2)
A03d007	王 玉哲	先周族最早来源于山西 中华文史论丛 1982,(3)
A03d008	葛 志毅	"周人尊夏"辨析 求是学刊 1984,(3)
A03d009	杨 升南	周族的起源及其播迁:从邰的地望说起 人文杂志 1984,(6)
A03d010	王 宁	商民族来源新说 民族论坛 1997,(4)
JA03d001	栗原圭介	周王朝における王権の構造 東洋文化(大東文化大学東洋研究所)80 1986

e. 神话与其他古国、古氏族史

A03e001	徐 中舒	月氏为虞后及"氐"和"氏"的问题 燕京学报 1933,(? 3)
A03e002	屈 谦德; 纪 彬	于阗国考 禹贡半月刊 1935,4(1)
A03e003	卫 聚贤	古史在西康 说文月刊 1941,2(11)
A03e004	许 同莘	许国史地考证 东方杂志 1945,? (?)
A03e005	吕 炯	西域古史 思想与时代 1948,(51)
A03e006	童 书业	夷蛮戎狄东南西北(附录:辨夷蛮戎狄)《中国古代地理考证论文集》 1962

A03e007	童　书业	"姬姜"与"氐羌"	《中国古代地理考证论文集》1962
A03e008	张　与仁	古代中原姜姓氏族徙殖考	中原文献* 1974,6(11)
A03e009	金　　惠	对古代西北德认识	东方杂志* 1979,20(?)
A03e010	陈　怀荃	东北地方风、嬴、偃诸姓部落群发展概述	安徽大学学报 1980,(3)
A03e011	宋　德胤	渤海国与红罗女考	延边大学学报 1983,(3)
A03e012	何　光岳	嬴姓诸国的源流与分布	信阳师范学院学报 1984,(3)
A03e013	万　绳南	安徽在先秦历史上的地位	安徽史学 1984,(4)
A03e014	孙　正甲	夫余源流辨析	学习与探索 1984,(6)

4. 神话与四川地方史

A04-001	孙　次舟	从蜀地神话中的蚕丛说到殉葬的蚕王	经世战时特刊 1939,(47/48)
A04-002	马　长寿	四川古代民族历史考证	青年中国季刊 1940,1(4)
A04-003	孙　次舟	读"古蜀国为蚕国说"的质疑	齐鲁学刊 1941,(1)
A04-004	顾　颉刚	古代巴蜀与中原的关系说及其批评	中国文化研究 1941,(1)
A04-005	马　长寿	四川古代民族历史考证	青年中国季刊 1941,2(2)
A04-006	朱　希祖	蜀王本纪考	说文月刊 1942,3(7)
A04-007	丁　　萧	西南民族考释之二	边政公论 1943,2(3/4/5)
A04-008	顾　颉刚	古代巴蜀与中原的关系	《中国文化汇刊》1945
A04-009	顾　颉刚	蜀王本纪与华阳国志所记蜀国史事之比较	中国史学 1946,(1)
A04-010	洪　　钟	四川古史神话蠡测	风土杂志 1949,3(5)

A04-011	顾颉刚	蜀王本纪与华阳国志所记蜀国事 史林杂识（初编） 1963	
A04-012	陈	春秋蜀国 大陆杂志* 1966,32(6)	
A04-013	仲 眉	巴蜀古史 四川文献* 1966,(48)	
A04-014	童恩正	古代的巴蜀（第二、三章） 四川大学学报 1977,(1)	
A04-015	徐中舒	论《蜀王本记》成书年代及其作者 社会科学研究 1979,(1)	
A04-016	刘 琳	《华阳国志》简论 四川大学学报 1979,(2)	
A04-017	孙 华	蜀族起源考 民族论丛（二） 1983	
A04-018	董其祥	古代的巴与越 《巴史新考》 1983	
A04-019	董其祥	五丁新诠 《巴史新考》 1983	
A04-020	董其祥	巴子五姓考 《巴史新考》 1983	
A04-021	邓少琴	巴史再探 《巴蜀史迹探索》 1983	
A04-022	邓少琴	巴史三探 《巴蜀史迹探索》 1983	
A04-023	邓少琴	蜀故新诠 《巴蜀史迹探索》 1983	
A04-024	罗开玉	"鳖灵决玉山"纵横谈——兼析《蜀王本纪》的写作背景 四川师范专科学校学报 1984,(1)	
A04-025	张 雄	"巴氏蛮夷" 中南民族学院学报 1984,(2)	

二、神话与古地理

1. 夏都及夏代地理

B01-001	丁 山	由三代都邑论其文化 史语所集刊 1930,(5)	
B01-002	吕思勉	夏都考 光华大学半月刊 1933,2(2);《吕思勉读史札记》 1982	
B01-003	杨向奎	《夏本纪》、《越王勾践世家》地理考实 禹贡半月刊 1935,3(1)	
B01-004	梁 隐	雷学淇《纪年义证》论夏邑郭鄩 禹贡半月刊 1935,3(3)	
B01-005	杨向奎	夏代地理小记 禹贡半月刊 1935,3(12)	

B01-006	孙　海波	《世本·居篇》合辑	禹贡半月刊　1935,4(6)
B01-007	何　天行	夏地理考	新中华(复刊)　1946,4(2)
B01-008	陈　槃	古有莘、有穷两国别纪	大陆杂志＊　1961,23(11)
B01-009	陈　槃	古寒、斟灌、斟䢵三国别纪	大陆杂志＊　1962,25(11)
B01-010	朱　方圃	土方考	开封师院学报　1962,(2)
B01-011	黄　盛璋	所谓"夏虚都"三玺与夏都问题	河南文博通讯　1980,(3)
B01-012	邹　衡	夏文化分布区域内有关夏人传说的地望考	《夏商周考古学论文集》　1980
B01-013	王　恢	试论证古代都居多近在中原	史学汇刊　1981,(11)
B01-014	吕　思勉	唐、虞、夏都邑	《吕思勉读史札记》　1982
B01-015	段　士林	夏墟初探	山西师范学院学报　1983,(4)
B01-016	傅　振伦	文献上的夏都所在	史学月刊　1984,(1)

2.《禹贡》地理

B02-001	梁　启超	禹贡九州考	大中华　1916,2(1)
B02-002	刘　盼遂	冀州即中原说	国学丛编　1931,1(2)
B02-003	顾　颉刚	州与岳的演变	史学年刊　1933,1(5)
B02-004	顾　颉刚	古史中地域的扩张	禹贡半月刊　1934,1(2)
B02-005	张　公量	说《禹贡》州数用九之故	禹贡半月刊　1934,1(4)
B02-006	刘　盼遂	"齐州"即中国解	禹贡半月刊　1934,1(5)
B02-007	唐　兰	与顾颉刚先生论"九丘"书	禹贡半月刊　1934,1(5)
B02-008	劳　榦	由九丘推论古代东西二民族	禹贡半月刊　1934,1(6)
B02-009	马　培棠	《禹贡》与禹都	禹贡半月刊　1934,2(8)
B02-010	姚　大荣	《禹贡》雍州规制要指	禹贡半月刊　1936,4(10)

B02-011	齐　思和	读"《禹贡》雍州规制要指"　禹贡半月刊 1936，4（10）	
B02-012	顾　颉刚	汉代以前中国人的世界观念与越外交通的故事　禹贡半月刊　1936，5（3/4）	
B02-013	丁　　山	九州通考　齐鲁学报　1941，（1）	
B02-014	朱　际镒	九州与古代中国人的天下观念　新天地 * 1964，3（9—10）	
B01-015	张　舜徽	论"禹贡"一编的时代背景　《中国史论文集》 1980	
B02-016	李　　民	《禹贡》、"冀州"与夏文化探索　社会科学战线 1983，（3）	
B02-017	徐　南洲	《禹贡》黑水及其相关诸地考　中国历史地理论丛　1994，（1）	
B02-018	龚　胜生	《禹贡》中的秦岭淮河地理界限　湖北大学学报 1994，（6），93—97	
B02-019	秦作栋等	《禹贡》及其地理史学地位　山西师范大学学报 1995，22（4），69—72	

3. 商周地理

B03-001	钱　　穆	周初地理考　燕京学报　1931，(10)
B03-002	陈　梦家	佳夷考：《梦甲室商代地理小记》之一　禹贡半月刊　1936，5（10）
B03-003	陈　梦家	商代地理小记（二）　禹贡半月刊　1937，7（6/7）
B03-004	齐　思和	西周地理考　燕京学报　1946，（30）
B03-005	赵　铁寒	汤前八迁的新考证　大陆杂志 *　1963，27（6）
B03-006	王　玉哲	商族的来源地望试探　历史研究　1984，（1）

三、神话与民族

1. 神话与民族学

C01-001+ 钟　敬文　《种族起源神话》　杭州　自刊　1931—1932间

C01-002+ 林　惠祥　《中国民族史》　上海　商务印书馆　1936　2册　356p：337p

C01-003+ 杨　堃　《民族与民族学》　成都　四川民族出版社　1983.406p

C01-004+ 杨　堃　《民族学概论》　北京　中国社科出版社　1984.328p

C01-005+ 陈　奇禄　《民族与文化》*　台北　黎明文化事业公司　1984.6

C01-006+ 梁钊韬等　《中国民族学概论》　昆明　云南人民出版社　1985.448p

C01-007+ 张文勋主编　《民族文化学论集》　昆明　云南大学出版社　1993.429p

C01-008+ 张金鹏等主编　《民族·历史·文化》　昆明　云南大学出版社　1993.264p

C01-009+ 中央民族学院民族学系等编　《民族·宗教·历史·文化》　北京　中央民族学院出版社　1993.602p

C01-001　子　民　说民族学　一般杂志　1926，(12)，477—485

C01-002　何　炳松　中华民族起源之新神话　东方杂志　1929，26(2)，79—94

C01-003　钟　敬文　种族起源神话　民众教育季刊　1931，1(3)，1—19

C01-004　古　铁　中国民族的神话研究　中原文化　1934，(11)；1935，3(14)，9—12；3(15)，8—10；3(16/17)，16—19；3(18)，10—14；3(19)，

		8—17
C01-005	刘　紫萍	中华民族起源之神话及学说　河南博物馆馆刊 1937，(11)，1—6；(13)，1—6；1938，(14)，1—6；(15)，1—6
C01-006	陈　一平	中国文艺与民族性　中国文艺　1940，2 (4)
C01-007	钟　俾实	民间文学与民族研究　贵州民族研究　1981，(1)，57—62
C01-008	钟　敬文	论民族志在古典神话研究上的作用：以《女娲娘娘补天》新资料为例证　北京师范大学学报 1981，(2)，1—13；《民间文学论文选》（民研会年会）　1982，13—33；《钟敬文民间文学论集》（上）　1982.148—172；《中国少数民族神话论文集》1984.100—122
C01-009	杨　堃	关于神话学与民族学的几个问题　《民间文艺学文丛》　1982.12—29
C01-010	杨　堃	神话与民族学　《民族与民族学》　1983.59—81
C01-011	唐　呐	关于民族起源的神话初探　青海社会科学 1983，(5)，96—102
C01-012	黄　惠焜	花山崖画的民族学考察　云南民族学院学报 1985，(1)，42—50
C01-013	巫　瑞书	关于民族学与民间文艺学　湖南民族研究 1985，(2)
C01-014	杨　继国	试论神话的族属问题　民间文艺集刊（八） 1986，1—13
C01-015	季　镇淮	从民族社会到奴隶社会的文学叙说　文献 1986，(2)，241—247，263
C01-016	张　铭远	论抗战时期民族学的神话研究：中国现代神话的新展开　民间文艺季刊　1987，(3)，60—85
C01-017	姚　远	华夏族的形成和华夏神话　民间文艺季刊 1987，(4)，78—89
C01-018	姚　宝瑄	华夏神话中民族意识的萌芽与民族美德的初级

C02a011	李　裴然	中华民族古代之迁徙考　新亚细亚　1936，12（5）	
C02a012	马培棠遗著	三代民族东迁考略：《古代中国民族考》第四篇　禹贡半月刊　1937，7（6/7）	
C02a013	蒙　文通	中国古代民族迁徙考　禹贡半月刊　1937，7（6/7），13—38	
C02a014	叶　梦雨	先秦民族文化史论丛　东方文化　1942，1（6），40—41	
C02a015	卫　聚贤	中华民族发祥于重庆：可能性之推测　新中华（复刊）　1943，1（5）	
C02a016	何　子恒	中国民族的来源及其发展（上、下）　东方文化　1943，2（4），21—27；1943，2（5），15—27	
C02a017	丁　骕	中国地理、民族、文物与传说史　民族学所集刊*　1970，(29)	
C02a018	谷　瑞照	三代时期的夷夏关系　复兴岗学报*　1976，(16)	
C02a019	王　明荪	论上古的夷夏观　边政研究所年报*　1983，(14)	
C02a020	侯　哲安	论我国民族关系的发展　西南民族研究（一）　1983	
C02a021	柯　昌济	中国上古的国族　社会科学（上海）　1984，(1)	
C02a022	弋　戈	我国民族的传说时代　民族团结　1984，(10)，44—46	
JC02a001	谷口房男	古代中国における蠻族の諸傳說をめぐって　アジア・アフリカ文化研究所研究年報（東洋大）（1968年度）　1969.19—34	

b. 三苗与苗族

C02b001	梁　启超	三苗九黎蚩尤考　《饮冰室文集》（十二）	
C02b002	恽　代英	苗族之文明　光华学报　1916，1（2）	
C02b003	何　士能	三苗非今苗考　益世报·边疆研究	

　　　　　　　　　　　形态　民间文艺季刊　1988,（3），27—36，50
C01-019　田　兆元　从龙凤的相斥相容看中国古代民族的冲突融合
　　　　　　　　　　　学术月刊　1993,（4），43—47
C01-020　都　兴智　从始祖神话传说看东北古代民族与中原民族的
　　　　　　　　　　　联系　辽宁师范大学学报　1995,（5）

2. 神话与古民族
a 综论

C02a001+　芮　逸夫　《中国民族及其文化论稿》*　台北　艺文印书馆
　　　　　　　　　　　1972
C02a002+　毕　长朴　《中国人种北来说》*　台北　新文丰出版公司
　　　　　　　　　　　1986

C02a001　观　云　中国兴亡一问题论（第二章：民族）　新民丛
　　　　　　　　　　　报　1903,（27）
C02a002　观　云　中国上古旧民族之史影　新民丛报　1903,
　　　　　　　　　　　（31），29—41
C02a003　观　云　中国人种考·中国人种之绪说　新民丛报
　　　　　　　　　　　1903,（35），37—52：1904，3（5—9）即（原
　　　　　　　　　　　53），29—44：（54），33—48
C02a004　屠　孝实　汉族西来说考证　学艺　1920，2（1—2）
C02a005　缪　凤林　中国民族西来辨　学衡　1925,（37）
C02a006　郎　擎霄　中国南方民族源流考　东方杂志　1933，30*
　　　　　　　　　　　（1），88—100
C02a007　李　裕增　古华民族迁徙考　河北第一博物院半月刊
　　　　　　　　　　　1933,（40—42）
C02a008　孙　作瑗　中国上古时代种族史：中国上古时代史之二
　　　　　　　　　　　学风　1934，4（2）
C02a009　李　裕增　古华民族有南北两统之分（静观庐随笔）　河
　　　　　　　　　　　北第一博物院半月刊　1934,（60—63）
C02a010　卫　聚贤　中国民族的来源　古史研究（三）　1936.1—
　　　　　　　　　　　114

1941.7.24（35）；1941.8.7（36）

C02b004	江 应梁	苗人来源及其迁徙区域（上、下）	边政公论 1944，3（4—5）；《西南边疆民族论丛》 1948
C02b005	杨 万选	苗族与中国民族之起源	大陆杂志* 1958，16（1）
C02b006	芮 逸夫	古代苗人考	大陆杂志特刊*（二） 1962
C02b007	芮 逸夫	三苗与饕餮	《庆祝李济先生七十岁论文集》* 1965. 511—584
C02b008	侯 哲安	三苗考	贵州民族研究 1979，（1），1—14
C02b009	唐 嘉弘	铜鼓与苗族	贵州民族研究 1980，（2），61—71
C02b010	马 少侨	"窜三苗于三危"新释	中央民族学院学报 1981，（2），90—93，64
C02b011	张 岳奇	试论"三苗"与苗族的关系	贵州民族研究 1981，（4）
C02b012	美 逢等	从神话传说看苗汉两族的历史渊源关系	民间文学 1981，（8），89—98
C02b013	何 光岳	三危、三苗的来源、迁徙和融合	湖南民族研究（试刊） 1983，（1）
C02b014	李 绍明	论氐和巴、三苗的关系	《西南民族研究》（一） 1983
C02b015	安 应民	"窜三苗于三危"之"三危"考	青海社会科学 1983，（6），90—93
C02b016	周 星	兜与三苗	江汉论坛 1983，（12），56—58
C02b017	马 少侨	试论荆楚和古代三苗、现代苗族的历史渊源关系	中央民族学院学报 1984，（4），31—35
C02b018	王 治新	苗族迁徙史诗与"三苗"源流问题	《贵州神话史诗论文集》 1988.257—286
C02b019	扶 永发	古黑水与古三危考	云南民族学院学报 1995，（2），59—62
C02b020	杨 华	远古时期巴族与三苗文化的关系	四川文物 1995，（4），15—22

C02b021　韩建业等　苗蛮集团来源与形成的探索　中原文物　1996，(4)

c. 古代楚族

C02c001+　蒋　玄怡　《长沙楚民族及其艺术·第二卷》　上海　古今　1951

C02c002+　顾　铁等　《楚国民族述略》　武汉　湖北人民出版社　1984

C02c003+　张　军　《楚国神话原型研究》*　文津出版　1994.2.482

C02c001　胡　厚宣　楚民族源于东方考　史学论丛（一）　1934

C02c002　文　崇一　楚的上帝与自然神　民族所集刊*　1964，(17)，45—72；《中国古文化》　1990

C02c003　姜　亮夫　三楚所传古史与齐鲁三晋异同辨　历史学　1979，(4)

C02c004　俞　伟超　先楚与三苗文化的考古学推测　文物　1980，(10)，1—11

C02c005　舒　之梅　三苗与楚"祖源相同"说质疑：与俞伟超同志商榷　中南民族学院学报　1981，(1)，65—67

C02c006　何　光岳　荆楚的来源及其迁移　求索　1981，(4)，154—162

C02c007　唐　嘉弘　楚与三苗并不同源　江汉论坛　1982，(11)，74—78

C02c008　龙　文玉　苗族与楚族　求索　1982，(6)，120—123

C02c009　龚　维英　楚的族姓有二说　江汉论坛　1983，(1)，78—79

C02c010　阮　昌锐　楚人的宗教信仰　故宫文物月刊　1983，1(7)

C02c011　舒　之梅　五十年来楚族源研究综述　江汉论坛　1983，(3)

C02c012　张　正明　"鬻熊为文王之师"解辩说　江汉论坛　1983，(9)，67—68

C02c013　段　渝　楚人先民的世系和年代　江汉论坛　1983，

			(10)，72—76
C02c014	姚　汉荣	先楚族属源流考辨　江汉论坛　1983，（11），57—62
C02c015	马　世之	关于楚族的族源及其发祥地　江汉论坛　1983，（11），63—67
C02c016	张　正明	荆楚族源通议　中南民族学院学报　1984，（1）
C02c017	沈　长云	评鬻熊为火师说　江汉论坛　1984，（1），80—81
C02c018	张　正明	读《评鬻熊为火师说》有感　江汉论坛　1984，（3），封4
C02c019	陈　贤发	楚人对桃的崇拜源流考略　民间文学论坛　1985，（6），19—24
C02c020	赵　逵夫	吴回、南岳、不死之乡——探索有关楚民族的一个神话　民间文艺季刊　1987，（1），67—77
C02c021	李　兆华	试从鸟图腾看楚族的渊源及其发展　荆门大学学报　1989，（4），77—81
C02c022	张　崇琛	楚任卜俗考略　兰州大学学报　1991，（2），68—76
C02c023	石　宗仁	苗族与楚国关系新论　中央民族大学学报　1994，（6）
C02c024	卢　美松	先秦闽族与楚越族的关系　福建文博　1996，（1）
C02c025	郭　伟民	关于早期楚文化和楚人入湘浙的再探讨　中原文物　1996，（2）
JC02c001	御手洗勝	令尹子文の出生伝説　西日本史学15　1953
JC02c002	御手洗勝	令尹子文の出生伝説—穀・於菟考　史学研究（広島大）53　1954.64—70：『古代中国の神々』　東京　創文社　1984
JC02c003	安倍道子	楚の神話の系統に関する一試論　中国古大陸文化研究7　1975.13—34
JC02c004	安倍道子	春秋時代の楚の王権について—荘王から霊王の時代　史学50　1980

| JC02c005 | 斎藤（安倍）道子 | 楚の王権構造に関する一試論　文明研究所紀要（東海大学）10　1990.23—38 |
| JC02c006 | 市瀬智紀 | 蠻夷の華夏起源伝承の研究——中国古代楚族族源論争を中心に　史学63（3）　1994.17—40 |

d. 古代越族

C02d001+	罗　香林	《中夏系统中之百越》　重庆　独立出版社　1943
C02d002+	罗　香林	《百越源流与文化：古代越族文化考》*　台北　编译馆　1978
C02d003+	王　文光	《百越的源流与分布》　南宁　广西民族出版社　1993
C02d004+	乐　逸欧	百越研究的新成果：读《百越的源流与分布》　中国边疆史地研究　1995,（4），101—102

C02d001	罗　香林	越族原出于夏民族考　青年中国季刊　1940，1（3），263—280;《中夏系统之百越》　1943
C02d002	罗　香林	古代百越文化考　边疆文化论集（三）　1953
C02d003	容　观琼	竞渡传风俗——古代越族文化史片断　中央民院学报　1981,（1）:《民族民间艺术研究》（二）（广东）　1986.64—69
C02d004	陈　文华	几何印纹陶与古越族的蛇图腾崇拜　考古与文物　1981,（2），44—49，52
C02d005	吕　思勉	扬越　《吕思勉读史札记》　1981.414—416
C02d006	吕　思勉	论吴越文化　《吕思勉读史札记》　1982.416—421
C02d007	莫　俊卿	越巫鸡卜源流考　《民族研究论文集》（二）1983.456—469
C02d008	林　华东	再论越族的鸟图腾　浙江学刊　1984,（1），94—96
C02d009	吴　绵吉	从越族图腾崇拜看夏越族民族的关系　中央民族学院学报　1985,（1），44—49
C02d010	林　蔚文	越人对蛇的崇拜源流考略　民间文学论坛

			1986,（3），4—8
C02d011	林 蔚文	越人崇鸟源流考略	民间文学论坛 1986，(6)，60—63
C02d012	陈 剩勇	百越民族原始宗教研究	广西民族研究 1989,（1），78—83
C02d013	李 锦芳	百越族系人名释要	民族研究 1995,（3），94—100
C02d014	黄 秉生	百越民族的审美情致钩沉	广西民族学院学报 1996，(2)
C02d015	杨 成鉴	越国民族源流考	宁波大学学报 1996，(3)
C02d016	谷 因	从习水便舟文化特征看夏越民族同源关系	贵州民族研究 1996，(3)
C02d017	应 骥	古越人与倭人——大和民族先民探源	西南民族学院学报 1996，(4)
C02d018	李 锦芳	越称"瓯"、"僚"解	民族论坛 1996，(4)
C02d019	李 锦芳	百越族称源流新探	云南民族学院学报 1997,（2）
C02d020	金 岳	越族源流之一——论越族的起源、越方和越裳氏	文物季刊 1997，(3)
JC02d001	櫻井龍彦	境界に立つ柱——馬援の銅柱をめぐつて	日中文化研究（創刊号） 勉誠社 1991.24—41
JC02d002	大林太良	呉越の神話	日中文化研究 2 勉誠社 1991
JC02d003	王 孝廉	百越族群及其創世神話	西南學院大學國際文化論集 12（1） 1997.181—214

e. 古代契丹族

C02e001	冯 家升	契丹祀天之俗与其宗教神话风俗之关系	史学年报 1932，1 (4)，105—117
C02e002	徐 世勋	契丹先世的神话及其发生之时代	华北日报·史学周刊 1935.8.1 (46)
C02e003	蔡 美彪	契丹的部落组织和国家的产生	历史研究 1964，(5—6)，165—194
C02e004	傅 朗云	爱斯基摩人族源新探〔契丹髑髅神话〕	社会

		科学战线　1982,（2），239—241
C02e005	席岫峰等	试析契丹族人的祖先崇拜活动　社会科学辑刊 1994,（3），92—94
JC02e001	蒲原大作	契丹古伝説の研究—シヤマニズム研究の一環として　民族学研究47（3）　1982
JC02e002	高井康典行	『皇朝實録』に見える契丹黄帝起源說の背景　史滴15　1994.57—60

f. 古代突厥

C02f001	安马弥一郎；王　崇武	月氏西迁考〔突厥月氏祖先传说〕 禹贡半月刊　1936，5（8/9），29—36
C02f002	樊　圃	六到八世纪突厥人的宗教信仰　文史（十九） 1983.191—209
C02f003	韩　儒林	突厥蒙古之祖先传说　史学集刊　1944，（4）;《穹庐集·元史及西北民族史研究》　1982
C02f004	林　树山	西伯利亚突厥语民族的原始信仰　民间文学论坛　1989，(3)，88—93
C02f005	吴　疆	突厥尚东拜日习俗考述　兰州大学学报 1989，(4)，108—115
C02f006	芮　传明	古突厥先祖传说考　西域研究　1994，(2)，51—58
JC02f001	白鳥庫吉	突厥及び蒙古の狼種伝説　史学雑誌49（7） 1938；『白鳥庫吉全集』5　東京　岩波書店　1970
JC02f002	護　雅夫	古代チュルク人における「狼頭の神」について　民族学研究14（1）　1949
JC02f003	岡崎精郎	チュルク族の始祖伝説について——沙陀朱耶氏の場合　史林34（3）　1951
JC02f004	護　雅夫	古代ートルコ族（「高車」）の始祖説話について——イオマンテの研究によせて　北方文化研究報告8　1953.143—175
JC02f005	山田信夫	「ウイゲルの始祖説話」について　遊牧民族の研究・自然と文化別編2　1955.225—237

g. 古代女真族

C02g001	程　　迅	《三仙女》是女真族的古老神话吗？　民族文学研究　1985，(4)，118—127
C02g002	李　景江	女真图腾神话初探　中国神话（一）　1987.71—86
C02g003	孟慧英等	金代女真族的萨满教　黑河学刊　1988，(3)，71—78
C02g004	姚　　凤	黑龙江左岸女真人的文化遗存　辽海文物学刊　1990，(1)，136—148
C02g005	王　可宾	再议女真称谓　黑龙江社会科学　1995，(1)，66
C02g006	黄　任远	女真原始神话的古老文化意蕴　黑龙江社会科学　1995，(1)，63
C02g007	赵　振绩	女真族系源流考异　历史研究　1995，(5)，44—54
JC02g001	内藤虎次郎	女真種族の同源伝説　民俗と歴史 6（1）1921
JC02g002	田坂興道	完顔氏の三祖伝説について　歴史研究 8（6）1938
JC02g003	三上次男	金室完顔氏る始祖説話について　史学雑誌 52（11）　1941

h. 其他古代民族

C02h001+	李　白凤	《东夷杂考》　济南　齐鲁书社　1981.206p
C02h002+	朱　　活	喜读《东夷杂考》　史学月刊　1984，(4)，116—117
C02h001	童　书业	鸟夷　齐鲁学报　1941，(1)，148—151；《中国古代地理考证论文集》　1962
C02h002	郑　德坤	巴蜀的神话传说　《四川古代文化史》　华西大学博物馆　1946
C02h003	童　书业	鸟夷　《春秋左传研究》　1980
C02h004	文　崇一	涉貊民族文化及其史料　民族学所集刊*

1985，(5)

C02h005　梁　　斌　　先秦时期我国内地和新疆地区各族人民的亲密关系　《新疆历史论文集》　1977

C02h006　夏　家俊　　江省民族族源初探：论江省民族的一致性　北方论丛　1980，(6)，81—85

C02h007　舒　振邦　　我国古代北方诸族与中原华夏的关系　内蒙古师范大学学报　1984，(1)，74—81

C02h008　于　志耿　　古代橐离研究　民族研究　1984，(2)，1—7，23

C02h009　何　光岳　　徐族的源流与南迁　安徽史学　1984，(2)，16—21，33

C02h010　李　盛铨　　《山海经》所见马图腾及其与匈奴先族的关系　《山海经新探》　1986.217—230

C02h011　李　远国　　试论《山海经》中的鬼族——兼及蜀族的起源　《山海经新探》　1986.185—202

C02h012　何　光岳　　《山海经》中的瓯、闽民族　《山海经新探》　1986.138—155

C02h013　王　震中　　史前东夷族的历史地位　中国社会科学院研究生院院报　1988，(6)，67—72

C02h014　龚　维英　　我国远古龙族和凤族斗争的初探　天府新论（成都）　1988，(6)，76—80

C02h015　吕　继祥　　鸟与日的有机结合——东夷人图腾崇拜再探讨　民俗研究　1989，(4)，49—52

C02h016　罗　开玉　　古代巴蜀民族姓氏初论　成都文物　1990，(3)，10—17

C02h017　陆思贤等　　鲜卑动物形装饰钟反映的拓跋氏族族原与祖源神话的创作　辽海文物学刊　1993，(2)

C02h018　阮　荣华　　试论古代巴人的文化原型及其影响　厦门大学学报　1993，(3)，105—111

C02h019　陈　连开　　夏商时期的氐羌　云南民族学院学报　1993，(4)

C02h020　杨　东晨　　周代东夷嬴姓族的西迁和嬴姓国的业绩　文博

1993，(6)

C02h021　普　学旺　试论殷人源于古羌人　中南民族学院学报 1994，(1)，87—91

C02h022　王　雪樵　古匈奴人呼天为祁连本为汉语考　晋阳学刊 1994，(4)

C02h023　王　宁　夷夏关系新论　东岳论丛　1994，(6)，87—89

C02h024　傅　朗云　东北夷初探　蒲岭学刊　1995，(1)，6

C02h025　任　新建　白狼、白兰考辨　社会科学研究　1995，(2)，119—124

C02h026　田　敏　廪君巴与汉上巴之关系探略　中南民族学院学报　1995，(2)，76—80

C02h027　朱　世学　从考古材料刊早期的"濮"与"濮文化"　四川文物　1995，(3)，9—15

C02h028　刘　岩　濮说三题　云南民族学院学报　1995，(3)，20—26

C02h029　王　青　《禹贡》"鸟夷"的考古学探索　北方文物 1995，(4)，2—10

C02h030　刘　海文　虢国历史初探　河南师范大学学报　1995，(4)，30—33

C02h031　李　德山　东北古民族源于东夷论　东北师范大学学报 1995，(4)，91

C02h032　杨　正权　龙与西南古代氐羌系统民族　思想战线　1995，(5)，66—72

C02h033　田　敏　廪君为巴人始祖质疑　民族研究　1996，(1)，105

C02h034　张　良皋　巴师八国考　江汉考古　1996，(1)

C02h035　王　保顶　释"绛头毛面"　民族研究　1996，(1)

C02h036　李　独清　夜郎考　贵州师大学报　1996，(1)

C02h037　叶　霜　从"亭"看夜郎国的位置　贵州民族研究 1996，(1)

C02h038　刘　振垠　"僰人"遗裔考　四川教育学院学报　1996，(1)；文史知识　1996，(2)

C02h039	贾　文鹤	巴蜀神话始源初探　社会科学研究　1996，（2）
C02h040	朱　世学	论早期濮文化与巴文化的关系　民族论坛　1996，（2）
C02h041	袁　珂等	简论巴蜀神话　中华文化论坛　1996，（3）
C02h042	石　宗仁	"蛮"称的民族蜀性及其专称与泛称涵义　民族论坛　1996，（3）
C02h043	朱　文旭	僰为彝说　中央民族大学学报　1996，（3）
C02h044	罗　曲	四川的古居民：濮人——从四川三星堆巨型青铜像说开去　中南民族学院学报　1996，（3）
C02h045	田　敏	先秦巴族族源综论　东南文化　1996，（3），60—67
C02h046	田　敏	巴人世系考　吉首大学学报　1996，（4）
C02h047	杨　华	释"巴蛇食象"　四川大学学报　1996，（4）
C02h048	李　修松	徐夷迁徙考　历史研究　1996，（4）
C02h049	田　敏	楚国灭巴考　贵州民族研究　1997，（1）
C02h050	田　敏	楚子灭巴·巴人五人流入黔中——楚巴关系及廪君迁徙走向新认识　湖北民族学院学报　1997，（1）
C02h051	胡　健民	盐·巴人·神　湖北民族学院学报　1997，（2）
C02h052	董　珞	巴人族源辨——人类学与考古学的审视　中南民族学院学报　1997，（2）
C02h053	李　世源	海洋文化中的古徐人迁徙　广西民族学院学报　1997，（2）
C02h054	朱　文旭	从彝语支土家族族称看僰及乌白蛮源流问题　中央民族大学学报　1997，（3）
C02h055	杨　正苞	从成都平原考古新发现看古蜀历史　文史杂志　1997，（3）
C02h056	田　敏	"武王伐纣实得巴蜀之师"辨正　民族研究　1997，（4）
C02h057	杨　铭	巴子五姓晋南结盟考　民族研究　1997，（5）
C02h058	刘　德增	鸟夷的考古发现　文史哲　1997，（6）

四、神话与宗教

1. 神话与原始宗教

D01-001+ G. F. Moore；《宗教的出生与长成》
　　　　　江　绍原　　上海　商务印书馆　1926

D01-002+ 海　　丁；《伦理宗教百科全书》
　　　　　广　学会　　上海　商务印书馆　1928

D01-003+ 英　雅谷；《宗教比较学》
　　　　　韩　汝林　　上海　上海广学会　1941

D01-004+ 施　密特；《比较宗教史》
　　　　　萧师毅等　　上海　辅仁书局　1948

D01-005+ 加藤常贤　《中国古代的宗教与思想》　哈佛燕京同志社
　　　　　1953：京都　1954

D01-006+ 杜　而未　《中国古代宗教研究》*　台北　华明书局　1957

D01-007+ 杜　而未　《中国古代宗教系统》*　台北　华明书局
　　　　　1960.172p：台北　学生书局　1977

D01-008+ 丁　　山　《中国古代宗教与神话考》　上海　龙门联合书
　　　　　局　1961：北京　科学出版社　1961：上海
　　　　　上海文艺出版社影印　1988.3.602p

D01-009+ 沙利·安什林；　《宗教的起源》
　　　　　杨　　永　北京　三联书店　1964.346p

D01-010+ 朱　天顺　《原始宗教》　上海　上海人民出版社
　　　　　1964.9.115p

D01-011+ 释圣严编著　《比较宗教学》*　台北　中华书局　1968.357p

D01-012+ 佛洛　姆；《心理分析与宗教》*
　　　　　林　　锦　台北　慧炬出版社　1974.106p

D01-013+ 萨满教研究编写组编　《中国古代原始宗教资料摘编》　北
　　　　　京　中国社科院民族所　1978

D01-014+ 任继愈主编　《宗教辞典》　上海　上海辞书出版社
　　　　　1981.1343p

D01-015+	朱　天顺	《中国古代宗教初探》　上海　上海人民出版社　1982.312p
D01-016+	宋　恩常	《中国少数民族宗教初编》　昆明　云南人民出版社　1985
D01-017+	施　密特	《原始宗教与神话》　上海　上海文艺出版社影印　1987
D01-018+	卓　新平	《宗教起源纵横谈》　长沙　湖南人民出版社　1988.241p
D01-019+	蔡　家麒	《论原始宗教》　昆明　云南民族出版社　1988.9.199p
D01-020+	［法］安德列·勃普瓦—古昂；俞　灏敏	《史前宗教》　上海　上海文艺出版社　1990.6
D01-021+	刘　锋	《宗教与中国传统文化》　济南　山东教育出版社　1990.12
D01-022+	蔡　毅等	《幻想的太阳：民族宗教与文学》　昆明　云南人民出版社　1991
D01-023+	邓　启耀	《宗教美术意象》　昆明　云南人民出版社　1991
D01-024+	杨　学政	《原始宗教论》　昆明　云南人民出版社　1991.12.262p
D01-025+	杨　知勇	云南宗教文化研究的拓新之作——《原始宗教论》杨学政著；《宗教美术意象》邓启耀著；《火塘文化录》杨福泉等著　中国社会科学　1994，(4)，193—196
D01-026+	蔡　家麒	《中国原始宗教资料丛编》　上海　上海人民出版社　1993
D01-027+	张桥贵等	《宗教人类学——云南少数民族原始宗教考察研究》　成都　四川大学出版社　1993.6.179p
D01-028+	和志武等	《中国原始宗教资料丛编——纳西族、羌族、独龙族、傈僳族、怒族卷》　上海　上海人民出版社　1993.10.943p
D01-029+	马西沙等	《中国民间宗教史》　上海　上海人民出版社

1993.11

D01-030+ 侯　杰等　《中国民众宗教意识》　天津　天津人民出版社 1994.2

D01-031+ 吕　大吉　《中国各民族原始宗教资料集成：彝族卷、白族卷、基诺族卷》　北京　中国社会科学出版社 1996.8.984p

D01-032+ 于锦绣等主编　《中国各民族原始宗教资料集成：考古卷》　北京　中国社会科学出版社　1996.873p

D01-033+ 李　亦园　《宗教与神话》*　台北立绪文化事业有限公司 1998.1.429p

D01-001　高　梅　战国时代秦齐燕韩赵魏的宗教　齐大月刊 1931，(2)：1931，(3)，315—336

D01-002　高　梅　战国时代楚地的宗教　齐大月刊　1931，1 (4)，321—339

D01-003　谢扶雅等译　原始宗教与原始科学的关系　女青年月刊 1933，12（2）

D01-004　卓　天祺　中国古代宗教观　新东方杂志　1941，2（8），57—80

D01-005　张　爱玲　中国人的宗教　天地　1944，(11)（上），15—18

D01-006　吴　泽　殷代宗教体系研究（上）　风土杂志　1946，(6)，70—79

D01-007　唐　君毅　论中国原始宗教信仰与儒家天道观之关系兼释中国哲学之起源　理想历史文化　1948，(1)，2—17

D01-008　周　杨　改革和发展民族戏曲艺术　文艺报　1954，(24)

D01-009　王　寒生　中国前期宗教史话　民主宪政　1956，11（4）

D01-010　张　光直　中国新石器时代的几种宗教仪式　民族学所集刊　1960，(9)

D01-011　紫　晖等　民族民间文学为什么有宗教色彩　边疆文艺

1961，(4/5)，56—60

D01-012　陈　戈华　泛谈宗教与文学：答记辑略　边疆文艺　1961，(4/5)，60—64

D01-013　孟　流　关于文学和宗教的关系　边疆文艺　1961，(11)，41—45

D01-014　蔚　钢　如何认识宗教与文学的关系　边疆文艺　1962，(10)，54—59

D01-015　袁　珂　神话的起源及其与宗教的关系　学术研究　1964，(5)，47—55；《神话论文集》1982.55—70

D01-016　徐关通等　关于神话同宗教迷信的关系：与袁珂先生商榷　文史哲　1965，(6)，50—57

D01-017　李　杜　中国古代宗教思想之研究　新亚书院学术年刊(港)　1968.10

D01-018　李　亦园　浅说宗教人类学　中央月刊*　1975，7(10)

D01-019　杜　望之　最原始的宗教　恒毅*　1978，28(3)

D01-020　丁　宝蓝　中国原始宗教和无神论的萌芽　中山大学学报　1978，(4)

D01-021　杜　而未　原始文化与宗教　恒毅*　1979，28(10)

D01-022　马学良等　论民族民间文学与宗教的关系　民间文学　1980，(2)，20—30

D01-023　黄　惠焜　要研究原始文学与原始宗教的渊源关系　思想战线　1980，(5)，50

D01-024　王　友三　我国原始自发宗教与早期人为宗教浅议　南京大学学报　1981，(1)，50—55

D01-025　徐　鹍　宗教与民族民间文学的关系试探　玉龙山　1981，(1)，66—69

D01-026　许　英国　民族民间文学与宗教　青海民族学院学报　1981，(1)，69—73

D01-027　潜　明兹　神话与原始宗教源于一个统一体　北京师范大学学报　1981，(2)，5—21，51；《中国少数民族神话论文集》　1984.27—39

D01-028	朱　宜初	宗教"经书"与民间文学的关系　山茶　1981,(2),85—88	
D01-029	黄　惠焜	祭坛就是文坛：论原始宗教与原始文学的关系　思想战线　1981,(2),57—62,84；《中国少数民族神话论文集》　1984.14—26	
D01-030	白　崇人	试论神话与原始宗教的关系　中南民族学院学报　1981,(2)	
D01-031	郭　思九	试论民族民间文学与宗教　金沙江文艺　1981,(4),29—37	
D01-032	龚　鹏程	中国古代的宗教与神话　道教文化＊　1983,3(8),22—24	
D01-033	龚　鹏程	中国古代的宗教与神话续　道教文化＊　1983,3(9),15—17	
D01-034	王　松	活的历史和死的概念：与黄惠焜同志商榷文学的起源问题　思想战线　1981,(4),39—46；《中国少数民族神话论文集》　1984.52—67	
D01-035	和　明远	原始神话与宗教的先后　民族文化　1982,(1),42—44	
D01-036	夏　之乾	略谈我国不同经济类型民族中原始宗教的差异　世界宗教研究　1982,(2),95—103；复印报刊资料　1982,(7),45—53	
D01-037	李　子贤	略论神话与原始宗教的关系　民族学研究（三）1982.116—128	
D01-038	胡　安仁	论古代文艺和原始宗教的关系　陕西师范大学研究生论文选编　1982	
D01-039	潜　明兹	神话与原始宗教关系之演变　云南社会科学　1983,(1),92—99	
D01-040	杨　知勇	原始宗教的神与神话的神　云南民族学院学报　1983,(1),22—29；《中国少数民族神话论文集》1984.68—81	
D01-041	马学良等	再论民族民间文学与宗教的关系　民间文学　1983,(2),32—42	

D01-042　兰　　克　　原始的宗教和神话　民间文艺集刊（四）
　　　　　　　　　　1983.16—28；《中国少数民族神话论文集》
　　　　　　　　　　1984.40—51

D01-043　李　景江　　宗教与民间文学　吉林大学学报　1983，（6），
　　　　　　　　　　88—93

D01-044　陈伯君等　　原始宗教诗歌研究初探　温州师范专科学校学
　　　　　　　　　　报　1984，（1），56；民间文学研究动态
　　　　　　　　　　1986，（1）

D01-045　徐　召勋　　神话宗教异同论　阜阳师范学院学报　1984，
　　　　　　　　　　（1/2）

D01-046　吕　晴飞　　神话与宗教的区别　电大文科园地　1984，
　　　　　　　　　　（2），6—8

D01-047　王　　松　　论神话与宗教的区别　山茶　1984，（4），61—
　　　　　　　　　　65

D01-048　梁　　飞　　试论原始宗教在历史上的积极作用　辽宁商业
　　　　　　　　　　专科学校学报　1985，（1），67

D01-049　辰　　雨　　原始宗教文学概论　温州师范学院学报　1985，
　　　　　　　　　　（2）

D01-050　陈　天俊　　贵州边远民族地区的原始宗教遗俗与社会主义
　　　　　　　　　　精神文明建设　贵州社会科学　1985，（3），
　　　　　　　　　　73—76，83；复印报刊资料　1985，（7），83—
　　　　　　　　　　87

D01-051　罗　永麟　　浅议神话与宗教的关系：与兰克同志商榷　民
　　　　　　　　　　间文艺季刊　1986，（1），34—42

D01-052　杨　知勇　　原始宗教与原始文学的精神纽带　云南民族学
　　　　　　　　　　院学报　1986，（3），22—29

D01-053　唐　嘉弘　　简论春秋战国时期的寮祭及其源流——先秦原
　　　　　　　　　　始宗教新探之一　贵州社会科学　1986，（4），
　　　　　　　　　　3

D01-054　陶　思炎　　试论神话与原始宗教　民间文学论坛　1986，
　　　　　　　　　　（4），91—96

D01-055　谢　选骏　　也谈古代中国宗教神话向古史神话的转变　哲

学研究 1986，（5），49—55

D01-056　龚　鹏程　中国古代的宗教与神话　孔孟月刊* 1986，24（11），35—45

D01-057　翁　银陶　试论宗教、巫术对神话流传的不同作用　民间文艺季刊 1987，（3），49—59

D01-058　王　尧德　神话与原始宗教　社会科学（兰州） 1987，（4），32—36

D01-059　陈　科华　原始宗教和前科学　益阳师范专科学校学报 1987，（4），49

D01-060　杨　鹍国　论原始宗教对民俗的影响　贵州民族研究 1988，（1），35

D01-061　刘　城淮　神话与宗教、宗教故事　郴州师范专科学校学报 1988，（1）

D01-062　林　蔚文　南方原始宗教与农耕文化论　中南民族学院学报 1988，（2），1

D01-063　李　申　原始宗教的一般发展——从科学到宗教　世界宗教研究 1988，（3），14—27

D01-064　赵　辉　原始宗教与楚辞　湖北教育学院学报 1988，（3）

D01-065　肖　益文　神的三界与人的三界：论鄂西民间神话中的原始宗教意识　鄂西大学学报 1988，（3）

D01-066　田　光辉　从贵州少数民族原始宗教看原始思维　贵州民族研究 1988，（4），150—154

D01-067　杨　丽珍　原始祭祀与神话史诗　世界宗教研究 1988，（4），126—133

D01-068　李　景江　原始宗教与原始神话新探　吉林大学学报 1988，（6），53—59

D01-069　张　建章　试析德宏州原始宗教崇拜种类　世界宗教研究 1989，（1），134—147

D01-070　郑　杰文　图腾·八卦·封禅——齐地的原始宗教和宗教学说　文史知识 1989，（3），71—75

D01-071　赵　建新　试论宗教文学的内涵　兰州大学学报 1989，

(4)，88—93

D01-072　满都尔图　原始宗教与氏族制度　民族研究　1989，(5)，56—63

D01-073　曹　金钟　一对孪生的姐妹：原始宗教与原始文学　求是学刊　1989，(6)，63—65

D01-074　和　力民　东巴教的性质：兼论原始宗教界说　思想战线　1990，(2)，31—36

D01-075　吕　明等　契丹原始宗教在辽代艺术中的反映　美苑　1990，(3)，21—38

D01-076　金　宝忱　表现在原始宗教和等级观念中的色彩崇拜　黑龙江民族丛刊　1990，(4)，73—75

D01-077　覃　敏笑　试论少数民族原始宗教的文化功能　贵州民族研究　1991，(1)，121—128：复印报刊资料（少数民族）　1991，(4)，45—52

D01-078　张　浩　宗教幻想是原始人类思维发展的必然产物　山东社会科学　1991，(2)

D01-079　李　宏　原始宗教的遗绪——试析汉代画像中的巫术、神话观念　中原文物　1991，(3)，94—97

D01-080　李　绍明　西南少数民族原始宗教与现代化问题　广西民族研究　1991，(3)，73—78

D01-081　刘　式今　考古遗址中原始宗教述评　世界宗教研究　1991，(3)，118—126

D01-082　傅　彤　浅谈东北地区原始宗教与艺术　黑河学刊　1991，(4)，88—93

D01-083　蒋　述卓　试论原始宗教艺术的产生　文艺理论研究　1991，(6)

D01-084　于　锦绣　从彝文《指路经》看近存彝族原始宗教系统的类型　世界宗教研究　1991.12，(4)（总46），40—52

D01-085　张　锡瑛　新石器时代的巫师及巫文化遗存：原始宗教研究之一　博物馆研究　1992，(1)，29—38

D01-086　吕　大吉　中国宗教和中国文化探源导引：关于《中国各

		民族原始宗教资料丛编》　云南社会科学　1992，(3)，41—48
D01-087	和　力民	简论原始宗教的发展和演变　云南社会科学　1992，(4)，57—62
D01-088	张　桥贵	原始宗教概念辨析　四川大学学报　1992，(4)，45—47
D01-089	和　力民	简论原始宗教的基本性质和形态特征　云南师范大学学报　1992，(6)，26—31
D01-090	刘　兴林	先秦农业宗教初探　社会科学辑刊　1992，(6)，69—76
D01-091	葛　北	宗教与民族文化　社会科学（上海）　1992，(11)，58—61
D01-092	张　桥贵	生态·人际与伦理——原始宗教的主题与发展　民族研究　1993，(1)，30—37
D01-093	姚　凤	黑龙江畔奥罗奇人的原始宗教观念　北方民族　1993，(1)，91—94
D01-094	张　新平	原始宗教形成浅析　平原大学学报　1993，(1)，63—66
D01-095	苑　胜龙	海岱文化圈原始宗教浅析　泰安师范专科学校学报　1993，(3)，23—25
D01-096	杜　玉冰	原始宗教与岩画分期　宁夏大学学报　1993，(3)，74—78
D01-097	张　康林	原始歌舞与原始宗教　音乐探索　1993，(3)，7—13
D01-098	翁　齐浩	珠江三角洲的原始宗教——图腾　岭南文史　1993，(3)，62—63
D01-099	张　桥贵	中国云南少数民族原始宗教伦理道德简论　世界宗教研究　1993，(4)，64—72
D01-100	于　锦秀	原始宗教的几个问题　云南社会科学　1993，(5)，53—63
D01-101	张　光直	人类历史上的巫教的一个初步定义　台湾大学考古人类学刊*（49）　1993.1—6

编号	作者	题目
D01-102	于　锦秀	从中国考古发现看原始宗教对中国文化的影响　世界宗教研究　1994，(1)，48—57
D01-103	黄　龙保	论原始宗教的文化哲学意义　河北学刊　1994，(2)，32—38
D01-104	杨　淑荣	中国考古发现在原始宗教研究中的价值和意义　世界宗教研究　1994，(3)，85—95
D01-105	高　力	原始宗教与民族道德　思想战线　1994，(3)，65—71；报刊复印资料　1994，(7)，47—53
D01-106	申　小龙	原始宗教的结构化呈现——汉自构形的文化解读　学术交流　1994，(4)，89—93
D01-107	杨　秀禄	原始宗教观念源于审美的假说　民间文学论坛　1994，(4)，63—72
D01-108	为　则	自然宗教：神灵称谓及其含义——以哈尼族宗教为例　中南民族学院学报　1994，14(5)，48—51
D01-109	李　禹阶	史前中原地区的宗教崇拜和"礼"的起源　中国史研究　1995，(1)，101—108
D01-110	高　福进	神话・宗教・原始宗教——一种原始文化的世界性透视　云南社会科学　1995，(4)
D01-111	蔡　家麒	试论原始宗教研究　民族研究　1996，(2)
D01-112	林　蔚文	周代吴越民族原始宗教略论　民族研究　1996，(4)，105
D01-113	佟　德富	我国古代少数民族原始宗教与文化　内蒙古师大学报　1996，(4)
D01-114	李　情姬	原始宗教与楚辞　内蒙古电大学刊　1997，(6)，11—12
D01-115	张　强	宗教学与神话　淮阴师范专科学校学报　1998，(1)，90—95
JD01-001	横田利七郎	支那上代に於ける神の勢力　国学院雑誌45(3)　1939.71—76
JD01-002	森三樹三郎	支那の神神の性格　支那学10(特別号)　1942.631—652

JD01-003	森三樹三郎	支那の神神の官僚的性格　支那学 11（1）1943
JD01-004	栗原圭介	古代漢民族における原始宗教一形態について　東洋文化研究所紀要（無窮会）10　1978
JD01-005	栗原圭介	神象の制度と原始観念の成立　漢学会誌（大東文化大学）18　1979.18
JD01-006	栗原圭介	古代漢民族における中雷神信仰形成の背景　宗教研究 242　1980.159—160
JD01-007	栗原圭介	古代漢民族における中雷神信仰形成の背景　大東文化大学紀要（人文科学）18　1980.97—113
JD01-008	小南一郎	社の祭祀の諸形態とその起源　古史春秋 4　1987.17—37
JD01-009	栗原圭介	古代中国に見る神化とその理念形態　宗教研究 66（4）　1993.213—214

2. 神话与图腾

D02-001+	倍　　松；胡　愈　之	《图腾主义》　上海　上海开明书店　1932.92p
D02-002+	李　则　纲	《始祖的诞生与图腾》　上海　商务印书馆 1935.82p；上海　上海文艺出版社影印 1988.9
D02-003+	岑　家　梧	《图腾艺术史》　上海　商务印书馆 1936.156p；台北　骆驼出版社 1987.194p；上海　上海文艺出版社影印　1988.9
D02-004+	毕　长　朴	《中国上古图腾制度探迹》*　台北市著者　1979
D02-005+	杨　和　森	《图腾层次论》　昆明　云南人民出版社 1987.146p
D02-006+	岑家梧等	《图腾艺术史·始祖的诞生与图腾》　上海　上海文艺出版社影印　1988.159p
D02-007+	龚　维　英	《原始崇拜纲要》（中华图腾文化与生殖文化）北京　中国民间文艺出版社　1989

D02-008+	王　一兵	《图腾与史前文化》　西安　陕西人民教育出版社　1991.9	
D02-009+	何　星亮	《中国图腾文化》　北京　中国社会科学出版社　1992	
D02-010+	侯　光等	《图腾崇拜、生殖崇拜、神秘莫测的原始信仰》　成都　四川人民出版社　1993.6	
D02-011+	何　星亮	《图腾文化与人类诸文化的起源》　《神秘的图腾》　北京　中国文联出版公司	
D02-012+	汪　玢玲	评《神秘的图腾》　民间文学论坛　1991，(2)，89	
D02-001	崔　载阳；赵　景深	图腾宗教　民族周刊　1928，(19/20)，1—9	
D02-002	[英]麦苟劳克；赵　景深	兽婚故事与图腾　民众教育季刊（杭州）　1933，3(1)，2—5	
D02-003	施　次晨	图腾氏族之又一佐证　历史科学　1933，1(5)，1—2	
D02-004	黄　华节	初民社会的性别图腾　东方杂志　1933，30(7)，妇类23—27	
D02-005	黄　文山	中国古代社会的图腾文化　新社会科学季刊　1934，1(1)，25—52：《黄文山学术论丛》*　台北　中华书局　1959.9	
D02-006	王　祺	对于"中国古代社会的图腾文化"之我见　新社会科学季刊　1934，1(1)，53—66	
D02-007	戴　商煊	蛮族与图腾关系之史的检讨　现代史学　1934，2(1—2)	
D02-008	李　则纲	社与图腾　东方杂志　1935，32(13)，219—234	
D02-009	陈　钟凡	图腾艺术史序　考古社刊　1936，(4)，319—322	
D02-010	卫　聚贤	补遗三则　古史研究（三）　1936.383—385	
D02-011	岑　家梧	东夷南蛮的图腾习俗　现代史学　1936，3(1)	

D02-012	岑　家梧	图腾研究之现阶段	食货半月刊	1936，4(4)，11—14
D02-013	岑　家梧	转型期的图腾文化	食货半月刊	1939，5(6)，1—10
D02-014	李　则纲	与岑家梧君论研究"图腾"	学风	1937，7(1)，1—2
D02-015	许　宏杰	中国古代社会图腾崇拜的研究	循环日报（港）	1937.5.24、30
D02-016	蒋　玄佁	吴越鱼图腾考	时事新报	1937.6.30
D02-017	朱　锦江	中国民族艺术中所见羽翼图腾考	金陵学报	1938，8(1—2)
D02-018	陈　志良	图腾主义概论	说文月刊	1940，2(1)，501—508
D02-019	陈　志良	始祖诞生与图腾主义	说文月刊	1940，2(2—3)，509—521
D02-020	杨　宽	序"古史辨"第七册因论古史中之鸟兽神话	学术	1940，(4)，11—19
D02-021	朱　锦江	古代艺术中所见之羽翼图腾考（中华民族文艺思想史稿之一节）	说文月刊	1941，3(1)，37—52
D02-022	杨　宽	杨序（鸟兽神话与古史关系）	古史辨	1941.1—14
D02-023	杨　宽	中国图腾文化的探讨	政治月刊	1941，2(2)
D02-024	卫　惠林	中国古代的图腾制论证	民族学研究集刊	1943，(3)，54—60
D02-025	孙　作云	鸟官考（由图腾崇拜到求子礼俗）	新民报	1943，5(22—23)
D02-026	岑　家梧	中国的图腾制及其研究史略（附图腾研究书目）	文讯　1944，5(1)，23—31；《西南民族文化论丛》 1949	
D02-027	孙　作云	中国古代鸟氏族诸酋长考	中国学报　1945，3(3)，18—36；《中国上古史论文选集》1979.	

			407—448
D02-028	朱　锦江	中国古史中羽翼图腾之探究　文史杂志 1945，5（9/10），3—18	
D02-029	李　玄伯	中国古代社会与近代初民社会（中国古代之图腾社会与外婚制）　国立中央图书馆馆刊（复刊）　1947，（2），1—8	
D02-030	董　家遵	古姓与生肖同为图腾考　社会科学（福建）1947，3（1/2），51—68	
D02-031	董　家遵	从诗经上研究古代的图腾制与奴隶制　珠海学报　1948，（1），83—90	
D02-032	梁　园东	中国古代图腾部落之一　武大社会季刊 1948，9（1）	
D02-033	艾　煌	从万物有灵到图腾崇拜　中国青年　1949，（7），32	
D02-034	孙　作云	说羽人——羽人图、羽人神话及飞仙思想之图腾主义的考察　国立沈阳博物馆筹备委员会汇刊　1951	
D02-035	于　省吾	略论图腾与宗教起源和夏商图腾　历史研究 1959，(11)，60—69	
D02-036	于　兆泮	谈史前我国图腾艺术　艺术杂志*　1960，2（6）	
D02-037	赵　铁寒	夏民族的图腾演变　史语所外编*　1961，4（2）：《古史考还》　1965	
D02-038	赵　铁寒	说夏之一：夏图腾出现时期之推测　大陆杂志*　1962，24（12），371—376	
D02-039	曾　文经	谈动物的崇拜　新建设　1964，（7），107—114	
D02-040	桑　秀云	从图腾迹象看中国边疆民族的类缘　《庆祝李济先生七十岁论文集》*　1965.371—386	
D02-041	黄　文山	图腾在中国古代文化上之艺术表现（摘要）民族学所集刊*　1966，(21)，1—16	
D02-042	苏　雪林	鸟的崇拜　《九歌中人神恋爱问题》*　1967	
D02-043	卫　惠林	中国古代图腾制度范畴——一个工作假设　中	

		国民族学通讯* 1967，(6)，1—2
D02-044	卫　惠林	中国古代图腾制度范畴　民族学所集刊* 1968，(25)，1—34
D02-045	杨　胤宗	图腾考　建设* 1970，19(4)，35—36
D02-046	王　禄威	图腾崇拜与其在中国社会的遗迹　边政学报* 1970，(9)
D02-047	林　菊英	图腾文化的探讨　读史答记（新）1970—1971，(5)
D02-048	毕　长朴	中国上古图腾制度探颐（四）　台湾风物* （一）1971，22(2)，3—1；（二）1971，21(3)，20—31；（三）1971，21(4)，54—69；（四）1972，22(2)，49—87
D02-049	毕　长朴	中国上古图腾制度探颐（续完）　台湾风物* 1972，22(4)，50—80
D02-050	联　奎	图腾文化与台湾中部山地之图腾遗址　国魂* (328) 1973.39—41
D02-051	何　志平	从神话到图腾崇拜　华侨日报　1976.4.5
D02-052	潘　定智	民族学工作者应重视民间文学研究：从古代神话传说和图腾崇拜谈起　贵州民族学院学报 1981，(1)
D02-053	王均林等	"图腾崇拜"是怎么回事　外国史知识　1981，(8)，37—38
D02-054	蓝　鸿恩	禽言兽语、寓意深长、关于动物故事的探讨 《广西民间文学散论》1981.29—43
D02-055	贾　湖亭	龙图腾社会之形成与中华民族的政治意识 海洋学院学报　1981，(16)
D02-056	铁　峰	图腾神话初探　怒江群众艺术　1982，(1)
D02-057	南　岭	姓氏、属相、图腾、原始图腾崇拜掠影　今昔谈　1982，(2)，32—33，17
D02-058	龚　维英	嬴秦族图腾是鸟不是马　求索　1982，(3)，102
D02-059	宋　龙飞	凤鸟图腾标识的遗迹——散见于装饰图文中

		艺术家（上）1982，（85），149—164：（下）1982，（86），119—125
D02-060	杨　智勇	论图腾崇拜　民族文化　1982，（5），4
D02-061	赵　振才	龙江民俗小议——蛇图腾　黑龙江文物丛刊 1983，（1），74
D02-062	常　正光	商族鸟图腾探源——物候学与中国古代文化 贵州民族研究　1983，（1），54
D02-063	潜　明兹	动物图腾神话与动物故事管见　思想战线 1983，（1），87—91
D02-064	万　九河	中国原始社会的图腾　贵州民族研究　1983，(1)，46—53
D02-065	赵　沛霖	鱼类与象探源　争鸣　1983，（1），107—112
D02-066	李　锦山	史前东夷人的图腾　历史知识　1983，（5），61—62
D02-067	于　民	图腾崇拜与原始舞蹈　社会科学辑刊　1983，（3），158—160
D02-068	杨德印译	传说和神话中的动物及其来龙去脉　文化译丛 1983，（3）
D02-069	文　生	图腾信仰述略　思想战线　1983，（4），110—111
D02-070	赵　沛霖	鸟类与众的起源与鸟图腾崇拜　求是学刊 1983，（5），72—77
D02-071	肖　琳	图腾与图腾崇拜　百科知识　1983，（8），21—23
D02-072	高　强	姜寨史前居民图腾初探　史前研究　1984，（1），63—67
D02-073	岑家悟遗著	转型期的图腾文化　中南民族学院学报　1984，（1），19—25
D02-074	王　圣宝	扬子鳄崇拜与文身断发　江淮论坛　1984，（4），61
D02-075	萧　红	龙与远古图腾　河南大学学报　1984，（5），56
D02-076	阎　云翔	图腾理论及其在神话学中的应用　山茶

1984，(6)，63—70

D02-077　冉　光瑜　原始氏族的"图腾"　历史知识　1984，(6)，16

D02-078　蓝　鸿思　漫谈狗图腾崇拜　民间文学　1985，(1)，50—51

D02-079　马　世之　商族图腾崇拜及其名称的由来　殷都学刊　1986，(1)，17

D02-080　龚　维英　从殷商图腾的衍变论图腾崇拜和生殖器崇拜的兴替　贵州文史丛刊　1986，(2)，106—111

D02-081　朱　霞　论图腾神话中的变形　民间文学季刊　1986.(2)

D02-082　龚　维英　从殷族图腾演化看原始崇拜的变迁　民间文艺季刊　1986，(3)，50—60

D02-083　刘　夫德　周人早期的图腾　兰州大学学报　1986，(3)，23

D02-084　宋　兆麟　漫谈图腾崇拜　文史知识　1986，(5)，88—90

D02-085　杨　知勇　从青蛙骑手的诞生谈图腾艺术的演变　民间文学　1986，(6)，58—61

D02-086　武　世珍　龙图腾崇拜、文身、五彩丝　《民间文学论文集》(甘肃)　1986

D02-087　刘　其伟　图腾与图腾崇拜　艺术家*　1986，23(5)，158—160

D02-088　程　观俭　神秘而有趣的图腾柱　艺术家*　1986，23(5)，166—170

D02-089　马　世之　夏部族图腾问题试探　史前研究　1987，(1)，59

D02-090　陈　剩勇　试论古代越人的"蛙图腾"　浙江师范大学学报　1987，(1)，80

D02-091　宋　兆麟　图腾　人民日报(海外版)　1987.1.25

D02-092　李　景江　女真图腾神话初探　中国神话(一)　1987.71—86

D02-093　朱　群　图腾探析　西南民院学报　1987，(1)，26—34

D02-094	骆　继光	图腾崇拜及其产生根源　世界宗教研究　1987，(2)，119—127	
D02-095	张　桥贵	也谈图腾崇拜的职能问题　民间文学论坛　1987，(2)，27—30，89	
D02-096	李　景江	试论图腾神与半人半兽神　民间文学论坛　1987，(2)，20—26	
D02-097	刘　铁华	图腾与艺术　河南大学学报　1987，(2)，97—101	
D02-098	骆　继光	图腾崇拜及其产生根源　世界宗教研究　1987，(2)，119	
D02-099	郭　精锐	图腾与"性不明确说"　民间文艺季刊　1987，(3)，37	
D02-100	丘　振声	蛙、图腾、美　民族艺术　1987，(3)，48—58	
D02-101	高　力	神话、图腾及其他　当代文艺探索　1987，(4)，64—67，28	
D02-102	韩　致中	谭氏宗谱与图腾神话　民间文学论坛　1987，(4)，59—62	
D02-103	邬　国义	什么是图腾崇拜？我国古代图腾崇拜的情况如何？　《中国文化史三百题》　1987.421—423	
D02-104	张　桥贵	也谈图腾崇拜的职能问题　《边疆文化论丛》(一)　1988.89—93	
D02-105	金　宝忱	从犬民族看狗图腾——与北方民族的关系　黑龙江民族丛刊　1988，(2)，81—86	
D02-106	屠　武周	再论半人半兽图腾的实质和起源　淮阴教育学院学报　1988，(2)，87—97	
D02-107	杨　堃	图腾主义新探——试论图腾是女性生殖器的象征　世界宗教研究　1988，(3)，1—13	
D02-108	何　星亮	试论图腾标志　贵州民族研究　1988，(4)，128—133	
D02-109	张　书城	从龙图腾到半龙图腾　民族艺术　1988，(4)	
D02-110	屠　武周	试论动物肢体图腾形成的社会根源　淮阴教育学院学报　1988，(4)，94—100	

D02-111	唐　楚臣	神仙思想源于氐羌图腾崇拜　民间文学论坛 1988，(5/6)，30—35	
D02-112	郑　元者	图腾艺术与生命感受的表达　民间文艺季刊 1989，(1)，87—105	
D02-113	何　星亮	图腾崇拜与人生礼仪　社会科学战线　1989，(3)，318—324	
D02-114	何　星亮	图腾禁忌的类型及其形成与演变　云南社会科学　1989，(3)，84—90	
D02-115	林　牧	中国图腾略论　世界宗教研究　1989，(4)，44—57	
D02-116	何　星亮	图腾与神的起源　民族研究　1989，(4)，57—64	
D02-117	何　星亮	图腾的起源　中国社会科学　1989，(5)，31—47	
D02-118	何　强	试论"鸟图腾"与农业文明及母系氏族社会的关系　湖南考古辑刊（5）　1989.154—160，153	
D02-119	龙　海清	图腾源于盘瓠考——中国古代先民最早到达美洲新证　《苗学研究》　1989	
D02-120	王大有等	"图腾"的始源地区在哪里——兼论图腾的真义　人民日报（海外版）　1989.8.24	
D02-121	杨　知勇	第二次超越——图腾崇拜的形成及其在原始文化中的作用　《边疆文化论丛》　（二）1989.16—28	
D02-122	姚　汉荣	《天问》中的图腾和神话　上海大学学报 1990，(1)，30—35	
D02-123	何　星亮	图腾的类型　内蒙古社会科学　1990，(1)，79—84	
D02-124	何　星亮	图腾与人名的起源　西藏民院学报　1990，(2)，27—31	
D02-125	万　建中	图腾崇拜渊源新探　争鸣　1990，(2)，38—45	
D02-126	何　星亮	中国图腾文化概述　云南社会科学　1990，	

(2)，33—39

D02-127　俞　为洁　鸟图腾的起源及崇拜对象——试论河姆渡文化之鸟图腾　民俗研究　1990，(2)，49—50

D02-128　王　惠德　鸟图腾的滥觞——兼谈东夷文化　昭乌达蒙师范专科学校学报　1990，(3)，58—64

D02-129　桑　秀云　从图腾迹象看中国边疆民族的类缘　黑龙江民族丛刊　1990，(3)，74—78

D02-130　何　星亮　图腾仪式的类型及其形成的原因　黑龙江民族丛刊　1990，(3)，79—83

D02-131　晁　福林　论图腾　学习与探索　1990，(3)，4—12

D02-132　陈　代兴　先楚民族图腾信仰考辨　咸宁师范专科学校学报　1990，(4)

D02-133　刘　小燕　蛇图腾探源　江西社会科学　1990，(4)，118—119

D02-134　何　星亮　图腾名称与姓氏的起源　民族研究　1990，(5)，31—36

D02-135　龚　维英　图腾能吃吗？　历史大观园　1990，(6) 12—13

D02-136　王　士伦　越国鸟图腾与鸟崇拜的若干问题　浙江学刊　1990，(6)，25—29

D02-137　季　智慧　蚕、竹与属的图腾　文史知识　1990，(6)，38—39

D02-138　高　明强　图腾与姓氏　史前研究　1990—1991，130—134

D02-139　陈　荣富　图腾崇拜探源　江西大学学报　1991，(2)，24—28

D02-140　如　鱼　蛙纹与图腾崇拜　中原文物　1991，(2)，27—36

D02-141　何　星亮　中国的图腾神话　西藏民族学院学报　1991，(3)，21—30

D02-142　吕　品　河南汉画所见图腾遗俗考　中原文物　1991，(3)，42—49，74

D02-143	何 星亮	官名的起源与图腾 西域研究 1991，(3)，59—64	
D02-144	朱 堂锦	中国民族图腾文化的多元结构 文艺理论研究 1991，(6)，33—41：复印报刊资料 1992，(3)，56—64	
D02-145	宋 兆麟	什么是"图腾" 国文天地* 1991，6(8)，100—102	
D02-146	李 丽芳	浅谈图腾信仰与历史、艺术的关系 历史博物馆馆刊* 1991，2(10)，43—56	
D02-147	熊 传新	商周青铜器的动物造型和纹样与古代图腾崇拜 南方民族考古(3) 1991.63—68	
D02-148	何 星亮	图腾圣地与社 思想战线 1992，(1)，79—83	
D02-149	姜 孝德	巴族图腾辨析 重庆师范学院学报 1992，(1)，18—21	
D02-150	扬 青	南蛇、古蛇与图腾考辨 益阳师范专科学校学报 1992，(1)，9—15	
D02-151	姜 孝德	巴族图腾辨析 重庆师院学报 1992，(1)，18—21	
D02-152	向 柏松	从巴蛇到白虎：巴人图腾的转换 湖北民族学院学报 1992，(1)，43—47	
D02-153	姜 孝德	巴、越族图腾文化之比较 西南师范大学学报 1992，(2)，94—99	
D02-154	陈 荣富	图腾崇拜探源 江西大学学报 1992，(2)，24—28	
D02-155	何 光岳	龙图腾在炎黄簇团的崇高地位 中南民族学院学报 1992，(2)，13—18	
D02-156	彭 涛	图腾艺术简论 东南文化 1992，(2)，228—232	
D02-157	吴 法乾	"巴蛇"辨 湖北民族学院学报 1992，(2)，81—83	
D02-158	陈 久金	华夏族群的图腾崇拜与四象概念的形成 自然科学史研究 1992，11(1)，9—21	

D02-159　陆　思贤　我国氏族制时代的图腾柱　文艺理论研究 1992,（3），78—81

D02-160　李　树辉　狼图腾文化初探　新疆艺术　1992,（3），27—34

D02-161　于　文杰　禁忌与图腾的文化形式　盐城师范专科学校学报　1992,（3），45—47

D02-162　杨　俊峰　"龙传人"溯源：从民族图腾与崇拜谈起　渤海学刊　1992,（4），26—28

D02-163　戴　平　中国民族服饰中的图腾遗迹　戏剧艺术　1992,（4），68—81

D02-164　张　祥平　中华先民崇拜烟火图腾《尧典》的文化人类学史实　文史知识　1992,（9），116—118

D02-165　张　德水　黄河流域图腾文化的考古学考察　中原文物 1993,（1），32—35

D02-166　李　景江　图腾崇拜及图腾文化新解　吉林大学学报 1993,（1），40—46

D02-167　李　炳海　古代东夷族的太阳图腾及相关事象——兼论信仰习俗的丛生性　中国民间文化　1993,（1），83—90

D02-168　何　星亮　龙：图腾——神　民族研究　1993,（2）

D02-169　翁　齐洁　珠江三角洲的原始宗教：图腾　岭南文史 1993,（3），62—63

D02-170　李　炳海　从神话传说看东夷族的图腾文化　民间文学论坛　1993,（3），42—46

D02-171　刘　凯　跳"於菟"：古羌人崇虎图腾意识的活化石　民族艺术　1993,（3），96—105

D02-172　托卡列夫；　图腾崇拜
　　　　　　何　星亮　民族译丛　1993,（4），44—51

D02-173　周　幼涛　图腾与氏族　社科纵横　1993,（4）

D02-174　郑　元者　图腾崇拜的悲剧与原始崇高感　社会科学文化 1993,（5），49—53

D02-175　张　光直　谈图腾　中国文物报　1993.8.22（3）

D02-176	叶　庆炳	鸡年谈鸡　故宫文物月刊　1993，10（10），28—33	
D02-177	李　炳海	从九尾狐到狐媚妖：中国古代的狐图腾与狐意象　学术月刊　1993，（12），71—78	
D02-178	黄　德宽	汉字阐释与图腾遗风　东南文化　1994，（1），4—19	
D02-179	申　三等	试论图腾与禁忌产生的先后　济宁师范专科学校学报　1994，（1），25—27	
D02-180	王　水根	鸟图腾及相关问题　南方文物　1994，（1），60—65；殷都学刊　1994，（1）	
D02-181	陈　桂芬	图腾与图腾崇拜　社会科学家　1994，（1），53—57	
D02-182	金　永平	羽人神话：鸟图腾崇拜的变异　中国民间文化　1994，（1），15—29	
D02-183	［苏］瓦里耶夫娜	一种广泛分布的图腾文化——熊崇拜　天府新论　1994，（2）	
D02-184	夏　敏	狗与猴：图腾仪式和文学中的接近类型——从畲族和藏族图腾文化说开　民族文学研究　1994，（3），35—39，58	
D02-185	史　延廷	鸟图腾崇拜与吴越地区的崇鸟文化　社会科学战线　1994，（3），109—113	
D02-186	贺　文章	漫谈图腾与熊崇拜　北方文物　1994，（3）	
D02-187	吴　景山	突厥人的图腾崇拜　西北民族学院学报　1994，（3）	
D02-188	苏　升华	图腾崇拜与龙崇拜之比较研究　江海学刊　1994，（3），115—120	
D02-189	顾　远	图腾的源与流　台州师专学报　1994，（3）	
D02-190	邓　乔彬	闻一多的图腾研究　中国民间文化　1994，（4），124—138	
D02-191	葛　志毅	试论中国古代的熊崇拜之风　齐鲁学刊　1994，（4），77—81	
D02-192	黄　建荣	十二生肖——图腾崇拜的延伸：中华民族十二	

|||生肖探源　社会科学战线　1994，(5)
D02-193　朱　炳祥　图腾观念的起源：论"食物致生食物致孕"　南开大学学报　1994，(5)，42—49
D02-194　李文君等　溪州铜柱不是图腾柱——与龙海清先生商榷　中央民族大学学报　1994，(6)，27—31
D02-195　江　林昌　楚辞中所见夏殷氏族图腾考　东南文化　1994，(6)，31—41
D02-196　李　亦园　章回小说《平闽十八洞》的图腾神话研究　民族学研究所集刊*　1994，(76)：《宗教与神话论文集》　1998.1.347—373
D02-197　管　彦波　少数民族头饰中的图腾遗迹　云南民族学院学报　1995，(3)，46
D02-198　田　兆元　图腾神话与祖先神话的传承流变　上海社会科学院学术季刊　1995，(3)，176—184
D02-199　葛　志毅　先秦图腾信仰与楚君熊氏之关联　社会科学战线　1995，(6)，130—135
D02-200　傅　朗云　龙在地球东方升起：辽东后清图腾文化初探　蒲峪学刊　1996，(1)，7—9
D02-201　蓝　多民　蛇图腾、三月三、岩棺葬　广西民族研究　1996，(4)，94—95
D02-202　王　水根　论图腾感生与古姓起源　民间文学论坛　1996，(4)，19—24
D02-203　[加拿大]裴玄德；　"图腾制"——一个过时的概念
　　　　　　孙　其刚　世界民族　1997，(1)
D02-204　陈　荣　獬豸冠与羌人图腾崇拜　青海师范大学学报　1997，(1)
D02-205　钟　年　从图腾文化看楚越的对抗与交融　中南民族学院学报　1997，(3)
D02-206　吴　晓东　论幻化母题与图腾崇拜的起源　民族文学研究　1997，(4)，49—53
D02-207　廖　杨　图腾崇拜与原始宗教的起源　广西民族研究　1998，(1)，1—66

JD02-001	松本信広	支那古姓とトーテミズム（上）（下）　史学 1921，1（1），101-102；1921，1（2），245—276；『東亜民族文化論攷』　東京　1968.453—491
JD02-002	池田末利	古代中国に於けるトーテミズムの問題　東方宗教 21　1963.1—15

3. 神话与萨满教

D03-001＋	秋　　浦	《萨满教研究》　上海　上海人民出版社 1985.5　180p
D03-002＋	吉林省民族研究所编	《萨满教文化研究》（一）　长春　吉林人民出版社　1988.6　312p
D03-003＋	乌　丙安	《神秘的萨满世界——中国原始文化根基》　上海　上海三联书店　1990　286p
D03-004＋	富　育光	《萨满教与神话》　沈阳　辽宁大学出版社 1990.10　341p
D03-005＋	常　　江	书评《萨满教与神话》　清史研究　1992，(4)，122—123
D03-006＋	富　育光	北方原始文化谜境探源：《萨满教与神话》评价　世界宗教研究　1992，(3)
D03-007＋	刘小萌等	《萨满教与东北民族》　长春　吉林教育出版社 1990.3　197p
D03-008＋	富育光等	《满族萨满教研究》　北京　北京大学出版社 1991
D03-009＋	满都尔图	勤于考察　勇于探索的结晶《满族萨满教研究》评介　民族研究　1993，(3)，15—17
D03-010＋	石伟光等	《满族萨满跳神研究》　长春　吉林文史出版社 1993.5
D03-011＋	薛　　红	满族萨满教史料在满族先史史料学上的价值：序《满族萨满跳神研究》　北方民族　1992，(1)，86—89
D03-012＋	陈　思玲	萨满文化研究的新成果：评《满族萨满跳神研

			究》 东北师范大学学报 1993，（4），32—93
D03-013+	宋 和平		《满族萨满神歌译注》 北京 社会科学文献出版社 1993．10：中国社会科学院民族研究所民族学研究室编《民族文化习俗与萨满教调查报告》 北京 民族出版社 1993 262p
D03-014+	富育光等		《萨满教女神》 沈阳 辽宁人民出版社 1995．11
D03-015+	汪 玢玲		赫赫女神 飞御八荒——评《萨满教女神》 民族文学研究 1997，（2），78—79
D03-016+	庄 吉发		《萨满信仰的历史考察》* 台北 文史哲出版社 1996．2
D03-001	怀 旧	满洲之跳神	世界日报 1927.7.20
D03-002	黄 石	满洲的跳神	民俗学集镌（二） 1932 3—20
B03-003	金 受申	跳神的种种	立言画刊（十六） 1939．1
D03-004	曹 江	跳神——记松潘跳神会 风土杂志 1944，1（2/3），24—27
D03-005	扎奇斯钦	萨蛮教 新思潮* 1955，（45）
D03-006	满都尔图	中国北方民族的萨满教 社会科学辑刊 1981，（2），89—93
D03-007	刘 建国	关于萨满教的几个问题 世界宗教研究 1981，（2），119—124
D03-008	伍 韧	萨满教的演变和没落 社会科学战线 1981，（3），233
D03-009	伍 韧	萨满教中的"萨满" 内蒙古社会科学 1982，（2），100
D03-010	李 现国	古老的萨满教 新疆日报 1983．1．2（3）：复印报刊资料 1983，（3），100
D03-011	英·门都苏荣	试论达翰尔的萨满教（蒙文） 潮洛蒙 1983，（3）
D03-012	满族文化编辑部	满洲的跳神 满族文化 1983，（4），28
D03-013	H．霍夫曼；西藏萨满教的表现形式

	向　红加	民族译丛　1983，(6)，49—53
D03-014	努尔兰·艾孜木汗	哈萨克族中萨满教的遗迹　伊犁师范学院学报　1984，(1)，42
D03-015	和·布音巴图	关于萨满教艺术（蒙文）　内蒙古师范大学学报　1984，(1)，77—90
D03-016	王　叔凯	古代北方草原诸游牧民族与萨满教　世界宗教研究　1984，(2)，80
D03-017	满都尔图等	察布查尔锡伯族的萨满教　世界宗教研究　1984，(2)，97
D03-018	蔡　家麟	中国北方民族的萨满教　史前研究　1984，(4)，87—93，110
D03-019	陈宗振等	裕固族的萨满——祀公子　世界宗教研究　1985，(1)，146
D03-020	贺　灵	《尼山萨满》——一份研究萨满教的重要文献　新疆师大学报　1985，(1)，141—142，160
D03-021	白　兰	鄂伦春社会与萨满教　东北地方史研究　1985，(3)，34
D03-022	富育光等	满族萨满教女神神话初析　社会科学战线（长春）　1985，(4)，193—200：《神话新探》1986　532—546：《萨满教文化研究》（一）1988
D03-023	李　扬	论满族神话的萨满传承　《民间文学论集》（三）　1985
D03-024	赵　振才	萨满的扮相和神器　黑龙江民族丛刊　1986，(2)，87—89
D03-025	胡　振华	《玛纳斯》与萨满文化　民间文学论坛　1987，(1)，14—27
D03-026	苏　德善	锡伯族的萨满教与祖先崇拜　伊犁师院学报　1987，(1)，34
D03-027	阿布都克里木；热合曼	从《突厥语大词典》看萨满教　新疆大学学报　1987，(2)
D03-028	王　宏刚	论满族萨满教的天穹神话　民间文艺季刊

			1987,（3），20—36
D03-029	宋和平等		瑷珲富裕两地萨满文化调查报告　民族文学研究　1987,（3），27—30，79
D03-030	王　宏刚		论萨满教的天穹神话　学术研究丛刊　1987,（4），71
D03-031	孟　慧英		满族的萨满教　世界宗教研究　1987,（4），114；复印报刊资料　1988,（3），109—123
D03-032	富　育光		萨满教天穹观念与神话探考　学术研究丛刊　1987,（4），64；学术交流　1987,（4），98
D03-033	富　育光		萨满教天穹观　世界宗教研究　1987,（4），129—138
D03-034	金　宝忱		萨满教神鼓研究　民间文学论坛　1987,（5），19—22，96
D03-035	色　音		试论蒙古族原始宗教——萨满教　中国社会科学院研究生院学报　1987,（5），50
D03-036	徐　昌翰		论萨满文化现象——"萨满教"非教刍议　学习与探索　1987,（5），120
D03-037	庄　吉发		萨满信仰的社会功能（附：萨满研究论著目录）满族文化（十）　1987　1—15
D03-038	蔡　大成		中国神话的萨满教因素——从西王母与鹿角的关系为例　《中国神话学会郑州论文》　1987
D03-039	王　宏刚		论满族萨满教的三种形态及演变　社会科学战线　1988,（1），187—193
D03-040	富　育光		满族萨满教星祭俗考　北方民族　1988,（1），98—108
D03-041	郎　樱		西北突厥民族的萨满教遗俗　北方民族　1988,（1），109—117
D03-042	汪　玢玲		萨满教与伊玛堪　民间文学论坛　1988,（2），55—62
D03-043	韩　国纲		锡伯族萨满教一瞥　中央民族学院学报　1988,（2），93
D03-044	富育光等		金代女真族的萨满教　黑河学刊　1988,（3），

　　　　　　　　　　　　　　71—78

D03-045　郎　樱等　北方民族鹰神话与萨满文化　民族文学研究
　　　　　　　　　　1988,(3),79—82,88

D03-046　郎　樱　阿尔泰语系民族叙事文学与萨满文化　民族文学研究　1988,(4),3—8

D03-047　徐　昌翰　从萨满文化视角看《伊玛堪》　民族文学研究
　　　　　　　　　　1988,(4),18—24

D03-048　黄　任远　萨满文化对《香叟莫日根》的渗透　民族文学研究　1988,(4),25—28

D03-049　张　云　西藏苯教与北方萨满教的比较　西北民族学院学报　1988,(4),52—59

D03-050　蔡　志纯　蒙古萨满教变革初探　世界宗教研究　1988,(4),114—125

D03-051　郑　天星　萨满教文化座谈会在长春召开　世界宗教研究　1988,(4),139—141

D03-052　黄任远等　"伊玛堪"名称原始意义探析　黑龙江民族丛刊　1988,(4)

D03-053　秋　阳　赫哲文化非萨满教文化——与黄任远同志商榷　黑龙江民族丛刊　1988,(4)

D03-054　乌兰察夫等　科尔沁萨满教试析　内蒙古社会科学　1988,(5),41—46

D03-055　黄　任远　伊玛堪名称原始意义探析——与汪玢玲同志商榷　民间文学论坛　1988,(5/6),125—129

D03-056　金　辉　论萨满装束的文化符号意义　民间文学论坛　1988,(5/6),130—137

D03-057　王　宏刚　北方萨满教研究中值得商榷的几个问题　北方文化研究　1988

D03-058　塔　娜　达翰尔族的神话和萨满教　《萨满教文化研究》（一）　1988　149—162

D03-059　王　宏刚　满族萨满教——人文科学的"活化石"　人民日报　1988.4.27

D03-060　庄　吉发　萨满信仰的故事　历史月刊（四）　1988

132—137

D03-061　哈勘楚伦　消失中的萨满教文学　边政研究所年报＊（十九）　1988　51—73

D03-062　乌　丙安　萨满世界的"真神"——萨满　满族研究　1989，（1），65—76

D03-063　季永海等　萨满教与满族民间文学　中央民族学院学报　1989，（1），80—85

D03-064　富育光等　满族萨满教神谕浅析　北方民族　1989，（2）

D03-065　郎　樱　突厥史诗英雄特异诞生母题中的萨满文化因素　民间文学论坛　1989，（2），69—74

D03-066　付　英仁　略论满族萨满教神话　民间文学论坛　1989，（2），82—85

D03-067　［苏］亚托卡列夫　萨满教的起源与鬼魂观念　世界宗教资料　1989，（3），20—26

D03-068　波·少布　东蒙萨满的派系及其职能　内蒙古大学学报　1989，（3），50—54

D03-069　张嘉宾等　黑龙江少数民族与萨满教　黑龙江民族丛刊　1989，（3），59—63

D03-070　林树山等　苏联对布里亚特蒙古萨满教起源的研究　黑龙江民族丛刊　1989，（3），116—122，100

D03-071　刘　小萌　满族萨满教信仰中的多重文化成分　中国社科院研究生院学报　1989，（3），68—74

D03-072　张　晓光　鄂伦春萨满文化调查　民间文学论坛　1989，（3），76—80

D03-073　汪　玢玲　再论萨满教与伊玛堪——关于"伊玛堪"名称原始意义商榷　民间文学论坛　1989，（4），87—91，73；黑龙江民族丛刊　1989，（4）

D03-074　孟　慧英　满族的萨满教　世界宗教研究　1989，（4），114—128

D03-075　L.爱克塞迪；"新年村"与中国古代萨满崇拜的其他痕迹　陈　来生　民间文艺季刊　1989，（4），229—240

D03-076　苏鲁格·查夫　萨满教与蒙古文化　内蒙古社会科学　1989，

(5)，79—84

D03-077　柴　夔生　　赫哲族的信仰和萨满教　民俗　1989，(10)

D03-078　宋　和平　　满族萨满教文化一瞥　自学　1989，(12)

D03-079　杜　家骥　　从清代的宫中祭祀和堂子祭祀看萨满教　满族研究　1990，(1)，45—49

D03-080　傅　郎云　　赫哲"伊玛堪"探源　黑龙江民族丛刊　1990，(1)，76

D03-081　富育光等　　满族的萨满　黑河学刊　1990，(2)

D03-082　乌　丙安　　萨满教的亡灵世界——亡灵观及其传说　民间文学论坛　1990，(2)，4—15

D03-083　白　兰　　狩猎鄂温克族的萨满教　内蒙古社会科学　1990，(2)，49—53

D03-084　宋　和平　　尼山萨满之死浅析　民族文学研究　1990，(2)，59—63

D03-085　庹　修明　　萨满文化与傩文化的比较　黑龙江民族丛刊　1990，(2)，63—69　民俗曲艺*(82)　1993　145—178

D03-086　佟德富等　　蒙古族萨满教初探　黑龙江民族丛刊　1990，(2)，70—75

D03-087　柴　夔生　　赫哲族萨满教诸神　黑龙江民族丛刊　1990，(2)，80—81

D03-088　索·吉尔格勒　论萨满教的起源及其社会心理基础　北方民族　1990，(2)，94—97

D03-089　宋　和平　　满族"满尼"神释析　北方民族　1990，(2)，98—102

D03-090　尧　奉　　尼福赫人的萨满教　北方民族　1990，(2)，103—107

D03-091　米尔奇·伊利亚德；　萨满教总论
　　　　　史　昆　　萨满教文化研究（二）　1990

D03-092　[苏]里沃娃；萨满教起源研究资料
　　　　　孙　运来　　黑河学刊　1990，(3)，106—112

D03-093　郭　崇林　　宁波阿城萨满教神话传说的文化背景　黑龙江

			民族丛刊 1990,（2），96
D03-094	杜　漫等	浅议裕固族萨满教遗迹　甘肃民族研究　1990,（3/4），9—11
D03-095	刘宁波编	萨满教的宇宙观　黑河学刊　1990,（4），108—115
D03-096	孙　其刚	神奇的萨满教骨骼式艺术　文物天地　1990,（6），40—43
D03-097	张　璇如	从满族萨满教的调查研究说起　民族学研究 1990,（9），75—76
D03-098	贺　灵	锡伯族萨满教概述　民族学研究　1990,（9），224—239
D03-099	朋·乌恩	略论萨满现象产生的文化背景　黑龙江民族丛刊　1991,（1），99—102
D03-100	王　宏刚	关于萨满教问题的探讨　北方民族　1991,（1），109—114
D03-101	左　富生	萨满遗俗对满族文化生活的影响　群众文化研究　1991,（1）
D03-102	贾　丛江	关于十三世纪前后蒙古人信仰萨满教的问题　中亚研究　1991,（2），39—46
D03-103	王　宏刚	萨满教天祭坛的女神　学术研究丛刊　1991,（2），97—101
D03-104	北　辰	今日的萨满理论及历史问题　北方民族 1991,（2），98—103
D03-105	奥　登桂	达斡尔古代的萨满信仰　北方民族　1991,（2），110—113
D03-106	周　玲等	行走于人神之间的萨满　新文化报　1991.3.2
D03-107	石　光伟	满族萨满歌舞的根基与传承　满族研究 1991,（3）
D03-108	王　永曦	鄂伦春族的萨满教　黑龙江民族丛刊　1991,（3），96—100
D03-109	曹　丽娟	萨满舞蹈体现的古崇拜意识　社会科学 1991,（3），329—330

D03-110	郭　淑云	萨满的社会职能	黑龙江民族丛刊　1991，(4)，74—78
D03-111	黄　强	神人交流与神人合一：论中国民间祭示仪礼和艺能中的神灵依附观念	民族艺术　1991，(4)，93—116
D03-112	富育光等	鄂伦春萨满教调查	世界宗教研究　1991，(4)，98—108
D03-113	白　兰	黑龙江流域各民族的萨满教	内蒙古社会科学　1991，(5)
D03-114	富育光等	萨满教原始崇拜及其祭礼	民俗曲艺*　(72/73)　1991　47—75
D03-115	［俄］叶·弗·列武尼科娃；乌拉熙春	从语言论证萨满一词之本义	满族文化　1991，(16)
D03-116	色　音	东北萨满巫俗平行比较	西北民族研究　1992，(1)
D03-117	容　观琼	东山咀红山文化祭示遗址与我国古代北方民族的萨满信仰	民族研究　1992，(1)
D03-118	傅　树政	流传在东北亚地区的萨满教	东北亚论坛　1992，(1)
D03-119	左　福胜	萨满遗俗对满族文化生活的影响	群众文化研究　1992，(1)，32—35
D03-120	王　宏刚	萨满神鼓探微	北方文物　1992，(1)，48—52
D03-121	金　吉子	萨满鹰祭与满族鹰舞	黑龙江民族丛刊　1992，(1)，85—89
D03-122	色　音	萨满的法服与法器	北方民族　1992，(1)，90—94
D03-123	王　宏刚	试论萨满教的柳崇拜	民间文学论坛　1992，(2)，19—14
D03-124	汪　玢玲	萨满的本质及其学术价值	黑龙江民族丛刊　1992，(2)，81—86
D03-125	李　明姬；尹　郁山	满族乌苏关萨满祭"大神案"之特点	黑龙江民族丛刊　1992，(2)，95—

D03-126	张 晓光	关于萨满教研究的几点探讨：兼谈氏族本位系宗教与社会性宗教的差异 北方民族 1992，(2)
D03-127	潜 明兹	萨满的神话世界 北方民族 1992，(2)
D03-128	满都尔图	萨满教研究的十年 世界宗教研究 1992，(2)，116—125
D03-129	姜 相顺	清官萨满祭祀中牺牲，祭品和歌舞贡献 满族研究 1992，(3)，35—43
D03-130	曹 丽娟	满族萨满舞蹈体现的古崇拜意识 满族研究 1992，(3)，49—57
D03-131	富 育光	萨满教原始气运观念探微 北方民族 1992，(3)，79—85
D03-132	［日］三田村泰肋；	满族萨满教的祭神与祝 北方民族 1992，(3)，86—94
	于 礁	萨满教研究国际协会《业务通讯》第一部分摘译满族研究 1992，(3)，94—96
D03-133	色 音	萨满教的观念体系及其特征 内蒙古社会科学 1992，(4)，95—102
D03-134	郭 淑云	满族萨满礁雪祭探析 内蒙古社会科学 1992，(5)，65—70
D03-135	刘 厚生	满族萨满教是典型的民族教 东北师大学报 1993，(1)，44—48
D03-136	色 音	谈萨满巫俗的习俗 民俗研究 1993 (1)，65—66
D03-137	色 音	论萨满的神器 中国社会科学院研究生院学报 1993，(1)，65—66
D03-138	傅 树政	流传在东北亚地区的萨满教 东北亚论坛 1993，(1)，78—81
D03-139	色 音	萨满教的神灵体系及诸神的分工 黑龙江民族丛刊 1993 (1)，84—91
D03-140	色 音	论萨满教的巫仪 内蒙古大学学报 1993，(1)，87—95

D03-141	关　小云	鄂伦春族萨满教神与神像　黑龙江民族丛刊 1993，(1)，129—132	
D03-142	奉　　收	试论鄂伦春族的萨满舞　黑龙江民族丛刊 1993，(1)	
D03-143	韩　有峰	大小兴安岭地区鄂伦春族萨满神服异同比较 黑龙江民族丛刊　1993，(1)	
D03-144	钟　进文	萨满教信仰与裕固族民间文学　西北民族学院 学报　1993，(1)	
D03-145	王　纪潮	楚人巫术与萨满教的比较研究　江汉考古 1993，(2)，50—53	
D03-146	阎　崇年	清代宫廷与萨满教　故宫博物院院刊　1993， (2)，55—64	
D03-147	尼　　玛	蒙古族萨满教招子仪式　中央民族学院学报 1993，(2)，71—73	
D03-148	金　宝忱	萨满的选徒与授技　黑龙江民族丛刊　1993， (2)，85—87	
D03-149	关　小云	鄂伦春族萨满春祭大典　黑龙江民族丛刊 1993，(2)，88—89	
D03-150	赵志忠等	《尼山萨满》与萨满教　满族研究　1993，(3)	
D03-151	朋·乌恩	国内蒙古萨满教研究现状　蒙古学信息 1993，(3)，17—20	
D03-152	张　喜宾	赫哲人的萨满教研究　民族研究动态　1993， (3)，28—37	
D03-153	王　　则	金代女真族的萨满教　博物馆研究　1993， (3)，49—52，66	
D03-154	赵志忠等	《尼山萨满》手抄本比较研究　民族文学研究 1993，(3)，74—78	
D03-155	林　　杉	通古斯满语民族那乃人萨满教诸神称谓及有关 神语　北方民族　1993，(3)，94—98	
D03-156	［意大利］马拉齐； 臣　　重	萨满教 世界宗教资料　1993，(4)，26—36	
D03-157	巴　　干	蒙古族萨满教及其世界观简论　内蒙古社会科	

			学　1993,（4），38—43
D03-158	李学智等	一部满族文学故事的背景《尼山萨满传》　民族文学研究　1993,（4），44—48
D03-159	奥　迈尔	关于萨满教的研究　新疆师范大学学报　1993,（4），65—72
D03-160	孟　淑珍	鄂伦春族萨满祭祀、竞技盛会及多重功能与作用　黑河学刊　1993,（4），114—117
D03-161	赵　春生	锡伯族萨满教活动与跳神舞　新疆艺术　1993,（6），69—71，76
D03-162	朋·乌恩	蒙古萨满教研究三题　内蒙古社会科学　1994,（1），20—25
D03-163	白　兰	萨满教神偶发现记　文物天地　1994,（1），32—33
D03-164	张　树卿	满族入关前后的萨满教　满族研究　1994,（1），62—64
D03-165	张　艳秋	萨满教对古代蒙古民族的影响　满族研究　1994,（1），65—67
D03-166	姜　相顺	清宫萨满祭祀及其历史演变　清史研究　1994,（1），77—78
D03-167	色　音	萨满教研究综述　西北民族研究　1994,（1），149—199
D03-168	忠　录等	锡伯族的萨满教神界萨满和萨满神歌　西北民族研究　1994,（1），200—205，116
D03-169	佟　中明	锡伯族的萨满教神界、萨满和萨满神歌　西北民族研究　1994,（1）
D03-170	刘　厚生	东北亚——萨满教的摇篮　满语研究　1994,（1）
D03-171	杜绍源等	回鹘萨满教音乐与舞蹈　甘肃社会科学　1994,（2），45—47
D03-172	巴图宝音	鄂温克族的萨满传说　前沿　1994,（2），61—62
D03-173	孟　慧英	《格斯尔》与萨满文化　青海社会科学　1994,

(2)，95—101

D03-174	赵　维和	满族萨满祭祀祠随意性的问题浅析　北方民族 1994，(2)，98—99
D03-175	塔　　娜	满族始祖女神"佛托妈妈"新探　内蒙古社会科学　1994，(2)
D03-176	色　　音	萨满传说类型诌议　北方民族　1994，(2)
D03-177	石光伟等	满族萨满跳神音乐概述　满族研究　1994，(2)
D03-178	王　建新	试论维吾尔族萨满教与日本萨满教的异同及国外萨满教研究的几个问题　新疆师范大学学报 1994，(3)，6—12
D03-179	程　适良	《福乐智慧》中的萨满教痕迹　民族文学研究 1994，(3)，40—43
D03-180	季　永海	《尼山萨满》的版本及其价值　民族文学研究 1994，(3)，59—62，69
D03-181	王　秀兰	刀朗木卡姆与萨满文化　西域研究　1994，(3)，60—61
D03-182	石　光伟	浅谈满族信仰礼俗文化——满族烧香萨满跳神 北方民族　1994，(3)，96—98；中央民族学院学报　1994，(5)，55—58
D03-183	色　　音	萨满教研究综述　社会科学战线　1994，(3)，266—270
D03-184	慧　　音	萨满医疗母题浅析　民族文学研究　1994，(4)，10—13，33
D03-185	宋　　抵	满族萨满跳神功利主义前提　北方文物　1994，(4)，80—81
D03-186	苏　依拉	蒙古萨满崇拜中的女性　甘肃民族研究　1994，(4)，82—87，93
D03-187	姜　相顺	幽冥的清官萨满祭祀神灵　民族研究　1994，(4)
D03-188	巴　　干	萨满教的宗教要素及其原始特征　前沿　1994，(4)
D03-189	庄　吉发	萨满与跳神驱祟　民俗曲艺*（91）　1994

355—394

D03-190	佟德富等	略论蒙古萨满教的起源与发展	中央民族学院学报 1994,（5），29—38
D03-191	庞　玉田	《尼山萨满》嬗变趋势漫议	黑龙江社会科学 1994,（5）
D03-192	蓝　万清	萨满教与犬祭的关系　北方民族 1995,（1）
D03-193	陈　伯霖	北方民族萨满跳神的原始娱乐功能　黑龙江民族丛刊 1995,（1），81
D03-194	韩　香	试论早期鲜卑族的原始萨满崇拜　黑龙江民族丛刊 1995,（1）
D03-195	宋　德胤	满族萨满的特征　黑龙江民族丛刊 1995,（1）
D03-196	刘　厚生	关于萨满教的界定、起源与传播　世界宗教研究 1995,（1）
D03-197	齐　经轩	从萨满教世界看萨满的社会角色及其昏迷术　内蒙古社会科学 1995,（2），42
D03-198	孟　慧英	神歌与萨满仪式　满族研究 1995,（2），51
D03-199	宋　和平	满族萨满神歌的内容浅析　满族研究 1995,（2）
D03-200	于　济源	萨满与宗教魔术　北方民族 1995,（2）
D03-201	汤　惠生	北方游牧民族萨满教的火神、太阳及光明崇拜　青海社会科学 1995,（2）
D03-202	赵　光远	鄂伦春人的萨满观　中国社会科学院研究生院学报 1995,（2）
D03-203	吴　疆	萨满教与中国传统信仰模式之比较　黑龙江社会科学 1995,（2）
D03-204	洪　玉范	古代蒙古族的思维与萨满教　黑龙江民族丛刊 1995,（2），86
D03-205	韩　香	试论早期鲜卑族的原始萨满崇拜　黑龙江民族丛刊 1995,（2），86
D03-206	朱　睿	朝鲜民族的萨满教文化　民族文学研究 1995,（3），67—71
D03-207	孟　慧英	赫哲族的萨满神歌　黑龙江民族丛刊 1995,

		（3）
D03-208	波·少布	阿尔泰语系诸民族的萨满遗风　北方民族　1995，（3）
D03-209	张　晓光	东北亚萨满产生的一个特殊原因——来自生物、地理、民俗学的启迪　北方民族　1995，（4）
D03-210	黄　任远	浅谈通古斯——满语族的萨满文化　北方民族　1995，（4）
D03-211	孟　慧英	赫哲族萨满教概况　世界宗教研究　1995，（4）
D03-212	色　音	略论萨满的入巫过程——兼谈科尔沁萨满的入巫动机及其承袭方式　内蒙古民族师范学院学报　1995，（4）
D03-213	苏　鲁格	蒙古萨满神灵观的形成和发展　内蒙古社会科学　1995，（6），43
D03-214	忠　录	对锡伯族萨满文化的调查　民间文学论坛　1996，（1），37—46
D03-215	孟　慧英	满族萨满神歌的结构　民族文学研究　1996，（2），24—30
D03-216	郭　淑云	表现诸多原始特征的鄂伦春族萨满教——依据萨满神歌进行的考察　黑龙江民族丛刊　1996，（2），77—83
D03-217	吴　克尧	锡伯族萨满教研析管见　黑龙江民族丛刊　1996，（2），88—92
D03-218	陈　烨	"萨满"小释　满族研究　1996，（3）
D03-219	塔　娜	达斡尔族萨满教神探源　内蒙古社会科学　1996，（4），30—34
D03-220	汤　惠生	萨满教二元对立思维及其文化观念　东南文化　1996，（4），34—43
D03-221	白　翠英	蒙古萨满面具的演变与消失　黑龙江民族丛刊　1996，（4），90—92
D03-222	汤　惠生	神话中的昆仑考述——昆仑山神话与萨满教宇宙观　中国社会科学　1996，（5）
D03-223	［匈牙利］米哈伊·霍珀尔；	萨满教的起源与西伯利亚的岩

	户 晓辉	画 西域研究 1996，2
D03-224	佟 中明	锡伯族的《萨满神歌》民族文学研究 1997，(1)，33—36
D03-225	刘 厚生	满族萨满教神祠的思想内涵与艺术魅力 民族研究 1997，(6)
D03-226	庄 吉发	《尼山萨满传》与满族民间文学 民族文学研究 1998，(1)，3—8
D03-227	孟 慧英	口袋 绳子 婴儿 民族文学研究 1998，(1)，9—14，49
D03-228	汪 丽珍	满族萨满文化中的萨满与鹰 民族文学研究 1998，(1)，15—19
D03-229	喻 权中	死亡的超越与转化——赫哲——那乃族初始萨满神话考疑 民族文学研究 1998，(2)，52—59
D03-230	宋 和平	《尼山萨满》传说中人物 民族文学研究 1998，(2)，60—65
D03-231	乔 天碧	《尼山萨满传》中的满族信仰民俗 满族研究 1998，(3)，70—76
D03-232	郭 淑云	充满神秘色彩的北方民族原始医药品——萨满医药与疗术 西北民族学院学报 1998，(9)，172—179，280
JD03-001＋	宮家準・鈴木正崇編	『東アジアのシヤーマニズムと民俗』東京 勁草書房 1994
JD03-001	囫下大慧	シヤマン教の創世傳説に就いて 民族 1928，(1)，1—16
JD03-002	山本 守	薩満教の神歌 満蒙 18年4号 1937
JD03-003	井上以智為	清廷薩満教の祭神に就いて 東洋史研究（九州大学）8 (1) 1943. 39—40
JD03-004	河内良弘	ニシヤン・サマン伝訳注 京都大学文学部研究紀要 26 1987. 141—230（左）
JD03-005	寺村政男	満文「尼山薩蠻傳」の研究・満和対訳注篇

(1)(2)(3) 大東文化大学紀要（人文科学）1989，(27)，463—487（左）；1990，(28)，195—221（左）；1991，(29)，115—148（左）

4. 神话与傩

D04-001+ 邓 光华 《贵州思南傩坛戏概观》
贵州省艺术研究室贵阳贵州省思南县文化局编印 1986

D04-002+ 贵州省文化厅艺术研究室编 《傩、傩戏、傩文化》 北京 文化艺术出版社 1989

D04-003+ 庹 修明 《傩戏与傩文化》 北京 中国华侨出版公司 1990.6

D04-004+ 张 子伟 《湘西傩文化之谜》 长沙 湖南师大出版社 1991

D04-005+ 庹 修明 《中国傩文化与艺术》 贵阳 贵州人民出版社 1992

D04-006+ 梁丽蓉等 《试论壮族师公舞与中原傩文化的关系》 合肥 黄山书社 1992

D04-007+ 林 河 《中华傩文化概论》* 台湾东大书局 1992

D04-008+ 李 路阳 《广西傩文化探幽》 南宁 广西人民出版社 1993.3 273p

D04-009+ 陶 阳 （书评）傩文化的兴起：读《广西傩文化探幽》 民间文学论坛 1993，(4)，77—78

D04-010+ 胡 建国 《巫傩与巫术》 海口 海南出版社 1993.8

D04-011+ 杨 启孝 《中国傩戏文化资料汇编》 施合郑民俗文化基金会 1993.12.439p

D04-012+ 林 河 《古傩寻踪》 长沙 湖南美术出版社 1997.12 589p

D04-013+ 黄 勇 画中华"新"面目 寻访古迹方能识——林河与他的新著 民俗研究 1998，(3)，70—92

D04-001 姜 亮夫 傩考 民族杂志 1934，2(10)，1587—1605

D04-002	胡　建国	神话宗教与傩戏　剧海　1987，(4)，17	
D04-003	唐　愍	楚巫遗风——湘中巫傩活动初探　民间文学论坛　1987，(4)，47	
D04-004	宋　铁铮	钟馗　傩舞　傩戏　文艺界通讯　1987，(8)，31	
D04-005	龙美宣萍等	神秘原始的贵州傩戏　中国文化报　1987．11．29（4）	
D04-006	王　良范	探傩———一种文化的结构与功能之分析　贵州大学学报　1989，(1)，32—38	
D04-007	郭　净	试论傩仪的历史演变　思想战线　1989，(1)，74—80	
D04-008	徐　建新	傩与鬼神世界　民间文学论坛　1989，(3)，16—22	
D04-009	顾　朴光	试论傩堂戏与宗教的关系　贵州民族学院学报　1989，(3)，51—58	
D04-010	胡　建国	论湘楚傩文化与开天神话　剧海　1989，(3)，65—70：《中国傩文化论文选》　1989	
D04-011	张　铭远	傩戏与生殖信仰——傩戏与傩文化的原始功能及其演变　民族文学研究　1989，(4)，19—24	
D04-012	戴　定九	傩戏与傩面具　美术之友　1990，(1)，35—36	
D04-013	谭　蝉雪	岁末驱傩　西北民族研究　1990，(1)，23—29	
D04-014	聂　冰	中国古代的傩事及其演变　兰州教育学院学报　1990，(2)，32—37	
D04-015	庹　修明	萨满文化与傩文化的比较　黑龙江民族丛刊　1990，(2)，63—69	
D04-016	唐　啓	傩没有生殖信仰的原始功能：与张铭远先生商榷　民族文学研究　1990，(2)，64—68	
D04-017	邓　光华	"傩坛巫音"与音乐的起源"巫觋说"　贵州师范大学学报　1990，(2)，67—73	
D04-018	顾　峰	论傩戏的形成及与戏曲的关系　民族文学　1990，(3)，41—49	
D04-019	吴　乾浩	傩戏文化的历史归属与发展形态　民族文学	

1990,(3),57—69
D04-020　庹　修明　论军傩地戏与关羽信仰　民间文学论坛
1990,(3),71—75
D04-021　李　渝　贵州傩戏及傩戏中的性崇拜　上海戏剧
1990,(3),39—40
D04-022　黄　强　尸与"神"的表演　民间文艺季刊　1990,
(3),118—137
D04-023　李子和　傩俗初论　贵州社会科学　1990,(12),1—5
D04-024　莫社光　从师公到师公戏　民族艺术　1991,(1)
D04-025　丁世博　从传统剧目看傩公戏的渊源关系　民族艺术
1991,(1)
D04-026　于欣等　广西师公舞的不同形态与源流　民族艺术
1991,(1)
D04-027　蒙光朝　论广西壮族傩戏　民族艺术　1991,(1)
D04-028　韦国文　试谈壮族傩歌　民族艺术　1991,(1)
D04-029　蒙国荣　毛南族傩戏调查　民族艺术　1991,(1)
D04-030　谭亚州　论毛南族傩戏的产生及发展　民族艺术
1991,(1)
D04-031　刘致群　西藏傩祭考释　西藏艺术研究　1991,(1)
D04-032　邓光华　贵州彝傩撮特点试探　贵州师范大学学报
1991,(1)
D04-033　李觉序　谈德江傩堂戏与土家族民俗　贵州方志
1991,(1)
D04-034　钱　茀　什么是傩　民族艺术　1991,(2)
D04-035　胡仲实　广西傩戏"师公戏"起源形成与发展之我见
民族艺术　1991,(2)
D04-036　黄竹三　傩戏的界定和山西傩戏辨析　民族艺术
1991,(2)
D04-037　周华斌　古傩文物稽考　民族艺术　1991,(2)
D04-038　郭　净　中国面具文化分类与"傩"的文化传统　民间
文学论坛　1991,(2),32—35
D04-039　周凯模　乐舞与傩祭　民间文学论坛　1991,(2),41—

44

D04-040　子　　房　中国文明演进的折光　文史杂志　1991,（2）,99—101

D04-041　张　劲松　简析瑶族原型傩戏在傩戏发生学上的研究价值　民族论坛　1991,（3）

D04-042　胡　建国　论湘、桂傩文化的亲缘关系　民族艺术　1991,（3）

D04-043　钱　　茀　傩源考：论周代"方相行为"的原始传统　贵州民族学院学报　1991,（3）,74—79

D04-044　黄透松等　思州的"喜傩神"　贵州文史丛刊　1991,（3）,144—147

D04-045　流　　沙　桂林傩队及其后期的变化　民族艺术　1991,（4）

D04-046　李　子和　傩俗续论　贵州社会科学　1991,（4）,3—7

D04-047　晏　晓明　思州傩十二绝　贵州文史丛刊　1992,（1）

D04-048　曲　六艺　谈傩戏傩文化　剧海　1992,（1）,15—17

D04-049　王　　林　古代祭仪源式与古傩戏源流　剧海　1992,（2）,54—58

D04-050　毛　礼镁　明代五种傩神考　争鸣　1992,（2）,19—25

D04-051　曲　六乙　傩文化：中华民族传统文化的一簇奇葩　地方戏艺术　1992,（2）

D04-052　任　丽璋　傩祭：青海热贡农区："六月会"的文化内涵　民族艺术　1992,（3）

D04-053　麻根生等　论苗族傩神崇拜的文化特质　中南民族学院学报　1992,（3）,38—41

D04-054　李　　溪　傩之起源新探　民间文学论坛　1992,（3）,48—53

D04-055　李　　溪　傩之起源新探（续）——从鸟图腾到傩愿　民间文学论坛　1992,（4）,26—31

D04-056　王　兆乾　傩与中国的龙信仰　民族艺术　1992,（4）,75—92

D04-057　喻　帮林　黔东北傩戏概述　贵州文史丛刊　1992,（4）

编号	作者	题目及出处
D04-058	晏晓明	思州傩愿脚历史轨迹及愿目特征考述 贵州文史丛刊 1992,（5）
D04-059	顾乐英	从"古傩"到师公戏 《傩戏，中国戏曲之活化石——中国首届傩戏研探会论文集》 黄山书社 1992
D04-060	毛礼镁	江西傩神续考 江西社会科学 1993,（1），52—54
D04-061	林 河	论傩文化与中华文明的起源 民族艺术 1993,（1），61—83
D04-062	庹修明	傩、傩戏、傩文化 东方 1993,（1），107—108
D04-063	张劲松	瑶族原型傩戏简析 中央民族学院学报 1993,（1），74—77
D04-064	李鉴踪	跳骨盖：一种古老的傩文化形态 西藏民族学院学报 1993,（1）
D04-065	刘志群	藏族傩文化品类举略 民族艺术 1993,（2），109—123
D04-066	唐楚臣	彝族虎仪与傩事 民族艺术 1993,（2），124—138
D04-067	常之坦	由傩祭礼仪到"傩戏"浅说 戏友 1993,（3），14—17
D04-068	麻根生	楚巫傩祭示活动的乐感文化特征 吉首大学学报 1993,（3），54—59
D04-069	田 耘	巴蜀巫傩文化与文学 社会科学研究 1993,（3），56—62
D04-070	谭子浩	试论原始观念对古傩的影响 吉首大学学报 1993,（3），69—74
D04-071	向昌卿	古代苗族与古傩产生的历史契机及特征 民族论坛 1993,（3）
D04-072	过 竹等	中国苗族傩戏艺术述论 贵州民族研究 1993,（3）
D04-073	喻邦林	黔东南傩戏概述 贵州文史丛刊 1993,（4）,

			10—14
D04-074	柏	贵喜	傩义新阐：傩为虎的文化人类学概述 民间文学论坛 1993，(4)，10—15
D04-075	靳	之林	江西萍乡傩 民间文学论坛 1993，(4)，16—18
D04-076	邓	光华	傩的宗教形态面面观 世界宗教研究 1993，(4)，54—63
D04-077	庞	绍元	柳州师公祭祀与戏曲 民族艺术 1993，(4)，85—91
D04-078	张	劲松	论中华巫傩艺术中的火符号 东南文化 1993，(4)，136—146
D04-079	杨	永忠	羌族傩文化采微 民族 1993，(5)，36—38
D04-080	江	毅夫	试论闽、台傩文化的共同性 福建论坛 1993，(5)，69—73，76
D04-081	晏	晓明	思洲傩愿脚历史轨迹及原因特征考述 贵州文史丛刊 1993，(5)，75—80
D04-082	李	正宇	敦煌傩散论 敦煌研究（35） 1993.5111—122
D04-083	王	秋桂	中国傩文化与民间信仰（前言） 民俗曲艺* (81) 1993.1—2
D04-084	林	河	古傩七千年祭 民俗曲艺*（82） 1993.3—45
D04-085	杨	知勇	神鬼观念的二重性与傩及葬祭仪的实质 民俗曲艺*（81） 1993.65—97
D04-086	唐	楚臣	彝族虎节傩舞及其土腾崇拜内涵 民俗曲艺*（83） 1993 129—148
D04-087	庹	修明	萨满文化与傩文化比较 民俗曲艺*（82）1993 145—178
D04-088	隗		论民俗中傩文化的改造 民俗曲艺*（83）1993 169—190
D04-089	柯	林	傩文化探讨 音乐研究 1994，(1)，55—60
D04-090	柏	贵喜	从土家族还愿傩看傩与虎的关系 民族论坛

1994，(1)，79—82，63

D04-091　杨　　兰　世俗人生的宗教信仰——傩仪传承探秘　贵州民族学院学报　1994，(1)，85—91

D04-092　宋　运超　彝族撮特几非傩试析　贵州文史丛刊　1994，(1)

D04-093　刘　凯等　傩祭——青海热贡农区藏族，土族"六月六"的文化内涵　民族文化研究　1994，(3)，44—48

D04-094　王　兆乾　祁门傩及其对宇宙本质的阐释　徽州社会科学　1994，(3)，44—48

D04-095　麻　国钧　傩仪二议　民族艺术　1994，(3)，161—166

D04-096　朱　恒夫　江淮傩歌"神书"　文献　1994，(4)，18—33

D04-097　张　劲松　七千年前"禾魂祭"及其与傩源之关系　民间文学论坛　1994，(4)，25—28

D04-098　施汉如等　南通傩祭与傩神　民俗曲艺*（88）　1994　141—168

D04-099　曹　　毅　土家族傩文化浅论　民族论坛　1995，(1)，83—88

D04-100　吴　国瑜　黔东北苗族傩神神话辨析　贵州文史丛刊　1995，(4)，40—42

D04-101　何　根海　荦傩坛不坠的文化情结　社会科学战线　1995，(5)，230—239

D04-102　周　传家　傩——导源于巫术的鬼文化　河北学刊　1995，(6)，75—78

D04-103　杨　兰等　巩的喜傩神仪式及仪式象征　贵州民族学院学报　1996，(1)，50—56

D04-104　黎　　蔷　西域敦煌傩戏考　敦煌研究　1996，(2)，155—163

D04-105　金　　弓　史前傩传说　民族研究　1996，(2)

D04-106　巫　瑞书　楚湘傩神探幽　益阳师专学报　1996，17（3）

D04-107　曲　六乙　中国傩戏傩文化　民俗研究　1997，(3)

D04-108　杨　再荣　印江土家族傩文化初探　贵州民族研究

1997，(3)，125—128

D04-109　曲　六乙　人类学：巫傩文化与萨满文化比较研究　民俗研究　1997，(4)，3—13

D04-110　李　少明　巴属傩戏中少数民族神氏　云南社会科学　1997，(6)，68—73

D04-111　顾　朴光　贵州傩文化研究的回顾与展望　贵州民族学院学报　1998，(3)，9—13，36

D04-112　胡　建国　长无绝兮终古——论《楚辞》与沅湘巫傩文化　艺海　1989，(3)，41—52：报刊复印资料　1998，(11)，53—63

D04-113　祝　　黔　中国傩文化研究：新篇章——亚洲民间戏剧，民俗艺术国际学术观摩与学术研讨会论文综述　民俗研究　1998，(3)，94—96

D04-114　何　根海　贵池傩戏：一种源自田野的学术话题　学术界　1998，(4)，96，17

D04-115　何　光岳　古汉人与傩文化的源流　学术月刊　1998，(7)，93—100

5. 神话与宗教信仰
a. 综论

D05a001+　刘　枝万　《台湾民间信仰论集》*　台北　联经出版事业有限公司　1983

D05a002+　王　小盾　《原始信仰与中国古神》　上海　上海古籍出版社　1989　163p

D05a003+　王秋桂等　《中国民间信仰资料汇编第一辑》*（31册）台北　学生书局　1989

D05a004+　姜彬主编　《吴越民间信仰民俗》　上海　上海文艺出版社　1992．7

D05a005+　冯　　川　《梦兆与神话》　成都　四川人民出版社　1993

D05a006+　金　　泽　《中国民间信仰》　杭州　浙江教育出版社　1995

D05a007+　乌　丙安　《中国民间信仰》　上海　上海人民出版社

			1996
D05a008+	吕 洪年	《万物有灵——中国崇拜文化考源》 南宁 广西民族出版社，1996	
D05a009+	陈 桥驿	论崇拜文化的渊源与前景——序吕洪年著《万物有灵》 民俗研究 1997，(4)，87—89	
D05a001	屠 孝实	三光为汉族最古之崇拜对象说 北京大学月刊 1919，1(3)	
D05a002	金 文晟	唐虞夏商祭祀考 史地学报 1923，2(2—3)	
D05a003	陶 希圣	士大夫身份和宗教 春潮 1928，1(2)	
D05a004	罗 香林	关于"民俗"的平常话：从《汉书·郊祀志》述中国古代崇拜自然现象景况 民俗周刊 1930，(104)	
D05a005	陈 梦家	古文字中之商周祭祀 燕京学报 1936，(19)	
D05a006	Levy-Bruhl；历 阳	初民心灵对于第二因的冷淡 中法大学月刊 1936，10(1)	
D05a007	Levy-Bruhl；历 阳	神的判法 中法大学月刊 1937，11(2)	
D05a008	吴 泽	史前期中国社会之意识诸形态 文化批判季刊 1937，4(2)	
D05a009	杜 而未	六十四卦与月神宗教问题 恒毅* 1960，9(12)	
D05a010	杜 而未	中国古代泛神论解释 新铎声* 1962，(7)	
D05a011	凌 纯声	中国的封禅与两河流域的昆仑文化 民族学所集刊* 1965，(19)	
D05a012	孙 甄徹	从甲骨卜辞来研讨殷商的祭礼 台大硕论* 1970	
D05a013	赵 振清	殷代宗教信仰与祭祀 辅仁学志* 1971，(4)	
D05a014	赵 林	商代的社祭 大陆杂志* 1978，57(6)，247—257	
D05a015	陈 祥水	中国社会结构与祖先崇拜 中国书局文化复兴月刊 1978.1—6	

B05a016	张　政烺	释它示：论卜辞没有蚕神　《古文字研究》（一）　1979．63—70	
D05a017	林惠祥遗著	星辰、五行、动物崇释与命数：《算命批判》的一节　活页文史丛刊（64）　1980．1—8	
D05a018	谢　正忠	殷周至上神之信仰与祭祀　师大国研博论＊1981	
D05a019	曹　莉莉	台湾民间宗教信仰之源流　台北文献＊1982，(5758)	
D05a020	刘　夫德	从我国古代的日月崇拜看华夏族　中南民族学院学报　1984，(4)，1—8	
D05a021	李　丕显	论神话崇拜及其他　临沂师范专科学校学报　1987，(1)	
D05a022	周　明	我国古代主要崇拜哪些神祇　《中国文化史三百题》　1987．431—433	
D05a023	周　明	什么是自然神崇拜？我国古代自然神崇拜情况如何？　《中国文化史三百题》　1987．424—426	
D05a024	宋　兆麟	神判与法的起源　广西民族研究　1987，(3)，24—39	
D05a025	山本澄子	中国的基督教和祖先崇拜　世界宗教研究　1989，(1)，2	
D05a026	胡　堃	中国古代狐信仰源流考　社会科学战线　1989，(1)，222	
D05a027	顾　希佳	从骚子歌看吴越民间神灵信仰　民间文艺季刊　1989，(1)，38—66	
D05a028	周　韬	祖先崇拜与中元节　湘潭学刊　1989，(4)	
D05a029	胡　传胜	信仰的起源　学海　1990，(创刊号)，28—32	
D05a030	李　明	原始崇拜与审美　民族文学研究　1990，(2)，54—58	
D05a031	耿　德铭	施甸陶祖和古代男性崇拜　四川文物　1990，(3)，19—24	
D05a032	王　建	论云南少数民族的原始信仰及其表现形式　云	

南文史丛刊　1990，（3），26—31

D05a033	顾　希佳	太湖流域民间信仰中的神灵体系　世界宗教文化　1990，（4），123—133
D05a034	筱　文	从"神灵意识"看排瑶的早期信仰　广东民族学院学报　1991，（1），27—31
D05a035	高天星等	原始信仰发生论与审美意识论　郑州大学学报　1991，（1）
D05a036	覃圣敏等	"跳岭头"诸神考略　民族艺术　1991，（3）
D05a037	何　光岳	炎帝柱与图腾柱的崇拜　学术月刊　1991，（4），68—74
D05a038	刘　兆元	徐福村的始祖石　东南文化　1991，（5），95
D05a039	苏　昭芬	桂林民俗中的原始崇拜　社会科学家　1991，（6），80—85
D05a040	罗　曲	濮、彝与竹崇拜文化　中南民族学院学报　1992，（1），54—58
D05a041	何　红一	中国上古神话与崇图意识初探　中国民间文化　1992，（2），1—21
D05a042	汪　玢玲	古代东北亚民族祖先崇拜的独特形式——骷髅神崇拜　民间文学论坛　1992，（2），25—30
D05a043	［日］山折哲雄； 吴　宝良	遗骨崇拜源流初探　民俗研究　1992，（2），66—77
D05a044	万　建中	禁忌主题型故事的原始崇拜观念　中国民间文化　1992，（2），100—111
D05a045	勾　承益	从"歃血为盟"看华夏崇拜　成都大学学报　1992，（3），16—20
D05a046	刘　焕明	商代甲骨占卜探讨　文物　1992，（3），23—28，9
D05a047	段　友文	也谈龟信仰：兼与杨琳同志商榷　民间文学论坛　1992，（4），40—44
D05a048	高　一星	明清佛山北帝崇拜的建构与发展　中国社会经济史研究　1992，（4），52—56
D05a049	屈　小强	巴蜀竹崇拜透视　社会科学研究　1992，（5），

			71—75
D05a050	刘 汉腾		绥德民间神灵信仰中的祖宗崇拜　民间文学论坛　1992，(6)，65—70
D05a051	郭 泮溪		中国海神信仰探析　中国民间文化　1993，(1)，102—113
D05a052	雷 巧玲		唐人的宗教信仰与舍宅置寺观　文史知识　1993，(2)，119—120
D05a053	应 长裕		麻雀、青蛙、蚯蚓、牛、龙、田公田婆——奉化民间稻作神信仰调查　中国民间文化　1993，(2)，76—100
D05a054	陈 勤建		古吴越地区鸟信仰与稻作生产　中国民间文化　1993，(2)，137—159
D05a055	山 民		狐鼬崇拜初探　民间文学论坛　1993，(2)，37—42
D05a056	徐 亚兵		洞头渔民女性崇拜原因探　民间文学论坛　1993，(3)，56—57
D05a057	阎 崇年		满州神杆祀神考源　历史档案　1993，(3)
D05a058	习 义文		药物崇拜　世界宗教资料　1993，(4)，40—47
D05a059	屈 小强		古羌、蜀人的虎、鱼、蚕崇拜　西南民族学院学报　1993，(5)，9—16
D05a060	苏		中国古代的狐信仰　文史杂志　1993，(6)，62—63
D05a061	[美] 阿契巴姆		释"道"　江西社会科学　1993，(12)
D05a062	王小盾等		楚宗庙壁画鸱龟曳衔——兼论上古时代的太阳崇拜和生命崇拜　中国文化（八）　1993春
D05a063	李 玉昆		福建民间信仰与中原移民　河洛春秋　1994，(1)，52—56
D05a064	宋 兆麟		地母信仰与繁殖巫术　中国历史博物馆馆刊　1994，(1)，104—108
D05a065	孙 家洲		秦汉祭天礼仪与儒家文化　孔子研究　1994，(2)，54—62
D05a066	白 光		古代的角兽崇拜　社会科学战线　1994，(2)，

			120—124
D05a067	小 憨译	医疗崇拜 世界宗教资料 1994,（2）
D05a068	董 国尧	古代北方民族的自然崇拜与神灵崇拜 黑龙江社会科学 1994,（2）
D05a069	田 卫疆	试论古代回鹘人的"树木"崇拜 新疆大学学报 1994,（2）
D05a070	山 民	狐狸信仰形成的文化背景与表现 中国民间文化 1994,（4）
D05a071	王 亚南	悠远的生命之苑——云南民族口承文化中的崇祖观念 民族文学研究 1994,（4）,3—9
D05a072	梅 新林	祖先崇拜起源论 民俗研究 1994,（4）,70—75
D05a073	王 辉	论周文化中朱鸟赤凤崇拜的原型、蕴义及演化 人文杂志 1994,（5）,78—85
D05a074	张 应斌	古代文学崇拜及其思维方式 贵州文史丛刊 1994,（5）,86—90
D05a075	张 铭远	生命信仰的三种历史形态 松山大学论集 1994,6（4）,155—196
D05a076	李 炳海	巴蜀古族水中转生观念及伴生的宗教事象 世界宗教研究 1995,（1）
D05a077	田 兆元	中国原始社会的至上神崇拜 社会科学 1995,（1）,41—45
D05a078	李 禹阶	史前中原地区的宗教崇拜和"礼"的起源 中国史研究 1995,（1）,101—108
D05a079	金 茂年	歌谣、神话与花婆崇拜 民间文学论坛 1995,（2）,67—74
D05a080	蔡 家麟	"原始至上神"辨析 思想战线 1995,（5）
D05a081	杨 健民	中国初民的原始信仰与梦的神性化 福建论坛 1995,（6）
D05a082	陈 勤建	太阳鸟信仰的成因及文化意蕴 华东师范大学学报 1996,（1）,60—66
D05a083	石 衍丰	近现代民间秘密宗教中的神仙信仰 宗教学研

究　1996,（1）

D05a084	林　少雄	天人合一：中国祭祀礼仪的文化意蕴　社会科学　1996,（2）,54—58
D05a085	金　涛	东亚文化圈海神信仰概论　中国民间文化　1996,（2）,396—417
D05a086	桑　良玉	中国古代的信息崇拜——惜字林、拾字憎与敦煌石窟　北京大学学报　1996,（3）,81—86
D05a087	李　立	从母神、冢上到五色坛：周人土地崇拜的演变　东北师范大学学报　1996,（4）,30—33
D05a088	孟　修祥	论先黄崇拜　湖北民族学院学报　1996,（4）,46—48
D05a089	李　立	东夷族猪崇拜及其相关文化现象　绥化师范专科学校学报　1996,（4）
D05a090	朱　迪光	论古代民间信仰与叙事文学创作　衡阳师范专科学校学报　1996,17（1）
D05a091	李　吟屏	古代西域的自然崇拜　西域研究　1997,（1）
D05a092	农　学冠	神仙文化与人类的生存信仰　广西民族学院学报　1997,19（1）,43—46
D05a093	李　吟屏	论我国古代西北民族的多神崇拜　喀什师范学院学报　1997,（2）
D05a094	木塔里甫	史诗中的神树母题　民族文学研究　1997,（2）,35—38
D05a095	傅　军龙	九尾狐与中国古代的祥瑞观　北方论丛　1997,（2）,82—83
D05a096	刘　德增	从赤裸裸的崇拜到象征隐语　原学（3）　1997
JD05a001+	松村武雄	『儀礼及び神話の研究』　東京　培風館　1948
JD05a002+	加藤常賢	『中国古代の宗教と思想』　京都　ハーバード・燕京・同志社　1954
JD05a003+	澤田瑞穂	『中国の民間信仰』　東京　工作舎　1982
JD05a001	浦川源吾	古代支那人崇拜の小神——特に「五祀」に就いて　哲学研究10（8）　1925

JD05a002	出石誠彦	上代支那史籍に見ゆる夢の説話について　東洋史会紀要2　1937；『支那神話伝說の研究』　東京　中央公論社　1943.645—668；1973（増訂版）　645—668
JD05a003	瀧澤俊亮	満州に於ける民間信仰の神統に就いて　満州史学1（1）　1937
JD05a004	池田末利	上代支那に於ける祖神儀礼の特異形式　宗教研究142　1954
JD05a005		カルタンマルク・マックス　中国の宗教の神話学的一研究——迷路と洞窟のテーマ　三康文化研究所年報2　1968
JD05a006	池田末利	中国における頭蓋崇拝の系譜試探——祖神崇拝の祖型として　宗教研究59（1）　1985.79—101
JD05a007	中鉢雅量	神婚儀礼説話の展開　愛和教育大学研究報告35　1986；『中国の祭祀と文学』　東京　創文社　1989.168—191
JD05a008	櫻井龍彦	古代中国の死生観　『歴史読本ワールド（特別増刊号）』　東京　新人物往来社　1987.190—197
JD05a009	高木智見	夢にみる春秋時代の祖先神——祖先観念の研究（2）　名古屋大学東洋史研究報告14　1989.1—18
JD05a010	高木智見	春秋時代の神・人共同体について　中国—社会と文化5　1990.141—157
JD05a011	池澤　優	西周春秋時代の一孝と祖先祭祀について—孝の宗教学・その1　筑波大学地域研究10　1992.57—119
JD05a012	吉本堯俊	水源信仰小考——何故，神々は隠れたのか　国際文化研究所論叢5　1994.155—178
JD05a013	小南一郎	漢代の祖霊観念　東方学報（京都）66　1994.

1—62

b. 巫术

D05b001+	江　绍原	《中国古代旅行之研究——侧重其法术的和宗教方面》　上海　商务印书馆　1935：台北　商务印书馆　1966．124p
D05b002+	以　　中	书评《中国古代旅行之研究——侧重其法术和宗教的方面》　图书季刊　1936，3（1/2），39—43
D05b003+	杨　　堃	评江绍原《中国古代旅行之研究》　社会学刊　1936，5（2）
D05b004+	浦　江青	评江著《中国古代旅行之研究》清华学报　1936，11（2），567—571
D05b005+	周　策纵	《古巫医与"六诗"考》*（上）　台北　联经出版事业有限公司　1986
D05b006+	巫瑞书等编	《巫风与神话》　长沙　湖南文艺出版社　1988．1．335p
D05b007+	宋　兆麟	《巫与巫术》　成都　四川民族出版社　1989．397p
D05b008+	富　　燕	一部开拓性的巫教研究专著——评《巫与巫术》一书　民族研究　1989，(4)，69—70
D05b009+	梁　钊韬	《中国古代巫术——宗教的起源和发展》　广州　中山大学出版社　1989．6．211p
D05b010+	张　紫晨	《中国巫术》　北京　三联书店　1990．7．309p
D05b011+	宋　兆麟	《巫与民间信仰》　北京　中国华侨出版公司　1990．208p
D05b012+	吉克·尔达·则伙；刘尧汉整理	《我在鬼神之间——一个彝族祭司的自述》　昆明　云南人民出版社　1990
D05b013+	林　富士	《汉代的巫者》
D05b014+	谭　志东	评林富士著《汉代的巫者》　历史月刊　1992，(25)，157
D05b015+	兰　　荻	《古今巫术》*　海风出版　1991．2
D05b016+	王　贵元	《女巫与巫术》　石家庄　河北人民出版社

1991.6

D05b017+　周　　冰　《巫、舞、八卦》　新华出版社　1991.12. 142p

D05b018+　高　国藩　《敦煌巫术与巫术流变》　南京　河海大学出版社　1993.3. 511p

D05b019+　罗　义群　《中国苗族巫术透视》　北京　中央民族学院出版社　1993. 228p

D05b020+　程　方平　走向深沉——《中国苗族巫术透视》　中央民族学院学报　1993，（6），93—94

D05b021+　封　孝伦　评罗义群《中国苗族巫术透视》　民俗研究　1994，（4），99—100

D05b022+　胡　建国　《巫傩与巫术》　海南出版社　1993. 368p

D05b023+　顾　乐真　"义古论今，求索真谛"：胡建国《巫傩与巫术》　民族艺术　1994，（1）

D05b024+　王　继英　《巫术与巫文化》　贵阳　贵州民族出版社　1993. 199p

D05b025+　李　国文　《人神之媒——东巴祭司面面观》　昆明　云南人民出版社　1993. 248p

D05b026+　王　光荣　《通天人之际的彝巫"腊摩"》　昆明　云南人民出版社　1994.9

D05b027+　黄　伦生　《中国巫术文化探秘》　南宁　广西师范大学出版社　1993

D05b028+　李　乃龙　撩起中国神秘文化的帷幕的一角——评《中国巫术文化探秘》　东方丛刊　1994，（3/4），224—231

D05b029+　高华平等　《中华巫术》*　台北　文津出版社　1995.3. 245p

D05b001　孔　令谷　原始民族咒术与我国习俗的比释　说文月刊　1928，1（7），59—64；1939，1（合订），609—614

D05b002　李　安宅　巫术问题的分析　社会问题　1930，1（1）

编号	作者	篇名 出处 时间
D05b003	翟兑之	释巫 燕京学报 1930，（7）
D05b004	姜伯容	滇东黔西的跳神 民间月刊 1934，2（10/11），30—37
D05b005	柳固	苗人的蛊毒 艺风月刊 1934，2（12），42—44
D05b006	石决明	中国古代原始宗教巫术中之经济的要素 中国经济 1935，3（9）
D05b007	陈梦家	商代神话与巫术 燕京学报 1936，（20），485—576
D05b008	西来	北京五镇物 新北京报 1941.12.4
D05b009	马学良	黑夷风俗之一——除祸祟 边政公论 1944，3（9），27—30
D05b010	高年华	鲁魁山倮倮的巫术 边疆人文 1946，3（3/4）
D05b011	梁钊韬	中国古代巫师的种类 民族学研究集刊 1946，（5）
D05b012	马学良	倮族的巫师"呗耄"和"天书" 边政公论 1947，6（1），43—52
D05b013	唐美君	阿美族的里漏社的巫师制度 台湾研究* 1957，（2），33—46
D05b014	李卉	说蛊毒与巫 中央研究院民族学研究所集刊* 1960，（9），271—284
D05b015	洪秀桂	南王卑南族女巫师 台大考古人类学刊* 1972，（39/40），28—57
D05b016	施翠峰	台东县南王春巫术调查纪实 台湾文献* 1974，25（2），91—98
D05b017	谢康	中国古代巫术文化及其社会功能 中华文化复兴*（上）1976，9（1），40—50；（下）1976，9（1），32—40
D05b018	董作宾	商代龟卜之推测 《董作宾先生全集》 艺文印书馆 1977.813—884
D05b019	田万	苗族的巫教与巫术 道教文化* 1977，1（2），46

D05b020	周　策纵	中国古代的巫医与祭祀，历史乐舞及诗的关系　清华学报* 1979，12（1/2），1—59	
D05b021	唐　明邦	论我国原始宗教与巫术科学的特点：吕子方先读《山海经杂记》的启示　自然辩证法学术研究 1981，（1）：《山海经新探》 1986．277—293	
D05b022	阮　昌锐	民间的巫发艺术　海外学人* （123） 1982．36—40	
D05b023	林　清凉	谈巫与原始剧场之雏形意义　中国戏剧集刊 1983，（4），29—31	
D05b024	陆　思贤	释甲骨文中的"巫"字　内蒙古师大学报 1984，（4），61—69	
D05b025	周　策纵	"巫"字初义探源　大陆杂志* 1984，69（6）	
D05b026	周　荣杰	台湾民间信仰中的厌胜物　高雄文献* 1986，（28/29），51—91	
D05b027	李　立	原始咒语史的发展和消亡　思想战线 1986，（5），45	
D05b028	朱　宜初	论原始巫及有关文艺　民间文学论坛 1986，（6），51—59：《边疆文化论丛》（一） 1988．7—15	
D05b029	张　桥贵	巫术三议　贵州民族研究 1987，（2），157—167	
D05b030	范　可	高山族巫术试析　思想战线 1987，（5），43	
D05b031	康缠·卓美	"本""巫"同源考　青海民族学院学报 1987，（3），59	
D05b032	石　光伟	满族的祭祀与烧香跳神音乐　民族艺术 1987，（3），81	
D05b033	白　水夫	鄂伦春民族达格拉耶哈占卜习俗试析　黑河学刊 1988，（1），67	
D05b034	罗　义群	苗族"巫术艺术论"　贵州民族研究 1988，（1），79	
D05b035	王　人龙	巫术，有理由可究　科学博览 1988，（2）	

D05b036	林　翎	中国巫术与中国社会　历史月刊　1988，(5)，25—29
D05b037	杜　玉亭	基诺族巫师产生的社会背景层次　云南社会科学　1988，(6)，63—68
D05b038	宋　兆麟	关于巫教研究的几个问题　民族学研究　1988，(9)，240—253
D05b039	宋　兆麟	史前医疗与巫教信仰　史前研究　1988，(9)
D05b040	李　之惠	论魔法故事之巫术性、奇异性与现实性　边疆文化论丛（一）　1988．230—234
D05b041	詹　鄞鑫	古代巫蛊术　文史知识　1988，(10)，39—42
D05b042	憎　格	青海蒙古族"羊胛骨卜"及其民俗——卫拉特民巫术调查之七　西北民族研究　1989，(1)，278—283
D05b043	麻　承照	马村巫术活动调查　民间文艺季刊　1989，(1)，67—86
D05b044	聂　冰	先秦社会巫觋祀神活动简述　兰州教育学院学报　1989，(2)，23—28
D05b045	宋　全成	试论原始巫术的积极意义　民俗研究　1989，(3)，20—24
D05b046	陈　炽彬	先秦巫术之发展　铭传学报*　1989，(26)，153—165
D05b047	刘　桂秋	工匠"厌镇"——顺势巫术之一例　民俗研究　1989，(3)，92—94
D05b048	宋　兆麟	石洼遗址雕刻品中的巫术寓言　文物　1989，(12)，23—28
D05b049	乌　丙安	中国占卜习俗研究在德国：兼评庞伟博士著《中国灵签研究》　民俗研究　1990，(1)，14—17
D05b050	刘　玉建	殷商龟卜考　周易研究　1990，(1)，30—53
D05b051	詹　鄞鑫	古代毒蛊术　文史知识　1990，(2)，44—49
D05b052	潘　盛之	论苗族巫师的社会职能　贵州民族学院学报　1990，(2)，80—84

D05b053	过　竹	马王堆一号墓帛画与苗巫文化及其思想　广西师院学报　1990，（2），90—92	
D05b054	李　哲	巫师与民族文化　黑河学刊　1990，（2），98—103	
D05b055	方　素梅	巫道思想和壮文化的结合　广西民族研究　1990，（2），103—107	
D05b056	罗　义群	论苗族巫术的形成、流变与消亡　贵州民族研究　1990，（3），68—73	
D05b057	陈　星灿	丰产巫术与祖先崇拜：红山文化出土女性塑像试探　华夏考古　1990，（3），92—98	
D05b058	徐　洪兴	占卜术与中国传统文化散论　复旦大学学报　1990，（3），71—76	
D05b059	萧　崇建	医疗巫术及其心理治疗作用　民族学*　1990，（3/4），43—47	
D05b060	余　仁树	云南高原上的原始巫　民间文学论坛　1990，（5），65—73	
D05b061	王　康	试论羌族的民间占卜　西南民族学院学报　1990，（6），11—16	
D05b062	庄　伯和	金门的避邪习俗　艺术家*　1990，31（2），184—194	
D05b063	吕　理政	聚落、庙宇与民宅厌胜物　台湾风物*　1990，40（3），81—112	
D05b064	殷　啸虎	古代的巫术与迷信犯罪　文史知识　1990，（12），68—71	
D05b065	潘　世宪	再探群巫：巫文化在我国的传播及影响　周易研究　1991，（1），15—23	
D05b066	王　康	论羌族的占卜　民间文学论坛　1991，（1），31—39	
D05b067	余　立梁	巫觋与民间文艺　民间文学论坛　1991，（1），55—56	
D05b068	罗　义群	苗族巫术造型艺术的生态环境　黔东南民族师范专科学报　1991，（1），73—78	

D05b069	杨　正勇	楚巫文化与苗巫文化：我国古代巫官文化管窥　贵州民族学院学报　1991,（1），77—84,100；复印报刊资料　1991,（6），86—94
D05b070	马昌仪等	土家族巫师——梯玛　中国民间文化　1991,（2），1—20
D05b071	许　顺谌	五千年前的八卦与筮工具　齐鲁学刊　1991,（2），50—53
D05b072	杨　万智	巫师的魔降：哈尼族中间的行巫心理分析　云南师范大学学报　1991,（2），55—61
D05b073	李　炳海	咒骂的放纵　民间文学论坛　1991,（2），57—59
D05b074	和　钟华	东巴教中的巫文化　云南文史丛刊　1991,（2），78—87
D05b075	刘　之侠	水族巫文化现象与鬼灵崇拜　贵州文史丛刊　1991,（2），142—148
D05b076	石　瑄	春秋战国时期的巫觋信仰　中国历史博物馆馆刊（15、16）　1991.27—35,6
D05b077	郭振华等	土家族巫师——梯玛的巫祀活动——湘西土家族梯玛文化调查报告之三　民间文学论坛　1991,（3），67—72
D05b078	凌　树东	壮族宗教信仰辨析——壮族信仰巫教说　广西大学学报　1991,（4），40—46
D05b079	潘　朝霖	水家黑巫术浅说　贵州民族学院学报　1991,（4），84—91
D05b080	潘　朝霖	水家招魂巫术初探　广西民族研究　1991,（4），88—95
D05b081	彭荣德等	梯玛的传承　民间文学论坛　1991,（5），69—74
D05b082	张　紫晨	中国萨满教中的巫术　民间文学论坛　1991,（6），10—15
005b083	何　红一	誓歌与咒术　中南民族学院学报　1991,（6），45—49

D05b084	吕　　静	春秋战国时期的巫与巫术研究　史林　1992，(1)，17—22	
D05b085	杨　　德	苗族占卜试析　贵州民族研究　1992，(1)，82—85	
D05b086	罗　义群	苗族巫术与宗教的关系　黔东南民族师专学报　1992，(2)，54—59	
D05b087	宋　郭忠	原始巫教与民族性格——壮族的蚂拐节研究　广西民族研究　1992，(2)，80—86	
D05b088	江　宏波	赫哲族巫医分离　分立过程探析　黑龙江民族丛刊　1992，(2)，87—91	
D05b089	严　　军	从甲骨占卜术的兴衰看甲骨卜辞的存之　杭州师范学院学报　1992，(2)，105—111	
D05b090	张　正明	巫、道、骚与艺术　文艺研究　1992，(2)，110—120	
D05b091	徐　国琼	论藏族史诗《格斯尔》中的巫文化因素　中国民间文化　1992，(2)	
D05b092	雷　　翔	梯玛神学浅析　中南民族学院学报　1992，(3)，1—35	
D05b093	赵　小琪	民族文学中的宗教——巫鬼文化　广州师范学院学报　1992，(3)，42—48	
D05b094	潘　朝霖	苗族奇特鬼巫术"跳宝抱神"阐释　西部学坛　1992，(3)，63—66	
D05b095	杨　照辉	羌族普米族宗教巫术文化比较　云南社会科学　1992，(3)，84—88	
D05b096	王　　仿	征兆、禁忌、解魇、祈福——原始巫术在近世的遗留中国民间文化　1992，(3)，161—179	
D05b097	赖　亚生	巫师"通鬼神"现象阐释　民间文学论坛　1992，(4)，32—39	
D05b098	陈　荣富	巫术及其文化功能　江西社会科学　1992，(4)，52—56	
D05b99	丁　　鼎	古代谶言论略　中国社会科学　1992，(4)，87—100	

编号	作者	题目/出处
D05b100	潘朝霖	水族婚姻中的巫术活动概说　贵州民族研究 1992,(4),99—105
D05b101	内贝斯基;谢继胜	西藏宗教中的御邪术　中国藏学 1992,(4),102—124
D05b102	赵家旺	瑶族神符　广西民族研究 1992,(4),103—106
D05b103	[日]井上聪	殷墓腰坑与狗巫术　华东师范大学学报 1992,(5),29—32
D05b104	侯玉臣	巫术文化与儒术思想　甘肃社会科学 1992,(5),74—77,83
D05b105	龚维英	试析巫术信仰中的文化心理　社会科学家 1992,(6),72—77
D05b106	周彦文	巫咸在古代巫术信仰中的地位　淡江学报* 1992,(31),21—28
D05b107	王青	赤松子神话与商周楚巫祈雨仪式　民间文学论坛 1993,(1),20—27
D05b108	赵国庆	浅谈彝族民俗中的巫术文化　山茶 1993,(1),38—39
D05b109	黄伦生	价值观——民族审美与巫术的联系纽带　广西民族研究 1993,(1),88—93
D05b110	黄立峰	钟管乡符咒巫术活动　中国民间文化 1993,(1),232—244
D05b111	王纪潮	楚人巫术与萨满教的比较　江汉考古 1993,(2),50—59
D05b112	杨文春等	古巫觋子遗——南通僮子　民俗研究 1993,(2),89—93
D05b113	赵萧	少数民族的占卜术　民族 1993,(2)
D05b114	黄世杰	"蛊毒"考述　广西民族研究 1993,(2)
D05b115	何平立	略论先秦巫史文化　上海大学学报 1993,(3),70—76
D05b116	凌树东	壮族巫教传承及其组织和流派　广西民族研究 1993,(3),84—90

D05b117	张　崇琛	"镜厅"考源　民俗研究　1993，(3)，73—76
D05b118	滕　越	桃符避邪源流考　史林　1993，(3)，95—96
D05b119	陈　国光	试论西汉崇奢尚巫风俗的形式　湖南师大学报 1993，22(3)，77—78，60
D05b120	凌　树东	壮族巫术剪纸符号述议　广西民族研究　1993，(4)，29—34
D05b121	龙　耀宏	爱药与恋爱巫术　贵州民族学院学报　1993，(4)，44—49
D05b122	张　劲松	论中华巫傩艺术中的火符号　中国民间文化 1993，(4)，59—76
D05b123	余　云华	巫术咒诀与咒死丑语　中国民间文化　1993，(4)，77—86
D05b124	王　亚南	古远的巫风——传统民族的口承文化与巫术祭祀　中国民间文化　1993，(4)，87—98
D05b125	张　喜臻	"花儿会"由来演变试论：兼论"花儿会"与宗教巫术礼仪的关系　延安大学学报　1993，(4)
D05b126	李　清和	从先秦文献资料看巫与文化的关系　中央民族学院学报　1993，(5)，57—63
D05b127	戴　抗	从巫术到审美——哈尼族传统文化中的审美走向思想战线　1993，(6)，74—79
D05b128	胡　培俊	巫术的发展和文字的起源　湖北教育学院学报 1993，(10)，88—90
D05b129	张　劲松	瑶族度戒调查及初探　民俗曲艺＊(83) 1993．41—46
D05b130	李　怀荪	五溪巫风与"扛菩萨"　民俗曲艺＊(83) 1993．85—104
D05b131	张　光直	仰昭文化的巫觋资料　中研院历史语言研究集刊＊64本3份　1993．12．611—625
D05b132	郭　净	内外世界与镇宅术　吉林日报　1993．2．6(7)
D05b133	(美)洛克；白庚胜等编译	纳西族巫师"吕波"和达巴 《国际东巴文化研究集粹》　昆明　云南人民出版社　1993．76—90

D05b134	孙　敏	血净的"蛊女"　山茶　1994，（1）	
D05b135	戴　锡琦	南楚古巫学与巫学家屈原　民族论坛　1994，（1）	
D05b136	梅　琼林	楚巫与巫竹之诗　中南民族学院学报　1994，（1）	
D05b137	龙　迅	侗族巫术文化叙论　贵州民族研究　1994，（1），53—64	
D05b138	张　国庆	辽东契丹人"祈"活动的形式、特点及其影响　内蒙古大学学报　1994，（1），58—65	
D05b139	宋　兆麟	地母信仰与繁殖巫术　中国历史博物馆馆刊　1994，（1），104—108	
D05b140	朱　德普	傣族的巫师及其历史演变　民俗研究　1994，（2），51—57；复印报刊资料　1994，（5），87—94	
D05b141	李　回	巫歌—恋歌—寄托　丹东师范专科学校学报　1994，（2）	
D05b142	杨　鹃国	鬼·神·人：苗族服饰的巫教精神　贵州社会科学　1994，（2），80—84，71	
D05b143	吴　晓东	苗族巫师人格的二重性　怀化师范专科学校学报　1994，（2）	
D05b144	张　庆利	楚族巫俗与"楚辞·招魂"　蒲峪学刊　1994，（3）	
D05b145	龙　倮贵	红河彝族尼苏人占卜述略　云南民族学院学报　1994，（3），43—45	
D05b146	汪　毅夫	台湾民间巫术信仰丛谈——《台湾文化论稿》之一节　现代台湾研究*　1994，（3），52—57	
D05b147	李　宗放	社会主义时期凉山彝族毕摩浅析　西南民族学院学报　1994，（4），30—36	
D05b148	张　纯德	彝族的占卜术　云南民族学院学报　1994，（4），33—36	
D05b149	孙　华先	夔一足与一足巫术　东南文化　1994，（4），79—88	

D05b150	高　福进	巫术与太阳神崇拜：一种原始文化的世界性透视　青海社会科学　1994，(4)，82—88	
D05b151	欧　以克	壮族巫术探出　广西民族研究　1994，(4)	
D05b152	张　卫华	从苗族巫术"化水"招式中得到启示——"怀化碗"文化之秘试探　民族论坛　1994，(4)	
D05b153	孙　家洲	汉代巫术风探幽　社会科学战线　1994，(5)，110—119	
D05b154	施汉如等	南通僮子巫术和巫术治病　民俗曲艺*　1994，(89)，79—92	
D05b155	程　蔷	唐人巫术观的文学表现　中国文学研究　1995，(1)，28—36	
D05b156	夏　雷鸣	巫术与维吾尔族民间医学　西北史地　1995，(1)，42	
D05b157	陈　德来	宁波农村独特的育儿巫术习俗　中国民间文化　1995，(1)，170—175	
D05b158	张子伟等	苗族椎牛祭及其巫教特征　民族论坛　1995，(1)，89—	
D05b159	刘　援朝	苗巫与苗族传统社会　贵州民族研究　1995，(3)，58—61	
D05b160	晓　根	拉祜族巫术文化现象探析　云南社会科学　1995，(3)，57	
D05b161	胡　炳章	鞭石：土家族求雨巫俗的原生态　吉首大学学报　1995，(4)，39—43，49	
D05b162	田　兆元	关于纸老虎的神话：论传媒的巫术特性　现代传播　1995，(4)	
D05b163	童　恩正	中国古代的巫　中国社会科学　1995，(5)，180—197	
D05b164	江　林昌	巫风观念探源　社会科学战线　1996，(1)，132—139	
D05b165	小　鸣	巫术禁制与傩除仪式象征之分析——兼作古傩、今傩与跨文化事例比较　贵州社会科学　1996，(2)，102—107	

D05b166	吴 效群	中原神话与宗教巫术 中国民间文化 1996，(2)，147—171	
D05b167	何 明	竹与云南少数民族巫术 云南民族学院学报 1996，(2)	
D05b168	贺 灵	锡伯族巫术的兴衰 西越研究 1996，(2)	
D05b169	章 义和	关于中国蝗灾的巫禳 历史教育问题 1996，(3)	
D05b170	赵 沛霖	物占神话：原始物占与神话的实用化 社会科学战线 1996，(3)，72—79	
D05b171	巫 瑞书	论楚巫 民间文学论坛 1996，(4)，9—14	
D05b172	朱 祥贵	梯玛巫术文化探究 湖北民族学院学报 1996，(4)，29—30	
D05b173	方 平权	论当代中国文化中巫风复现的历史根源和现实基础 云梦学刊 1997，(2)	
D05b174	史 继忠	巫文化对中国社会的影响 贵州民族研究 1997，(2)	
D05b175	庹 修明	步入天国之门——巫师的传承仪式 中国民族博览 1997，(2)	
D05b176	乌 丙安	朝鲜巫俗与满蒙巫俗的比较研究 辽宁大学学报 1997，(2)	
D05b177	李 道和	释"巫" 民间文学论坛 1997，(3)，9—17	
D05b178	王 子今	西汉长安的"胡巫" 民间文学研究 1997，(5)，64—70	
D05b179	李正文等	彝族巫文化中的苏尼 西南民族学院学报 1997，(5)	
D05b180	赵 小帆	浅谈巫术与古代医学发展的关系 贵州文史丛刊 1997，(5)	
D05b181	巴莫曲布嫫	"画骨"传统与文化渊源：彝族毕摩巫祭造型艺术探源 民族艺术 1998，(2)，136—151	
JD05b001+	坂出祥伸	『中国古代の占法』 東京 研文出版社 1991	
JD05b001	林 泰輔	支那上代の巫祝 国学院雑誌 19（7） 1913.	

555—558

JD05b002	羽田　亨	北方民族の間に於ける巫に就いて　藝文 7 (12)　1916. 1—22
JD05b003	狩野直喜	支那上代の巫、巫咸に就いて　哲学研究 1 (4)　1916
JD05b004	狩野直喜	説巫補遺（1—2）　藝文 8 (13)　1917. 29—39
JD05b005	狩野直喜	続説巫補遺（1—3）　藝文　1918, 9 (1), 40—44; 1918, 9 (3), 45—48; 1918, 9 (6), 48—52
JD05b006	白鳥　清	古代支那に於ける神判の一形式　東洋学報 16 (3)　1927. 383—411
JD05b007	白鳥　清	牢獄及び陛犴の起源に就いての臆説——附猛獣及び毒蟲神判の痕跡　東洋学報 25 (4)　1938. 413—431
JD05b008	斎伯　守	巫字考　民俗学 2 (9)　1931. 7—10 (531—534)
JD05b009	孫　晋泰	支那の巫に就いて　民俗学 2 (4)　1931. 1—19
JD05b010	笠原清一	上代支那の巫医に就いて　史苑 11　1938. 325—334
JD05b011	白鳥　清	盟の形成より観たる古代支那の羊神判　史苑 11　1938. 413—431
JD05b012	小林太市郎	方相欧疫攷　支那学 11 (4)　1946
JD05b013	加藤常賢	巫祝に就いて　東京支那学報　1949, (1)
JD05b014	安居香山	中国古代に於ける卜と巫について　宗教文化 6　1951
JD05b015	伊藤和男	東洋的巫の起源とその意義　佛学研究 8 (9)　1953
JD05b016	那波利貞	巫祝攷源　神道史研究 2 (5)　1954. 357—390
JD05b017	加藤常賢	巫祝考　東京支那学報　1955, (1), 1—48;

		『中国古代文化の研究』 東京 二松学舎大学出版社 1980. 103—132
JD05b018	林巳奈夫	中国古代の神巫 東方学報（京都）38 1967. 199—224
JD05b019	鬼丸 紀	暴巫考——雨乞いに関する一考察 中国哲学 10 1981. 1—10
JD05b020	伊藤清司	神判と巫師——西南中国を中心として 『白鳥芳郎教授古稀記念論叢 アジア諸民族の歴史と文化』 東京 六興出版社 1990
JD05b021	佐野正史	楚の巫風について 学林 14—15（白川静博士米寿記念論集） 1990. 29—30
JD05b022	孫 家洲	巫術の盛行と漢代社会 古代文化 47（8）1995. 38—47
JD05b023	藤田 忠	前漢時代の巫者について 国土館史学 5 1997. 29—54
JD05b024	亀井一邦	オカルテイズムより見た中国の服芝行為に就いて—巫祝・神仙家と催幻覚性菌類 東方宗教 89 1997
JD05b025	前川捷三	中国古代の巫——その二 茨城大学教育学部紀要（人文・社会科学・芸術）47 1998. 1—7

c. 生殖崇拜

D05c001+	宋 兆麟	《生育神与性巫术研究》 北京 文物出版社 1990. 186p
D05c002+	赵 国华	《生殖崇拜文化论》 北京 中国社科出版社 1990. 404p；湖北人民出版社 1990. 345p
D05c003+	傅 道彬	《中国生殖崇拜》 武汉 湖北人民出版社 1990. 345p
D05c004+	户 晓辉	《岩画与生殖崇拜》 乌鲁木齐 新疆美术摄影出版社 1993
D05c005+	廖 明君	《壮族生殖崇拜文化》 南宁 广西人民出版社 1994. 1

D05c006+	黄　燕熙	贵在创新，贵在突破——读《壮族生殖崇拜文化》　广西民族研究　1995，(4)
D05c001	凌　纯声	中国古代神主与阴阳性器崇拜　中研院民族所集刊*　1959，(8)，1—46：《中国边疆民族与环太平洋文化》(上、下)　1979．1143—1302
D05c002	苏　维熊	台湾的生殖崇拜　台湾风物*　1967，17 (1)
D05c003	萧　兵	示与"大石文化"　辽宁大学学报　1980，(2)，63—66
D05c004	周　庆基	"且"崇拜和祖先崇拜　世界宗教研究　1982，(1)，125—129
D05c005	宋　兆麟	原始的生育信仰：兼论图腾和石祖崇拜　史前研究　1983，(1)，16—23
D05c006	宋　兆麟	原始社会的石祖崇拜　世界宗教研究　1983，(1)
D05c007	何　新	长生殿故事与古代女性生殖神崇拜　中国文化报　1987．5．9：《何新集》　1988．413—419
D05c008	龚　维英	东夷二昊与原始性崇拜　学术月刊　1987，(6)，58—61
D05c009	龚　维英	远古"两性同体崇拜"初探　云南社会科学　1988，(3)，102—106，101
D05c010	李　晖	江淮民间的生殖崇拜　思想战线　1988，(5)，51—54
D05c011	宋　兆麟	人祖神话与生育信仰　《神与神话》*（王孝廉编）　1988．211—246：中州民俗*　1988，(2)，62—87：汉声　1990，(30)
D05c012	宋　兆麟	泥泥狗与生育巫术　中国文化报　1988．3．6
D05c013	龚　维英	由女阴崇拜探溯黄帝原型　江汉论坛　1988，(12)，58—62
D05c014	蒋　印莲	生殖崇拜、女神及其它　边疆文化论丛（二）1989．23—32
D05c015	宋　兆麟	两性同体与繁殖巫术　世界宗教研究　1989，

			(3), 119—129；民族调查 1989，(4)，62—72
D05c016	王　冰		生殖崇拜与生育观　经济社会　1990，(1)，39—42
D05c017	盖　山林		我国生殖崇拜岩画：原始生育信仰的历史画卷　美术史论　1990，(1)，63—70
D05c018	戈隆阿弘		从寨心石看滇南彝族的生殖崇拜　民俗研究　1990，(2)，92—96
D05c019	刘　闲之		性崇拜与人类文化　科学与文化（北京）1990，(3)
D05c020	李　晖		江淮民间女阴崇拜　民俗研究　1990，(3)，89—94
D05c021	苏　北海		新疆伊犁地区岩画中的生殖崇拜及猎牧文化　西北史地　1990，(4)，1—11
D05c022	宋　兆麟		生育信仰对艺术的点染　文博　1990，(4)，87—95
D05c023	曾　德才		新疆呼图壁生殖崇拜岩画　文艺理论研究　1990，(5)，82—85
D05c024	张　铭远		桥——一种生殖崇拜的巫术象征　民间文学论坛　1991，(1)，40—42
D05c025	王　焰安		桑与生殖观浅释　关中学刊　1991，(1)，59—60
D05c026	王　建		云南少数民族生殖崇拜文化初探　昆明师范专科学校学报　1991，(1)，69—75
D05c027	孙　伯海		生殖崇拜的演化和发展：木垒石祖品类多而且有男有女　文艺理论研究　1991，(1)，72—73
D05c028	李　景江		生殖崇拜的仪式习俗及神话　中国民间文化　1991，(1)，159—181
D05c029	卢　敏飞		生殖崇拜的原始宗教仪式　广西民族研究　1991，(1/2)，112—118
D05c030	李　晖		江淮民间的男根崇拜　东南文化　1991，(2)，303—307

D05c031	牛　克诚	生殖巫术与生殖崇拜：阴山岩画解读　文艺研究　1991，(3)，107—126	
D05c032	于　乃昌	珞巴族神话与生殖崇拜　民间文艺论坛　1991，(5)，15—25	
D05c033	姚　兴奇	珞巴族"卡让辛"与生殖崇拜（上）　西藏艺术研究　1992，(1)	
D05c034	覃　成号	南方诸族生殖崇拜文化略　广西民族研究　1992，(2)，63—69	
D05c035	戴　昭铭	生殖崇拜文化理论的创建及其意义　学习与探索　1992，(3)，4—9	
D05c036	何　星亮	试论最早的生殖崇拜形式　社会科学研究　1992，(6)，77—84	
D05c037	章　虹宇	生殖崇拜文化浅识　山茶　1992，(6)	
D05c038	户　晓辉	动物图像与生殖巫术——岩画和甲骨文、金文中的例证　西域研究　1993，(1)，8—20	
D05c039	武　　文	伏羲——原始生殖祖神　西北民族研究　1993，(1)，141—148	
D05c040	冉　瑞雁	母权起源于生殖崇拜论　中南民族学院学报　1993，(1)	
D05c041	李　　辉	江淮民间的性交合崇拜　民俗研究　1993，(2)，80—87	
D05c042	杨　鹍国	鱼，盘瓠，枫木—蝴蝶——苗族的生殖崇拜文化研究三题　贵州社会科学　1993，(3)，74—79	
D05c043	李　富强	壮族的生殖崇拜　广西民族研究　1993，(3)，91—96	
D05c044	涂元济等	肠道：生育信仰　《神话·民俗与文学》　海峡文艺出版社　1993.11.202—207	
D05c045	王　鲁昌	论彩陶纹"x"和"*"的生殖崇拜内涵：兼析生殖崇拜与太阳崇拜的复合现象　中原文物　1994，(1)	
D05c046	程　东辉	也谈生殖崇拜：兼与车广锦先生商榷　东南文	

化 1994，(1)，56—59

D05c047	刘 鉴唐	阴阳八卦与生殖文化 文史杂志 1994，(1)
D05c048	宋 孟寅	中原生殖崇拜与"子嗣观" 锦州师范专科学校学报 1994，(2)
D05c049	詹 石窗	青鸟、道教与生殖崇拜论 民间文学论坛 1994，(2)，59—62，7：中国民间文化 1994，(3)，222—231
D05c050	黄 明	满族尚柳习俗与生殖崇拜 民俗研究 1994，(2)
D05c051	郝志伦等	论生殖隐语与原始禁忌 贵州师范大学学报 1994，(3)，61—64，79
D05c052	周 会超	生殖崇拜：文化艺术的生成及其发展的真正契机 南京社会科学 1994，(6)，6—11
D05c053	吴 广平	祖先崇拜与生殖崇拜的叠合——"夔一足"神话的阐释 中南民族学院学报 1994，14 (6)，34—37
D05c054	文 之	生殖崇拜的揭示：论闻一多《诗经》研究的独特文化视角 中国韵文学刊 1995，(1)，24—29
D05c055	乌 兰杰	萨满教文化中的生殖崇拜观念 民族文学研究 1995，(1)，77—82
D05c056	李 世康	彝族信仰习俗中的性巫术与性崇拜 化石 1995，(1)
D05c057	刘 志群	西藏门巴族生殖崇拜及其祭祀活动 民族艺术 1995，(1)
D05c058	廖 明君	性器崇拜与生殖崇拜——壮族生殖崇拜文化研究 广西民族学院学报 1995，(1)
D05c059	王 鲁昌	论郑州大河村彩陶的生殖崇拜图纹 中原文物 1995，(2)，43—45
D05c060	李 家祥	原始生殖崇拜在部分甲骨文中的表现 贵州文史丛刊 1995，(2)，86—90
D05c061	廖 明君	植物崇拜与生殖崇拜——壮族生殖崇拜文化研

			究　广西民族学院学报　1995,（2）
D05c062	廖　明君		动物崇拜与生殖崇拜——壮族生殖崇拜文化研究　广西民族学院学报　1995,（3）
D05c063	王　　正		虹——中国两性生殖观念的喻象　贵州文史丛刊　1995,（3）,68—71
D05c064	海　力波		左江岩壁画与骆越人之生殖崇拜　民族论坛　1995,（3）
D05c065	林　继富		森林与生殖信仰——西藏墨脱生殖文化"卡让欣"　民间文学论坛　1995,（4）,43—47,62
D05c066	何　周德		葫芦形器与生殖崇拜　考古与文物　1996,（3）
D05c067	张　胜冰		造型艺术与西南少数民族生殖崇拜　思想战线　1996,（4）
D05c068	邵　志忠		生殖崇拜与壮族神秘文化　广西民族研究　1997,（1）,119—123
D05c069	杨　甫旺		蛇崇拜与生殖文化初探　贵州民族研究　1997,（1）
D05c070	陈　立明		门巴族生殖崇拜文化探析　民族文学研究　1998,（3）,10—18

d. 鬼、魂信仰

D05d001+	郑德坤等		《中国明器》　哈佛燕京社　1933　上海　上海文艺出版社影印　1992.
D05d002+	申　华清		《神鬼世界与人类思维》　郑州　黄河文艺出版社　1990. 264p
D05d003+	王　景琳		《中国古代鬼神文化溯源》　北京　农村读物出版社　1991
D05d004+	肖　万源		《中国近代思想家的宗教和鬼神观》　合肥　安徽人民出版社　1991
D05d005+	王　祥龄		《中国古代崇祖敬天思想》*　台北　学生书局*　1992. 2. 276p
D05d006+	郭　立诚		《中国人的鬼神观——揭开禁忌、迷信的神秘面纱》*　台北　台视文化　1992. 174p
D05d007+	程　民生		《神人同居的世界——中国人与中国祠神文化》

		郑州　河南人民出版社　1993.3
D05d008+	赵　杏昌	《中国百神全书——民间神灵源流》　海口　海南出版公司　1993.4.452p
D05d009+	徐　华龙	《中国鬼文化》　上海文艺出版社　1991.9
D05d010+	夏　有根	开创新领域：评《中国鬼文化》　民间文学论坛　1992，(3)，79—80
D05d011+	张　呈富	鬼文化现象的透视：读《中国鬼话》　民间文学论坛　1993，(1)
D05d012+	陈　　鸣	一部为鬼文化"正名"的辞典　中国民间文化　1995，(2)，388—390
D05d013+	［奥地利］勒内·德·内贝斯基·沃杰科维茨；《西藏的神灵和鬼怪》
	谢　继胜	拉萨　西藏人民出版社　1993.5.690p
D05d014+	马　丽华	《灵魂像风》　北京　作家出版社　1994
D0Sd015+	马　昌仪	《中国灵魂信仰》*　台北　汉忠文化事业股份有限公司　1996.5.484p
D05d016+	朱　德普	《傣族神灵崇拜觅踪》　昆明　云南民族出版社　1996.388p
D05d001	梁　佩衮	神鬼和中国人　晨报副刊　1926.7.5—12 (1413—1416)
D05d002	沈　兼士	"鬼"字原始意义试谈　国学季刊　1936，3 (3)：《沈兼士学术论文集》　1986
D05d003	王　梦鸥	先秦崇拜天鬼之伦理观　时代精神　1941，5 (2)，14—20；5 (4)，14—21
D05d004	翁　达藻	中国上古的鬼神观念　中山文化季刊　1945，2 (2)，251—260
D05d005	徐　萃芳	唐宋墓葬中的"明器神煞"与"墓仪"制度——读《大汉园陵秘葬经》札记　考古　1963，(2)，87—106
D05d006	宋　　和	从冥婚的习俗来看中国人的祖先神鬼观念　人类与文化*　1976，(8)，52—54

D05d007	雷　中庆	史前葬俗的特征与灵魂信仰的演变　世界宗教研究　1982，(3)，133—142	
D05d008	许　忆先	魂瓶琐谈　南京博物院1985年集刊	
D05d009	刘　国梁	鬼神　中国哲学史研究　1986，(4)	
D05d010	李　松发	拉玛人的灵魂观念与原始宗教　怒江文史资料选辑（6）　1986	
D05d011	周　明	什么是鬼魂崇拜？我国古代鬼魂崇拜情况如何？《中国文化史三百题》　1987．426—428	
D05d012	徐　铭	凉山彝族的鬼神观念　西南民族学院学报　1988，(4)，46—50	
D05d013	章　虹宇	原始巫神（鬼）宇神话之神的比较　世界宗教研究　1988，(4)，102—113	
D05d014	周　明	神鬼论　民间文学论坛　1988，(5/6)，63—69	
D05d015	陈　定荣	论堆塑瓶　中国古陶瓷研究　1989，(创刊号)	
D05d016	顾　希佳	从骚子歌看吴越民间神灵信仰　民间文艺季刊　1989，(1)，38—66	
D05d017	李　炳海	中国上古时期的招魂仪式　世界宗教研究　1989，(2)，107—113	
D05d018	李晓东等	秦人鬼神观与殷周鬼神观比较　人文杂志　1989，(5)，88—92	
D05d019	杨　正伟	鬼文化初探　苗岭风谣　1989，(10)	
D05d020	向　新民	漫谈魂瓶　中国文物报　1989．6．2（3）	
D05d021	陶　思炎	论先秦诸子的鬼神观　史学月刊　1990，(1)，14—19	
D05d022	蔡　丰明	绍兴目连戏与民间鬼神信仰　民间文学论坛　1990，(2)，16—22	
D05d023	杨　正文	苗族"灵魂"观念浅析　贵州民族研究　1990，(2)，66—70	
D05d024	潘　朝霖	水家原始宗教鬼神观念浅说　贵州民族研究　1990，(2)，71—79	
D05d025	徐　华龙	鬼话发展的三种形态　民间文艺季刊　1990，(2)，114—128	

D05d026	刘　夫德	试谈我国古代鬼神观念的产生　中国史研究 1990，(2)，137—145	
D05d027	马　焯荣	鬼魂信仰与文学创作　民间文艺季刊　1990，(1)，219—	
D05d028	焦　国标	人鬼神仙、灵魂存在的四种状态　社会科学报（上海）　1990.10.18	
D05d029	周　明	中国古代神鬼观念及神鬼系统　《神鬼世界与人类思维》　1990.38—71	
D05d030	周　明	蓬莱神话与灵魂崇拜　东方文化　1990	
D05d031	黄　强	尸与"神"的表演　民间文艺季刊　1990，(3)，118—137	
D05d032	张　惠鸣	神灵崇拜心理特征在原始艺术中的显示　民俗研究　1990，(4)，18—20	
D05d033	朱　文旭	彝族的招魂习俗　民俗研究　1990，(4)，41—44	
D05d034	刘　怡	从基诺族的鬼神崇拜看其原始宗教的网络　民间文学论丛　1990，(4)，67—74	
D05d035	顾　希佳	太湖流域民间信仰中的神灵崇拜　世界宗教研究　1990，(4)，123	
D05d036	欧阳宗书	原始鬼之探幽：兼论中国鬼文化之研究意义　民间文艺季刊　1990，(4)，159—170	
D05d037	程　蔷	民间神灵崇拜与唐代文学　中国民间文化 1991，(1)，1—23	
D05d038	吴　真	大山里的鬼神世界——浙西南山区信仰民俗调查　中国民间文化　1991，(2)，39—92	
D05d039	郭　于华	死亡起源神话略考　民间文学论坛　1991，(3)，19—24	
D05d040	李　稚田	"鬼文化"的思辨　民间文学论坛　1991，(3)，37—44	
D05d041	段　平	论民间文化的神鬼观　兰州大学学报　1991，(3)，122—129	
D05d042	王　月曦	奉化民间鬼魂信仰与禁忌　中国民间文化	

		1991,（3），145—171
D05d043	姜　彬	吴越地区鬼灵及祖先崇拜——吴越地区的信仰和文化的考察　中国民间文化　1991,（4），1—17
D05d044	伊　伊	灵魂观、尸体崇拜与人间的映象：中国古代鬼神观念的流程　民间文学论坛　1991,（6），16—24
D05d045	姚宝瑄	相似形象思维与神鬼观念的起源　民间文学论坛　1991,（6），25—31
D05d046	汪丽珍	鄂温克族的神灵崇拜　北方民族　1992,（1），95—98
D05d047	和少英	金平傣族的丧葬习俗及其灵魂观述论　民族研究　1992,（2），26—32
D05d048	方正光	论东晋初年的"招魂葬"俗　学海　1992,（2），88—91
D05d049	谢　热	论古代藏族的灵魂观念　青海社会科学　1992,（2）
D05d050	赵小琪	民族文学中的宗教：巫鬼文化　广州师范学院学报　1992,（3），42—48
D05d051	黄世杰	桂西壮族鬼的观念浅析　广西大学学报　1992,（4），60—66
D05d052	陈建宪	"魂鸟和羽人"　艺术与时代　1992,（10）
D05d053	谭恩建	招魂考：古代丧葬文化研究之三　江西教育学院学报　1992,13（3），28—32
D05d054	田兆元	论鬼神崇拜的起源与鬼神之分野　历史教育问题　1993,（1），72—78
D05d055	尚民杰	神鬼分离与巫祝源流　青海社会科学　1993,（1），91—99
D05d056	唐永亮	人与自然组合的变形——谈桂北瑶族鬼文化　广西民族研究　1993,（2）
D05d057	吴美亮	从蚩尤招魂观照苗族的鬼神信仰　淮化师范专科学校学报　1993,（3），28—

D05d058	马　昌仪	原始返祖：灵魂回归的一种途径　民间文学论坛　1993，(3)，47—52	
D05d059	王　先明	"鬼神"形象在近代——鬼神崇拜与近代社会研究之一　山西大学学报　1993，(3)，63—68	
D05d060	马　昌仪	敖包与玛尼堆之象征比较研究　黑龙江民族丛刊　1993，(3)，106—112	
D05d061	李　玩彬	神灵的世界，虔诚的信徒——论瑶族文化与宗教的关系　广西民族学院学报　1993，(3)	
D05d062	易　谋远	"神守—鬼主"探析　民族研究　1993，(3)	
D05d063	龙　耀宏	"鸡歌"与魂灵信仰　中国民间文化　1993，(4)，45—58	
D05d064	苗　启明	灵神恶善观念下的生存求优模式　贵州民族研究　1993，(4)，137—141	
D05d065	田　兆元	中国先秦鬼神崇拜的演进大势　华东师范大学学报　1993，(5)，16—20	
D05d066	龚　维英	探索先民认识鬼神性别的密码　人文杂志　1993，(6)，120—126	
D05d067	田　兆元	中国先秦鬼神崇拜的演进大势及其特征　社会科学　1993，(10)，47—50，46	
D05d068	顾　邦文	我国少数民族原始宗教中的神灵附体现象　宗教　1994，(1)，103—106	
D05d069	王　立	冥法与阳世之法：再论鬼灵文化与复仇文学主题　济宁师范专科学校学报　1994，(1)	
D05d070	光　江	殷商人的魂魄观念　中原文物　1994，(3)，12—17	
D05d071	李　炳海	东夷族灵魂归山观念及相关文学事象　社会科学战线　1994，(3)	
D05d072	葛　兆光	死后世界：中国古代宗教与文学的一个共同主题　扬州师范学院学报　1994，(3)	
D05d073	牛　志平	古代民俗中的鬼　海南师范学院学报　1994，(4)，25—28	
D05d074	鲜　益	灵魂象征物的文化解析——以西南少数民族为	

		中心　贵州大学学报　1994，(4)，36—40
D05d075	徐　华龙	哈尼族、汉族之鬼魂比较　中国民间文艺 1994，(4)
D05d076	高　　和	哈尼族叫魂　山茶　1994，(5)，37—
D05d077	陶　思炎	魂瓶・钱树与释道融合　学术月刊　1994，(5)，99—103
D05d078	才　　让	试论古代藏族的灵魂观及魂命物　西北民族研究　1995，(1)
D05d079	李　炳海	周族灵魂归宿观念及相应文化观　北方论坛 1995，(2)，1—7
D05d080	马　昌仪	寄魂信仰探析　西北大学学报　1995，32(3)，51—58
D05d081	晁　福林	春秋时期的鬼神观念及其社会影响　历史研究 1995，(5)，20—35
D05d082	杨　福泉	纳西族的灵魂观　思想战线　1995，(5)，48
D05d083	雷　乐中	试论巴人鬼（神）信仰脉络　三峡学刊　1996，(1)
D05d084	孙　华先	鬼神原始形态初探　东南文化　1996，(2)，81—86
D05d085	朱　德普	傣族神灵崇拜浅说　中南民族学院学报 1996，(3)
D05d086	马　昌仪	壶形的世界：葫芦、魂瓶、台湾古陶壶之比较研究　民间文学研究　1996，(4)
D05d087	陆　　群	试论苗族鬼文化的世俗价值　吉首大学学报 1997，(2)
JD05d001＋	濱田耕作	『支那古明器泥像図説』　東京　1927
JD05d002＋	澤田瑞穂	『鬼趣談義』　東京　図書刊行会　1977
JD05d003＋	佐中　壮	書評：『鬼趣談義』　東方宗教 49　1977. 67—75
JD05d001	小柳司気太	支那鬼神論　哲学雑誌 23　1908. 257
JD05d002	林　泰輔	鬼神の文学に就いて　東方哲学 18 (2)

　　　　　　　　　　　　1911
JD05d003　内田周平　　鬼神論　東方哲学 8（12）　1921
JD05d004　出石誠彦　　鬼神考——特に鬼の由来とその展開について　東洋学報 22（2）　1935.96—139；『支那神話伝説の研究』　東京　中央公論社　1943.393—444；1973.（増訂版）393—444
JD05d005　永沢要二　　古代中国に於ける鬼神の意味について　福大学芸論 1　1950
JD05d006　根本　誠　　中国専制社会と鬼神思想　東洋文学研究 1　1953.53—69
JD05d007　加藤常賢　　天神と鬼神　『中国古代の宗教と思想』　京都　ハーバード・燕京・同志社　1954
JD05d008　池田末利　　鬼字考——支那に於ける祖神崇拝の原初形態　廣大文化 10　1956.206—248
JD05d009　池田末利　　古代支那に於ける霊鬼観念の成立—卜辞宗教論考　宗教研究 152　1957.18—35
JD05d010　林巳奈夫　　殷周時代の遺物に表わされた鬼神　考古学雑誌 46（2）　1960.24—51
JD05d011　御手洗勝　　王充の鬼神論　支那学研究 26　1961.30—38
JD05d012　大谷邦彦　　中国上代の典籍における神と鬼——（1）神の原義と展開　漢文学研究 11　1963.1—7
JD05d013　大谷邦彦　　中国上代の典籍における神と鬼　中国古典研究（早稲田大学漢文学会）12　1964.83—96
JD05d014　林巳奈夫　　殷中期以来の鬼神　東方学報（京都）41　1970.1—70
JD05d015　池田末利　　古代中国に於ける霊鬼観念の展開——文字学的考察を主として　中央研究院民族学研究集刊 30　『慶祝凌純声先生七十歳論文集（2）』1971.121—163
JD05d016　岩佐貫三　　鬼に関する中国的発想　東洋学研究 6　1972.83—95
JD05d017　澤田瑞穂　　見鬼考　天理大学学報 81　1972.1—25

JD05d018	澤田瑞穂	鬼市考　天理大学学報86　1973．1—11
JD05d019	澤田瑞穂	棺蓋鬼話　中文研究14　1973．53—62
JD05d020	林巳奈夫	漢代鬼神の世界　東方学報（京都）46　1974．223—306：『漢代の神神』　京都　臨川書店　1989．127—218
JD05d021	中林史郎	鬼神の性格に関する一考察——礼記を中心として　漢学会誌（大東文化大学）15　1976．90—108
JD05d022	小杉一雄	鬼神形象の成立　美術史研究14　1977．13—28
JD05d023	西岡　弘	王充とその鬼神観　国学院雑誌78（8）1977．1—13
JD05d024	中鉢雅量	中国古代の鬼神信仰　東方宗教62　1983．1—18：『中国の祭祀と文学』　東京　創文社　1989．121—142
JD05d025	工藤元男	睡虎地秦簡「日書」における病因論と鬼神の関係について　東方学88　1994．33—53
JD05d026	金井徳幸	宋代荊湖南北路における鬼の信仰について——殺人祭鬼の周辺　駒澤大学禅研究所年報5　1994．49—64
JD05d027	工藤元男	簡帛資料からみた楚文化圏の鬼神信仰　日中文化研究10　勉誠社　1996
JD05d028	大形　徹	張目吐舌考——魂との関わりを通して　大阪府立大学紀要（人文・社会科学）45　1997
JD05d029	大形　徹	二つの病因論——鬼と気をめぐつて　日本経絡学会誌23（3）　1997
JD05d030	大形　徹	被髪について——髪型と霊魂の関連をさぐる（上）（下）　月刊しにか　1998，（2）；1998，（3）
JD05d031	牛　枝恵	中国の鬼について——精神史における鬼を範疇とする文化論の試み紀要（清泉女子大学人文科学研究所）19　1998．149—172

6. 神话与迷信

D06-001	伟	神话和迷信的区别 山东文艺 1953，(5)	
D06-002	马　少波	神话和迷信有什么不同 中国青年报 1954.8.10	
D06-003	郭　静	关于神话和迷信 内蒙古日报 1954.11.13	
D06-004	李　岳南	谈神话和迷信的区别 工人日报 1955.2.4	
D06-005	陈　山等	神话、迷信及其他 东海 1962，(11)	
D06-006	黄　柯	神话与"神化" 解放日报 1978.9.26	
D06-007	江　颖	神话与迷信 江西日报 1979.5.11	
D06-008	杨　昌江	"神话"宣传了迷信吗？ 湖北日报 1979.7.15	
D06-009	陈　国亮	要神话不要"神化" 汾水 1979，(8)，61—62	
D06-010	高正冈等	神话与迷信 陕西日报 1979.8.19	
D06-011	向绪成等	剔芜扬菁、神为人用：也谈神话与迷信 湖南群众文艺 1980，(10)，53—54	
D06-012	陈　艺	神话与迷信的区别 山西民间文学 1982，(3)：《山西民间文学论文选》 1986	
D06-013	刘郁瑞等	试谈神话传说与封建迷信 民研工作通讯 1983，(3)	
D06-014	鲁　桓	民间文学整理工作中经常遇到的几个问题 民间文学 1983，(8)，88—95	
D06-015	宋　伟	浅谈我国神话与迷信 西部学坛 1987，(4)	

五、神话与民俗

1. 神话与民俗学

E01-001+	江　绍原	《发须爪》 上海 开明书店 1928；上海 上海文艺出版社影印 1987	
E01-002+	周　作人	《发须爪》序 语丝 1926.105p	

E01-003+	容　肇祖	《迷信与传说》　广州　中山大学民俗学会 1929	
E01-004+	直江广冶；林　怀卿	《中国民俗学》台北　世一书局　1980	
E01-005+	方纪生编著	《民俗学概论》　北京　北京师范大学史学研究所资料　1980	
E01-006+	乌　丙安	《民俗学丛话》　上海　上海文艺出版社　1983	
E01-007+	冯　兆伟	《神话与节目》　台北　希代出版公司　1984	
E01-008+	乌　丙安	《中国民俗学》　沈阳　辽宁大学出版社 1985．8．355p	
E01-009+	张　紫晨	《中国民俗与民俗学》　杭州　浙江人民出版社 1985．10．254p	
E01-010+	陶　立璠	《民俗学概论》　北京　中央民族学院出版社 1987．8．305p	
E01-011+	陈　勤建	《中国民俗》　北京　中国民间文艺出版社 1989	
E01-012+	高　国璠	《敦煌民俗学》　上海　上海文艺出版社 1989．264p	
E01-013+	任　聘编	《中国民间禁忌》　北京　作家出版社　1990．400p	
E01-014+	朱可先等	《神话与民俗》　河南　中原农民出版社　1990	
E01-015+	萧　兵	《黑马——中国民俗神话学论文集》*　时报出版公司　1991	
E01-016+	杨　知勇	《宗教、神话、民俗》　昆明　云南教育出版社 1992．7	
E01-017+	王　曾勇	《神话与民俗》　西安　陕西人民教育出版社 1993．6	
E01-018+	涂元济等	《神话·民俗与文学》　福州　海峡文艺出版社 1993	
E01-019+	刘　东远	民俗学的多元探索——读《神话、民俗与文学》中国民间文化　1996，（2），437—439	
E01-020+	张　余	《民间文学与民俗学基础》　太原　山西高校联	

合出版社　1994.7

E01-021+　董　晓萍　《民俗学导游》　北京　中国工人出版社　1995

E01-001　詹　姆斯　比较民俗学方法论　清华周刊　1929，31（464）

E01-002　罗　香林　关于民俗的平常话：《太阳和月亮》序　民俗周刊　1933，（112）

E01-003　岂　明　习俗与神话　青年界　1934，5（1），186—191；《夜读抄》　1934

E01-004　赵　景深　民间故事之民俗学的解释　青年界　1935，8（4），40—49

E01-005　杨　堃　民俗学与通俗读物　大众知识　1936，（1）

E01-006　叶　德均　民俗学之史的发展　青年界　1936，9（4）

E01-007　英　济　中国民俗学发达史略　新东方杂志　1941，2（6）

E01-008　F. Boas；王　启树　神话与民俗　民俗季刊　1942，1（4）

E01-009　罗　致平　民俗学史略（续）　民俗季刊　1943，2（1—4）

E01-010　F. Boas；梁　钊韬　神话学与民俗学　文迅　1946，6（1），2—12

E01-011　罗　素；刘　世超　神话与魔术　自由中国　1959，20（3）

E01-012　杨　成志　我国民俗学运动概况　民间文学　1962，（5），93—105

E01-013　王　玢玲　民俗学运动的性质和它的历史作用　民间文学　1979，（5），3—16

E01-014　梁　钊韬等　试论民俗形成的社会根源　社会科学战线　1982，（2），233—238

E01-015　连　树声　民间文学与民俗学　民间文学论坛　1982，（3），18

E01-016　窦　昌荣　试论风俗传说　上海师范学院学报　1984，

		(1)，68—73
E01-017	过　伟	从民族民俗学的微型研究、描写研究学起　广西民族学院学报　1984，(1)，24—28
E01-018	王　光荣	民间文学与民俗学　三月三　1986，(10)，37
E01-019	杨　鹍国	论原始宗教对民俗的影响　贵州民族研究　1988，(1)，85—90
JE01-001+	瀧澤俊亮	『中国の思想と民俗』　東京　校倉書房　1965
JE01-002+	吉岡義豊	書評：『中国の思想と民俗』　東方宗教 26　1965．81—83

2. 神话与各种民俗事项

E02-001+	明　立国	《台湾原住民族的祭祀》　台北　台原出版社　1987
E02-002+	于乃昌等	《民族风情与审美》　北京　红旗出版社　1987
E02-003+	（日）白川静；仍　乃英	《中国古代民俗》　西安　陕西人民美术出版社　1988
E02-004+	（法）格拉耐：张　铭远	《中国古代的祭礼与歌谣》　上海　上海文艺出版社　1989
E02-005+	黄　展岳	《中国古代的人性人殉》　北京　文物出版社　1990
E02-006+	刘　志文	《中国民间信神俗》　广州　广东旅游出版社　1991．9
E02-007+	陈　启新	一部具有特色的民俗学专著——《中国民间信神俗》　民间文学论坛　1993，(1)，77—78
E02-008+	巫　瑞书	《南方民俗与楚文化》　长沙　岳麓书社　1997．5
E02-009+	杨　鹍国	《苗族服饰——符号与象征》　贵阳　贵州人民出版社　1997
E02-010+	（日）渡边欣雄；周　星	《汉族的民俗宗教》　天津　天津人民出版社　1998．2
E02-011+	章　海荣	《梵净山神——黔东北民间信仰与梵净山区生态》　贵阳　贵州人民出版社　1998

E02-001	董作宾	南阳的"腊八粥"　歌谣周刊　1925，(75)
E02-002	黄　石	关于产育的迷信与风俗　妇女杂志　1930，16(10)
E02-003	熊得山	求雨的史的叙述与其归宿　申报月刊　1934，3(8)，37—41
E02-004	横　海	从历史上观察中华民族之衣食住行　建国月刊　1934，11(5)
E02-005	娄子伦	衣服起源的故事　妇女旬刊　1935，19(10、18)
E02-006	娄子匡	孟姜女故事与人体献牲习俗　孟姜女　1937，1(1)
E02-007	陈志良	文身与图腾的关系　说文月刊　1940，2(5)，522—529
E02-008	徐中舒	结绳遗俗考　说文月刊　1944，(4)，185—188
E02-009	樊恭炬	祀龙祈雨考　新中华(复刊)　1948，6(4)，36—46，18
E02-010	苏雪林	封禅与祭死神　文艺创作*　1953，(26)
E02-011	刘敦励	古代中国与马那的祈雨与雨神崇拜　台湾民族文学研究集刊*　(4)　1957
E02-012	张瑞麟	谈"祈雨"与"龙神"　民声日报*　1963.5
E02-013	苏雪林	古人以神名为名的习惯　成功大学学报*　1971，(6)
E02-014	凌纯声	中国古代的龟祭文化　民族学研究所集刊*　1971，(31)
E02-015	朱介凡	上元礼俗及其历史传说　今日中国*　1973，(21—22)
E02-016	朱介凡	从年俗看中国人的神：中国谚语志玄理篇　中华文化复兴月刊*　1977，10(2)
E02-017	贾兰坡	远古的食人之风　化石　1979，(1)
E02-018	萧　兵	万舞的民俗研究　辽宁师范学院学报　1979，(5)

E02-019	萧　兵	略论西安半坡等地发现的"割礼葬仪"　考古与文物　1980,（4），73—77	
E02-020	余　忠明	漫谈台湾民俗　南风　1981,（2），68—74	
E02-021	萧　兵	濩是祈雨舞——《楚乔辞外证》之一　求是学刊　1981,（3），97—100	
E02-022	邓　廷良	火把节小考　西南师范学院学报　1982,（1）	
E02-023	徐　华龙	漫谈戒指与巧女　吉林民间文学　1982,（8/9）	
E02-024	杜　玉亭	从"特缺"传说谈食人之风　社会科学战线　1982,（4），210—216	
E02-025	巫　瑞书	从民俗学的角度谈楚文化宝库的开采　楚风　1983,（3），81—85，74	
E02-026	萧　兵	连云港将军岩画的民俗神话学研究　淮阴师范专科学校学报　1983,（3），14—17	
E02-027	龚　维英	由"感生"到食枣生子：试论民俗学中的一个问题　民间文艺集刊（五）　1984．220—227	
E02-028	徐　华龙	从民间创作中看生育习俗的图腾意识　广东民族学院学报　1984,（1），11	
E02-029	黄　泊沧	谈谈民间习俗故事　南风　1984,（2），73—76	
E02-030	赵　沛霖	树木兴象的起源与社树崇拜　河北学刊　1984,（3），82	
E02-031	段　鼎周	"特缺"传说为食人之风新史料质疑　社会科学战线　1984,（3），246—247	
E02-032	龚　维英	浅探上古杀虐长子之风的因由　浙江学刊　1985,（2），102—104，86	
E02-033	李　子和	牛耕神话与斗牛风俗　贵州文史丛刊　1985,（3）；《神话新探》　1986．190—201	
E02-034	汪　远平	《水浒》里的纹身描写　人民日报　1985．11．1	
E02-035	周　明	神话传说对岁时风俗形成的影响　民间文学论丛（二）　1986	
E02-036	木　林	洞房禁忌与压床风俗　中央民族学院学报　1986,（1），56—59	
E02-037	李　锦山	史前猎头习俗中的宗教色彩　文史杂志	

1987，(2)，31—33

E02-038　张　福三　凿齿神话的原始内涵　思想战线　1987，(4)，49—54；《边疆文化论丛》(一)　1988.66—74

E02-039　郭　精锐　神话与民俗　中山大学学报　1987，(4)，117—124

E02-040　李　安民　试论史前食人习俗　考古与文物　1988，(2)

E02-041　王　亚南　谁是始祖——口头文化与婚俗的性别变异　民族文学研究集刊(二)　1988.50—69

E02-042　宋　兆麟　稻作文化与青蛙崇拜　民间文学论坛　1987，(6)，4—11

E02-043　周尚意等　中国民间寺庙：一种文化景观的研究　江汉论坛　1990，(8)，44—51

E02-044　陈　江风　汉画像神话与民俗学　民间文学沦坛　1989，(1)，61—66

E02-045　蔡　葵　古代祖先崇拜、人祭和猎首习俗述记　思想战线　1989，(1)，81—86

E02-046　陈　勤建　原始初生态民俗内在的文艺机制　民间文艺季刊　1989，(2)，99—113

E02-047　王　仁湘　原始人的埋葬方向神(上)　中日文物报　1989.7.28

E02-048　宋　兆麟　上巳节考　中国历史博物馆馆刊　1989，(13)：《汉声》

E02-049　申　旭　乌蛮白蛮和金齿蛮习俗的对比研究　东南亚　1990，(1)，30—35

E02-050　李　稚田　瘟神及送瘟神习俗探微　民间文艺季刊　1990，(1)，189—201

E02-051　史　耀增　试论社事观念在民间社火中的作用　民俗研究　1990，(2)，9—12

E02-052　程　德祺　商代用贝习俗与灵德崇拜　中原文物　1990，(2)，70—74

E02-053　刘　道超　关于禁忌习俗的几个问题　山西大学学报

1990,(3),52—55

E02-054	顾　自力	试论"龙舟竞渡"习俗与传说的文化渊流　华中师范大学学报　1990,(3),88—92,131
E02-055	翁　维玲	中国少数民族禁忌习俗的探索　民族学　1990,(3/4),39—42
E02-056	张　劲松	古楚"好鬼"习俗与自然生态环境的关系　民间文艺季刊　1990,(4),189—196
E02-057	姚　伟钧	中国古代饮食礼俗与习俗论略　江汉论坛　1990,(8),52—56
E02-058	赵　鲁	猎首祭与洱海原始农耕文化　中国民间文化　1991,(1),92—107
E02-059	月　朗	简狄吞卵神话与上巳祈子习俗　民间文学论坛　1991,(2),7—13
E02-060	朱　迪光	中国古代民间祀神活动之因由及其特征　青海社会科学　1991,(2),70—75
E02-061	孙　桂庆	楚地乐舞与信仰习俗探源　楚天艺术　1991,(3/4),98—100
E02-062	连　劭名	"鸟鱼石爷图"的宗教与哲学意义　文物天地　1991,(2),36—39
E02-063	季　羡林	原始社会风俗残余——关于妓女祷雨的问题　《季羡林学术论著自选集》　北京师范大学出版社　1991.539—548
E02-064	张　振犁	从"商汤祈雨"看神话与巫风关系的变异　《中原古典神话流变论考》　上海文艺出版社　1991.237—255
E02-065	黄　强	中国江南民间"送瘟船"祭祀活动研究　民族艺术　1992,(1)
E02-066	杨　琳	鬼由贵返贱的民俗心理分析　民间文学论坛　1992,(1),17—34
E02-067	[日]伊藤清司; 张　家德	日本论"火把节文化圈"的形成与云南白族、蒙古族火把节的起源 云南方志　1992,(1),33—37

编号	作者	题目及出处
E02-068	陈　华文	吴越"纹身"习俗研究——兼论"纹身"的本质　中国民间文化　1992，(3)，34—46
E02-069	石　奕龙	蔡塘的村身祭祀　民间文学论坛　1992，(4)，56—62
E02-070	腾　占能	慈溪的龙王庙求雨活动　中国民间文化　1992，(1)，69—79
E02-071	王　青	赤松子神话与商周焚巫祈雨仪式　民间文学论坛　1993，(1)
E02-072	王　锺陵	照亮了文明圈的祭坛之火　暨南大学学报　1993，(1)，56—63、89
E02-073	董　楚平	"鸟田"神话诌议　民族研究　1993，(2)，97—100
E02-074	顾　希佳	太保与做社　中国民间文化　1992，(3)，199—214
E02-075	少　布	马祭　黑龙江民族丛刊　1993，(3)
E02-076	谭　蝉雪	敦煌祈赛风俗　敦煌研究　1993，(4)
E02-077	覃　圣敏	竹子与习俗：竹文化研究（上）　广西民族研究　1993，(4)，95—105
E02-078	金　宝忱	民俗事项中的鸡崇拜　黑龙江民族丛刊　1993，(4)
E02-079	胡　文辉	人日考辨　中国文化（9）　1993
E02-080	[美]阿契巴姆	释"道"　江西社会科学　1993，(12)
E02-081	涂元济等	说"风马牛"之"风"　《神话、民俗与文学》海峡文艺出版社　1993.11.222—226
E02-082	李　斯傅	哈尼族招魂与保魂习俗探析　《哈尼文化国际学术讨论会论文》　1993
E02-083	裘　锡奎	杀首子解　中国文化（九）　1993秋
E02-084	杨　树森	焚巫、祭月、祈雨：《诗·月出》新探　吉林大学学报　1994，(1)，90—92
E02-085	赵　登贵	古越腹地的神秘文化——水稻生产与江南民俗研究之一　中国民间文化　1994，(1)，236—243

E02-086	阳　　渔	水稻生产与太阳崇拜——水稻生产与江南民俗研究之一　中国民间文化　1994，(2)，1—13	
E02-087	徐　增源	浙江西部板龙灯与稻作文化　中国民间文化　1994，(2)，23—27	
E02-088	杨问春等	僮子的流传、渊源和沿革现状——南通僮子调查之一　中国民间文化　1994，(2)，38—47	
E02-089	黄　子奇	金华树神崇拜习俗考略　中国民间文化　1994，(2)，175—188	
E02-090	李　景江	神话所反映的原始习俗及其心理　民族文学研究　1994，(2)，74—79	
E02-091	何　红一	灾异、征兆、牺牲——从"陷湖"传说到"献身"故事　华中师范大学学报　1994，33(2)，81—84	
E02-092	刘　志群	论西藏原始祭祀习俗仪式和艺术　民族艺术　1994，(2)	
E02-093	杨　菊华	浅谈良渚文化的崇鸟习俗　江汉考古　1994，(3)	
E02-094	白　坡德	元江哈尼族日常生活禁忌　山茶　1994，(3)，31	
E02-095	国　光红	关于古代的祈雨——兼释有关的几个古文字　四川大学学报　1994，(3)，86—93	
E02-096	钱　耀鹏	试论我国史前时代的猎头习俗　考古文物　1994，(4)，41—47	
E02-097	吴　效群	"玄"字本意的民俗学解读　河南大学学报　1994，(6)，56—57	
E02-098	虞　万里	桃符风俗源流考　中国民间文化　1995，(1)，133—153	
E02-99	孙　建昌	刍论江西稻作谷神信仰的祭祀习俗　中国民间文化　1995，(2)，270—285	
E02-100	傅　光宇	"陷湖"传说之型式及其演化　民族文学研究　1995，(3)，8—15	
E02-101	向　柏松	中国水崇拜　祈雨求丰年意义的演变　中南民	

族学院学报 1995，15（3），72—76

E02-102　晁　福林　原始时期的人生礼俗初探　民俗研究　1996，(3)，37—44

E02-103　陈　华文　试论纹身图式——黎族和高山族文身图式及延伸研究　东南文化　1996，(4)，70—80

E02-104　党　明德　山东近代庙会奉祀神主考略　民俗研究　1997，(4)，78—83

E02-105　万　建中　民间故事与禁忌民俗的传播　北京师范大学学报　1997，(6)，13—19

E02-106　张　碧波　关于大汶口文化三种习俗的文化思考　民俗研究　1998，(2)，47—53

E02-107　刘　慧等　大汶口文化獐牙习俗考略　民俗研究　1998，(3)，57—60

JE02-001　伊藤清司　祭礼と仮装——中国に於ける仮装の起源に関する一考察　民族学研究 21（1、2）　1949

JE02-002　伊藤清司　古代中国の仮装と祭儀　史学 30（1）　1957

六、神话与哲学

F00-001+　陈　元德　《中国古代哲学史》　上海　中华书局　1937

F00-002+　侯外卢主编　《中国历代大同理想》　北京　科学出版社　1959

F00-003+　卫　聚贤　《中国人发现澳洲：论古代中国人的世界观》　香港　说文社　1960

F00-004+　郑文光等　《中国历史上的宇宙理论》　北京　人民出版社　1975

F00-005+　叶　舒宪　《中国神话哲学》　北京　中国社会科学出版社　1990. 363p

F00-006+　王　锺陵　《神话与时空观》　石家庄　河北大学出版社

F00-007+　方　明　一部高品位的学术著作——评《神话与时空》　河北师范学院学报　1996，(2)，117—122

F00-001	沙 玉彦	五行说与四原说　科学　1925，9（8）	
F00-002	顾 颉刚	五德终始说下的政治和历史　清华学报 1930，6（1），71—268：修改稿见古史辨（五）1935．404—617	
F00-003	华 石斧	义教钩沉　河北第一博物院半月刊　1931，（4）—1935，（100）	
F00-004	齐 思和	五行说之起源　师大月刊　1935，（22）：中国史探研　1981	
F00-005	钱 穆	评顾颉刚《五德终始说下的政治和历史》　大公报·文学副刊　1935．4．13：古史辨（五）1982．617—631	
F00-006	童 书业	五行说起源的讨论：评顾颉刚先生《五德终始说下的政治和历史》　古史辨（五）　1935	
F00-007	顾 颉刚	三统说的演变　文澜学报　1936，2（1）：古史辨（七）　1941．282—290	
F00-008	顾 颉刚	潜夫论中的五德系统　史学集刊　1937，（3），73—92：古史辨（七）　1941	
F00-009	唐 君毅	论中国原始宗教信仰与儒家天道观之关系兼释中国哲学之起源　思想历史文化　1948，（1），2—7	
F00-010	杨 向奎	五行说的起源及其演变　文史哲　1955，（11），37—44：《中国古代哲学论丛》　1957	
F00-011	杨 向奎	中国奴隶制萌芽时期的天道观　文史哲 1955，（12），47—50：《中国古代哲学论丛》 1957	
F00-012	许 倬云	先秦诸子对天的看法（上）　大陆杂志* 1957，15（2）	
F00-013	任 继愈	古代神话、传说中唯物主义思想的萌芽　文汇报　1961．4．18：《中国哲学史论》　1987	
F00-014	李 杜	先秦时期之宇宙观　新亚生活（港）　1961，3（19）	
F00-015	赵 尺子	五帝思想新证　学宗*　1962，3（1）	

F00-016	蓝　艳周	中国上古神话的哲学背景　中国文化大学哲研所硕士论文＊　1968	
F00-017	孙　隆基	先秦古朴的天道观：中国古代神话思想的研究　台北青年＊　1969，58（2）	
F00-018	刘　文英	中国古代时空观念　兰州大学学报　1979，(1)，6—21	
F00-019	李　德永	"五行"探源　中国哲学（四）　1980	
F00-020	王　宪冶	中国古代文化中自然神祇与社会思想的问题《民间信仰与社会研究会论文集》＊　1982	
F00-021	汪　淑	汉初人民天人相应的宇宙观：从马王堆一号墓出土的彩绘帛画来探讨　史化＊　1983，(13)	
F00-022	王　钟陵	我国神话中的时空观　文艺研究　1984，(1)，113—118	
F00-023	徐　金城	中国古代神话伦理思想初探　道德与文明（天津）　1985，(3)，39—41；扬州师范学院学报1986，(2)	
F00-024	张　光直	连续与破裂：一个文明起源新说的草稿　九州学刊　1986，(1)	
F00-025	徐　克谦	论孔墨的天命鬼神观　南京师范大学学报1986，(1)，79—85	
F00-026	萧　兵	混沌与气——哲学神话比较研究　活页文史丛刊（250）　1986	
F00-027	刘　湘玉	中国神话与古代思想间的关系　中华文化月刊＊　1986，19（4），22—26；《中国文学研究》（台港及海外中文报资专辑）　1986，(10)，57—61	
F00-028	于　乃昌	关于神话的哲学研究　《神话新论》　1987.51—69	
F00-029	叶　舒宪	中国神话宇宙观的原型模式　民间文学论坛1988，(2)，10—16	
F00-030	金　祖孟	远古神话传说的宇宙论背景　华东师范大学学报　1988，(4)，11—13	

F00-031	韦　感思	神话——朴素矛盾观的母胎　汕头大学学报　1988，(4)	
F00-032	萧　兵	黑马：民间文化学向哲学挑战　民间文学论坛　1988，(5/6)，4—14	
F00-033	汪　孝杰	试从《造万物》看原始人的自然观　《贵州神话史诗论文集》　1988．219—233	
F00-034	李　建国	从宗教神话走向理性哲学——前苏格拉底非理性思想初探　社会科学研究（四川）　1989，(6)，86—91	
F00-035	王　军	神话与哲学的互渗——从文化神话学的角度看中国上古神话与中国哲学的关系　复旦大学学报　1990，(3)，58—62	
F00-036	邓　启耀	原始艺术与民间艺术的时空意象　民间文学论坛　1990，(4)，51—60，35	
F00-037	李　景江	神话反映的原始哲学观　吉林大学学报　1990，(6)，50—56	
F00-038	吴　颖	宇宙生成的三个方式　民间文学研究　1991，(1)，18—25	
F00-039	王　军	神话与哲学的互渗：从文化神话学的角度看中国上古神话与中国哲学的关系　复旦大学学报　1991，(3)，58—62	
F00-040	梁　雪影	论中国远古神话的二元论世界观　沈阳师范学院学报　1992，(1)，23—28	
F00-041	袁　珂	试论神话空间的三界　民间文学论坛　1992，(5)，1—9	
F00-042	戴　庚勇	试论原始神话时空观　西藏民族学院学报　1993，(1)，49—55	
F00-043	王　锺陵	神话中的生死观　汕头大学学报　1993，(2)，15—23，58	
F00-044	彭　淮东	论古代神话向哲学转向中的对应统一关系　南京政治学院学报　1993，(3/4)，94—96	
F00-045	平　心	也说"混沌"　杭州师范学院学报　1993，(4)	

F00-046	萧　兵	"中"字源于神杆说　中国文化（九）　1993 秋
F00-047	格·孟和	论民间文学的哲学价值　内蒙古师范大学学报 1994，（1）
F00-048	崔　大华	《易传》的宇宙图景与三个理论层面　中州学刊 1994，（1）
F00-049	栾　勋	说"环中"："中国古代混沌论"之一　淮阳师范专科学校学报　1994，（2），29—33
F00-050	钟　年	天人和谐：中国古神话透露的信息　东方 1994，（2），67—68
F00-051	王　新文	中国远古神话的宇宙生成猜测及其对我国哲学的影响　职工大学学刊　1994，（2）
F00-052	傅　治平	神界意识流（原始神话与人类意识）　社会科学辑刊　1994，（4）
F00-053	赵　伯乐	古代神话的观念载体功能　思想战线　1994，（6），49—56
F00-054	萧　兵	中国神话的世界中心：兼论周人"世界中心"之转移　淮阴师范专科学校学报　1995，（1），17—21；《中国神话与传说学术研讨会论文集》*　1996.3　77—90
F00-055	池田知久	中国古代的混沌哲学　道教文化研究（8） 1996
F00-056	苏　开华	远古太极图揭秘　东南文化　1995，（2），30—37
F00-057	赵　林	伦理意识与中国神话传说的演变　社会科学战线　1996，（3），64—71
F00-058	赵　沛霖	关于中国神话思想史研究的几个问题　天津社会科学　1997，（4），80—86

| JF00-001+ | 小野澤精一 | 『中国古代説話の思想史的考察』　東京　汲古書院　1982 |
| JF00-002+ | 森　秀樹 | 書評：『中国古代説話の思想史的考察』　中哲 |

文学会报 8　1983．145—150

JF00-001　天野鎮雄　説話間における思想史的先後関係について——正，続　山口大学文学会誌　1975，(26)；1976，(27)

JF00-002　鉄井慶紀　(中国古代神話伝説にみられる聖と俗との対立についての一試論)　東洋研究 68　1983．61—86：『中国神話の文化人類学的研究』　東京　平河出版社　1990．4—28

JF00-003　鉄井慶紀　中国古代伝説と思想——対立と統一について　東洋研究 72　1984．113—140：『中国神話の文化人類学的研究』　東京　平河出版社　1990．552—578

JF00-004　鉄井慶紀　図象と思想——(1)神(2)電・雷(3)龍について　東洋研究 94　1990．143—168：『中国神話の文化人類学的研究』　東京　平河出版社　1990．476—496

七、神话与科学

1. 综论

G01-001+　李　约瑟；《中国之科学与文明》（一）
　　　　　陈立夫等　台湾　商务印书馆　1972

G01-002+　李　约瑟；《中国之科学与文明》（二）
　　　　　陈立夫等　台湾　商务印书馆　1973

G01-003+　李　约瑟；《中国之科学与文明》（三—四）
　　　　　陈立夫等　台湾　商务印书馆　1973

C01-004+　李　约瑟；《中国之科学与文明》（五—六）
　　　　　陈立夫等　台湾　商务印书馆　1975

C01-005+　李　约瑟；《中国科学技术史》（一）
　　　　　《中国科学技术史》翻译小组　北京　科学出版社　1975

C01-006+　李　约瑟；《中国科学技术史》（二）
　　　　　　《中国科学技术史》翻译小组　北京　科学出版社　1975
C01-007+　李　约瑟；《中国科学技术史》（三）
　　　　　　《中国科学技术史》翻译小组　北京　科学出版社　1975
G01-008+　李　约瑟；《中国科学技术史》（四）
　　　　　　《中国科学技术史》翻译小组　北京　科学出版社　1975
G01-009+　李　约瑟；《中国科学技术史》（五）
　　　　　　《中国科学技术史》翻译小组　北京　科学出版社　1976
C01-010+　杜石然等　《中国科学技术史稿》　北京　科学出版社
　　　　　　1982
G01-011+　吕子方等　《中国科学技术史论文集》（下）　成都　四川
　　　　　　人民出版社　1984

G01-001　王　一苇　我国古代的航空神话　航空知识　1960，（1）
G01-002　袁　珂　神话——幻想的科学　科学文艺　1980，（2），
　　　　　　91—93
G01-003　许　云樵　神话与科技　《文心雕虫续集》（新）　1980
C01-004　王　骧　浅论民间文学的科学价值　《民间文学论丛》
　　　　　　1981. 7—62
C01-005　公　盾　中国古代神话中的科技和科技幻想　语文新圃
　　　　　　1982，（4）
G01-006　铁　山　古书丛中觅飞碟　飞碟探索　1983，（1），2—4
C01-007　金　旭　科学幻想与神话　福建日报　1983. 4. 19
G01-008　王　松　论民族民间文学的科学价值　思想战线
　　　　　　1983，（3），78—82，88
C01-009　王　红旗　神话传说中的科学信息　北京科技报　1983.
　　　　　　12. 26
G01-010　应　其　神话中的科学信息　智慧树　1984，（1）
C01-011　王　红旗　传说时代的大型建筑　科学时代　1984，（1）
G01-012　郑　谦　神话与科学的交叉点及分界线　山茶　1984，
　　　　　　（5），73—77
G01-013　王　松　简论神话与科学的关系　思想战线　1986，

		(2),67—72；《云南民间文艺源流新探》1986
G01-014	周　明	试论原始神话的科学性　《神话新探》　1986.77—85
G01-015	徐　南洲	《山海经》——一部中国上古的科技史书　《山海经新探》　1986.241—263
G01-016	夏　宗经	神话：科学的原型　湖北师范学院学报　1990，(4)

2. 神话与天文历法

a 神话与天文

G02a001+	郑　文光	《中国天文学源流》　北京　科学出版社　1979
G02a002+	中国天文学史整理小组	《中国天文学史》　北京　科学出版社　1981
G02a001	饭岛忠夫；陈　啸仙	书经诗经之天文历法　科学　1928，13（1）
G02a002	李　裕增	十干新解　河北第一博物院半月刊　1931，(2)—1932，(22)
G02a003	李　裕增	十干新解杂论　河北第一博物院半月刊　1932，(22)—1933，(41)
G02a004	王　宜昌	古代中国的历法　食货半月刊　1935，2（3）
G02a005	束　世澂	中国上古天文学史发凡　史学季刊　1941，1（2）
G02a006	竺　可桢	廿八宿起源之时代与地点　思想与时代　1944，(34)
G02a007	钱　宝琮	论廿八宿之来历　思想与时代　1947，(43)，10—20
G02a008	于　省吾	岁时起源初考　历史研究　1961，(4)，100—106
G02a009	郑　文光	从我国古代神话探索天文学的起源　历史研究　1976，(4)，61—68

G02a010	鹿　羊	天文学的起源　中国科技史料　1980，（2）	
G02a011	郑　文光	中国古代的自然哲学与天文学思想　中国哲学（二）1980	
G02a012	邵望平等	天文学起源初探　中国天文学史文集（二）1981	
G02a013	杜　升云	诗歌、神话传说和天文学　文史知识　1984，（7），68—73	
G02a014	骆　宾基	二十八宿源于中国　河南大学学报　1989，（2），60—63	
G02a015	王江树等	中国古代外星人——中国古代不明飞行物事件及其他　远东图书公司＊　1990	
JG02a001	中川綾子	中国古代の日食——唐代までの日食に対する意識・対応の変化お茶の水　史学41　1997．67—110	
JG02a002	片倉望・小林裕子	中国古代の宇宙論——蓋天説の解釈をめぐつて　人文論叢（三重大学）14　1997	

b. 神话与历法

G02b001	陈　久金	历法的起源和先秦四分历　科技史文集（一）1978
G02b002	庞　朴	"火历"初探　社会科学战线　1978，（4）
G02b003	庞　朴	"火历"三探　文史哲　1984，（1），21—29
G02b004	庞　朴	火历钩沉　中国文化　1989，（创刊号），3—23
G02b005	唐　楚臣	从羲和"生日"探索十月太阳历产生的时代　思想战线　1994，（3）
JG02b001	飯島忠夫	支那曆法の起源に関する伝説　史苑2（5）1929．409—432

八、神话与文学

H00-001+	沈雁冰等	《中国文学变迁史》　上海　上海新文化书社

1926　7版

H00-002+　盐　谷温；　《中国文学概论》
　　　　　　陈　彬和　　北京　北京朴社　1926
H00-003+　盐　谷温；　《中国文学概论讲话》
　　　　　　孙　俍工　　上海　上海开明书局　1929
H00-004+　鲁　迅　《中国小说史略》
H00-005+　杨荫深编　《先秦文学史大纲》　上海华通书店　1933
H00-006+　郭　箴一　《中国小说史》　长沙商务印书馆　1939
H00-007+　闻　一多　《神话与诗》　古籍出版社　1954；台北　兰灯文化公司　1975
H00-008+　吴　小如　《中国小说讲话及其它》　上海　上海出版公司　1955
H00-009+　詹安秦等编　《中国文学史》（先秦两汉部分）　北京　北京高等教育出版社　1957
H00-010+　杨　公骥　《中国文学》（第一分册）　长春　吉林人民出版社　1957
H00-011+　朱靖华选注　《先秦寓言选释》　北京　中国青年出版社　1959
H00-012+　北大中文系本书编委会　《中国小说史稿》　北京　人民文学出版社　1960
H00-013+　高熙曾等编　《中国古典文学作品分析》（第一分册）　北京　人民教育出版社　1960
H00-014+　中国科学院文学研究所中国文学史编写组　《中国文学史》（1—3）　人民文学出版社　1962.7.1142p
H00-015+　刘　大杰　《中国文学发展史》（一）　上海人民出版社　1973
H00-016+　古添洪等编　《比较文学的垦拓在台湾》　台北　东大图书公司　1976
H00-017+　本社辞典编辑组　《中国古典文学辞典》　香港中外出版社　1976
H00-018+　王梦鸥等　《中国古典文学论丛册三·神话与小说之部》*　中外文学月刊社　1976

编号	作者	书名/篇名	出版信息
H00-019+	古添洪等	《从比较神话到文学》*	台北 东大图书公司 1977
H00-020+	古添洪等	《从比较神话到文学》*序	台北 东大图书公司 1977
H00-021+	William Righter；何文敬	《神话与文学》	成文出版社 1977
H00-022+	钱钟书	《管锥编》	中华书局 1979
H00-023+	华东师大中文系选注	《历代名篇选读》	上海古籍出版社 1981
H00-024+	徐北文	《先秦文学史》	济南 齐鲁书社 1981
H00-025+	黄立振等编	《八百种古典文学著作介绍》	郑州 中州书画社 1982
H00-026+	许威汉	《先秦文学及语言例论》	郑州 中州古籍出版社 1984
H00-027+	王孝廉	《神话与小说》*	台北 时报文化出版社 1986
H00-028+	陈炳良	《神话即文学》*	台北 东大图书公司 1990
H00-029+	赵沛霖	《兴的源起——历史积淀与诗歌艺术》	中国社会科学出版社 1987
H00-030+	小南一郎；孙昌武	《中国的神话传说与古小说》	北京 中华书局 1993.6
H00-031+	杨义	《中国历代小说与文化》*	台北 业强出版社 1993.8
H00-032+	萧兵	《古代小说与神话》	沈阳 辽宁教育出版社 1993
H00-001	胡寄尘	中国小说考源	小说世界 1923, 1 (11)（最末一篇），1—5
H00-002	尚钺	歌谣的原始的传说	北大国学周刊 1925, (7)
H00-003	张寿林	诗经的传说：读诗偶识之一（上）	晨报副刊 1926.9.18 (1445)
H00-004	盐谷温；	中国小说概论	

	君　左	小说月报·中国文学研究　1927，17（号外）
H00-005	胡　怀琛	中国小说研究　小说世界　1927，(16)
H00-006	愚　民	山歌原始传说及其他　民俗周刊　1928，(13/14)，42—46；城市民教月刊　1934，3（3/4）
H00-007	胡　适	故事诗的起来（中国南北方文化中的神话分子）《白话文学史·第六章》　上海　新月书店　1928.6
H00-008	青木正儿；汪　馥泉	中国小说底溯源和神仙说 中国文学研究译丛　1930
H00-009	张　长弓	中国上古小说之雏形（寓言喻词、神话）　文艺月刊（开封）　1931，1（3）
H00-010	姜　亮夫	中国古代小说之史与神话之邂逅　青年界　1933，4（4），35—44
H00-011	丁　迪豪	中国古代文学史论　读书杂志　1933，3（6），1—82
H00-012	丁　迪豪	中国诗歌舞蹈之起源　文化批判季刊　1935，3（1），176—184
H00-013	俞　爽迷	中国文学起源之研究　艺文　1936，1（14）
H00-014	陈　子展	关于中国文学起源诸说　逸经　1936，(16)，3—7
H00-015	叶　华	古代文学起源新探　国文月刊（74）　1948.5—9
H00-016	李　岳南	对于神话和神话剧的我见　《民间戏曲歌谣散论》　1954
H00-017	公　木等	论中国原始文学　文学丛刊（一）　1954；（二）1955
H00-018	钱　用和	中国上古文学　文坛*　1962，(72)
H00-019	钱　穆	中国古代文学与神话　中国文学讲演集（港）　1963
H00-020	罗　锦堂	小说考源　香港大学五十周年纪念论文集（二）（港）　1966
H00-021	苏　雪林	神话与文学　东方杂志*　1969，3（3）

H00-022	陈　慧桦	从神话的观点看现代诗　创世纪＊　1974，（37）：《从比较神话到文学》＊　1977	
H00-023	李　达三；蔡　源煌	神话的文学研究 中外文学＊　1975，4（1）：《从比较神话到文学》＊　1977；《比较文学研究之方向》＊　1978	
H00-024	林　良	神话与儿童文学　中国语文＊　1975，36（5）	
H00-025	工　孝廉	神话与诗　诗学＊　1976，(1)：《中国的神话与传说》＊　1977	
H00-026	马　积高	中国古代文学史话（一）　语文教学　1978，(1)	
H00-027	澎　湃	我国小说和神话的关系　中华文艺＊　(93) 1978	
H00-028	诲　真	神话戏　黑龙江日报　1979．2．18	
H00-029	白　寿彝	中国文学的童年　北京师范大学学报　1979，(4)	
H00-030	李　悔吾	中国小说的准备时期：古代小说漫话之一　奔流　1979，(7)，66—68	
H00-031	袁　珂	中国神话对于后世文学的影响　文艺论丛（七）1979．410—435：《神话论文集》　1982：《浙江民间文学论文集》1982．1　53—79	
H00-032	陆　海明	苏联出版研究中国古代文学作品专著《从神话到小说》　文艺理论研究　1980，(3)	
H00-033	江　宁生	从原始记事到文学发明　考古学刊　1981，(1)，1—43	
H00-034	华　钟彦	先秦文学概述　文学知识　1982，(1—2)	
H00-035	王　磊	文学艺术起源问题管见　陕西师范大学学报　1981，(2)，92—101	
H00-036	黄　永武	诗与神话　中华学术年刊＊　1982，(4)，153—160：台湾新闻报＊　1982．11．15：《诗与美》＊　1983	
H00-037	萧　兵	艺术起源与人的能动性　文艺研究　1982，(6)，132—140	

H00-038	龚 鹏程	中国文学里神话与幻想的世界 《中国文化新论·文学篇一》* 1982；《中国小说史论丛》* 1984	
H00-039	王 孝廉	文学的母亲——"中国文学中的神话"座谈会记录 联合报副刊* 1983.7.28（31）	
H00-040	李 殿魁	神话与中国文学 联合报* 1983.7.28	
H00-041	乐 蘅年	神话与小说 联合报* 1983.7.28	
H00-042	黄 永武	神话与诗 联合报* 1983.7.28	
H00-043	陈 慧华	神话与比较文学 联合报* 1983.7.29	
H00-044	杏 枚	神话与现代诗 联合报* 1983.7.30	
H00-045	王 孝廉	神话与文学 联合报* 1983.7.31	
H00-046	冯 天瑜	神话对后世文学的补强作用 华中师范学院学报 1983，（6）	
H00-047	晓 岩	古代神话对后世文学的影响 电大文科园地 1984，（2）	
B00-048	许 世旭；相 泰	中国文学中的神话 民间文学研究动态 1984，（3）	
H00-049	赵 浩如	被洪水带走的艺术：关于中国文学史前史的考察 《楚辞研究》 1984	
H00-051	龚 鹏程	神话与文学 《中国小说史论丛》* 1984	
H00-052	李 福清；阎 云翔	《从神话到章回小说》内容提要 民间文学研究动态 1984，（1）	
H00-053	郭 辉	从韦其麟等作家的创作实践谈神话传说与作家文学的关系 民族文学研究 1985，（1），66—72	
H00-054	曹 世钦	艺术与神话 今晚报 1985.6.8	
H00-055	叶 舒宪	艺术起源与符号发生 当代文艺思潮 1985，（6）	
H00-056	谢 谦	梦的神话及其对文学的影响 四川师范大学学报 1986，（2），17—23	
H00-057	李 福清；程 蔷	《从神话到章回小说》"作者的话"和"结论" 民间文艺集刊（八） 1986.276—284	

H00-058	谷　德明	论神话与后世神话色彩文学的本质区别与现代派神话论者商榷　西北民族学院学报　1987，(1)，108—117	
H00-059	马　小彭	神话的复活——也谈文学的神话原型　文艺研究　1987，(5)，123	
H00-060	袁　珂	民间神话与文学　长城文艺　1987，(8)	
H00-061	周　德一	试论古典神话模式在中外文学中的演变与发展　外国语文　1988，(4)	
H00-062	徐元济等	汉族上古神话的特点及对后代文化的影响　西北师大学报　1989，(1)，34—39	
H00-063	苏　晓星	关于神话与文学的关系　南风　1989，(1)，53—59	
H00-064	杨　安立	试论神话与现代派文学的测不准原理　云南文史丛刊　1989，(2)	
H00-065	刘　明琪	小说起源神话　陕西师范大学学报　1989，(4)	
H00-066	陶　长坤	论原始文学与原始象征艺术　内蒙古大学学报　1990，(1)	
H00-067	陆　坚	神话传说与旅游文学　海南师范学院学报　1991，(1)，48—51	
H00-068	陈　家伦	失落与回归——论二十世纪文学的神话指向　安徽教育学院学报　1990，(1)，57	
H00-069	涂　殷康	中国当代文学的神话"模式"　民间文艺季刊　1990，(4)，231	
H00-070	钟　铭	"神话"小说创作的潜在趋向　中国民间文化　1992，(2)，74—81	
H00-071	尹　相如	论宗教和文学的起源　海南师范学院学报　1993，(3)	
H00-072	杨　平	论文学艺术与原始神话的共时性关联　广东社会科学　1993，(4)	
H00-073	商　志荣	神话的演变与小说的形成　锦州师范学院学报　1994，(1)，45—50	
H00-074	张　清华	略论原始宗教精神对早期中国文学的美学导向	

		临沂师范专科学校学报 1994,（3）
H00-075	蔡　靖泉	神话基质与文学基质——兼论先秦南北文学的特色和差异　上海大学学报　1995,（4）,47—53
H00-076	张　清华	历史神话的悖论和话语革命的开端：重评寻根文学思潮　山东师范大学学报　1996,（6）,87—92
H00-077	赵　凌河	神话原型对中西方浪漫主义文学的影响　民间文学论坛　1997,（2）,62—65
JH00-001+	西岡　弘	『中国古代の葬礼と文学』　東京　三光社　1970
JH00-002+	藤野岩友	書評:『中国古代の葬礼と文学』　国学院雑誌　72(3)　1971
JH00-003+	小南一郎	『中国の神話と物語り――古小説史の展開』　東京　岩波書店　1984
JH00-004+	石田秀実	書評：『中国の神話と物語り――古小説史の展開』　東洋学集刊 84　1985　111—119
JH00-005+	中鉢雅量	『中国の祭祀と文学』　東京　創文社　1989

九、神话与艺术

1. 神话与艺术起源

I01-001+	岑　家梧	《史前艺术史》　长沙　商务印书馆　1937
I01-002+	姜　蕴刚	《历史艺术论》　重庆　商务印书馆　1944
I01-003+	岑　家梧	《中国艺术论集》　考古学出版社　1949
I01-004+	姚　一苇	《艺术的奥秘》　台北　开明书店　1978
I01-005+	朱　狄	《艺术的起源》　北京　中国社会科学出版社　1982
I01-001	蔡　元培	美术的起源　新潮　1920,2(4),617—638
I01-002	李　金发	神话和艺术　申报副刊　1926.10.10（增刊）

I01-003　苗　　秀　　动物与原始艺术　中华月报　1934, 2 (8)
I01-004　Wundt;　　艺术的发端
　　　　　王　启澍　　民俗季刊　1943, 2 (3/4)
I01-005　常　任侠　　关于中国原始艺术的发展　新建设　1950, 3
　　　　　　　　　　　(2), 41—43
I01-006　杜　学知　　旧石器时代之绘画：中国史前绘画蠡测之一
　　　　　　　　　　　大陆杂志*　1956, 13 (10)
I01-007　杜　学知　　旧石器时代之绘画：中国史前绘画蠡测之二
　　　　　　　　　　　大陆杂志*　1957, 14 (3—4)
I01-008　夏　中义　　原始心理与原始艺术的发生　华东师范大学学
　　　　　　　　　　　报　1983, (5), 31—38, 88
I01-009　陈　望衡　　生殖崇拜与艺术起源　晋阴学刊　1985, (2),
　　　　　　　　　　　103—106
I01-010　黄　一宁　　关于原始艺术二题　北京大学学报　1985,
　　　　　　　　　　　(3), 27—32
I01-011　罗　义群　　从苗族生殖巫术舞蹈看艺术的起源　中南民族
　　　　　　　　　　　学院学报　1991, (2), 35—38
I01-012　吴　蓉章　　论巫术和原始宗教在艺术起源中的中介作用
　　　　　　　　　　　西南民族学院学报　1992, (2)
I01-013　戈　才伟　　从"神话复兴"看现代艺术的原型　文艺研究
　　　　　　　　　　　1993, (4), 139—149
I01-014　于　文杰　　论艺术发生在原始宗教运演过程中的文化轨迹
　　　　　　　　　　　江海学刊　1995, (6), 142—146
I01-015　张　　杏　　对艺术起源于巫术的两点新认识　社会科学
　　　　　　　　　　　战线　1996, (5), 175—181

2. 神话与艺术诸门类
a. 神话与舞蹈
I02a001+　格　拉勒;　《古中国的跳舞与神秘故事》
　　　　　李璜译述　　上海　中华书局　1933
I02a002+　王克芬编著　《中国古代舞蹈史话》　北京　人民音乐出版社
　　　　　　　　　　　1982. 94p

I02a003＋	孙　景琛	《中国舞蹈史（先秦部分）》　北京　文化艺术出版社　1983.158p	
I02a004＋	彭　松等	《中国古代舞谱》　北京　中国舞蹈出版社　1989	
I02a005＋	张　华	《中国民间舞与农耕信仰》　长春　吉林教育出版社　1992.6.276p	
I02a001	刘　师培	舞法起源于祀神考　国粹学报　1907，3（4）	
I02a002	陈　文波	中国古代跳舞史　清华学报　1925，2（1），407—448	
I02a003	周　彦	从中国古代神话的起源说到古代乐舞　华北日报·每日文艺　1935.4.25（141）	
I02a004		方相氏与端公　时事新报　1936.3.18	
I02a005	何　志浩	中国上古舞蹈（一）　民族舞蹈*　1959，2（1）	
I02a006	杨　景鹍	方相氏与大傩　史语所集刊*　1960，(31)	
I02a007	常　任侠	我国最古的两种舞蹈：大傩与角抵　光明日报　1962.7.28	
I02a008	金　维诺	舞蹈纹陶盆与原始舞乐　文物　1978，(3)，50—52；《中国美术史论集》　1981	
I02a009	常　任侠	中国古舞与古美术　舞蹈论丛　1980，(3)，56—60	
I02a010	杨　德	铜鼓乐舞初探　文艺研究　1980，(4)，95—113	
I02a011	刘　志琴	中国歌舞探源　学术月刊　1980，(10)，74—78	
I02a012	宋　兆麟	青海大通舞蹈新析　文史丛刊（109）　1981	
I02a013	龚　维英	说"万舞"　宁夏大学学报　1981，(1)，43—44	
I02a014	温　少峰等	古文字中所见的古代舞蹈　成都大学学报　1981，(2)	
I02a015	费　秉勋	舞蹈起源：古代舞论述评之一　舞蹈研究	

		1983,（1）
I02a016	于　民	图腾崇拜与原始舞蹈　社会科学辑刊　1983，(3)，158—160
I02a017	费　秉勋	古代舞蹈与神话　舞蹈研究　1982，(2)，89
I02a018	费　秉勋	鼓及盘鼓舞与古代宗教意识　西北大学学报　1984，(2)，81—87
I02a019	谢　明	《咸池》和伶伦：古舞新解　舞蹈　1984，(3)，53—54
I02a020	马　薇	云南边三县铜鼓舞管窥　中央民族学院学报　1984，(3)，114—117
I02a021	常　任侠	大傩与角抵　百科知识　1984，(8)，31—32
I02a022	邓　启耀	红河州首届原始乐舞汇演述评　当代青年　1985，(12)
I02a023	郑　海	原始舞蹈初探　云南社科　1986，(1)，104—109
I02a024	王　克荣	中国南方古代乐舞——南方古代铜鼓和左江岩画上的乐舞图像　民族艺术报 1986，(2)，108
I02a025	张　康林	原始歌舞与原始宗教神　音乐探求　1993，(10)，7—13

b. 神话与音乐

I02b001+	李　纯一	《我国原始时期音乐试探》　北京　音乐出版社　1957
I02b002+	杨　荫浏	《中国古代音乐史校二册》　北京　人民音乐出版社　1981
I02b003+	属　启成；陈　文甲	《音乐史话》 北京　人民音乐出版社　1983
I02b001	常　任侠	中国原始的音乐舞蹈与戏剧　学术杂志　1943，1 (1)，10—27
I02b002	常　任侠	关于我国音乐舞蹈与戏剧起源的考察　人民戏剧　1950，1 (6)：《中国古典艺术》　1954

I02b003	高　亨	上古乐曲的探索　文史哲　1961，(2)，(上) 39—47：(3)，(下) 49—57，19	
I02b004	黄　体培	中国远古时期音乐概述　艺术论坛*　1964，(2)	
I02b005	萧　而化	中国上古音乐　新时代*　1969，9 (4)	
I02b006	李　亦园	神话与交响乐　中国时报*　1978.8.9	
I02b007	高　亨	上古乐曲的探索　文史述林　1980	
I02b008	蒋　凡	从我国上古乐曲及其有关记载探索艺术的起源　《中国古代美学艺术论文集》　1981.99—111	
I02b009	袁　宏平	史前音乐起源之我见　音乐探索　1988，(2)	
JI02b001	鄭　正浩	「風」と「鳳」をめぐる音楽思想——中国古代音楽思想の一側面　岡山大学文学部学術紀要 39　1979.157—163	

c. 神话与戏剧

I02c001＋	孟　瑶	《中国戏曲史》　台北　传记文学社　1979　2版	
I02c001	赵　简子	原始民族艺术与戏剧　民俗周刊（广州）1929，(57/59)，91—115	
I02c002	陈　美雪	元杂剧神话情节研究　辅仁中文硕论*　1979	
I02c003	张　庚	戏曲的起源　文艺研究　1979，(1)，65—77	
I02c004	龙　彼德；王秋桂等	中国戏剧源于宗教仪典考　中外文学*　1979，7 (12)	
I02c005	刘　昌年	谈神话对戏剧的影响　《神话新论》　1987.345—353	
I02c006	刘　昌年	神话对戏曲影响初探　民间文学论坛　1989，(1)，67—69，55	

d. 神话与美术

I02d001＋	王　钧初	《中国美术的演变》　北京　文心书业社　1934	
I02d002＋	阿尔巴托夫等：《美术史文选》　佟　锦韩　北京　人民美术出版社　1982		
I02d003＋	张　光直	《美术、神话与祭祀》　沈阳　辽宁教育出版社	

1988

I02d001	刘　师培	古今学画变迁论　国粹学报　1907，3（1）
I02d002	庄　伯和	绘画中的神话题材　联合报＊　1983．7．30
I02d003	刘　敦愿	中国古代民间绘画艺术中的时间与运动　民间文学论坛　1990，（5），11—17，37

e. 神话与体育及其他

I02e001＋	徐永昌编著	《中国古代体育》　北京　北京师范大学出版社　1983
I02e002＋	俞　慎初	《中国医学简史》　福州　福建科技出版社　1983
I02e001	庄　申	中国古代的体育运动　大陆杂志＊　1953，7（2）

十、神话与文化及其他

J00-001＋	陈　安仁	《中国文化史》　长沙　商务印书馆　1938
J00-002＋	铁　穆	《中国文化史导论》　台北　正中书局　1951
J00-003＋	张其韵等	《中国文化论集》（一）　台北　中国新闻出版公司　1953
J00-004＋	徐　嘉瑞	《大理古代文化史稿》　北京　中华书局　1978
J00-005＋	白川静；范　月娇	《中国古代文化》　台北　文津出版社　1983
J00-006＋	河南省考古学会	《楚文化研究论文集》　郑州　中州书社　1983
J00-007＋	许　顺谌	《中原远古文化》　郑州　河南人民出版社　1983
J00-008＋	徐北文等	《灿烂的古代文化》　济南　齐鲁书社　1984
J00-009＋	周国兴等编	《元谋人——云南元谋古人类与古文化图文集》　昆明　云南人民出版社　1984

J00-010 + 谢选骏 《空寂的神殿——中国文化之源》 成都 四川人民出版社 1987
J00-011 + 朱 狄 《原始文化研究》 北京 三联书店 1988
J00-012 + 马振业等 《中国古代文化概说》 长春 吉林大学出版社 1988
J00-013 + 龙玉成等编 《贵州古文化研究》 北京 中国民间文艺出版社 1989
J00-014 + 韩民青 《文化的历程》 南宁 广西人民出版社 1990
J00-015 + 张福三 《走出混沌——民族文学的文化思考》 昆明 云南民族出版社 1990
J00-016 + 张铭远 《黄色文明——中国文化的功能模式》 上海 上海文艺出版社 1990
J00-017 + 文崇一 《楚文化研究》 台北 东大图书公司 1990
J00-018 + 文崇一 《中国古文化》 台北 东大图书公司 1990
J00-019 + 王钟陵 《中国前期文化:心理研究——原始意识及文明发展分流之比较》 重庆 重庆出版社 1991
J00-020 + 邓启耀 《民族服饰:一种文化符号》 昆明 云南人民出版社 1991
J00-021 + 徐华龙 《中国神话文化》 沈阳 辽宁教育出版社 1992
J00-022 + 秋浦 《当代人看原始文化》 北京 中国经济出版社 1993. 362p
J00-023 + 李绍明 《三星堆与巴蜀文化》 成都 成都出版社 1993.296p
J00-024 + 屈小强等主编 《三星堆文化》 成都 四川人民出版社 1993.655p
100-025 + 李冬生 《中国古代神秘文化》 合肥 安徽人民出版社 1993
J00-026 + 王玉德 《中华神秘文化》 长沙 湖南人民出版社 1993. 6. 1073p
J00-027 + 王玉德 中国神秘文化述要 社会科学战线 1993,(5),101—106
J00-028 + 王迅 《东夷文化与淮夷文化研究》 北京 北京大学

			出版社　1994. 159p
J00-029+	巫　瑞书	《荆湘民间文学与楚文化》　长沙　岳麓书社 1996.3
J00-030+	马　云	荆湘民间文学与楚文化——楚文化探踪面世　中国民间文化　1996,（2），440
J00-001	蒙　文通	三代文化论　史学杂志　1930,2（3/4）
J00-002	郑　德坤	中国文化的形成　文史杂志　1945,5（3—4），10—18
J00-003	刘　敦愿	古史传说与典型龙山文化　山东大学学报　1963,（2）
J00-004	劳　思光	论中国古文化传统之形成　中国文化研究所学报（港）　1983,（14）
J00-005	刘　尧汉	中华民族龙虎文化论　贵州民族研究　1985,（1），38—50
J00-006	龚　维英	从龙马管窥巫楚文化　荆州师范专科学校学报　1986,（3），79—84
J00-007	鲍　昌	论民族文化的"绿色植物效应"——由神话学引起的一则文化思考　民间文学论坛　1987,（1），5—11,37
J00-008	潘　年英	中国南方神话的结构原则及其文化精神　西北师范学院学报　1987,（4），93—97
J00-009	萧　兵	中国神话与中国文化　民间文艺季刊　1988,（1），168—182
J00-010	于　乃昌	神灵感应中的人体文化　西藏民族学院学报　1989,（1）
J00-011	叶　舒宪	性与火：一个文学原型的跨文化研究札记　艺术广角　1989,（4），36—40
J00-012	应　裕康	从神话看中华文化的精神　孔孟月刊　1990,28（12），15—19
J00-013	刘　志一	炎黄文化溯源初探　西藏民族学院学报　1991,（3），15—20,45

J00-014	余　凤高	人兽变形题材的文化内涵　社会科学辑刊 1991，(3)，113—118	
J00-015	刘　锡诚	中国文化象征论　民间文学论坛　1992，(2)，31—36	
J00-016	冯　庆余	中国原始文化探索　松辽学刊　1992，(3)，1—7	
J00-017	王　立	龙马传说与马文化的神话内涵　渤海学刊 1992，(4)，20—25	
J00-018	刘兴均等	华夏禁忌与中国文化　西南师范大学学报 1993，(3)，59—62	
J00-019	户　晓辉	论弓箭与太阳在远古文化中的双重意义　新疆师范大学学报　1993，(4)	
J00-020	覃　彩銮	壮族地区原始文化论述　广西民族研究 1993，(4)	
J00-021	李　洪浦	少昊文化与太平洋文化圈　学术月刊　1993，(7)	
J00-022	黄　光成	从各民族神话看中华民族的文化认同意识　云南民族学院学报　1994，(1)，57—62	
J00-023	靳　桂云	我国原始文化的传播与交流　东岳论丛 1994，(3)，76—81	
J00-024	何　晓明	上古神话传说与中华文化精神　社会科学辑刊 1994，(4)，116—119	
J00-025	李　家欣	从诗经、楚辞的祭礼看南北方文化的差异　江汉论坛　1994，(7)	
J00-026	王　立	龙马神话的文化内涵　中国人民警官大学学报 1995，(1)，47—51	
J00-027	姚韩荣等	楚文化因子的历史考辨　华东师范大学学报 1995，(1)，75—82，封3	
J00-028	林　继富	昆仑文化与藏族原始文化　西藏研究　1995，(1)，89	
J00-029	伊　琦	论中国悲剧神话对中华民族文化精神的影响 宁德师范专科学校学报　1996，(2)，48—51	

J00-030	郭 风岚	中国神话中的姓氏名号及其文化意义 中国文化研究 1996,(3),97—100	
J00-031	孟 慧英	英雄与异能妻子：我国民族神话中的原始文化观念 青海社会科学 1996,(5),78—83	
J00-032	王 丽华	中国神话地名的类型及文化意蕴探索 东南文化 1997,(2),81—85	
J00-033	刘 傅靖	东夷文化禹岭南民俗"封利是" 学术研究 1997,(8)	
J00-034	张 碧波	鲜卑文化渊源考略 黑龙江社会科学 1998,(3),40—46	
J00-035	吕 绍纲	中国文化史宜从尧舜讲起 社会科学战线 1998,(3),161—167	
JJ00-001+	松本信広	『東亜民族文化論攷』 東京 誠文堂新光社 1968	
JJ00-001	木村紀子	神話と中国文化 東洋学術研究 9 (3) 1971. 110—123	
JJ00-002	櫻井龍彦	王杖攷——杖をめぐる伝承と文化（一） 龍谷紀要 11 (2) 1990. 15—53	

丙

作品研究

一、综合研究

A00-001+ 夏　曾佑　《中国历史教科书》(第一章《传疑时代》)　商务印书馆　1905；改名《中国古史时代》1931

A00-002+ 黄　石　《神话研究》　1296：上海　上海文艺出版社影印　1988.3.233p

A00-003+ 玄　珠　《中国神话研究》　上海　商务印书馆　1928

A00-004+ 玄　珠　《中国神话研究》序　上海　商务印书馆　1928

A00-005+ 方　天游　读《中国神话研究》　教育与民众　1932，4(1)

A00-006+ 胡　怀琛　《中国神話》　商务印书馆　1934.10（再版）

A00-007+ 孙　作云　《中国古代神话研究》　北京　国立北京大学文学院　1942

A00-008+ 袁　珂　《中国古代神话》　北京　商务印书馆　1950

A00-009+ 袁　珂　《中国古代神话》作者来信　文艺版　1956，(12)，30

A00-010+ 许　平　简评袁珂的《中国古代神话》　文艺版　1956，(2)，30—32

A00-011+ 袁　珂　关于神话（节自改写本《中国古代神话》导言）

草地　1957，(3)，54—58

A00-012+　干　　将　《中国古代神话》批判　光明日报·文学遗产　1959．2．1．（246）：《袁珂神话论文集》　1982．198—203

A00-013+　袁　　珂　关于《中国古代神话》批判答干将先生　光明日报　1959．5．17：袁珂《神话论文集》　1982．188—198

A00-014+　孟　　周　评《中国古代神话》　光明日报　1960．12．18．（343）

A00-015+　鲍·李福清；　中国神话研究与袁珂《中国古代神话》
　　　　　　马　昌仪　文学研究动态　1981，（22）

A00-016+　胡　念贻　评《中国古代神话》　《先秦文学论集》　1981．426—436

A00-017+　袁　　珂　《中国古代神话》（修订本）　北京　中华书局　1960

A00-018+　闻　一多　《神话与诗》　古籍出版社　1956．6：1957．9．367p

A00-019+　李　岳南　《神话故事、歌谣、戏曲散论》　上海　上海新文艺出版社　1957．12．127p

A00-020+　启明书局编译所　《中国神话研究》*　台北　启明书局　1958

A00-021+　高　亨等　《上古神话》　北京　中华书局　1963．9．78p

A00-022+　何　恭上　《神话艺术欣赏》*　台北　大江出版社

A00-023+　乐　蘅军　《先秦神话研究》*　台北　国科学论文　1974

A00-024+　森安太郎；　《中国古代神话研究》*
　　　　　　王　孝廉　台北　地平线出版社　1974：时报文化出版企业有限公司　1988

A00-025+　森安太郎；　《中国古代神话研究》*序　台北　地平线出版社　1974：时报文化出版企业有限公司　1988

A00-026+　王　孝廉　《中国古代神话研究》*译者序　台北　地平线出版社　1974：时报文化出版企业有限公司　1988

A00-027+	新陆书局编	《中国神话研究》*（疑玄珠著作） 台北 新陆书局 1975	
A00-028+	印顺法师	《中国古代民族神话与文化之研究》* 台北 华冈出版有限公司 1975	
A00-029+	严　太白	《中国古代神话》* 台北 希代出版公司 1978	
A00-030+	王　孝廉	《中国的神话与传说》* 台北 联经出版事业公司 1977	
A00-031+	杜　而未	答复王孝廉先生 《中国的神话与传说》附录 1977	
A00-032+	李　家祺	读《中国的神话与传说》（王孝廉著） 大学杂志*（109） 1977	
A00-033+	陶　阳	王孝廉著《中国的神话与传说》（书评） 神话学信息 1984，(1)，25—16	
A00-034+	袁　珂	《古神话选释》 北京 人民文学出版社 1979：台北 长安出版社（四版） 1988	
A00-035+	王　思宇	一个可贵的尝试——读袁珂的《古神话选释》 光明日报 1981. 1. 21	
A00-036+	康　来新	书评《古神话选释》 时报杂志*（167/168） 1983	
A00-037+	袁　珂	《古神话选释》前言 时报杂志*（167/168） 1983	
A00-038+	袁　珂	《神话选译百题》 上海 上海古籍出版社 1980	
A00-039+	姜宗伦等	《神话选释》 昆明 云南人民出版社 1980	
A00-040+	谭　达先	《中国神话研究》 香港 商务印书馆 1980：台北 木铎出版社 1981：台北 商务印书馆 1988	
A00-041+	一　方	谭达先著《中国神话研究》（书评） 神话学信息 1984，(1)，26—27	
A00-042+	茅　盾	《神话研究》 天津 百花文艺出版社 1981. 4. 354p	
A00-043+	荣　光	喜读茅盾的《神话研究》 解放日报 1981.	

			11.11
A00-044+	林　惠祥	《林惠祥人类学论著》　福州　福建人民出版社 1981
A00-045+	徐　君慧	《中国古神话》　北京　北京出版社　1981.4
A00-046+	朱　传誉	《中国神话研究》　台北　天一出版社　1982
A00-047+	朱芳圃遗著； 王珍整理	《中国古代神话与史实》 郑州　中国书画社　1982，　162p
A00-048+	钟　敬文	《钟敬文民间文学论集》（上）　上海　上海文艺出版社　1982.10.464p
A00-049+	舒　永	晚秋硕果更芳馨：读《钟敬文民间文学论集·上》　民间文学论坛　1983，（3）
A00-050+	涂　石	民间文学研究中的一部重要著作——评《钟敬文民间文学论集》（上）　民间文艺集刊（五）1984.210—219
A00-051+	袁　珂	《神话论文集》　上海　上海古籍出版社　1982.242p：台北　汉京文化事业　1987
A00-052+	白　川静； 王　孝廉	《中国神话》* 台北　长安出版社　1983：1986（2版）
A00-053+	傅　钧壬	白川静的《中国神话》　国文天地　1986，2（2），81—83
A00-054+	王　孝廉	关于白川静《中国神话》的中文翻译：敬答傅钧壬先生　国文天地　1986，2（4），45—47
A00-055+	冯　天瑜	《上古神话纵横谈》　上海　上海文艺出版社　1983.230p
A00-056+	袁　珂	《上古神话纵横谈》序　上海　上海文艺出版社　1983
A00-057+	刘　守华	一本有鲜明特色的神话学论著：读冯天瑜的《上古神话纵横谈》　湖北大学学报　1985，（1）
A00-058+	袁　珂	《中国神话传说》（上、下）　北京　中国民间文艺出版社　1984.755p：台北　骆驼出版社　1987

A00-059+	袁　珂	《中国神话传说》序　北京　中国民间文艺出版社　1984；台北　骆驼出版社　1987
A00-060+	王秋桂编	《中国民间传说论集》　台北　联经出版公司　1984
A00-061+	姜　涛	《古代神话》　台北　庄严出版社　1985
A00-062+	何　新	《诸神的起源——中国远古神话与历史》　北京　三联书店　1986.5.328p；台北版　1987
A00-063+	杨希枚	《诸神的起源》序　北京　三联书店　1986.5；台北版　1987.1—4
A00-064+	李泽厚	《诸神的起源》序　北京　三联书店　1986.5；台北版　1987.5—6
A00-065+	何　新	《诸神的起源》序　北京　三联书店　1986.5；台北版　1987.7—9
A00-066+	何　新	关于我的《诸神的起源》　《何新集》　1988.467—472
A00-067+	华　松	请你用计算把结果证给我看：评何新《诸神的起源》之不足　北京大学研究生学刊　1987，(1)
A00-068+	王震中	应该怎样研究上古的神话与历史：评《诸神的起源》　历史研究　1988，(2)
A00-069+	秋　浦	一神——多神？还是多神——一神？——评《诸神的起源》中一个主要论点　民族研究　1988，(4)
A00-070+	王震中	从方法论看《诸神的起源》的失误　光明日报　1988.6.28
A00-071+	陈云根	评《诸神的起源》的方法学　香港时报　1987.3.27
A00-072+	刘魁立等编	《神话新论》　上海　上海文艺出版社　1987.2.374p
A00-073+	刘魁立	《神话新论》前言　上海　上海文艺出版社　1987.2.1—7
A00-074+	马昌仪	《神话新论》后记　上海　上海文艺出版社

		1987. 2. 371—374
A00-075+	涂　石等	神话学研究的新进展——《神话新论》评价　民间文学论坛　1988，(2)，75—77
A00-076+	袁珂主编	《中国神话》(一)　北京　中国民间文艺出版社　1987. 6. 366p
A00-077+	袁　　珂	《中国神话》序　北京　中国民间文艺出版社　1987. 6
A00-078+	兰　文海	《中华史诗——神话与传说》　文史哲出版社　1987
A00-079+	陈　天水	《中国古代神话》　上海　上海古籍出版社　1988；台北　国文天地——鸿泰图书　1990
A00-080+	鲍·李福清；马昌仪编	《中国神话故事论集》　北京　中国民间文艺出版社　1988. 6. 311p；台北　学生书局　1991
A00-081+	钟　敬文	《中国神话故事论集》序言　北京　中国民间文艺出版社　1988. 6. 1—12；台北　学生书局　1991
A00-082+	钟　敬文	评介一个苏联汉学家的神话研究——序李福清《中国神话故事论集》　民间文学论坛　1988，(3)，4—10
A00-083+	马　昌仪	《中国神话故事论集》编者序　民间文学论坛　1988，(3)，1—19
A00-084+	刘　守华	读李福清博士的《中国神话故事论集》　民间文学论坛　1990，(5)，91—94
A00-085+	李　福清	关于《中国神话故事论集》的讨论　民间文学论坛　1997，(4)，90—94
A00-086+	王　孝廉	《中国的神话世界》　台北　时报出版公司　1987
A00-087+	萧　　兵	王孝廉《中国的神话世界》序　读书　1987，(11)，6；开卷*　1987，(7)
A00-088+	王孝廉等编	《御手洗胜博士退宫纪念论文集》　台北　联经出版事业公司　1988

A00-089+	刘　城淮	《中国上古神话》　上海　上海文艺出版社 1988
A00-090+	袁　　珂	《中国神话史》　上海　上海文艺出版社 1988.10.494p
A00-091+	袁　　珂	《中国神话史》前言　上海　上海文艺出版社 1988.10.1—4
A00-092+	涂　　石	施展中国神话之永久魅力，揭示中国神话之发展规律——评《中国上古神话》和《中国神话史》民间文艺季刊　1989，(4)，246—
A00-093+	潘定智等	《神话史诗论文集》　贵阳　贵州民族出版社 1988.11.340p
A00-094+	刘　城淮	《中国上古神话》　上海　上海文艺出版社　1988
A00-095+	中野美代子：何　　彬	《中国的妖怪》 黄河文艺出版社　1989
A00-096+	何　　新	《龙：神话与真相》　上海　上海文艺出版社 1989.12.479p
A00-097+	何　　新	《龙：神话与真相》序　上海　上海文艺出版社 1989.12.1—32
A00-098+	何　　新	《谈龙》　香港
A00-099+	何　　新	龙凤问题与中国文明起源——香港版《谈龙》序言　晋阳学刊　1989，(3)
A00-0100+	靳　之林	《中华民族的保护神与繁衍之神——抓髻娃娃》 北京　中国社会科学出版社　1989
A00-101+	谢　选骏	《中国神话》　杭州　浙江教育出版社　1989
A00-102+	罗　开玉	《中国科学，神话，宗教的协合——以李冰为中心》　成都　巴蜀书社　1990
A00-103+	吴　敏良	读《中国科学，神话，宗教的协合》　四川文物　1990，(6)
A00-104+	孙　广德	《政治神话论》　台北　商务印书馆　1990
A00-105+	姚宝瑄等	《神鬼世界与人类思维》　郑州　黄河文艺出版社　1990.264p
A00-106+	萧　兵等	《中国神话传说》　台北　台湾适用出版公司

			1990
A00-107+	叶 舒宪	《英雄与太阳——中国上古史诗原型重构》 北京 中国社会科学出版社 1991
A00-108+	刘 城淮	《中国上古神话通论》 昆明 云南人民出版社 1991
A00-109+	丁 春兰	中国神话学的重大突破：评《中国上古神话通论》 长沙水电师范学院学报 1992，(4)，127—128
A00-110+	马 昌仪	中国神话学发展的一个轮廓：评《中国上古神话通论》 民间文学论坛 1992，(6)，42—46
A00-111+	天 吟	博大精深，自成一家：读《中国上古神话通论》 民间文学论坛 1993，(2)，67—68
A00-112+	涂 石	揭示中国古代神话的历史轨迹——评《中国上古神话通论》 中国民间文化 1993，(3)，249—250
A00-113+	袁 珂	科学的探讨，系统的研究：评刘城淮《中国上古神话通论》民间文学论坛 1993，(3)，23—26
A00-114+	张 振犁	《中原古典神话流变论考》 上海 上海文艺出版社 1991.5
A00-115+	王 孝廉	《中国的神话世界》 北京 作家出版社 1991
A00-116+	徐 华龙	《中国神话文化》 沈阳 辽宁教育出版社 1993.2
A00-117+	夏 青根	开辟神话研究的新途径——谈《中国神话文化》 中国民间文化 1993，(3)，251—253
A00-118+	袁 珂	《中国神话通论》 巴蜀书社 1993.4. 385p
A00-119+	何 新	《爱情与英雄：天地四季众神颂》 成都 四川人民出版社 1993.5
A00-120+	陈 钧	《中国神话新论》 桂林 漓江出版社 1993.6
A00-121+	袁 珂	《中国神话新论》序 文艺报 1993.1.2 (3)
A00-122+	茅 盾	《茅盾全集·第28卷》(中外神话研究专卷)

			北京　人民文学出版社　1993.10
A00-123+	傅	光字	《三元——中国神话结构》　昆明　云南人民出版社　1993.12
A00-124+	张	文勋	中国神话学研究的新探索：《三元——中国神话结构》序　云南民族学院学报　1993，（3），105—107
A00-125+	段	芒	《中国神话》*　地球出版社　1994.4.147p
A00-126+	余	伯洪	《中国神话》*　世界出版社　1994.9.40p
A00-127+	陈	建宪	《神祇与英雄——中国古代神话的母题》　北京　三联书店　1994.11
A00-128+	闻	树国	《传说的继续——中国神祇的性与创造力》　兰州　敦煌文艺出版社　1996.3
A00-129+	冷	德熙	《超越神话——纬书政治研究》　上海　东方出版社　1996.5
A00-130+	袁	珂	《袁珂神话论集》　成都　四川大学出版社　1996.9.429p
A00-131+	陆	文壁	中国神话研究的拓荒之作读《袁珂神话论集》　社会科学研究　1997，（3），138—140
A00-001	梁	启超	地理与文明之关系　《饮冰室文集》卷14　广智书局校印　1902
A00-002	夏	曾佑	上古神话　《中国历史教科书》（第一编）　商务印书馆　1905—1906
A00-003	令	飞	人间之历史　河南月刊　1907，（1）：《鲁迅全集》（一）　1956
A00-004	令	飞	摩罗诗力说　河南月刊　1908，（2/3）：《鲁迅全集》（一）　1956
A00-005	迅	行	破恶声论　河南月刊　1908，（8）：《鲁迅全集》（七）　1958
A00-006	黄	石	神话研究　晓风周报　1923前后
A00-007	忆	秋生	中国的神话　小说世界　1924，2(13)，1—5
A00-008	鲁	迅	致傅筑夫、梁绳　1925：《鲁迅书信集》（上）

			1976. 66—67
A00-009	沈 雁冰	中国神话研究 小说月报 1925,16 (1),1—26;《神话研究》 1981. 63—93;《茅盾古典文学论文集》 1986. 174—208	
A00-010	顾 颉刚	《古史辨》自序 《古史辨》(一) 1926. 1—103	
A00-011	陆 懋德	评顾颉刚《古史辨》 《古史辨》(二) 1930. 369—387	
A00-012	胡 怀琛	中国神话之派别 小说世界 1927,16 (14)	
A00-013	钟 敬文	略谈中国的神话 《民间文艺丛话》 1928	
A00-014	茅 盾	关于中国的神话 大江月刊(3) 1928;《茅盾古典文学论文集》 1986. 218—221	
A00-015	黄 绍年	民间神话 民俗周刊 1928,(11—14)	
A00-016	冯 承钧	中国古代神话之研究 国闻周报 1929,6 (9),1—2;6 (10),1—3;6 (11),1—3;6 (12),1—3;6 (14),1—3;6 (16),1—2	
A00-017	钟 敬文	中国民间故事试探 民众教育季刊 1931,1 (1),1—19	
A00-018	钟 敬文	中国民间故事试探:《虾蟆儿子》 民众教育季刊 1932,2 (2)	
A00-019	爱尔克斯; 周 学普	中国古代的诸神 民俗学集镌(二) 1932. 1—11	
A00-020	钟 敬文	答爱伯哈特博士谈中国神话 民间月刊(杭州) 1933,2 (7);《钟敬文民间文学论集》 上海文艺出版社 1985. 492—497	
A00-021	忆 英	中国原始神话传说之研究 无锡国专季刊 1933,(5),47—62	
A00-022	廖 英鸣	美丽的古代神话 广州民国日报.黄华 1934. 1. 10 (704)	
A00-023	钟 敬文	略谈中国的神话 城市民教月刊 1934,3 (3/4)	
A00-024	市村瓒次郎;	中国古代传说之批判:特别是关于三皇五帝	

丙 作品研究

	公　　常	清华周刊　1934,41(6)
A00-025	市村瓒次郎；	中国上古传说之批评
	萧　静巷	学术季刊　1934,1(2)
A00-026	陈　伯吹	神话的研究　儿童教育　1934,6(1)
A00-027	卫　聚贤	中国神话考　《古史研究》(二)　1934.10
A00-028	卫　聚贤	中国上古传说补遗　古史研究(二)　1934.10
A00-029	藤田丰八；	中国神话考
	黄　毓甲	古史研究(二)　1934
A00-030	古　　铁	中国民族的神话研究
		中原文化　1934,(14),9—12;(15),8—10; 1935,(16/17),16—19
A00-031	松村武雄；	中国神话传说短论
	石　　鹿	艺风　1936,4(1),45—48
A00-032	藤田丰八；	中国史乘所传二三神话考
	何　健明	《中国南海古代交通丛考》　1936
A00-033	苏秉奇等	试论传说材料的整理与传说时代的研究　史学 研究　1936,(5)
A00-034	黄　华沛	论中国的神话　天地人　1936,(10),3
A00-035	鲁　　迅	论中国神话书　再建旬刊　1940,1(2/3), 9—12
A00-036	童　书业	自序二　《古史辨》(七)　1941:1982
A00-037	杨　　宽	中国上古史导论　古史辨(七)　1941:1982
A00-038	蒋　大沂	与杨宽正书:"中国上古史导论"之讨论　古史辨 (七)　1941:1982
A00-039	杨　　宽	上古师诚之书　古史辨(七)　1941:1982
A00-040	卫　聚贤	卷头语(人对自然认识的四个阶段)　说文月刊 1942,3(9)
A00-041	郑　师许	中国古史神话与传说的发展　风物志集刊 1944,(1)
A00-042	蒋　祖怡	中国古代的神话与传说　新学生　1946,1(6), 27—37
A00-043	袁　圣时	神话和中国神话　台湾文化*　1948,3(6)

编号	作者	篇名	出处
A00-044	吕　霜	略谈中国的神话与传说	光明日报　1954. 4. 12
A00-045	刘　大杰	古代的神话	解放日报　1956. 9. 27. 29；《刘大杰古典文学论文选集》　1984
A00-046	李　谦	略谈中国古代神话	新建设　1957,(10),45—49
A00-047	李　丹阳	漫谈古代神话	光明日报　1959. 8. 16
A00-048	杜　而未	解释中国神话之谜	恒毅*　1960,10(3)
A00-049	徐　旭生	漫谈古代传说	光明日报　1961. 3. 4
A00-050	朱　介凡	民国俗文学史料：中国神话的趣味	畅流*　1961,23(9)
A00-051	高　亨	上古神话初论	山东大学学报　1962,(1)
A00-052	林　衡立	创世神话之行为学的研究——神话病源学创义	民族所集刊*　1962,(14)
A00-053	袁　珂	漫谈民间流传的古代神话	民间文学　1964,(3),41—48；《神话论文集》　1982. 129—138
A00-054	丘　柳漫	中国神话初探	中文学会学报(新)　1966,(7),51—70
A00-055	沈　明璋	我国古史神话与传说的今释	中等教育*　1971,22(3),6—11
A00-056	李　甲孚	中国古代神话	综合月刊*　1971,(34)
A00-057	尉　天骢	中国古代神话的精神	中外文学*　1975,3(8)
A00-058	邹　郎	我写《中国神话》	大华晚报·副刊　1975,(5)：《快刀集》　1983
A00-059	《中国文学史讲话》编写组	神话——中华民族童年的一面镜子	中山大学学报　1976,(5)
A00-060	魏　成光	关于《中国神话》	中华日报·文教与出版　1977. 3. 31
A00-061	奚　松	图说古代中国神话	中国时报*　1978. 6. 6
A00-062	关　贤柱	神话、寓言选注	贵阳师范学院学报　1978,(1)
A00-063	周　健民	中国古代的神话传说	长沙文艺　1978,(4)
A00-064	杨白桦遗作	原始的劳动诗歌与神话传说	南京师范学院学

报 1978,(4)

A00-065 谭　嘉定　遗留在后世典籍中的古代神话　中国小说发达史＊ 1978

A00-066 王　松　试谈民族民间文学中的"帝王将相"问题　思想战线 1979,(2)

A00-067 冯　天瑜　上古神话纵横谈　武汉师范学院汉口分部校刊 1980,(1)

A00-068 张　庄　中国古代神话摭拾　新疆大学学报 1980,(1),20—32

A00-069 玄　予　古代神话　河北文学 1980,(9),70—72

A00-070 冯　天瑜　关于古代神话的断想　武汉师范学院学报 1981,(1),114

A00-071 程　蔷　杰克·波德《中国古代神话》(摘要)　文学研究动态 1981,(3)

A00-072 袁　珂　《中国神话传说辞典》摘抄　社会科学战线 1981,(3),263—265

A00-073 李　福清；　《中国神话》:《世界各民族的神话》百科辞典选译
　　　　马　昌仪　文学研究动态 1981,(22)

A00-074 李　亦园　一个中国古代神话与仪式的结构学研究　中央研究院国际汉学会议论文集(民俗文化组)＊ 1981：
《宗教与神话论文集》台湾　立绪文化事业有限公司 1998.1.302—321

A00-075 丁　波德；　中国的古代神话
　　　　程　蔷　民间文艺集刊(二) 1982.267—300

A00-076 杨　敏如　古代神话传说　语言文学自修大学讲座 1982,(2)

A00-077 张　明华　对我国古代神话瑰宝的探索　读书 1982,(2)

A00-078 李　福清；　中国神话
　　　　马　昌仪　民间文学论坛 1982,(2),47—52

A00-079 杨　明华　中国神话传说里的恋歌　明道文艺＊(80) 1982

A00-080	罗　宜辉	中国神话简论　暨南大学学报　1982,(4),91—96,90
A00-081	王　孝廉	梦与真实——古代中国神话　《中国文化新论·根源篇永恒的巨流》　1982
A00-082	李　增林	谈谈我国的上古神话——以"女娲补天"，"精卫填海"为例　宁夏大学学报　1983,(2),50—55
A00-083	张　振犁	中原古典神话流变初议　民间文学论坛　1983,(4),3—13
A00-084	河南师大中文系中原神话调查组	中原神话调查记　民间文学研究动态　1984,(1)
A00-085	吕　洪年	中国上古神话述略　电大教学　1984,(1)
A00-086	李　子贤	中国神话内涵简论　民间文学论坛　1984,(4),39—45;《神话新探》1986.133—144
A00-087	林　耀鄰	中国上古神话中的反抗神与孔孟思想　中华文化复兴月刊*　1984,17(12)
A00-088	林　保淳	由困境到纾解——中国神话简臆　中外文学　1985,14(2)
A00-089	姚　宝瑄	中国古代神话——中原文学·西域文学的共同土壤　新疆社会科学　1985,(3),110—118;《神话新探》1986.160—178
A00-090	季　镇淮	古代神话述略　文献　1985,(4)
A00-091	唐　憨	民间传说中的神界观　民间文学论坛　1985,(5),44
A00-092	金　善子	中国古代神话中的悲剧英雄　台湾大学硕士学位论文*　1985
A00-093	何　新	一组古典神话的深层结构　文学遗产　1986,(1)
A00-094	（日）伊藤清司； 王　云华	中国民间传说寻踪　黔东南社会科学　1986,(2—3),73—80
A00-095	张　福三	论我国神话形象发展的三种形态　思想战线　1986,(3)

A00-096	彭　兆荣	"变形"考辨　民间文学论坛　1986,(5)
A00-097	张　福三	试论我国各民族神话中的宏观世界　民间文艺集刊(8)　1986
A00-098	林　景苏	中国古代神话中神人关系之研究　高雄师范学院国文研究硕士论文*　1986
A00-099	刘　德煊	中国古代神话漫谈　语文(重庆)　1987,(1)
A00-100	张　振犁	中原神话考察　民间文学论坛　1987,(3),81—85
A00-101	杨　胜宽	古代神话、小说、戏剧与女性　四川教育学院学报　1987,(3)
A00-102	姚　远	"正常"与"早熟"儿童之我见——中国神话宏观研究之一　民间文学论坛　1987,(5),49—52
A00-103	王　孝廉	中国神话诸相　读书　1987,(10),6—13
A00-104	王　亚南	社会调节功能和故事开放结构——论婚配神话　民族文学研究集刊(一)　1987
A00-105	杨　知勇	"神话时代"的珍贵画卷　中国神话(一)　1987.52—70
A00-106	王　松	谈中国神话的几个问题　民族文学研究集刊(一)　1987.64—82
A00-107	潜　明兹	略论中国古代神话观　中国神话(一)　1987.99—133
A00-108	高　国藩	敦煌本《白泽精怪图》与古代神话　《神话新论》1987.313—330
A00-109	周　明	什么是神话?上古神话在我国文化史上的地位如何?《中国文化史三百题》　1987.418—421
A00-110	萧　兵	中国的神话热:徐华龙《中国神话传说研究》序　淮阴师范专科学校学报　1988,(4)
A00-111	邓　启耀	中国神话的集体意识　昆明报·副刊　1988.8.11
A00-112	温　梁华	中国的神话与远古时期的教育　思想战线1989,(1),42—48,34
A00-113	张　福三	原始人类对生命意识的反思:死亡、复活、再生神

话研究　思想战线　1989,(6),45—52

A00-114　傅　光字　试论我国各族神话中的"原始物质"　思想战线 1990,(1),31—38

A00-115　刘　城淮　自然性神话发展的特色　湖南教育学院学报 1990,(1)

A00-116　侯　健　神话英雄的原始性格　中外比较文学研究（一）下　1990

A00-117　严　荣方　因果规律与动物先兆观念　民间文艺季刊 1990,(2),216—223

A00-118　潜　明兹　当代神话的勃兴　民间文艺季刊　1990,(4),46

A00-119　吴　效群　中原神话中民族心态的价值观　《神话与民俗》 1990,158—168

A00-120　程　建君　中原神话调查报告　《神话与民俗》 1990, 169—187

A00-121　彭　晓勇　寻找神话：论想象力的重建　贵州大学学报 1991,(2),38—42

A00-122　李　欧复　远古神话两层累四梯级说　河北大学学报 1991,(3),169—178

A00-123　赵　沛霖　论奴隶时代历史神话化思潮　学习与探索 1991,(4),119—124

A00-124　傅　兆良　爱神的失落与回归：中国古代神恋心态探微　人文杂志*　1991,(5),124—128

A00-125　欧阳　建　神话传说：兼有历史和小说品格的远古文化　江海学刊　1991,(5),151—161

A00-126　叶　舒宪　混沌、玄同、馄饨——中国上古复乐园神话的发掘　中国比较文学　1992,(1)

A00-127　徐　剑艺　土性神话与民族精神　浙江大学学报　1992, (1),89—95

A00-128　鲜　明　中国古代神话传说与北极区　北方文物 1992,(2),71—74

A00-129　何　红一　中国上古神话与崇土意识初探　中国民间文化 1992,(2)

A00-130	郭　敬德	从远古神话看中国历史的肇始　沈阳师范专科学校学报　1992,(3),64—66	
A00-131	户　晓辉	上古神话与西域研究　西域研究　1992,(3),103—110,109—112	
A00-132	冯　元渝	浅论中华元典的"神人之辨"　社会科学辑刊　1992,(5),68—73	
A00-133	洪　顺隆	竹王传说的横断面和延长线——由原型、演化、传播谈神话　国立编译馆馆刊*　1992,21(1),179—207	
A00-134	马　立	中国神话洞　文艺报　1992.7.4（8）	
A00-135	宋　建林	论中国神话的悲剧性　民间文学论坛　1993,(1),28—36	
A00-136	李　南辉	灵神的失落:对中国上古神话的新考察　暨南大学学报　1993,(1),134—136	
A00-137	王　钦法	古代神话传说与中华民族精神　民俗研究　1993,(3),17—22	
A00-138	王　钟陵	上古神话传说所反映的两性斗争　南开大学学报　1993,(3),39—43	
A00-139	翟　广顺	英雄主义:中国史前神话之主旨　人文杂志　1993,(3),76—80	
A00-140	廖　练迪	中国古代神话与基督教圣经　嘉应大学学报（梅州）　1993,(3)	
A00-141	程　建君	中原"活"神话及其民俗价值　民间文学论坛　1993,(4),72	
A00-142	马　兴国	中国史前神话探微　东北师范大学学报　1993,(5),47—52	
A00-143	陈　建宪	"民间古式"文化瑰宝　社会科学动态　1993,(7—8)	
A00-144	顾颉刚遗作	程憬著《中国古代神话研究·序》　博览群书　1993,(11),17—18	
A00-145	马　昌仪	程憬及其中国神话研究　中国文化研究　1994,(秋),75—80	

编号	作者	篇名及出处
A00-146	星　舟	神桃主题:中国神话叙事结构研究之二　华中理工大学学报　1994,(1),84—90
A00-147	潜　明兹	台湾神话学暨两岸文化的同源一体　北京师范大学学报　1994,(4),92—103
A00-148	喻　权中	论中国北方上古神话的特异性　黑龙江社会科学　1994,(6),74—78
A00-149	何　文桢	神话的启示　天津文学　1994,(6)
A00-150	张　振军	宏伟的造象:古代神话中的悲剧英雄　人民学报 1994,(6)
A00-151	李　丰懋	先秦变化神话的结构性意义———一个"常与非常"观点的考察　中国文哲研究集刊＊(4) 1994,287—318
A00-152	陈　建宪	神话在当代的四种形态　高等师范函授学刊 1995,(1);华中师范大学学报　1995,(7)
A00-153	刘　宁波	兽性与人性:人与异类婚配故事之人类学构建民间文学论坛　1995,(2),8—12
A00-154	赵　沛霖	神话、历史与古史传说人物　天津大学学报 1995,(2),53—60
A00-155	黛　玛	人、神话、历史　社会科学辑刊　1995,(3), 147—149
A00-156	张　强	论神话在汉代传播的文化形态　陕西师范大学学报　1995,(4),85—91
A00-157	高　一农	语言与创世神话　陕西师范大学学报　1995, (4)
A00-158	顾　洪涛	中国上古神话关于人与万物关系的现代思考 江汉论坛　1995,(9),59—62
A00-159	洪　烛	"寻找史诗"　文艺报　1995.6.17(8)
A00-160	景　以恩	华夏神话传说源于山东考　民间文学论坛 1996,(1),2—9
A00-161	邓　福舜	人类生命与自然世界:漫说中国神话的自然意识 大庆高等专科学校学报　1996,(1),78—81
A00-162	张　敬秀	东亚系统洞处穴居时代群体构变方式与"历史

场"效应——兼论我国神话传说象征的多种引子随和演变的历史趋势　内蒙古社会科学　1996,(1),62—66,92

A00-163　金　荣权　从神话的演变看先秦两汉的社会心态　信阳师范学院学报　1996,(2),62—67

A00-164　万　建中　原始初民生命意识的折光:中国上古神话的变形情节破译　南昌大学学报　1996,27(2)

A00-165　赵　林　伦理意识与中国神话传说的演变　社会科学战线　1996,(3),64—71

A00-166　胡　万川　失落园:中国神话探讨之一　《中国神话与传说学术研讨会论文集》*　1996.3.103—124

A00-167　李亦园等　端午与屈原——神话与仪式的结构关系再探《中国神话与传说学术研讨会论文集》*　1996.3.319—336;《宗教与神话论文集》*　1998.1.322—346

A00-168　杨　庆隆　神话的神源于原始宗教的神　云南文史丛刊　1996,(4),22—28

A00-169　刘　晓春　英雄与考验故事的人类学阐释　民族文学研究　1996,(4),43—47

A00-170　李　新华　"史前神话"对中国神话研究的作用和意义　齐鲁艺苑　1996,(4),44—47,54

A00-171　刘　墨　神话:一面鲜明的中国旗帜　中国图书评论　1996,(8),52—54

A00-172　张晓松等　关于体系化神话研究的几点思考　贵州教育学院学报　1997,(1)

A00-173　罗浩波等　中国神话教育史刍议　喀什师范学院学报　1997,18(1)

A00-174　于　长敏　"愚公"、"精卫"精神在现代社会中的副作用　中国文化研究　1997,(2)

A00-175　余　辉　按照"意符文字"抽象表意特征破译几个"神话"的历史内涵　阜阳师范学院学报　1997,(3),25—29

A00-176	蔡　丰明	民间文学研究的现代意识　文学报　1997,(7)	
JA00-001+	出石誠彦	『支那神話伝說の研究』　中央公論社　1943：1973,（増訂版）	
JA00-002+	清水泰次・栗原朋信	書評:『支那神話伝說の研究』　史観 31　1943. 132—136	
JA00-003+	山本逵郎	書評:『支那神話伝說の研究』　史学雑誌 55(4)　1944. 332—335	
JA00-004+	森三樹三郎	『支那古代神話』　京都　大雅堂　1944:『中国古代神話』（改題）　清水弘文堂書店　1969	
JA00-005+	玄　　珠；	『支那の神話』　伊藤彌太郎　地平社刊　1944	
JA00-006+	袁　　珂；	『中国古代神話』　伊藤敬一等　東京　みすず書房　1960:1971.（増訂版）	
Ja00-007+	貝塚茂樹	『神々の誕生　中国史 1』　筑摩書房　1963:改題『中国の神話』　東京　筑摩書房　1971:改題『中国神話の起源』（角川文庫）　東京　角川書店　1973:『貝塚茂樹著作集』5　東京　中央公論社　1976. 9-165	
JA00-008+	白川　静	『中国の神話』　東京　中央公論社　1975：1980.（増訂版）	
JA00-009+	高橋英夫	書評:『中国の神話』　海　1976,(1)	
JA00-010+	白川　静	『中国の古代文学（一）——神話から楚辞へ』　東京　中央公論社　1976	
JA00-011+	松村武雄	『中国神話伝說集』　東京　社会思想社　1977	
JA00-012+	田中勝也	『環東シナ海の神話学』　東京　新泉社　1984	
JA00-013+	御手洗勝	『古代中国の神々』　東京　創文社　1984	
JA00-014+	大林太良	書評:『古代中国の神々』　民族学研究 50(1)　1985. 127—128	
JA00-015+	鹿島　辦	『中国神話ルーツの謎』　東京　新国民社　1986	
JA00-016+	伊藤清司	『中国の神話・伝說』　東京　東方書店　1996	

丙　作品研究　231

JA00-001	藤田豊八	支那に傅ふる二三のMythについて　『白鳥博士還暦記念：東洋史論』　東京　岩波書店　1925．845-869
JA00-002	井上芳郎	支那古代伝説への疑問　民族2(6)　1927．13—35
JA00-003	藤田豊八	支那における外来伝説の二三について　剣峰遺草　1931
JA00-004	出石誠彦	上代支那に於ける神話及び説話　『岩波講座　東洋思潮』　東京　岩波書店　1934：『支那神話伝説の研究』　東京　中央公論社　1943．1—70
JA00-005	向井・西山	マスペロー；支那古代宗教・神話　東亜研究18(3)　1934
JA00-006	西脇玉峰	古文より見たる東方に対する支那の古伝説(1—3)　斯文　1934,16(11)；16(12)；1935,17(1)
JA00-007	中島悦次	大東亜神話　統正社刊　1942．279
JA00-008	石田英一郎	母神と父神　宗教研究122　1949
JA00-009	鉄井慶紀	中国古代神話研究二題　漢文教室75　1966．40—48：『中国神話の文化人類学的研究』　東京　平河出版社　1990．168—182
JA00-010	伊藤清司	神話と伝説の世界　『日本と世界の歴史③　古代中国・インドの古代文明』　東京　学習研究社　1969
JA00-011	B・リフチン（B・Riftin）	中国における神話的素材の継承——袁珂『中国古代神話』にふれて　文学40(3)　1972．113—125
JA00-012	貝塚茂樹	中国古代の伝承　『貝塚茂樹著作集』5　東京　中央公論社　1976．405
JA00-013	鈴木健之	神話・伝説・昔話　『中国文化史——近代化と伝統』　東京　研文出版社　1981．160—200
JA00-014	伊藤清司	中国の神話伝説　『世界の神話伝説総解説』　東京　自由国民社　1982

JA00-015	岡崎由美	非力な神　中国民話の会会報 27　1983	
JA00-016	鈴木健之	中国の今に生きる神話　民話の手帖 35　1988	
JA00-017	伊藤清司	東アジアの神話に学ぶ　月刊しにか 1991,2(4)	
JA00-018	王孝廉	王権交替與神話転換　西南学院大学国際文化論集 11(2)　1997	

二、分类研究

1. 创世神话
a. 盘古神话

B01a001+	马卉欣	《盘古之神》(编著)　上海　上海文艺出版社 1993.8	
B01a001	杨宽	盘古传说试探　光华大学半月刊 1933,2(2),36—39	
B01a002	卫聚贤	天地开辟与盘古传说的探源　学艺 1934,13(1):古史研究(二)　1934	
B01a003	杨宽	略论盘古传说(上)　大美晚报·历史周刊(11) 1936.1.21	
B01a004	杨宽	略论盘古传说(下)　大美晚报·历史周刊(12) 1936.1.29	
B01a005	卫聚贤	盘古的研究(荒古与盘古)　古史研究(三) 1936.115—136	
B01a006	陈志良	盘古的研究　建设研究月刊 1940,3(6)	
B01a007	吕思勉	盘古考　古史辨(七)　1941.14—20;《吕思勉读史札记》1982	
B01a008	杨宽	盘古盘瓠与犬戎犬封　古史辨(七)上篇 1941.1—175	
B01a009	徐松石	盘古王是谁　一周间 1946,(3),6	
B01a010	李甲孚	传说中的盘古氏　东方杂志* 1970,3(9),	

51—57

B01a011	王　孝廉	挣扎在黑暗浑沌中的神:盘古神话　中国时报*1978.5.1(12)
B01a012	林　　玲	开天辟地的盘古　儿童天地*(168)1980.4.30
B01a013	陶　立璠	试论盘古神话　山茶　1982,(5),54—58;少数民族文学论集(三)(北京)　1987.116—139
B01a014	刘　金沂	开天辟地话盘古　天文爱好者　1983,(8),27
B01a015	傅光宇等	盘古"垂死化身"神话探析　云南社会科学 1983,(6),118—124;《中国少数民族神话论文集》　1984.226—238
B01a016	东　　谛	从盘古说起:谈民间文学中的鬼神　山海经 1984,(2),45
B01a017	王　仲孚	盘古传说试释:兼论我国古史系统的开端　历史学报*　1984,(12),1—21
B01a018	王　定翔	盘古开辟创世神话新考论　民间文艺集刊(七) 1985.49—59
B01a019	饶　宗颐	盘古图考　中国社会科学院研究生院学报 1986,(1),75—76
B01a020	杨鹍国等	试论苗族远古传说对盘古神话的影响　民族文学研究　1986,(4),76—79;《贵州神话史诗论文集》　1988.136—145
B01a021	何　　新	盘古之谜的阐释　哲学研究　1986,(5),41—48
B01a022	过　　竹	盘古新论　民族文学研究动态　1986
B01a023	陈　　均	盘古考　民间文学论坛　1987,(4),23—27
B01a024	胡　仲实	试论盘古神话的来源及徐整对神话的加工整理 中国神话(一)　1987.243—254
B01a025	杜　而未	盘古神话及其类型　文史哲学报*(35)　1987. 183—226
B01a026	陈　逢源	盘瓠与盘古传说初探　东吴大学中国文学系系刊*(14)　1988.15—22
B01a027	李　本高	盘瓠与盘古刍议　民族论坛　1988,(2),35—39

编号	作者	题名	出处
B01a028	彭官章	盘古即盘瓠说质疑	广西民族研究 1988,(2),130—138
B01a029	[法]勒莫瓦纳	盘瓠是否盘古	中央民族学院学报 1989,(2),5—7
B01a030	叶舒宪	从"盘古之谜"到中国原始创世神话之谜	民间文艺季刊 1989,(2),6—28
B01a031	王卡	原始天王与盘古氏开天辟地	世界宗教研究 1989,(3),61—69
B01a032	彭官章	盘古并非盘瓠	中央民族学院学报 1989,(5),56—59
B01a033	张振犁	盘古神话新论	《神话与民俗》 1990.1—19
B01a034	马卉欣	盘古山盘古神话考察	《神话与民俗》 1990.19—31
B01a035	陈建宪	宇宙卵与太极图:论盘古神话的中国"根"	民间文学论坛 1991,(4),39—47
B01a036	闻树国	由盘古想到巫术	鸭绿江(沈阳) 1991,(8),71—78
B01a037	马卉欣等	盘古盘瓠关系辨:论盘古神话的根	民间文学论坛 1992,(4),5—10
B01a038	陈勤建	越地鸡形盘古神话与太阳鸟信仰	中国民间文化 1994,(1),1—14
B01a039	王鲁昌	盘古神话探源	中州学刊 1995,(3),92—94
B01a040	陈建宪	垂死化身与人祭巫术——盘古神话再探	华中师范大学学报 1996,35(1),92—98

b. 其他创世神话(开天辟地、宇宙起源神话)

编号	作者	题名	出处
B01b001+	杜而未	《宇宙巨人神话解释》	台湾商务印书馆 1971
B01b002+	朱传誉	《开辟神话》*	天一出版社 1982
B01b003+	王孝廉	《中国的神话世界——各民族的创世神话及信仰》(上、下)	台北 时报文化出版企业有限公司 1987
B01b004+	陶阳等	《中国创世神话》	上海 上海人民出版社 1989:台北 东华书局 1990

B01b005+	陶 阳等	《中国创世神话》前言 上海 上海人民出版社 1989	
B01b006+	袁 珂	谨严有序的创世神话论著——读陶阳,钟秀《中国创世神话》 民族文学研究 1990,(3),83—84	
B01b007+	刘 晔原	奇彩纷呈的中国创世诸神——读《中国创世神话》 民间文学论坛 1990,(4),90—92	
B01b008+	姚 小平	中国的语言起源神话——《中国创世神话》读后 外语教学与研究 1994,(2),68—70	
B01b009+	王 昌焕	《中国创世神话》评介——兼谈神话的定义 台北市立图书馆馆讯* 1994,11(3),96—100	
B01b010+	陈 钧	《中国神话大观——创世神话卷》 东方出版社 1997	
B01b011+	缪 俊杰	广搜博采,蔚然大观:读陈钧编著的《中国神话大观——创世神话卷》 通俗文学评论 1998,(3),115—116	

B01b001	玄 珠	宇宙观(开辟神话) 《中国神话研究》(第四章) 1928	
B01b002	小川琢治; 汪 馥泉	天地开辟与洪水传说 《中国文学研究译丛》 1930:古史研究(二)下册 1934	
B01b003	卫 聚贤	天地开辟及洪水传说 古史研究(二)下册 1934	
B01b004	卫 聚贤	中国上古开辟传说补遗 古史研究(二)下册 1934	
B01b005	程 憬	古代中国的创世纪 文史哲季刊 1943,1(1),125—159	
B01b006	若 水	创世纪 人民日报 1959.1.7	
B01b007	张 光直	中国创世神话之分析与古史研究 中央研究院民族研究所集刊* 1959,(8),47—80	
B01b008	奚 松	开天辟地——图说中国神话 中国时报*	

			1970. 6. 3
B01b009	钱 静方	开辟演义考 《小说丛考》 1979
B01b010	冯 天瑜	天地开辟与人类起源的神话 武汉师范学院汉口分部校刊 1980,(2)
B01b011	赵 林	中国古代的宇宙观与创世神话 人文学报* 1981,(6)
B01b012	郑 凡	创世史诗的结构和审美 山茶 1983,(4),50
B01b013	杜 而未	宇宙起源传说解释 台湾大学文史哲学报* 1984,(33),25—88
B01b014	杜 而未	宇宙起源神话解释 台湾大学文史哲学报* 1985,(34),113—189
B01b015	傅光宇等	创世神话中"眼睛的象征"与史前各文化阶段 民族文学研究 1985,(1),32—42
B01b016	谭 桂兰	试论创世神话产生的时代 民间文学论坛 1985,3,36—39,65
B01b017	东 生	论开辟神话 民间文学论坛 1986,(5),33—38
B01b018	王 松	创世神话三题 《神话新论》 1987. 173—182
B01b019	刘 起釪	开天辟地的神话与盘古 社会科学战线(长春) 1988,(2),142—148
B01b020	何 新	婵娟,混沌,鳄鱼及开天辟地的神话——文化语源学研究札记 《何新集》 1988. 495—510
B01b021	萧 登福	汉魏六朝道教经书开天创世说 东方杂志* 1989,22(9),12—19
B01b022	叶 舒宪	人日谜:中国上古创世神话发掘 中国文化 1989,(创刊号),84—92
B01b023	林 继富	从创世神话看原始人对自我力量的认识 民间文学论坛 1989,(1),31—43
B01b024	胡 吉省	创世史诗中由神到人的转化 天津社联学刊 1989,(2),36—38
B01b025	耿 占春	人体式的大地:创世神话的美学含义 黄淮学刊(豫) 1989,(3)
B01b026	胡 建国	论湘楚傩文化与开天神话 《中国傩文化论文

		选》 1989.239—255	
B01b027	[日]君岛久子；	天女的后裔——创世神话的始祖传说形态之一(节译)	
	刘　刚	云南民院学报 1990,(3),88—93	
B01b028	刘　城淮	论创世神话的形成。发展与意蕴　中国民间文化　1991,(4),62—79	
B01b029	陶　思炎	中国宇宙神话略论　东方文化(一)　1991.5	
B01b030	赵　伯乐	从天神一体到"天人合一":中国创世神话的演变　思想战线　1993,(1),55—62	
B01b031	[苏]B.B.叶甫秀科夫；	各民族的兽体宇宙神话	
	陶　思炎	民族译丛　1993,(4),76—81	
B01b032	陈　美东	中国古代的宇宙膨胀说　自然科学史研究 1994,(1)	
B01b033	钟　年	鸡子和宇宙蛋:创世神话中的生殖意象　贵州民族研究　1994,(2),78—82	
B01b034	贺　建平	试论创世神话的法律功用　贵州民族学院学报 1995,(4),53—56	
B01b035	黎　显慧	"龚":中国的创世神　中南民族学院学报 1995,15(5),57—59	
B01b036	陈　训明	神鸟与宇宙卵崇拜神话　贵阳师范专科学校学报　1996,(1)	
B01b037	王　宝童	用歌谣体译介中国的创世神话　外语教育与研究　1996,(1)	
B01b038	詹　鄞鑫	从创世神话看天人相副观的形成　文艺理论研究　1996,(4),67—72	
B01b039	向　柏松	水生型创世神话在现代民族习俗中的沉积　中南民族学院学报　1997,17(2),34—38	
JB01b001	小川琢治	支那上古の天地開闢及洪水伝説　藝文 4(1) 1913:『支那歷史地理讲究』初集　東京　弘文堂書房　1928	
JB01b002	足利衍述	支那の天地開闢伝説　東方哲学 27(4) 1920	
JB01b003	小川琢治	支那上古の開闢伝説補遺　藝文 12(4) 1921,	

		271：『支那歴史地理研究』初集　東京　弘文堂書房　1928
JB01b004	津田左右吉	シナの開闢説話について　東洋学報 11（3）1921. 529—546；『津田左右吉全集』18　東京　岩波書店　1965
JB01b005	増谷文雄	世界の始源に関する三つの神話について　宗教学年報 11　1959. 1—7
JB01b006	野口定男	天地創造の神話　『中国の神話』（稲田孝編）東京　河出書房新社　1959
JB01b007	鉄井慶紀	中国古代の重黎天地分離神話について——比較民族学的考察　漢文教室 78　1966. 5—11；『中国神話の文化人類学的研究』　東京　平河出版社　1990. 196—207
JB01b008	曽　士才	中国の創世神話　『歴史読本』（臨時増刊号）新人物往来社　1982
JB01b009	君島久子	天女の末裔——創世神話に見る始祖伝説の一形態　『民間説話の研究—日本と世界』　京都　同朋舎　1987. 264—288
JB01b010	高畠穣次	渾沌考　いわき明星大学人文学部研究紀要 2　1989. 133—142
JB01b011	高畠穣次	渾沌考補遺　いわき明星大学人文学部研究紀要 3　1990. 113—115
JB01b012	N. J. ジラルドー；	混沌テーマの類型学—動物始祖、宇宙巨人、原初のカップル神話
	森　雅子	現代思想 11　1991. 153—169
JB01b013	谷野典之	湖北省神農架の漢族の創世神話——『暗黒伝』考　史学 66（4）　1997. 137—162

2. 天体神话
a. 综论

B02a001+	何　星亮	《中国自然神与自然神崇拜》　上海　上海三联书店　1993．5,404p	
B02a002+	钟　年	置于时空流中的自然崇拜《中国自然神与自然神崇拜》　民族研究　1994,(2),61—63	
B02a001	玄　珠	自然界的神话　一般　1928,4(1)	
B02a002	钟　敬文	自然力及自然现象的神　中山大学民俗学会1930:《楚辞中的神话和传说》*　1970	
B02a003	静　君	自然神话　艺风　1935,3(6),55—57	
B02a004	卫　聚贤	卷头语〔关于自然神〕　说文月刊　1943,3(9),1—6	
B02a005	周　谷城	古代对天地之认识:释玄黄　光明日报　1951.9.1;《古史零证》　1954	
B02a006	钱　宝琮	盖天说源流考　科学史集刊　1958,(1)	
B02a007	席　泽宗	盖天说与浑天说　天文学报　1960,(1)	
B02a008	谭家健等	"杞人忧天"与宇宙问题的争论　天津师范学院学报　1978,(1),91—93	
B02a009	孙述圻等	初论汉代的天地起源说　史学论丛　1978,(1)	
B02a010	陆　思贤	内蒙古草原与盖天说的宇宙模型　内蒙古社会科学　1981,(2),48—51	
B02a011	刘　城淮	自然神话发展的特色　湖南教育学院学报1990,(1)	
B02a012	小南一郎;朱丹阳等	壶形的宇宙北京师大学报　1991,(2)	
B02a013	降边嘉措	关于"央"的观念及先民的自然崇拜　西藏研究1994,(1)	
B02a014	董　国尧	古代北方民族的自然崇拜与神灵崇拜　黑龙江社会科学　1994,(2),53—57	
B02a015	张　承江	论红山文化先民的自然崇拜与工具崇拜　烟台	

			师范学院学报　1993,(4)
B02a016	龚	维英	试论我国"天下之中"的历史渊源　华中师范学院学报　1994,(1),93—97
B02a017	李	存山	从两仪释太极　周易研究　1994,(2)
B02a018	栾	勋	说"环中":"中国古代混沌论"之一　淮阴师范专科学校学报　1994,(2),29—33

b. 太阳及日神神话

B02b001+	清	水	《太阳与月亮》
B02b002+	钟	敬文	中国神话之文化价值:序清水君的《太阳与月亮》　青年界　1933,4(1),223—231;《钟敬文民间文学论集・下》　1985. 357—363
B02b003+	罗	香林	关于民俗的平常话:《太阳和月亮》序　民俗周刊(112)　1933
B02b004+	朱	传誉	《太阳与月亮》　台北　天一出版社　1982
B02b001	张	若谷	太阳神话研究　《艺术三家言》　1927
B02b002	玄	珠	自然界的神话及其他——太阳的神话　《中国神话研究》(第六章)　1928;《神话研究》　1981. 4,184—213
B02b003	赵	景深	太阳神话研究　文学周报　1928,(5),663—672
B02b004	丁	山	羲和四宅说　语历所周刊　1928,1(10),268—271
B02b005	容	肇祖	日月神名又为古官名的讨论:序《楚辞中的神话与传说》　民俗周刊(广州)　1929,(86/89),1—8
B02b006	[德]爱吉士		中国古代太阳信仰　孟姜女　1937,1(2),38—40
B02b007	朱	锋	三日节与太阳公主的由来　公论报　1949.4.18
B02b008	林	衡道	台湾山胞的太阳月亮传说　公论报*　1950. 7. 24

B02b009	劳　维翰	日的神话及海岛的追求　台湾风物* 1952,2(2)	
B02b010	管　东贵	中国古代十日神话之研究　史语所集刊* 1962,(33),287—330;《从比较神话到文学》* 1977	
B02b011	范　大雄	人类是怎样认识太阳的?　解放日报　1965.11.28	
B02b012	H. J. Spinden; 陈　炳良	太阳崇拜(中国古代神话新释两则)　清华学报* 1969,7(2),213	
B02b013	顾　群	太阳与月亮　台湾风物* 1973,23(4)	
B02b014	吴曾德等	古代的太阳神话与汉画像石　光明日报　1979.4.18	
B02b015	孙　旭升	关于三月十九日的神话　民间文学　1979,(5),95—96	
B02b016	周　士琦	马王堆汉墓帛画日月神话起源考　中华文史论丛(二)　1979.99—103	
B02b017	王　国祥	日食和月食的神话　春城晚报　1980.2.13	
B02b018	潜　明兹	日月神话的科学价值　山茶　1980,(3),48—54,126	
B02b019	王　健民	传说中的羲和及其家族　天文爱好者　1982,(4)	
B02b020	陆　思贤	将军崖岩画里的太阳神象和天文图　淮阴师范专科学校学报　1983,(3),7—12	
B02b021	薛　宜之	"毕月乌"作何解　教学与进修　1984,(2)	
B02b022	曹　元谊	太阳与神话　陕西日报　1984.5.24	
B02b023	劳　力	射日、逐日与祭日　北京晚报　1984.10.11	
B02b024	宋　兆麟	日月之恋与祭祀文学　文史丛刊(110)　1985.4—11	
B02b025	何　新	十字图纹与中国古代的日神崇拜　百科知识　1985,(11),20—23	
B02b026	杨　昌鑫	论各族神话中的太阳神　中南民族学院学报　1986,(1),73—78	

B02b027	陆　思贤	新石器时代的鸟形装饰与太阳崇拜　史前研究 1986,(1/2),55—62	
B02b028	叶　舒宪	英雄与太阳　民间文学论坛　1986,(1),33—43	
B02b029	屈　育德	日月神话初探　民间文学论坛　1986,(5),13—20；《民间文艺学探索》1987.116—138	
B02b030	薛　理勇	中国太阳神话"十日"起源于古代历法的天干纪日法——兼论马王堆汉代帛画中的九日　上海博物馆　1986	
B02b031	徐　传武	我国古代有关太阳的描述和用典　渭南师范专科学校学报　1987,(2)	
B02b032	徐　华龙	太阳神话的民俗学价值　民间文学论坛 1987,(5),53—58	
B02b033	唐　憼	我国上古的太阳神　中国神话（一）　1987：《巫风与神话》1988.112—125	
B02b034	杨　希枚	中国古代太阳崇拜研究——语言篇（一），（二）　民间文学论坛　1988,(1),4—9；1989,(2),40—43	
B02b035	盖　山林	太阳神岩画与太阳神崇拜　天津师范大学学报 1988,(3),74—77	
B02b036	龚　维英	中华"日月文化"源流初探　贵州社会科学 1988,(4),9—13	
B02b037	萧　兵	明堂的秘密——太阳崇拜和轮居制　《神与神话》*　1988.97—172	
B02b038	邢　莉	日月神话比较谈　中央民族学院学报　1989, (1),86—90	
B02b039	王　从仁	女歧考——一个失落了的日月神话传说　民间文学论坛　1989,(4),33—39	
B02b040	饶　宗颐	大汶口"明神"记号与后代礼制——论远古之日月崇拜　中国文化*　1990,(2),78—83	
B02b041	李　炳海	日月神话与先民的时间,生命意识　北方论丛 1990,(5),22—26	
B02b042	韩　致中	关于《太阳经》的发现及其意义　民间文学

1990,(12),61

B02b043　安　立华　"金鸡负日"探源　史前研究　1990—1991.
138—144

B02b044　林　继富　一幅壮观的太阳崇拜图卷　民族艺术　1991,
(2),192—199

B02b045　萧　　兵　眼睛纹：太阳的意象；饕餮纹·方相氏·黄金四
日·独目人·三眼神及其龙舟鸟首之谜的解读
淮阴师范专科学校学报　1991,(3),9—18

B02b046　吴　向北　中国的太阳神话和太阳神形迹　重庆师范学院
学报　1991,(4),33—42

B02b047　王　　立　太阳崇拜与中国古人生命悲剧意识——从日暮
黄昏意象谈起　重庆师范学院学报　1991,(4),
43—47

B02b048　连　劭名　商代的日神与月神及相关问题　史学月刊
1991,(5),1—5

B02b049　武　　文　日神一统的多元图腾综合体——秦陇先民的日
神崇拜及图腾意识　西北师范大学学报　1991,
(6),9—14

B02b050　束　有春　试论八卦起源与太阳崇拜　东方文化　1992,
(2),109

B02b051　何　星亮　太阳神及其崇拜形式　民族研究　1992,(3),
21—31

B02b052　杨　希牧　论商周社会的上帝太阳神　中国史研究
1992,(3),36—40

B02b053　廖　明君　生命、时间、生命——射日、逐日等太阳神话哲学
内蕴初探　东方丛刊　1993,(1)

B02b054　梁　德林　古代诗歌中的太阳意象　广西师范学院学报
1993,(3),37—42,77

B02b055　何　　靖　日字构形与商代日神崇拜及人头祭　四川大学
学报　1993,(3),81—96

B02b056　高　福进　太阳崇拜与太阳神话　云南社会科学　1993,
(4),43—49

B02b057	高　福进	太阳神话与太阳神崇拜　西南民族学院学报　1993,(5),17—21	
B02b058	李　全弟	太阳神话意象论　中南民族学院学报　1993,(5),76—81	
B02b059	萧　汉明	太阳神话,太阳崇拜与阴阳学说　贵州社会科学　1994,(1),54—60	
B02b060	马　福顺	试论中国岩画中的太阳神崇拜　民间文学论坛　1994,(1),67—71	
B02b061	唐　楚臣	从伏羲和"生日"探索十月太阳历产生的时代　民间文学论坛　1994,(2),41—43	
B02b062	高　福进	太阳神话及其研究　思想战线　1994,(3),51—56,71	
B02b063	牟　永抗	东方史前时期太阳崇拜的考古学观察　故宫学术季刊　1995,(4),1—31	
B02b064	高　福进	日神信仰寓意探索　青海社会科学　1995,(4)	
B02b065	高　福进	太阳崇拜与太阳神话:关于衰亡及其遗迹　思想战线　1995,(5),59—65	
B02b066	刘　毓庆	华夏日月神话文化意蕴之考察　民间文学论坛　1996,(2),3—18	
B02b067	杨　庆中	易,龙,日崇拜及其他　河北大学学报　1996,(2),86—91	
B02b068	谭　学纯	太阳意象:六龙和金乌　民间文学论坛　1996,(2),26—30	
B02b069	韩　致中	太阳崇拜与太阳神话　中国民间文化　1996,(2),119—130	
B02b070	高　福进	日神信仰演化历程探析——一种原始文化的世界性透视　思想战线　1997,(1),35—41	
B02b071	高　福进	太阳神祭拜探析　西北民族学院学报　1998,(3),26—32	
B02b072	景　以恩	太阳神崇拜与华夏族的起源　学术月刊　1998,(7),101—107	
JB02b001	出石誠彦	上代支那の日と月の説話について　東洋学報	

16(3) 1927.411—544:『支那神話伝説の研究』 1943;1973.(増改版),71—90

JB02b002 岡　正雄　　太陽を射る話　昔話研究6　1935

JB02b003 杉本直治・御手洗勝　古代中国における太陽説話——特に扶桑伝説について　民族学研究15(3/4) 1951.304—327

JB02b004 松本信広　古代伝承に表われた車と船——徐偃伝説と造父説話との対比　日本民俗学4　1954.1—23：『日本民族文化の起源』2　東京　講談社　1978

JB02b005 鉄井慶紀　湯谷・扶桑の語源についての一試論——古代中国の太陽神話研究　漢文教室85　1968.27—31

JB02b006 澤田瑞穂　中国民間の太陽信仰とその経典　天理大学学報59　1968.56—72

JB02b007 鉄井慶紀　中国古代太陽説話の一考察——湯谷・扶桑について　哲学(広島大学)21　1970.54—64：『中国神話の文化人類学的研究』　東京　平河出版社　1990.183—195

JB02b008 御手洗勝　驩兜・丹朱・尭・傲・長琴について——中国古代における太陽神たち　『小尾博士退休記念中国文学論集』　1976.31—60：
(改題：尭・丹朱・驩兜・傲・長琴について——中国古代における太陽神たち)
『古代中国の神々』　東京　創文社　1984.409—476

JB02b009 御手洗勝　羲和の始原的性格——古代中国における『太陽の御者』伝説 広島大学文学部紀要40　1980.63—85：『古代中国の神々』　東京　創文社　1984.477—505

JB02b010 林巳奈夫　中国古代における日の暈と神話的図像　史林74(4)　1991.96—121

JB02b011 李　子賢　太陽＝女性神話考　日中文化研究3　勉誠社

1992

c. 月亮及月神神话

B02c001	黄　石	月的神话与传说　北新　1930,4(16),33—47
B02c002	黄　石	苗人的跳月　开展月刊（民俗学专号）　1931,(10/11)
B02c003	晚　芳	为什么月有圆有缺？　大众知识　1938,1(11)
B02c004	金　竞	关于月亮的神话传说　文艺世纪（港）　1959,(9)
B02c005	娄子匡	中秋话月，兼谈"仙乡淹留"传说　联合报*　1969.6.24
B02c006	李达三	新正话月——中国诗词与神话里的月亮　中国时报*　1974.7.26—27(12)：《从比较神话到文学》*　1977
B02c007	杜而未	月与妇女　《山海经神话系统》*　1976
B02c008	杜而未	月山的阴与阳　《山海经神话系统》*　1976
B02c009	杜而未	月山名称检讨　《山海经神话系统》*　1976
B02c010	杜而未	月山相距里数　《山海经神话系统》*　1976
B02c011	王孝廉	永劫与回归——月亮神话之一　中国时报*　1978.5.29
B02c012	王孝廉	不死与再生——月亮神话之二　中国时报*　1978.6.26
B02c013	段　平	八月中秋话月亮　陇苗　1980,(5)
B02c014	王熙元	月亮的神话　台湾日报副刊*　1981.9.12
B02c015	杨　冰	关于银河和月亮的传说　天文爱好者　1982,(8)
B02c016	刘润为	古人问月诗词对月亮的探索　河北日报　1983.9.18
B02c017	温莉芳	月亮神话在李商隐诗中的回响　台湾教育*（385）　1983.8—11
B02c018	顾希佳	漫话月亮的神话传说　民间文学　1984,(9),50—52
B02c019	知　原	汉代的兔儿爷　北京晚报　1984.9.10

B02c020	徐　传武	关于月亮的神话和用典　山东师范大学学报 1986,(6),72—76	
B02c021	黄　招智	湖魄同一中秋节的神话　海华杂志* 1988,4(8),42—46	
B02c022	尹　荣芳	月中兔探源　民间文学论坛　1988,(3),28—30	
B02c023	石　沉	月蟾神话的萨满巫术意义　民间文学论坛 1988,(3),22—27	
B02c024	陆　思贤	半坡"人面鱼纹"为月相图说　文艺理论研究 1990,(5),75—81	
B02c025	郑　慧如	月宫故事研究　台湾政治大学硕士论文* 1990	
B02c026	张　文等	月神谱　学习与探索　1991,(4),24—31	
B02c027	龚　维英	楚族崇祀月亮浅说　荆州师范专科学校学报 1991,(6),66—69	
B02c028	陈　莉玲	月宫神话探源——以马王堆一号汉墓帛画为主 《问学集》*（二）　1991.12,1—9	
B02c029	徐　华龙	月亮神话的多重沉积,象征意义及其演变　中国民间文化　1992,(2),22—39	
B02c030	张　传峰	拜月新考　湖州师范专科学校学报　1993,(4)	
B02c031	马　旷源	狰狞的月神（中国民间传说中的月神崇拜异说） 云南师大学报　1994,(2),76—80	
B02c032	王　博	夸父、孟涂、句芒考——古代中国的月神　原学（一）　中国广播电视出版社　1994	
B02c033	赵　宗福	中国月虎神话演变新解:以月亮为主题的考证 民间文学论坛　1995,(4),2—10	
B02c034	熊　飞	中国古代的月崇拜及相关节俗文化　北京师范大学学报　1996,(6),49—54	
JB02c001	高橋盛孝	地霊と月神　人類科学論集(関西大学)2　1949	
JB02c002	駒田信二	月宮伝説　『中國の神話傳說』(稲田孝編)　東京　河出書房新社　1959	
JB02c003	高橋盛孝	月の伝説　史泉18　1960.1—10	

d. 星辰及星辰神神话

B02d001	贺　次君	文昌帝君考　逸经　1936,(9)
B02d002	赵　世璜	关伯实沈考　新中华(复刊)　1947,5(5),24—25
B02d003	毛　一波	文昌帝君的由来　中央日报*　1957.1.9
B02d004	苏　雪林	谈文昌帝君　四川文献*　1968,(71)
B02d005	苏　雪林	文昌前身为蛇及其喜姓张之谜　四川文献*　1968,(73)
B02d006	陶　希圣	梓潼文昌神社会史的解说　食货月刊*　1972,2(8)
B02d007	刘　世宜	"乘槎"是什么意思　辞书研究　1981,(4)
B02d008	山　木	乘槎游天河,邂逅遇牛女　天文爱好者　1983,(11)
B02d009	庄　天山	论天狗,枉矢的实质及其他　科技史文集(十)　1983
B02d010	徐　传武	中国古代天文星宿神话漫谈　枣庄师范专科学校学报　1990,(3)
B02d011	王　胜利	楚国的分野与楚人的星神崇拜　东南文化　1991,(3/4),98—102
B02d012	何　星亮	星神及其崇拜　北方民族　1992,(2),86—91
B02d013	张　君	六月六,伏日与星回节:源于北斗和大火星神崇拜的三个古代节日　安徽史学　1992,(4),17—22
B02d014	黄　任远	通古斯——满语族星宿神话比较　北方民族　1996,(3)

e. 雷电及雷电神神话

B02e001+	郭庆藩集释	《庄子集释·达生篇》*　台北　贯雅文化事业有限公司　1991.9
B02e002+	徐　山	《雷神崇拜:中国文化源头探索》　上海　上海三联书店　1993.6
B02e001	王　成竹	关于雷公电母　民俗周刊　1929,(86/89),9—

14

B02e002	罗　　佑	雷神　民俗周刊(福州)　1930,(8)
B02e003	枚　　叶	雷公考　新闻报　1934.8.6
B02e004	周　作人	关于雷公:风雨后谈二　《瓜豆集》　上海　上海宇宙风社　1937
B02e005	杜　而未	古人对于雷神的观念　大陆杂志*　1959,18(8),236—262
B02e006	蒋　廷瑜	从铜鼓看对云雷的自然崇拜　文物天地　1981,(3),42—44
B02e007	胡　仲实	试论雷神形象的历史演变　南宁师范学院学报　1984,(4),10—17
B02e008	阮　昌锐	傅薪集(36)　雷电的神话与崇拜　海外学人*　1985,(158),54—58
B02e009	龚　维英	古神话雷神考论　延安大学学报　1987,(1),74—79
B02e010	高　国藩	雷公神话略谈　民间文学研究(河北)　1987,(3—4)
B02e011	龚　维英	试论雷神性别的演变——汉壮雷神神话比较研究　社会科学战线　1987,(3),325—329
B02e012	王　从仁	南楚雷神考:兼谈《东君》视主题原型及《九歌》上海师范大学学报　1987,(3),24—28,38
B02e013	陈　立浩	从神话中的"雷神"故事看各民族文学的关系　南风　1987,(5),73—77
B02e014	刘　左全	"雷州雷王"考释　雷州师范专科学校学报　1990,(1),107—115
B02e015	徐　　山	雷电崇拜及其演变形式　苏州大学学报　1990,(4),73—75
B02e016	牛　　耕	试析汉画中的"雷神出行图"　南都学刊　1990,10(5),15—19
B02e017	李　炳海	东夷雷神话与《九歌·云中君》　中国文学研究　1992,(1)
B02e018	李　炳海	雷州半岛的雷神话与东夷文化　学术研究

1992,(3),103—109

B02e019　朱　任飞　雷神崇拜和"庄子"寓言　北方论丛　1997,(5),68—73

JB02e001　瀧澤精一郎　獨眼隻脚の一系統——雷神としての鐘馗　国学院雜誌 66(10)　1965.72—88

JB02e002　栗原圭介　古代漢民族における雷神信仰形成の背景　大東文化大学紀要 18　1980；宗教研究 242　1980.159—160

JB02e003　劉　枝萬　雷神信仰と雷法の展開　東方宗教 67　1986.1—61

f. 风雨雪及风雨雪神神话

B02f001　苏　辛　风暴时雨古人多托之神话　地学杂志　1912,3(9/10)

B02f002　含　凉生　舶趠风之神话与考证　小说世界　1927,16(10)

B02f003　黄　昌祚　孙道者故事补述（雨神）　民俗周刊　1929,(61/62),132—136

B02f004　娄　子匡　占雨的谣俗　民俗学集镌（二）　1932.1—13

B02f005　金　音　尸头蛮及枫人（风神）　中和月刊　1942,3(7),44—47

B02f006　翔　云　豕与雨之传说　留日同学会季刊　1943,(5)

B02f007　斯　维至　殷代风之神话　中国文化研究　1948,(8)

B02f008　胡　厚宣　释殷代求年于四方和四风祭祀　复旦大学学报　1956,(1),49—86

B02f009　严　一萍　卜辞四方风新义　大陆杂志*　1957,15(1),1—6

B02f010　谭　正璧　《雪精》的故事：一个古佚民间神话故事的探索　民间文学　1963,(2)

B02f011　袁　珂　雪精：中国神话辞典摘抄　活页文史丛刊(67)　1980.87

B02f012　萧　兵　甲骨文四方风名新解　甲骨文与殷商史（四）　1985

B02f013　龚　维英　试论上古神话旱雨神祇的转变　商丘师范专科

			学校学报　1988,(1)
B02f014	杨　　琳		四方神名及风名与古人的四方观念　中国民间文化　1993,(4),27—44
B02f015	冯　　时		殷墟卜辞四方风研究　考古学报　1994,(2),131—153
B02f016	郑　杰祥		商代四方神名和风格新证　中原文物　1994,(3),5—11
B02f017	李　　立		从箕星、风师到风伯神:论汉代风神崇拜模式的建立　松辽学刊　1996,(4),41—44
JB02f001	赤塚　忠		中国古代における風の信仰と五行說　『二松学舍大学論集』(創立百周年記念)　1977.47—92
JB02f002	坂出祥伸		中国古代における風の観念とその展開　中国文学会紀要(関西大)9　1985.18—37;『中国古代の占法』　東京　研文出版社　1991

g. 其他

B02g001	张　为纲		江西南昌的民俗(地震神话)　民俗季刊　1936,1(1)
B02g002	刘　文英		中国古代关于北极光的记载和神话　活页文史丛刊(93)　1980.1—6
B02g003	张　明华		烛龙和北极光　学林漫步(八)　1983;《山海经新探》　1986.308—314
B02g004	田　世英		"东海三为桑田"今释　山西大学学报　1984,(4),91—93,90
B02g005	小岛樱礼; 张　正军		鳗鱼、螃蟹与地震发生的神话 思想战线　1997,(6),84—91
JB02g001	小川琢治		東西民族の地震に関する神話及び伝説　藝文15(1)　1924.1—26;『支那歷史地理研究』初集　東京　弘文堂書房　1928
JB02g002	出石誠彦		上代支那の旱魃と請雨——その説話と事実と　史観8　1935
JB02g003	松本信広		古代中国の季節祭と伝説との関係　史学27(1)　1953;『日本民族文化の起源』3　東京　講

談社 1978. 405—426

3. 人类起源神话
a. 伏羲女娲神话

B03a001+ 杨　利慧　《女娲神话与信仰》　北京　中国社会科学出版社　1997.12

B03a002+ 钟　敬文　女娲神话研究的新拓展:序《女娲神话与信仰》中国文化研究　1996,(2)

B03a001　病　　云　女娲传　女子世界　1905,2(4/5)

B03a002　统　　九　淮阳太昊陵庙会概况(上)　河南政治月刊 1934,4(8),1—20

B03a003　朱　君哲　女娲氏的卦　山西文化　1935,1(3)

B03a004　朱　君哲　女娲功伟大,家家膜拜补天穿　工商日报(港) 1936.2.11

B03a005　孔　令谷　从伏羲等陵说到文化始于东南　说文月刊 1940,2(1),461—467

B03a006　孔　令谷　冯夷,伏羲　说文月刊　1941,3(1),89—100

B03a007　吕　思勉　伏羲考　古史辨(七)　1941.350—352;《吕思勉读史札记》 1982.30—32

B03a008　吕　思勉　女娲与共工　古史辨(七)　1941.352—36;《吕思勉读史札记》 1982.56—64

B03a009　闻　一多　伏羲考　人文科学学报　1942,(2),171—190;《闻一多全集》(一) 1948.3—68;《神话与诗》 1954.3—68

B03a010　闻　一多　伏羲与葫芦　文艺复兴(中国文学研究专号) 1948,(专号),10—19;《闻一多全集》(一) 1982.55—68

B03a011　芮　逸夫　伏羲女娲　大陆杂志*　1950,1(12),8—11

B03a012　苏　雪林　死神特征与伏羲女娲人首蛇身之考证　中华日报* 1955.4.12

B03a013　徐　亮之　伏羲女娲考　金匮论古综合刊(港)　1957,(1),

			42—48
B03a014	张　其昀	中国历史第一章:伏羲　中国一周*(560) 1961	
B03a015	冯　华	记新疆新发现的绢画伏羲、女娲像　文物 1962,(7/8),86—87	
B03a016	吴　泽	女娲传说史实探源　学术月刊　1962,(4),55—61	
B03a017	刘　蕙孙	以土抟人和炼古补天:关于"女娲氏"的神话传说 福建日报　1962.5.19	
B03a018	许　牧野	兰阳平源开发前的神奇故事(伏羲)　中国时报*　1967.3.18	
B03a019	刘　渊临	甲骨文中"蚰"字与后世神话中的伏羲女娲　史语所集刊*　1969,41(4),595—608	
B03a020	郭　沫若	桃都,女娲,加陵　文物　1973,(1),2—6	
B03a021	方　洪畴	伏羲是中华文化的始祖　中原文献*　1973,5(2),1—5	
B03a022	许　雪姬	论女娲　史荟*　1973,(3)	
B03a023	苏　雪林	人祖伏羲　畅流*　1976,54(3)	
B03a024	老　龙	历史上的女娲　新生报*　1976.11.30	
B03a025	王　孝廉	造人主婚:女娲神话　中国时报*　1978.5.8(12)	
B03a026	奚　松	图说古代中国神话(女娲补天)　中国时报* 1978.5.8	
B03a027	楚　戈	双龙与女娲伏羲　文艺*　1978,(104—106),16—23	
B03a028	真　汉	羊与历史文物(伏羲)　风光　1979,(1)	
B03a029	许　进雄	鹿皮与伏羲女娲的传说　大陆杂志*　1979,59(2),32—35	
B03a030	赫　毓楠	"冀州"小议;谈"女娲补天"中的一条注释　中华文史论丛　1980,(4),158—160	
B03a031	童　书业	太皞《春秋左传研究》 1980.4—5	
B03a032	冉　懋芹	中国神话中的普罗米修斯:女娲　明报(港)	

			1980,15(11),62
B03a033	郭	德维	曾侯乙墓中漆簠上日、月和伏羲、女娲图像试释 江汉考古 1981,(1),56—60,58
B03a034	玄	公	女娲 哈尔滨文艺 1981,(3),45—46
B03a035	萧	兵	女娲考 活页文史丛刊(148) 1981.1—20;《楚辞与神话》 1987.329—391
B03a036	吕	思勉	华胥氏(伏羲之母) 《吕思勉读史札记》 1982.32
B03a037	张	自修	骊山女娲风俗及其渊源 陕西民俗学研究资料 1982.84—96
B03a038	程	思炎	骊山女娲风俗对我们的启示 陕西民俗学研究资料 1982.97—103
B03a039	孙	重恩	伏羲女娲考 中原文物 1983,(特刊),114—117,54
B03a040	樊	奇峰	太昊伏羲陵 中州今古 1983,(2)
B03a041	希	稼	骚子歌初探(伏羲) 民间文学论坛 1983,(3),50—58
B03a042	刘	尧汉	中华民族的原始葫芦文化 中南民族学院学报 1983,(3),135
B03a043	侯	哲安	伏羲女娲与我国南方诸民族 求索 1983,(4),102—107
B03a044	刘	凤君	试释吐鲁番地区出土的绢画伏羲女娲像 新疆大学学报 1983,(3),72—75
B03a045	陈	英德	记袁运生新壁画"两个中国神话:女娲与共工"由痛苦到欢愉? 艺术家* 1983,17(6),64—73
B03a046	王	仲孚	伏羲氏传说试释 师大历史学报* 1983,(11)
B03a047	余	德章	"伏羲女娲,双龙"画像砖试释 四川文物 1984,(3)
B03a048	刘	尧汉	中华民族龙虎文化论——联结中国各族的龙虎文化纽带渊源于远古女娲伏羲的合体葫芦(一、二) 贵州民族研究 1985,(1),38—51;1985,(2),56—72

B03a049	谷野典之；沈　默	女娲、伏羲神话系统考（上、下）　南宁师范学院学报　1985,(1),130—135
B03a050	程　思炎	骊山女娲风俗　风俗　1985,(2)
B03a051	屠　武周	伏羲非太皞考　文科通讯（淮阴教育学院）1985,(2);高校文科学报文摘　1986,(1)
B03a052	吴　伯田	"女娲补天"是抗地震　求索　1985,(4),111
B03a053	邵　养德	高昌掠影兼谈《伏羲女娲图》　《丝绸之路造型艺术》　新疆艺术编辑部编　1985
B03a054	石　沉	女娲蛇身探源　民间文学　1986,(1),20—21
B03a055	骆　宾基	人首龙尾的伏羲氏夏禹考——《金文新考·外集·神话篇》之一　上海社会科学院学术季刊　1986,(2)
B03a056	胡　仲实	论伏羲女娲神话　广西师范学院学报　1986,(2),88—93
B03a057	刘　城淮	女娲伏羲神话论　贵州文史丛刊　1986,(2),99—105
B03a058	高　友鹏	女娲城庙会采风思索　民间文学研究动态　1986,(2—3)
B03a059	云　博生	女娲神话的发生地、内容、衍变考——兼谈与南方少数民族洪水神话的关系　《民族民间艺术研究》（广东）（二）　1986.181—195
B03a060	杨　堃	女娲考——论中国古代的母性崇拜与图腾　民间文学论坛　1986,(6),4—14
B03a061	陈　钧	女娲　民间文学研究动态　1986,(6—7)
B03a062	兰　鸿恩	女娲·少司令·米六甲　广西民间文学丛刊（十三）　1986.6—16
B03a063	汉　淳	"女娲抟黄土作人"的起源　北京大学研究生学刊　1987,(2)
B03a064	龚　维英	女娲本来面目探源　民间文艺季刊　1987,(2),115—125
B03a065	徐　华龙	女娲神话新考　民间文艺季刊　1987,(4),60—77

B03a066	程 德琪	伏羲新考 江海学刊 1987,(5),62—67,92	
B03a067	骆 宾基	一篇反映古老历史的神话——关于女娲以古补天的史实 上海社会科学院学术季刊 1987,(2),201—208	
B03a068	赵 华	伏羲女娲之西域化 新疆艺术 1987,(3)	
B03a069	陈 健铭	女娲娘娘渡台一百陆拾周年(田野笔记) 民俗曲艺*(47) 1987.148	
B03a070	王 永宽	女娲炼石补天是这么回事？《中国文化之谜》(二) 1987	
B03a071	李 福清；李少雍等	人类始祖伏羲女娲的肖像描绘 《中国神话故事论文集》 1988.17—72	
B03a072	李 永克	也谈伏羲氏的地域和族系 江海学刊 1988,(4),107—114	
B03a073	李 洪浦	连云港将军岩画与女娲的古史传说 东南文化 1988,(2),69—72	
B03a074	李 福清	在越南采录的女娲新材料 民间文学论坛 1988,(3),11—14；《中国神话故事论集》 1988.172—177	
B03a075	梁 木森	伏羲神话研究简论 民族文学研究 1988,(5),91—96	
B03a076	张 自修	丽山女娲风俗与关中民间美术 陕西民间美术研究(二) 1988	
B03a077	张 自修	丽山女娲风俗及其渊源 陕西民俗学资料 1988	
B03a078	程 思炎	丽山女娲风俗对我们的启示 陕西民俗学资料 1988	
B03a079	曹 必文	伏羲女娲兄妹婚辨正 江海学刊 1989,(2),113—125	
B03a080	刘 毓庆	女娲即女阴考——中国生殖文化之一瞥 晋阳学刊 1989,(3),91—95	
B03a081	刘 玉堂	女娲补天与精卫填海 艺术与时代 1989,(4)	
B03a082	程 健君	南阳汉画像石中的伏羲女娲 民间文学论坛	

1989,(1),56—60

B03a083	张 志尧	人首蛇身的伏羲、女娲与蛇图腾崇拜——兼论《山海经》中人首蛇身之神的由来 西北民族研究 1990,(1),31—45	
B03a084	魏 峨	女娲神话源流论 黄淮学刊 1990,(2)	
B03a085	吴 文志	萨满为女娲神考 贵州民族研究 1990,(2),33—37	
B03a086	金 棹	伏羲女娲神话的文化意象:关于宗教与科学的起源和二者关系的演变 中国社会科学院研究生院报 1990,(6),43—48	
B03a087	易 谋远	"伏羲的族别为西戎"说质疑:和刘尧汉先生商讨 中央民族学院学报 1990,(6),49—54	
B03a088	程 健君	女娲神话与"祈晴""求子"习俗 《神话与民俗》 1990.39—49	
B03a089	杨 复俊	太昊伏羲氏原始信仰遗泽发掘报告 《神话与民俗》 1990.50—58	
B03a090	徐 祝林	从女娲形象看中国古代小说的渊源 辽宁商业专科学院学报 1990,(2)	
B03a091	裴 建平	"人面蛇身"伏羲,女娲绢画略 文博 1991,(1),83,86	
B03a092	何 光岳	伏羲氏的神话与史实 民族论坛 1991,(3),34—39,74	
B03a093	吴 泽顺	伏羲盘古关系考 吉首大学学报 1991,(4)	
B03a094	周 蜀蓉	试探中国"女娲"之源 史学月刊 1991,(4),1—7	
B03a095	刘 毓庆	"补天"考 贵州社会科学 1991,(4),42—46	
B03a096	黄 杨	伏羲名谓的本真内涵新释:美的化身与沽的象征 南通教育学院学报 1991,(4),41—43	
B03a097	张 振犁	论女娲神话的地方化 《中原古典神话流变论考》 1991.43—62	
B03a098	李 炳海	伏羲女娲神话的地域特征及文化内涵 河南大学学报 1992,(2),26—30	

B03a099	刘　志一	伏羲氏是"贴瓜人"	社科信息(南宁)　1992,(11),29—33
B03a100	焦　学峰	伏羲、女娲、孟津与华夏之根	易学研究　1993,(1),14—23
B03a101	刘　文英	伏羲传说的原始背景和文化内涵	甘肃社会科学　1993,(1),27—32
B03a102	蒋　德平	女娲与中国古代的女性崇拜	江西社会科学　1993,(1),55—59,43
B03a103	吴　泽顺	上古开辟神话的"伏羲"本义考释	青海师范大学学报　1993,(1),72—76
B03a104	周　属蓉	论"女娲"与性禁忌	四川大学学报　1993,(1),88—93
B03a105	武　文	伏羲原始生殖祖神	西北民族研究　1993,(1),141—148
B03a106	木　尧	伏羲女娲神话的文化学析义	渭南师范专科学校学报　1993,(1),27—32
B03a107	武　文	阴阳和谐的思维原始:论伏羲、女娲的人文意识	西北师范大学学报　1993,(1),44—45
B03a108	刘　雁翔	伏羲传说事迹辨证	西北民族学院学报　1993,(2)
B03a109	易　谋远	中华民族同是彝族祖灵葫芦里伏羲女娲相配的子孙吗和刘尧汉先生商榷	贵州民族研究　1993,(2),56—65
B03a110	王　戈	从伏羲女娲到东王公、西王母:山东地区汉代墓祠画像石神话题材	美术研究　1993,(2),54—57
B03a111	涂　殷康	蛙神话源流(女娲)	中国民间文化　1993,(3),47—67
B03a112	沈　珉	浅述文学中的女娲主题	绍兴师范专科学校学报　1993,(4),67—71
B03a113	黄石声等	"杯"之探索:兼与宫哲兵《伏羲作八卦辨》商榷	重庆师范学院学报　1993,(4),112—114,76

B03a114	钟　年	女娲神话中一个关键细节的复原　中南民族学院学报　1993,(4),71—74	
B03a115	杨　利慧	女娲神话研究史略　北京师范大学学报　1994,(1),96—106	
B03a116	张　先堂	论伏羲神话的历史文化内涵及其与天水地区的关系　社科纵横(兰州)　1994,(1),58—62	
B03a117	林　声	伏羲考:兼论对古代传说时代的研究　江苏社会科学　1994,(1),79—83,40	
B03a118	钟　年	女娲与依罗:土家族神话对古神话复原的启示　湖北民族学院学报　1994,(1),21—22	
B03a119	新　文	中皇山的女娲民俗　民间文学论坛　1994,(1),40—41	
B03a120	陈　建宪	人与土地——女娲泥土造人神话新探　华中师范大学学报　1994,(2),77—80:报刊复印资料　1994,(5):新华文摘　1994,(6)	
B03a121	任　继昉	"伏羲"考源　传统文化与现代文化　1994,(3),27—36	
B03a122	易　谋远	中华民族祖先是彝族祖灵葫芦里的伏羲女娲吗?——和刘尧汉先生商榷　民族研究　1994,(3),33—41	
B03a123	李　润强	旷古逸夫:关于伏羲、女娲,皇帝和西王母的传说　中国典籍与文化　1994,(4),22—27	
B03a124	范　三畏	秦发祥地上的伏羲之谜　西北师范大学学报　1994,(4),44—46	
B03a125	易　谋远	彝族祖灵葫芦的"葛藤"把中华民族联结为一个整体吗——和刘尧汉先生商讨　中南民族学院学报　1994,14(4),86—91	
B03a126	范　三畏	伏羲之谜　中国古籍与文化　1994,(4)	
B03a127	朱　炳祥	伏羲图腾的文化意义　荆州师范专科学校学报　1995,(1)	
B03a128	宋　兆麟	中国史前的女娲信仰　中国历史博物馆馆刊　1995,(1)	

编号	作者	题目	出处
B03a129	张　华	伏羲抟说之史影	西北史地　1995,(2)
B03a130	钟　年	女娲抟土造人神话的复原	寻根　1995,(3)
B03a131	陈　崇凯	骊山女娲遗迹与古代的人祖庙会	华夏文化　1995,(4)
B03a132	孟　繁任	女娲神话,女娲陵,女娲庙	寻根　1995,(5)
B03a133	王　瑶	《女娲补天》的美学价值	蒲峪学刊(齐齐哈尔)　1996,(1),25—26
B03a134	段　向群	人祖伏羲考略	炎黄春秋　1996,(2)
B03a135	杨　利慧	始母神——女娲神格的基点和中心	民间文学论坛　1996,(2),19—25
B03a136	张　翠玲	西华女娲城庙会调查报告(上、下)	民俗研究　1996,(2),40—45,97;1996,(3),45—53
B03a137	关　静芬	伏羲与欧亚奈斯生物	辽宁大学学报　1996,(2),67—71
B03a138	张　翠玲	西华女娲城庙会文化价值刍	民间文学论坛　1996,(3),49—52
B03a139	吕　威	楚地帛书:敦煌残卷与佛教伪经中的伏羲女娲故事	文学遗产　1996,(4),16—29
B03a140	贺　福顺	"女娲、媒神、高禖"商榷	四川文物　1996,(5)
B03a141	杨　利慧	女娲信仰起源与西北渭水流域的推测:从女娲人面蛇身像谈起	北京师范大学学报　1996,(6),55—60
B03a142	尹　荣方	女娲为阴神考	中文自学指导　1996,(6),8—13,14
B03a143	杨　利慧	中原女娲神话及其信仰习俗的考察报告	《中国民俗学研究》(二)　1996
B03a144	刘　毓庆	吉县女娲岩画考	民间文学论坛　1997,(1),29—31
B03a145	李　祥林	女娲神话的女权文化解读	民族艺术　1997,(4),49—64
B03a146	李　道和	女娲补天神话的本相及其宇宙论意义	文艺研究　1997,(5),101—109

B03a147	杨　利慧	伏羲女娲与兄妹婚神话的粘连与复合　北京师范大学学报　1997,(6),20—26
B03a148	杨　利慧	甘肃天水地区的女娲信仰　民俗曲艺＊(111) 1998
B03a149	楊　治经	"恩都力"与"女娲"泥土造人的异同：满通古斯语族民族与汉族抟土造人型人类起源神话比较　黑龙江民族丛刊　1998,(4),104—106
B03a150	刘　毓庆	"女娲补天"与生殖崇拜　文艺研究　1998,(6),93—103
JB03a001	小島政雄	伏羲の書掛説について　漢文学会報（東京文理科大）7　1934
JB03a002	小林太市郎	女媧と観音　佛教芸術(1)(2)　1948
JB03a003	熊谷　治	伏羲について　史学研究(広島大)61　1956
JB03a004	熊谷　治	伏羲考　史学研究(広島大)67　1957
JB03a005	熊谷　治	伏羲・女媧について　史学研究（広島大）61(63)　1956
JB03a006	村松一弥	中国創世神話の性格――女媧にことよせて　文学6　1965．12—21
JB03a007	広畑輔雄	武梁祠畫像石「伏羲女媧図」に関する一考察――その日本神話との関係について　日本中国学会報19　1968．62—76
JB03a008	中西　進	創生神話試論――女媧伝説断片　国語と国文学6　1960：『日本の神話』（日本文学研究資料叢書）　東京　有精堂　1970,83—94
JB03a009	鉄井慶紀	伏羲・女媧の伝説について　支那学研究35　1970．1—7：『中国神話の文化人類学的研究』　東京　平河出版社　1990．366—378
JB03a010	御手洗勝	太皞と伏羲　『鈴木博士古稀記念東洋学論叢』　東京　明徳出版社　1972：『古代中国の神々』　東京　創文社　1984．607—642
JB03a011	上野アキ	アスタナ出土の伏羲女媧図について(上、下)　美術研究　1974,(292),1—13；1974,(293),1—

17

JB03a012	田村和親	女媧考——郊媒神としての性格を中心にして 二松学舎大学論集（創立百周年記念） 1977，149—172
JB03a013	石田　博	太皞庖犠の一考察——神話と歴史との間　漢文学会会報（国学院大学）23　1977．1—11
JB03a014	鉄井慶紀	図像と思想——伏羲女媧図（1—3）　東洋研究 1988，(85)，1—45；1989，(91)，3—28；1989，(92)，47—84；『中国神話の文化人類学的研究』東京　平河出版社　1990．379—447
JB03a015	谷野典之	女媧・伏羲神話系統考　東方学 59　1989．1—17

b. 其他人类起源神话

B03b001	周　成贵	人类起源神话传说初探　民间文学论集（辽宁）（一）　1983．27—39
B03b002	刘　城淮	人类诞生神话的萌生、发展与变化　民间文艺季刊　1988，(1)，121—139
B03b003	蜀　南	混沌之序（人类起源）　边疆文化论丛（二）（云南）　1989．98—105
B03b004	宋　长宏	试探人类起源神话的文化内涵　西北第二民族学院学报　1990，(3)，6—13
B03b005	刘　志雄	中国远古神话中的人类始祖及其原形　历史大观园　1991，(3)，60—61
B03b006	亚　南	人体本源的古朴探索：口承文化中的人类起源论　云南学术探索　1991，(5)，46—49
B03b007	涂元济等	人从葫芦出　《神话、民俗与文学》　1993．208—213
B03b008	廖　星等	"卵"与中国创生神话　文史知识　1994，(9)，108—111
B03b009	傅　光宇	"蛋生人"神话，传说与故事　民族艺术研究 1996，(1)，58—63
JB03b001	増谷文雄	世界の始源に関する三つの神話について　宗

教学年报(大正大学)11 1959.1—7

4. 洪水神话
a 综论

B04a001　王　桐龄　历史上亚洲民族之研究(附洪水说)　学术与教育　1924,1(1)

B04a002　华　林一　中国洪水以前之物质文明　民铎杂志　1925,6(1),1—16

B04a003　顾　颉刚　洪水之传说及治水等之传说　史学年报 1930,1(2),61—67

B04a004　钟　敬文　中国的水灾传说及其他　民众教育季刊 1931,1(2);《钟敬文民间文学论集》(下)　1985. 163—191

B04a005　德　佑　杨子江泛滥及洪水的传说　东方杂志　1932,29(2),92—96

B04a006　冯　家升　洪水传说之推测　禹贡半月刊　1934,1(2),32—38

B04a007　傅　耕野　洪水考　新东方杂志　1940,(7)

B04a008　陈　志良　沉城的故事　风土杂志　1943,1(2/3)

B04a009　程　仰之　古蜀的洪水神话与中原的洪水神话　说文月刊 1943,3(9),25—31

B04a010　鲍　文熙　中国洪水传说考　学术界　1944,2(4),75—78

B04a011　陶　云逵　栗粟族的洪水传说　中研院历史语言研究所集刊　1948,(17)

B04a012　刘　孝瑜　海洋民族之洪水神话　中央日报* 1949.9.16

B04a013　李　卉　台湾及东南亚的同胞配偶型洪水传说　中国民族学报(一)　1955.171—180

B04a014　徐　艺书　洪水方舟故事的来历　新生报* 1959.9.10

B04a015　沈　树荣　上古时代有关地下水和水旱灾害的传说　水文地质工程　1979,(2)

B04a016　赵　国华　关于洪水传说　南亚研究　1979,(1),72

B04a017　许　云樵　洪水与巨人　《文心雕虫续集》(新)　1980

B04a018	乌　丙安	洪水故事中的非血缘婚姻观　《民间文学论文选》　1982. 34—49	
B04a019	涂　　石	兄妹婚姻是怎么一回事？　民间文学　1982,(12),106—111；《神话,民俗与文学》　1993. 188—196	
B04a020	刘　蕙孙	洪水问题真相的探索；说洪水就是山洪暴发　历史教学　1983,(3),2—7	
B04a021	张　福三	简论我国南方民族的兄妹婚神话　思想战线　1983,(3),83—88	
B04a022	刘　守华	一则古代传说的民俗依据："石狮口内出血、地陷为湖"传说试解　楚风　1984,(2)	
B04a023	涂　　石	兄妹结婚神话中的验证情节　《年会论文选》(上海)　1984. 112—119：《神话,民俗与文学》　1993. 196—202	
B04a024	谢　选骏	诺亚和方舟　现代人　1985,(3)	
B04a025	刘　城淮	洪水滔天,人类诞生　贵州文史丛刊　1985,(2),93—99	
B04a026	杨　知勇	洪水神话浅探　民间文学论坛　1985,(2),59—66	
B04a027	周　德均	洪水神话与造人神话　民间文学论坛　1985,(2),67—74	
B04a028	陈　炳良	广西瑶族洪水故事研究　《神话、礼仪、文学》*　1985. 39—70	
B04a029	吕　　微	中国洪水神话结构分析　民间文学论坛　1986,(2),59—66	
B04a030	韦　兴儒	从星伤学看洪水神话　苗岭风谣　1986,(2),1—3：民族文学研究　1987,(3),49—51,73	
B04a031	刘　世彬	关于洪水滔天神话的思考　采风　1986,(3)	
B04a032	蒙　　宪	浅谈洪水神话的兄妹婚　广西民族研究　1986,(4),103—111	
B04a033	蔡　大成	兄妹婚神话的象征　民间文学论坛　1986,(5),29—32,89	

B04a034	王　亚南	兄妹神话的再认识　山茶　1986,(5),46—50
B04a035	桑　秀云	"地陷为湖"传说故事形成的探讨　政大边政所年报*　1986,(17),195—207;《中国文学研究》(香港及海外中文报资专辑)　1987,(6),1—12,50
B04a036	松原孝俊; 陈　晓林	洪水型兄妹人祖神话 南风　1987,(1),75—80
B04a037	蔡　茂松	论洪水神话内涵差异性的成因　民间文学论坛　1987,(1)
B04a038	杨　秀禄	论洪水神话的真实性　《贵州神话史诗论文集》1988.73—84
B04a039	巴　伦	洪水神话情节演化构拟　《贵州神话史诗论文集》1988.92—98
B04a040	巴　伦	从星伤学看洪水神话　《贵州神话史诗论文集》1988.85—91
B04a041	彭　兆荣	兄妹婚神话结构之分解与整合　贵州大学学报　1988,(2),25—36
B04a042	宋　兆麟	洪水神话与葫芦崇拜　民族文学研究　1988,(3),65—71
B04a043	张　振犁	中原洪水神话管窥　民间文学论坛　1989,(1),36—43;《中原古典神话流变论考》1991.63—88
B04a044	罗　汉田	洪水、契约、石碑　民间文学论坛　1989,(1),44—48
B04a045	(法)雅克·勒穆瓦; 赵　捷	洪水神话的原型与定义 山茶　1989,(4),75—79,74
B04a046	鲁　刚	大洪水神话中的虚实　求是学刊　1989,(6),58—62
B04a047	钟　敬文	洪水后兄妹再殖人类神话　中国与日本文化研究(一)　1990
B04a048	张　铭远	洪水神话新考——兄妹婚与生殖信仰　民族文学研究　1990,(2),48—55

B04a049	徐　华龙	洪水神话新探　平原大学　1990,(2),39—44	
B04a050	张　群辉	洪水滔天的传说与上古环境的变迁　贵州民族学院学报　1990,(4),34—40	
B04a051	武　　夫	洪水神话与龙图腾民族文化　西北师范大学学报　1990,(4),49—55	
B04a052	王　四代	生命意识的"启示录"：论洪水神话的悲剧精神　云南民族学院学报　1990,(4),70—75	
B04a053	耿　　瑞	中原洪水兄妹婚神话及其遗俗　《神话与民俗》　1990.9.32—38	
B04a054	钟　敬文	从石龟到石狮——《洪水后兄妹再殖人类神话》的一节　民间文学论坛　1991,(2),4—6	
B04a055	朱　大可	洪水神话及其大灾变背景　上海师范大学学报　1992,(1),61—67	
B04a056	李　炳海	略论洪水造人神话在初民思想史上的意义　中州学刊　1993,(3),96—100	
B04a057	朱　炳祥	略论洪水造人神话在初民思想史上的意义　中州学刊　1993,(3)	
B04a058	马　昌仪	石狮子的象征与陆沉神话　首都师范大学学报　1993,(4),76—82	
B04a059	廖　　森	大洪水的历史传说与汉字"昔""灾"　文史知识　1993,(6),113—116	
B04a060	涂元济等	人从葫芦出　《神话民俗与文学》　1993.208—213	
B04a061	鹿　以鹿	洪水后兄妹神话新探　东方文化(3)　1993	
B04a062	钟　　年	"混沌"与洪水神话的干连　淮阴师范专科学校学报　1994,(1),51—52	
B04a063	周　　琼	浅析云南少数民族的洪水神话　楚雄师范专科学校学报　1994,(4),80—83,85	
B04a064	殷　鼎周	洪水神话产生的时代和环境　昆明社会科学　1994,(4),54—56	
B04a065	史　军超	洪水与葫芦的象征系统　民间文学论坛　1995,(1),30—34	

B04a066	傅　光宇	"难题求婚"故事与天女婚配型洪水遗民神话　民族文学研究　1995,(2),63—69
B04a067	王　钟陵	神婚及宇宙毁灭——再造神话的内在意蕴　社会科学辑刊　1995,(4),127—136
B04a068	陈　建宪	中国洪水神话的类型与分布——对433篇异文初步宏观分析　民间文学论坛　1996,(3),2—10
B04a069	敖　行维	贵州彝族苗族洪水传说的比较研究　贵州民族研究　1996,(3),110—116
B04a070	鹿　以鹿	南方民族的洪水神话——从苗瑶彝谈起　《中国神话与传说学术研究会论文集》*（下）；台北汉学研究中心　1996.3　455—470
B04a071	吕　微	"息壤"研究　中国文化　1996,（秋）
B04a072	鹿　以鹿	台湾原住民与大陆南方民族的洪水神话比较　民间文学论坛　1997,(1)
B04a073	刘　锡诚	陆沉传说再探　民间文学论坛　1997,(1),50—57
B04a074	刘　劲予	论洪水神话与文化分型　中山大学学报　1997,37(3),91—96
B04a075	姚　义斌	洪水传说与中国早期国家的形成　史学月刊　1997,(4),11—14,111
B04a076	刘永江等	洪水神话的起源新探　齐齐哈尔师范专科学校学报　1998,(5),36—42
JB04a001	出石誠彦	上代支那旱魃洪水説話小考　学習院史学会会報 12　1931:『支那上代思想史研究』　東京　藤井書店　1943:『支那上代思想史研究』（改訂版）　東京　福村書店　1947
JB04a002	出石誠彦	上代支那の洪水説話について　東洋学報 19(3)　1931.108—148:『支那神話伝説の研究』　東京　中央公論社　1943.267—324:1973.（増改版）,267—324
JB04a003	出石誠彦	上代支那の旱魃と請雨——その説話と事実

		史観（早稲田大学史学会）8　1935．13—51；『支那神話伝說の研究』　東京　中央公論社　1943．445—490；1973．（増改版），445—490
JB04a004	中島成明	支那古代洪水伝説の成立　支那学10（3）1941．43—72
JB04a005	松本信広	中国洪水伝説の諸相　史学23（2）　1948．208—248；『東亜民族文化論攷』　東京　誠文堂新光社　1968．201—229；『日本民族文化の起源』3　東京　講談社　1978．371—404
JB04a006	直江広治	葫蘆人の誕生——中国民譚研究覚書　国民の歴史2（7）　1948
JB04a007	松本信広	中国の洪水伝說　歴史教育16（10）　1968．10—15
JB04a008	佐藤武敏	『管子』に見える治水說　『中国古代史研究』3（中国古代史研究会編）　吉川弘文堂　1969
JB04a009	澤田瑞穂	旱魃とミイラ　天理大学学報76　1971．1—15
JB04a010	熊谷　治	同胞配偶型洪水伝說について　アジア文化9（4）　1973．37—44
JB04a011	増田福太郎	アジアの洪水伝説と不婚制に関する口伝にそって　アジア研究所紀要6　1979．33—47
JB04a012	百田弥栄子	洪水神話試論——兄妹婚と瓜中生誕を中心として　アジア・アフリカ語学院紀要4　1981．3—36
JB04a013	鈴木健之	葫蘆考—中国におけるヒョウタンをめぐる民俗文化の諸相　東京学芸大学紀要35（人文科学）　1984，187—200
JB04a014	君島久子	天女始祖型洪水說話の周辺　『日本伝説学大系』別巻1　東京　みずらみ書房　1989　386—407
JB04a015	谷野典行	中原神話考——河南省漢族の伝える洪水神話について　『中国の歴史と民俗』　東京　第一書房　1991．141—167

| JB04a016 | 鐘　敬文 | 洪水後兄妹による人類再繁栄の神話　日中文化研究（創刊号）　東京　勉誠社　1991.7—21 |
| JB04a017 | 伊藤清司 | 江南の洪水伝説　しにか5(8)　東京　大修館書店　1994.54—59 |

b. 共工神话

B04b001	杨　宽	略论共工与鲧之传说　大美晚报·历史周刊(16)　1936.2.25
B04b002	杨　宽	再论共工与鲧之传说　大美晚报·历史周刊(19)　1936.3.17
B04b003	孙　家骥	洪水传说与共工　台湾风物* 1960,10(1),6—21
B04b004	李　瑾	共工不死:甲骨文中的共工族及其他　羊城晚报　1962.5.16
B04b005		关于共工头触不周山的故事　东海　1962,(5),3:人民日报　1962.5.12
B04b006	韩　万权	共工是胜利的英雄:杂谈神话、历史和现实　四川日报　1962.6.8
B04b007	吴　则虞	共工触不周疏证　光明日报　1962.6.11
B04b008	丁　力	关于共工这个典故的不同用法:和里诗话　羊城晚报　1962.10.16
B04b009	杨　国宜	共工传说史实探源　文史（三）　1963.61—68
B04b010	王　孝廉	不周之山:共工神话　中国时报* 1978.5.22(12)
B04b011	王　骧	共工神话小议:学习毛主席《渔家傲·反第一次大围剿》札记　教学与进修　1979,(1)
B04b012	林　祥征	共工与洪水　泰安师范专科学校学报　1980,(2)
B04b013	高　国藩	共工神话略谈　学术月刊　1980,(12),54—56
B04b014	吕　思勉	女娲与共工　《吕思勉读史札记》　1982.56—64
B04b015		共工禹治水　木铎　71—76
B04b016	华　东铨	还共工的本来面目　雷州师范专科学校学报

1983,(3);广东教育学院学报 1987,(5),38—41

B04b017	王　骧	共工神话的现实意义 《民间文艺集刊》 1984. 119—125
B04b018	刘　城淮	康回与共工　民间文学论坛　1984,(2),42—46
B04b019	王　震中	《共工氏主要活动地区考》驳顾的《九州之戎与戎禹》与《鲧禹的传说》　人文杂志　1985,(2),103—106
B04b020	刘　城淮	共工的演变　民间文艺季刊　1986,(2),43—50
B04b021	王　子今	共工神话与远古虹崇拜　民间文学论坛　1988,(5/6),70—75
B04b022	刘　地生	"共工"名考　镇江师范专科学校学报　1993,(3),24—26
B04b023	仲　红卫	共工鲧禹：论中国洪水神话的人物原型　陕西师范大学学报　1995,(4),81—84
B04b024	叶　林生	共工考　江苏社会科学　1997,(5),108—115

c. 鲧的神话

B04c001	钱　穆	鲧的异闻　学灯　1923,5(2)
B04c002	李　阴光	鲧的罪状的讨论　语历所周刊　1928,5(53—54),2047—2050
B04c003	丁　学贵	关于鲧禹罪状的讨论　语历所周刊　1929,5(81),3264—3267
B04c004	姜　蕴刚	治水及其人物　说文月刊　1934,3(9),65—68
B04c005	杨　宽	略论鲧禹之神话传说　大美晚报·历史周刊 1935. 12. 31(8)
B04c006	杨　宽	鲧共工与玄冥冯夷：中国上古史导论之一章　说文月刊　1939,1(4),49—56；《古史辨》(七) 1941. 329—344
B04c007	顾颉刚等	鲧禹的传说　说文月刊　1939,1(2),29—38、1939,(3),24—36、1939,(4),43—48；古史辨(七)(下) 1941. 142—194
B04c008	顾　颉刚	鲧禹与尧舜的关系是如何来的？　学术　1940,

(1),46—52

　　　　　　［系托名］

B04c009　钟　凤年　　四罪辨　燕京大学学报　1940,(27),211—232
B04c010　袁　　珂　　鲧治理洪水:中国古代神话传说之一　红岩　1952,(2)
B04c011　欧阳凡海　　屈原和鲧　光明日报　1957.1.13
B04c012　顾　颉刚　　息壤考　文史哲　1957,(10),43—48
B04c013　陈　炳良　　中国古代神话新释两则　清华大学学报*　1969,7(2),206—232
B04c014　赵　仲邑　　蜗庐漫笔·鲧不是罪人！　随笔　1979,(1),159—160
B04c015　龚　维英　　鲧为女性说　活页文选丛刊(12)　1979.1—5
B04c016　童　书业　　鲧禹治水　《春秋左传研究》　1980.16—19
B04c017　萧　　兵　　伯鲧腹禹与库瓦达制　社会科学辑刊　1981,(2),71
B04c018　程　德祺　　略谈产翁习俗:兼释"伯禹愎鲧"　固原师范专科学校学报　1982,(3),32;《初犁集》(下)　1982,507—516
B04c019　孙　致中　　论鲧禹治水的功过及其不同遭遇的原因　齐鲁学刊　1982,(3),42—47
B04c020　马　少侨　　鸱龟曳衔:三苗集团佐鲧治水　贵州民族研究　1982,(4),27—29
B04c021　姚　益心　　鲧·梼杌·楚史　江汉论坛　1982,(10),53—58
B04c022　涂　元济　　"鲧化黄龙"考释　民间文艺集刊(三)　1982.35—49
B04c023　程　　蔷　　鲧禹治水神话的产生和演变　《民间文学论文选》　1982.50—68;《民间文艺学文丛》　1982.54—72
B04c024　祝　恩发　　从《楚辞·天问》看鲧的形象　社会科学(甘肃)　1984,(4),69—73
B04c025　范　　史　　鲧的死因并非治水　文汇报　1984.10.15

B04c026	邵　伯人	鲧禹变形臆说　《神话・仙话・佛话》　1986. 10—16	
B04c027	孙　重恩	鲧　中原文物　1989,(1),53—59	
B04c028	刘　毓庆	鲧禹神话考　中州学刊　1990,(1),89—92	
B04c029	顾　自力	鲧禹神话新解——从原始巫术破释鲧禹　中国民间文化　1991,(3),192—217	
B04c030	顾　自力	鲧禹治水传说新解　华中师范大学学报　1991,(4),78—82	
B04c031	战　继发	鲧之死因考辨　求是学刊　1992,(4),91—94	
B04c032	罗　漫	"息壤"与膨润土；一个文化之谜的科技考察　中国文化研究　1995,(2),59—64	
B04c033	李　祥林	"鲧腹生禹"：女性独体生殖神话的置换变型　四川社会科学界　1997,(1),48—51：民族艺术研究　1997,(4),42—45	
B04c034	周　述春	试探鲧禹治水　人民黄河（郑州）　1997,(3),52—56	
B04c035	周　延良	鲧禹治水与息壤的原始文化基型　文艺研究　1998,(6),88—92	
JB04c001	森安太郎	鯀禹原始　京都女子大学人文論叢9　1964. 1—22：『黄帝伝説—古代中国神話の研究』　京都　京都女子大学人文学会　1970. 41—62	
JB04c002	鉄井慶紀	鯀と共工の神話　哲学19　1967,　157—169：（改題：鯀と共工との神話——その性格をめぐって）『中国神話の文化人類学的研究』　東京　平河出版社　1990. 515—529	
JB04c003	松木洋子	鯀を探る　大東文化大学漢学会誌10　1971. 68—77	
JB04c004	御手洗勝	鯀禹伝説の整理　広島大学文学部紀要33 1974. 47—70：（改題：夏の始祖伝説——鯀禹伝説）『古代中国の神々』　東京　創文社 1984. 101—133	
JB04c005	小南一郎	大地の神話——鯀・禹伝説原始　古史春秋2	

1985.2—22

d. 大禹治水神话

B04d001	丁　文江	论禹治水不可信书　古史辨（一）　1926.207—209	
B04d002	顾　颉刚	论禹治水故事书　古史辨（一）　1926.209—210	
B04d003	高　重源	中国古史上禹治洪水的辨证　武汉大学文哲季刊　1930,1(4)	
B04d004	杨　宽	禹治水传说之推测　民俗周刊　1933,(116—118),39—44	
B04d005	许　道龄	从夏禹治水说之不可信谈到禹贡之著作时代及其目的　禹贡半月刊　1934,1(4),106—108	
B04d006	劳　干	禹治水故事之出发点及其他　禹贡半月刊　1934,1(6),184—185	
B04d007	秦　白谷	夏禹治水考　青年月刊　1936,2(6),55—58	
B04d008	陈　独秀	禹治九河考　东方杂志　1941,38(2),37—38	
B04d009	易　君左	大禹治水考　今文月刊　1942,1(3),105—108	
B04d010	黄　芝冈	大禹与李冰治水的关系　说文月刊　1943,3(9),69—75	
B04d011	章　鸿钊	禹之治水与勾股测量术　中国数学杂志　1951,1(1)	
B04d012	李　光璧	夏禹治水的传说应当如何解释　历史教学　1952,(10)	
B04d013	水利工程学会	大禹治水史略　台湾水利*　1953,1(1)	
B04d014	赵　铁寒	禹与洪水　大陆杂志*　1954,9(6),16—21	
B04d015	赵　光贤	关于大禹治水的传说　历史教学　1955,(4),12—15	
B04d016	徐　旭生	禹治洪水考　新建设　1957,(7),26—31	
B04d017	但　昭文	大禹治水建国　国魂*　1958,(161)	
B04d018	于　倬云	巨大的玉雕——大禹治水图　文物　1959,(2),32—33	
B04d019	沈　乃遐	从大禹治水谈起，认识必然才有自由　北京日	

报　1959. 7. 15

B04d020	杨　明照	四川治水神话中的夏禹　四川大学学报　1959, (4), 1—15
B04d021	张　其昀	河工水利的修明：大禹　中国一周＊(568) 1961
B04d022	梁　君仪	大禹治水的问题　港大文学年刊（港）　1961/1962
B04d023	齐　觉生	大禹治水之研究　政治大学学报＊　1963,(7)
B04d024	张　文杰	大禹治水的传说　水利与电力　1963,(14)
B04d025	黄　耀能	从治水的传说到农业水利灌溉事业的萌芽　书目季刊＊　1976,10(2)
B04d026	陈显泗等	传说中的大禹治水　郑州大学学报　1978,(1)
B04d027	周　魁一	先秦传说中大禹治水及其含义的初步解释　武汉水利电力学院学报　1978,(3/4)
B04d028	朱　慧琴	略论大禹治水和《禹贡》的治水思想　人民黄河　1981,(5),3—11
B04d029	马　宗申	关于我国古代洪水和大禹治水的探讨　农业考古　1982,(2)
B04d030	王　季恩	从夏禹治水谈起　《玉轮轩古典文学论集》 1982. 87—91
B04d031	袁　林	"大禹治水"新解　兰州大学学报（中国古代史论文辑刊）　1983（专号）,1—12
B04d032	黄世瑞等	传说中的治水英雄——夏禹　农史研究　1984,(4)
B04d033	徐　建春	大禹治水神话研究中的新发现　江西社会科学 1990,(4),113—117
B04d034	张　振犁	大禹治水神话溯源　《神话与民俗》　1990. 114—141；《中原古典神话流变论考》　1991. 209—236
B04d035	余　伟农	"大禹治水"新说　韩山师范专科学校学报 1993,(2),105
B04d036	冯　文宏	黄龙与大禹神话考源　四川文物　1994,(3),

			8—10
B04d037	沈　长云	论禹治水真象兼论夏史研究诸问题　学术月刊 1994,(6)
B04d038	乐　黛云	中国洪水神话大禹治水　东亚研究(27) 1994.223—231
B04d039	刘　宗迪	禹步,上羊舞,焚巫xx——兼论大禹治水神话的文化原型　民族艺术　1997,(4),113—124
JB04d001	伊藤清司	禹の治水　『中国の歴史と民俗』　東京　第一書房　1991.3—24

e. 防风神话

B04e001+	钟伟今编	《防风神话研究》　合肥　安徽文艺出版社　1996.12
B04e002+	钟　敬文	《防风神话研究》序　1996.1
B04e003+	袁　珂	《防风神话研究》序　1996.2—4
B04e004+	刘　魁立	《防风神话研究》序　1996.5—9

B04e001	莫　高	吴越地区防风神话系的新发现及其意义　民间文艺集刊　1990,(4),94
B04e002	王　恬	首届中国防风神话学术研讨会述评　中国民间文化　1992,(2),40—44
B04e003	张　真	防风神话:一组被历史淹没的治水神话　中国民间文化　1992,(2),45—57
B04e004	湖州师专学报记者	叩响防风神话古老的洪钟:"中国防风神话学术研究会"前后　湖州师范专科学校学报　1992,(3),11—12
B04e005	姚　宝瑄	防风神话复原　民间文学论坛　1992,(4),11—16,25;《防风神话研究》　1996.78—
B04e006	董　楚平	防风氏神话的新发现　浙江社会科学　1993,(1)
B04e007	钟伟今	防风神话研究的最新成果——《神话学信息·防风神话专号》简介　中国民间文化　1993,(3),254

B04e008	董　楚平	《国语》"防风氏"笺证　历史研究　1993,(5),3—16;《防风神话研究》(钟伟今编)　1996.1—22	
B04e009	陶　思炎	防风,王鲧考论　东南文化　1993,(5),15—19;《防风神话研究》　1996.68—77	
B04e010	徐　建春	防风神话群系:深藏民间的口碑珍品　杭州师范学院学报　1993,(5),41—44	
B04e011	徐　青	漫论防风神话传说　湖州师范专科学校学报　1994,(1),3—8	
B04e012	莫　高	太湖流域防风神话新发现的启示　湖州师专学报　1994,(1),9—12;《防风神话研究》　1996.50—57	
B04e013	张　爱萍	浙江防风神话述论　中国民间文化　1994,(1),30—37	
B04e014	钟　伟今	防风神话独领风骚:记中国防风神话第二届学术研讨会　湖州师范专科学校学报　1994,(1)	
B04e015	钟　伟今	防风神话研究现状概述　中国民间文化　1994,(3),122—127	
B04e016	王　水	试论防风神话传说　中国民间文化　1994,(3),128—139;《防风神话研究》　1996.249—260	
B04e017	吕　洪年	防风神话的文化遗存　中国民间文化　1994,(3),139—146;《防风神话研究》　1996.162—170	
B04e018	江　林昌	从"长翟""鲋鱼"看"防风氏"的起源——兼论《天问》有关问题　民间文学论坛　1994,(4),2—6;《防风神话研究》　1996.58—67	
B04e019	刘　城淮	防风与夏禹　湖南教育学院学报　1994,(6);《防风神话研究》　1996.217—225	
B04e020	顾　希佳	再说神话的传说化现象:对一组防风神话的分析　杭州师范学院学报　1995,(2),33—38	
B04e021	钟伟今执笔	"防风故土"考察报告　《防风神话研究》　1996.23—49	

B04e022	萧　兵	防风氏与"独目巨人"神话	《防风神话研究》 1996. 92—108
B04e023	方　向	从图腾探索防风氏族属	《防风神话研究》 1996. 108—125
B04e024	徐　青	防风、盘古辨析	《防风神话研究》 1996. 126—130
B04e025	刘　晔原	巨人神话与防风神格	《防风神话研究》 1996. 131—135
B04e026	林　向萧	防风神话演变初探	《防风神话研究》 1996. 136—144
B04e027	张　长弓	从良渚文化的断代释神话"大禹杀防风"	《防风神话研究》 1996. 145—161
B04e028	欧阳习庸	从孔子解说防风氏大首探讨会稽山地望	《防风神话研究》 1996. 171—179
B04e029	欧阳习庸	封禺山名的演变	《防风神话研究》 1996. 179—187
B04e030	何　焕	防风神话为吴越民族氏增光添辉(附浙江最古的史实)	《防风神话研究》 1996. 188—200
B04e031	方　向	倭人源出防风国	《防风神话研究》 1996. 201—204
B04e032	陆文宝等	试析"夏禹和余杭"神话的文化历史底蕴	《防风神话研究》 1996. 205—216
B04e033	吕　洪年	防风神话的吴越文化特质	《防风神话研究》 1996. 226—239
B04e034	莫　高	防风神话与吴越民俗	《防风神话研究》 1996. 240—248
B04e035	陈　景超	防风氏研究的主旨必须还归历史真实	《防风神话研究》 1996. 261—278
B04e036	吴　冠民	莫将神话还归成信史——与陈景超先生商榷	《防风神话研究》 1996. 279—290
B04e037	谭　达先	跋	《防风神话研究》 1996. 291—295
B04e038	俞　志慧	型塘归来说防风:谈防风氏的历史与传说	浙江

　　　　　　　　　　　社会科学　1997,(1)

B04e039　　杨　向奎　　历史与神话交融的防风氏　传统文化与现代化
　　　　　　　　　　　1998,(1),44—50

JB04e001　川上義三　　防風氏と封嵎の山　日本中国学会報 33　1981

JB04e002　諏訪春雄　　防風氏神話をさぐる　日中文化研究 4　勉誠社
　　　　　　　　　　　1993

JB04e003　董楚平・張愛萍　防風氏の神話をめぐって　日中文化研究 4
　　　　　　　　　　　勉誠社　1993

JB04e004　伊藤清司　　一目の風の神　『比較神話学の展望』(松原孝俊
　　　　　　　　　　　他編)東京　青土社　1995.117—138

5. 水火、山石神话
a. 水及水神神话

B05a001+　黄　芝岗　　《中国的水神》　上海　生活书店　1934.2：台
　　　　　　　　　　　北　东方文化供应社影印　1973；上海　上海
　　　　　　　　　　　文艺出版社影印　1987

B05a002+　味　　茗　　读《中国的水神》　文学上海　1934,3(1),
　　　　　　　　　　　439—444;《茅盾文艺杂论集・上》　451—458；
　　　　　　　　　　　《茅盾古典文学论文集》　1986.2—232

B05a003+　朱　传誉　　《中国的水神》　台北　天一出版社　1982

B05a004+　王　孝廉　　《水与水神》　台北　三民书局　1992.310p

B05a001　　玄　　珠　　自然界的神话及其他海与河的神话　《中国神话
　　　　　　　　　　　研究》(第六章)　1928

B05a002　　胡　寄尘　　河伯娶妇质疑　小说世界　1928,17(1):文艺丛
　　　　　　　　　　　谈(二)　1931

B05a003　　张　长弓　　中国古代水神的传说　民间月刊(杭州)
　　　　　　　　　　　1932,2(3),5—14

B05a004　　叶　德均　　无支祈传说考　逸经　1937,(33),8—13：
　　　　　　　　　　　1937,(34),5—9;《戏曲小说丛考》　1979;《中国
　　　　　　　　　　　民间传说论集》　1980

B05a005　　董　作宾　　西门豹故事的转化　逸经　1937,(30),3—6

B05a006	林　名均	四川治水者与水神　说文月刊　1943,3(9), 77—86	
B05a007	程　仰之	古神话中的水神　说文月刊　1943,3(9), 107—114	
B05a008	胡　鉴泉	戏台上"水"的神话　今日世界*　1953,(31)	
B05a009	宋　海屏	水火神神都考略　大陆杂志*　1959,18(4),105	
B05a010	慕　天	神话中的水神　中国时报*　1960.3.2	
B05a011	文　崇一	九歌中的水神与华南的龙舟赛神　中央研究院民族学研究所集刊*(11)　1961	
B05a012	谢　逸	"水神"种种　广西日报　1962.3.24	
B05a013	王　燮山	古人眼中的潮汐现象　科学大众　1962,(11)	
B05a014	毛　一波	家乡的水与水神　四川文献*　1965,(29)	
B05a015	吉　堂	长江的神话　青年战士报*　1965.12.12	
B05a016	陈　炳良	中国的水神传说和西游记　书和人*(117) 1971;国语日报*　1971.12.25	
B05a017	刘　沧浪	古代中国神话的研究方向——水的神话　幼狮月刊*　1977,45(1),58—61	
B05a018	钱　钟书	水神以人血为酒　《管锥编》(二)　1979.808	
B05a019	萧　兵	九河之神及其妻洛宾　郑州大学学报　1980,(2),34—40	
B05a020	萧　兵	无支祈之前史　活页文史丛刊(29)　1980.6	
B05a021	孙　敬修	古时候的海洋神话　欢天喜地　1984,(1—2)	
B05a022	宋　兆麟	水神祭祀与左江崖壁画　中国历史博物馆馆刊 1987,(10)	
B05a023	叶　舒宪	水:生命的象征　批评家　1988,(5)	
B05a024	李　丰懋	许逊传说的形成与演变——以六朝至唐为主的考察　《神与神话》　台北　联经文化事业有限公司　1988.599—650	
B05a025	黄　崇浩	江神奇相考　民间文艺季刊　1989,(4),144—147	
B05a026	王　孝廉	黄河之水——河神的原像及信仰传承　民间文学论坛　1989,(5),7—16;汉学研究*(国际研	

讨会论文专号） 1990,8(1),347—362

B05a027　李　丰懋　宋朝水神许逊传说之研究　汉学研究* 1990,8(1),363—400

B05a028　朱　亚仁　泉州地区水神崇拜管见　东南文化 1990,(5),219—222

B05a029　陈　子艾　我国古代海神文化　广东民俗文化研究 1992,(1)

B05a030　叶　春生　广东水神溯源　民俗研究 1992,(1),62—71；学术研究 1992,(3),96—102

B05a031　向　柏松　中国水崇拜文化初探　中南民族学院学报 1993,(6),49—53

B05a032　林　志强　论卜辞河岳之神格　福建师范大学学报 1994,(2),54—60

B05a033　王　水　江南水神信仰与水祭民俗　中国民间文化 1995,(2),116—131

B05a034　刘　毓庆　中国文学中水之神话意象的考察　文艺研究 1996,(1),88—102

B05a035　林　志强　卜辞所见河岳神之地位　福建师范大学学报 1996,(2),57—60

B05a036　林　志强　殷代河岳崇拜的衰落及其原因　河北大学学报 1996,(2),63—67,107

B05a037　向　柏阳　中国水崇拜与古代政治　中南民族学院学报 1996,(4)

B05a038　刘　雨亭　水原型的生成及其文化阐释　求索 1997,(2)

B05a039　陶　维彬　水：一个原型分析：兼论水与女性的相关意义　辽宁大学学报 1997,(5)

JB05a001　張　寿林　黄河の神に就いて　大黄河 1938

JB05a002　鈴木虎雄　黄河の古伝統　大黄河 1938

JB05a003　大島利一　西門豹――河の神が嫁を娶る話　学芸 34　1947．42—48

JB05a004　千田九一　黄河伝説　『中国の神話伝説』（稲田孝編）　東京　河出書房新社 1959

JB05a005	Kaltenmark M.；	中国における水没した町の伝説
	川勝義雄	東方宗教 59 1982.1—17
JB05a006	繁原　央	中国の水神争闘談―その変遷と文芸化　『中国文学の世界』6　東京　笠間書店　1983
JB05a007	栗原圭介	古代中国における「原泉」、「河川」と神秘主義　大東文化大学紀要 22　1984.19—33

b. 火及火神神话

B05b001	姜　蕴刚	火的故事　《历史艺术论》 1944
B05b002	尹　录琳	神话与火　历史函授通讯　1980,(6)
B05b003	朱　霞	略论"火"的民间文学与习俗　南风　1983,(1),72—76
B05b004	杨　知勇	火崇拜、火把节与火把节的传说　金沙江文艺 1983,(4),80—88
B05b005	和　钟华	火把节习俗及其传说浅谈　山茶　1983,(5),62—67
B05b006	何　养明	地热的神话与传说　科学与人　1984,(2)
B05b007	雷　波	火神神话浅析　山茶　1986,(6),79—81
B05b008	黄　永杰	试论火的神话　广西民间文学丛刊（十三）1986.88—89
B05b009	雷　波	火种神话及火俗　民族文学研究集刊（一）1987.125—135
B05b010	张　振犁	华夏族系"盗火神话"试谈——东方普罗米修斯神话的发掘报告　河南大学学报　1990,(5),28—33;《中原古典神话源流论考》1991.5.140—160
B05b011	邢　莉	少数民族的火习俗与神话　民间文学论坛 1991,(1),26—30
B05b012	安　文新	浅谈彝族火崇拜及其发展　贵州民族研究 1991,(3),119—120
B05b013	何　星亮	火崇拜略论　内蒙古社会科学　1992,(1),73—80
B05b014	杨　福泉	论火神　云南社会科学　1993,(2),49—55

编号	作者	篇名	出处
B05b015	韩致中	论楚地的荒火神话	中国民间文化 1993,(2)
B05b016	汪青玉	论羌族的火崇拜	中国民间文化 1993,(3),136—142
B05b017	詹石窗	火与灶神形象演变记	世界宗教研究 1994,(1),81—92
B05b018	章海荣	中原的火与周边的石——灶神与火塘崇拜中生命意蕴的阐释	中国比较文学(19) 1994.122—134
JB05b001	石卷良夫	神火崇拜の性質と其の起源	東方哲学 19(5) 1912
JB05b002	松本信広	古代中国の火の祭儀に就いて	人類科学(八学会年報)2 1950
JB05b003	那波利貞	火の信仰に就いて	神道史研究 1(3) 1954

c. 山石及山石神神话

编号	作者	篇名	出处
B05c001+	马昌仪等	《石与石神》	北京 学苑出版社 1994
B05c001	观云	四岳荐舜之失辞	新民丛报 1903,(36)
B05c002	森鹿三；鲍维湘	中国古代的山岳信仰	民俗学集镌(二) 1932.1—14
B05c003		陶山神说明	河北第一博物院半月刊 1932,(15)
B05c004	童书业	四岳考	禹贡半月刊 1934,2(3)
B05c005	村田治郎；毕任庸	长白山崇拜考	人文月刊 1935,6(7),1—8
B05c006	李光信	山西通志中的山川崇拜	食货半月刊 1936,4(3)
B05c007	稻叶岩吉；汪馥泉	中国五岳的由来	孟姜女 1937,1(1),12—15;1(2),49—51;1(3),77—79
B05c008	孙作云	中国古代灵石崇拜	民族 1937,5(1)
B05c009	酒井忠夫；金华	泰山信仰研究	中和月刊 1942,3(10),48—72

B05c010	陈　槃	春秋大事表刊国爵姓及存灭表议异续编(二)　史语所集刊* 1960,(31)	
B05c011	顾　颉刚	"四岳"与"五岳"《史林杂识》(初编) 1963	
B05c012	于　还素	汉碑中所见之中国古代山灵崇拜　自立晚报* 1970.6.15	
B05c013	王　孝廉	关于石头的古代信仰与神话传说　中外文学* 1976,5(3);《中国的神话与传说》* 1977	
B05c014	左言东等	四岳考　北京大学学报　1980,(4),83—85	
B05c015	童　书业	四岳伯夷　《春秋左传研究》　1980	
B05c016	阮　昌锐	台湾民间的石头神　海外学人* (124) 1982	
B05c017	高　明强	"四岳"管见　宁波师范学院学报　1984,(3),106—107	
B05c018	吴美荣等	漫谈我国神话传说中的石头　民间文学　1984,(4),54—55	
B05c019	陈　志良	殷代自然灾害与殷人的山川崇拜　世界宗教研究　1985,(2),19—32	
B05c020	李　锦山	史前灵石崇拜初论　世界宗教研究　1987,(4),98—113	
B05c021	章　海荣	少数民族原始石崇拜简析　《走向世界大潮》1991.160—169	
B05c022	章　海荣	永恒的创生之母:石——少数民族民俗中的石崇拜现象　贵州民族学院学报　1991,(3),86—91	
B05c023	何　星亮	山神与山崇拜　黑龙江民族丛刊　1992,(2),105—109	
B05c024	何　星亮	石神与石崇拜　西藏民族学院学报　1992,(3),45—53	
B05c025	刘　锡诚	石敢当:灵石崇拜的遗俗　东岳论丛　1992,(4)	
B05c026	杨　政	石崇拜文化研究　中南民族学院学报　1992,(5),67—72	
B05c027	刘　锡诚	巨石遗迹:史前的文化符号——石头的民俗象征研究之一　中国民间文化　1993,(1),53—70	
B05c028	王　立等	石崇拜产生的思维基础与民俗心理　中国民间	

			文化 1993,(1),71—82
B05c029	马 昌仪	石神与神石的民俗文化学研究 民俗研究 1993,(3),89—92
B05c030	潘 永玉	石头原型与文学传统 东岳论丛 1993,(5),41—45,12
B05c031	方 川	话说"石敢当" 文史知识 1993,(6),36—39
B05c032	王 雷生	四岳与华岳 人文杂志 1993,(6),94—100
B05c033	郑 国铨	"五岳"与传统文化 华夏文化 1994,(1)
B05c034	刘 锡诚	石头生人:石头母体的象征 民间文学论坛 1994,(1),6—12
B05c035	王 立	石与中国古人的思维及期待 中南民族学院学报 1994,(1),75—79
B05c036	徐 启炳	《愚公移山》新解 上饶师范专科学校学报 1994,(2)
B05c037	顾 森	物性、灵性、品性、惰性(中国石文化的认识演进) 文艺研究 1994,(3)
B05c038	章 海荣	试析人类崇石的生命本体意义 贵州民族学院学报 1995,(3),53—56
B05c039	刘 龙初	那马人的山灵崇拜及其演变 世界宗教研究 1996,(1)
B05c040	伦珠旺姆等	拉卜楞地区山神崇拜历史渊源及文化现象分析 西藏艺术研究 1996,(4)
B05c041	吕 继祥	试论泰山崇拜 民俗研究 1997,(3),45—56
JB05c001	石卷良夫	山岳崇拝由来 東方哲学 19(8) 1912
JB05c002	稲葉岩吉	支那五岳の由来 支那学 2(6) 1922.415—434
JB05c003	森 鹿三	支那古代に於ける山嶽信仰 歴史と地理 28(6) 1931.441—454
JB05c004	馬場春吉	泰山神に就いて 外交時報 798 1938 或 1939
JB05c005	赤岡 康	極東民族の石神崇拝について 満蒙 19(12) 1939
JB05c006	日比野丈夫	神岳神川神州 東洋史研究(九州大学)6(5)

1941. 368

JB05c007	直江広治	中国の石神信仰　東方宗教3　1953. 93—94
JB05c008	赤塚　忠	殷王朝における「岳」の祭祀と中国における山嶽信仰の特質　甲骨学6　1958:『中国古代の宗教と文化——殷王朝の祭祀』　東京　角川書店　1977. 75—176
JB05c009	好並隆司	中国古代における山川神祭祀の変貌　岡山大学法文学部学術紀要38(史学編)　1977. 21—40
JB05c010	川上義三	符禺の山と彭衙・馮夷など——羌族の跡をたずねて　中国文化(漢文学会会報)39　1981. 1—13
JB05c011	伊藤清司	中国古代の山岳神祭祀　『稲・船・祭』　東京　六興出版　1982
JB05c012	栗原圭介	山神と水神の系譜　国学院雑誌86(11)　1985. 129—139
JB05c013	石原清志	巫山仙神女續考(2)　龍谷大学論集425　1984. 1—17
JB05c014	松田　稔	魂魄帰山考——古代中国における山中他界観　国学院雑誌86(11)　1985. 156—170:『「山海経」の基礎的研究』　東京　笠間書院　1988

6. 昆仑神话

B06-001	观　云	中国人种考・昆仑山　新民丛报　1904,3(10): 1905,3(12)
B06-002	壹　公	昆仑・弱水・流沙考　西北研究　1932,(5)
B06-003	吕思勉	昆仑考　光华大学半月刊　1933,2(4),7:《吕思勉读史札记》　1982. 588—590
B06-004	李裕增	豳与昆伦巴比伦合字(静观庐随笔)　河北第一博物院画报　1934,(63—65)
B06-005	唐　兰	昆仑所在考　国学季刊　1936,6(2),53—70
B06-006	丁　山	河出昆仑说　史董　1940,(1)

B06-007	刘 操南	天柱神话 东方杂志 1943,39(10),26—27	
B06-008	程 憬	古代神话中的天,地及昆仑 说文月刊 1944,4(合订本),939—958	
B06-009	丁 山	谈炎帝太岳与昆仑山 说文月刊 1944,4(合订本),959—982	
B06-010	方 诗铭	火浣布之传人与昆仑地望之南徙 东方杂志 1945,41(15),40—45	
B06-011	岑 仲勉	昆仑一元说 西北通讯 1948,2(10):《中外史地考证》 1962. 42—47	
B06-012	苏 雪林	昆仑一词何时始见中国记载:昆仑之谜之一 大陆杂志* 1954,9(11),333—336	
B06-013	苏 雪林	汉武帝考定昆仑公案:昆仑之谜之二 大陆杂志* 1955,10(4),101—106	
B06-014	苏 雪林	中国境内外之昆仑:昆仑之谜之三 大陆杂志* 1955,10(6),167—172	
B06-015	杜 而未	昆仑神话意义的发明 现代学人* 1961,(1),101—134	
B06-016	苏 雪林	昆仑的层城, 昆仑层城的四门 文坛(港) 1962,(34)	
B06-017	赵 丕承	"九天"之辨 大陆杂志* 1963,26(2),39	
B06-018	徐 高阮	昆仑丘和洪水神话 中华杂志* 1969,7(11)	
B06-019	饶 宗颐	论释道安氏之昆仑说 大陆杂志* 1972,46(1),177—180	
B06-020	方 善柱	昆仑天山与太阳神"舜" 大陆杂志* 1974,49(9),153—162	
B06-021	顾 颉刚	《庄子》和《楚辞》中昆仑和蓬莱两个神话系统的融合 中华文史论丛 1979,(2),31—57	
B06-022	萧 兵	屈赋英华:屈原诗歌里昆仑形象之分析 文艺论丛(九) 1980	
B06-023	顾 颉刚	《禹贡》中的昆仑 历史地理(一) 1981. 3—8	
B06-024	顾 颉刚	酒泉昆仑说的由来及其评价 中国史研究 1981,(2),8—14	

B06-025	顾颉刚	《山海经》中的昆仑区	中国社会科学 1982,(1),3—30
B06-026	李杨	"不死药"与昆仑神话:"中国神话两系统"说质疑	民间文学论集(一)(辽宁) 1983.96—110;民间文艺集刊(六) 1984.1—14
B06-027	刘文英	关于天盖、天柱传说的比较研究	中央民族学院学报 1983,(1),86—89
B06-028	萧兵	昆仑祁连说补正(后改题为神话昆仑诸说及原型)	西北史地 1985,(2),9—21;《楚辞与神话》 1987.455—512
B06-029	姚宝瑄	昆仑神话人中原初探	《新疆民间文学研究》 1986.562—576
B06-030	吕微	"昆仑"语义释源	民间文学论坛 1987,(5)
B06-031	吕微	昆仑神话中的二分世界	民间文学论坛 1989,(2),44—50
B06-032	吕微	昆仑神话与萨满文化	民间文学论坛 1989,(3),36—41
B06-033	孙元璋	昆仑神话与蓬莱仙话	民间文学论坛 1989,(5),17—24
B06-034	李道和	昆仑:鲧禹所造之大地	民间文学论坛 1990,(4),12—20
B06-035	李炳海	蓬莱、昆仑神话同源于东夷考	东岳论丛 1991,(1),47—51,46
B06-036	萧兵	世界中心观(昆仑)	《庆祝苏雪林教授九秩晋五华诞国际学术讨论会论文集》* 台南 成功大学 1992
B06-037	柯伦	楚、土原出昆仑说	湖北师范学院学报 1994,(1)
B06-038	林梅村	祁连与昆仑	敦煌研究 1994,(4),113—116
B06-039	秦建明	昆仑为新巴比伦城考	考古与文物 1994,(6),56—66,83
B06-040	赵宗福	冈仁波钦信仰与昆仑神话	西北民族学院学报

1995,(1)

B06-041　张　得祖　昆仑神话与羌戎文化琐谈　青海民族学院学报 1995,(2),54—56,53

B06-042　唐　楚臣　葫芦、向天坟及昆仑新解　思想战线　1996,(1)

B06-043　汤　惠生　神话之昆仑山考述：昆仑神话与萨满教宇宙观　中国社会科学　1996,(5),171—185

B06-044　朱　任飞　昆仑、黄帝神话传说与《庄子》寓言　学术交流 1996,(6)

JB06-001+　曾布川寛　『崑崙山への昇仙』　東京　中央公論社　1981

JB06-001　久米邦武　崑崙西王母考(1—2)　史学雑誌　1893,4(41),19—36；1893,4(42),28—42

JB06-002　高桑駒吉　崑崙語について(1—2)　東亜の光　1909,4(10),11—19；4(11),38—48

JB06-003　野村岳陽　文献上より見たる崑崙思想の発達(1—2)　史学雑誌　1918,29(5),458—494；29(6),583—601

JB06-004　小川琢治　崑崙の伝説に就いて　民族と歴史 1(3) 1913：『支那歴史地理研究』初集　東京　弘文堂書房　1928

JB06-005　小川琢治　崑崙と西王母　藝文　1916,7(1),1—11；7(2),158—176：『支那歴史地理研究』初集　東京　弘文堂書房　1928

JB06-006　駒井義明　崑崙考　歴史と地理59(4)　1932.414—420

JB06-007　御手洗勝　崑崙伝説の起源　史学研究記念論叢　柳原書店　1950.189—210

JB06-008　横山　英　批評：「崑崙伝説の起源」　史学研究 5　1950

JB06-009　海野一隆　崑崙四水説の水理思想史の考察——佛典及び旧譯聖書の四河説との関連において　史林 41(5)　1958.379—393

JB06-010　御手洗勝　古代中国に於ける地理思想—崑崙四水説について　民族学研究 21(1/2)　1960.89—96

JB06-011　御手洗勝　崑崙伝承と永劫回帰—中国古代思想の民族学

		的考察　日本中国学会報14　1962：『古代中国の神々』　東京　創文社　1984．681—719
JB06-012	山口柚美子	崑崙之墟と不周山　国学院雑誌73(3)　1972
JB06-013	鉄井慶紀	崑崙伝説についての一試論——エリアーデ氏の『中心のシンボリズム』に立脚して
		東方宗教45　1975．33—47：『中国神話の文化人類学的研究』　東京　平河出版社　1990．227—243
JB06-014	曾布川寛	崑崙山と昇仙図　東方学報（京都）51　1979．83—186
JB06-015	渋澤　尚	崑崙と祭祀壇——「明堂」との関係において　学林（中国芸文研究会）26　1997
JB06-015	森　雅子	崑崙伝説起源考　ユリイカ2　青土社　1997

7. 天梯、绝地天通神话

B07-001	Masero；冯　元君	论重黎绝地天通　女师学院期刊　1936，4(1/2)，1—4
B07-002	丁　山	吴回考：论荆楚文化所受印度之影响　齐大国学季刊　1941，新1(2)，1—31
B07-003	关　锋	"绝地天通"考释　《求学集》　1962
B07-004	袁　珂	《中国神话辞典》摘抄（天梯、瑶姬、灶神）　活页文史丛刊(8)　1980．1—5：社会科学战线1981，(3)，263—268
B07-005	萧　汉明	论中国古史上的两次"绝地天通"　世界宗教研究　1981，(3)，88—98
B07-006	张福三等	天梯神话的象征　思想战线　1984，(4)，86—92：《神话新探》1986．10．264—276
B07-007	刘　毓	试论"绝地天通"神话　广西师范学院学报　1986，(2)，130—135
B07-008	钟　年	天梯考　文献　1995，(3)，104—111
B07-009	小　鸣	绝地天通：作为"圣域"象征的祈请仪式——以贵州傩仪"开坛迎圣"为例的仪式研究　贵州师范

大学学报　1996,(2),12—15,11

8. 冥界神话

B08-001　张　若谷　游地狱传说的种种　艺术三家言　1927
B08-002　李　次民　从母亲怀里听到的几个怪鬼　民俗月刊 1929,(83)
B08-003　赵　学详　地藏王菩萨　民间(杭州)　1932,(12)
B08-004　知　　堂　谈鬼怪　中国文艺　1939,1(3)
B08-005　王　孝廉　夸父考:中国古代幽冥神话研究之一　大陆杂志*　1973,46(2),59—76;《中国神话与传说》1977
B08-006　汪　冬青　"土伯九约"新解　中华文史论丛(8)　1978. 296
B08-007　朱　道钦　阎罗王观念的形成与演变　新动力　1981,33(10)
B08-008　汤　炳正　曾侯乙墓的棺画与《招魂》中的"土伯"　社会科学战线　1982,(3),260—263;《屈赋新探》1984. 271—280
B08-009　前野直彬；冥界游行
　　　　　前田一惠　中国古典小说研究专集(四)　1982
B08-010　陈　允吉　"牛鬼蛇神"考　文史知识　1982,(6)
B08-011　宋　光宇　地狱之说与道德思想的研究　汉学研究通讯 1984,3(1)
B08-012　周　　明　论上古冥界神话　民间文学论坛　1988,(2),22—28
B08-013　江　玉祥　中国地狱"十殿"信仰的起源　中国民间文化 1995,(1),271—291
JB08-001　原田正己　墓券文に見られる冥界の神とその祭祀　東方宗教29　1967. 17—35
JB08-002　中鉢雅量　古代神話における樂園——黄泉を中心として　東方学58　1979. 42—56;『中国の祭祀と文学』東京　創文社　1989

JB08-003	江頭　広	黄泉について——『左伝』民俗考（その一）『池田末利博士古稀記念東洋学論集』　広島・池田末利博士古稀記念事業会（比治山女子短期大学内）　1980. 109—126
JB08-004	繁原　央	冥婚説話の二つの型　国学院中国学会報 38　1992. 146—158
JB08-005	松村　巧	古代中国における死者世界　和歌山大学教育学部紀要 47　1997

9. 植物神话

B09-001+	王　孝廉	《花与花神》*　台北　洪范书店　1980
B09-002+	王　孝廉	中国的花与花神　联合报副刊*　1980. 2. 13—14
B09-003+	林　双不	书评《花与花神》　书评书目*　1981,(94)
B09-004+	朱　传誉	《桑树与神话》*　台北　天一出版社　1982
B09-001	张　寿林	关于"桑"的神话与传说的点点滴滴　晨报副刊 1928,2(16—23)
B09-002	黄　石	中国关于植物的神话传说　青年界（上海）1932,2(2),113—127
B09-003	曹　松叶	金华的树神庙　民间月刊（杭州）　1933,2(7)
B09-004	钟　敬文	关于中国的植物起源神话　民众教育季刊 1933,3(1),2—18；《钟敬文民间文学论集下》1985. 149—162
B09-005	韩　一鹰	山海经中动植物表　民俗周刊（广州）　1933,(116/118),45—103
B09-006	钟　敬文	关于植物起源神话　妇女与儿童　1936,19(10)
B09-007	蔚　青	谈鬼怕桃　中国文艺　1940,3(3)
B09-008	陈　绍帆	释扶桑　中和月刊　1941,2(1),30—38
B09-009	李　嘉言	扶桑为云霞说《古诗初探》（上海）　1957. 67—70
B09-010	郑　清茂	中国桑树神话传说研究　台大中文硕士论文*

1959

B09-011	郭　沫若	扶桑木与广寒宫　《出土文物二三事》　1972	
B09-012	游　修龄	葫芦的家世　文物　1977,(8),63—64	
B09-013	王　孝廉	桑树下　《中国古典小说中的爱情》*　1978	
B09-014	奚　松	图说古代中国神话(水仙的故事)　中国时报 *　1978.6.6	
B09-015	袁　珂	帝女桑(中国神话辞典摘抄)　活页文史丛刊(78)　1980.12	
B09-016	王　孝廉	中国的花与花神　联合报副刊 *　1980.8.14	
B09-017	宋　大仁	中国本草学发展史略——四,《诗经》和《山海经》中的药物知识　中华文史论丛〈一〉　1981.301—326	
B09-018	周　匡明	桑考　农业考古　1981,(1),109—113	
B09-019	红　涛	春桃史话　历史知识　1981,(1),36—37	
B09-020	阮　昌锐	大树的崇拜　台湾风物 *　1983,33(3)	
B09-021	谭　世保	扶桑木是现实的什么植物　学术论坛　1984,(1),78—80	
B09-022	赵　沛霖	树木与象的起源与社树崇拜　河北学刊　1984,(3),82—86	
B09-023	石声淮等	木的祭祀与木崇拜　华中师范学院学报　1984,(4),88—95	
B09-024	季　羡林	关于葫芦神话　民间文艺集刊(五)　1984.103—104	
B09-025	过　竹	"葫芦"说　民间文学论坛　1985,(6),87—88	
B09-026	段　炳昌	瓜祭与瓜神话　山茶　1985,(6)	
B09-027	杨　琼华	西南谷物起源神话的类型及其历史内涵　山茶　1986,(2)	
B09-028	赵秋长译	树木在神话中的象征意义　深圳青年报　1987.1.20	
B09-029	徐　华龙	论瓜神话　《神话新论》　1987.331—343	
B09-030	蔡　大成	东方之道——扶桑神话整体解读　民间文学论坛　1988	

B09-031	刘 辉豪	树的神化与树神崇拜的简化 边疆文化论丛(二) 1989,33—37	
B09-032	刘璞玉等	从桃神话传说看我国北方桃类群的演变 民间文学论坛 1991,(3),25—28	
B09-033	屈 小强	巴蜀竹崇拜透视 社会科学研究 1991,(5)	
B09-034	季 智慧	西南民族竹崇拜鸟瞰 民间文学论坛 1991,(6),38—43	
B09-035	岑 献青	树神 青海湖 1993,(2)	
B09-036	舒 方旭	试论仙桃民间故事 民间文学论坛 1993,(2)	
B09-037	刘 素琴	葫芦文化与上古传说史 贵州师范大学学报 1993,(2)	
B09-038	黄 崇浩	"桑中故事"与《陌上桑》 黄冈师范专科学校学报 1993,(4)	
B09-039	刘璞玉等	中国桃文化中的神权地位初探 农业考古 1994,(1),195—199	
B09-040	黄 子奇	金华树神崇拜习俗考略 中国民间文化 1994,(2),175—188	
B09-041	徐 君	试论树神崇拜 宗教学研究 1994,(2/3),58—64	
B09-042	孟 宪明	生命和生殖力的潜意识选择——关于"柳"的文化意义的思考 河南大学学报 1994,(5),62—67	
B09-043	张 开焱	崇桃风俗与桃之神性 烟台师范专科学校学报 1995,(3),20—23	
B09-044	朱 崇先	彝族的葫芦神话与古代遗俗 中国典籍与文化 1996,(1)	
B09-045	钟 年	论中国古代的桑崇拜 世界宗教研究 1996,(1)	
B09-046	林 河	葫芦文化与葫芦神话 中国民间文化 1996,(2),131—146	
B09-047	钟 敬文	葫芦是人文瓜果——在96民俗文化国际研讨会上的讲话 民俗研究 1996,(4),30	

B09-048	林　河	一次研讨世界葫芦文化的盛会——记96民俗国际研讨会　民俗研究　1996,(4),31—33	
B09-049	陈　丁坤	树形象及其象征　民族文学研究　1997,(1),44—47	
B09-050	钟　仕伦	论巴蜀树神崇拜　社会科学研究　1998,(4),128—131	
JB09-001	小野玄妙	樹木と龍蛇との崇拜——原始時代の仏教美術に現れる釈尊の研究　考古雑誌　1911,1(12),776—782；2(1),11—21；2(3),121—132；2(6),320—330	
JB09-002	鈴木虎雄	採桑に関する伝説　支那学1(9)　1921. 655—669	
JB09-003	橋木　循	桃の伝説について　支那学1(11)　1921. 857—868	
JB09-004	李家正文	用桃避鬼考　民俗学4(3)　1933	
JB09-005	江上波夫	漢代に於ける連木文とその西方への流伝　東方学報6　1936. 335—339	
JB09-006	三品彰英	古代祭政と樹林——徐伐の考察に因みて　史学雑誌47(6)　1936；『建国神話の諸問題』(『三品彰英論文集』2)　東京　平凡社　1971	
JB09-007	水野清一	林となって霊異を示す話　東洋史研究4(1) 1938或1939	
JB09-008	石田英一郎	桑原考　民族学研究12(1—2)　1947	
JB09-009	関野　雄	中国古代の樹木思想　民族学研究14(2) 1949	
JB09-010	水上静夫	桃伝説の起源に就いて　東京支那学会報6 1950	
JB09-011	加藤常賢	扶桑の語原に就いて　史学雑誌60(7)　1951. 617—626	
JB09-012	前川文夫	桃の信仰から見るモモの概念とその語源　自然と文化3　1953. 117—144	
JB09-013	水上静夫	葦と中国農業——併せてその信仰起源に及ぶ	

		東京支那学報 3　1957. 51—65
JB09-014	志村良治	樹木の説話　愛知大学文学論叢 16　1958. 163—183
JB09-015	水上静夫	若木考——桑樹信仰の起源の考察　東方学 21　1961. 1—12
JB09-016	水上静夫	桑樹信仰論　日本中国学会報 13　1961. 1—18
JB09-017	秋田成明	度朔山伝説考——桃の俗信　支那学 11(3)
JB09-018	乾　一夫	空桑の語義について　漢文学会会報 14　1968. 62—72
JB09-019	澤田瑞穂	龍木篇　天理大学学報 65　1970. 159—178
JB09-020	安倍道子	萱の神話の系統に関する一試論　中国大陸古文化研究 7　1975
JB09-021	駒田信二	桃と鬼　文学界　1977
JB09-022	栗原圭介	秬呆考　大東文化大紀要（人文科学）17　1978, 43—60
JB09-023	澤田瑞穂	連理樹　中国文学研究（早稲田大学）6　1980. 1—20
JB09-024	大林太良	若木源流考　中国大陸古文化研究 9—10　1980

10. 动物神话(一)
a 综论

B10a001+	章　鸿创	《三灵解》　法轮印刷局　1919
B10a001	斯　东	中国古代的怪生物：节录《山海经》与《酉阳杂俎》　清华周刊　1934, 40(11/12)
B10a002	杨　宽	考明器中的"四神"　文物周刊　1947,(48)
B10a003	王　去非	四神・中子・高髻　考古通讯　1956,(5)
B10a004	水　杉	神话中的珍禽异兽　贵州日报　1961. 11. 11
B10a005	唐　锡仁	我国古籍中关于非常动物的记载　生物学通报　1965,(2)
B10a006	李　瑞珍	略谈"四灵"和四神　南京大学学报　1979,(1),

			86—91
B10a007	李 丰懋	山经灵异动物之研究	中华学苑* 1981,(24/25)
B10a008	余 吉庆	龙凤呈祥话四灵	集萃* 1983,(5)
B10a009	赵 沛霖	虚拟动物与象的起源与祥瑞观念	福建论坛 1984,(2),61—63,60
B10a010	李 瑾	"神判"与"法"字结体:关系论略:"神羊决狱"本事索隐	重庆师范学院学报 1984,(2),77—86
JB10a001	南方熊楠	四神と十二獣に就いて	人類学雑誌 34(8) 1919. 251—260
JB10a002	中鉢雅量	中国古代の動物神崇拝について	東方学 62 1981. 1—12:『中国の祭祀と文学』 東京 創文社 1989. 102—120
JB10a003	御手洗勝	四霊について	広島大学文学部紀要 46 1987. 38—45
JB10a004	羽床正明	四神(青龍・朱雀・白虎・玄武)信仰の伝来と帰化人	東アジアの古代文化 59 東京 大和書房 1989
JB10a005	岩佑貫三	中国古代文字と商・周文化(2)——中国古代の特殊動物のもつ霊性と神秘性	中央学術研究所紀要 18 1989. 206—228
JB10a006	大形 徹	四神考——前漢・後漢期の資料を中心に	人文学論集(大阪府立大)15 1997

b. 玄武神话

B10b001	许 道令	玄武之起源及其蜕变考	史学集刊(单行本) 1947. 5. 223—240
B10b002	杨 向奎	释"不玄冥"	历史研究 1955,(1),107—110
B10b003	秦 牧	释龟蛇	理论与实践 1958,(2)
B10b004	杨 豪	乌龟,玄武与真武庙	羊城晚报 1962. 3. 2
B10b005	萧 兵	玄武与蛇颈龙	活页文史丛刊(28) 1980. 7—8
B10b006	黄 兆汉	玄帝考	《冯平山图书馆全禧纪念论文集》(港)

1982
B10b007　　赵殿增等　　"天门"考　四川文物　1990,(6)
B10b008　　刘　毓庆　　玄武图的神话内涵及其文化意义　文艺研究　1995,(1),102—112

c. 龙、夔及虹蜺神话

B10c001+　朱　传誉　　《龙与神话》　台北　天一出版社　1982
B10c002+　徐乃湘等　　《说龙》　北京　紫禁城　1987
B10c003+　王　大有　　《龙凤文化源流》　北京　北京工艺美术出版社　1988
B10c004+　杨　新等　　《龙的艺术》　香港　商务印书馆　1988
B10c005+　张　克　　《龙》　贵阳　贵州人民出版社　1988
B10c006+　庞　烬　　《龙的习俗》　台北　文津出版社　1989
B10c007+　蔡　易安　　《中国龙凤艺术研究》　郑州　河南美术出版社　1987.8.318p
B10c008+　徐　华铛　　《中国的龙》　北京　轻工业出版社　1988.4.220p
B10c009+　罗　二虎　　《龙与中国的文化》　海口　海口三环出版社　1990
B10c010+　王　维堤　　《龙的踪迹》　海口　大连出版社　1990
B10c011+　吉　成名　　艰难的探索,可喜的收获——评王维堤《龙的踪迹》　民俗研究　1997,(3),104—106
B10c012+　李瑞歧等编　《中华龙舟文化研究》　贵阳　贵州民族出版社　1991
B10c013+　刘　志雄　　《龙与中国文化》　北京　人民出版社　1992.11.327p
B10c014+　庞进编著　　《八千年中国龙文化》　北京　人民日报出版社　1993.9.590p

B10c001　　章　炳麟　　杂说〔"说龙"〕,〔"说鹏鹍"〕　华国月刊(上海)　1924,1(11),1—3
B10c002　　邓　之城　　龙生九子　《骨董琐记全编》　1926.19
B10c003　　容　肇祖　　德庆龙母传说的演变　民俗周刊(广州)

			1928,(9),1—9;1928,(10),10—23;《迷信与传说》* 1980
B10c004	小林胖生	黄土文明与龙	文学同盟 1928,(10),1—9
B10c005	L. W. Hayes; 杉　木	中国的龙 厦大集美学生会季刊 1929,(1)	
B10c006	黄　石	关于龙的传说	青年界(上海) 1931,1(2),61—75
B10c007	吴承仕	说龙首	国学丛编 1931,1(3),1
B10c008	白寿彝	帝王与禽兽龟龙	民俗周刊 1931,(4);开展月刊 1931,(10/11)
B10c009	吴大琨	中国人为什么崇拜龙	艺风 1934,2(12),66—68
B10c010	黄芝岗	龙公神话与龙母神话	《中国的水神》 1934；1973(重印)
B10c011	萧	龙的传说	中报月刊(上海) 1935,4(7),244
B10c012	李勘庵	关于龙的解释	史地半月刊 1936,1,(4)
B10c013	洪　亮	龙生九子的异传	艺风 1936,4(1),102
B10c014	熊海平	三千年来的虹蜺故事	民族学研究集刊 1940,(2),255—260;《平庐文存》* 1963
B10c015	徐知白	谈龙	中和月刊 1940,1(12),61—67
B10c016	鲁　仁	虺	中和月刊 1941,2(2),46—50
B10c017	闻一多	从人首蛇身谈到龙与图腾	人文科学学报 1942,1(2),1—20
B10c018	闻一多	龙凤	中央日报 1944.7.2
B10c019	杨钟健	龙	文史杂志(重庆) 1945,5(3/4),3—9
B10c020	Hodous; 宋蜀清	龙舟节龙舟与龙——《中国之民风》之一章 文史杂志(重庆) 1945,5(9/10),67—72	
B10c021	樊恭炬	汉以前对于龙的观念	新中华(复刊)(上海) 1947,5(14),31—32
B10c022	樊恭炬	龙与帝皇的关系	新中华 1947,5(15),38—39
B10c023	闻一多	端午考〔龙〕	《闻一多全集》(一) 1948.221—238

B10c024	拾　　录	龙诞香　大陆杂志*	1954,9(10)
B10c025	李　　荆	谈龙　中央日报*	1958.10.11
B10c026	苏雪林	龙马　大学生活	1959,4(12)
B10c027	陈德勇等	说"龙"　北京日报	1961.3.18
B10c028	金祥恒	释龙　中国文字	1961,(3),1—7
B10c029	何　　明	灯下漫笔〔夔〕　光明日报	1961.11.7
B10c030	关　　锋	为"夔一足"问题致友人书　《求学集》	1962
B10c031	学　　固	有没有龙　中国青年报	1962.3.13
B10c032	杜而未	揭示龙的奥秘　现代学人* 1962,(5);《凤麟龟龙考释》*	1966
B10c033	唐培初	说龙(上)(下)　大陆杂志*	1962,25(8),24—26;25(9),25—29
B10c034	顾颉刚	乘龙(浪口村随笔)　《史林杂识》(初编)　1963;责善半月刊	1940,1(7)
B10c035	李　　埏	龙崇拜的起源　学术研究(云南)	1963,(9),22—35
B10c036	娄子匡	龙在俗文学里翱翔　联合报*	1964.1.1
B10c037	梦　　谷	龙,中华民族的族　畅流*	1964,29(1)
B10c038	许一尘	龙考　建设*	1964,13(2)
B10c039	刘城淮	略谈龙的始作者和模特儿　学术研究(云南) 1964,(3),52—60	
B10c040	马　　岱	龙舟与图腾崇拜　羊城晚报	1965.6.4
B10c041	张光远	龙　联合报副刊*	1966.3.3
B10c042	玄　　默	龙　中央日报*	1967.1.19
B10c043	赵丕承	也来谈龙　中央日报*	1967.1.26
B10c044	田倩君	释夔　中国文字	1967,(10)
B10c045	那志良	龙与龙纹　故宫季刊*	1967,2(2)
B10c046	娄子匡	天龙的传说　《神话与传说》*	1970
B10c047	许云樵	龙　《文心雕虫》(新)	1971
B10c048	朱介凡	龙的传说　台湾风物*	1974,24(4),269—301
B10c049	言　　知	龙年谈龙　台湾日报*	1976.1.31
B10c050	庄　　练	龙的神话　中国时报*	1976.1.31(12)

B10c051	许 丙丁	龙 台南文化* 1976,(1),5—6
B10c052	胡 巨川	龙年谈龙 励进*(359) 1976.10—15
B10c053	庄 伯和	龙年谈龙 幼狮文艺* 1976,43(1),41—42
B10c054	梦 谷	龙年谈龙 艺坛* 1976,(90),4—6
B10c055	叶 蝉贞	龙年谈龙 中央月刊* 1976,8(4),87—89
B10c056	露 鹤	龙和皇帝(辰年琐谈) 春秋* 1976,24(2)
B10c057	娄 子匡	龙年谈龙文辑 台北文献* 1976,(35),3—72
B10c058	也 斯	谈龙 幼狮文艺* 1976,43(3),24—28
B10c059	释 广元	佛经上的龙 东方杂志* 1976,10(5)
B10c060	康 国栋	龙年谈龙 畅流* 1976,52(12)
B10c061	方 延豪	龙年谈画龙 畅流* 1976,53(3)
B10c062	江 山行	龙年说龙 胜利之光*(254) 1976
B10c063	刘 荣琮	龙年话龙 成功之路*(233) 1976
B10c064	张 毅	龙年谈龙事 浙江月刊 1976,8(8)
B10c065	许 一尘	龙的神话传说 建设* 1977,25(9)
B10c066	高 木森	龙考 幼狮文艺* 1978,47(3),98—111
B10c067	刘 敦愿	最早的龙就是有角的蛇 文史哲 1978,(4),63—71
B10c068	赵 林	蜺虹与蛟龙的神话 人与社会* 1978,6(5)
B10c069	刘 志军	图腾·龙·龙舞 舞蹈 1978,(6),47—48
B10c070	于 省吾	释虹 《甲骨文字释林》 1979
B10c071	萧 宁	端午起源与龙的演变 随笔 1980,(7),198—200
B10c072	李 泽厚	关于中国古代艺术的札记("龙飞凤舞"、"青铜饕餮") 美学 1980,(2)
B10c073	许 云樵	龙有耳否？《文心雕虫续集》(新) 1980
B10c074	刘 敦愿	从夔典到夔魍魉——中国古代神话研究片断 文史哲 1980,(6),54—59
B10c075	王 明达	也谈我国神话中龙形象的产生 思想战线 1981,(3),52—55
B10c076	常 林炎	说"夔一足"：驳何明 河北师范学院学报 1981,(3),66—68

B10c077	陈 汉平	龙的形象 宗亲谱系学会年刊* 1981,(69)	
B10c078	陈 宗岳	揭开龙的奥秘:从古代道的生成看龙的衍化 幼狮月刊* 1981,(344)	
B10c079	傅 光宇	试论龙崇拜与古代国家的形成 思想战线 1981,(4)	
B10c080	贾 湖亭	龙图腾社会之形成与中华民族的政治意识 海洋学院学报* 1981,(16)	
B10c081	高 隽彦	龙凤探源及其形象的演变 北京工艺美术 1982,(1),30	
B10c082	邓 启耀	说龙 边疆青年 1982,(2)	
B10c083	苗 青	苗家的接龙 南风 1982,(6),55	
B10c084	吴重阳等	龙生九子 布谷鸟 1982,(12)	
B10c085	杨 潜斋	释"虹","蛊母" 华中师范学院学报 1983,(1)	
B10c086	赵 天吏	说龙 河南师范大学学报 1983,(2)	
B10c087	黄 能馥	谈龙说凤 故宫博物院院刊 1983,(3),3—13	
B10c088	许 象坤	彝族花腰人的祭龙仪式 民族文化 1983,(3),31	
B10c089	涂元济等	从神话看"九"字的原始意义〔九头龙〕 民间文学论坛 1983,(3),72—77	
B10c090	宋 兆麟	雷山苗族的招龙仪式 世界宗教研究 1983,(3),138	
B10c091	冯 天瑜	斯芬克司·龙·饕餮:古代现实生活的典型反映 语文教学与研究 1983,(3)	
B10c092	李 惠芳	三峡一带的"龙"传说与民俗 武汉大学学报 1983,(3)	
B10c093	徐 正唯	关于"龙的传人"的传说 夜读 1983,(5)	
B10c094	古 月	龙与我国的传统习俗 乡土 1983,(13)	
B10c095	何 昌	龙与龙生九子 文物天地 1984,(1),31—32	
B10c096	劳 伯勋	啊,人造的神蛇——龙 科苑 1984,(2)	
B10c097	吴 同宾	龙生九子 八小时以外(天津) 1984,(3),33	
B10c098	潘 庆云	说龙 新观察 1984,(4),31	

B10c099	赵 鲁	白族崇龙思想的渊源 山茶 1984,(4),52	
B10c100	初 旭	说"龙" 电大语文 1984,(4)	
B10c101	胡 友鸣	龙与中国 北京日报 1984.7.16	
B10c102	萧 红	龙与远古图腾 河南大学学报 1984,(5),56—58	
B10c103	孙守道等	论辽河流域的原始文明与龙的起源 文物 1984,(6),7—10	
B10c104	王 昌正	龙的研究 民间文学论坛 1985,(6),8—12	
B10c105	刘 城淮	美哉龙 美育 1985,(4),10—11,13	
B10c106	骆 宾基	说龙 中报(美国纽约) 1985,(5)	
B10c107	骆 宾基	再说龙角爪 中报(美国纽约) 1985,(10)	
B10c108	马 洪洛	龙的传说是怎么来的? 文汇报 1985.11.18	
B10c109	宋 薇茄	夒字与夔神话的产生和演变 民间文学论坛 1985,(3),24—31	
B10c110	周 国荣	释"龙" 民俗研究 1985,(试刊),58—62	
B10c111	王 子今	文明初期的部族融合与龙凤崇拜的形成 文博 1986,(1),18—23	
B10c112	樊 长新	中国"龙"及其演变 湘潭大学学报 1986,(1)	
B10c113	施 乐	关于我国古籍的"龙"——读闻一多《伏羲考》、《龙凤》札记 古籍整理研究学刊 1986,(2),20	
B10c114	龚 维英	从龙马管窥巫楚文化 荆州师范专科学校学报 1986,(3)	
B10c115	徐 兴元	关于夔的神话 民间文艺季刊 1986,(3),80—90,11	
B10c116	王 笠荃	浅谈龙神 世界宗教研究 1986,(3),150—153	
B10c117	曾 育	龙的探索(8)——辽朝的坐龙 故宫文物月刊* 1986,4(4),107—110	
B10c118	曾 育	龙的探索(9)——龙虎斗——兼论匈奴艺术外来影响 故宫文物月刊* 1986,4(6)	
B10c119	陈 宗岳	"龙"考 中正岭学术研究集刊* 1986,(5),181—202	
B10c120	王 克林	龙图腾与夏族的起源 文物 1986,(6),55—56	

B10c121	陈　宗岳	"龙"考　中正岭学术研究集刊* 1986,(6), 181—202
B10c122	黎　汝标	瑶族龙神断想　南风　1987,(1),70
B10c123	顾　自力	试探中国古代神话中龙的起源　民间文艺季刊 1987,(1),78—87
B10c124	林　　建	龙与《柳毅传书》和《张生煮海》　中山大学学报 1987,(1),110—114
B10c125	何　　新	中国神龙之谜的揭破　书林　1987,(7),8—12；《何新集》 1988.328—343
B10c126	何　　新	龙的研究　民间文学论坛　1987,(4),7—16；《神与神话》*（王孝廉等编）　1988.3.11—78
B10c127	胡　学琛	谈龙说凤　中国社会科学院研究生院学报 1987,(4),71
B10c128	秋　　浦	说龙　民间文学论坛　1988,(1),28
B10c129	阎　云祥	试论龙的研究　民间文学论坛　1988,(1),38
B10c130	景　以恩	龙的原型为扬子鳄考辨　民俗研究（山东） 1988,(1),69—74
B10c131	山　　谷	漫谈龙形象的演变　民俗　1988,(创刊号)
B10c132	高　天星	华夏之龙　大学文科园地　1988,(2),2—4；复印报刊资料　1988,(2),94—96
B10c133	张　紫晨	民俗中的龙　旅游　1988,(2),11
B10c134	阎　云祥	试论龙的研究　九州学刊* 1988,2(2),99—110
B10c135	周　国荣	龙的起源和古吴族　东南文化　1988,(2), 108—111
B10c136	马　世之	龙与黄帝部族的图腾崇拜——兼析濮阳西水坡仰韶文化遗址出土的"中华第一龙"　中州学刊 1988,(2),113—116
B10c137	顾　希佳	龙子望娘型故事研究　民间文学论坛　1988, (3)
B10c138	刘尧汉等	龙与民间文化(五人谈)　民间文学论坛　1988, (4),61—68

编号	作者	题目
B10c139	王　维堤	龙的原始形象及其地方变体　民间文艺季刊 1988,(4),118—133
B10c140	张　书城	从龙图腾到半龙图腾　民族艺林　1988,(4)
B10c141	宋　兆麟	濮阳蚌龙问题　华夏考古　1988,(4)
B10c142	陆　思贤	龙凤神话与中华民族的起源　内蒙古师大学报 1988,(4)
B10c143	王　镇庚	原始龙角的探讨　故宫文物月刊*　1988,6(4)
B10c144	刘　巽声	龙年说龙　湖南文献　1988,16(2),70—71
B10c145	林　玉雪	龙年说龙　印刷杂志*　1988,(14)
B10c146	阮　昌锐	龙年说龙　华文世界　1988,(47)
B10c147	庄　伯和	龙年谈龙　妇女杂志*(233)　1988.41—45
B10c148	尹　荣方	龙为树神说:兼论龙之原型是松　学术月刊 1989,(7),39—45
B10c149	侯　绍文	"龙"谈　东方杂志*　1989,22(12)
B10c150	毛　一波	谈谈龙图腾的由来　明报(港)　1989,24(4)
B10c151	陈　勤建	关于中国龙的起源　文汇报　1990.1.4;新华文摘　1990,(5);民俗曲艺*(64)　1990.12—16;法国大世界　1990,(创刊号)
B10c152	覃　小航	越地"蛟龙"原型考　中南民族学院学报 1990,10(1),18—22
B10c153	杜　林	龙凤与佛陀——宗教与中国工艺美术　浙江工艺美术　1990,(2),13—16
B10c154	杨　秀禄	龙与龙文化新论　中国人民大学学报　1990, (2),81—90;新华文摘　1990,(5),158—162
B10c155	庐　履范	释龙(与陈勤建先生商榷)　文汇报　1990.2.13
B10c156	杨　芸	龙,盘瓠,接龙祭,龙舟;苗族龙与龙文化　广西民族研究　1990,(3),56—61
B10c157	黄　钰	龙脊壮族社会文化调查　广西民族研究 1990,(3),86—93
B10c158	应　长裕	奉化龙俗调查　民间文艺季刊　1990,(3), 194—223

B10c159	邱　瑞中	商龙不曾司雨考　内蒙古大学学报　1990,(4),52—55	
B10c160	郑　先兴	龙——男根崇拜与皇权崇拜的结晶——兼谈龙对生育观念的影响　南都学坛　1990,(5),77—82	
B10c161	覃　圣敏	广西壮侗语诸族龙蛇观念的研究　社会科学家　1990,(6),56—60	
B10c162	王　家广	"龙"论三题　江海学刊　1991,(1)	
B10c163	叶　春生	龙母信仰与江西民间文化　中国民间文化　1991,(1),92—107	
B10c164	王　惠德	龙为农神说　昭乌达蒙师专学报　1991,(2),14—16	
B10c165	金　家广	小山陶画鸟兽图腾原始部落窥探——兼论中华龙的起源　辽海文物学刊　1991,(2),63—71	
B10c166	史　继忠	龙的起源与龙文化特征　贵州文史丛刊　1991,(3),44—51	
B10c167	何　风桐	龙形探源　贵州文史丛刊　1991,(3),52—59	
B10c168	宋　公文	谈楚俗尊龙崇凤　东南文化　1991,(3/4),103—109	
B10c169	诸　良才	龙之始象及演变考释　杭州师范学院学报　1991,(4),64—67	
B10c170		龙神之谜　中国文化　1991,(5)	
B10c171	詹　鄞鑫	"虹霓"与两头蛇传说　文史知识　1991,(9),61—66	
B10c172	章　成崧	从红山文化玉龙谈龙的起源　中华学苑　1991,(41),89—106	
B10c173	刘　秉果	龙文化与龙舟竞渡　《中国龙舟文化研究》　贵州民族出版社　1991.8—18	
B10c174	陈　朝栋	从两个龙船节看中国龙舟文化的传承和发展《中国龙舟文化研究》　贵州民族出版社　1991.115—125	
B10c175	朱　永林	龙是什么——象山半岛龙信仰调查　中国民间	

		文化　1992,(1),53—68
B10c176	阿尔丁夫	华夏文化中龙的原型及其由来　民间文学论坛 1992,(2),5—12
B10c177	普　学旺	社祭与中国龙的起源　中南民族学院学报 1992,(2)
B10c178	普　学旺	从石头崇拜看"支格阿龙"的本来面目:兼谈中国龙的起源　贵州民族研究　1992,(2),23—30
B10c179	王　辉	"龙"可招致雨的性能成因考:兼说古谚"虎啸而谷风至,龙举而景云蜀"　人文杂志　1992,(3),87—93
B10c180	杨　秀录	关于民间文化哲学的某些思考——从龙文化衍化规律　民间文学论坛　1992,(4),45—53
B10c181	杨　鹓	龙及龙犬原型新解——从苗族工艺中的龙纹说起　广西民族研究　1992,(4),107—111
B10c182	王　笠筌	龙神之谜　当代思潮　1992,(5),22—23
B10c183	周　而鼎	龙生九子的神话　历史月刊*　1992,(57),113—115
B10c184	金　宝忱	千里关东话龙俗　吉林日报　1993.1.23(7)
B10c185	屈　川	浅谈龙崇拜的起源　宜宾师范专科学校学报 1993,(1),50—53
B10c186	何　星亮	龙:图腾——神　民族研究　1993,(2),38—46
B10c187	刘　开明	宇宙之舞神——作为审美形象的涩婆与龙的文化透视　山东师范大学学报　1993,(2),71—75
B10c188	尉　迟等	说龙　语言研究　1993,(2)
B10c189	才　让	简析青藏高原上的龙文化　西北民族研究 1993,(2)
B10c190	屈　川	龙雏形的形成与华夏文明的起源　四川大学学报　1993,(4),93—100
B10c191	杨　青	论龙的原型——南蛇图腾之源变　中国民间文化　1993,(4),188—200
B10c192	李　修松	豢龙、御龙考　东南文化　1993,(5),20—24

B10c193	蔡　村	话说江西龙母崇拜　历史大观园　1993,(5),26—27	
B10c194	苏　升华	论龙的原始形象与意蕴　争鸣　1993,(5),57—67	
B10c195	徐　华铛	龙生九子　古建园林技术　1994,(1),58—59,57	
B10c196	苏　升华	简论中国龙文化的真正本源　南京社会科学　1994,(4)	
B10c197	许　顺湛	论龙的传人　中原文物　1994,(4),1—13	
B10c198	阿尔丁夫	华夏文化中龙的原型考　内蒙古社会科学　1994,(6),82—87	
B10c199	段　宝林	龙——中国民族凝聚力的象征　东方文化　1994,(冬),10—12	
B10c200	龚　维英	龙凤性别象征的源流变迁　贵州文史丛刊　1995,(1),6—11	
B10c201	周　黎民	"龙"字探源——神龙研究系列论文之一　湘潭大学学报　1995,(1),68	
B10c202	禹　建湘	龙的演变及其内涵　娄底师范专科学校学报　1995,(2)	
B10c203	袁　第锐	"龙的传人"说质疑　社会科学纵横　1995,(2)	
B10c204	龚　维英	龙凤性别象征的原始内涵及其转换　社会科学辑刊　1995,(4),37—42	
B10c205	尚　民杰	中国古代龙形象探源　文博　1995,(4),49—53	
B10c206	杨　正权	龙与西南古代氏羌系统民族　思想战线　1995,(5),66—72	
B10c207	何　金松	龙的秘密　华中师范大学学报　1995,(5),99—104	
B10c208	吴　效群	历史角色的演变"鱼龙化"考释　史学月刊　1995,(6),20—22	
B10c209	郭　殿勇	论龙的起源与演变关系　内蒙古社会科学　1996,(4),56—61	
B10c210	周　虹	"龙牌会"初探　民俗研究　1996,(4),44—49	

B10c211	刘 其印	龙崇拜的活化石 民俗研究 1997,(1),87
B10c212	杨 正权	论西南民族龙文化 云南学术探索 1997,(4)
B10c213	周 黎民	龙的职能与龙的真相:神龙研究系列之二 湘潭大学学报 1997,(6),43—45
B10c214	何 根海	龙的初始原型为河川说:兼论龙神话的原始文化事象 池州师范专科学校学报 1998,(2),44—56
B10c215	晏 云鹏	洮岷地区"龙神"信仰探源 西北民族学院学报 1998,(3),40—46
B10c216	刘 守华	关于"龙母"故事演变及其文化内涵 荆州师范专科学校学报 1998,(3),55—58
B10c217	吉 成名	少数民族崇龙习俗研究 中央民族学院学报 1998,(5)
JB10c001+	柳 長勲 加藤豊隆	『龍と鳳中国紀元前五〇〇〇年』 元在外公務員援護会 1985
JB10c002+	林巳奈夫	『龍の話』 東京 中央公論社 1993
JB10c001	石巻良夫	龍神考 東方哲学 19(6) 1912
JB10c002	鳥山喜一	龍の象徴について——龍と漢人の思想についての研究の一部 東亜研究 2(12) 1912.59—62
JB10c003	沼田頼輔	龍涎考 史学雑誌 24(4) 1913.501—509
JB10c004	鳥山喜一	支那古代芸術上の龍に就いて——「龍の象徴に就いて」再論 東亜研究 4(3) 1914.45—48
JB10c005	那波利貞	支那龍伝説考 東亜考古学会会報 3 1920.479—581
JB10c006	井上芳郎	支那上代に於ける龍蛇崇拝の氏族的関係 民族 3(5) 1928.25—46
JB10c007	出石誠彦	龍についての小考(談話会) 史学雑誌 39(3) 1928.291—293
JB10c008	出石誠彦	龍の由来について 東洋学報 17(2) 1928:『支那神話伝説の研究』 東京 中央公論社

		1943.91—110;1973.（増訂版),91—110
JB10c009	菅谷軍次郎	白虹貫日考　斯文 14(1)　1932
JB10c010	白鳥　清	龍の形態に就いての考察　東洋学報 21(2) 1934,　241—270
JB10c011	白鳥　清	豢龍氏御龍氏に就いての臆説　東洋学報 21 (3)　1934.　307—351
JB10c012	松田正義	支那神話の研究——特に龍の母型について　日大文研報　1935,(1)
JB10c013	瀧澤精一	画龍説　国華 46(9)　1936.251—256
JB10c014	後藤朝太郎	支那文化に見る龍　科学知識　20(1)　1940
JB10c015	出石誠彦	能的伝説　国民新聞　1940
JB10c016	白鳥　清	霊と龍との関係を論じてLingismの説を提唱す　史学雑誌 51(1)　1940.127—129；『加藤博士還暦記念東洋史集説』　東京　富山房　1941. 363—397
JB10c017	山下義行	龍の話　収書月報 48　1941
JB10c018	原田淑人	説文により観たる夔の形態　考古学雑誌 31 (10)　1941.579—590
JB10c019	森安太郎	句龍考　禪学研究 38　1942
JB10c020	矢島恭介	夔鳳鏡と獣首鏡に就いて　考古学雑誌 33(5) 1943.244—246
JB10c021	松井　洪	亢龍有悔　東洋文化 227　1944
JB10c022	陵南隠士禕	龍の話—支那思想の基底について　国際文化 29　1944
JB10c023	近藤春雄	中国龍宮譚——唐代小說を中心に　愛知県立女子短期大学紀要 2　1951
JB10c024	林巳奈夫	龍について　史林 35(3)　1952.261—279
JB10c025	林巳奈夫	殷周銅器に現れる龍について　東方学報（京都）23　1953.181—218
JB10c026	池田末利	龍神考——祖神の動物転格の一例　東方学 6 1953；『中国古代宗教史研究』　東京　東海大学出版会　1981

JB10c027	瀧澤俊亮	龍蛇と珠玉について　漢文教室51　1960.11. 27—33
JB10c028	瀧澤俊亮	中国民族と龍蛇の伝承　東洋文学研究9　1961. 81—106
JB10c029	瀧澤俊亮	龍蛇と祈雨の習俗について　東方宗教20　1962. 18—34
JB10c030	窪　德忠	中国の龍の話　日本歴史188　1964. 65—74
JB10c031	下出積興	龍形神の意味　日本歴史189　1964. 61—71
JB10c032	宮崎市定	二角五爪龍について　『石田博士頌寿記念』東洋史論叢　東京　1965. 469—481；『宮崎市定全集』17　東京　岩波書店　1993
JB10c033	小杉一雄	龍の尺木について　美術史研究6　1968. 1—5
JB10c034	家井　眞	龍の起源に就いて　二松学舎大学人文論叢12　1977. 137—145
JB10c035	君島久子	龍神（龍女）説話と龍舟祭（1）　国立民族学博物館研究報告2(1)　1977
JB10c036	賀　利	龍の紋様について　出光美術館館報46　1984. 35—43
JB10c037	伊藤清司	龍と鳳凰　アニマ182　1987
JB10c038	寺本健三	擬寶珠考——龍神と珠　史迹と古美術59(7)　1989. 306—323
JB10c039	君島久子	龍神説話の両面性——斬孽龍伝説を中心として　『白鳥芳朗教授古稀記念論叢　アジア諸民族の歴史と文化』　東京　六興出版社　1990. 15—36
JB10c040	百田弥栄子	龍の誕生　日中文化研究6　勉誠社　1994. 141—152
JB10c041	大塚秀高	斬首龍の物語　埼玉大学紀要（教養学部）31(1)　1996
JB10c042	矢部淑恵	中国の色と文様（第6報）　中国の龍の生成と発展　研究年報（戸板女子短期大学）40　1997
JB10c043	近藤浩之	『馬王堆漢墓帛書易伝』二三子篇の龍　東方学

丙 作品研究

96　1998．16—29

d. 凤凰神话

B10d001+	杜　而未	《凤麟龟龙考释》 台北 商务印书馆 1966	
B10d002+	朱　传誉	《凤凰与神话》 台北 天一出版社 1982	
B10d003+	顾　方松	《凤鸟图案研究》 浙江人民美术出版社 1984	
B10d001	贾　祖璋	凤凰研究 东方杂志 1931,28(12),73—90	
B10d002		百鸟朝凤考 新闻报 1936.4.3	
B10d003	予　向	龙凤印谈 中和月刊 1940,1(7),36—39	
B10d004	闻　一多	龙凤 中央日报·星期增刊 1944.7.2；《闻一多全集》（一） 1948.69—72	
B10d005	海　云	凤：从燕子变成了孔雀 文物周刊 1946,(4)	
B10d006		究竟有没有"龙"和"凤"？ 光明日报 1956.3.23	
B10d007	刘　亮亭	再谈龙和凤 光明日报 1956.8.7	
B10d008	李　学勤	谈殷周时代的龙凤 光明日报 1956.9.12	
B10d009	沈　从文	龙凤图案的应用和发展 装饰 1958,(1)	
B10d010	谭　旦同	龙凤呈祥 文星* 1958,2(2)	
B10d011	陈　定山	凤凰考 中央日报* 1958.10.14	
B10d012	沈　从文	龙凤艺术 《龙凤艺术》 1962	
B10d013	金　祥恒	释凤 中国文学* 1963,(3),1—10	
B10d014	苏　雪林	玄鸟与凤凰：离骚新话 中国一周*（749）1964	
B10d015	夏　渌	凤凰，神化了的孔雀 羊城晚报 1965.12.24	
B10d016	杜　而未	凤与为灵 《凤麟龟龙考释》* 1966	
B10d017	周　自强	古代凤凰与今南洋凤鸟的研究 民族学所集刊* 1967,(24)	
B10d018	丁　肃	凤凰与凤鸟 民族学研究所集刊* 1968,(25)	
B10d019	周　自强	凤凰·孔雀·雉：敬答丁肃先生 大陆杂志* 1970,41(2)	
B10d020	森安太郎	凤与风 《中国古代神话研究》 1974	
B10d021	林　其贤	从凤的神话看凤的文化 东吴大学中文系

刊* 1980,(6),69—74

B10d022　刘　　诚　凤凰考　科技史文集(四)　1980

B10d023　萧　　兵　凤凰涅槃故事的来源　耕耘　1979,(1):社会科学研究　1980,(6),110—112;《楚辞与神话》1987. 193—202

B10d024　赵　洛生　谈龙说凤　《初犁集》(下)　1982. 517—523

B10d025　余　学明　我国龙凤地名初探　武汉师院孝感分院学报　1982,(2)

B10d026　王　克林　甲骨文中所见"凤"方与舜、夏、秦人的关系　贵州民族研究　1983,(1),62—67

B10d027　冯　　莉　古代的龙凤图腾　历史知识　1983,(4)

B10d028　江　　柳　谈凤　美育　1984,(1),22

B10d029　张　正明　凤斗龙虎图象考释　江汉考古　1984,(1),96—100

B10d030　徐　传武　关于凤凰的传说和用典　古籍整理研究丛刊　1984,(4),21

B10d031　刘　　亮　"凤鸣岐山"　陕西日报　1984. 5. 22,

B10d031　刘　城淮　凤凰的模特儿与始作者考　民间文学论坛　1985,(6),13—18

B10d033　莫　　高　东文神鸟金凤凰　风俗(浙江)　1985,(2),22—24

B10d034　高　莉芬　山海经中的神鸟——凤凰　中华文化复兴月刊*　1987,20(5)

B10d035　胡　孚琛　谈龙说凤　中国社会科学院研究生院学报　1987,(4),71—77

B10d036　何　　新　凤凰崇拜的起源与演变　中国文化报　1988. 3. 9;《何新集》1988. 344—367

B10d037　萧　　兵　火凤凰:它的背景,意义与影响　淮阴师范专科学校学报　1987,(3):《中国比较文学》(4) 1989

B10d038　何　　新　"凤凰"补说　河北学刊　1988,(3),91—94

B10d039　杨　建华　吴越凤鸟神话论　浙江学刊　1990,(1)

B10d040	宋　公文	谈楚俗尊凤崇龙　东南文化　1991,(3/4)	
B10d041	马　玉涛	凤凰崇拜之谜　人文杂志　1991,(5),108—113	
B10d042	龚　维英	龙凤性别和象征符号的源流变迁　贵州文史丛刊　1995,(1),6—11	
B10d043	敖　依昌	凤神话溯源　重庆师范学院学报　1996,(1),24—30	
B10d044	汪　泛舟	敦煌石窟龙凤与库车石窟蛇金翅鸟图像异源考　敦煌研究　1996,(1),76—82	
JB10d001	広瀬都巽	雷紋地鳳凰鏡に就いて　考古雑誌 15(10)　1925.615—619	
JB10d002	出石誠彦	鳳凰の由来について　東洋学報 19(1)　1931.126—143；『支那神話伝説の研究』　東京　中央公論社　1943.247—266；1973.（増訂版）245—266	
JB10d003	武田	書評　史学研究 3(7)　1931.171	
JB10d004	藤堂明保	鳳凰と飛廉について——漢共通基語の一面　東方学　1959.104—114	
JB10d005	林巳奈夫	鳳凰の図象の系譜　考古学雑誌 52(1)　1966.11—29	
JB10d006	鄭　正浩	「風」と「鳳」をめぐる音楽思想——中国古代音楽思想の一側面　岡山大学文学部学術紀要 39　1979.157—163	
JB10d007	松田　稔	五采鳥考——山海経における鳳の系譜　漢文学会会報 29　1984.19—30	

e. 麒麟神话

B10e001+	朱　传誉	《麟龟与神话》　台北　天一出版社　1982	
B10e001	杨　曼	麒麟到底是什么？　人民日报　1959.1.22	
B10e002	李仲均等	我国古籍中记载的"麒麟"的历史演变：三灵新解之一　科技史文集（四）　1980	
B10e003	王　玉池	试谈"麒麟"及其艺术形象　美术史论丛刊（二）	

			1982.43—52
B10e004	常 任侠	明初孟加拉国贡麒麟图	故宫博物院院刊 1983,(3),14—17
B10e005	孙 机	长颈鹿和麒麟	化石 1984,(2)
B10e006	刘 城淮	麒麟的模特儿探源	民间文艺集刊(六) 1984,44—50
B10e007	皮作玖等	漫谈麒麟信仰及其习俗	风俗 1986,(2),40—41
B10e008	尹 荣方	麒麟原型为"四不象"考	社会科学战线 1991,(2),330—335
B10e009	王 永波	试论麒麟崇拜的性质及其渊源	四川文物 1992,(5),3—8
JB10e001	塚本 靖	麒麟考	考古学雑誌 1(10) 1911.614—661
JB10e002	平岡武夫	麒麟	学藝 1(4) 1943.1—9
JB10e003	出石誠彦	支那の古文献に現はる麒麟について	史苑(立教大)3(4) 1930.289—313;『支那神話伝說の研究』 東京 中央公論社 1943.163—186;1973.(増訂版),163—186

f. 饕餮神话

B10f001	郑 师许	饕餮考	东方杂志 1931,28(7),75—81
B10f002	常 任侠	饕餮,终葵,神荼,郁垒,石敢当考	说文月刊(重庆) 1940—1941,(2);再版本,558—561
B10f003	杜 而未	饕餮问题的解决	现代学人* 1962,(4)
B10f004	杨 希枚	古饕餮民族考	民族学所集刊* 1967,(24)
B10f005	张 明华	说饕餮	文史(十五) 1982.26
B10f006	周 华斌	方相、饕餮考	戏剧文学 1992,(3),44—56
B10f007	杨 鹍国	蚩尤、驩兜、盘瓠——苗族"饕餮"的内容及渊源探踪	吉首大学学报 1993,(3),60—62("饕餮纹"研究见"考古与古神话"类)

g. 其他

B10g001	黄 芝冈	论山魈的传说和祀典	中流 1937,1(1)
B10g002	孙 作云	飞廉考:中国古代鸟族之研究	华北编译馆馆刊

			1943,2(3—4)
B10g003	孙 作云	说鸱尾:中国建筑上图腾遗痕之研究	中国留日同学会季刊 1944,3(2),25—35
B10g004	刘 节	释蠃	中山大学文史集刊 1948,(1)
B10g005	祁 英涛	中国古代建筑的脊饰	文物 1978,(3),62—70
B10g006	郑 连章	仙人走兽与大吻	故宫博物院院刊(北京) 1980,(2),91
B10g007	李 福顺	关于"鸱吻"	社会科学战线 1981,(4)
B10g008	柳 丛	天安门城楼的吻兽	北京晚报 1984.5.12
B10g009	寸 铁	九头鸟	风土什志 1946,2(1)
B10g010	朱 介凡	古代九头鸟的传说	东方杂志* 1976,10(1)
B10g011	朱 介凡	近代九头鸟的传说	东方杂志* 1977,11(6)
B10g012	朱 介凡	近代九头鸟的传说	湖北文献* 1978,6(5)
B10g013	袁 珂	九头鸟:中国神话辞典摘抄	活页文史丛刊(81) 1980.6
B10g014	杨 柳桥	"梼杌"正义	文史(二十一) 1983.100
B10g015	萧 兵	梼杌・开明・白虎星	活页文史丛刊(十) 1985
B10g016	罗 曲	"鳖灵"神话之我见	文史杂志 1990,(4),36—38
JB10g001	南方熊楠	鯤鵬の伝説	人類学雑誌 27(3) 1911.187—188
JB10g002	原田淑人	瑞獣白澤及び角瑞に就いて	東洋学報 4(3) 1914.413—422
JB10g003	山下寅次	大鵬伝説について	史学研究 1930,1(2),66—80;2(7),42—60
JB10g004	松岡正子	九頭鳥	節令(早稲田大学)23 1983
JB10g005	三條新久	辟雍と鳥—中国古代の鳥俗との関連から	研究紀要・(慶応義塾志木高)19 1989
JB10g006	松原秀一	『一角獣の話』の西漸と東還	慶応義塾大学言語文化研究所紀要 4 1972.85—104

11. 动物神话(二)
a 综论

B11a001　兰　鸿恩　禽言兽语,寓意深长:关于动物故事的探讨　《广西民间文学散论》 1981. 29—43

B11a002　杨德印译　传说和神话中的动物及其来龙去脉　文化译丛 1983,(3),42—43

B11a003　曾　文经　谈动物崇拜　新建设　1964,(7),107—114

B11a004　潜　明兹　动物图腾神话与动物故事管见　思想战线 1983,(1),87—91

b 鸟

B11b001+　贾　祖璋　《鸟与文学》 上海　开明书店　1947

B11b002+　陈　勤建　《中国鸟文化》 上海　学林出版社　1996.9 282p

B11b001　静　闻　中国古代几个鸟的传说　民间文艺(广州) 1927,(2),1—7:《民间文艺丛话》 1928

B11b002　贾　祖璋　鸳鸯的神话及其他　新女性　1928,3(6),693—704

B11b003　杨　宽　序《古史辨》(七)(论古史中之鸟兽神话)　学术 1940,(4)

B11b004　孙　作云　中国古代鸟氏族诸酋长考　中国学报　1943,3(3)

B11b005　陈　捷先　论鸦鹊与清人神话之关系　《满洲丛考》 1963

B11b006　王　靖　说鸟　《传统的与现代的》 1968

B11b007　王尚文等　略论大鹏形象的历史内涵与审美价值　浙江师范大学学报 1986,(4)

B11b008　徐　华龙　乌鸦形象之比较研究　民族文学研究 1986,(5),9—14

B11b009　刘　敦愿　中国古代有关枭类的好恶观及其演变　山东大学文科论文集刊 1979,(2),214—226

B11b010　董　晓萍　论中国鸟神话的起源,类型及其影响　民间文学

论集(一)辽宁 1983.75—95

B11b011　石　兴邦　　我国东方沿海和东南地区古代文化中鸟类图像与鸟祖崇拜的有关问题　《中国原始文化论集——纪念尹达八十寿辰》1989.234—266

B11b012　李　炳海　　从鹊巢到鹊桥:中国古代文学中的喜鹊形象　求索 1990,(2)

B11b013　张　得祖　　我国民俗中的鸟文化琐谈　青海民族研究 1996,(2)

JB11b001　出石誠彦　　僊禽としての鶴の由来について　『池内宏博士還暦記念　東洋史論叢』　東京　座右寶刊行会 1939.79—98:
『支那神話伝說の研究』　東京　中央公論社 1943.707—722:1973.(増訂版) 707—722

JB11b002　金田純一郎　鳥の信仰と文芸　文化(東北大)20(6)　1957

JB11b003　桑山龍平　　楚辭に見える鳥について(2)　中文研究(天理大学)12　1973.1—17

JB11b004　鉄井慶紀　　中国神話中の鳥のモチーフ—祖神と天地創造の場合　東方学 50　1975.17—35:『中国神話の文化人類学的研究』　東京　平河出版社 1990.244—269

JB11b005　石川三佐男　中国古代に於ける燕の宗教的意味と『詩経』燕燕篇の「興」について　二松学舎大学人文論集 9　1976.37—48

JB11b006　鉄井慶紀　　古代中国に於ける鳥の聖視観について　民族学研究 41(2)　1976.137—154:『中国神話の文化人類学的研究』　東京　平河出版社　1990.270—302

JB11b007　大塚秀高　　剣と鳥と泉の伝説一覧表(『大明一統志』による)　科研費研究成果報告書　1996

JB11b008　萩原秀三郎　環東シナ海の鳥霊信仰　日中文化研究 9　勉誠社　1996

c. 龟

B11c001	阿　宣	乌龟　民俗周刊(福州)　1930,(18)	
B11c002	默　丁	谈龟　枕戈旬刊　1932,(1)	
B11c003	闻一多	释龟　清华学报　1937,12(3),561—567	
B11c004	何联奎	龟的文化地位　民族学所集刊*　1963,(16)	
B11c005	凌纯声	中国古代龟祭文化　民族学所集刊*　1971,(31)	
B11c006	宋龙飞	从民俗中探寻龟祭文化的根　艺术家*(60)　1981	
B11c007	顾孟武	民俗与龟　龙门阵(成都)　1982,(2),95—98	
B11c008	于省吾	释龟黽　古文字研究(七)　1982.1—6	
B11c009	何满子	龟为寿征古今谈　老人天地　1983,(1)	
B11c010	黄可泰	乌龟荣辱史　大自然　1984,(3)	
B11c011	龚维英	乌龟梢与图腾崇拜　乡土　1984,(7)	
B11c012	孙林等	藏族乌龟神话及其神秘主义宇宙观散义　民族文学研究　1992,(2),39—45	
B11c013	徐华龙	灵龟神话的产生及其民俗内涵　中国民间文化　1993,(3),35—46	
B11c014	程自信	论中国龟崇拜的历史演变　安徽文学　1995,(1),43—46	
JB11c001	出石誠彦	上代支那の「巨鼇負山」話說の由来について　市村瓚次郎博士古稀記念「東洋史論叢」　1933:『支那神話伝說の研究』　東京　中央公論社　1943.325—344	
JB11c002	大林太良	動物の築いた城　中国大陸古文化研究7　1975.1—12	
JB11c003	大林太良	東アジア王権神話における亀　教養学部紀要(東京大学)11　1979.35—47	
JB11c004	伊藤清司	亀蛇と宇宙構造　『アジアの宇宙観』(岩田慶治等編)　東京　講談社　1989	

d. 蛇

B11d001	钟敬文	蛇郎故事试探　青年界(上海)　1932,2(1),	

		59—78:《民俗学集锦》(二) 1932.1—25:《钟敬文民间文学论集》(下) 1985.192—208
B11d002	叶　德均	山海经中蛇的传说　民俗周刊(广州)　1933,(116/118),105—116
B11d003	黄　永年	神话中的一种怪蛇——"委蛇"　文物周刊 1948,(79)
B11d004	小　穗	蛇神的讨论　风土杂志　1949,3(2),56—57
B11d005	萧　枢	毒蛇的神话　中国时报*　1958.8.3
B11d006	袁　德星	蛇与中国文化　中华文化复兴月刊*　1977,10(2)
B11d007	王　柳敏	中外传奇:蛇是太阳的化身　自立晚报* 1977.2.17(2)
B11d008	王　孝廉	灵蛇与长桥　中国时报*　1978.9.21
B11d009	刘　平衡	从古器物及文献中谈蛇　台湾历史博物馆馆刊*　1979,(9)
B11d010	陈　文华	几何印纹陶与古越族的蛇图腾崇拜:试论几何印纹陶纹饰的起源　考古与文物(西安)　1981,(2),40—49,52
B11d011	赵　振才	龙江民俗小议:蛇图腾　黑龙江文物丛刊 1983,(1)
B11d012	丹尼斯·赵; 王　骧等	中国人信仰中的蛇 民间文艺集刊(七)　1985.279—290
B11d013	程　蔷	试论白娘子形象反映的多种古代文化因素　中国古典文学论丛(四)　1986.272—287
B11d014	程　蔷	蛇神与蛇精神——中国神话传说形象演变一瞥　文史知识　1987,(4),73—77
B11d015	陈　建宪	蛇神,蛇妖,蛇女　民间文学季刊　1987,(1),102—116
B11d016	杨　知勇	蛇——具有特殊内涵的"人心营构之像"　《贵州神话史诗论文集》　1988.1—31
B11d017	陈　健铭	蛇郎君的神话与传奇　民俗曲艺*(59)　1989.74—84

B11d018	杨　海涛	试论西南蛇神话传说的类型及其历史内涵　云南文艺评论　1990,(3)	
B11d019	郑　　岩	从中国古代艺术品看关于蛇的崇拜与民俗　民俗研究　1989,(3),37—46;1989,(4),53—61	
B11d020	（英）丹尼斯·赵；李　鉴踪	蛇与中国的信仰习俗　文史杂志　1991,(1),21—23	
B11d021	姜　宝莲	古代的蛇神崇拜　中学历史教学　1991,(1/2),20—22	
B11d022	林　长华	崇拜蛇的风俗　风景名胜　1991,(4),47	
B11d023	林　蔚文	福建南平樟湖扳崇蛇民俗的再考察　东南文化1991,(5),87—92	
B11d024	王　钟陵	中国神话中蛇龙意象之蕴意及演化　江海学刊1991,(5),147—155	
B11d025	林　蔚文	中国南方部分民族崇蛇意念的差异与演变　中南民族学院学报　1992,(1)	
B11d026	姜　　彬	江南地区蛇传说中古代图腾崇拜的内涵　中国民间文化　1992,(3),145—160	
B11d027	余　麟年	"虫","足下","三"——关于蛇文化的寻根与探源　中国民间文化　1993,(2),130—136	
B11d028	周　士琦	"蛇"会飞之谜　文史杂志　1996,(1)	
JB11d001	大形　徹	蛇と悪霊の関係について　中国出土資料研究（中国出土資料研究会）1997．創刊号	
JB11d002	井上芳郎	支那古代信仰に於ける星辰と蛇の関係　民族2(3)　1927．13—29	
JB11d003	上原淳道	委隨・蜲蛇・委蛇について——續漢書禮儀志に見える十二神獸の研究　『中国古代史の諸問題』（三上次男・栗原明信編）　東京　東京大学出版会　1954;『中国史論集』　東京　汲古書院1993．10—21	
JB11d004	姜　　彬	長江下流域における古代の蛇トーテム崇拝の遺習	
	新島　翠	日中文化研究2　勉誠社　1991	

JB11d005	諏訪春雄	蛇と人との愛の物語—日中蛇信仰の比較　江戸文学 7　東京　ペリカン社　1992	
JB11d006	諏訪春雄	中国江南の蛇信仰と日本　学習院大学東洋文化研究所調査研究報告 37（アジアの祭りと芸能）　1992. 22—36	

e. 蚕

B11e001	静　闻	马头娘传说辨　民间文艺　1927,(6),1—13;《民间文艺丛话》 1928;《钟敬文民间文学论集·下》 1985. 245—251
B11e002	陈　志良	春凳·百脚旗·周仓〔马头蚕神话〕　风土杂志 1948,2(5),24—26
B11e003	存　信	马头娘:关于蚕的传说　沈阳日报　1962. 7. 27
B11e004	周　明	蚕丛与蚕市　四川蚕业　1982,(4)
B11e005	易　重廉	从蚕神,紫姑到七姑娘　楚风(湖南)　1983,(1),80—81
B11e006	刘　志瑀	关于蚕及神的传说　民间文学　1984,(7),51—52
B11e007	顾　希佳	马头娘及其神话——蚕神考　民间文学论坛 1987,(4),17—22
B11e008	张光尧等	"祀田蚕":一种古老的祭祀仪式　中国民间文化 1992,(1),22—39
B11e009	程　建中	蚕神祭祀的盛会——清明游含山习俗调查　中国民间文化　1992,(1),40—52
B11e010	余　连祥	杭嘉湖地区的蚕神崇拜　湖州师范学院学报　1993,(3),120—124,14

f. 牛

B11f001	王　寒生	开天辟地话神牛　生力　1968,1(4)
B11f002	张　坦	苗族椎牛祭祖活动中牛的符号意义　贵州民族学院学报　1990,(3),29—83
B11f003	李　子贤	牛的象征意义试探——以哈尼族神话宗教礼仪中的牛为切入点　民族文学研究　1991,(2),

24—30

B11f004　　傅　　瑛　　中国牛神话传说初探　信阳师范学院学报
　　　　　　　　　　　　1992,(2),75—2

B11f005　　梁　兴兰　　苗族的牛崇拜　贵州文史丛刊　1993,(6),3—
　　　　　　　　　　　　85

B11f006　　才旺緇乳　　牛头崇拜的缘由　西藏旅游　1994,(3)

B11f007　　夏　　敏　　牛:一个跨越文化的宗教抉择　西藏民族学院学
　　　　　　　　　　　　报　1995,(3),76

B11f008　　吴　正光　　贵州高原的"牛文化"　民族　1997,(3)

B11f009　　闵　　军　　俗语"牛"考源——俗语人类学视野中的考察
　　　　　　　　　　　　青海师范大学学报　1998,(3),81—84

g. 鱼

B11g001+　陶　思炎　　《中国鱼文化》　北京　中国华侨出版公司
　　　　　　　　　　　　1990

B11g001　　陶　思炎　　鱼考　民间文学论坛　1985,(6),1—7

B11g002　　陶　思炎　　中国鱼文化的变迁　北京师范大学学报　1990,
　　　　　　　　　　　　(2),78—85

B11g003　　朱　存明　　从鱼文化谈起　淮阴师范专科学校学报　1991,
　　　　　　　　　　　　(1),104

B11g004　　申　世放　　鱼文化初谈　四川文物　1994,(2),7—12

B11g005　　聂　济冬　　有关鲤鱼的民俗及其成因　民俗研究　1997,
　　　　　　　　　　　　(3),57—59,71

JB11g001　天王寺三郎　古書に見える魚怪　満蒙17(4)　1936

JB11g002　澤田瑞穂　　魚と道人—中国における『物食う魚』の説話
　　　　　　　　　　　　について　天理大学学報62　1969.20—38

h. 虎

B11h001　　屈　育德　　论中国传统文化中虎的观念　社会科学辑刊(沈
　　　　　　　　　　　　阳)　1986,(4),103—110

B11h002　　曹　振峰　　中国民艺与中国虎文化(上、下)　民间文学论坛
　　　　　　　　　　　　1990,(1),22—29,36;(4),61—66

B11h003　　杨　甫旺　　古代巴蜀的虎崇拜　四川文物　1994,(1),9—

			12
JB11h001	陶	思炎	虎に関する図と習俗の文化検討　比較民俗研究 12　1995．124—127

i. 马

B11i001	刘	振卿	马神庙祭神考　北平晨报艺圃　1932,7,20；1932.8.5
B11i002	冯	其庸	"天马行空"考析　文物　1974,(5),49—51
B11i003	龚	维英	马之隐羲抉微　民间文艺集刊(六)　1984,192—201

j. 羊

B11j001	史	占扬	辛末年漫话羊和羊形文物　四川文物　1991,(1),7—11
B11j002	杨	弘	大吉羊：中国古代羊造型文物琐记　文物天地 1991,(1),24—26
B11j003	吴	之村	"五羊"新诠　江西社会科学　1996,(3)

k. 其他

B11k001	王	梦鸥	袁氏传索引：一个猿猴神话试探　幼狮月刊* 1978,48(5)
B11k002	龙	耀宏	鸡的神话和鸡的文化　贵州民族学院学报 1989,(2),90—96
B11k003	卢	楠	鸡年说"鸡"　东南文化　1993,(1),189—195
B11k004	姜	世碧	我国古代家猪的饲养及其宗教领域中的地位 四川文物　1992,(3),10—14
B11k005	朱	维德	"朱"义源流考　宁夏教育学院学报　1994,(1)
B11k006	谭	蝉雪	西域鼠及鼠神摭计　敦煌研究　1994,(2),120—126
B11k007	杨	保愿	蜘蛛神话民俗遗存　民族文学研究　1988,(3),72—78
JB11k001	飯塚勝重		亥豕の交わり——古代中国および東北アジアにおける亥と豕・猪の関係 アジア・アフリカ文化研究所研究年報 29 1994．29—46

JB11k002	梅原末治	古代の禽獣魚形・勾玉　史学 38(1)　1965.1—48	
JB11k003	石田幹之助	犬に縁のある支那の話　日本歴史 260　1970.160—162	
JB11k004	杉本憲司	中国古代の犬　『森三樹三郎博士頌寿記念　東洋学論集』　東京　講談社　1979. 235—253	

12. 古帝神话

a. 综　论

B12a001+		《中国神话中帝及羿、禹》　台北　启明书局　1961	
B12a001	陈　槃	皇帝事迹演变考　语历所周刊　1928,3(28),921—935	
B12a002	赵　景深	论帝王出身传说　北新半月刊　1928,2(14),89—97	
B12a003	任　峰	历代创统君主爵里都邑考略　国立中山大学半月刊　1930,1(11)	
B12a004	缪　凤林	象征之圣哲　史学杂志　1931,2(5/6),15—16	
B12a005	白　寿彝	帝王与禽兽鼋龙　民俗周刊　1931,(4)	
B12a006	李　裕增	古圣号特例(静观庐随笔)　河北第一博物院画报　1933,(50)	
B12a007	许　同莘	原谱(上)　河北第一博物院画报　1934,(78、80、82)	
B12a008	周　予同	纬谶中的皇与帝　济南学报　1936,1(1),13—58	
B12a009	李　泰棻	古代帝王名及其事迹造作原因之推测　新东方杂志　1940,1(3),73—84	
B12a010	丁　山	帝系发疑　图书季刊(北平)　1943,新4(3/4),35—41	
B12a011	周　名辉	"帝系篇"　学原　1948,2(1),35—40	
B12a012	赵　铁寒	夏代诸帝所居考　《古史考述》*　1965	

B12a013	力　涛	中国古帝"神格"与人格之辨　东西风(港) 1973,1(10)	
B12a014		先秦时代帝王之师:上古帝王之辅导制度　孔孟月刊* 1980,18(6)	
B12a015	丁　山	从东西文化交流探索史前时代的帝王世系　文史(28)　1988．1—16	
B12a016	王　辉	论郑州南关外期——有关夏商文化的几个问题　西北史地　1988,(4)	
B12a017	史　道祥	关于夏文化源的探索——由古本《竹书纪年》夏代"西河"地望谈起　郑州大学学报　1989,(2)	
B12a018	李　衡眉	古史传说中帝王的性别问题　历史研究　1994,(4),3—18	
JB12a001	出石誠彦	支那の帝王説話に対する一考察　東洋学報 23(1)　1935．1—64:『支那神話伝説の研究』　東京　中央公論社　1943．491—556	
JB12a002	鉄井慶紀	帝江伝説について　哲学(18)　1966．96—119:『中国神話の文化人類学的研究』　東京　平河出版社　1990．497—514	
JB12a003	安居香山	中国古帝王伝説の特質について　宗教研究 194　1968．202—203	

b. 古帝感生

B12b001	观　云	佛教之无我轮回论(六):附感生化生说　新民丛报　1906,3(24)	
B12b002	舀　海	古帝感生之神话　进步杂志　1913,3(6),本文 1—8	
B12b003	黄　石	感孕说的由来　妇女杂志　1931,17(1),61—70	
B12b004	黄　石	女俗丛谈(感孕与胎教)　妇女杂志　1931,17(3),103—105	
B12b005	杨　宽	略论古帝王之瑞应说　大美晚报·历史周刊 1936,(20)	
B12b006	朱　铭三	我国历史上所传说的感生神话　学术界(上海) 1944,2(1),65—72	

B12b007	孔　令谷	感生故事阐说　新中华（复刊）（上海）　1946,4(18),24—25	
B12b008	吕　思勉	洪范庶民惟星解　《吕思勉读史札记》　1982,485—493	
B12b009	蒙　飞	中国感生神话起源初探　广西民族学院学报　1988,(3),24—29	
B12b010	蒙　梓	中国的感生神话　学术研究　1991,(6),90—97	
B12b011	王　泉根	图腾感生与古姓起源　历史大观园　1992,(1),40—41	
B11b012	王　风春	试论感生神话源于生殖崇拜　松辽学刊　1994,(4),38—44,37;宗教　1995,(1)	
JB12b001	飯島良子	五精感生說と後漢の祭祀——鄭玄注にみる　史學雜誌 101(1)　1992.1—38	

c. 三皇五帝

B12c001+	顾　颉刚	《三皇考》　北京　燕京大学哈佛燕京学社　1936.1.292p	
B12c001+	孙　子高	评顾颉刚、杨向奎《三皇考》　图书季刊　1936,3(1/2),43—47	
B12c003+	李　唐	《三皇五帝》　香港　宏业书局　1961	
B12c001	周　实	读史记五帝本纪　《无尽庵遗集》（一）　1912	
B12c002	萧　澄	三皇五帝考　史地丛刊　1921,1(2)	
B12c003	林　乾祐	国语中之五帝　语历所周刊　1928,2(16),469—471	
B12c004	梁　劲	评史记五帝本纪　语历所周刊　1928,2(16),461—468	
B12c005	周　维汉	三皇五帝说源流考略　史学杂志　1929,1(2),88—108	
B12c006	蒙文通等	三皇五帝说探源　史学杂志　1929,1(5),1—9；古史辨（七）　1941	
B12c007	孙　正容	三皇五帝传说由来的蠡则　中央大学半月刊　1930,1(13)	

B12c008	陈　贞瑞	《五帝考》发轫	思想日报·民俗周刊(厦门) 1930,(14—15)
B12c009	吕　思勉	三皇五帝考	光华大学半月刊　1933,2(1),1—3:古史辨(七)　1941
B12c010	丁　　山	由陈侯因资铎铭黄帝论五帝	史语所集刊 1933,3(4),517—536
B12c011	顾　颉刚	王肃的五帝说及其对于郑玄的感生说与六天说扫除工作	史学论丛(北平)　1935,(2),本文1—22
B12c012	顾颉刚等	三皇考	《燕京学报专号》(八)　1936.1:古史辨(七)　1941
B12c013	杨　　宽	略论五帝传说	大美晚报·历史周刊　1936.2.18
B12c014	陈　德俭	三皇五帝时代之文化	河南政治月刊　1936,6(5),研究类1—13
B12c015	陈　　柱	史记五帝本纪讲记	学术世界(上海)　1936,1(9),122—125
B12c016	赵　恩诚	五帝时代之民族事业	民族周刊　1936,(11)
B12c017	姚　豫太	臧琳五帝本纪书说正	制言半月刊(苏州) 1936,(26),本文1—9
B12c018	卫　聚贤	三皇五帝的产生及纠纷	古史研究(三)　1936.150—164
B12c019	吕　思勉	书三皇五帝考后	光华大学半月刊　1937,5(9),22—23
B12c020	李　泰棻	所谓五帝	朔风　1939,(12),557—565
B11c021	傅　耕野	所谓三皇五帝	新东方杂志　1940,1(10),223—226
B12c022	杨　　宽	三皇传说之起源及其演变	学术　1940,(3),22—30
B12c023	吕　思勉	儒家之三皇五帝说	古史辨(七)　1941:《吕思勉读史札记》　1982.26—30
B12c024	吕　思勉	纬书之三皇说	古史辨(七)　1941:《吕思勉读

史札记》 1982.23—26

B12c025	童　书业	三皇考　古史辨(七)　1941	
B12c026	陈　柱尊	太史公书讲记(五帝本纪)　真知学报　1942,2(4),2—5	
B12c027	林　穆光	中国经济史上之三皇五帝　华大经济学报 1944,(1),本文1—22	
B12c028	姜　蕴刚	若存若无的三皇时代　《历史艺术论》　1944	
B12c029	姚　公书	三五时代之代表人物及其地理环境　贵州大学学报　1946,(1),4—12	
B12c030	黎　正甫	五帝六天辨　中央日报　1946.8.27	
B12c031	张　其昀	"黄帝子孙"的源流:三皇五帝　中国一周* (565)　1961	
B12c032	彭　友生	从三皇传说看古史真相:国史漫谈之一　新天地* 1967,5(12)	
B12c033	彭　友生	三皇事迹及其在文化史上的意义　新天地* 1967,6(3)	
B12c034	彭　友生	三皇活动之地区及其后裔之分布　新天地* 1967,6(4)	
B12c035	陈　梦家	世本考略　《周叔弢先生60生日纪念论文集》(港)　1967	
B12c036	卓　秀岩	史纪五帝本纪尚书义考证　成功大学学报* 1977,(12)	
B12c037	陈　可青	读《五帝本纪》札记　北京师范学院学报　1979,(3),31—37	
B12c038	童　书业	三皇五帝　《春秋左传研究》　1980.1—2	
B12c039	杜　而未	三皇五帝的传说　考古人类学刊*　1981,(42)	
B12c040	邢　克斌	"三皇","五帝"的各种说法　文史知识(北京) 1983,(7),122—123	
B12c041	何　新	诸神的起源——中国上古神话新探・三皇考 中国社会科学院研究生院学报　1985,(2),54—60	
B12c042	黄　忻佳	三皇五帝及华夏文化探源:中国上古神话谱系的	

		文化人类学研究　史学月刊　1993,(5),1—7,12
B12c043	史　建群	帝王神话的诞生　郑州大学学报　1993,(6),62—69
B12c044	李　衡眉	古史传说中帝王的性别问题　历史研究　1994,(4),3—18
B12c045	李　衡阳	三皇五帝传说及其在中国史前史中的定位　中国社会科学　1997,(2),179—190
B12c046	霍　彦儒	炎黄时代姬姜二族的"三缘"关系　华夏文化　1996,(4),17—18
JB12c001	中村徳五郎	五帝論　史学雑誌 9(7)　1898. 588—597
JB12c002	林　泰輔	支那古代に於ける上帝と五帝　東方哲学 21(12)　1914
JB12c003	星野　恒	三皇五帝考　史学雑誌 25(5)　1932. 517—522
JB12c004	飯島忠夫	三皇五帝について　史潮 1(2)　1932. 57—77
JB12c005	市村瓚次郎	支那上代伝説の批判—特に三皇五帝に就いて　史学雑誌 44(11)　1933. 1353—1380
JB12c006	稲田　孝	五帝伝説　『中国の神話伝説』(稲田孝编)　東京　河出書房新社　1959
JB12c007	杜　而未；賴武揚等	三皇五帝の伝説　えとのす/Ethnos in Asia 17　1982. 103—124
JB12c008	中島敏夫	三皇五帝夏禹先秦資料研究——『三皇五帝夏禹先秦資料集成』序論、凡例並びに文献史料一覧(初稿)(1)　文学論叢(愛知大学文学会)118　1998

d. 炎帝神农

B12d001+	钟　宗宪	《炎帝神农信仰》　北京　学苑出版社　1994.7. 252p
B12d002+	霍彦儒等	《炎帝传》　西安　陕西旅游出版社
B12d001	陈　去病	神农列山氏　国粹学报(上海)　1908,(41),(丛谈第一篇)

编号	作者	题目	出处
B12d002	袁梓青	记神农陵墓与附近八景	农村经济月刊 1934,1(9),113—114
B12d003	吕思勉	神农与炎帝、大庭	古史辨(七) 1941:《吕思勉读史札记》1981.33—40
B12d004	吕思勉	炎黄之争考	古史辨(七) 1941:《吕思勉读史札记》1981.40—46
B12d005	钱穆	神农与黄帝	说文月刊 1944,4(合订),189—192
B12d006	张海鹏	神农与后稷	合肥师院学报 1960,(1),73—77
B12d007	张其昀	以农立国的开端：神农	中国一周*(561) 1961
B12d008	张其昀	民族保卫战的序幕：涿鹿之战	中国一周*(563) 1961
B12d009	稽古	从黄帝,炎帝谈到"阪泉之战"(上)	畅流* 1962,26(7)
B12d010	李宗侗	炎帝与黄帝的新解释	史语所集刊* 1969,39(1)
B12d011	邱新民	马来族源流探讨导言(神农)	《东南亚古代史地论丛》(新) 1969
B12d012	胡世林	从"神农尝百草"谈起	植物杂志 1977,(3)
B12d013	王仲孚	神农氏传说试释	《赵铁寒记念论文集》* 1978
B12d014	徐而疾	神农伐斧遂初探：传说中最早的战争	历史知识 1980,(3),27—30
B12d015	童书业	炎帝	《春秋左传研究》1980.3
B12d016	杨国勇	黄炎华夏考	山西大学学报 1982,(4),54—60,78
B12d017	许永璋	《朱凤行》求证	活页文史丛刊(135) 1982.7—8
B12d018	韩致中	林海奇葩：读《神农架的传说》	民间文学 1983,(12),87—90
B12d019	屠武周	神农,炎帝和黄帝的纠葛	南京大学学报 1984,(1),59—64

B12d020	陈 玮君	神农果有其人么？	民间文学 1984,(1),79
B12d021	王 畅	也谈神农氏的有无:与陈玮君同志商榷	民间文学 1984,(6),53—54
B12d022	龚 维英	"炎帝神农氏"形成过程探索	华南师范大学学报 1984,(2),109—111
B12d023	刘 玉堂	《神农》作者考辨	中国农史 1984,(3)
B12d024	炳 文	辽画《神农采药图》	文物天地 1984,(4),48
B12d025	李 绍连	炎帝和黄帝探论	中州学刊 1989,(5)
B12d026	唐 嘉弘	炎帝传说考述——姜炎文化的源流	史学月刊 1991,(1),6—13
B12d027	王 彩梅	论炎黄阪泉之战的地理位置及相关问题	北京社会科学 1992,(4),15—24
B12d028	韩 致中	兴起于宝鸡,宏扬于厉山:漫话炎帝神农	民间文学论坛 1992,(5),10—14
B12d029	刘 守华	中华民族的文化英雄——炎帝神农	《炎黄文化与现代文明》 长江出版社 1993.2
B12d030	韩 隆福	略论炎帝的源流和贡献	武陵学刊(常德) 1993,(2)
B12d031	巫 瑞书	谈炎帝陵传说及其原始文化意义	湖南师范大学学报 1993,(3),105—108,104
B12d032	巫 瑞书	炎帝神农传说圈试探	民间文学论坛 1993,(3),27—31
B12d033	潜 明兹	炎帝是远古文化的多棱镜	衡阳师范专科学校学报 1994,(1),16—20
B12d034	刘 城淮	中华文化的光辉旗帜——炎帝神农	民间文学论坛 1994,(1),46—52
B12d035	蒋 南华	炎帝:南方民族的始祖	贵州社会科学 1994,(1),73—78,72
B12d036	朱 君孝	炎帝之离与周族之衰	西北大学学报 1994,(7)
B12d037	蔡 清泉	炎帝与楚人	江汉论坛 1994,(9)
B12d038	叶 林生	炎帝考	河北学刊 1995,(1),81—84

B12d039	高　光晶	神农,炎帝和黄帝考辨——兼谈"炎帝成为中国人祖先"的原因　湖南师范大学学报　1995,(2),50—54
B12d040	龙　海清	略论炎帝在中国文化中的意蕴　中国民间文化　1995,(2),234—241
B12d041	郑　钺	徐州东汉画像中炎帝神农图像　农业考古　1995,(3),248—252
B12d042	扬　东晨	评《炎帝传》——兼论炎帝研究的一些问题　华夏文化　1996,(2),63—6
B12d043	林　河	炎帝出生地的文化考析　民族艺术　1997,(2)
B12d044	石　宗仁	谈神农苗族　中央民族学院学报　1998,(1)
B12d045	王大有等	炎帝共工氏族谱暨文明肇造——中国贵州安顺"红崖天书"研究提要　南风　1998,(1),54
B12d046	陶　思炎	炎帝神话探讨　江苏社会科学　1998,(4),107—111
JB12d001	田崎仁義	支那古代の農業神　国民経済雑誌 33(1—2) 1922
JB12d002	高桑駒吉	支那の農神に就いて　歴史と地理 44(5) 1924
JB12d003	八木奘三郎	穀神と糧食　民族 4(1)　1928.17—35
JB12d004	大島利一	神農と農家者流(要旨)　東洋史研究(九州大学)8(3)　1943.207
JB12d005	大島利一	神農と農家者流　『羽田博士頌寿記念　東洋史論叢』(東洋史研究会)　内外印刷株式会社　1950,(11),353—381
JB12d006	重澤俊郎	神農伝説の分析　東西学術研究所論叢 12　1954
JB12d007	御手洗勝	神農と蚩尤　東方学 41　1971.1—15：(改題：神農・炎帝・句芒)『古代中国の神々』　東京　創文社　1984.506—531
JB12d008	森安太郎	穀霊(神農氏)　京都女子大学人文論叢 20　1971.21—30

JB12d009	水澤利忠	農家の神農から医薬の神農まで　斯文 93 1987. 12—31	

e. 精卫

B12e001	庆　　云	"精卫"诗话　光明日报　1962. 6. 16
B12e002	王　孝廉	巫山之云——帝女神话之一　中国时报* 1978. 7. 24(12)
B12e003	王　孝廉	漂与誓：雁风吕传说与精卫神话　中国时报* 1978. 8. 16(12)
B12e004	长　　生	《精卫填海》分析　开封师范学院函授通讯 1978，(4)
B12e005	常　育生	《精卫填海》的"西山"和"东海"　开封师范学院函授通讯　1978，(4)
B12e006	高　国藩	精卫神话新解　文学评论丛刊（十三）　1982. 448—455
B12e007	龚　维英	"精卫填海"与亡灵化鸟　贵州社会科学　1985，(1)，108—110
B12e008	涂　石等	谈精卫神话　西北师范学院学报　1986，(3)，60—66；《神话、民俗与文学》　1993. 137—151
B12e009	尹　荣方	精卫填海与大雁衔枝　求索　1991，(6)，81—82
B12e010	龚　维英	"精卫填海"神话深沉蕴涵及其他　求索　1993，(1)，86—89
B12e011	龚　维英	古神话精卫填海探密　中国民间文化　1993，(3)，68—75
B12e012	郑朝晖等	"精卫填海"考　无锡教育学院学报　1996，(1)，5—9
JB12e001	栃尾　武	精衛の伝説とその資料　桜美林大学中国文学論叢 2　1970. 1—24
JB12e002	松田　稔	『山海経』「精衛」の伝承の変容　新国学の展開（おうふう）　1997
JB12e003	山崎みどり	精衛考——その伝説と評価をめぐゐって　早稲田大学大学院文学研究科紀要別冊 10 1984. 81—89

f. 刑天

B12f001	龚　维英	无头战神刑天考辨　云南社会科学　1986,(1),90—92	
B12f002	龚　维英	《山海经》里的刑天与精卫解　《神话、仙话、佛话》1986.1—9	
B12f003	赵　逵夫	刑天神话钩沉与研究　民间文学论坛　1988,(5/6),76—83	
B12f004	国　光红	刑天考　中原文物　1994,(1),8—15	
B12f005	冀　小军	"刑天"兼论殷墟卜辞中的首、面、天三字　中国人民大学学报　1994,(5)	
B12f006	刘　黎明	刑天神话・猎首习俗・头骨崇拜　四川大学学报　1996,(3),82—86	
B12f007	王　振泰	驳"刑天舞干戚"之讹说　阴山学刊(包头)1997,(2),12—16	
JB12f001	伊藤清司	無頭神小論　中国大陸古文化研究 3　1966	

g. 黄帝

B12g001+	钱　穆	《黄帝》　重庆　1933：胜利出版公司＊　1971	
B12g002+	黄　崇岳	《黄帝、尧、舜和大禹的传说》　北京　文献书目出版社　1983	
B12g003+	余　明光	《黄帝四经与黄老思想》　黑龙江人民出版社　1989	
B12g004+	柏　明等	《黄帝与黄帝陵》　西安　西北大学出版社　1990	
B12g005+	曲　辰	《轩辕黄帝史迹之谜》　北京　中国社会科学出版社　1992	
B12g001	朱　希祖	《史记》"本纪"起于黄帝说　史地丛刊　1920,1(1)	
B12g002	陈　槃	黄帝事迹演变考　中大语史周刊　1928,3(28),本文 1—15	
B12g003	郭　沫若	殷彝中图形文字之一解　《殷周青铜器铭文研究》1931	

B12g004	徐　中舒	陈侯四器考释(古史与黄帝神话)　史语所集刊 1933,3(4),479—506	
B12g005	李　裕增	黄帝朝(静观庐随笔)　河北第一博物院画报 1933,(51)	
B12g006	杨　宽	略论黄帝传说　大美晚报·历史周刊　1936. 5. 11(26)	
B12g007	黄　铁氏	略论黄帝时代之文化制度　中兴　1936,(2), 2—34	
B12g008	景　梅九	黄帝姓㠱考　中国边疆　1944,(3/4),1—2	
B12g009	景　梅九	黄帝外纪　中国边疆　1944,(3/4),2—4	
B12g010	黎　锦熙	"黄帝本纪注疏"序　中国边疆　1944,(3/4)	
B12g011	姜　蕴刚	黄帝及其时代　东方杂志　1946,2(3),8—43	
B12g012	钱　穆	道家与黄帝　中央日报　1948. 5. 3	
B12g013	张　其昀	黄帝子孙　民族思想＊　1951	
B12g014	张　其昀	黄帝　《国史上的伟大人物》＊　1954	
B12g015	成　惕轩	黄帝的开国精神　幼狮＊　1956,(2)	
B12g016	徐　盈栌	黄帝创业开国的艰辛　国魂＊　1958,(61)	
B12g017	周　庆基	黄帝传说与仰韶文化　天津师范学院学报 1959,(1),33—140	
B12g018	顾　颉刚	黄帝　《史林杂识》(初编)　1963,176—184	
B12g019	杨　希枚	论晋语黄帝传说与秦晋联姻的故事　大陆杂志＊　1963,26(6)	
B12g020	杨　希枚	国语黄帝二十五子得姓传说之分析(上篇)　史语所集刊＊　1963,(24);《故院长胡适先生纪念论文集下》	
B12g021	杨　希枚	国语黄帝二十五子得姓传说的分析(中篇):兼论中国传说时代的母系社会　《清华学报·庆祝李济先生七十岁论文集(下)》＊　1967	
B12g022	詹　斌	黄帝文治武功考　古今谈＊　1967,(4)	
B12g023	张　力行	李敬齐论黄帝绝无其人　中国人＊　1968,1(1)	
B12g024	钱　穆	黄帝的故事　国魂＊(302、304、307、308、310、311、313)　1971	

B12g025	无　畏	黄帝纪年论　新知杂志* 1972,2(4)	
B12g026	冯　百年	黄帝子孙,毋忘乃祖　学园* 1973,8(6)	
B12g027	康　立	《十大经》的思想和时代　历史研究 1975,(3), 81—85	
B12g028	王　寒生	轩辕黄帝与中华民族　今日中国* 1976,(57)	
B12g029	王　寒生	轩辕黄帝与中华民族　民主宪政* 1976,47 (12)	
B12g030	张　光远	有熊氏黄帝:从考古发掘与经籍古史的印证论故宫季刊* 1977,10(1)	
B12g031	郭　元兴	读《经法》(黄帝四面)　中华文史论丛 1979, (2),125—136	
B12g032	胡　信田	黄帝传　黄埔月刊* 1979,(322)	
B12g033	黄　珣	源远流长话黄帝　明道文艺* 1979,(39)	
B12g034	童　书业	黄帝　《春秋左传研究》 1980.3—4	
B12g035	许　进雄	黄帝命名根由的推测　中国文学* 1981,(3): 《中国文字、新三期》* 文艺印书馆 1981.3	
B12g036	萧　兵	黄帝为璜帝考　活页文史丛刊(100) 1981. 1—20:《楚辞与神话》 1987.392—424	
B12g037	吕　安	黄帝:中华民族的始祖　今日中国* (117) 1981	
B12g038	赵　映林	黄帝　中学历史 1982,(1)	
B12g039	唐善纯等	释"黄帝"　文史知识 1982,(9)	
B12g040	冯　志龙	黄帝:中华民族的精神象征　浙江日报 1982. 9.1	
B12g041	任　卓宣	黄帝论　铭传学报* 1983,(20)	
B12g042	林　祥庚	中华民族的象征:黄帝及其传说之试释　福建师范大学学报 1983,(4),170—177	
B12g043	林　祥庚	黄帝与夏商周　学术月刊 1985,(3)	
B12g044	郑　慧生	我国母系氏族社会与传说时代—黄帝等人为女人辨　河南大学学报 1986,(4)	
B12g045	张　振犁	黄帝神话的传说化和历史化　《神话新论》 1987.278—296	

B12g046	叶　舒宪	黄帝四面的神话哲学	走向未来　1988,3(2)
B12g047	王　燕均	黄帝名号与图腾新考　学术界　1989,(4),31—33	
B12g048	耿　瑞	黄帝族原始图腾初探——从《女娲伏羲》神话的发现谈起　《神话与民俗》　1990,32—38	
B12g049	张　玉勤	神话,炎帝、黄帝关系辨　山西师范大学学报　1990,(3)	
B12g050	吴　泽顺	黄帝轩辕氏系混沌之神考　东岳论丛　1991,(6)	
B12g051	李　耀宗	天心一柱定中华——论黄帝出生、建都有熊的历史人物契机　中央民族学院学报　1992,(1),15—24	
B12g052	刘　金	"黄帝就是混沌"说质疑　文汇报　1992.4.8(6)	
B12g053	王　仲孚	试论当代学者对于黄帝传说的讨论　《第二届国际华学研究会议论文集》*	
B12g054	庞　朴	黄帝考源　《传统文化与现代化》　1993.2	
B12g055	许　钰	黄帝传说的两种形态及其功能　北京师范大学学报　1993,(4),7—11	
B12g056	陈　子艾	古代黄帝形象演变论析　北京师范大学学报　1993,(4),12—19,41	
B12g057	刘　铁梁	黄帝传说的象征意义及其历史成因　北京师范大学学报　1993,(4),20—25	
B12g058	穆　长青	轩辕黄帝本事暨黄帝陵考　西北史地(兰州)　1993	
B12g059	谭洛非等	论黄帝与巴蜀　社会科学研究　1994,(1),59—67	
B12g060	叶　林生	黄帝考　江海学刊　1994,(2),105—111	
B12g061	宋　魁旭	黄帝传说浅析　思想战线　1994,(3),46—50	
B12g062	田　兆元	黄帝的神话与历史真实　河北学刊　1994,(3),81—84	
B12g063	胡　远鹏	黄帝是中华民族的人文初祖　湖汉教育学院学	

			报 1994,(5)
B12g064	吴 广平		轩辕黄帝的原型破译 青海师范大学学报 1995,(1),42—47
B12g065	张 潮		黄帝、伏羲、后稷同族考 人文杂志 1995,(1),79—82
B12g066	胡 远鹏		中华民族的"人文初祖"轩辕黄帝史迹钩沉 北方论丛 1995,(2),8—13
B12g067	沈 长云		论黄帝作为夏民族祖先地位的确立 天津社会科学 1995,(2),92—99
B12g068	舒 顺华		从黄帝,荤粥说到夏与淳维 内蒙古社会科学 1995,(5),55
B12g069	刘保康等		黄帝神话来源考略 湖北大学学报 1995,(6),56—59,72
B12g070	宋 镇豪		全国首届逐鹿黄帝、炎帝、蚩尤三祖文化学术研讨会综 中国史研究动态(104) 1995.21—23
B12g071	赵 强		近十年关于黄帝的人性别研究综述 烟台大学学报 1996,(1)
B12g072	贾 雯鹤		巴蜀神话始源探 社会科学研究(成都) 1996,(2),95—101
B12g073	齐 昀		黄帝与昆仑同源 青海师范大学学报 1996,(2),41—47
B12g074	张 开炎		轩辕之谜 广东民族学院学报 1996,(3),15—22
B12g075	王 仲孚		试论黄帝传说中的几个问题 《中国神话与传说学术研讨会论文集(上)》* 1996.3.229—242
B12g076	方 何		黄帝的历史功绩 华夏文化 1996,(3),15—16
B12g077	衡 平		黄帝婚蜀族,祖延盐亭 四川文物 1996,(5),16—21
B12g078	刘 宗迪		黄帝蚩尤神话探源 民族艺术 1997,(1),54—65
B12g079	陈 怀荃		黄帝,炎帝和我国的英雄时代 安徽师范大学学报 1997,(1),106—111

B12g080	周兴春等	黄帝时代应定名为"黄朝"　徳州师范专科学校学报　1997,(3),70
JB12g001＋	森安太郎	『黄帝伝説――古代中国神話の研究』　京都　京都女子大学人文学会　1970
JB12g001	鷹　丘子	太古の道宗（黄帝の政績）　史学界 3(11)　1901
JB12g002	佐藤匡玄	黄帝論　北方圏　1945,(1)
JB12g003	中村璋八	緯書における黄帝について　漢文学会会報 14　1953
JB12g004	安居香山	史記に見える黄帝の問題　漢文学会会報 14　1953
JB12g005	今井宇三郎	黄帝について　漢文学会会報 14　1953.11―15
JB12g006	三原一雄	黄帝名称考（発表要旨）　史苑 19(2)　1958.73―74
JB12g007	常石　茂	黄帝と邪神の戦い　『中国の神話伝説』（稲田孝編）　東京　河出書房新社　1959
JB12g008	御手洗勝	黄帝伝説について　広島大学文学部紀要 27(1)（日本・東洋）　1967.33―59:『古代中国の神々』　東京　創文社　1984
JB12g009	池田不二男	黄帝華胥氏の説話について　国学院雑誌 69(5)　1968.56―60
JB12g010	鉄井慶紀	黄帝伝説について　支那学研究(34)　1969.78―89:『中国神話の文化人類学的研究』　東京　平河出版社　1990.326―349
JB12g011	池田不二男	黄帝華胥氏の夢の説話について　中国古代史研究 3　1969.47―64
JB12g012	岩水　俊	黄帝説話雑考　茨城女子短期大学紀要 3　1974.23―35
JB12g013	森安太郎	重華の異相と黄帝　京都女子大学人文論叢 25　1976.44―60
JB12g014	安居香山	黄帝説話と緯書　全釈漢文大系月報 19　東京

		明治書院　1976
JB12g015	中野謙二	黄帝中華民族の始祖　東洋の人と文化 41　1989
JB12g016	御手洗勝	黄帝の原初的性格　栗原圭介先生頌寿記念『東洋学論集』　東京　汲古書院　1995
JB12g017	森　雅子	黄帝伝説異聞　史学 66(4)　1997. 163—184
JB12g018	御手洗勝	黄帝伝説——黄帝伝説はバビロニア伝説の伝播とする森氏の論說について　東洋古典学研究 6　1998

h. 黄帝与古地理

B12h001	钱　穆	黄帝故事地望考　禹贡半月刊　1935,3(1),1—3
B12h002	孙　作云	黄帝与尧之传说及其地望　中央亚细亚 1943,2(1),13—21
B12h003	陈　寄生	黄帝族地考　东方杂志　1944,40(24),51—57
B12h004	王　恢	黄帝都邑考　文艺复兴*　1970,1(5)
B12h005	龚　维英	夷门·稷门　中州学刊　1982,(2)
B12h006	邵　元冲	桥山黄帝陵考　建国月刊　1933,9(4)
B12h007	黎　景熙	黄陵志序　中国边疆　1944,3(3/4)
B12h008	张　筱衡	黄帝陵庙简考　人文杂志　,1957,(3),35—38
B12h009	权　宽浮	桥山轩辕陵　西安日报　1978. 11. 5
B12h010		沮水河畔"黄帝陵"　文汇报　1979. 5. 29
B12h011	杜　建国	黄帝陵　延安大学学报（内部）　1980,(1),94—95
B12h012	吴　子荣	黄帝陵　文博　1983,(1)
B12h013	赵　旭等	黄帝·黄帝纪年·黄陵县　团结报　1984. 4. 14
B12h014	张　耀民	黄帝在"宁州罗川县东八十里子午山"　甘肃社会科学　1994,(1),114—116
B11h015	张　耀明	黄帝冢原址考："在宁州罗川县东八十里子午山"　庆阳师范专科学校学报

i. 黄帝战蚩尤

B12i001　刘　铭恕　汉武梁祠画像中黄帝蚩尤古战图考　中国文化研究汇刊　1942,(2)

B12i002　朱　绍侯　黄帝与蚩尤之战是不是战争　新史学通讯　1954,(11)

B12i003　林　治平　战胜蚩尤奠定国基的黄帝　民主宪政＊　1959,15(12),

B12i004　彭　友生　论黄帝伐蚩尤不是"民族御侮"之战　新天地＊　1966,5(3)

B12i005　钱　穆　黄帝与蚩尤大战之涿鹿在山西运城盐池附近考　山西文献＊　1982,(20)

B12i006　曲　辰　黄帝战蚩尤遗址考辨　河北师范学院学报　1982,(2),78—80

B12i007　胡　万川　玄女、白猿、天书　中外文学＊　1983,12(6)

B12i008　章必功等　先秦文学重点自学篇目选讲（黄帝擒蚩尤）　电大语文　1984,(4)

B12i009　柴　继光　黄帝蚩尤之战原因的臆测　盐业史研究　1991,(2)

JB12i001　鉄井慶紀　黄帝と蚩尤の闘争について　東方宗教 39　1972. 50—63：『中国神話の文化人類学的研究』東京　平河出版社　1990. 350—365

j. 蚩尤

B12j001　孙　作云　蚩尤考：中国古代蛇族之研究・夏史新探（上、下）　中和月刊　1941,2(4),27—50；2(5),36—57

B12j002　陈　家康　蚩尤考　历史教学　1951,1(6),12—13

B12j003　刘　铭恕　关于沂南汉画像（蚩尤）　考古通讯　1955,(6),65—66

B12j004　顾　颉刚　蚩尤　《史林杂识》（初编）　1963. 185—188

B12j005　周　策纵　说"尤"与"蚩尤"　中国文字＊　1973,(48)

B12j006　王　孝廉　湛湛江水：蚩尤的神话　中国时报＊　1978. 8.

26(12)

B12j007　吕　思勉　蚩尤作兵　《吕思勉读史札记》　1982，284—288

B12j008　吴　汝作　大汶口文化:东夷族的早期史略　东岳论丛　1983,(2),97—101

B12j009　龚　维英　《九歌·国殇》祭祀战神蚩尤说　文学遗产　1985,(4),12—17

B12j010　龚　维英　神灵世界战神的更递——《聊斋》"关圣征蚩尤"释　民间文学论坛　1986,(1),53—57

B12j011　刘　城淮　蚩尤的转化　民间文艺季刊　1987,(2),103—114

B12j012　孙作云遗作　蚩尤、应龙考辨
　　　　　孙心一整理　民间文学论坛　1989,(1),70—76

B12j013　熊　谷治　蚩尤考　史学研究　1960,(77/78/79)

B12j014　王　孝廉　乱神蚩尤与枫木信仰——兼论楚辞《国殇》与《招魂》　中国民间文化　1991,(3),218—完

B12j015　张　启成　蚩尤新探:汉苗蚩尤神话传说之比较　贵州大学学报　1992,(1),25—32

B12j016　杨　鹍　族原、战争、迁徙、民族:苗族《蚩尤传说》的文化价值　民族文学研究　1992,(3),85—90

B12j017　王　宁　释"蚩尤"　民间文学论坛　1993,(1)

B12j018　王　树明　蚩尤中原文物　1993,(1),26—31

B12j019　吴　亮　从蚩尤招魂观照苗族的神鬼信仰　怀化师范专科学校学报　1993,(3),28—29

B12j020　景　以思　先秦兵主蚩尤考　管子学刊　1994,(2),42—48

B12j021　萧　兵　蚩尤是南中国的英雄祖先——兼论蚩尤族与蛇牛图腾、割体葬仪、战鼓灵力、猪头之风、枫木信仰等民俗的关系　淮阴师范专科学校学报　1994,(3),25—30

B12j022　陈　靖等　蚩尤应和炎黄同为中华民族的三先人　贵州大学学报　1994,(3),64—69,45;江苏社会科学　1996,(4),114—117

B12j023	阎　保平	论蚩尤共工的原型　延安大学学报　1995,(1),79—83	
B12j024	唐　春芳	论蚩尤在历史上的功绩与地位　民间文学论坛　1996,(1),20—28	
B12j025	向　煦之	蚩尤逐鹿中原与中华民族古代文明的关系　吉首大学学报　1997,(1)	
B12j026	吴　新福	论蚩尤　中南民族学院学报　1997,(2),70—75	
B12j027	田　玉隆	论苗族民俗文化中的蚩尤形象　贵州社会科学　1997,(3)	
B12j028	田　晓岫	说"蚩尤"　中央民族学院学报　1997,(3)	
B12j029	段　宝林	蚩尤考　民族文学研究　1998,(4),10—	
JB12j001	小杉一雄	蚩尤の形象に就いて　『浮田和民博士記念史学論文集』(早稲田大学編)　1943. 335—348	
JB12j002	水野清一	漢の蚩尤技について—武氏祠画像の解　東方学報(京都)25　1954. 161—177	
JB12j003	熊谷治(講)	蚩尤考　史学研究73　1959. 61	
JB12j004	熊谷　治	蚩尤考　史学研究77/79　1960. 365—383	
JB12j005	湯浅邦弘	馬王堆帛書『十六経』の蚩尤像　東方宗教89　1997	

k. 颛顼

B12k001	宿　白	颛顼考　留日同学会季刊　1943,(5)	
B12k002	顾　颉刚	颛顼　《史林杂识》(初编)　1963. 189—197	
B12k003	御手洗胜;	颛顼与乾荒、昌意、淯阳、夷鼓、黄帝:关于赢姓族的祖神系谱	
	王　孝廉	大陆杂志*　1975,51(5)	
B12k004	姜　亮夫	说高阳　社会科学战线　1979,(3),229	
B12k005	程　若文	帝颛顼研究　香港时报　1979. 9. 22	
B12k006	童　书业	颛顼　《春秋左传研究》　1980. 5—6	
B12k007	龚　维英	颛顼为女性考　华南师范学院学报　1981,(3),110—111	
B12k008	萧　兵	颛顼考——兼论楚辞文化的东方因子　活页文史丛刊　1982,(173),1—26;《楚辞与神话》	

1987. 203—254

B12k009　李　炳海　颛顼神话新证　民间文学论坛　1986,(3),60—65

B12k010　易　重廉　颛顼故事发微——兼论《九歌》:司命的祀主问题　《巫风与神话》　1988. 262—280

B12k011　何　浩　颛顼传说中的神话与史实　历史研究　1992,(3),69—84

B12k012　徐　南洲　颛顼生于若水考　中华文化论坛(成都)　1994,(3)

B12k013　王　阳　颛顼新说　云南民族学院学报　1995,(3),58—63

B12k014　尹　荣方　秋神与冬神的斗争:论共工、颛顼争帝神话　文史知识　1995,(5)

JB12k001　御手洗勝　顓頊と乾荒・昌意・清陽・夷鼓・黃帝——嬴姓族の神々系譜について　広島大学文学部紀要 32(1)　1973. 1—26;(改題:顓頊と乾荒・昌意・清陽・夷鼓——嬴姓族の神々系譜について)『古代中国の神々』　東京　創文社　1984. 307—346

JB12k002　川上義三　鮒魚の山と顓頊・昆吾　漢文学会会報 41　1983. 1—15

JB12k003　加藤常賢　允格考　附顓頊　日本中国学会報 11　1959. 1—11;『中国古代文化の研究』　東京　二松学舎大学出版部　1980. 211—232

JB12k004　大形　徹　疫鬼について——顓頊氏の三子を中心として　人文学論集 16　1998

l. 祝融

B12l001　李　裕增　祝融蜀山之祝蜀皆向日葵　河北第一博物院画报　1934,(77,79)

B12l002　杨　宽　略论祝融传说　大美晚报・历史周刊　1936. 4. 13(2)

B12l003	王　亥	伯庸与祝融:古史丛考之一　真知学报(南京) 1942,1(2),19—20	
B12l004	王　光仪	祝融与彭祖　大陆杂志*　1963,26(4)	
B12l005	何　锜章	祝融己姓考辨:祝融诸姓考源之一　幼狮学志* 1966,5(2)	
B12l006	李　学勤	谈祝融八姓　江汉论坛　1980,(2),74—77	
B12l007	童　书业	祝融　《春秋左传研究》　1980.29—30	
B12l008	唐　嘉弘	释"祝融八姓"　江汉论坛　1981,(3),102—106	
B12l009	高　国藩	祝融神话略谈　齐鲁学刊·古典文学专号 1983	
B12l010	何　光岳	祝融氏和九黎的来源与变迁:论苗族的一支主要先民　学术论坛　1984,(1),54—61	
B12l011	侯　哲安	略谈荆楚和祝融　贵州民族研究　1984,(2), 78—84	
B12l012	王　震中	大河村类型文化与祝融部落　中原文物 1986,(2),83—90	
B12l013	张　正明	祝融与宙斯　荆州师范专科学校学报　1988, (3)	
B12l014	张　万高	简论　姓祝融的南迁及其相关问题　江汉考古 1988,(2),96—99,127	
B12l015	何　幼琦	论祝融及其后"八姓"　江汉论坛　1994,(4), 55—60	
B12l016	徐　少华	祝融八姓之妘姓,曹姓诸族历史地理分析　湖北大学学报　1996,(2),15—20	
B12l017	石　宗仁	击猪祭祝融及其苗文化形态　中南民族学院学报　1997,(2)	
JB12l001	加藤常賢	祝融と重黎　附炎帝·祝融の八姓　日本学士院紀要10(2)　1952.81—113;『中国古代文化の研究』　東京　二松学舎大学出版部　980. 550—598	
JB12l002	加藤常賢	祝融と八姓に就いて　東京支那学報11 1952.31	

JB12l003	森安太郎	祝融考 禅学研究 58 1970. 19—30：『黄帝伝説——古代中国神話の研究』 京都 京都女子大学人文学会 1970. 1—12
JB12l004	谷口　満	祝融諸子伝承の成立　文化（東北大学文学会）40(3/4)　1977. 1—17

m. 后土

B12m001	童　书业	汉代的社稷神　天津益世报·史学　1935. 11. 26(16)
B12m002	孔　令谷	论社稷　说文　1940,2(8),25—35；说文月刊（重庆）1943,2(合订本),529—535
B12m003	苏　雪林	后土与天閽　大学生活（港）1958,4(4)
B12m004	梁　子涵	中国古代宗教系统：帝道后土研究　中国一周*(533) 1960
B12m005	梁　子涵	书"中国古代宗教系统：帝道后土研究"后　恒毅* 1960,9(11)
B12m006	李　冕世	后土小考：台湾现存的中国最古神祇之一　史迹勘考* 1976,(4),53—60
B12m007	童　书业	社稷　《春秋左传研究》1980
B12m008	刘　德谦	从"五色土"说起：古代社稷坛小史　文史知识 1984,(4)
B12m009	陶　学良	社祭琐议　楚雄师专学报 1988,(1—2)
B12m010	李　向平	社稷神性新考与周人的政治信仰　社会科学家 1990,(5),30—33
B12m011	何　光岳	句龙氏后土的来源迁徙及社的崇拜　中南民族学院学报 1990,(6),15—25
B12m012	李　青融	后土与民俗之研究　南投文献*(37) 1992. 13—70
B12m013	聂　立中	社神崇拜与老子的哲学思想　泰安师范专科学校学报 1994,(1)
B12m014	梅　新林	中国古代的社神崇拜与社祭礼仪　中国民间文化 1995,(1),231—251
JB12m001	窪　德忠	中国の后土と沖縄のヒジャイ　江上波夫教授

		古稀記念論集（民族・文化編） 1977. 101—120
JB12m002	栗原圭介	古代中国に於ける后土神の尊厳性と機能性 宗教研究 65(4) 1992. 143—144

n. 彭祖

B12n001	赵　景深	《龙王的女儿》序（彭祖）　文学周报　1929,8(23):民俗周刊　1929,(74),1—6
B12n002	潭　戒甫	彭祖传说之讹变　大公报·史地周刊　1937.7. 16(145)
B12n003	张　怀瑾	彭铿考　中央日报　1948. 1. 12、19
B12n004	钱　钟书	彭祖　管锥编（二）　1979
B12n005	何　光岳	古代彭部族的繁衍与迁徙　徐州师范学院学报　1982,(4),34—40
B12n006	李　大明	彭祖长年新论　四川师范大学学报　1988,(4)
B12n007	杨　炳昆	彭祖即巫彭　社会科学研究　1991,(6),87—90
B12n008	袁　珂	彭祖长寿的神话和仙话　民间文学论坛　1994,(2),2—7
B12n009	刘　怀荣	彭祖神话考略　中日文化研究　1996,(3),93—96

o. 巫咸

B12o001	刘　铭恕	巫咸与龙蛇崇拜　历史科学　1933,(1),47—52
B12o002	俞　友清	齐女坟和巫咸墓的考证　逸经　1936,(17),36—40
B12o003	刘　宝才	巫咸事迹小考　西北大学学报　1982,(4),110—111
B12o004	李　炳海	巫咸探源　世界宗教研究　1993,(2),71—77

p. 少昊

B12p001	吕　思勉	少昊考　古史辨（七）　1941:《吕思勉读史札记》　1982. 47—55
B12p002	宿　白	少昊考　北大文学　1943,(1),61—74
B12p003	赵　铁寒	少昊氏与凤鸟图腾　大陆杂志特刊*　1962,2(1):《古史考述》　1966
B12p004	童　书业	少昊与契　《春秋左传研究》　1980. 353

B12p005	李　洪甫	"少皞之墟"辨　徐州师范学院学报　1981,(1),87—92	
B12p006	李　洪甫	"少昊之墟"在连云港　群众　1981,(4)	
B12p007	骆　承烈	少昊陵　历史知识　1982,(6),37	
B12p008	李　洪甫	少昊氏稽索　徐州师范学院学报　1984,(1)	
B12p009	何　光岳	少昊氏和皋陶、伯益的名称和地理　中南民族学院学报　1984,(4),30—34	
B12p010	李　炳海	从少昊的天地相通到楚辞的人神杂糅　苏州大学学报　1993,(2),55—59	
B12p011	叶　林生	少昊考　苏州大学学报　1994,(3)	
B12p012	李　炳海	少皞命官·王母信命:青鸟意象纵横谈　古典文学知识　1995,(5),47—53	
B12p013	饶　宗颐	中国古代东方鸟俗的传说:兼论大皞少皞《中国国际神话传说国际研究会论文集》　1996.3.61—76	
JB12p001	加藤常賢	少皋皋陶嬴姓考——東夷族の始神　日本学士院紀要 15(2)　1957:『中国古代文化の研究』東京　二松学舎大学出版部　1980.488—549	

13. 尧舜传说
a. 尧的传说

B13a001	李　裕增	大尧作甲子(静观庐随笔)　河北第一博物院画报　1933,(50)	
B13a002	童　书业	"帝尧陶唐氏"名号溯源　浙江省立图书馆馆刊　1935,4(6),本文 1—27:古史辨(七)　1941	
B13a003	张　其昀	中国道统的由来——唐尧　中国一周 *(566)　1961	
B13a004	童　书业	陶唐　《春秋左传研究》　1980.7—11	
B13a005	周　长富	浅谈唐尧氏　河北大学学报　1982,(1),147—155	
B13a006	马　云章	从华封之祝看尧的道德情操　中学历史教学(华南师范学院)　1982,(6)	

B13a007	魏　汝霖	唐尧丹朱古城考	思想与时代* 1964,(114)
B13a008	王　恢	尧舜故事地望考	史学汇刊* 1978,(9)
B13a009	卫　文选	尧都考	山西师范学院学报 1981,(3),56,58
B13a010	向　炳彦	历史上有尧都吗？	山西师范学院学报 1982,(4),67—68
B13a011	吕　思勉	帝尧居陶	《吕思勉读史札记》 1982.64
B13a012	吕　思勉	囚尧城辨	《吕思勉读史札记》 1982.64
B13a013	刘　城淮	陶唐氏尧浅探	民间文艺季刊 1986,(3)
JB13a001	御手洗勝	帝堯の伝説について 日本中国学会報 21 1969.1—22;『古代中国の神々』東京　創文社　1984:《神与神话》*（王孝廉主编）联经出版事业公司 1988.3.305—355

b. 尧舜传说

B13b001+	卫　聚贤	《尧舜禹出现于甲骨文考》	台北　山西文献出版社 1988
B13b001	梁　启超	尧舜为中国中央君权滥觞考	《饮冰室文集》 1922
B13b002	刘　掞藜	为疑尧舜禹史事看进一解	学灯 1923,12
B13b003	刘　掞藜	儒家所言尧舜事真耶伪耶	史地学报 1924,2(8),77—78
B13b004	周　鼎衡	尧舜禹非谥	民彝 1927,1(4)
B13b005	杨　筠如	尧舜的传说	语历所周刊 1928,5(59/60),2279—2283;6(61),2337—2348
B13b006	曹　诗成	战国时儒墨道三家尧舜的比较	史学年报 1930,1(2)
B13b007	食　古	尧舜传说之衍变	集美周刊 1932,11(4)
B13b008	食　古	尧舜传说之歧义	集美周刊 1932,11(5)
B13b09	卫　聚贤	尧舜故事的探源	行素杂志 1934,1(3)
B13b010	耕　南	中国古代史上的理想帝王、尧舜及其传说	珞珈 1935,2(7),1382—1392
B13b011	赵　贞信	论语尧曰章作于墨者考	中德学志 1943,5(1/

2),185—216

B13b012	王　恩洋	唐虞之德治　文教丛刊　1945,1(2),8—15
B13b013	王　利器	尧舜称王(读书劄记)　龙门杂志　1947,1(5)
B13b014	赵　荣琅	尧、舜　《国史上的伟大人物》*　1954
B13b015	陈　大齐	尧舜可否两誉论战的检讨　政大新闻*　1958.12.5;《浅见集》*　1968
B13b016	黄　长潜	尧舜之盛德大道及其神圣功化　新天地*　1967,6(4)
B13b017	冯　百年	虞舜心传,重训千古　学园*　1973,8(10)
B13b018	钟　鸣	尧,舜、禹时代的官方政治思想　夏潮*　1977,2(3)
B13b019	钟　鸣	先秦诸子托古改制的探究:尧舜禹在先秦诸子中的意义与问题(下)　夏潮*　1977,2(4)
B13b020	王　仲孚	尧舜传说试释　历史学报*(师大)　1979,(7),1—34
B13b021	王　恢	尧舜故事地望考　史学丛刊(九)*　1978.1—16
B13b022	屠　武周	古代典籍中所见尧舜禹时代军事民主选举制的若干问题　南京大学学报　1981,(2),71—78
B13b023	刘　言立	漫谈尧舜禹在山西的名胜传说　民研工作通讯　1983,(3)
B13b024	任　卓宣	尧舜禹合论　中华文化复兴月刊*　1983,16(10)
B13b025	[日]御手洗胜;　帝舜传说　吴继文　《神与神话》*(王孝兼编)　1988.3.305—355
B13b026	徐旭生遗著	尧、舜、禹　文史(三九)　1994
B13b027	吴　广平	尧舜二帝的原型破译　湘潭师范学院学报　1996,(4),68—72
B13b028	仓　林忠	关于尧舜殛鲧千古隐秘的探析　中南民族学院学报　1997,(1),86—91
JB13b001	井上圆了	堯舜ハ孔孟ノ偶像ナル所以ヲ論ス　東洋学芸雜誌　第9号　1882

JB13b002	清野　勉	堯舜　哲学雑誌　1894,8(80);8(82);8(83)	
JB13b003	清野　勉	続堯舜　哲学雑誌 9(87)　1894	
JB13b004	白鳥庫吉	支那古伝説の研究　東洋時報 131　1909;『白鳥庫吉全集』8　東京　岩波書店　1970. 381—392	
JB13b005	林　泰輔	堯舜禹の抹殺論に就いて　東亜研究　1911,1(1),20—25;1912,2(1),30—34;『支那上代の研究』　1944. 7—15,26—33	
JB13b006	林　泰輔	再び堯舜禹の抹殺論に就いて　東亜研究 2(9) 1912. 22—26;『支那上代の研究』 1944. 34—40	
JB13b007	青木正児	堯舜伝説の構成に就いて　支那学 4(2) 1927. 133—160	
JB13b008	島田虔次	堯舜民主政?　『中国哲学史の展望と模索』東京　創文社　1976. 989—1003	
JB13b009	小林　茂	『墨子』に於ける「聖王」「聖人」——堯・舜・禹を中心として　大東文化大学漢学会誌 36 1997	

c. 尧舜禅让传说

B13c001	胡　梦华	唐虞让国考　学灯　1923. 2. 27,28
B13c002	序　东	唐虞禅让志疑　学灯　1923. 7. 27,28,31
B13c003	蒋　应荣	尧舜禅让问题　语历所周刊　1928,4(37),1311—1324
B13c004	吴　贯因	驳尧典四仲中星说及论尧典与尧舜禅让之非伪（上、下）　东北大学周刊　1930,(108),10—15;(109),9—12
B13c005	卫　聚贤	尧舜禅让与禹治洪水的探讨　文史丛刊（济南大学）　1933,(1);古史研究（三）　1936;1990. 239—274
B13c006	钱　穆	唐虞禅让说释疑　史学　1935,(1);古史辨（七）1941
B13c007	顾　颉刚	禅让传说起于墨家考　史学集刊　1936,(1),163—230

B13c008	吴　　泽	"尧舜禹禅让"说与"三皇五帝"世系新考　文化批判　1936,3(3),58—67	
B13c009	孙　正容	唐虞让国之社会学的解释　图书展望　1936,1(4)	
B13c010	卫　聚贤	尧舜禅让与禹治洪水的探讨　《古史研究》(三)　1937	
B13c011	童　书业	尧舜禅让说起源的另一推测　文澜学报　1937,3(1),本文1—10	
B13c012	姜　蕴刚	尧舜禅让问题　学艺　1948,18(5),23—29	
B13c013	姚　瀛艇	"尧舜禅让"的社会背景怎样？它的真相如何？是不是一种美德　新史学通讯　1953,(1)	
B13c014	徐　中舒	论尧舜禹禅让与父系家族私有制的发生和发展　四川大学学报　1958,(3/4),1—14	
B13c015	姚　秀彦	舜与禅让说之探测　台北师范专科学校学报*　1972,(1)	
B13c016	杨　希枚	再论尧舜禅让传说：古史研究方法论例之一(上)(下)　食货月刊*　1977,7(6);1977,7(7、8/9)	
B13c017	杨　希枚	论尧舜禅让传说　《赵铁寒记念论文集》*　1978	
B13c018	童　书业	尧舜禅让　《春秋左传研究》　1980.12—13	
B13c019	童　书业	尧禹禅让　《春秋左传研究》　1980.13—14	
B13c020	吕　思勉	禅让说平议　《吕思勉谈史札记》　1982.69—71	
B13c021	张　克等	谈《尚书·尧典》中的"尧舜传贤"　鞍山师范专科学校学报　1983,(2)	
B13c022	伊藤清司；林　庆旺	尧舜禅让传说的真相　《神与神话》*(王孝廉编)　1988.3.271—304	
JB13c001	豊田　視	評顧頡剛·禅譲伝說起于墨家考　漢学会雜誌　4(3)　1936.422—433	
JB13c002	小野澤精一	堯舜禅譲説話の思想史の考察　人文科学科紀要44　1967.1—57	

JB13c003	楊　希枚；賴　武揚	堯舜禪讓　えとのす/Ethnos in Asia15　1981．133—143	
JB13c004	伊藤清司	堯舜禪讓の実像と虚像　日本及日本人（七月盛夏号）　東京　日本及日本社　1984	
JB13c005	古川原伸恵	禅讓伝説のパーン分類による一試論　学習院史学 34　1996．121—134	

d．舜的传说

B13d001	汪　伯年	舜寿百岁考　制言半月刊　1935,(4),369—371
B13d002	孔　君治	虞舜耕地葬地的探讨　江苏研究　1937,3(5、6),本文 1—7
B13d003	杨　宽	说虞　禹贡半月刊　1937,7(6/7),41—51
B13d004	钱　穆	说"苍梧"、"九疑""零陵"　齐鲁学报　1941,(1),212—213
B13d005	石　庵	句吴考　研究季刊　1944,(1),33—38
B13d006	饶　宗颐	苍梧考异　《楚辞地理考》　1946
B13d007	谢　挣强	大舜圣功贯古今　建设　1953,2(6)
B13d008	赵　铁寒	舜禹征伐三苗考　大陆杂志*　1955,10(1),14—18
B13d009	王　一苇	古代航空故事：降落伞和舜　航空知识　1958,(1)
B13d010	张　其昀	中华国号的缘起——虞舜　中国一周*（567）1961
B13d011	顾　颉刚	韶　《史林杂识》(初编)　1963．272—278
B13d012	施　之勉	读史记会注考证札记：舜祖虞墓，夏纪，袁生，祝融，郑蔚池，蔚即彤池　大陆杂志*　1980,61(6),50
B13d013	吕　思勉	舜为天子、皋陶为士、瞽瞍杀人　《吕思勉读史札记》　1982．372—374
B13d014	蒋　廷瑜	一个古老的地名——苍梧　地名知识　1983,(5),34—35

B13d015	姚　曙晓	舜耕历山考　山西文献* 1983,(21)	
B13d017	冷　明权	关于随州舜的两篇传说故事的初探　湖北民间文学论文集(二)　1984. 236—246	
B13d018	王　树明	帝舜传说与考古发现诠释故　宫学术季刊* 1992,9(4),43—82	
B13d019	南　志刚	舜传说的民俗阐释　渭南师范专科学校学报 1994,(3),23—25	
B13d020	束　有春	舜禹异同论　江海学刊　1995,(6),103—108	
B13d021	李　克达	舜传说研究——以心理学为基础所做的初探 中华学苑(45)　1995. 1—40	
JB13d001	菅谷軍次郎	帝舜の卿雲歌に就いて　東洋文化 94　1932. 58—59	
JB13d002	森　鹿三	舜伝説の一面　歴史と地理 31(6)　1933. 467—476	
JB13d003	中村忠行	帝舜伝説攷　台大文学 4(1—2)　1939	
JB13d004	竹内照夫	舜の原型　斯文 23(1)　1941	
JB13d005	森安太郎	舜の種種相　京都女子大学紀要東山論叢 6 1953. 1—22	
JB13d006	林巳奈夫	帝舜考　甲骨学 10　1964. 16—30	
JB13d007	大谷邦彦	『孟子』中の舜伝説　中国古典文学研究 14 1966. 17—37	
JB13d008	徳田　進	舜の孝子説話の発展と拡大　高崎経済大学論集 20—22　1967. 17—33	
JB13d009	御手洗勝	帝舜の伝説について　広島大学文学部紀要 28 (1)　1968. 61—92：『古代中国の神々』　東京　創文社　1984	
JB13d010	御手洗勝	舜の伝説について　日本中国学会報 21 1969. 1—22	
JB13d011	御手洗勝	帝舜と陳　広島大学文学部紀要 31(1)　1972. 1—22：『古代中国の神々』　東京　創文社 1984	

e. 舜象传说

B13e001　　徐　中舒　　殷人服象及象之南迁　史语所集刊　1930,2(1),60—75

B13e002　　闻　一多　　释丝(象与舜)　《闻一多全集·二》　1948:1982. 545—556

B13e003　　杜　学知　　古代中原役象考　大陆杂志*　1958,16(9),6—8

B13e004　　袁　　珂　　关于舜象斗争神话的演变　江海学刊　1964,(2),61—65;《神话论文集》　1982

B13e005　　戈　　　　　象耕并非神话　中华日报*　1980.4.17

B13e006　　刘　敦愿　　舜和弟象的关系以及"舜迹"的南移:中国古代神话研究片断　文史哲 1982,(2),67—71

B13e007　　涂　元济　　舜象神话与古代婚俗　民间文艺季刊　1988,(3),190—204,67

f. 伯夷传说

B13f001　　吴　郁芳　　伯夷为秩宗伯夷考　江汉论坛　1985,(11),80

B13f002　　周　东晖　　伯夷考　新疆师大学报　1988,(3),22—28

JB13f001　　中山久四郎　東洋史上の第一人物伯夷兄弟の情節　歴史公論 2(7)　1933

JB13f002　　嵯峨　寬　　伯夷叔斉伝説について　大東文化 10　1935. 27—47

JB13f003　　新美　寬　　伯夷の廟について　支那学 10(4)　1942. 583—601

JB13f004　　石田公道　　伯夷叔斉伝説考　人文論究　1950,(1),1—17

JB13f005　　森安太郎　　伯夷叔斉は狐である　史窓　1952,(1);『黄帝伝説—古代中国神話の研究』　京都　京都女子大学人文学会　1970

JB13f006　　井上源吾　　儒家と伯夷盗跖説話　支那学研究 13(13—22)　1955

JB13f007　　井上源吾　　盗跖説話源流考　研究報告(長崎大学学芸学部)5　1955

JB13f008	高畠 穰	盗跖と宴之敖者と　北斗 2(5)　1956	
JB13f009	安本 博	伯夷叔斉について論　待兼山論叢 2　1968.21—38	
JB13f010	松浦友久	韓愈の「伯夷頌」をめぐる二・三の問題——伯夷説話の形式の継承　東洋文学研究 17　1969. 36—51	
JB13f011	新田幸治	伯夷管窺　東洋大学紀要(文学部篇)23　1969. 59—75	
JB13f012	山崎禅雄	伯夷・叔斉像考察　史観 83　1971. 36—46	
JB13f013	好並隆司	夷斉説話の視座(1)　岡山大学法文学部学術紀要 35(史学編)　1974. 27—37	
JB13f014	御手洗勝	蓐収・伯夷・玄冥・玄武——嬴姓族の神々について　広島大学文学部紀要 36　1976. 22—48：『古代中国の神々』　東京　創文社　1984. 347—386	
JB13f015	大島利一	許由　学梅 4(2)　1947	
JB13f016	小林 昇	許由・巣父説話考　フィロソフィア(早稲田大学)59　1971. 69—90	

g. 娥皇、女英

B13g001	李平心	甲骨文及金石文考释　华东师范大学学报 1958,(1),8—31；《李平心史论集》　1983. 132—158	
B13g001	何林福	洞庭君山　地名知识　1984,(3),32	
B13g003	方 立	娥皇女英、鲧禹神话与儒家思想的渗透　内蒙古大学学报　1992,(1),126—130	
B13g004	星 舟	舜与二妃故事的真相：中国神话叙事结构研究之一　湖北师范学院学报　1993,(5),34—39	
B13g005	高国藩	试论舜的神话中娥皇女英的作用　固原师范专科学校学报　1994,(4)6—9	

h. 有扈氏传说

B13h001	顾颉刚	扈幕(浪口村笔记)　责善半月刊　1940,1(1),	

			14—21
B13h002	杨　向奎	幕扈(绎史斋杂钞)	责善半月刊　1940,1(3),21—22
B13h003	杨　向奎	中国古代的氏族社会——有扈氏	光明日报 1950.5.24
B13h004	杨　向奎	应当给"有扈氏"一个应有的历史地位	文史哲 1956,(7),47—48
B13h005	童　书业	有扈	《春秋左传研究》 1980.11—12

i. 丹朱的传说

B13i001	马　培棠	丹朱故墟辨	禹贡半月刊　1934,1(7),214—
B13i002	童　书业	丹朱商均的来源	浙江图书馆馆刊　1935,4(4),本文 1—6
B13i003	童　书业	丹朱与欢兜	浙江图书馆馆刊　1935,4(5),本文 1—5
B13i004	杨　　宽	丹朱驩兜与朱明祝融(中国上古史导论之一章)	说文月刊　1939,1(2),39—45;1943,(1)(合订本),531—537
B13i005	孙　作云	说丹朱:中国古代鹤氏族研究,说高跷戏出于图腾跳舞	历史与考古　1946,(1)
B13i006	童　书业	丹朱与欢兜	《春秋左传研究》 1980.12
B13i007	吕　思勉	丹朱傲辨	《吕思勉谈史札记》 1982.65
B13i008	丁　　水	丹朱传说与江汉古族	东北师大学报　1991,(5),66—70

j. 驩兜传说

B13j001	童　书业	说驩兜所放之崇山	禹贡半月刊　1935,4(5),409—410
B13j002	陈　炳良	说"崇山"	大陆杂志*　1970,41(10),323—324
B13j003	周　　星	驩兜与三苗	江汉论坛　1983,(12),56—58
B13j004	何　光岳	驩兜与丹朱族的来源与南迁	贵州民族研究 1983,(4),67—78

k. 皋陶传说

B13k001	杨　向奎	伯夷与皋陶(译史斋杂钞)	责善半月报

1940,1(4),23—24
B13k002　童　书业　皋陶　《春秋左传研究》　1980.28
B13k003　童　书业　皋陶与伯夷(附许由)　《春秋左传研究》
　　　　　　　　　1980.28—29
B13k004　谢　玉耿　皋陶是人还是神　文汇报　1997.6.9(9)

l. 夏禹传说(治水见"洪水神话"类)

B13l001　孙　雄　禹论　四存月刊　1921,(5),艺文类21—22
B13l002　顾　颉刚　讨论古史答刘胡二先生　读书杂志　1923,
　　　　　　　　　(12—16):古史辨(一)　1926
B13l003　刘　掞藜　讨论古史再质顾先生　读书杂志　1923,(13—
　　　　　　　　　16):古史辨(一)　1926
B13l004　吴　恩裕　夏禹考　东北大学周刊　1928,(55)
B13l005　吴　恩裕　墨子所见禹之事迹考　东北大学周刊　1928,
　　　　　　　　　(58)
B13l006　黄　仲琴　禹在中国西南部之传说及与杜宇传说之比较
　　　　　　　　　语历所周刊　1928,5(59、60),2289—2290
B13l007　郭　沫若　夏禹的问题　《中国古代社会研究》　1930:
　　　　　　　　　1960.335—342
B13l008　语　堂　尊禹论　论语半月刊　1932,(4),122—124
B13l009　李　鋆　禹部族西迁新考概说　河北留东年刊　1934.
　　　　　　　　　1.126—176
B13l010　福　斋主　夏禹的神话　越风　1935,(4),9—12
B13l011　陈　志良　禹生石纽考　禹贡半月刊　1936,6(6),39—48
B13l012　王　宜昌　禹帝系年新解　华北日报·史学周刊　1937.
　　　　　　　　　6.17(140)
B13l013　顾　颉刚　九州之戎与戎禹　禹贡半月刊　1937,7(6/7),
　　　　　　　　　81—93
B13l014　童　书业　"九州之戎与戎禹"跋　禹贡半月刊　1937,7(6/
　　　　　　　　　7),93—95
B13l015　李　泰棻　禹为夏王之辨证　朔风　1939,(110),473—
　　　　　　　　　482
B13l016　孔　令谷　禹生石纽与禹为上帝辨(1—4)　说文月刊

			1940,2(2),35—42;2(3),39—46;2(4),73—80; 2(6/7),23—30
B131017	卫 聚贤	石纽探访记	说文月刊 1940,2(6/7),495—500;1943,3(9),13—20
B131018	顾毓一璟	夏禹的建国方略与总理的建国方略之比较	中央日报 1941.6.6
B131019	朱 剑心	中国名人故事:夏禹	中国学生 1942,(2),26—29
B131020	屈 贾	在川训:关于禹王	川康建设 1943,1(2/3),130—131
B131021	陈 志良	禹与四川之关系	说文月刊 1943,3(9),33—42
B131022	冯 汉骥	禹生石纽辨	说文月刊 1944,4(合订),203—213
B131023	岑 仲勉	禹与夏有无关系的审查意义书	东方杂志 1947,43(2),33—39
B131024	孙 鹤	夏禹不是一条虫了	申报 1948.3.9
B131025	吴 玉章	夏禹传于是中国由母系氏族社会到父系民族社会的一大转变	《历史文集》 1963
B131026	仲 眉	民生于禹,禹生于蜀	四川文献*(54) 1967
B131027	陈 则东	功在万世的大禹	建设* 1969,18(2)
B131028	孙 隆基	禹神话的研究	台大历史所硕士论文* 1970
B131029	朱志谦等	禹神话的研究:兼论古代人对世界的看法	台大历史所第十三次讨论会报告* 1970
B131030	陈 则东	功在万世的大禹	古今谈*(156) 1978
B131031	金 景芳	禹在历史上的伟大作用	史学月刊 1980,(2);《古史论集》 1981
B131032	王 仲孚	大禹与夏初传说试释	历史学报* 1980,(8)
B131033	牛 庸懋	关于大禹的功绩与夏代文学之我见	河南师范大学学报 1981,(1)
B131035	孙 致中	禹的婚姻问题	河北大学学报 1981,(2)
B131036	骆 宾基	关于夏禹婚宴礼器出土于殷墟的报告	湘潭大

　　　　　　　　　　　　　学学报　1981,(2),106—112,17

B13l037　骆　宾基　金文新考二篇——阜子(夷)氏夏禹的婚配之一：
　　　　　　　　　　　司母辛氏的族系考　社会科学辑刊　1981,(6),
　　　　　　　　　　　142—145

B13l038　吕　　安　大禹——中国第一个王朝开创者　今日中国*
　　　　　　　　　　　(119)　1981

B13l039　程　德祺　略谈产翁习俗：兼释"伯禹腹鲧"　固原师范专科
　　　　　　　　　　　学校学报　1982,(3)

B13l040　阿　　冰　民间故事杂谈(禹王爷和长白山)　民间文学
　　　　　　　　　　　1982,(12),80—81

B13l041　杨　向奎　大禹与夏后氏　《绎史斋学术文集》　1983

B13l042　施　之勉　读史记会注考证札记：神禹生日　大陆杂志*
　　　　　　　　　　　1983,66(4),200

B13l043　龚　维英　禹和涂山女传说初探　文艺论丛(二十二)
　　　　　　　　　　　1985.408—416

B13l044　刘　晔原　禹神话传说在中华文化系统中的位置　中国神
　　　　　　　　　　　话(一)　1987.222—230

B13l045　华　世欣　禹和涂山氏的传说探微　云南教育学院学报
　　　　　　　　　　　1987,(3)

B13l046　刘　黎明　夏禹出生歧新解　民间文学论坛　1987,(6)

B13l047　龚　维英　禹的Oedipus　Complex及其他　六安师范专科
　　　　　　　　　　　学校学报　1994,(1),31—36,30

B13l048　冯　广安　黄龙与大禹神话考源　四川文物　1994,(3),
　　　　　　　　　　　8—10

B13l049　张　启成　就大禹论我国传统文化精神　黔南民族师范专
　　　　　　　　　　　科学校学报　1995,(2),17

B13l050　杨　新政　禹征三苗探索　中原文物　1995,(2)4

B13l051　陈　瑞苗　大禹其人　广西民族学院学报　1995,(3),99

B13l052　吕　洪年　正确认识大禹的历史地位——1995年大禹国际
　　　　　　　　　　　学术讨论会综述　广西民族学院学报　1995,
　　　　　　　　　　　(3),101

B13l053　李　　靖　禹：成功的中介　民间文学评论　1996,(3)

JB13l001+	三原一雄	『重訂夏后の研究』 東京 陝甘文化研究所 1961
JB13l001	岡崎精郎	石紐と禹の生誕 古代学1(4) 1952 296—305
JB13l002	直江広治	禹に関する伝承の一考察 東洋史学論集(東京教育大)3 1954
JB13l003	峯吉正則	禹母呑薏苡而生禹考 漢文学会会報(国学院大)9 1956
JB13l004	吉田 恵	禹——黄土高原の作り手 言語文化研究 8 1982. 231—251
JB13l005	高橋庸一郎	夏后氏禹の系譜とその変遷 阪南論集(人文・自然科学編)26(2) 1990 1—13
JB13l006	工藤元男	禹の変容と五祀 中国——社会と文化 7 1992. 3—22
JB13l007	工藤元男	禹の遺跡とその民族的伝承を求めて 東洋の思想と宗教12 1995. 132—148
JB13l008	間嶋潤一	禅譲と受命・緯書における夏禹の受命神話『中村璋八博士古稀記念 東洋学論集』 東京 汲古書院 1996
JB13l009	工藤元男	禹の伝承をめぐる中華世界と周縁 『中華の形成と東方世界』(岩波講座 世界歴史 3) 東京 岩波書店 1998. 103—124

m. 与禹相关的传说

B13m001	陈 蓉曙	涂山考 民权素 1915,(12),3—4
B13m002	孙 蜀丞	九鼎考 努力学报 1929,(1)
B13m003	张 公量	古会稽考 禹贡半月刊 1934,1(7),29—34
B13m004	董 开章	禹陵 水利月刊 1934,6(4),230—233
B13m005		禹穴与涂山 中央日报 1934. 11. 7
B13m006	王 猩酉	大禹九鼎所在考 考古社刊 1936,(4),335—354
B13m007	杨 明照	九鼎考略 文学年报 1938,(4),37—46
B13m008	知 堂	禹遗寺 中和月刊 1940,1(1),40—44
B13m009	廖 汉臣	与禹相关的俚杂 民俗台湾* 1943,2(2)

B13m0010	鞠 孝铭	会稽大禹陵 旅行杂志 1947,21(7),35—37
B13m011	赵 铁寒	说九鼎 学术季刊* 1957,6(2)
B13m012	赵 铁寒	九鼎的传统 《中央日报》* 1957.10.29
B13m013	朱 耀庭	禹庙和禹陵 浙江日报 1958.8.25
B13m014	周 苕棠	大禹陵和禹王庙 人民日报 1962.5.27
B13m015	魏 嗣久	夏禹与四川的两座涂山 成都晚报 1962.7.13
B13m016	初 仕宾	金山寺的禹王碑 甘肃日报 1963.1.31
B13m017	顾 颉刚	九鼎 《史林杂识》(初编) 1963.153—162
B13m018	唐蓝遗著	关于"夏鼎" 文史(七) 1979.1—8
B13m019	绍 师	大禹陵和禹王庙 旅游天地 1980,(1),3
B13m020	施 之勉	九鼎入秦 大陆杂志* 1980,60(5),204
B13m021	童 书业	禹征三苗 《春秋左传研究》 1980.19—20
B13m022	袁 珂	积石山(中国神话辞典摘抄) 活页文史丛刊(69) 1980.8
B13m023	张 若愚	"龙门"释名 地名知识 1981,(4/5),39
B13m024	董 其祥	涂山新考 重庆师范学院学报 1982,(1),52—60:《巴史新考》 1983
B13m025	陈 龙	鸟田考 福建文博 1982,(1),58—64
B13m026	吕 思勉	桐棺三寸非禹制 《吕思勉读史札记》 1982.271—275
B13m027	李 建岭	游禹王台 河南日报 1982.2.7
B13m028	吕 子玉	兰州白塔山"禹王碑"考补并试析 西北师范学院学报 1982,(4),109—112
B13m029	宫 大中	漫话龙门 文物天地 1982,(6),10—12
B13m030	姒 中兴	禹王胜迹 浙江月刊* 1983,15(5)
B13m031	吉 春	龙门小史 文物天地 1983,(6),21—24
B13m032	林 冲	禹碑探迹 文物天地 1984,(1),38
JB13m001	三品彰英	禹伝説に見える狩猟文化の要素と農耕文化の要素 東洋史研究(九州大)2(2) 1936 184—185

n. 启

B13n001	许 同华	启母石考 河北第一博物院画刊 1936,(115、118、120、123)
B13n002	许 同华	启母石考 河南政治月刊 1936,6(1),研究类 1—4
B13n003	许 同华	启母石考 东方杂志 1946,42(13),31—32
B13n004	吕 品	启母石与变熊图 今昔谈 1981,(3)
B13n005	刘 盼遂	由天问证竹书纪年益干启位,启杀益事 语历所周刊 1928,3(32),1082—1083
B13n006	叶 梦雨	先秦民族文化史论丛(夏后与后稷) 东文文化 1942,1(6),40—41
B13n007	龚 维英	夏启"荒淫无度"说质疑 中国史研究 1979,(2) (封三)
B13n008	童 书业	夏启 《春秋左传研究》 1980. 20—22
B13n009	骆 宾基	全文新考二篇——夏启争帝位的一次大屠杀的物证:关于殷墟"王陵奴隶祭祀坑"的问题 社会科学辑刊 1981,(6),145—146

o. 少康

B13o001	蒋 应荣	对于太康失位的怀疑 语历所周刊 1928,4(43),1540—1544
B13o002	吕 思勉	太康失国与少康中兴 说文月刊 1939,1(2),23—28;1943,1(合订本),551—556;《吕思勉读史札记》 1982. 103—110
B13o003	任 映沧	少康中兴研究 国魂* 1955,(113)
B13o004	黄 光学	少康中兴的历史教训 国魂* 1958,(161)
B13o005	水 湛	"少康中兴"与迁原(夏代文化探索) 河南日报 1961.10.8
B13o006	张 绍熙	少康中兴的中原地理 中原文献* 1976,8(2)
B13o007	杜 崇法	少康中兴夏室 现代国家* 1977,(145/146)
B13o008	童 书业	少康中兴 《春秋左传研究》 1980.25—27
B13o009	顾 颉刚	有仍国考 禹贡半月刊 1936,5(10),19—22
B13o010	彭 邦炯等	先秦史辞条选登(女娇、有穷、刘累、豢龙氏)

中国历史大辞典通讯 1982,(1)

p. 羿

B13p001+	朱 传誉	《后羿与神话》 台北 天一出版社 1982
B13p001	顾 颉刚	夏史三论 史学年报 1936,2(3),1—42
B13p002	童 疑	天问"阻穷西征"解 禹贡半月刊 1936,5(5),433—437
B13p003	唐 蓝	天问"阻穷西征"新解 禹贡半月刊 1937,7(1—3),55—60
B13p004	刘 平斗	羿 北平晨报·历史周刊 1936.10.17(3)
B13p005	森三树三郎 补 庐	后羿传说考:中国神话之片面观 中日文化 1943,3(8/10)
B13p006	苏 雪林	"天问"里的后羿射日神话 东方杂志 1944,40(8)
B13p007	孙 作云	后羿传说丛考(上、中、下) 中国学报(北京) 1944,1(3),9—29;(4),67—80;(5),49—66
B13p008	阎 文儒	羿居西方说:兼论上古传说中之东方氏族 学术季刊 1946,(2)
B13p009	槃 庵	天问射何伯卿射鱼考 中央日报 1947.11.3
B13p010	端木蕻良	羿射十日的研究 文艺春秋 1948,7(6),48—56
B13p011	胡 念贻	关于后羿的传说 文学遗产增刊(四) 1957.1—23;《中国古典文学论丛》 1957
B13p012	苏 雪林	射日与射月 大学生活* 1957,3(8),12—16
B13p013	李 岳南	论后羿、嫦娥 《神话故事、歌谣、戏曲散论》 1957.29—36
B13p014	孙 家骥	征日与射日 台湾风物* 1962,12(1),3—10
B13p015	苏 雪林	后羿射日神话 《天问正简》* 1974
B13p016	苏 雪林	天问后羿的故事 畅流* 1974,49(9)
B13p017	翁 世华	从说文解字引楚辞说起 书目季刊* 1977,10(4)
B13p018	孙 作云	后羿传说丛考 《中国上古史论文选集》*

1979.449—518

B13p019	龚　维英	射日英雄是谁？"羿射九日"辨谬　艺谭 1980,(2)	
B13p020	萧　　兵	翠嫿与夷羿(《楚辞》待问录)　活页文史丛刊 1980,(3),8	
B13p021	程　德祺	略说羿射日神话产生的时代　群众论丛 1980,(3)	
B13p022	聂　鸿音	关于羿的神话传说的演变　民间文学　1980, (7),108—118	
B13p023	邓　启耀	从羿的悲剧看中国原始社会解体期　思想战线 1981,(1),67—71	
B13p024	童　书业	羿浞代夏　《春秋左传研究》　1980.2—25	
B13p025	赵　志祥	"羿射九日"遐思　龙门阵　1981,(1)	
B13p026	宋　　杰	"羿射九日"浅探　北京师范学院学报　1981, (2),90—96	
B13p027	修　金堂	传奇英雄——羿　哈尔滨文艺　1981,(4),63—64	
B13p028	龚　维英	蓬蒙·穷门:《左传》新释一则　四平师范学院学报　1982,(1),10—11	
B13p029	龚　维英	"羿射九日"神话传说的原始面貌　人文杂志 1982,(3),110—112	
B13p030	丁　　访	小考羿　史翼　1983,(4),51—55	
B13p031	郑　明娴	十日与羿的神话　新文艺*　1983,(2)	
B13p032	刘尧民遗作	关于《天问》中羿的分化　思想战线　1984,(6), 69—74	
B13p033	龚　维英	《天问》羿事十二句辨析　许昌师范专科学校学报　1984,(1)	
B13p034	龚　维英	辨羿　争鸣(南昌)　1984,(2),48	
B13p035	龚　维英	汉族上古"射月"神话浅探　学术论坛　1985, (6),38—39	
B13p036	刘　城淮	论射日神话　《神话新探》　1986.255—263	
B13p037	万　九河	羿的故事辨析　历史教学　1987,(1),29—32

B13p038	张　启成	后羿及其传说新探　贵州社会科学　1987,(8), 12—16,32	
B13p039	刘　城淮	羿与后羿　《中国神话》(一)　1987. 204—221	
B13p040	徐　华龙	射日神话新探　民间文艺季刊　1987,(1),49—58	
B13p041	苟　世祥	英雄神话漫笔　历史知识　1987,(3),31—33	
B13p042	王　从仁	后羿考辨　中州学刊　1988,(5),83—86	
B13p043	刘　玉堂	后羿射日与次非刺蛟　艺术与时代　1989,(5)	
B13p044	樊　一	"十日并出"与羿射九日　民间文学论坛　1987,(6)	
B13p045	张　启成	后羿及其神话传说新探　贵州社会科学　1987,(8)	
B13p046	刘　炳强	中国射日神话蠡测　《神话与民俗》　1990. 89—113	
B13p047	张　瑗	羿与后羿辨　江海学刊　1990,(3)	
B13p048	尹　荣方	论火凤凰与三足鸟的起源　华东师范大学学报 1990,(1),80	
B13p049	董　治安	从上古神话到历史传说——谈羿和后羿故事的演变　山东大学学报　1991,(3),24—29	
B13p050	张　振犁	羿与嫦娥神话辩证　《中原古典神话流变论考》上海文艺出版社　1991. 186—208	
B13p051	王　钟陵	羿神话的意蕴及演化　苏州大学学报　1992,(4),62—67	
B13p052	李　炳海	游牧文化的代表、部落兼并的英雄:论后羿神话的生活原型　东方论丛　1992,(4),4—9	
B13p053	李　忠华	羿射日除害神话探源　思想战线　1993,(5),65—70,29	
B13p054	陈　元胜	屈赋中"羿"、"东羿"辨　学术月刊　1993,(12),76—78	
B13p055	孙　晶	东夷族文化的一面镜子:谈羿与嫦娥神话的文化意蕴　社科探索　1994,(4),34—37	
B13p056	叶　正渤	后羿传说源流考　东南文化　1994,(6),42—43	

B13p057	李 玮箐	后羿射日神话研究 东吴大学中国文学研究所硕士论文* 1994
B13p058	龚 维英	中国的《金枝》故事:由民俗神话学训释"逢蒙杀羿" 贵州社会科学 1995,(2),85—90
B13p059	龚 维英	中国上古的《金枝》故事——"逢蒙杀羿"的民俗神话学训释 中国民间文化 1995,(2),242—252
B13p060	张 开焱	后羿之死与羿之神性 湖北师范学院学报 1995,(4),31—37
B13p061	翟 江月	浅析羿的神话及其蕴涵 淄博师范专科学校学报 1996,(1),40—41
B13p062	何 振海	"射日"、"逐日"的文化阐释 东方丛刊 1997,(1/2),24—44
B13p063	高 福进	射日神话及其寓意再探 思想战线 1997,(5),39—44
JB13p001	森三樹三郎	后羿伝説考 東洋学報 12(1) 1941.71—89
JB13p002	沼尻正隆	羿についての一考察 日本大学三島教養部研究年報 1 1955
JB13p003	洪 在玄	羿神話研究 中國文學 10 1988
JB13p004	森 雅子	后羿叙事詩の復原 『中国の歴史と民俗』 東京 第一書房 1991.169—193
JB13p005	大林太良	羿神話と王権 日中文化研究 3 勉誠社 1992

q. 嫦娥

B13q001	林 德育	破除月宫之迷信 妇女杂志 1917,3(11),记述类 16—21
B13q002	刘 盼遂	嫦娥考 学文(北平) 1930,(1),1
B13q003	郭 云奇	中国诗歌中嫦娥神话的由来及演变 行健月刊 1935,6(3),169—173
B13q004	邓 夏鸣	嫦娥考 国专月刊 1935,1(3)
B13q005	姚 雪垠	嫦娥补考 申报自由谈 1935.7.25
B13q006		嫦娥奔月 新闻日报副刊 1935.9.12

B13q007	钱　畊莘	花的故事　艺风　1935,3(8),41—43	
B13q008	吴　祖光	奔月题记　人世间(复刊)　1947,(3),13—15	
B13q009	王　古鲁	嫦娥考　中央日报　1948.9.16、23	
B13q010	赵　景深	关于嫦娥奔月的资料　新民报晚刊　1953.8.27	
B13q011	王　光仪	姐娥与嫦娥　中国时报*　1959.9.20	
B13q012	逸　生	《嫦娥》　羊城晚报　1959.11.22	
B13q013	庆　云	嫦娥奔月的考证　光明日报　1962.9.8	
B13q014	娄　子匡	秋节谈不死之药　联合报*　1964.9.20	
B13q015	王　梦远	八月十五说中秋　建设　1968,17(5)	
B13q016	顾　颉刚	嫦娥故事的演变　书林　1979,(2),33—34	
B13q017	史　超礼	从嫦娥奔月到人上月球　航空知识　1979,(8)	
B13q018	王　伯敏	马王堆一号汉墓帛并无"嫦娥奔月"　考古　1979,(3),273—274	
B13q019	袁　珂	嫦娥奔月神话初探　南充师范学院学报　1980,(4),1—9;《神话论文集》　1982.153—168	
B13q020	龚　维英	"嫦娥奔月"因由试析:兼与袁珂先生商榷　南充师范学院学报　1983,(1),86—89,59	
B13q021	袁　珂	关于"'嫦娥奔月'因由"答龚维英同志　南充师范学院学报　1983,(2),19—22	
B13q022	史　国强	南阳汉画中"嫦娥奔月"图像商榷　考古与文物　1983,(3),78—79	
B13q023	陆　思贤	甘肃、青海彩陶上的蛙纹图案研究(嫦娥)　内蒙古师范大学学报　1983,(3),39—48	
B13q024	曾　白融	嫦娥是谁的老婆　北京晚报　1983.6.30	
B13q025	徐　华龙	读"嫦娥奔月"断想　采风　1983,(17)	
B13q026	周　明	奔月——奇幻的神话意境　《探艺录》　1984	
B13q027	屈　育德	月里嫦娥毁誉多　文史知识　1986,(1),93—96	
B13q028	沈　谦	嫦娥奔月的象征意义(附柳作梅嫦娥奔月讲论)　中外文学*　1986,15(3)	
B13q029	陈　钧	论月神嫦娥　民间文学论坛　1986,(5),21—28	
B13q030	龚　维英	嫦娥化蟾蜍非神话原貌　湖南考古辑刊　1986,	

（3）

B13q031	龚　维英	试论"伯林经雉"与吴刚伐桂的关系　绥化师范专科学校学报　1986,（4）
B13q032	濮　丽宏	吴刚伐桂的因由　《神话、仙话、佛话》　1986. 17—20
B13q033	涂元济等	论嫦娥奔月神话　中国神话（一）　1987. 168—190
B13q034	龚　维英	嫦娥神话面面观　民间文学论坛　1987,（4）, 61—68
B13q035	龚　维英	吴刚神话传说钩沉　徽州师范专科学校学报 1987,（4）
B13q036	袁　珂	评两篇嫦娥奔月神话论文　民间文学论坛 1988,（2）,17—21
B13q037	龚　维英	嫦娥、癞蛤蟆、天鹅及其他　人文杂志　1989,（1）,111—113
B13q038	关　序华	嫦娥与蟾蜍　荆门大学学报　1990,（1）,44
B13q039	万　建中	嫦娥奔月神话新释　文史杂志　1992,（1）
B13q040	刘　城淮	《嫦娥奔月》源流　湖南教育学院学报　1993,（6）,38—43
B13q041	尹　荣方	"月中桂"与"吴刚伐桂"　文史知识　1993,（6）, 93—97
B13q042	洪　强	联系式与本位的冲突："嫦娥奔月"故事的解读延边大学学报　1996,（3）,37—76
B13q043	胡　万川	嫦娥奔月神话新探　民间文学论坛　1997,（3）, 18—26
B13q044	李　忠华	嫦娥奔月神话本来论　思想战线　1997,（3）, 19—26

14. 殷商神话
a 综论

B14a001＋	陈　梦家	《殷墟卜辞综述》　北京　科学出版社　1956
B14a002＋	郭　沫若	《青铜时代》　北京　科学出版社　1957

B14a003+	周　鸣翔	《商殷帝王本纪》	香港　1958
B14a004+	丁　山	《商周史料考证》	北京,图书馆出版社
B14a005+	黎　虎	《夏商周史话》	北京　北京出版社　1984
B14a006+	张　光直	《中国青铜时代》(上、下)	北京　三联书店　1983

B14a001	卫　聚贤	商周	古史研究(三)　1936;1990. 275—382
B14a002	赵　光贤	商族的上帝与祖先	争鸣　1956,(6),8
B14a003	白　寿彝	殷周传说和记录中的氏族	北京师范大学学报　1962,(3),33—
B14a004	张　光直	商周神话之分类:中国古代神话研究之二	民族学所集刊*　1962,(14),47—74;《中国青铜时代》　1983
B14a005	张　光直	商王庙号新考	民族学研究集刊*　1963,(15)
B14a006	张　光直	商周神话与美术中所见人与动物关系之演变　中国古代神话研究之三	民族学所集刊*　1963,(16),115—132;《中国青铜时代》　1983
B14a007	谢　忠正	殷周至上神之信仰与祭祀	师大国研博论*　1981
B14a008	姚　政	论商族的起源:兼论黄帝	南充师范学院学报　1987,(1),21—30
B14a009	陈　昌远	商族起源地望发微	历史研究　1987,(1),136—144
B14a010	于志耿等	商先起于幽燕说的再考察	民族研究　1987,(1),82—90
B14a011	李　江浙	商族起源新考	北京社科　1989,(3),108—115
B14a012	苑　利	殷商与满族始祖神话同源考	民族文学研究　1991,(4),34—40
B14a013	朱　凤瀚	商周时期天神崇拜	中国社会科学　1993,(4),191—211
B14a014	陆　思贤	商民族祖源的神话考古学研究	昭乌达蒙师范专科学校学报　1994,(1)

B14a015	萧　春林	殷代的四方崇拜及其相关问题　考古与文物 1995,(1),44—48,7
B14a016	黄　红军	商族的踪迹　中国方域　1996,(6)
JB14a001	森安太郎	殷商祖神考　支那学10　1942.653—745
JB14a002	橋本増吉	夏殷関係の伝説について　史学関係57(2) 1948.121—123
JB14a003	白川　静	殷の神話　説林4　1949.1—24
JB14a004	井上源吾	殷の紂王説話私考——とくに尚書・墨子を中心として　長崎大学学芸学部人文科学研究報告6　1956
JB14a005	井上源吾	殷の紂王説話私考——とくに尚書・墨子を中心として　長大人文報6　1957
JB14a006	森安太郎	殷の湯王と夏の桀王　京都女子大学人文論叢16　1968.1—18:『黄帝伝説——古代中国神話の研究』　京都　京都女子大学人文学会 1970.13—30
JB14a007	岡田芳三郎	殷代に於ける祖先の祭祀について　史林33(5)　1950.510—526
JB14a008	白鳥　清	殷室物語についての新研究　『和田博士古稀記念東洋史論叢』　東京　講談社　1961.511—523
JB14a009	御手洗勝	上甲微と殷王朝の先公系譜　広島大学文学部紀要37　1977.40—64:『古代中国の神々』　東京　創文社　1984
JB14a010	御手洗勝	上甲微と殷王朝の先公系譜(続) 広島大学文学部紀要38(1)　1978.41—65:『古代中国の神々』　東京　創文社　1984
JB14a011	御手洗勝	昏微と繁鳥——殷王朝の始祖伝説　広島大学文学部紀要39　1979.1—21:(改題:殷の始祖伝説——昏微と繁鳥)『古代中国の神々』　東京　創文社　1984
JB14a012	御手洗勝	帝嚳考——殷王室の始祖名について　『森三樹

			三郎博士頌寿記念東洋学論集』 1979；『古代中国の神々』 東京 創文社 1984. 387—408
JB14a013	田村和親		殷の紂王の酒池肉林説話の生成 二松学舎大学論集 1981. 61—84
JB14a014	鉄井慶紀		中国古代神話伝説と思想——殷始祖契の誕生モチーフと生成論 東洋研究 80 1986. 37—64；『中国神話の文化人類学的研究』 東京 平河出版社 1990. 578—604
JB14a015	大野圭介		殷周開国の神話と『神代史』 中国文学報 46 1993. 1—3

b. 帝俊

B14b001	王	国维	殷卜辞中所见先公先王考 《观堂集林·附别集(2)》卷九 1921. 409—436
B14b002	王	国维	殷卜辞中所见先公先王续考 《观堂集林·附别集(2)》卷九 1921. 436—450
B14b003	郭	沫若	释祖妣 《甲骨文字研究》 1931
B14b004	吴	其昌	卜辞中所见殷先公先王三续考 燕京学报 1933,(14),1—58；其节录载古史辨(七) 1941
B14b005	金	其源	"羲义和者,帝俊之妻"两句 《读书管见》 1948
B14b006	胡	厚宣	殷虚卜辞中的上帝和王帝 历史研究 1959,(9),23—50
B14b007	徐	炳昶	关于帝俊的传说 《恬庵语文论著甲集》(港) 1973
B14b008	王	仲孚	殷先公先王与成汤传说试释 历史学报* 1981,(9)
B14b009	龚	维英	从上古神话与原始宗教看帝喾 延安大学学报 1985,(4)
B14b010	童	书业	高辛 《春秋左传研究》 1980. 6—7
B14b011	龚	维英	高辛氏之考证及释义 浙江学刊 1983,(1),90
JB14b001	森安太郎		帝俊考 支那学 11(2) 1943. 137—162

c. 玄鸟

B14c001	王	国维	说商颂(上、下) 《观堂集林·卷二》 1921.

			113—115;115—122
B14c002	张　寿林	商颂考	睿湖(上海)　1930,(2),11—29
B14c003	丁　迪豪	玄鸟传说与氏族图腾	历史科学　1933,1(2),1—11
B14c004	丁　迪豪	所谓玄鸟生商的究明	历史科学　1933,1(3/4)
B14c005	俞平伯等	关于商颂玄鸟篇	华北日报　1934.12.30
B14c006	周　干庭	商颂总论	进德半月刊　1936,2(3)
B14c007	许　道龄	与顾颉刚书[契神话]	禹贡半月刊　1936,5(6),75
B14c008	郑　振铎	玄鸟篇:一名感生篇	中华公论　1937,(1),101—109;《汤祷篇》1957.33—52
B14c009	刘　节	诗经中古史资料考释	中国史学　1946,(1);古史考存　1958
B14c010	杨公骥等	论商颂	文学遗产增刊(二)　1955.9—32
B14c011	李　平心	从姘妷与商国的关系看殷代社会性质(简狄)	学术月刊(上海)　1962,(11),40—44;《李平心史论集》1983.1—10
B14c012	顾　颉刚	二女在台	《史林杂识》(初编)　1963.198—200
B14c013	胡　厚宣	甲骨文商族鸟图腾的遗迹	历史论丛(一)　1964
B14c014	胡　厚宣	甲骨文所见商族鸟图腾的新证据	历史论丛　1977,(1);文物　1977,(2),84—87
B14c015	赵　沛霖	"燕燕往飞"是完整的"一句"诗	活页文史丛刊(95)　1980.1—6
B14c016	龚　维英	简狄姐妹是两人还是三人:"玄鸟生商"神话中的一个问题	社会科学研究　1982,(1),100—102
B14c017	常　正光	商族鸟图腾探源:物候学与中国古代文化	贵州民族研究　1983,(1),54—61
B14c018	陆　思贤	翁牛特旗石棚山原始文字释义(天命玄鸟·降而生商)	内蒙古社会科学　1987,(3),67—70
B14c019	吴　继文	玄鸟降临——殷民族始祖传说研究	《神与神

话》*（王孝廉） 1988.3.357—404

B14c020	叶　舒宪	帝王与太阳："夔一足"与"玄鸟生商"神话今释　晋阳学刊 1989,(4),17—23
B14c021	张　启成	商契降生神话传说初探　贵阳师范专科学校学报 1989,(1)
B14c022	郑　杰祥	玄鸟新解　中州学刊 1990,(1)
B14c023	乌　泽顺	"玄鸟生商"新解　青海师范大学学报 1993,(3),101—107
B14c024	鲁　瑞菁	"天命"观念的产生及其意义——以"天命玄鸟,降而生商"神话为中心的讨论　中国文学研究*(8) 1994.8 213—233
B14c025	李　启良	玄鸟生商与太阳神崇拜　东南文化 1995,(1),65—67

d. 商汤

B14d001+	郑　振铎	《汤祷篇》 上海　上海古籍出版社 1957
B14d001	王　常蘧	商书初稿(成汤本纪)　国学年刊 1926,(1)
B14d002	郑　振铎	汤祷篇　东方杂志 1933,30(1),122—137；《汤祷篇》 1957.1—32
B14d003	曹　松叶	读汤祷篇　东方杂志 1933,30(13)
B14d004	杨　向奎	评郑振铎《汤祷篇》　史学论丛 1934,(1)
B14d005	杨　宽	略论汤祷传说　大美晚报・历史周刊 1935.12.2(4)
B14d006	杨　宽	再论汤祷传说　大美晚报・历史周刊 1935.12.17(6)
B14d007	杨　宽	略论古帝王之瑞应传说　大美晚报・历史周刊 1936.3.27(20)
B14d008	沈　欣	汤旱五年考　制言半月刊 1939,(50),补白8
B14d009	杜　而未	商汤事进考　文藻月刊 1948,新1(1),35—37
B14d010	杜　而未	商汤祷雨考　恒毅* 1958,8(5)
B14d011	晁　福林	"对日曷丧"考(汤伐桀)　群众论丛 1981,(1)
B14d012	彭　邦炯	试论成汤在商族历史上的地位和作用兼论商人

国家形成过程　中国历史研究　1987,(1),115—125

e. 伊尹

B14e001　张　寿林　伊尹篇　女师学院期刊　1933,2(1),1—16

B14e002　王　利器　伊尹配享成汤考　真理杂志(重庆)　1944,1(1),9—16

B14e003　陈　志良　沉城的故事(伊尹)　风工什志(成都)　1944,1(3),76—84

B14e004　董　作宾　伊尹　国史上的伟大人物＊　1954

B14e005　平　　心　伊尹迁任老彭新考　华东师范大学学报　1955,(1),98—107；《李平心史论集》　1983,11—33

B14e006　蔡　哲茂　殷卜辞伊尹——兼论它示　中央研究院历史语言研究所集刊＊　1958,(4)

B14e007　梁　启超　伊尹　《中国历史研究法》＊　中华书局　1968

B14e008　张　政烺　释它示　《古文字研究》(一)　北京　中华书局　1978

B14e009　裴　锡圭　释求(伊尹)　《古文字研究》(十五)

B14e010　于　省吾　《甲骨文字释林》(伊尹)　北京　中华书局　1979

B14e011　萧　　兵　姞妃和小臣：《天问》中伊尹和商汤的故事　求是学刊　1980,(1)

B14e012　萧　　兵　伊尹系卵生弃儿(《楚辞》待问录)　活页文史丛刊　1980,(5),30

B14e013　陈　奇猷　伊尹的出身及其姓名　中华文史论丛　1981,(3),111—117

B14e014　秦佩珩等　伊尹　今昔谈　1982,(2)

B14e015　王　维堤　关于伊尹的姓氏名号及其他：与陈奇猷先生商榷　中华文史论　1982,(2),283—294

B14e016　吕　思勉　伊尹生于空桑　《吕思勉读史札记》　1982,128—130

B14e017　孙　常叙　伊尹生空桑和历阳沉而为湖：故事传说合二为一

		社会科学战线　1982,(4),261—
B14e018	彭　裕商	也论历祖卜辞的时代(论及伊尹)　四川大学学报　1983,(1)
B14e019	李　裕民	伊尹的出身及其姓名考辨　山西大学学报　1983,(4),98—103
B14e021	沈　东成	伊尹墓　中州今古　1984,(2),52—53
B14e022	刘　晔华	从伊尹传说看殷代人神转化契机　民间文学论坛　1987,(4),35—40
B14e023	郑　慧生	伊尹论　国际殷商文化讨论会　1987
B14e024	徐　喜辰	论伊尹的出身及其在汤伐桀中的作用　殷墟博物馆馆刊　创刊号　1989
B14e025	徐　喜辰	论伊尹的出身及其在汤伐桀中的作用　人文杂志　1990,(3),77—85
B14e026	郑　慧生	商代的媵臣制度　殷都学刊　1991,(4)
B14e027	仁	也谈殷卜辞中的商甲廿示　考古　1993,(5)
B14e028	李　广民	先秦时期的间谍　晋阳学刊　1994,(2)
B14e029	蔡　哲茂	伊尹传说的研究　《中国神话传说学术研讨会论文集》*(上)　台北　汉学研究中心　1996.3. 243—276
B14e030	齐　文心	伊尹、黄尹为二人辨析　英国所藏甲骨文集(下)
B14e031	刘　师培	伊尹为庖说　《刘师培全集·左　集》(五)
B14e032	裘　锡圭	说卜辞得焚巫　与土龙(伊尹)　甲骨文与殷商史(一)
B14e033	裘　锡圭	关于商代的宗族组织与贵族和平民两个阶级的初步研究　文史　(十七)
B14e034	罗　振玉	增订殷墟书契考释(伊尹)　东方学会(上)
JB14e001	三條彰久	負鼎考——古代「宰相伊尹」の原像　中国古代史研究5　1982.197—223

f. 王亥、王恒

| B14f001 | 江　绍原 | 殷王亥惨死及后君王恒上甲微复仇之传说　华北日报·中国古占卜术研究　1936.11.28 |

			(17)
B14f002	江　绍原	殷王亥传说续考　华北日报·中国古占卜术研究　1936.12.7	
B14f003	江　绍原	"殷王亥惨死……之传说"补遗正误　华北日报·中国古占卜术研究　1936.12.20　(19)	
B14f004	江　绍原	殷王亥传说三考　华北日报·中国古占卜术研究　1937.1.1	
B14f005	绍　原	写在王亥传说"三""四"考之间　华北日报·中国古占卜术研究　1937.1.25　(21)	
B14f006	张　光直	谈王亥与伊尹的祭日并再论殷商王朝　民族学所集刊*　1973,(35);《中国青铜时代》 1983	
B14f007	张　崇琛	王恒足迹考　兰州大学学报　1982,(4),25—27	
B14f008	李　炳海	殷祖王亥传说的文化背景　中州学刊　1994,(4),104—108	
JB14f001	内藤虎次郎	王亥　藝文 7(7)　1916.631—646	
JB14f002	内藤虎次郎	續王亥　藝文　1917,8(8),718—725；1921,12(2),91—98;12(4),260—270	

g. 其他

B14g001	顾　颉刚	宋王偃的绍述先德(武乙传说)　语丝　1924,(6),5—6;古史辨(二)　1930;1982.93—96;《顾颉刚古史论文集》(第2册)　1988.222—225	
B14g002	赵　铁寒	"三朡氏之国"考释　《庆祝蒋慰堂先生七十荣庆论文集》*　1968	
B14g003	顾　颉刚	纣恶七十事的发生次第　语丝　1924,(2/3),3—7;古史辨(二)　1930;1982.82—93;《顾颉刚古史论文集》(第2册)　1988.211—221	
B14g004	孙　道升	比干为女性说　责善半月刊　1941,2(3),12—14	
B14g005	郑　杰祥	商代四方神名和风各新证　中原文物　1994,(3),5—11	

15. 周代神话
a. 综论

B15a001	顾　颉刚	周人的崛起及其克商　文史杂志　1941,1(3), 8—16
B15a002	岑　仲勉	周初生民之神化解释　中央日报　1946.8.20；西周文史论丛　1958
B15a003	孙　作云	周先祖以熊为图腾考　开封师范学院学报 1957,(2),1—12；《诗经与周代社会研究》 1979
B15a004	刘　尧民	试谈周族的三篇史诗　云南大学学术论文集（一）　1962
B15a005	王　鸿图	诗经与西周建国　孔孟学报*　1973,(25)
B15a006	童　书业	周人先世　春秋左传研究　1980
B15a007	涂　元济	从母系制过渡到父系制的一场夺子之争——关于周初生民神话的解释　民间文学论坛　1982, (2),38—46
B15a008	夏　传才	周人的五篇开国史诗和古史问题　河北师范学院学报　1982,(4),15—25
B15a009	龚　维英	周族先民图腾崇拜考辨：兼说黄帝族、夏族的图腾信仰　人文杂志(西安)　1983,(1),77—81
B15a010	周　庆明	周族姬姓虎图腾考　世界宗教研究　1984,(1), 123—130
B15a011	龚　维英	周武王惨虐纣尸因由初探　人文杂志　1985, (4),73—76
B15a012	丘菊贤等	周族图腾崇拜溯源：兼议"龙"产生的背景及其演变　河南大学学报　1989,(1),49—53
B15a013	林　碧玲	周初史诗中的忧患意识　孔孟月刊*　1983,21 (5)
B15a014	任　周芳	姬姜两族关系浅谈　文博　1986,(3)
B15a015	水上静夫；王　孝廉	姬、姜东封考——周初传说探源 《神与神话》*　1988.3.463—498

B15a016	杨　　宽	论周武王克周　《神与神话》*（王孝廉编）1988. 3. 405—462	
B15a017	李　炳海	汾神台骀与周族始祖传说　山西师范大学学报 1993,(1),70—73	
B15a018	吴薇薇等	关于"武王克殷"年代的是与非　河北学刊 1994,(3),85—89	
B15a019	沈　长云	从周族的起源论及黄帝氏族的发祥地　河北师范学院学报　1996,(1)	
B15a020	李　炳海	周族南迁巴地考论　天府新论　1996,(2)	
JB15a001	白鳥庫吉	周代古伝説に就いて　史学雑誌 32(3)　1921. 233—238	
JB15a002	白鳥　清	殷周の感生伝説に就いて　史学雑誌 36(11) 1925. 945—947	
JB15a003	白鳥　清	殷周の感生伝説の解釈　東洋学報 15(4) 1926	
JB15a004	小林　昇	太公望説話に関する一考察　東洋史会紀要 1936,(1),137—150	
JB15a005	相良克明	史記に見ゆる周公説話　東洋史会紀要　1936, (1)	
JB15a006	松本雅明	周代の庶民祭礼における神　東洋学報 38(1) 1955. 1—35	
JB15a007	井上源吾	周公説話中所見の祭祀——とくに尚書金勝篇の告と史記の沈について　哲学 8　1958. 1—18	
JB15a008	谷口義介	周の始祖神話の成立と変質　立命館文学 331・332・333　1973. 1—27：『中国古代社会史研究』　京都　朋友書店　1988	
JB15a009	藤田　忠	田畯考　国士館大学文学部人文学会紀要 15 1983. 81—97	
JB15a010	谷口義介	周の始祖神話の土壌——大雅生民考　熊本短大論集 36(1)　1985. 48—66	

b. 姜嫄

B15b001	崔　盈科	姜嫄之传说和事略及其墓地的假定　语历所周	

		刊　1928,1(11/12),336—339;古史辨(二)　1930;1982.99—104
B15b002	顾　颉刚	读李、崔二先生文书后　语历所周刊　1928,1(11/12),340—342;古史辨(二)　1930;1982.105—109
B15b003	傅　斯年	姜嫄　史语所集刊　1930,2(1),130—135
B15b004	丁　迪豪	从姜嫄弃子传说中窥见周初社会　社会杂志　1932,3(5/6),1—9
B15b005	丁　迪豪	中国古代的农业保护神:姜嫄传说综合研究之一　历史科学　1933,(1),22—34
B15b006	闻　一多	姜嫄履大人迹考　中央日报·史学副刊　1940.3.5(72)　闻一多全集(一)　1943.73—80
B15b007	童　书业	郦山女即姜嫄　齐鲁学报　1941,(2),241—242
B15b008	糜文开等	诗经生民篇　人生*　1964,27(9)
B15b009	于　省吾	诗"履帝武敏歆"解:附论姜嫄弃子的由来　中华文史论丛　1965,(6),111—120
B15b010	张　炯	诗经生民篇释义　出版月刊*　1967,(20)
B15b011	李　敬斋	姜嫄、四岳、伯夷与后稷　中国人*　1968,1(2)
B15b012	萧　兵	姜嫄弃子为图腾考验仪式考:《诗·大雅·生民》《楚辞·天问》疑义新解　南开大学学报　1978,(4/5),149—156
B15b013	童　书业	姜嫄后稷　《春秋左传研究》　1980.27—28
B15b014	涂　元济	从母系制过渡到父系制的一场夺子之争:对《诗经·生民》神话的一种解释　福建师范大学学报　1981,(1)
B15b015	林　梓宗	"圣人无父"与男子出嫁　风采　1982,(2)
B15b016	陈　炳良	《生民》新解:兼论《天问》中有关周初的史事　东方文化*　1982,18(1/2)
B15b017	聂　石樵	《大雅·生民》解题与注释　学词天地　1984,(2)
B15b018	涂元济等	"姜嫄弃子"考释　《神话、民俗与文学》　1993.

			11. 38—53
B15b019	袁 长江		"胡突时"所昭示的问题:《生民》新解 贵州教育学院学报 1994,(1),35—37
B15b020	尹 荣方		姜嫄履帝迹生稷神话的再认识 中文自学指导 1997,(6),26—29
JB15b001	渡邊末吾		姜嫄伝説臆断 漢文学会会報 2 1934
JB15b002	聞 一多		姜嫄履大人考
	鈴木義昭		早稲田大学語学研究所紀要 84 1988

c. 后稷

B15c001	李 子祥		游稷山感后稷教稼之功德记事 语历所周刊 1928,1(11/12),334—335;古史辨(二) 1930;1982. 96—99
B15c002	吴 江北		生民有相之道解(诗大雅生民篇:"诞后稷之穑,有相之道") 北平图书馆刊 1935,9(6)
B15c003	刘 与唐		释后稷 文化批判 1936,3(2),85—98
B15c004	于 维杰		诗生民"有相之道"解 大陆杂志* 1961,22(1)
B15c005	童 书业		周之始兴 《春秋左传研究》 1980. 30—32
B15c006	王雪保等		稷山县名之由来:后稷、稷王山、稷王庙 地名知识 1982,(1),28
B15c007	翁 银陶		后稷、夷人的农神:《诗经·生民》新解 福建师范大学学报 1984,(3),104—108
B15c008	李 家祥		后稷生于母系社会说质疑 贵州民院学报 1988,(1),39—45
B15c009	张 启成		后稷神话传说新探(论稷为夷羌两族的后裔) 贵州大学学报 1988,(4),37—41
B15c010	裴 永康		后稷传说试探 文史研究 1991,(3),100—105
B15c011	斯 维至		后稷的降生与社的崇拜 陕西师范大学学报 1991,(3),94—97
B15c012	李 若莺		后稷诞生故事综述 高雄师范大学学报* 1992,(3),165—181
B15c013	李 少雍		后稷神话探源 文学遗产 1993,(6),18—29
B15c014	张 希峰		"田"后稷考 古籍整理研究学刊 1994,(3)

B15c015	郭风平等	后稷诞生神话之考述 中国农史 1997,(1), 5—9	
B15c016	郭 焰坤	释《诗经·黍离》篇"离离" :兼说"稷" 黄冈师专学报 1997,(3),65—66	
JB15c001	御手洗勝	后稷の伝説——中国古代の霊穀について 広島大学文学部紀要 34 1975.25—47: 『古代中国の神々』 東京 創文社 1984. 228—262	
JB15c002	井上源吾	稷の原初形態 九州中国学会報 1964.1—17	
JB15c003	赤塚 忠	后稷と列子 日本中国学会報 19 1967.25—43	
JB15c004	佐中 壮	『后稷祀』考 皇学館論叢 3(3) 1970.20—33	

d. 其他

B15d001	吴 圀生	天黿折木解 艺文杂志 1936,(1),10—11
B15d002	于 省吾	释羌、苟、敬、美 吉林大学社会科学学报 1963,(1),43—50
B15d003	于 维杰	天黿折木解 大陆杂志* 1967,35(12)
B15d004	杨 希枚	论今文尚书太誓、尚书大传太誓及史记白鱼赤乌神话 《蒋公逝世周年纪念论文集》* 1976
JB15d001	森安太郎	褒姒伝説に就いて 中国語学研究会関西月報 1950
JB15d002	白鳥 清	褒姒伝説考——夏·殷·周についての新研究 史苑 20(2) 1959.1—16
JB15d003	黒須重彦	「周幽褒姒」の構成と現実性 大東文化大学漢学会誌 19 1980.59—67
JB15d004	黒羽 寧	中国神話「褒姒と幽王」第一話:馬をめぐる異変 えとのす/Ethnos in Asia17 1982.68—71
JB15d005	黒羽 寧	中国神話「褒姒と幽王」第二話:「压弧箕服」——古代王朝滅亡の預言について えとのす/Ethnos in Asia18 1982.157—159
JB15d006	谷口義介	褒姒説話の形成——中国古代における大地母神の残影 熊本短大論集 37(3) 1987.142—156

16. 先秦祖先神话

B16-001+　吕　思勉　　《先秦史》　上海　农业出版社　1964；上海　上海古籍出版社　1982

B16-002+　黎　东方　　《先秦史》　台北　商务印书馆　1966

B16-003+　林　剑鸣　　《秦史稿》　上海　上海人民出版社　1981

B16-004+　屈　万里　　《先秦文史资料考辨》　台北　联经出版事业公司　1983

B16-001　　马　神武　　秦是夷人的一支　人文杂志　1934,(1)

B16-002　　杨　宽　　　伯益考　齐鲁学报　1941,(1),35—148

B16-003　　黄　文弼　　嬴秦为东方民族考　史学杂志　1945,1(1)

B16-004　　陈　秀云　　秦族考　文理学报　1946,1(2),59—66

B16-005　　杜　正胜　　试论先秦时代的成汤传说　大陆杂志* 1973, 47(2)

B16-006　　林　剑鸣　　秦人早期历史探索　西北大学学报　1978,(1),20—25

B16-007　　何　汉文　　嬴秦人起源于东方和西迁情况初探　求索　1981,(4),137—147

B16-008　　龚　维英　　嬴秦族图腾是鸟不是马　求索　1982,(3),102

JB16-001+　山本紀網　　『徐福東来伝説考』　東京　謙光社　1975

JB16-002+　梅村猛他　　『徐福伝説を探る』　東京　小学館　1990

JB16-003+　三谷茉沙夫　『徐福伝説の謎』　東京　三一書房　1992

JB16-004+　羽田武栄　　『徐福ロマン』　東京　亜紀書房　1993

JB16-001　　高於菟三　　徐福東来考(1—2)　国学院雑誌　1915,21(3),253—266;21(5),484—490

JB16-002　　後藤肅堂　　徐福東来の伝説に就いて(1—5)　東洋文化(無窮会)1926,(25),60—70;(26),49—61;(27),63—72;(28),55—63;(29),44—51

JB16-003　　御手洗勝　　蓬莱・方丈・瀛州伝説の由来　史学研究(広島大)12　1951

JB16-004　　原田淑人　　徐福の東海に仙薬を求めた話　ミユージアム

84　1958. 28—29

JB16-005　原田　稔　徐福の熊野来往とその古代文化に及ぼした影響　追手門学院大学文学部紀要　1969,(3),14—24

JB16-006　宮道悦男　徐福不老不死の薬を求めて渡来　岐阜女子大学紀要　1973,(2),1—7

JB16-007　松崎治之　先秦愚民譚——宋人についての考察　『目加田誠博士古稀記念中国文学論集』　1974. 27—42

JB16-008　松下　忠　徐福伝説　紀州の藩学　1974

JB16-009　伊藤清司　蓬莱島と東海の君子国　東アジアの古代文化　東京　大和書房　1974

JB16-010　柴田清継　徐福に関する中国の伝説(上)(下)　武庫川国文　1996,(48),1—9;1997,(49)

JB16-011　柴田清継　徐福斎書說について　『藤原尚教授広島大学定年祝賀記念中国学論集』渓水社　1997

JB16-012　柴田清継　徐福と日本——清代資料述評　東洋古典学研究10　1997. 47—60

17. 文化发明神话
a. 综论

B17a001+　徐　朝阳　《中国刑法溯源》　上海　商务印书馆　1933

B17a002+　姚素昉编著　《中国古代土地制度研究》　上海　建华书局　1933

B17a003+　藤田丰八；何　建民　《中国南海古代交通丛考》　上海　商务印书馆　1936

B17a004+　王三聘辑　《古今事物考》　上海　商务印书馆　1937

B17a005+　楼　祖诒　《中国邮驿发达史》　昆明　中华书局　1940

B17a006+　方　豪　《中西交通史》　台北　中华文化出版事业委员会　1953

B17a007+　黄　秉心　《中国刑法史》　台北　育光书局　1966

B17a008+　牟应杭编　《古地名揽胜》　郑州　河南科技出版社　1983

B17a009+　杨文骐编著　《中国饮食文化和食品工业发展简史》　北京

　　　　　　　　　　　　中国展望出版社　1983
B17a010+　三军大学　　《中国历代战争史》　北京　军事译文出版社
　　　　　　　　　　　　1983
B17a011+　吴　　慧　　《中国古代商业史》　北京　中国商业出版社
　　　　　　　　　　　　1983
B17a012+　金应春等编　《地图史话》　北京　科学出版社　1984
B17a013+　姜　亮夫　　《古文字学》　杭州　浙江人民出版社　1984
B17a014+　夏　　鼐　　《中国文明的起源》　北京　文物出版社　1985
B17a015+　张树栋等主编《古代文明的起源与演进》　南京　南京大学
　　　　　　　　　　　　出版社　1991.7

B17a001　　杨　　宽　　器物创作传说表　大美晚报·历史周刊
　　　　　　　　　　　　1930.3.3(17)
B17a002　　严　灵峰　　中国古代的制作与姓氏　幼狮学报*　1966,5
　　　　　　　　　　　　(1)
B17a003　　王　仲孚　　中国远古文物发明的传说　文艺复兴*　1975,
　　　　　　　　　　　　(59)
B17a004　　李　周龙　　尔雅释器所见古文考　孔孟月刊*　1978,17(3)
B17a005　　刘尧汉等　　一部罕见的象形文字历书　中国历史博物馆馆
　　　　　　　　　　　　刊　1981,(总3),125—131
B17a006　　姚　　政　　中国古代文明起源新探　南充师范学院
　　　　　　　　　　　　学报　1984,(3),97—110
B17a007　　马　昌仪　　文化英雄论析　民间文学论坛　1987,(1)
B17a008　　张　立新　　从神话到历史：浅释中国古代文明的起源　贵阳
　　　　　　　　　　　　师范专科学校学报　1995,(4)

b. 火的发明
B17b001　　王　旭蕴　　中国古代在取火方面的发明　清华大学学报
　　　　　　　　　　　　1960,7(2)
B17b002　　范　效纯　　论火的发明　中国一周*(656)　1962

c. 爻卦及其他
B17c001　　武　学易　　河图洛书之研究　地学杂志　1916,7,(8),
　　　　　　　　　　　　107—118;7(10),78—88

B17c002	米　迪刚	东方文化之起源（原名"伏羲画卜与中国文化"）村治月刊　1929,1(1),本文 1—8:1(3),本文 1—7:1(4),本文 1—8:1(5),本文 1—10:1(7),本文 1—6	
B17c003	高　景宪	推论古圣伏羲始画八卦之哲理　金陵光 1930,17(1)	
B17c004	顾　颉刚	论易系辞中观象制器的故事　燕大月刊 1930,6(3),1—33	
B17c005	胡　适	论观象制器的学说书　燕大月刊　1930,6(3)古史辨（三）　1931:1982. 84—88	
B17c006	齐　思和	与顾颉刚师论易系辞传观象制器故事书　史学年报　1931,1(3),71—80	
B17c007	彭　翔生	河图洛书考　齐大季刊　1932,(1)	
B17c008	杜　学知	河图洛书八卦与图绘纪事　大陆杂志* 1954,8(5)	
B17c009	何　敬群	伏羲画卜与易为六艺之原　新亚生活（港） 1958,1(14)	
B17c010	杜　而未	解释中国文化之谜　恒毅* 1960,10(3)	
B17c011	戴　君仁	河图洛书的本质及其原来的功用　文史哲学报* 1966,(15):梅园论学集* 1970	
B17c012	戴　君仁	河图洛书的本质补证　文史哲学报* 1967,(16):《梅园论学集》* 1970	
B17c013	黎　凯旋	书经中的河图洛书:附五行说　中华易学* 1980,(4)	
B17c014	吴　鹭山	河图洛书析疑 河北大学学报　1980,(4),92—93	
B17c015	于　省吾	伏羲与八卦的关系　《纪念顾颉刚学术论文集》（上）　1990	
B17c016	唐　楚臣	太极、八卦起源新探　思想战线　1991,(3),42—49	
B17c017	锡　九	伏羲画卦在孟津 易学研究　1993,(1),11—13	

d. 黄帝制器

B17d001	齐　思和	黄帝之制器故事　史学年报　1934,2(1),21—44;古史辨(七)　1941
B17d002	德　夏; 汪　馥泉	中国罗盘针的故事 青年界　1934,5(1),162—169
B17d003	郭　沫若	关于青铜时代和黄帝造指南针　华商报(港)　1948.6.26
B17d004	李　书华	指南针的起源　大陆杂志*　1953,7(9、10),256—267
B17d005	张　其昀	最伟大的发明家——黄帝　中国一周*(562)　1961
B17d006	梁　嘉彬	论我国指南针指南车发明与方士入海　《琉球及东南诸海岛与中国》*　1965
B17d007	王　仲孚	黄帝制器传说试释　历史学报*　1976,(4)
B17d008	王　克林	水井的发明与意义　中国社会经济史论丛(一)　1981
B17d009	黄　崇岳	水井的起源初探:兼论"黄帝穿井"　农业考古　1982,(2),130—135

e. 嫘祖养蚕

B17e001	周　振声	嫘祖　申报　1937.4.15
B17e002	周　匡明	"嫘祖"发明养蚕说考异　科学史集刊　1965,(8)
B17e003	周　匡明	养蚕起源问题的研究　农业考古　1982,(1),133—138
B17e004	段　佑云	家蚕起源于黄河中游中华民族发祥地 蚕业科学　1983,9(1)
B17e005	雷　华等	神话与川属茧丝业　天府新论(成都)　1997,(6),81—85
JB17e001	伊藤清司	糸を吐く女——日本・中国養蚕起源伝承の比較　『鑑賞日本古典文学・1　古事記〉』(上田正昭・井手至編)　東京　角川書店　1978;『日本

			神話と中国神話』 東京 学生社 1979. 95—108
JB17e002	伊藤清司		蚕になつた女——養蚕起源説話の伝播 『日本神話と中国神話』 東京 学生社 1979. 109—124;『国分直一博士古稀記念論文集:日本民族とその周辺』新日本教育図書 1980. 657—675

f. 仓颉造字

B17f001	丁 山		汉字起源考 语历所周刊 1928,4(44/45),1555—1579
B17f002	李 裕增		仓颉造字 河北第一博物院画报 1933,(54)
B17f003	李 裕增		鬼臾区占星 河北第一博物院画报 1933,(55)
B17f004	周 澍		仓颉传说彙考 文学年报 1941,(7),61—69;论文分类彙编(港) 1969
B17f005	蔡 剑飞		仓颉造字的传说 青年界 1946,2(2)
B17f006	何 锜章		仓颉考源 出版与研究* 1977,(10)
B17f007	宇 文斌		"仓颉独传者壹也"的"壹" 中国语文 1984,(2),封3
B17f008	陈 谷		仓颉造字的传说 豫苑 1984,(3)
B17f009	杨 琳		仓颉的传说及索隐 文史知识 1992,(2),70—74 民间文学论坛 1993,(1),61—65
B17f010	宁 锐等		仓颉的传说与白水信仰民俗 中国民间文化 1994,(3),81—96
JB17f001	飯島忠夫		支那文字の起源に関する伝説 史学雑誌 18(5/6) 1907. 453—476
JB17f002	酒井忠夫		支那に於ける文字製作に関する説話 文科 3(10) 1938

g. 农 耕

B17g001	黄 耀能		从治水的传说到农业水利灌溉的萌芽 书目季刊 1976,10(2)
B17g002	王 仲孚		从传说史料看我国原始的农业 历史学报* 1977,(5),19—44

B17g003	李根蟠等	试论我国原始农业的产生和发展　中国社会经济史论丛(一)　1981	
B17g004	邹　德秀	中国古代传说中的农业起源问题　中国农史 1984,(4)	
B17g005	李　锦山	史前农神及农事崇拜　农业考古　1994,(1),183—188	
B17g006	李　锦山	史前农神及农事崇拜(续)　农业考古　1994,(3),133—183	
JB17g001+	大林太良	『稲作の神話』　東京　弘文堂　1973	
JB17g001	鈴木虎雄	周詩に見えたる農祭　藝文 6(11)　1915	
JB17g002	三品彰英	穀霊儀礼と神話(上)(下)　大谷学報　1950,29(3/4);30(1)	

h. 其他

B17h001	李　裕增	颛顼造甲 河北第一博物院画报　1938,(52、53)
B17h002	李　裕增	西周之国(耕牛神话) 河北第一博物院画报　1934,(67)
B17h003	孙　以弟	中国围棋史　史学论丛　1934,(1)
B17h004	李　旭华	围棋源流考　河北博物院画报(89)　1935
B17h005	无　胎	桀是古代发明家(瓦屋)　大公报·史地周刊 1935.5.8(84)
B17h006	一　良	中国古代社会中的酒　食货半月刊 1935,2(7)
B17h007	超　然	中国科学发达史资料　学术　1940,(1),94—123
B17h008	任　应秋	关于医药起源传说的认识 江西中草药　1955,(26)
B17h009	袁　翰青	酿酒在我国的起源和发展　新建设　1955,(9),39—49,65
B17h010	岳　慎礼	铜之冶炼史话　大陆杂志*　1956,12(8)
B17h011	陈　贯因	围棋神话　文汇报　1957.3.3
B17h012	沈　福文	谈漆器　文物参考资料　1957,(7),1—4
B17h013	张　子高	论我国酿酒起源的时代问题

清华大学学报 1960,(2)
B17h014　王　一苇　我国古代的航空神话　航空知识 1960,(2)
B17h015　冯　君实　华表的起源与演变　社会科学战线 1979,
　　　　　　　　　(4),211—214

18. 数字与神话

B18-001+　朱　传誉　《数字与神话》* 天一出版社 1982
B18-002+　叶舒宪等　《中国古代神秘数字》 北京 社会科学文献出
　　　　　　　　　版社 1996.2 289p

B18-001　闻一多等　"七十二" 国文月刊 1943,(22),8—12：《闻
　　　　　　　　　一多全集》（一）1948：1982.207—220
B18-002　朱　介凡　七十二 东方杂志* 1968,1(10)
B18-003　杨　希枚　再论古代某些数字和古籍编撰的神秘性
　　　　　　　　　大陆杂志* 1971,42(5)
B18-004　杨　希枚　中国古代的神秘数字论稿
　　　　　　　　　民族学所集刊* 1972,(33)
B18-005　杨　希枚　古籍神秘性编撰形式补证
　　　　　　　　　编译馆馆刊* 1972,1(39)
B18-006　杨　希枚　略论中国古代神秘数字
　　　　　　　　　大陆杂志* 1972,44(5)
B18-007　杨　希枚　神秘数字七十二及其与中国古社会生活和思想
　　　　　　　　　的关系 《国科学论文》* 1972
B18-008　杨　希枚　论神秘数字七十二 考古人类学刊* 1974,
　　　　　　　　　(35/36),12—47
B18-009　杨　希枚　略论中西民族的神秘数字 编译馆馆刊*
　　　　　　　　　1974,3(22),81—88
B18-010　杜　而未　论一数字 《山海经神话系统》* 1976
B18-011　杜　而未　论二数字 《山海经神话系统》* 1976
B18-012　杜　而未　论三数字 《山海经神话系统》* 1976
B18-013　杜　而未　论四数字 《山海经神话系统》* 1976
B18-014　杜　而未　论五数字 《山海经神话系统》* 1976

B18-015	牛汝辰等	"七"、"四十"新疆兄弟民族习俗　民族文化 1984,(4),53	
B18-016	魏　哲译	神秘的数字　民间文学论坛　1985,(4),88—94	
B18-017	胡　其德	十三、四世纪蒙古族数字观初探——以"三"、"九"为中心　台北师范大学历史学报*　1985,(13),45—65	
B18-018	刘　云海	试论民间文学中的奇数概念及其由来 云南社科　1986,(1)	
B18-019	王　柯	突厥语民族神秘数字"七"、"四十"探源 民间文学论坛　1987,(4),75	
B18-020	叶　舒宪	原型数字"七":兼论原型批评对比较文学的超越 外国文学评论　1990,(1)	
B18-021	郑　成军	彝语数词"七","九"与生殖崇拜 民族学　1990,(2),33—35	
B18-022	杨　国才	数的缘起 中南民族学院学报　1991,(2),10—16	
B18-023	杨　国才	数禁忌内涵初探　中央民族学院学报　1992,(3),49—53	
B18-024	龙　福廷	试论中华民族的"尚五"文化　东南文化 1993,(2),22—28	
B18-025	夏　培文	夏后氏为何"尚九"　扬州师范学院 学报　1993,(2),72—77	
B18-026	唐　朴林	神秘的六十四——(周易)的"阴阳"说与节拍 中国音乐　1993,(4),22—23	
B18-027	耿　济	《周易》奇字神秘数字 海南大学学报　1993,(4)	
B18-028	张　德鑫	谈尚五　汉语学习　1993,(6)	
B18-029	谭　学纯	中国神秘数字——"三"和"五" 民间文学论坛　1994,(4),12—16	
B18-030	钟　年	数字"七"发微　中南民族学院学报　1994,(4),58—62;报刊复印资料　1994,(6),61—65	
B18-031	尹　振环	"一"的最初含意及其后的演变　贵州社会科学	

```
                                    1994,(4),85—90
B18-032    谭  学纯    数字"三"、"五"的崇拜的发生、演进及相关阐释
                     中国古籍与文化  1995,(2)
B18-033    巴  苏和    蒙古族"九"数崇拜文化  中央民族学院学报
                     1996,(2)
```

19. 上古典籍与神话
a.《周易》

```
B19a001+   杜  而未    《易经原义的发明》  台北  华明书局  1961:
                     学生书局  1983
B19a002+   杜  而未    《易经阴阳宗教》  台北  学生书局  1982


B19a001    顾  颉刚    周易卦爻辞中的故事  燕京学报  1929,(6):修
                     改稿载古史辨(三)  1931.1—36
B19a002    杜  而未    易经以月神宗教为基础
                     自由太平洋  1961,5(3)
B19a003    谢  选骏    《周易》与民间文学
                     民间文学论坛  1984,(3),44—49
B19a004    韦   卿    "法"字的结构与本义溯源〔解易〕
                     字词天地  1984,(3)
B19a005    游  志诚    《周易》一书运用神话与传说示例  中外文学*
                     1986,15(3),44—69(附黄庆萱讲评 62—69)建
                     国学报*  1987,(6),209—222
B19a006    陆  思贤    《周易》潜龙、飞龙源流考辨  内蒙古大学学报
                     1988,(4),119—125
B19a007    刘  金万    《易经》是殷商社会史的实录
                     西北师范大学学报  1989,(6)
B19a008    王  有德    《易经》探源
                     新疆师范大学学报  1990,(1),52—59
B19a009    周  延良    远古神话与《周易》:兼论现代人的宗教意识  青
                     海师范大学学报  1990,(4),26—30
B19a010    孙  国珍    《周易》与占筮(上、下)  内蒙古电视大学学报
```

		1992,(2):1994,(3)
B19a011	蔡 伊强	记周易八卦的"神秘性" 中国民间文化 1993,(4),22—26
B19a012	连 劭名	中国古代神话与《易经》 周易研究 1993,(?)
B19a013	傅云龙等	《周易》的唯象思维 贵州大学学报 1995,(2),37—41
B19a014	董 运庭	《周易》本是古代占筮之书 重庆师范学院学报 1996,(1),14—23
JB19a001	赤松謙淳	周易起源の伝説 東学芸 3(57—58) 1886

b.《尚书》

B19b001+	顾 颉刚	《尧典评论》(尚书研究讲义第一册) 北京禹贡学会 1934
B19b002+	顾 颉刚	尧典问题集(尚书研究讲义) 北京禹贡学会 1934
B19b003+	马斯帛路；冯 沅君	《书经中的神话》 北京国立北平研究院史学研究所；长沙 商务印书馆 1939
B19b004+	顾 颉刚	《书经中的神话》序 经世 1937,1(9)
B19b005+	陈 梦家	《尚书通论》 北京 商务印书馆 1957
B19b006+	屈 万里	《尚书今注今译》 台北 商务印书馆 1972
B19b007+	王 世舜	《尚书今注》 成都 四川人民出版社 1982
B19b001	龚 尔慕	原刑上 史地学报 1925,3(6)
B19b002	董 康	虞舜五刑说 法学季刊 1930,3(3—8)
B19b003	彭 羽生	治古无肉刑而有象刑说之为误解象刑辨 齐大月刊 1931,2(1),1—9
B19b004	章 炳麟	古文尚书拾遗 国学论衡 1934,(4),(经术 11—73)
B19b005	孙 传瑗	中国上古时代刑罚史:中国上古时代史之一 学风 1934,4(1)
B19b006	刘 仰之	唐虞刑法考 文化批判 1935,3(1)
B19b007	黄 公觉	中国上古之刑法 民族杂志 1936,4(3)

B19b008	成　惕轩	尚书中的古代刑法和军法　政治大学三十周年纪念论文集*　1957	
B19b009	戴　立宁	由《尚书·吕刑》篇看我国古代刑法　法学丛刊*　1964,(34)	
B19b010	尚　遂斋	周书《吕刑》释义　建设*　1964,30(5)	
B19b011	卓　秀岩	史记夏本纪尚书义考证　成功大学学报*　1978,(13)	
B19b012	刘　起釪	《尚书》学源流概考　辽宁大学学报　1979,(6),45—52	
B19b013	李　振兴	尧典"象以典刑"辨　孔孟月刊*　1980,19(2)	
B19b014	徐　静村	《吕刑》初探　西南政治学院学报　1980,(4),19—24	
B19b015	唐　蓝	《尚书》新证　中国哲学史研究　1981,(1)	
B19b016	李　振兴	尚书吕刑篇的刑罚大义浅探　政治大学学报*　1981,(43)	
B19b017	吕　思勉	象刑　《吕思勉读史札记》　1982	
B19b018	李　民	释《尚书》"周人尊夏"说　中国史研究　1982,(2),128—134	
B19b019	蒋　集耀	象刑考辨　法学　1982,(9),42—44	
B19b020	侯　哲安	从《尚书》看我国上古时期的民族关系　贵州师范学院学报　1983,(1),43—48	
B19b021	张　恩言	说商刑　中州今古　1983,(2)	
B19b022	程　元敏	尚书吕刑篇之著成　清华学报*　1983,新15(1/2)	
B19b023	郑临川述	闻一多先生论古代文学(上)　社会科学辑刊　1983,(6),122—131	
B19b024	李　衡梅	中国古代刑法渊源　江汉论坛　1984,(9),60—65	
B19b025	杨　犁夫	读《尚书》札记　美学文献(一)　1984.316—328	
B19b026	谢　选骏	《尚书·酒诰》的宗教政治含义　中国文化(五)　1987	

JB19b001	白鳥庫吉	『尚書』の高等批判—特に堯舜禹について　東亞研究 2(4)　1912；『白鳥庫吉全集』8　東京　岩波書店　1970．393—398	
JB19b002	間嶋潤一	『尚書中候』における殷湯の受命神話について　漢文学会会報 54　大塚漢文学会　1996	
JB19b003	松田　稔	『尚書』禹貢と『山海経』——その記述意識の対比を中心として　国学院雑誌 97(11)　1996	
JB19b004	間嶋潤一	『尚書中候』における周の受命神話について　香川大学教育学部研究報告 1(99)　1997	

c.《尧典》

B19c001	刘　师培	史记述尧典考 国粹学报　1910，(61)(社说类 1—5)	
B19c002	徐　天璋	尧典九族考　国学丛刊　1926，3(1)，33—34	
B19c003	姚　永朴	尧典(尚书经谊)　民彝　1927，(6)	
B19c004	卫　聚贤	尧典的研究　史学年报　1930，1(2)，69—98	
B19c005	顾　颉刚	从地理上证今本《尧典》为汉人作 禹贡半月刊　1934，2(5)，2—14	
B19c006	孟　森等	《尧典》著作时代问题之讨论 禹贡半月刊　1935，2(9)，29—38	
B19c007	顾　颉刚	尧典"二十月二人"说 文史杂志　1948，6(2)，39—46	
B19c008	博　浪沙	读尧典　大学生活(港)　1956，2(5)	
B19c009	毕　长朴	尧黄成书之年代问题 大陆杂志*　1961，22(2)	
B19c010	吴　业亨	尧典试释　港大文学年刊(港)　1961，(61/62)	
B19c011	李　民	《尚书·尧典》与氏族社会 《〈尚书〉与古史研究》　1981	
B19c012	金　德建	《尧典》述作小议　史学史研究　1982，(4)，29—32，28	
B19c013	吕　思勉	唐虞之际二十有二人　《吕思勉读史札记》　1982．76—77	
B19c014	卫　聚贤	尧典考(上)　辅仁学志(文学院之部)*　1982，	

(11)

B19c015	李　振兴	尚书尧典大义探讨　孔孟学报* 1982,(43)	
B19c016	张　克等	读《尚书·尧典》中的"尧舜传贤"　鞍山师范专科学校学报 1983,(2)	
B19c017	张　克等	《尚书·尧典》译释　大庆师专学报 1983,(2)	
B19c018	陈　琪	尧典与五帝本纪字句之比较研究　书目季刊* 1983,17(3)	
B19c019	张　克等	《尧典》中"尧舜传贤"及其演变　佳木斯师范专科学校学报 1984,(3)	
B19c020	陈曼平等	《尧典》中的"尚贤"及其他　山西师范学院学报 1984,(4),70—72	
B19c021	薛　甚辉	《尚书·尧典》法律思想辨析:试论中国法律的起源　学术月刊 1984,(8),30—35	
B19c022	刘　忠惠	对《尧典》背景的哲学思考　辽宁大学学报 1996,(6),96—100	
JB19c001	田代道直	堯典"象"之解释　東洋学報 18(1)	
JB19c002	出石誠彦	堯典に見ゆる羲和の由来について　東洋思想研究 1937,(1):『支那神話伝説の研究』 東京 中央公論社 1943. 573—596	

d.《禹贡》

B19d001+	朱　泽甫	《禹贡治水》　上海民众书店 1942	
B19d002+	杨　大铋	《禹贡地理今释》　重庆　正中书局 1944	
B19d003+	辛　树帜	《禹贡新解》　北京　农业出版社 1964	
B19d004+	孟　森等	《禹贡研究论集》　香港中山图书公司 1974	
B19d001	姚　永朴	禹贡(尚书谊略)　民彝 1927,(9)—1928,(10)	
B19d002	卫　聚贤	禹贡考　语历所周刊 1928,4(38)	
B19d003	钟　国楼	读卫聚贤禹贡考　语历所周刊 1929,7(77)	
B19d004	滇　人	禹贡黑水考　地学杂志 1935,24(4)	
B19d005	卫　聚贤	禹贡　说文月刊 1939,(1),311—361	
B19d006	黎　东方	尚书禹贡篇今释	

说文月刊　1945,5(3/4),63—72

B19d007	顾颉刚注释	禹贡　《中国古代地理名著选读(一)》　1959
B19d008	戴　君仁	禹贡禹锡玄圭厥成解　孔孟学报*　1966,(11)
B19d009	程　元敏	尚书新义、夏书禹贡篇辑考汇评　孔孟学报*
		1978,(35)
B19d010	吕　思勉	弱水、黑水　《吕思勉读史札记》　1982

e. 其他

B19e001	姚　永朴	舜典(尚书谊略)　民彝　1927,(7)
B19e002	姚　永朴	皋陶谟(尚书谊略)　民彝　1927,(8)
B19e003	程　元敏	尚书新义、虞书五篇辑考汇评
		国立编译馆馆刊*　1977,6(2)
B19e004	顾颉刚等	《尚书·甘誓》校释译论
		中国史研究　1979,(1),51—63
B19e005	王　树民	《尚书·康诰》篇"区夏"试释
		河北师范学院学报　1983,(1),44—45
B19e006	陈　曼平	《尚书·皋陶谟》释
		牡丹江师范学院学报　1983,(2)

20.《楚辞》与神话

a. 综论

B20a001+	钟　敬文	《楚辞中的神话和传说》　广州中山大学民俗学
		会　1930.2. 116p:台北东方文化供应社影印
		1970
B20a002+	钟　敬文	《楚辞中的神话和传说》小引　广州中山大学民
		俗学会　1930:台北东方文化供应社影印　1970
B20a003+	容　肇祖	《楚辞中的神话和传说》序　广州中山大学民俗
		学会　1930:台北东方文化供应社影印　1970
B20a004+	沈　德洪	《楚辞选读》　上海　商务印书馆　1937
B20a005+	饶　宗颐	《楚辞地理考》　台北九思出版社　1946:1978
B20a006+	何　天行	《楚辞作于汉代考》　上海中华书局　1948
B20a007+	郭　沫若	《屈原赋今译》　北京　人民文学出版社　1953

B20a008+	闻　一多	《古典新义》楚辞校补	古籍出版社　1954
B20a009+	饶　宗颐	《楚辞书录》	香港　1956
B20a010+	苏　雪林	《昆仑之谜》	台北中央文物供应社　1956
B20a011+	姜　亮夫	《屈原赋校注》	北京　人民文学出版社　1957
B20a012+	朱　季海	《屈辞解故》	北京　中华书局　1963
B20a013+	谭　介甫	《屈赋新编》	北京　中华书局　1978
B20a014+	(宋)朱熹	《楚辞集注》	上海古籍出版社　1979
B20a015+	苏　雪林	《屈赋论丛》*	编译馆　1980
B20a016+	聂　石樵	《楚辞新注》	上海古籍出版社　1980
B20a017+	游　泽承	《楚辞概论》	台北里仁书局　1980
B20a018+		湖北省社科院历研所 《楚文化新探》　武汉　湖北人民出版社　1981	
B20a019+	蒋　天枢	《楚辞论文集》	西安　陕西人民出版社　1982
B20a020+	朱　传誉	《楚辞中的神话》	台北　天一出版社　1982
B20a021+	胡　小石	《胡小石论文集、屈原与古神话》 上海古籍出版社　1982	
B20a022+	张　家英	《屈原赋译释》	哈尔滨　黑龙江人民出版社　1982
B20a023+	于　省吾	《泽螺居诗经新证》	北京　中华书局　1982
B20a024+		河南省考古学会 《楚文化研究论文集》　中州书画社　1983	
B20a025+	胡　念贻	《楚辞选注及考证》	长沙　岳麓书社　1984
B20a026+	袁　梅	《屈原赋译注》	济南　齐鲁书社　1984
B20a027+	黄寿祺等	《楚辞全译》	贵阳　贵州人民出版社　1984
B20a028+	姜　亮夫	《楚辞学论文集》	上海古籍出版社　1984
B20a029+	汤　炳正	《屈赋新探》	济南　齐鲁书社　1984.2.428p
B20a030+	赵　逵夫	突破、开拓、治学方法:读汤炳正先生的《屈赋新探》　社会科学评论　1987,(6)	
B20a031+	马茂元主编	《楚辞资料海外编》	武汉　湖北人民出版社　1986
B20a032+	曹　道衡	一部反映海外楚辞研究成果的好书:评《楚辞资料海外编》　文学遗产　1986,(1),106—107	

B20a033+	赵　浩如	《楚辞译注》　昆明　云南教育出版社　1986	
B20a034+	张　愚山	《楚辞译注》　济南　山东教育出版社　1986	
B20a035+	董　楚平	《楚辞译注》　上海古籍出版社　1986	
B20a036+	张　宏生	一个有特色的楚辞译注本：评董楚平《楚辞译注》　浙江学刊　1987，(1)，126—129	
B20a037+	萧　兵	《楚辞与神话》　南京　江苏古籍出版社　1987	
B20a038+	萧　兵	新还原论——我怎样写《楚辞与神话》　古典文学知识　1989，(6)	
B20a039+	刘　宁波	楚辞神话研究的当代轮廓——读《楚辞与神话》　民间文学论坛　1988，(3)，88	
B20a040+	王　小盾	比较和超越——评萧兵《楚辞与神话》　书林　1988，(4)	
B20a041+	王　从仁	萧兵的《楚辞与神话》　大公报（港）　1988．5．31	
B20a042+	袁　珂	《楚辞与神话》读后　思想战线　1988，(6)，53—55	
B20a043+	龚　维英	评《楚辞与神话》　博览群书　1988，(11)	
B20a044+	于　民等	窥视太平洋文化因子的第一个窗口　文学研究参考　1988，(11)	
B20a045+	唐善纯等	萧兵《楚辞与神话》的批评（专辑）　淮阴师范专科学校学报　1989，(1)	
B20a046+	狄　兆俊	评萧兵比较文学新著《楚辞与神话》　中国比较文学　1989，(2)	
B20a047+	魏　家骏	楚辞的文化通观——读萧兵的《楚辞与神话》　江海学刊　1989，(6)，183—184	
B20a048+	萧　兵	《楚辞新探》　天津　天津古籍出版社　1988．889p	
B20a049+	姜　亮夫	萧兵"楚辞研究"总序　活页文史丛刊（八）1983．1—2；《楚辞新探》　1988．1—2	
B20a050+	萧　兵	《楚辞》与中华上古四大集群文化的关系（代序）香港岭南学院学术讲演集　1985；《楚辞新探》天津古籍出版社　1988	

B20a051+	廖　美裳	萧兵教授昨谈《楚辞新探》　大公报(港)　1984. 12. 4	
B20a052+	陈　子展	《楚辞直解》　南京　江苏古籍出版社　1988	
B20a053+	文　崇一	《楚文化研究》　台北　东大图书公司　1990	
B20a054+	萧　兵	《楚辞的文化破译》　武汉　湖北人民出版社　1991. 1218p	
B20a055+	周　建忠	新文化史派—新还原论研究的总结之作—从萧兵现象看萧兵新著　《楚辞的文化破译——一个微宏观互渗的研究》　甘肃社会科学　1992, (5),95—100	
B20a056+	周　建忠	《当代楚辞研究论纲》	
B20a057+	林　祥征	"巫视者指向智慧之宫"之作:评周建忠《当代楚辞研究论纲》　泰安师范专科学校学报　1993, (?)49—53	
B20a001	王　国维	屈子文学之精神　教育世界　1906,(23)	
B20a002	沅　君	楚辞之祖祢与后裔　北大研究所国学门月刊 1926,1(1),156—164	
B20a003	游　国恩	楚辞的起源　国学月报　1928,1(64—79),64—79	
B20a004	玄　珠	几个根本问题(楚辞)　中国神话研究(第一章) 1928:《神话研究》　1981. 125—140	
B20a005	玄　珠	楚辞与中国神话　文学周报　1928,6(8),265—272:1928,6(合订本),211—221:《茅盾文艺杂论集》(上)　1981:《楚辞神话和传说》　1970:《茅盾古典文学论文集》　1986. 209—217	
B20a006	钟　敬文	楚辞中的神话和传说　大江月刊　1928,(11), 1—14:1928,(12):台北东方文化　1970	
B20a007	钟　敬文	答茅盾先生关于楚辞神话的讨论　民俗周刊 1929,(86/89),145—149:《楚辞中的神话和传说》*　1970:《钟敬文民间文学论集》(下)1985. 484—491	

B20a008	游　国恩	屈赋考源　文哲季刊　1930,1(3),565—598；1931,1(4),747—780	
B20a009	钱　穆	《楚辞》地名考　清华学报　1934,9(3),713—742	
B20a010	闻　一多	楚辞校补　文哲季刊　1935,5(1),79—98	
B20a011	钱　穆	再论楚辞地名答方君　禹贡半月刊　1937,7(1/3),157—164	
B20a012	饶　宗颐	洞庭辨　《楚辞地理考》　1946	
B20a013	志　非	评饶宗颐《楚辞地理考》　中央日报　1947.6.16	
B20a014	闻　一多	楚辞校补　闻一多全集(二)　1948；1982.339—496	
B20a015	欧阳凡海	屈原和鲜　光明日报·文学遗产　1953.10.3(139)	
B20a016	长　云	端午节和屈原　新观察　1953,(12),8—9	
B20a017	凌　纯声	铜鼓图文与楚辞九歌　中央研究院院刊*　1954,(1)	
B20a018	苏　雪林	我怎样开始研究屈赋　大学生活(港)　1955,1(3)	
B20a019	胡　小石	楚辞中的神话　雨花创刊号　1956	
B20a020	胡　小石	屈原与古神话　雨花　1957,(1—2)：《胡小石论文集》　1982.1—21	
B20a021	杨　公骥	漫谈楚辞的神话、历史、社会性质和屈原的诗篇(上)　吉林师范大学学报　1959,(4),64—91	
B20a022	刘　操南	《楚辞》札记四则　杭州大学学报　1962,(1),117—135	
B20a023	蒋　天枢	《楚辞新注》导论　中华文史论丛(一)　1962.81—136	
B20a024	龚　维英	《楚辞》学习札记　学术月刊　1962,(6),47—48	
B20a025	苏　雪林	从屈赋看中国文化的来源　中文学会学报(新)　1965,(6)	
B20a026	文　崇一	楚的神话与宗教　中研院民族所集刊*(十二)	

1967:《楚文化研究》* 1990

B20a027	钟 敬文	神异境地 《楚辞中的神话和传说》* 1970
B20a028	钟 敬文	释取材及分类 《楚辞中的神话和传说》* 1970
B20a029	钟 敬文	致大江编著论中国神话 《楚辞中的神话和传说》* 1970
B20a030	钟 敬文	英雄传说及其它奇迹 《楚辞中的神话和传说》* 1970
B20a031	饶 宗颐	楚辞与古西南夷之故事画 故宫季刊* 1972,6(4)
B20a032	郑 良树	屈赋与淮南子 大陆杂志* 1976,9(7)
B20a033	苏 雪林	史前文化与屈赋 东方杂志* 1976,9(7)
B20a034	杜 而未	楚辞与山海经 《山海经神话系统》* 1976
B20a035	郭 箴一	楚辞 中国小说史第二章第二节 1977
B20a036	于 维杰	楚辞地理考辨 成功大学学报* 1977,(12)—1978,(13)
B20a037	湘 灵	楚辞在中国文学的地位 中央月刊* 1978,11(1)
B20a038	萧 兵	屈原生辰名字民俗解 江苏师范学院学报 1979,(3),49—53,95:《楚辞研究集成、楚辞研究论文选》 1985
B20a039	于 省吾	泽燎居楚辞新证(上．下) 社会科学战线 1979,(3),217—228;1979,(4),233—245
B20a040	郭 在贻	楚辞解诂 文史(六) 1979．139—146
B20a041	萧 兵	屈原卒日之谜 西南师范学院学报 1979,(4),38—40
B20a042	萧 兵	《楚辞》"灵保""灵修""莫敖"通考:兼论《楚辞》文化的南方因子 华南师范学院学报 1980,(3),107—115
B20a043	萧 兵	《楚辞》与原始社会 淮阴师范专科学校学报 1980,(3):民族学研究(二) 1981:《楚辞与神话》 1987．543—565 题改为:"楚辞"神话传说与原始社会史研究

B20a044	谭家健等	近年来《楚辞》研究简况　文学遗产　1980,(3),152—156	
B20a045	李　纺	伴你走入繁华有趣的神话世界:请读楚辞　明道文艺*　1980,(48)	
B20a046	郑　文	《楚辞·哀时命》试论　甘肃师范大学学报 1980,(4),12—17	
B20a047	吕　正惠	泽畔的悲歌——楚辞　中国时报　1980.10.29	
B20a048	萧　兵	屈原　教学与进修　1981,(1)	
B20a049	萧　兵	《楚辞》神话传说与原始社会史研究　淮阴师范专科学校学报　1981,(3):民族学研究(二)1981:《楚辞与神话》　1987.543—565	
B20a050	张　家英	关于《九辩》《离骚》《哀郢》中的一些问题——《〈楚辞新注〉导论》商榷　中华文史论丛　1981,(3),83—98	
B20a051	孙　骏	巫史文化合流与《楚辞》　淮阴师范专科学校学报　1981,(3)	
B20a052	郑　监川	闻一多先生论《楚辞》　社会科学辑刊　1981,(1),117—125;1981,(2),137—141	
B20a053	汤　炳正	从屈赋看古代神话的演化　四川师范学院学报1981,(2),23—27:《屈赋新探》　1984	
B20a054	李　丰懋	服饰、饮食与巫俗传说:从巫俗观点对楚辞的考察之一　古典文学*(三)　1981	
B20a055	杨　公骥	楚辞的神话、历史、社会性质和屈原生平　中国文学(一)　1981	
B20a056	萧　兵	楚辞审美观琐记　美学(三)　1981.224—238	
B20a057	胡　念贻	关于屈原的思想　《先秦文学论集》　1981.385—400	
B20a058	胡　念贻	屈原的哲学思想　《先秦文学论集》　1981	
B20a059	龙　海清	屈赋的民俗学价值　楚风　1982,(2)	
B20a060	萧　兵	楚辞待问录(三则)　中华文史论丛　1982,(2),112、128、238	
B20a061	萧　兵	《楚辞》神话地名考　华南师范学院学报　1982,	

(4),83—86

B20a062　汤　炳正　神话、历史、经今古文学　活页文史丛刊(158) 1982.1—11;《屈赋新探》　1984.281—291

B20a063　萧　兵　《楚辞》神话地名杂考(续)　华南师范大学学报 1983,(1),102—104

B20a064　萧　兵　屈原浪漫主义的特征:《楚辞文化:楚辞的艺术》之一　东岳论丛　1983,(4),109—112

B20a065　张　军　屈原、庄周浪漫主义比较论　江汉论坛　1983,(6),55—58

B20a066　宣　钉奎　楚辞神话之分类及其相关神话研究　台大中文硕论*　1983

B20a067　睢　实　屈原《离骚》《九歌》《九章》解题　汉中师范学院学报　1984,(2)

B20a068　龚　维英　屈原自沉汨罗探隐　辽宁大学学报　1984,(3),59—63

B20a069　谭家健等　可贵的探索——萧兵楚辞研究试评　社会科学战线　1984,(3),323—325

B20a070　陈　广忠　论《楚辞》与刘安《淮南子》之关系　社会科学(甘肃)　1984,(4),59—68

B20a071　李　淮芝　浅谈《楚辞》的比兴　江汉论坛　1984,(6),49—53

B20a072　王景林等　庄、屈对神话传说运用之异同　求索　1984,(6),153—156

B20a073　萧　兵　《楚辞》民俗神话与太平洋文化因子　淮阴师范专科学校学报　1985,(1),1—6;《楚辞与神话》1987.1—12

B20a074　王　洪达　屈原与《河伯》　锦州师范专科学校学报　1985,(3)

B20a075　南　南华　屈原《九歌》"国殇"、"礼魂"释疑　贵州文史丛刊 1985,(4)

B20a076　朱　碧莲　略评几种有影响的《楚辞》旧注本　湖北大学学报　1985,(5),83—87

B20a077　萧　兵　在广阔的背景上探索——兼论《楚辞》与中华上

		古四集群文化及太平洋文化因子的关系　文艺研究　1985,(6),21—32
B20a078	孙　元璋	《楚辞·远游》发微　文史哲　1985,(6),61—64
B20a079	李　道和	屈赋的系统分析,兼谈《离骚》为何是屈原的代表作　江汉论坛　1985,(7),65—66
B20a080	徐　新平	从《离骚》《九章》看屈原的人生观　湘潭师范专科学校学报　1985(增刊)
B20a081	萧　兵	对《楚辞》学研究的思考　求索　1986,(1),109—112
B20a082	萧　兵	楚辞学的更新　苏州教育学院学刊　1986,(1)
B20a083	林　祥征	屈原是怎样改造巫风的　泰安师范专科学校学报　1986,(1),8—13
B20a084	玄　谷等	"五四"以来的楚辞研究概观　贵州文史丛刊　1986,(2),156—160
B20a085	萧　兵	楚辞学的更新——兼谈微观文学史研究　苏州教育学院学刊　1986,(2)
B20a086	林　维纯	试论《楚辞章句》"序文"的作者问题　暨南学报　1986,(2),47—56,62
B20a087	萧　兵	港台楚辞与神话研究　语文导报　1986,(10),30
B20a088	乐　蘅军	《楚辞中的夏族神话解析》讲评　东吴大学中文系系刊*　1986,(12)
B20a089	傅　锡壬	楚辞中的夏族神话之解析　东吴大学中文系系刊*　1986,(12),46—49;中外文学*　1986,15(3),149—169
B20a090	周　建忠	探幽索疑,辨误立说:评龚维英的楚辞研究　阜阳师范学院学报　1987,(1)
B20a091	崔　富章	《楚辞》版本来源流考索:兼论《楚辞要籍解题》之讹误　浙江学刊　1987,(1),120—125
B20a092	李　诚	论屈赋神话传说的图腾色彩　四川师范大学学报　1987,(2),27—35,40
B20a093	刘　城淮	从南方的神话,民俗看屈赋　船山学报专号

1987. 17—21

B20a094	傅　锡壬	虎图腾的后裔屈原　《山川寂寞衣冠泪》*　时报文化出版公司 1987	
B20a095	傅　锡壬	楚辞中的夏族神话解析　《山川寂寞衣冠泪》* 1987	
B20a096	李　诚	从图腾看屈赋神话传说与华夏文化的关系　四川师范大学学报　1988,(1),22—26,60	
B20a097	马学良等	《楚辞》研究小议　《巫风与神话》　1988. 11—16	
B20a098	萧　兵	楚辞学的未来预测　江海学刊　1987,(3),48—55	
B20a099	刘　宁波	从楚辞窥楚神话的特点　民间文学论坛 1989,(1),77—81	
B20a100	陈　汝法	女嬃为屈原女儿可乎？　台州师范专科学校学报　1989,(2)	
B20a101	汪　耀南	外国学者对《楚辞》研究　文献（北京）　1989,(3),266—279	
B20a102	潘　啸龙	楚文化和屈原　文学评论　1989,(4),101—109	
B20a103	王　志忠	屈赋与中原文化　内蒙古大学学报　1989,(4),117—126	
B20a104	李　诚	屈赋神话传说三题　四川师范大学学报　1989,(6),21—27	
B20a105	张　为权	楚辞新探　中南民族学院学报　1989,(6),110—112	
B20a106	黄　中模	评《楚辞》为"巫视者"的文学论——日本白川静教授的"屈原否定论"的实质　中国古典文学论丛（七）　1989. 13—40	
B20a107	萧　兵	论屈原的出现：文化交流与聚合效应　《楚辞文化》　1989. 487—534：楚辞研究与争鸣（一）1990	
B20a108	刘　城淮	南北神话、传说的交融——屈赋新探之一　郴州师专学报　1990,(2)	

B20a109	颜　家安	屈赋与楚俗杂识	湘潭大学学报　1990,(1), 65—70
B20a110	彭　荣德	新识屈原虎图腾	吉首大学学报　1990,(2), 81—85
B20a111	田　兆元	论太阳神话对《楚辞》创作的影响 华东师范大学学报　1990,(4),67—75	
B20a112	赵　沛霖	屈原在我国神话思想史上的地位和贡献 文艺研究　1991,(2)	
B20a113	陈　士林	"楚辞""女嬃"与彝语 mozlniss 民族语文　1991,(2),31—34	
B20a114	罗　漫	"楚辞"得名新议 江海学刊　1991,(5),162—163	
B20a115	金　开诚	关于楚辞的几个问题　古籍整理与研究(6) 1991. 31—40	
B20a116	刘　黎明	《楚辞》黔嬴考释 四川大学学报　1992,(4),69—71	
B20a117	李　炳海	楚辞与东夷族的龙凤图腾　求索　1992,(5), 78—82	
B20a118	李　炳海	楚辞所反映的东夷空间观念　东北师范大学学报　1992,(6),64—68	
B20a119	刘　晓南	楚风与楚辞　云梦学刊　1993,(2)	
B20a120	戴　锡琦	论屈原和楚文化的渊源　云梦学刊　1993, (2),15	
B20a121	李　倩	楚辞、汉赋中所见之巫风　东南文化 1993,(3),9—12	
B20a122	辛　稼	论屈原和楚文化的渊源　荆州师范专科学校学报　1993,(3)	
B20a123	寿　勤泽	四十余年楚辞研究综述　社会科学辑刊 1993,(5),143—153	
B20a124	周　建忠	自学专攻,别开生面:何光岳楚辞研究述评　吉首大学学报　1993,(9),99—104	
B20a125	骆　玉明	南楚巫文化与屈原　古典文学知识　1994,(1)	

B20a126	朱　靖华	中国神话的文雅化——屈原楚辞　中国文化研究　1994,春,73—78	
B20a127	周　建忠	楚辞研究热点透视　河北师范学院学报　1994,(2),50—54	
B20a128	何　炜	论屈赋神话及其向文学的递变　四川师范大学学报　1994,(2),135—142	
B20a129	李　倩	人神合一的文化表征(楚辞和汉赋中的巫风)　江汉论坛　1994,(4),61—66	
B20a130	李　炳海	楚辞与东夷成仙术　求索　1994,(4)	
B20a131	江　林昌	楚辞中所见殷族先公考　历史研究　1995,(5),3—19	
B20a132	江　林昌	楚辞所见母权制向父权制转变诸现象考　东岳论丛　1996,(4),84—91	
B20a133	温　杰	从上古神话的流变看《楚辞》中的神话材料　殷都学刊　1997,(1),42—53	
B20a134	戴　锡琦	巫文化视角:开启屈骚艺术迷宫的钥匙　吉安师范专科学校学报　1997,(5),6—10	
B20a135	梅　琼林	楚辞学:地域文化的还原及其误解　固原师范专科学校学报　1998,(1),19—22	
B20a136	黄　灵庚	《楚辞》文献学百年巡视　文献　1998,(1),132—167	
B20a137	梅　琼林	论饶宗颐楚辞学研究的文化还原模式　学术论丛　1998,(1),57—60	
JB20a001+	竹治貞夫	『楚辭研究』　風間書房　1978	
JB20a001	星川清孝	上代支那の神話伝説と楚辞　漢学会雑誌 2(1) 1934. 63—85	
JB20a002	御手洗勝	楚の神話伝説　富崎大学開学記念論文集　1953	
JB20a003	桑山龍平	競渡と屈原　天理大学学報 85　1973. 20—32	
JB20a004	松田　稔	楚辞における山岳観小考　国学院高等学校紀要 15　1973:『「山海経」の基礎的研究』　東京	

		笠間書院　1998
JB20a005	安倍道子	楚の神話の系統に関する一試論　中国大陸古文化研究 7　1975．13—34
JB20a006	黑須重彦	『楚辞』における植物の表象性　大東文化大学紀要（人文科学）29　1991．167—191
JB20a007	石川三佐男	出土資料から見た『楚辞』九歌の成立時期について　中国出土資料研究創刊号（中国出土資料研究会）　1997
JB20a008	田宮昌子	「神話」としての屈原——欧米中国学からの提起（上）愛知論叢 64　1998．233—258

b. 《离骚》综论

B20b001+	王　　瀣	《离骚九歌辑评》　台北　中华丛书委员会　1955
B20b002+	缪　天华	《离骚九歌浅译》　台北　东大图书公司　1976
B20b003+	苏　雪林	《楚骚新话》*　编译馆　1980
B20b004+	游国恩主编	《离骚纂义》　北京　中华书局　1980
B20b005+	詹　安泰	《离骚笺疏》　武汉　湖北人民出版社　1981
B20b006+	史　墨卿	《离骚引义》　台北　华正书局　1983
B20b001	游　国恩	离骚研究 国学月报　1928,1(64—79),89—102
B20b002	闻　一多	读骚杂志　益世报．文学（天津）　1935．4．3
B20b003	闻　一多	离骚解诂　清华学报　1936,11(1),187—201；《闻一多全集》（二）　1948；1982．291—312
B20b004	姜　亮夫	离骚笺正　国文月刊 1945,(39),7—13；(40),20—35
B20b005	黎　先智	论离骚与九歌创作的年代　中央日报　1947．1
B20b006	张　怀瑾	离骚"降"字解　国文月刊　1948,(72),24—25
B20b007	王　锡荣	《离骚》的浪漫手法与古代巫术　吉林大学学报　1962,(4),71—85
B20b008	钮　国平	《离骚》题意小议　甘肃师范大学学报　1981,(3),83—85
B20b009	张　　弘	《离骚》神人形象描写新探　华东师范大学学报

			1982,(3),44—50
B20b010	陈 铁镔	想象、理想、现实:读《骚》探微之一	锦州师范学院学报 1983,(2)
B20b011	陈 铁镔	苗裔、外傩、内美:读《骚》探微之二	锦州师范学院学报 1984,(1),62—68
B20b012	王 廷洽	《离骚》题义新解	探索 1985,(2)
B20b013	陈 子展	读离骚经:辨骚札记之一	贵州文史丛刊 1985,(2)
B20b014	龚 维英	《离骚》究竟著于何时?	中州学刊 1985,(4),74—76
B20b015	朱 碧莲	"离骚"是"告别蒲骚"吗?	苏州大学学报 1986,(1),60—63
B20b016	高 尔泰	屈子何由泽畔来?读《骚》随笔	文艺研究 1986,(1),33—41
B20b017	王 弘庆	逸乡伟辞,卓绝一生:论《离骚》	江汉大学学报 1986,(2)
B20b018	张 中一	《离骚》零话	贵州社科 1986,(10),63—64
B20b019	翟 振业	《离骚》"互义"求义	思茅师范专科学校学报 1987,(2)
B20b020	龚 维英	一曲太阳家族的悲歌——对《离骚》整体的新考察	求索 1987,(5),91—99
B20b021	刘 生良	《离骚》题义辨释	固原师范专科学校学报 1988,(1)
B20b022	龚 维英	《离骚》"龙马"纵横谈	衡阳师范专科学校学报 1989,(1)
B20b023	翟 振业	论《离骚》自我形象的太阳神性	阴山学刊 1990,(1)
B20b024	周 行易	《离骚》异质同构说	北京大学研究生学刊 1990,(1),80—86,55
B20b025	张 中一	《九章》是《离骚》的续篇	求索 1990,(2),82—85
B20b026	戴 志钧	论《离骚》的形象体系和抒情层次	历史文献(1)

			1990.130—149
B20b027	王 晓泰	屈骚、巫神与宗教迷狂	内蒙古社科 1990,(6),96—104
B20b028	王 以宽	《离骚》题义为"琴操"	江西师范大学学报 1991,(1),57—61
B20b029	姚 大业	《离骚》创作时间及其他	河北师范学院学报 1991,(1),77—79
B20b030	吕 培成	《离骚》创作时间之内证	陕西师范大学学报 1991,(3),123—128
B20b031	顾 农	《离骚》新论	天津师范大学学报 1991,(5),57—65
B20b032	徐 志啸	《离骚》与楚人的宇宙意识	学术月刊 1991,(11),55—57
B20b033	周 福云	《离骚》异文例释	佳木斯教育学院学报 1993,(3),20—24
B20b034	黄 灵庚	《离骚》疑义例释	浙江师范大学学报 1994,(1),24—28
B20b035	柯 伦	《离骚》鸩,鸠新说	古籍整理研究学刊 1994,(1),19—21
B20b036	梅 琼林	《离骚》与巫风"性"文化	社会科学(上海)1994,(5),40—45
B20b037	罗 义群	从苗族巫歌看《离骚》的"魔法综合"	中央民族大学学报 1995,(5)
B20b038	陈 相生	《离骚》系巫术过程之纪事	东方丛刊 1996,(2),228—239
B20b039	张 来芳	《离骚》作期探测	吉安师范专科学校学报 1997,(4),53—55
B20b040	梅 琼林	《离骚》、《俄狄浦斯》之比较透视	武汉教育学院学报 1997,(4),22—16
B20b041	杨 纯	《离骚》与《伊利亚特》	吉安师范专科学校学报 1997,(5),36—40
B20b042	张 中一	《离骚》与《九歌》草木玉琪疏证	吉安师范专科

			学校学报　1997,(5),41—52
B20b043	戴　锡琦		《离骚》真相　吉安师范专科学校学报　1997,(5),27—28
B20b044	杨　义		《离骚》诗学机制　文学遗产　1998,(1),50—59
			《离骚》原型追索——兼论求女之本真意涵　学术月刊　1998,(5),107—113
JB20b001	森　雅子		古代中国の地母神研究——『楚辞』離騷を中心とした一考察　宗教研究 63(4)　1990.152—154

c.《离骚》分论

B20c001	郑　国基		离骚"启九辨与九歌兮,夏康娱以自纵:不顾难以图后兮,五子用失乎家巷"四句的解释问题　光明日报　1954.4.26；楚辞研究论文集（一）1957
B20c002	微　波		"西皇"解蔽　大陆杂志*　1962,25(12)
B20c003	刘　操南		《离骚》"哀高丘之无女"解　杭州大学学报　1963,(2),143—147
B20c004	苏　雪林		悬圃与灵琐　中国一周*（745）　1964
B20c005	苏　雪林		雷师告"未具"：离骚新诂　中国一周*（746）　1964
B20c006	苏　雪林		三后：离骚新诂　中国一周*（749）　1964
B20c007	苏　雪林		排阊阖：离骚新诂　中国一周*（750）　1964
B20c008	苏　雪林		蹇修为理：《离骚》新诂　中国一周*（751）　1964
B20c009	苏　雪林		朝淬与夕替：《离骚》新诂 现代学苑*　1965,2(3)
B20c010	苏　雪林		五子与浇：《离骚》新诂　现代学苑*　1965,2(2)
B20c011	苏　雪林		离骚的西海与不周山　南京大学中文学报（新）1965,(3)
B20c012	何　锜章		离骚"就重华而陈辞"新解 大陆杂志*　1966,32(4)
B20c013	霍　克恩；		求宓妃之所在

	黄　兆杰	英美学人论中国古典文学(港)　1973	
B20c014	翁　世华	"皇考"：《离骚》"联皇考曰伯庸"解诂　南洋大学学报(新)　1973,(7)	
B20c015	苏　雪林	离骚九疑考　中央月刊*　1974,6(10)	
B20c016	张　采毅	试谈《离骚》中的"三次求女"　陕西师范大学学报　1980,(2),62—65	
B20c017	萧　兵	西皇、西海、西极　甘肃师范大学学报　1981,(1),38—44	
B20c018	李　金锡	先秦浪漫主义文学的菁华：谈《离骚》中的三次遨游　鞍山师范专科学校学报　1981,(2)	
B20c019	龚　维英	《离骚》"三后"是谁？　鞍山师范专科学校学报　1981,(3)	
B20c020	华　欣	谈《离骚》中的女嬃　延安大学学报　1981,(4)	
B20c021	龚　维英	《离骚》释"帝"　辽宁师范学院学报　1982,(1),53—55	
B20c022	龚　维英	《离骚》"诏西皇"扶微　学术月刊　1982,(2),59	
B20c023	萧　兵	汤谷、沃焦和尾闾　华南师范大学学报　1983,(2):《楚辞新探》1988	
B20c024	金　开诚	《离骚》"周游三日"辨　北方论丛(三)　1983	
B20c025	萧　兵	流沙与沙暴　《楚辞新探》　1988.87—95	
B20c026	董　楚平	《离骚》首八句考释　浙江学刊　1984,(5)	
B20c027	陈　思苓	"联皇考曰伯庸"考辨　《屈原研究论集》　1984.5.192—204	
B20c028	秦　文今	《离骚》中之天帝究竟何所指：读游国恩《离骚纂义》有感　湘潭师专学报　1985,(1)	
B20c029	周　建忠	与天地兮同寿,与日月兮齐光：读《骚》释《涉江》　安顺师专学报　1985,(1)	
B20c030	黄　灵庚	《离骚》释解二十六则　淮北煤师范学院学报　1985,(2)	
B20c031	周　建忠	占卜、降神：读《离骚》札记　南通师范专科学校学报　1985,(2),58—62	
B20c032	金　开诚	《离骚》的整体结构和求女、问卜、降神解　文学	

			遗产 1985,(4),12—17
B20c033	王 文龙	《离骚》"求女"试解	盐城师范专科学校学报 1985,(4)
B20c034	黄 灵庚	《离骚》别女十思	淮北煤炭师范学院学报 1986,(3)
B20c035	罗 漫	女嬃为巫三题 江汉论坛 1986,(6),52—55
B20c036	李 金锡	《离骚》遨游日数与次数辨 鞍山师范专科学校学报 1987,(2)
B20c037	潘 啸龙	论《离骚》的"男女君臣之喻" 文学遗产 1987,(2),31—38
B20c038	郝 志达	谈《楚辞·远游》论争中的几个问题 河北大学学报 1987,(3)
B20c039	小南一郎;白 子明	关于《离骚》之远游,特别是第二次出游的意义 河北师范学院学报 1987,(4),46—51
B20c040	小南一郎;白 子明	关于《离骚》之远游,特别是第二次出游的意义(续) 河北师范学院学报 1988,(1),58—63
B20c041	刘 石林	女嬃考 求索 1990,(2),86—89
B20c042	廖 承良	《离骚》"求女"说 求索 1992,(1),99—100
B20c043	王 锡荣	《离骚》"求女"喻指发微——兼与"求君"说商榷 吉林大学学报 1995,(1),40—46
B20c044	刘 士林	离骚"求女"意象钩沉 江汉论坛 1997,(9),59—62

d. 彭咸

B20d001	段 天炯	彭咸考 国学丛刊 1926,3(1),57—64
B20d002	林 庚	彭咸是谁 文艺复兴(中国文学研究专号)(上) 1948
B20d003	顾 颉刚	彭咸:《史林杂识》(初编) 1963.201—202
B20d004	萧 兵	彭咸:水神 厦门大学学报 1979,(3),49—55; 《楚辞与神话》 1987.318—328
B20d005	戴 志钧	"彭咸":在屈赋中的意义 北方论丛 1982,(4),51—56

B20d006	吴　孟复	屈原与彭咸　活页文史丛刊(131)　1982.1—6	
B20d007	龚　维英	彭咸考略　贵州社会科学 1983,(5),104—106	
B20d008	李　韵华	彭咸究系何人　贵州文史丛刊 1986,(4),152—154	
B20d009	江　林昌	试从彭咸形象的系统性质谈屈赋有关问题　浙江学刊　1990,(3),66—69,79	

e.《九歌》综论

B20e001+	张　寿平	《九歌研究》　台北　广文书局　1970
B20e002+	苏　雪林	《屈原与九歌》　台北　广东出版社　1973
B20e003+	杨　家骆	苏雪林著《屈原与九歌》　中央日报*　1973.6.22
B20e004+	欧　珊珊	苏雪林著《屈原与九歌》　书目季刊*　1973,7(3)
B20e005+	刘　明仪	我还在摸索中:读苏雪林先生新著《屈原与九歌》有感　中国语文*　1973,33(3)
B20e006+	苏　雪林	《九歌中人神恋爱问题》　台北　文星书店　1977
B20e007+	程嘉哲著释	《九歌新注》　成都　四川人民出版社　1982
B20e008+	周　勋初	《九歌新考》　上海　上海古籍出版社　1986
B20e009+	林　河	《九歌与沅湘民俗》　上海　上海三联书店　1990

B20e001	陆　侃如	什么是《九歌》　国学月刊　1925,(2),79—89
B20e002	马　其昶	读《九歌》　民彝　1927,1(15)
B20e003	雪　林	楚辞九歌与河神祭典的关系　现代评论 1928,8(204),404—416;1928,8(205),432—437;1928,8(206),464—473;《蠹生活》　1929
B20e004	苏　雪林	九歌中人神恋爱问题　现代评论　1929;《九歌中人神恋爱问题》*　文星书店　1977
B20e005	杨　观震	九歌中的演变　中华月刊　1930,1(2)
B20e006	丁　迪豪	九歌的研究　读书杂志　1932,2(9),第十一篇 1—35

B20e007	青木正儿； 胡　浩川	《楚辞·九歌》舞曲的结构 青年界　1933,4(4),9—34	
B20e008	孙　作云	九歌非民歌说　语言与文学　1937,(6)	
B20e009	纪　庸译	《楚辞·九歌》之舞曲结构　国文月刊　1948, (71),18—23	
B20e010	王　　璠	《九歌》的探讨　安徽大学月刊　1934,1(6),本 文 1—12	
B20e011	刘　永济	《九歌》通笺　文学季刊　1934,4(1)	
B20e012	朱　星元	《九歌》与《九章》考　工商学志　1935,7(2), 173—179	
B20e013	余　文豪	说《楚辞·九歌》中的巫　治史杂志　1937,1 (1),50—57	
B20e014	汤　际亨	楚辞九歌今译　中法大学月刊　1937,11(1), 113—130	
B20e015	孙　常叙	《楚辞·九歌》解　学艺　1941,(1)	
B20e016	徐　中舒	《九歌》、《九辨》考　中国文化研究所集刊 1941,1(3)	
B20e017	杨　　冈	说《九歌》　中央日报　1941.5.31	
B20e018	汪　　馨	楚辞九歌之研究　中央文化　1943,(5/7),61— 64	
B20e019	徐　中舒	《九歌》、《九辨》考补遗　中国文化研究所集刊 1943,3(1—4)	
B20e020	郑　　文	《九歌》考　和平日报　1947.1.31	
B20e021	李　嘉言	九歌之来源及其篇数　国文月刊　1947,(58), 5—8	
B20e022	闻　一多	什么是九歌　文艺春秋　1947,5(2),13—21:闻 一多全集（一）　1948;1982.263—278	
B20e023	姜　亮夫	《九歌》解题　学原　1948,2(1),56—69	
B20e024	孙　楷第	再论九歌为汉歌词　学原　1948,1(4),61—67	
B20e025	凌　纯声	铜鼓图文与楚辞九歌　中研院院刊* 1954,(1):《从比较到文学》　1977:《中国边疆民 族与环太平洋文化》　1979.573—599	

B20e026	陈　　泳	屈原的九歌与祷雨的关系　文史哲　1956,(7),67—68	
B20e027	马　茂元	论《九歌》　文学遗产增刊(五)　1957.74—94	
B20e028	张　宗铭	"九歌"——古歌舞剧臆说　文学遗产增刊(五)　1957.43—73	
B20e029	苏　雪林	屈原九歌及整套神曲说　学术季刊*　1958,6(4)	
B20e030	徐　嘉瑞	九歌的组织　文学遗产增刊(六)　1958.1—20	
B20e031	孙　作云	楚辞九歌之结构及其祀神时神巫之配置方式　文学遗产增刊(八)　1961.15—30	
B20e032	张　碧波	九歌探微　哈尔滨师院学报　1963,(3),188—195	
B20e033	颜　学孔	《九歌》的考辨与分析《东皇太一》《云中君》　山东大学学报　1963,(4),27—34	
B20e034	何　敬群	楚辞九歌释述　人生(港)　1963,(4—5)	
B20e035	苏　雪林	《九歌》总论(上、下)　东方杂志*　1967,1(2—3)	
B20e036	素　　存	《楚辞·九歌》谈资　中央日报*　1967.12.22	
B20e037	张　寿平	《九歌》之篇名、篇次、章节及其神鬼观　政治大学学报*　1969,(20)	
B20e038	苏　雪林	九歌的分析　《楚辞中的神话和传说》*　1970	
B20e039	彭　　毅	楚辞九歌的名义问题　书目季刊*　1976,10(2)	
B20e040	何　敬群	楚辞九歌诠释　香港浸会学院学报(港)　1977,4(1)	
B20e041	孙　常叙	《楚辞·九歌》十一章的整体关系　社会科学战线　1978,(2),196—207	
B20e042	何　剑熏	《九歌》解话　西南民族学院学报　1979,(1)	
B20e043	陈　世骧	楚辞九歌的结构分析	
B20e044	吴　菲菲	幼狮月刊*　1979,49(5)	
B20e045	龙　　竟	读屈原的离骚九歌　台电月刊*　1979,(201)	
B20e046	萧　　兵	论九歌不是原始戏剧　黑龙江大学学报　1979,(4),36—39	

B20e047	陈　子展	《楚辞·九歌》之全面观察及其篇义分析　中华文史论丛　1979,(4),1—46	
B20e048	萧　兵	论杀人祭神、人神恋爱、《九歌十论》之七　社会科学辑刊　1979,(5),145—154	
B20e049	萧　兵	楚辞、九歌、礼魂新解　淮阴师范专科学校学报　1979,(1):《楚辞新探》题为:秉蓝、安魂、狂欢　1988	
B20e050	李　延陵	关于《九歌》的商榷　天津师范学院学报　1980,(1),66—71	
B20e051	萧　兵	论《九歌》篇目和结构:《九歌十论》之五　齐鲁学刊　1980,(3),44—51	
B20e052	萧　兵	论原始《九歌》和招风祈雨的关系　天津师范学院学报　1980,(6),61—69	
B20e053	张　汝舟	《九歌新注》前言　活页文史丛刊　1980,(18),1—12	
B20e054	黄　礼科	说古典文学中的九歌　畅流*　1980,62(6)	
B20e055	彭　毅	析论楚辞九歌的特质　《台静农先生八十寿辰论文集》*　1981	
B20e056	孙　景琛	《九歌》源流　舞蹈论丛(一)　1981.47—56	
B20e057	孙　常叙	楚神话中九歌性质作用和楚辞《九歌》　东北师范大学学报　1981,(4),30—40	
B20e058	龚　维英	释"乐康"——《九歌》札记　求是学刊　1981,(3),101—102	
B20e059	龚　维英	说"万舞"　宁夏大学学报　1981,(1)	
B20e060	孙　元璋	关于《九歌》的思想意识　山东师范大学学报　1982,(4),39—46	
B20e061	徐　耀明	《九歌》源流考略　武汉师范学院学报　1982,(6),109—111,116	
B20e062	卞　卜	关于屈原《九歌》的研究总述　山东师范大学学报　1982,(4),35	
B20e063	徐　泉声	楚辞九歌研究　花莲师范专科学校学报*　1982,(3)	

B20e064	吴　学芹	《九歌》的意象美　毕节师范专科学校学报 1983,(1)	
B20e065	刘　心予	《九歌》新论　郧阳师范专科学校学报　1983,(1)	
B20e066	蒋　南华	屈原《九歌》初探:试驳《九歌》是祭祀诗　贵阳师范学院学报　1983,(3),48—54,68	
B20e067	范　希衡	论《九歌》的戏剧性　江汉论坛　1983,(9),63—67	
B20e068	姜亮夫等	楚辞、九歌、"灵保"与"诗经"、楚茨神保异同辨　文学遗产　1983,(2),32—35	
B20e069	金　开诚	《九歌》的体制与读法　文史(十七)　1983.157—166	
B20e070	孙　元璋	《九歌》思想内容简论　文学评论丛刊(十八) 1983.425—448	
B20e071	何　丹尼	从《九歌》看民间文学对《离骚》的影响　上海师范学院学报　1984,(1),36—40	
B20e072	颜　新宇	《楚辞·九歌》考略(上)　湖南师范学院学报 1984,(6),30—35	
B20e073	李　延陵	《楚辞·九歌》琐谈　阜阳师范学院学报　1984,(4)	
B20e074	刘　毓庆	《九歌》与殷商祭典　山西大学学报　1985,(2),71—75	
B20e075	粟　凰	优美动人的"神曲":漫谈屈原的《九歌》　青海师范大学学报　1985,(3),37—46	
B20e076	郑　继家	《九歌》为祭歌说献疑　盐城师范专科学校学报 1985,(3)	
B20e077	龚　维英	从《楚辞·九歌》看巫楚文化　华南师范大学学报　1985,(4),56—60	
B20e078	常　振国	《九歌》臆说　广州师范学院学报　1986,(1)	
B20e079	赵　沛霖	《九歌》同是对自然和人的赞歌　锦州师范学院学报　1986,(2),38—44	
B20e080	易　重廉	九歌成因新编　江汉论坛　1986,(7),51—54	

B20e081	李　金锡	《九歌》五论　鞍山师范专科学校学报　1987,(1)	
B20e082	刘　操南	《九歌》赏析　淮北煤炭师范学院学报　1987,(2)	
B20e083	沈　海波	《九招》《九歌》与上古旱祭之舞乐兼释青海大通彩陶所绘的舞蹈场面　江淮论坛　1987,(2)	
B20e084	何　新	《九歌》十神奥秘的揭破　《何新集》　1988.368—396	
B20e085	张　莉	《九歌》应是《九天十神歌》——何新揭开一个千古之谜　文汇报　1987.4.21	
B20e086	何　新	揭开《九歌》十神之谜　学习与探索　1987,(5),66—78	
B20e087	全　开诚	系统方法与《九歌》分析　中国古典文学论丛（五）　1987.5—16	
B20e088	邓　韶丑	评周勋初九歌新考　南京大学学报　1988,(1),206—208	
B20e089	王　弘达	也谈《九歌》的创作目的　锦州师范学院学报　1988,(1),87—91	
B20e090	牛　六升	《九歌》主题的再认识　洛阳师范专科学校学报　1988,(1)	
B20e091	林　河	《九歌·礼魂》与沅湘民俗传花活动　民族论坛　1988,(2)	
B20e092	赵　家明	《九歌》是《九天十神歌》吗？与何新同志商榷　争鸣　1988,(5)	
B20e093	袁　珂	《九歌》十神说质疑　读书　1988,(7),149—151	
B20e094	张　中一	《九歌》应是楚天神、地祉、人鬼之祭歌　贵州社会科学　1988,(12),60,64	
B20e095	李　大明	《九歌》夜祭考　文史(30)　1988	
B20e096	祝　思发	《九歌》：楚人的"神曲"　求索　1989,(2),96—101	
B20e097	聂　恩彦	《楚辞·九歌》名称考释　山西师范大学学报　1989,(4),47—50	
B20e098	李　大明	论《九歌》及其斋祀特征　青海民族学院学报	

1990,(1)

B20e099	林　河	九歌与沅湘的傩　民族艺术　1990,(3),28—40
B20e100	徐　志啸	九歌、求生长繁殖之歌　文学评论　1990,(3),102—109
B20e101	徐　志啸	《九歌》二论　学丛(新加坡国立中文系学报)(3)1991.121—134
B20e102	李　炳海	《楚辞·九歌》东夷文化基因　中国社会科学　1991,(4),101—112
B20e103	王　凤翔	《九歌》祈祷胜利之祭祀乐舞　辽宁师范大学学报　1993,(4),21—25
B20e104	龚　维英	中原和南楚《九歌》的关系及异同　荆州师范专科学校学报　1993,(6),63—68
B20e105	冀　凡	湖南楚墓、巫术黔之役与《九章》、《九歌》　云梦学刊　1994,(1)
BZ0e106	叶　晨晖	读九歌札记　江苏教育学院学报　1994,(2),73—74
B20e107	文　晖	论《九歌》为民间祭祀歌舞　社科纵横　1994,(5),98—101
B20e108	诸　斌杰	论《九歌》的性质和作意　云梦学刊　1995,(1),1—7
B20e109	张　庆利	《九歌》二题　云梦学刊　1995,(1),12—13
B20e110	黄　永堂	《九歌》与黔中傩文化再探　贵州师范大学学报　1995,(1),33—35
B20e111	诸　斌杰	论《楚辞·九歌》的来源、构成和性质　河北大学学报　1995,(2),3—10,18
B20e112	汪　耀楠	《九歌》之"九"考辨　古籍整理研究学刊　1995,(1/2),17—20
B20e113	胡　炳章	《九歌》与沅湘土家族巫文化的血缘关系　民族文学研究　1995,(3)
B20e114	罗　义群	《九歌》是祈祷胜利的军傩乐歌　黔东南民族师范专科学校学报　1996,(1),12—18
B20e115	周　晓春	楚辞《九歌》《九章》与"巴"地民歌之比较　民间

　　　　　　　　　　　　　文学论坛　1996,(4),49—53
B20e116　　梅　琼林　　破解《九歌》之谜:论《九歌》的篇名与篇目　湖北电视大学学报　1997,(4),73—75
B20e117　　刘　复初　　试论《九歌》的意象美　吉安师范专科学校学报　1997,(5),61—63
B20e118　　阙　本旭　　《九歌》是湘西民族文化研究资料的源头　民族论坛　1998,(4),39—40

f.《国殇》

B20f001　　苏　雪林　　《楚辞·国殇》新解　大陆杂志*　1952,4(7)
B20f002　　苏　雪林　　国殇与无头战神再考(上、下)　畅流*　1972,45(4—5)
B20f003　　萧　兵　　《国殇》与暴露文学　解放日报　1980.4.24
B20f004　　刘　兆伟　　关于《国殇》篇的主人公　铁岭教育学院院刊　1984(试刊)
B20f005　　龚　维英　　《九歌·国殇》祭祀战神　文学遗产　1985,(4),24—30
B20f006　　林　河　　国魂颂:论《九歌·国殇》的民族文化基因——兼评前人研究《国殇》的失误　文艺研究　1990,(3),67—77
B20f007　　郭　德维　　《楚辞·国殇》新解　江汉论坛　1995,(8),29—33

g.《天问》综论

B20g001+　　台　静农　　《楚辞天问新笺》　台北　艺文印书馆　1972
B20g002+　　　　　　　　复旦大学中文系古典文学教研组　《天问天对注》　上海　上海人民出版社　1973
B20g003+　　苏　雪林　　《天问正简:屈赋新探之二》　台北　广东出版社　1974
B20g004+　　周　何　　苏雪林先生著《天问正简》评介　中央日报*　1975.4.8
B20g004+　　苏　绍业　　读《天问正简》　中华日报　1975.6.11
B20g006+　　何　锜章　　《楚辞天问考辨》　台北广东出版社　1976
B20g007+　　　　　　　　吉林师大历史系　《天问》《天对》译注　人民出

版社　1976
B20g008+　闻　一多　《天问疏证》　北京三联书店　1980：上海古籍出版社　1985.12.126p
B20g009+　游国恩主编　《天问纂义》　北京中华书局　1982
B20g010+　程　嘉哲　《天问新注》　成都　四川人民出版社　1984
B20g011+　陆　元炽　《天问》浅释　北京出版社　1987
B20g012+　龚　维英　《天问传奇》　西安　陕西旅游出版社　1990

B20g001　游　国恩　天问研究　国学月刊、汇刊(第一集)　1925,(4),102—112
B20g002　刘　盼遂　《天问》校笺　国学论丛　1929,2(1),269—182
B20g003　蒙　文通　《天问》本事序　史学杂志　1929,1(4),20
B20g004　顾　颉刚　天问　语历所周刊　1930,11(122),4756—4758
B20g005　徐　旭生　《天问》释疑　努力周报·读书杂志　1931,(7)
B20g006　刘　永济　天问通笺　文史季刊　1934,3(2—4)
B20g007　李　翘　楚辞天问管见　文澜学报　1936,2(1),本文1—10
B20g008　周　悦让　《楚辞·天问》补注　金陵学报　1940,10(1—1),307—320
B20g009　苏　梅　屈原天问里的"旧约"创世纪　说文月刊　1944,(4),983—997
B20g010　林　庚　《天问》注解的困难及其整理线索　文学杂志　1948,2(10),5—17
B20g011　郭　沫若　屈原《天问》的译文　人民文学　1953,(43),77—84
B20g012　方　孝岳　关于屈原的《天问》　"中央大学"学报*　1955,(1),116—128：《楚辞研究论文集》　作家出版社　1957：《楚辞研究论文选》　湖北人民出版社　1985
B20g013　苏　雪林　天问悬解之篇　新亚学报(港)　1960,4(2)
B20g014　苏　雪林　天问正简及疏证引言　成功大学学报*　1961,(1)

B20g015	高　亨	《天问》琐记　文史哲　1962,(1),24—28,41	
B20g016	刘尧民	关于《天问》的若干问题　云南大学学术论文集（二）1962	
B20g017	杨希枚	苏雪林先生《天问研究》评介　大陆杂志特刊*（二）	
B20g018	苏雪林	由整理天问开始屈赋研究谈　《试看红楼梦的真面目》* 1967	
B20g019	苏　雪林	关于天问的各种问题　《最古的人类故事》* 1967	
B20g020	杨胤宗	楚辞天问释义　建设* 1968,16(8—10)	
B20g021	傅锡壬	楚辞天问篇与山海经比较研究　淡江学报* 1969,(8);《山川寂寞衣冠泪》* 1987	
B20g022	李　翘	楚辞天问管见　文澜学报* 1971,1(1)	
B20g023	张深铉；陈伯豪	楚辞天问篇研究　华学月刊* 1973,(19)	
B10g024	刘哲夫	《天问》中的反"天命"思想　人民日报　1975.2.5	
B20g025	田　文	谈《天问》中的反"天命"思想　天津日报　1975.2.25	
B20g026	张佩霖等	略谈屈原《天问》的反天命思想　安徽文艺 1975,(4),70—74	
B20g027	何锜章	天问札记三则　国文学报* 1975,(4)	
B20g028	彭　毅	楚辞天问隐义及有关问题试探　文史哲学报* 1975,(24)	
B20g029	余崇生	天问篇探索　屏女学报* 1975,(1)	
B20g030	何敬群	楚辞天问诠释　珠海学报（港）　1976,(9)	
B20g031	卜　古	天问试读　国语日报* 1977,(6—7)	
B20g032	聂思彦	《天问》题意浅释:《天问》研究之一　山西师范学院学报　1978,(3),46—47	
B20g033	聂思彦	《天问》创作的缘起:《天问》研究之二　山西师范学院学报　1978,(4),61—65	
B20g034	刘文英	奇特而深邃的哲理诗:关于屈原的《天问》　文史	

哲　1978,(5)

B20g035　聂　思彦　《天问》的主题和结构:《天问》研究之三　山西师范学院学报　1979,(1),54—57

B20g036　陈　怡良　天问的创作背景及其创作意识　古典文学*（一）1979

B20g037　德　育　略谈《天问》的几个问题　北方论丛　1980,(2),35—40,45

B20g038　谢　祥皓　谈屈原《天问》的怀疑思想　齐鲁学刊　1980,(3),23—28

B20g039　陈　怡良　《天问》的思想内容及其文学价值　成功大学学报*　1980,(15)

B20g040　刘　文英　天问的科学思想初探　社会科学战线　1980,(2),45—52

B20g041　龚　维英　《天问》闻一多说之补正　社会科学（甘肃）1980,(3),85

B20g042　陈　子展　《天问》解题　复旦大学学报　1980,(5),5—17

B20g043　温　肇桐　屈原《天问》与楚国壁画　江汉论坛　1980,(6),81—83

B20g044　颜　新宇　略说屈原的《天问》　新湘评论　1980,(11)

B20g045　聂　思彦　《天问》的神话传说　山西师范学院学报　1981,(1),54—58,64

B20g046　刘　文英　意在问中与理在争中:略谈《天问》的艺术形式　甘肃师大学报　1981,(3),73—76

B20g047　易　重廉　《天问》义释八则　求索　1981,(3),87—93

B20g048　赵　逵夫　《〈天问〉文释八则》商榷　求索　1982,(2),88—89

B20g049　周　秉钧　《天问》札记　湖南师范学院学报　1982,(1),55—57

B20g050　林　庚　《天问》今译　文史（十三）1982

B20g051　吉城遗著　楚辞甄微:《天问》十五则　文史（十三）1982

B20g052　李　金锡　试从《天问》看屈原思想的时代精神　鞍山师范专科学校学报　1983,(2)

B20g053	莫 砺锋	朱熹《楚辞》学略说	求索 1983,(3),80—91
B20g054	龚 维英	《天问》结构初探	青海师范学院学报 1983,(3),42—47
B20g055	孙作云遗作	楚辞《天问》与楚宗庙壁画	《楚文化研究论文集》 1983
B20g056	刘 文英	评王夫之《楚辞通释·天问篇》	江汉论坛 1983,(5),56—59
B20g057	林 庚	三读《天问》：代序	《天问论笺》 1983.1—13
B20g058	刘 文英	从《楚辞集注、天问篇》看朱熹的哲学	社会科学（甘肃） 1983,(6),27—32
B20g059	龚 维英	《天问》是抒情诗吗？	福建论坛 1983,(6),104
B20g060	张 硕城	《天问》是否呵壁之作	学术论坛 1984,(1),95—97,38
B20g061	孙 冈态	《楚辞·天问》"爰"字正诂	沈阳师范学院社会科学学报 1984,(2),44—48
B20g062	萧 兵	屈原《天问》与古代绘画	《楚辞研究》 1984
B20g063	占 斯飞	思接千载,视道万里：略谈《天问》中的幻想力	文科教学 1985,(3)
B20g064	张 德育	关于屈原《天问》的几个问题	中国社会科学院研究生院报 1985,(5),59—67
B20g065	龚 维英	《天问》和云南风物、神话	民间文艺季刊 1986,(1),142—149,169
B20g066	乌 丙安	楚文化摇篮中的古传说群	《巫风与神话》 1988.17—32
B20g067	姚 益心	《天问》题旨探微	复旦大学学报 1988,(4),71—73
B20g068	路 百占	《天问》发微	许昌师范专科学校学报 1989,(2),66—69
B20g069	傅 锡壬	楚辞天问中的殷商神话解析	淡江学报* 1989,(27),183—194
B20g070	姚 汉荣	《天问》中的图腾和神话	上海大学学报 1990,(1),30—35

B20g071	翟　振业	读任本命《〈天问〉试译》　唐都学刊　1990,(3)	
B20g072	郑　丹平	《天问》——屈原的拟史诗 思想战线　1991,(3),50—57	
B20g073	罗　漫	《天问》的博问与多重价值　社会科学战线 1993,(4),224—229	
B20g074	翟　振业	《天问》问题研究的回顾与展望　山西大学学报 1994,(1),43—46	
B20g075	钟　志邦	屈原的《天问》与《约伯纪》的"上帝问"(下)　中国文化研究　1994,(2)	
B20g076	周　禾	《天问》探真　江汉论坛　1995,(1),62—65	
B20g077	李　诚	论《天问》问旨　四川师范大学学报　1995,(3), 75—82	
B20g078	黄　振云	论《天问》　江苏社会科学　1995,(4),126—130	
B20g079	罗　义群	苗族神话与《天问》神话比较　民族论坛 1995,(4)	
B10g080	韩　高年	《楚辞·天问》与《圣经·伯纪》比较谈　求索 1995,(6),97—101	
B20g081	韩　高年	从《楚辞·天问》与《圣经·约伯纪》的比较中想到的　贵州社会科学　1996,(2),79—84	
B20g082	过　常宝	《天问》作为一部巫史文献　中国文化研究 1997,(1),38—43	
B20B083	杨　义	《天问》走出神话和反思历史的千古奇文　中国社会科学　1998,(1),177—191	
JB20g001	赤塚　忠	『楚辞』天問篇の新解釈　『赤塚忠著作集』6　東京　研文社　1986	

h.《天问》与古史

B20h001	游　国恩	天问古史证　《读骚论微初集》　1937:《楚辞论文集》　1955
B20h002	苏　雪林	天问里的夏启　畅流*　1974,49(8)
B20h003	萧　兵	"启代益作后"原始社会末期的一场冲突　社会科学战线　1978,(3),275—280:《楚辞新探》

1988. 662—689

B20h004　孙　作云　从《天问》看夏初建国史
光明日报　1978. 8. 29

B20h005　孙　作云　论楚辞《天问》对于我国上古史研究的贡献　开封师范学院学报　1979,(4),16—24

B20h006　林　庚　《天问》中所见夏王朝的历史传说:兼论后益、后羿、有扈　北方论丛　1979,(6),2—7:《天问论笺》　1983. 6 114—125

B20h007　林　庚　《天问》中有关秦民族的历史传说　文史(七)　1979. 173—178:《天问论笺》　1983. 138—147

B20h008　林　庚　《天问》中所见上古各民族争霸中原的面影　文学遗产　1980,(1),7—13:《天问论笺》　1983. 126—137

B20h009　刘　文英　关于《天问》中的几个古史问题　兰州大学学报　1980,(3),54—62

B20h010　萧　兵　《天问》原始社会史事新解　淮阴师范专科学校学报　1981,(1)

B20h011　龚　维英　从《天问》探索启和武观冲突史事　南充师范学院学报　1982,(1),36—38

B20h012　房　松令　《天问》和夏民族史诗故事考　辽宁教育学院学报　1987,(3)

B20h013　何　光岳　《天问》"康回冯马悠"的历史地理　中州学刊　1988,(5)

B20h014　金　开诚　《天问》夏朝史事错简试说　古籍整理与研究(5)　1991. 25—33

i.《天问》与宇宙神话

B20i001　闻　一多　天问释天　清华学报　1934,9(4),873—895

B20i002　苏　雪林　"天问"九重天考(上、中、下)　中央周刊　1947,9(34),4—8;9(35/36),22—23;9(37),19—21

B20i003　苏　雪林　天何所沓:天问问题悬解　新生报*　1959. 9. 25

B20i004　苏　雪林　九天之际及际限:天问天文问题悬解　新生报*

		1959.11.3
B20i005	苏　雪林	东西南北之脩衍（天问地理问题悬解）　昆仑* 1960,4(1)
B20i006	赵　丕承	"九天"之辨　大陆杂志* 1963,26(2)
B20i007	苏　雪林	天问天文问题之一　畅流* 1974,49(7)
B20i008	萧　兵	《天问》的宇宙观念:《天问新解》引论之一　湖南师范学院学报　1979,(1),26—34
B20i009	聂　思彦	《天问》的天道观:《天问》研究之四　山西师范学院学报　1979,(2),71—74
B20i010	聂　思彦	《天问》研究之五:《天问》的宇宙理论　山西师范学院学报　1979,(3)
B20i011	萧　兵	天问里的宇宙模式:兼论《天问》的哲学观点　《中国哲学史大集》　1979
B20i012	黄　瑞云	先秦对天的认识与《天问》　《屈原研究论集》　1984.205—217
B20i013	聂　思彦	"天问"和"天对"　山西师范大学学报　1985,(1),37—41,111
B20i014	江　林昌	《天问》宇宙神话的考古印证和文化阐释　文学遗产　1996,(5),21—31
JB20i001	伊藤清司	『楚辞』天問と苗族の創世歌　史学 48(2) 1977, 1—20

j.《天问》分论

B20j001	游　国恩	天问启棘宾商九辨九歌何勤子屠母死分竞地解　《读骚论微初集》　1937:《楚辞论文集》　1955
B20j002	游　国恩	天问昏微遵迹有狄不宁何繁鸟萃棘负子肆情解　《读骚论微初集》　1937:《楚辞论文集》　1955
B20j003	容　肇祖	楚辞天问"该秉季德"段刘梦鹏解　考古社刊　1937,(6),269—274
B20j004	方　诗铭	天问"吴获迄古"解　东南日报　1947.12.10
B20j005	刘　尧民	古代日食传说和楚辞天问中"白霓婴茀"八句的关系　文学遗产增刊(十)　1962.14—24
B20j006	苏　雪林	天问乱辞前八句解释　文坛* 1974,(166)

B20j007	苏 雪林	天问乱辞后十六句的疏解 畅流* 1974,49(11)	
B20j008	萧 兵	天问新解(二则:"缘鹄饰玉"、"重泉和水牢") 山西大学学报 1979,(4),32—36;《楚辞新探》 1988.766—779	
B20j009	萧 兵	《天问》"负(妇)子肆情"新解 文史哲 1979, (6),60—61;《楚辞新探》 1988.734—746	
B20j010	萧 兵	姬妃和小匠 求是学刊 1980,(1),90—93;《楚 辞新探》 1988.755—765	
B20j011	萧 兵	"浞娶纯狐":对偶家庭的纷争 淮阴师范专科学 校学报 1980,(1);《楚辞新探》 1988	
B20j012	萧 兵	收养、入社和鲁那路亚制 淮阴师范专科学校学 报 1980,(1);《楚辞新探》 1988	
B20j013	萧 兵	《天问》"帝乃降观"系"降祸"考 中华文史论丛 1980,(2),82—94	
B20j014	萧 兵	"观"是猫头鹰 社会科学辑刊(沈阳) 1980, (4),157	
B20j015	刘 文英	《天问》"东流不溢"集解 社会科学(甘肃) 1980,(3),42—44	
B20j016	萧 兵	蜂蚁、帝台、中央之神:《天问》新解 中国古典文 学研究论丛(一) 1980.27—33	
B20j017	萧 兵	"伯禹腹鲧"与库瓦达制(楚辞待问录) 社会科 学辑刊(沈阳) 1981,(1),71	
B20j018	萧 兵	因枝以振叶,沿波而讨源:由《楚辞·天问》"阳 离""顾菟"的考释谈到文史科学的边缘化 社 会科学(上海) 1981,(1),112—120;《楚辞新 探》 1988.503—513	
B20j019	东 延	"登立为帝,孰遵尚之"解 文史(十一) 1981. 34	
B20j020	龚 维英	《天问》"屏号起雨"索解 江西社会科学 1981, (5—6),140,143	
B20j021	龚 维英	《天问》"白霓婴茀"试解	

活页文史丛刊(98)　1981.1—6

B20j022　龚　维英　《天问》"一蛇吞象"新解　昆明师范学院学报 1982,(1),70

B20j023　周　泰　屈赋、画帛、伯鲧故事:《天问》"鸱龟"章试说　江苏师范学院学报　1982,(1),77—80

B20j024　龚　维英　《天问》"女歧无合"句辨　河北师范学院学报 1982,(3),84—85

B20j025　龚　维英　《天问》"中央共牧"节臆释　求是学刊　1982, (5),81—82

B20j026　张　崇琛　《天问》王恒事迹补考　活页文史丛刊　1982, (156),4

B20j027　萧　兵　《天问》"勋阖梦生"句新解　天津社会科学 1983,(2),94—96;《楚辞新探》　1988.798—805

B20j028　房　建昌　《天问》"伯禹腹鲧"新解
复旦大学学报　1983,(2),112

B20j029　龚　维英　《天问》"勤子屠母"句辩说　北京师范大学学报 1984,(3),35—38

B20j030　郭　世谦　《天问》错简试探　文史(十八)　1983.165—176

B20j031　龚　维英　《天问》"靡　九衢"辨释　松辽学刊　1984,(4), 31—34

B20j032　汤　炳正　《天问》"顾菟在腹"与南北文化交融　《屈原研究论集》　1984.218—225;《屈赋新探》　1984. 261—270

B20j033　王　维堤　万舞考　中华文史论丛　1985,(4),175—194

B20j034　龚　维英　《天问》"厥萌初生"节的真正内涵　学术研究(内刊)　1985,(1)

B20j035　萧　兵　《梼杌》和《美洲虎》:以图腾命名的史书——兼论《天问》和楚辞《帛书》的民俗性质　淮阴师范专科学校学报　1986,(1)

B20j036　龚　维英　烛龙神话溯源　民间文学论坛　1986,(2),67—

69

B20j037	马　少侨	《天问》"犬体"新证　文学遗产　1986,(3),24—27	
B20j038	傅　锡壬	楚辞天问中的殷商神话解析　淡江学报*　1989,(27)	
B20j039	王　人恩	《天问》"伯禹腹鲧"神话新解　西北师范大学学报　1991,(6),37—43	
B20j040	鲜　于煌	屈原《天问》"伏匿穴处"考释　贵州社会科学　1993,(5),83—89	
B20j041	龚　维英	盗跖和"淫神"白眉神　历史大观园　1993,(10)	
B20j042	龚　维英	《天问》"鸱龟曳衔"的底蕴　晋阳学刊　1994,(5),88—90	
B20j043	谢　聪辉	瑶姬神话传说与人神说　国立编译馆馆刊　1994,23(1),1—28	
B20j044	龚　维英	《天问》"女岐无合"解释及其他　中州学刊　1995,(3),89—91	
B20j045	龚　维英	《天问》"厥萌在初"和植物生人　云梦学刊　1997,(3),6—8	
JB20j001	加納喜光	風の神話学——『天問』女岐章の解釈　『竹田晃先生退官記念　東アジア文化論叢』　東京　汲古書院　1991.3—15	

k 《招魂》、《大招》

B20k001	陈　子展	九歌招魂大招皆为楚王室所用巫歌考　现代文学评论　1931,2(3);3(1)	
B20k002	宗　铭	关于《招魂》的几个问题　光明日报　1957.1.20	
B20k003	陈　朝璧	关于招魂的作者和内容的商榷　文学遗产增刊(六)　1958.21—31	
B20k004	谭　介甫	屈原《招魂》的研究　武汉大学学报　1962,(1),45—58	
B20k005	文　怀沙	屈原《招魂》注译　文史(一)　1962	
B20k006	陈　子展	招魂试解　中华文史论丛(一)　1962.153—	

			170
B20k007	陈 铁民	说招魂 文学遗产增刊(十) 1962.1—6
B20k008	刘 尧民	关于《招魂》 学术研究(云南) 1964,(4),1—6
B20k009	杨 胤宗	楚辞招魂笺考 建设* 1964,13(6—7);1965, 13(8—9)
B20k010	于 宇飞	屈赋正义第十四赋招魂 宪政论坛* 1968,13 (8)
B20k011	陈 怡良	楚辞招魂篇析论 成功大学学报* 1979,(14)
B20k012	萧 兵	招魂、起殇、却敌 上海师范大学学报 1979, (1),86—89;《楚辞新探》 1988.438—472
B20k013	萧 兵	天问新解,大招新解《二则》 中国古典文学研究 论丛(一) 1980.34—38;39—43;《楚辞新探》 1988.809—826;827—838
B20k014	萧 兵	犀比、鲜卑、西伯利亚 人文杂志 1981,(1), 15—22;《锡伯族历史文学论文集》 1982;《楚辞 新探》 1988.858—886
B20k015	萧 兵	从"目冢首"与猪头神 中华文史论丛 1982, (3),194;《楚辞新探》 1988.839—857
B20k016	萧 兵	"楚辞"待问录委羽之山与"鸟匈" 中华文史论 丛 1982,(3),140
B20k017	康定心等	考古释《招魂》 江汉论坛 1983,(1),72—77
B20k018	萧 兵	雄魋、应龙和羽蛇 淮阴师范专科学校学报 1983,(1),23—33
B20k019	刘 兆伟	《招魂》首尾释 武汉师范学院学报 1984,(6), 83—86
B20k020	吴 郁芳	射兕、招魂与望祭:《楚辞·招魂》新考 求索 1985,(3),106—107
B20k021	张 君	论《招魂》非屈原之作 青海社会科学 1986, (3),64—72
B20k022	龚 维英	试解《招魂》之谜 贵州社会科学 1986,(10), 55—58,47
B20k023	冀 凡	《招魂》、招顷襄王说

		黄石教育学院学报 1987,(1)
B20k024	李　炳海	上古的春游节与《楚辞·招魂》 江汉论坛 1987,(4),58—61
B20k025	张　兴武	《招魂》与神话传说 辽宁大学学报 1992,(4)
B20k026	马　少侨	屈原《招魂》与楚地招魂遗俗 邵阳师范专科学校学报 1994,(3),91—97
B20k027	张　庆利	楚族巫俗与"楚辞"招魂 蒲峪学刊 1994,(3)
B20k028	潘　啸龙	《招魂》研究商榷 文学评论 1994,(4),35—43,15
B20k029	刘　隽贤	《招魂》主题思想探 吉安师范专科学校学报 1997,(5),58—60
B20k030	力　之	"《招魂》考辨"补说 武汉教育学院学报 1998,(4),19—24
JB20k001	藤野岩友	楚辞『招魂』に見える招魂儀礼 『鈴木博士古稀記念　東洋学論叢』 明德出版社 1972

l.《神女赋》

B20l001	侍　桁	神女 早报、自由谈 1932.10.2—4
B20l002	闻　一多	高唐神女传说之分析 清华学报 1935,10(1),837—865;《闻一多全集》(一) 1943;1982.81—113
B20l003	闻　一多	高唐神女传说之分析补记 清华学报 1936,11(1),275—277《闻一多全集》(一) 1943;1982.114—116
B20l004	陈　梦家	高禖郊社祖庙通考(释《高唐赋》) 清华学报 1936,12(3),445—472
B20l005	饶　宗颐	高唐考(附"伯庸考") 《楚辞地理考》 1946.1—10
B20l006	言　永	漫谈巫山神女 光明日报·文学遗产 1958.2.16(196)
B20l007	俞　平伯	宋玉梦神女、非襄王梦神女 光明日报·文学遗产 1961.5.21(364)
B20l008	袁　珂	宋玉《神女赋》的订伪和高唐神女故事的寓意

光明日报 1962.8.19;《神话论文集》 1982. 169—181

B20l009　王　孝廉　巫山之云:帝女神话之一　中国时报* 1978. 7.24

B20l010　吴　郁芳　神女、游女辨　江汉论坛 1983,(12),70

B20l011　程　地宇　巫山神女论(上)
四川教育学院学报 1989,(1),20—31

B20l012　蔡　大成　楚巫的致幻方式:高唐神女传说解读　社会科学评论(西安) 1988,(5),87—92

B20l013　叶　舒宪　高唐神女的跨文化研究　人文杂志 1989,(6),97—10。

B20l014　张　君　论高唐女神的原型与女性　文艺研究 1992,(3),123—134

B20l015　张　应兵　清江盐神与巫山神女　东南文化 1993,(1),180—183

B20l016　龚　维英　宋玉赋《高唐》《神女》的底蕴　贵州社会科学 1993,(4),63—66

B20l017　杨　琳　巫山神女原型新探　文艺研究 1993,(4),56—62

B20l018　褚　斌杰　宋玉《高唐》《神女》二赋的主旨及艺术探微　北京大学学报 1995,(1),93—99

B20l019　周　延良　社祭神话与高唐神话的人类学诠解　中国文化研究 1997,冬,95—100

JB20l001　小川茂樹　書評:聞一多「高唐神女伝説の分析」　東洋史研究(九州大学)1(2) 1935.151—154

21.《九歌》诸神
a.综论

B21a001+　何　新　《诸神的起源(续):〈九歌〉诸神的重新研究》　哈尔滨　黑龙江教育出版社 1992

B21a001　游　国恩　论九歌山川之神　国闻周报 1936,13(16),

		19—28:《读骚论徵初集》 1967:《楚辞论文集》* 1977
B21a002	文　崇一	九歌中的水神与华南的龙舟赛神　民族学所集刊* 1961,(11):《楚文化研究》 1967
B21a003	张　寿平	九歌所祀之神考　大陆杂志* 1961,23(12)
B21a004	文　崇一	九歌中的上帝与自然神　民族学所集刊* 1964,(17):《中国古文化》 1990
B21a005	何　添	楚辞九歌诸神汇释　新亚书院中国文学系年刊（港） 1965,(3)
B21a006	张　寿平	九歌所祀之神考述　华冈学报* 1969,(5)
B21a007	萧　兵	论《九歌》诸神的原型和二重性　安徽师范学院学报 1979,(2)
B21a008	徐　成焕	《楚辞·九歌》鬼神考释　丹东师范专科学校学报 1983,(1)
B21a009	洪　安全	九歌中的神女　故宫文物月刊* 1983,1(7)
B21a010	汤　漳平	论《楚辞·九歌》中的女神形象　文学论丛（二） 1984. 41—49
B21a011	汤　漳平	《九歌》人神关系浅论　《屈原研究论集》 1984. 226—236
B21a012	柯　伦	《九歌》诸神新探　湖北师院学报 1990,(2)
B21a013	于　兵川	君权阴影的自然神形象——《楚辞·九歌》神际关系剖析　社会科学战线 1992,(3),261—265,178
B21a014	刘　信芳	包山楚简神名与《九歌》神祇　文学遗产 1993,(5),11—16
B21a015	龚　维英	《九歌》诸神本系女性神考辨　荆州师范专科学校学报 1995,(1),43—48
JB21a001	星川清孝	楚辞九歌の叙事文学的要素と神話伝説　漢学会雜誌 5(3) 1937. 397—422

b. 东皇太一

B21b001	钱　宝琮	太一考　燕京学报　1932,(12),2449—2478	
B21b002	程　憬	泰一考(神统纪之一)　文史哲季刊　1944,2(1),71—84	
B21b003	李　光信	《九歌·东皇太一》篇题初探　学术月刊　1961,(9),52、53;扬州师院学报　1961,(11),70—77	
B21b004	龚　维英	《九歌》东皇太一决非大一(汤):与郑文先生商榷　甘肃师范大学学报　1964,(2),74—76	
B21b005	郑　文	答龚维英先生　甘肃师范大学学报　1964,(2),77	
B21b006	苏　雪林	东皇太一与木星之神(上、下)　东方杂志*　1967,1(5—6)	
B21b007	苏　雪林	三一与泰一　大陆杂志*　1972,44(2)	
B21b008	萧　兵	东皇太一和太阳神　杭州大学学报　1979,(4),25—35	
B21b009	闻一多遗作	东皇太一考　文学遗产　1980,(1),3—13	
B21b010	孙　作云	说《九歌·东皇太一》为迎神曲　文史(九)1980.157—162	
B21b011	张　庆军	东皇太一"日神说"质疑　淮阴师范专科学校学报　1981,(3)	
B21b012	龚　维英	祀太一为天神始于汉武吗?　学术论坛　1981,(4),84	
B21b013	何　裕	九歌《东皇太乙》新解　西北民族学院学报　1982,(4),53—62	
B21b014	孙　常叙	东皇太一——辞解　辽宁省首届屈原讨论论文1983	
B21b015	张　一兵	"东皇太一"神话考　文学遗产　1984,(2),98—106	
B21b016	龚　维英	东皇太一与战神蚩尤　南充师范学院学报　1986,(2)	
B21b017	李　炳海	祭星主祈风雨的生动画面:《九歌·东皇太一》	

新探　求索　1988,(6),86—91

B21b018	徐　志啸	"东皇太一"春神考　文献　1989,(4),25—36
B21b019	刘　弘	汉画像石上所见太一神考　民间文学论坛 1989,(4),40—44
B21b020	周　文康	东皇太一——岁星神成汤太乙考　扬州师范学院中文系油印本(时间不详)
B21b021	李　炳海	东皇太一——为大火星考　辽宁大学学报 1993,(4),32—35
B21b022	郭　杰	略说"东皇太一"　徐州师范学院学报 1994,(4),23—24
B21b023	褚　炳杰	屈原《九歌》"东皇太一"解　荆州师范专科学校学报　1995,(1),38—42
B21b024	杨　向奎	太公望与"天亡殷"　东岳论　1996,(2),66—69
B21b025	徐　明德	也说"太乙"神话：与叶舒宪先生商榷　贵州大学学报　1997,(2),58—62,52
B21b026	杨　琳	《东皇太一》与《东君》当为一篇考　贵州教育学院学报　1997,(4),5—7,10

c. 云中君

B21c001	杨　胤宗	九歌云中君释义　建设*　1973,21(10)
B21c002	王　孝廉	巫山之云——帝女神话之一　中国时报*　1978.7.24
B21c003	萧　兵	屈赋英华("云中君——形象的光辉"等)　社会科学(甘肃)　1980,(3)
B21c004	萧　兵	云中君是轩辕星　文学评论丛刊(九)　1981.376—389;《楚辞新探》 1988.176—200
B21c005	刘　军	《云中君》仍以云神说为妥　淮阴师范专科学校学报　1981,(3)
B21c006	李　延陵	云中君不是轩辕星：与萧兵先生商榷　文学评论丛刊(十八)　1983.418—424
B21c007	曲　宗瑜	"云中君"月神说补正　北方论丛　1984,(4),28—30,35
B21c008	易　重廉	《云中君》祀主新考　民间文艺季刊　1986,(3),

			70—79
B21c009	张	国荣	云中君是沅湘之间越族先民敬畏的雷神：《九歌·云中君》新探 湖南教育学院学报 1987,(1)
B21c010	马	少侨	《九歌·云中君》祀雷神新证 邵阳师范专科学校学报 1990,(6)
B21c011	田	兆元	云中君凤神考 学术月刊 1995,(11),71—73,105
B21c012	龚	维英	《九歌·云中君》祀主神格及原型初探 云梦学刊 1996,(1),12—13,7

d. 湘君、湘夫人

B21d001	浓	荫	湘妃与竹的传说 妇女杂志 1927,13(5),28
B21d002	林	庚	湘君及湘夫人 读书通讯 1942,(38),11
B21d003	孙	作云	"九颜"湘神考(二女传说之分析) 中国留日同学会季刊 1942,(1),38—53;1942,(2),58—85;1942,(3),42—53;1944,(4),59—72
B21d004	阿	英	湘君与湘夫人的传说 新观察 1953,(12),7—8
B21d005	萧	继宗	湘君湘夫人及大司命少司命四篇结构 史海学报* 1963,5(1)
B21d006	苏	雪林	湘君与湘夫人 成功大学学报* 1969,(4)
B21d007	杨	胤宗	九歌湘君笺考(上、下) 建设* 1971,19(11—12)
B21d008	苏	绍业	屈原与九歌中的女神:由凌波的湘君至黑脸的妈祖 中央日报* 1973.8.20
B21d009	张	永鑫	《湘君》、《湘夫人》"水中"解 文学遗产 1980,(2),21
B21d010	阴	自润	《九歌》中"湘水"与"湘君"、"湘夫人"小识 教学与研究 1980,(4/5)
B21d011	王	锡九	说《九歌·湘君》 南京师范学院学报 1981,(3),95—97
B21d012	蒋	南华	《湘君》《湘夫人》解 贵州文史丛刊 1983,(1),

			79—81
B21d013	孙 晓遂	释《九歌·湘夫人》 南京师范学院学报 1983,(2),42—43
B21d014	黎 安怀	"二湘"试解 贵阳师范学院学报 1983,(3),55—61
B21d015	吴 万钢	《楚辞》、《九歌》与《湘夫人》 中国青年报 1983.7.7
B21d016	萧 兵	《楚辞·九歌·二湘》新解 福建论坛 1984,(3),31—36
B21d017	魏 炯若	二湘刍议 《屈原研究论集》 1984.188—191
B21d018	应 德民	《湘君》《湘夫人》探疑 《屈原研究论集》 1984.301—312
B21d019	凌 左义	读《九歌·湘夫人》 合作欣赏 1985,(2),100—102
B21d020	孙 肃	"二女"故事浅探 江海学刊 1985,(4),47—50
B21d021	张 国荣	《九歌·湘夫人》考 民间文艺季刊 1987,(2),92—102
B21d022	赵 逸夫	湘君·湘夫人的抒情主人公形象 北京社会科学 1987,(3),134—140
B21d023	赵 逸夫	湘君·《湘夫人》的环境情节安排与抒情 北方论丛 1987,(4),60—65
B21d024	王 孝廉	洞庭波兮——湘妃的神话 中国时报* 1987.7.3(12)
B21d025	赵 喜范	《湘君》赏析 抚顺教育学院学报 1988,(1)
B21d026	柯 伦	九歌"二湘"爱情隐语考辨 湖北师范学院学报 1988,(1)
B21d027	翟 振业	试论"二湘"的性别及舜和二妃的附会 思茅师范专科学校学报 1988,(2)
B21d028	齐 百祥	湘水之神浅议 南都学坛 1989,(4),62—64
B21d029	何 长江	湘妃故事的流变及其原型 中国文学研究 1993,(1),19—23
B21d030	李 炳海	湘君、湘夫人神话与东夷族的始祖传说 学习与

探索 1993,(4),113—117

B21d031　高　曼霞　《湘君》、《湘夫人》形象的不确定与意义的再生　牡丹江师范学院学报　1995,(1),43—44

B21d032　黄　宝生　王逸《楚辞章句楚辞九歌、湘夫人》分析(上、下)　汉中师范学院学报　1996,(3),72—76;1997,(3),61—65

JB21d001　岡本　正　湘君湘夫人伝説について　『中国古代の社会と文化』東京　東京大学出版会　1957.155—178

e. 大司命、少司命

B21e001+　朱　传誉　《大司命与少司命》　台北　天一出版社　1982

B21e001　孙　作云　九歌司命神考　清华月刊　1937,1(1),24—26
B21e002　魏　精忠　《九歌》中的《司命》　华西晚报文艺副刊　1943.6.7(184)
B21e003　闻　一多　司命考　闻一多全集(一)　1948;1982.139—142
B21e004　苏　雪林　司命的特质及姓的变化——论九歌大司命之一　文艺创作*(25)　1953
B21e005　苏　雪林　封禅与祭死神——论九歌大司命之二　文艺创作*(26)　1953
B21e006　苏　雪林　西亚中国死神的对照——论九歌大司命之三　文艺创作*(29)　1953
B21e007　苏　雪林　大司命歌词的解释　文艺创作*(31)　1953
B21e008　苏　雪林　论九歌少司命　师大学报*　1956,(1)
B21e009　孙　作云　汉代司命神像的发现　光明日报　1963.12.4
B21e010　萧　兵　屈原诗歌里人物形象的分析("少司命"等)　文艺论丛(九)　1980.281—295
B21e011　孟　庆余　少司命是司秋的男神　淮阴师范专科学校学报　1981,(3)
B21e012　金　开诚　《九歌·少司命》的解释与欣赏　文史知识　1981,(5)
B21e013　江　绍原　《楚辞·九歌·少司命》又一今译　文学评论丛

			刊(十八) 1983.408—417
B21e014	刘 兆伟		《大司命》《少司命》非祭祀星神说 锦州师范学院学报 1985,(3),62—65
B21e015	龚 维英		《九歌·大司命》首四句解 思想战线 1986,(4),87—88
B21e016	林 河		沅湘求子风俗与《少司命》 求索(屈原研究论文集专号) 1987
B21e017	龚 维英		《九歌·少司命》与上古抢婚之风 云梦学刊 1989,(1),75—81
B21e018	熊 任望		《大司命》《少司命》"宾主彼我之辞"辨 河北大学学报 1989,(2)
B21e019	李 炳海		古代的泰山神与《九歌》的司命 华中师范大学学报 1992,(4),74—78
B21e020	韩 晖		《九歌》司命新考 广西师范大学学报 1994,(1),39—46
B21e021	国 光红		《九歌》"司命"探原
JB21e001	伊藤清司		司命神としての北斗七星 工作舍 1978,(12)
JB21e002	稻田耕一郎		司命神像の展开 中国文学研究5 1979.1—17

f. 东君

B21f001	孙 作云		"九歌"东君考 中和月刊 1941,1(6),2—17
B21f002	苏 雪林		东君与日神 成功大学学报* 1970,(5)
B21f003	萧 兵		《楚辞·九歌·东君》新解 南京师范学院学报 1979,(1),25—32;《楚辞新探》 1988.129—175
B21f004	龚 维英		《九歌·东君》祭祀朝霞之神说 晋阳学刊 1983,(2),99—101
B21f005	郑 谦		地球上第一个礼赞太阳的诗人——从中外的太阳神话看屈原《九歌·东君》的世界意义 云南社会科学 1986,(2),90—97;文史知识 1987,(9),124—128

B21f006	刘 兆伟	《楚辞·九歌》之"东君""云中君"辨析 铁岭师范专科学校学报 1986,(3)	
B21f007	李 大明	东君新解 四川师范大学学报 1986,(6),21—25	
B21f008	林 河	论南楚的太阳崇拜与《九歌·东君》《巫风与神话》 1988.91—111	
B21f009	黄 灵庚	楚民族的阿波罗颂:试论《九歌·东君》艺术形象 浙江师大学报 1988,(4)	
B21f010	李 茂荪	中国古代的虹霓神和射日神(说东君和羿及其关系) 求索 1989,(6),88—93	
B21f011	熊 任望	《郊祀歌·日出入》与《九歌·东君》风马牛 中州学刊 1990,(5)	
B21f012	沈 海波	《东君》"举长矢兮射天狼"新解 社科纵横 1993,(6),55—56,60	
B21f013	张 树国	《九歌·东君》与古代救日习俗 中州学刊 1996,(1)	
B21f014	褚 斌杰	屈原《九歌·东君》的神话与诗艺 东方文化 1996,(2),64—67

g. 河伯

B21g001	蒋 逸雪	殷商拓地朝鲜考(河伯神话) 东方杂志 1945,41(21)	
B21g002	苏 雪林	河伯的形貌 大学生活(港) 1959,5(6)	
B21g003	文 崇一	九歌中河伯之研究 民族学所集刊* 1960,(9);《中国古文化》 1990	
B21g004	苏 雪林	河伯与水主 东方杂志* 1968,1(12)	
B21g005	于 宇飞	屈赋正义河伯 宪政论坛* 1968,13(8)	
B21g006	杨 胤宗	九歌河伯考 建设* 1970,18(12)	
B21g007	森安太郎	河伯冯夷 《中国古代神话研究》 1974	
B21g008	李 延陵	关于《河伯》篇错简和《楚辞·九歌》的解释:和孙常叙先生商榷 安徽师范大学学报 1979,(2),76—84	
B21g009	萧 兵	九河之神及妻洛嫔:《楚辞·九歌·河伯》新解 郑	

		州大学学报 1980,(2),34—40
B21g010	颜　邦逸	《楚辞·九歌·河伯》新解　辽宁师范学院学报 1981,(3),61—66
B21g011	蒋　南华	《九歌·河伯》解　贵州民族学院学报　1982,(1),53—54
B21g012	丁　绍洛	试谈《九歌》中的《河伯》 许昌师范专科学校学报　1982,(2)
B21g013	龚　维英	《九歌·河伯》"九河"辨析 安阳师范专科学校学报　1982,(3)
B21g014	易　重廉	《九歌·河伯》祀主考 文学遗产　1985,(4),18—23
B21g015	李　陈广	南阳汉画像河伯图试析　中原文物　1986,(1),102—105
B21g016	何　光岳	河神的崇拜及河伯族的来源和牵涉　中南民族学院学报　1988,(1),21—29
B21g017	熊　任望	屈原编织河山恋神话的意图:《河伯》《山鬼》文意新探　河北大学学报　1990,(2),10—15
B21g018	姚　立江	闻一多"河伯即封豨"说补证　呼兰师范专科学校学报　1992,(4),1—2
B21g019	李　炳海	河伯传说与夏文化　晋阳学刊　1993,(6),95—100
B21g020	褚　斌杰	屈原《九歌·河伯》的神话与诗艺剖析　古典文学知识　1995,(2),31—38
B21g021	吴　钧	冯夷小考　中南民族学院学报　1994,(2),58—60
JB21g001	森安太郎	河伯馮夷　京都女大人文論叢 10　1964．14—23:『黄帝伝説——古代中国神説の研究』京都　京都女子大学人文学会　1970
JB21g002	鉄井慶紀	馮夷伝説について　東方学 43　1972．17—30:『中国神話の文化人類学的研究』　東京　平河出版社　1990．530—550
JB21g003	石川三佐男	『楚辞』九歌における河伯篇の美人と山鬼篇の山鬼の関係について　新しい漢文教育(全国漢

文教育学会)25

h. 山鬼

B21h001　孙　作云　九歌山鬼考　清华学报　1936,11(4),977—1005

B21h002　苏　雪林　山鬼与酒神　知言　1947,(1):中央周刊 1947,9(29)(上),5—11;9(30)(下),17—22;成功大学学报* 1968,(3);《从比较神话到文学》* 1977

B21h003　李　延陵　关于"山鬼"和郭沫若、姜亮夫、马茂元三位先生商榷　文史哲　1962,(5),66—68

B21h004　李　元贞　试析九歌中的山鬼　现代文学* 1967,(33)

B21h005　苏　雪林　山鬼与酒神　成功大学学报* 1968,(3)

B21h006　杨　胤宗　楚辞九歌山鬼考　建设* 1968,16(11)

B21h007　刘　操南　读《九歌·山鬼》一个花雨缤纷的人物形象　绍兴师范专科学校学报　1981,(4)

B21h008　刘　心予　《山鬼》所祀为云梦女神辨　学术论坛　1982,(1),115

B21h009　黄　士吉　山鬼论译　鞍山师范专科学校学报　1983,(2)

B21h010　郭　维森　《九歌·山鬼》与望夫石的传说　南京大学学报　1983,(3),30—35

B21h011　龚　维英　《九歌·山鬼》结句试解　西南师范学院学报　1984,(2),61—62

B21h012　罗　英风　《九歌·山鬼》探胜　韩山师范专科学校学报　1984,(3)

B21h013　龚　维英　《九歌·山鬼》探幽　中州学刊　1987,(3)

B21h014　张　国荣　《九歌·山鬼》附丽的神话考辨　《巫风与神话》1988.281—288

B21h015　马　少侨　《九歌·山鬼》祀主考　邵阳师范专科学校学报　1989,(4);民间文艺季刊　1990,(1),179—188

B21h016　尹　顺　楚辞九歌《山鬼》巫仪的考察　中国语文学 1986,11辑

B21h017　赵　逵夫　《九歌·山鬼》的传说本事与文化蕴蓄　北京社

会科学　1993,(2)46—53

B21h018　黄　震云　"山鬼"漫议　江海学刊　1996,(3),196

B21h019　陆天鹤等　屈原《九歌・山鬼》之我见　杭州大学学报　1995,(4),86—91

B21h020　冯　洁　《九歌・山鬼》魅力之探
　　　　　　　　　　杭州大学学报　1996,(4),91—93

B21h021　黄　崇浩　山鬼、河伯与秭归　湖北三峡学院学报　1997,19(2)

B21h022　解文超等　一曲凄楚见人的恋歌:屈原《九歌・山鬼》赏析语文学刊　1998,(1),10—11

JB21h001　森　雅子　中国古代の地母神——『楚辞』九歌・山鬼を中心として　宗教研究 66(4)　1993.240—241

22.《山海经》与神话
a. 综论

B22a001+　凌　纯声　《山海经新论》　台北文化书局　1933:台北　东文文化供应社影印　1970

B22a002+　本　所编　《山海经通检》　北京巴黎大学北平汉学研究所　1948

B22a003+　郭　璞著;　《足本山海经图赞》
　　　　　　张祥校录　上海古典文学出版社　1958

B22a004+　杜　而未　《山海经神话系统》　台北华明书局　1960:台北　学生书局　1976:1978:1984

B22a005+　杜　而未　《昆仑文化与不死观念》　香港真理学会　1962:台北　华明书局　1962:台北学生书局　1977

B22a006+　香港中山图书公司　《山海经研究论集》　香港中山图书公司　1974

B22a007+　袁　珂　《山海经校注》　上海古籍出版社　1980.485p:台北里仁书局　1982

B22a008+　王　红旗　读《山海经校注》札记　社会科学研究　1984,(5),88—94

B22a009+　谢　崇安　关于新版《山海经校注》的点滴意见　社会科学

			战线 1982,(2),165
B22a010+	张 明华		对我国古代神话瑰宝的探索——介绍袁珂《山海经校注》 读书 1982,(2),64—68
B22a011+	傅锡壬译		《白话山海经》 台北文化图书出版社 1980:1988
B22a012+	李 丰懋		《神话故事的故乡——山海经》 台北 时报文化出版事业有限公司 1981:1983
B22a013+	欧 缬芳		《山海经校证》 台北 天一出版社 1982
B22a014+	吕 子方		《中国科学技术史论文集:读〈山海经〉杂记》(下) 成都 四川人民出版社 1984
B22a015+	袁 珂		《山海经校译》 上海古籍出版社 1985.311p:台北 明文书局 1986
B22a016+	袁 珂		《山海经校译》序 上海古籍出版社 1985.1—9:台北 明文书局 1986
B22a017+	曹 必文		《山海经校译》献疑 淮阴师专学报 1987,(1)
B22a018+	《山海经》学术讨论会编辑		《〈山海经〉新探》 成都 四川社会科学出版社 1986.368p
B22a019+	伊藤清司;刘 晔原		《〈山海经〉中的鬼神世界》 北京 民间文学出版社 1990.3.163p
B22a020+	袁 珂		《山海经校注》 台北 里仁书局 1992:成都 巴蜀书社 1993
B22a001	肖 鸣籁		山海经广雅:人种释名 地学杂志 1923,14,(3—4)
B22a002	郑 慕雍		山海经·古史考 山东大学励学杂志 1924,(6)
B22a003	何 定生		山海经成书之年代(通讯) 语历所周刊 1928,2(20),600—605:640—641
B22a004	陆 侃如		论山海经的著作年代 新月 1928,1(5),本文1—3
B22a005	玄 珠		保存与修改(山海经) 《中国神话研究》1928:《神话研究》 1981.141—151

B22a006	胡　钦甫	从山海经的神话中所得古史观　中国文学季刊 1929,1(1),本文 1—29	
B22a007	陆　侃如	山海经考证　中国文学季刊　1929,1(1),本文 1—19	
B22a008	朱　兆新	山海经中的水名表 中国文学季刊　1929,1(1),本文 1—20	
B22a009	姚　步康	山海经之微意　光华期刊　1929,(5),本文 1—11	
B22a010	小川琢治	山海经篇目考　语历所周刊　1929,9(100),3943—3971	
B22a011	钟　敬文	山海经神话研究的讨论及其他　民俗周刊(广州)　1930,(92),49—51	
B22a012	钟　敬文	山海经是一部什么书　浙江大学文理学院学生自治会会刊　1930:《钟敬文民间文学论集》(下) 1985. 329—341	
B22a013	钟　敬文	关于《山海经研究》一封回答郑德坤先生的信　民俗周刊(杭州)　1930,(5):《钟敬文民间文学论集》(下)　1985. 329—341	
B22a014	何　观洲	《山海经》在科学上之批判及作者之时代考　燕京学报　1930,(7),1347—1375	
B22a015	郑　德坤	山海经在科学上之批判及作者之时代考书后　燕京学报　1930,(7),1376—1380	
B22a016	唐　蓝	山海经的研究　商报文学周刊　1930. 4. 22—5. 6(28—30)	
B22a017	小川琢治； 江　侠庵	山海经考 《先秦经典考》　1931	
B22a018	邵　瑞彭	山海经余义　国学丛编　1931,1(1—2)	
B22a019	次　公	山海经:俉丘杂札　晨报・艺圃　1931. 8. 21、22、24	
B22a020	吴　晗	山海经中的古代故事及其系统　史学年报 1931,(3),81—105	
B22a021	万　汝明	山海经之渊源　济南大学文学院集刊　1931,	

			(2),1—80
B22a022	钟 敬文		我国古代民众关于医药学的知识《山海经之文化史的研究》中的一章　民众教育季刊　1932,2(1)
B22a023	郑 德坤		山海经及其神话　史学年报 1932,1(4),127—151;《中国历史地理论文集》1980.12
B22a024	容 肇祖		山海经研究的进展　民俗周刊(广州)　1933,(116/118),12—26
B22a025	容 肇祖		山海经中所说的神　民俗周刊(广州)　1933,(116/118),27—38
B22a026	朱 希祖		山海经内大荒海内二经古代帝王世系传说　民俗周刊(广州)　1933,(116/118),1—11
B22a027	高 去寻		山海经的新评价　禹贡半月刊 1934,1(1),15—18
B22a028	吴 维亚		山海经读后感　禹贡半月刊　1934,1(1),19—20
B22a029	杨 宽		学术研究山海经　时事新报　1934.5.6
B22a030	郑 慕雍		山海经古史辨　励学　1934,1(2),1—11
B22a031	张 公量		跋山海经释义　禹贡半月刊　1934,1(10),20—22
B22a032	贺 次君		《山海经》之版本及关于《山海经》之著述　禹贡半月刊　1934,1(10),9—20
B22a033	卫 聚贤		山海经辨伪　《山海经研究》　1934
B22a034	卫 聚贤		山海经的研究——山海经中的十月　古史研究(二)　1934
B22a035	古 铁		中国古代的神祇:读山海经随笔　中原文化 1935,(22),1—7
B22a036	韩 鹰		山海经之神的名称　广州培正图书馆刊　1936,3(2)
B22a037	杜 华		山海经的新估量　大美晚报副刊　1936.7.20
B22a038	吕 思勉		读山海经偶记　光华大学半月刊　1937,5(9),

			18—21:《吕思勉读史札记》 1982. 479—485
B22a039	柯 昌济		读《山海经》札记 古学丛刊 1939,(1),学篇类本文 1—6:1939,(2),续本文 6—10:1939,(3)续 11—14:1939,(4),续 16—21:1939,(5),续 21—27
B22a040	程 憬		山海经考 图书季刊 1943,新 4(3/4),16—34
B22a041	宋 少河		读《山海经》书后 雅言(甲申) 1944. 1
B22a042	江 绍原		读《山海经》札记 知识与生活 1947,(1)
B22a043	端木蕻良		最古的宝典 文艺春秋 1947,5(6),26—36
B22a044	袁圣时(袁珂)		"山海经"里的诸神(上、下) 台湾文化 1948,3(7);1949,4(1)
B22a045	敬 之		山海经的估价 联合报* 1955. 8. 12
B22a046	姚 齐		《山海经》的神话价值 新民报晚刊 1955. 12. 5
B22a047	王 范之		从《山海经》的药物使用来看先秦时代的疾病情况 医学史与保健组织 1957,1(3)
B22a048	孙 文青		山海经时代的社会性质初探 光明日报 1957. 8. 15
B22a049	周 言		一本不应该出版的古书:评《足本山海经图赞》 光明日报 1958.6. 14
B22a050	曹 雨群		读《山海经》 上海师范学院学报 1960,(2)
B22a051	蒙 文通		略论山海经的写作时代及其产生地域 中华文史论丛(一) 1962. 43—70 《巴蜀古史论述》 1981. 146—184
B22a052	蒙 文通		研究《山海经》的一些问题 光明日报 1962. 3. 27
B22a053	许 顺湛		《山海经》是一本好书 光明日报 1962. 8. 28
B22a054	欧 缃芳		山海经校证 文史哲学报* 1962,(11)
B22a055	李 光信		论《山海经》和禹、益无关及《五藏山经神话资料的来源》 扬州师范学院学报 1962,(16),9—19
B22a056	雪 克		孙籀廎校《山海经》错简例 杭州大学学报

		1963,(2),142
B22a057	杜　而未	山海经的轮回观念　现代学人* 1963,(8)
B22a058	孙　家骥	读《山海经》杂记　台湾风物* 1963,13(6)
B22a059	孙　家骥	读《山海经》杂记(续)　台湾风物* 1964,14(1)
B22a060	苏　尚耀	读"山海"经　联合报* 1964.5.18
B22a061	史　景成	山海经新证　书目季刊* 1968,3(112)
B22a062	史　景成	山海经新证勘误　书目季刊* 1969,3(3)
B22a063	郑　康民	山海经探源(上、中、下)　建设* 1974,22(8); 1974,22(9);1974,22(10)
B22a064	傅　锡壬	山海经研究　淡江学报* 1976,(14):《白话山海经附录》 1988
B22a065	杜　而未	楚辞与山海经　《山海经神话系统》* 1976
B22a066	杜　而未	神异经与山海经　《山海经神话系统》* 1976
B22a067	杜　而未	十洲记与山海经　《山海经神话系统》* 1976
B22a068	杜　而未	洞冥记与山海经　《山海经神话系统》* 1976
B22a069	杜　而未	与山海经相关书籍　《山海经神话系统》* 1976
B22a070	杜　而未	山海经的价值　《山海经神话系统》* 1976
B22a071	林　明德	陶渊明"读山海经十三首"的神话世界初探　中外文学 1976,5(2)
B22a072	袁　珂	《山海经》写作的时地及篇名考　中华文史论丛 1978,(7),147—172;《神话论文集》 1982.1—25
B22a073	徐　炳昶	读山海经札记　《中国古史的传说时代》 1978;1985.291—302
B22a074	黄　春贵	山海经探微　教学与研究 1979,(1)
B22a075	袁　珂	略论《山海经》神话　中华文史论丛 1979,(2),59—74;《神话论文集》 1982.26—44
B22a076	袁　行霈	山海经初探　中华文史论丛 1979,(3),7—35
B22a077	周　琦	论元代曹善于抄本《山海经》　中国历史文献研究集刊 1980,(1)
B22a078	竹　翁	古代神话与《山海经》　台湾省政* 1980,4(4)
B22a079	张　明华	略谈《山海经》　读书 1980,(7),85—90

B22a080	燕	《山海经》不是怪诞神话	光明日报 1980.9.24
B22a081	李 丰懋	龙的传书——山海经 中国时报* 1980.10.14	
B22a082	云 奇	神话与《山海经》 哈尔滨文艺 1980,(11),63—64	
B22a083	骛 奇	神话二则 哈尔滨文艺 1980,(12),63—64	
B22a084	袁 珂	漫谈中国神话研究和《山海经》 四川图书馆 1981,(1),16	
B22a085	吉 联抗	《山海经》远古音乐材料初探 中国音乐 1981,(2)	
B22a086	梁 志忠	《山海经》——早期民族学资料的宝库 民族学研究(二) 1981.259—268	
B22a087	史 肇美	一部最古最奇的书——《山海经》浅说 山海经 1981,(3)	
B22a088	盖 山林	阴山岩画与《山海经》 内蒙古社会科学 1981,(3),127—139,145	
B22a089	谢 因	《山海经》与现代科学 读书 1981,(8),135—138	
B22a090	徐 杰	《山海经之神怪》简解 文献(九) 1981	
B22a091	蜀 仁	一部瑰伟瑰奇的古籍:《山海经》 吉林民间文学 1982,(1)	
B22a092	王 珍	《山海经》一书中有关母系氏族社会的神话试析 中州学刊 1982,(2),91—94	
B22a093	董 其祥	《山海经》记载的巴史 西南师范学院学报 1982,(3),73—80	
B22a094	房 连昌	读《山海经》一得 学术论坛 1982,(5),97	
B22a095	潘 世宪	群巫初探——《山海经》与古代社会 社会科学战线 1982,(4),107—111	
B22a096	郭 沫若	读诗札记四则 光明日报 1982.11.16	
B22a097	彭 泽江	山海经新探 文化中文硕论* 1982	
B22a098	王 珍	《山海经》与原始社会史研究 中原文物	

1983,(特刊)

B22a099　袁　珂　中国神话研究和《山海经》　文史知识　1983, (5),27—32

B22a100　袁　珂　关于《山海经》校译的几个问题
　　　　　　　　　思想战线　1983,(5),70—73

B22a101　孟　慧英　《山海经》中的帝神话　民间文学论集（一）（辽宁）　1983.58—74

B22a102　陆　思贤　内蒙古高原与《山海经》中人类起源的传说　《自然科学哲学的探索》　1983

B22a103　孙　培良　《山海经》指证　人文集林　1984

B22a104　徐　显之　《山海经》是一部最古的氏族社会志　湖北方志通讯　1984,(8),22

B22a105　翁　银陶　《山海经》产于楚地七证　江汉论坛　1984,(2), 54—55

B22a106　李　少雍　略论《山海经》神话的价值　中国古典文学论丛（一）　1984.23—34

B22a107　陈　天俊　《山海经》与先秦时期的南方民族　贵州社会科学　1984,(4),60—67

B22a108　张　紫晨　《山海经》民俗价值　思想战线　1984,(4):《民俗文艺学民俗学论文集》　1993.12.331—345

B22a109　周　明　《山海经》研究小史　历史知识　1984,(5),23—24

B22a110　萧　兵　《山海经》：四方民俗文化的交汇——兼论《山海经》由东方早期方士整理而成　《山海经新探》 1986.125—137

B22a111　任　乃强　巫师、方士与《山海经》　文史杂志　1985,(1)

B22a112　何　幼琦　《海经》新探　历史研究　1985,(2):《山海经新探》　1986.73—92

B22a113　李　云飞　《山海经》神话传说分类略析　湖南师范专科学校学报　1985,(3)

B22a114　孙　致中　《山海经》的性质　贵州文史丛刊　1985,(3), 102—106

B22a115	翁　银陶	《山海经》性质考　福建师范大学学报　1985,(4),83—88	
B22a116	孙　培良	《山海经》拾证　文史集林　1985,(4)	
B22a117	徐　南洲	《山海经》中的巴人世系考　社会科学研究　1985,(6),56—61	
B22a118	袁　　珂	《山海经》盖"古之巫书"试探　社会科学研究　1985,(6),66—67;《山海经新探》　1986.231—240	
B22a119	萧　蒂岩	简论《山海经》精髓之所在兼辨野人有无的问题：野人考察随笔之七　西藏文学　1985,(7),58—64	
B22a120	杨　　超	《山海经》及其相关的几个问题（代序）　《山海经新探》　1986.1—12	
B22a121	温　少峰	"氐羌乞姓"证　《山海经新探》　1986.26—43	
B22a122	徐中舒等	《山海经》和"黄帝"　《山海经新探》　1986.93—101	
B22a123	陈　天后	从《山海经》看古代民族的崇拜、信仰及其遗俗　《山海经新探》　1986.156—170	
B22a124	叶　幼明	鲧罪辨——兼论《山海经》与古代部族战争的关系　《山海经新探》　1986.171—184	
B22a125	李　远国	试论《山海经》中的鬼族——兼及蜀族的起源《山海经新探》　1986.185—202	
B22a126	段　　渝	《山海经》中所见祝融考　《山海经新探》　1986.203—216	
B22a127	赵　璞珊	《山海经》记载的药物、疾病和巫医——兼论《山海经》的著作时代　《山海经新探》　1986.264—276	
B22a128	张　明华	十个太阳和十二个月亮传说的由来　《山海经新探》　1986.294—307	
B22a129	任　乃强	试论《山海经》的成书年代与其资料来源　《山海经新探》　1986.315—336	
B22a130	赵　庄愚	《山海经》与上古典籍之互证　《山海经新探》	

1986. 337—345

B22a131　龙　　晦　　陶渊明与《山海经》　《山海经新探》　1986. 346—354

B22a132　王　红旗　　《山海经》试注(选)　《山海经新探》　1986. 355—367

B22a133　孙　致中　　《山海经》的作者及著作时代　贵州文史丛刊 1986,(1),78—82

B22a134　沙　嘉孙　　《山海经》中所见我国民俗　民俗研究　1986, (1),31—34

B22a135　周　松鹤　　被忽视了的秦代《水经》——略论《山海经、海、东经、附篇》的写作年代　自然科学史研究　1986, (1),49—53

B22a136　龚　维英　　释"尸"　文史知识　1986,(1),104—105

B22a137　杨　景龙　　《山海经》英雄神话三则浅析　名作欣赏　1986, (2),65—68

B22a138　李　仁泽　　山海经神话研究　师大硕论*　1986

B22a139　陈　妙华　　从山海经楚辞看草木与文学的关系　文大中研硕论*　1986

B22a140　胡　仲实　　图腾、神、神话——读《山海经》　广西师范学院学报　1987,(1)

B22a141　孙　致中　　《山海经》怪物试解　辽宁大学学报　1987,(2), 19—23

B22a142　徐　盛华　　从陶渊明"读山海经十三首"中析论其神话世界的三重意识　中外文学*　1987,16(7),40—54

B22a143　候　乃慧　　从山海经的神状蠡测鸟和蛇的象征及其转化关系　中外文学*　1987,15(9)

B22a144　袁　　珂　　《山海经》神话与楚文化　《巫风与神话》　1988. 1—10

B22a145　伊藤清司；　《山海经》与华南的古代民族文化
　　　　　中原律子　贵州民族学院学报　1988,(4),88—91

B22a146　欧阳　健　　"有夏之传"与"山海经"之双向探考　中国人民大学学报　1988,(6),92—100,83

B22a147	龙　亚珍	山经祭仪初探　政大中研硕论* 1988
B22a148	简　淑慧	山海经中的乐园——神话是每个民族的梦　东方杂志* 1988,21(9)
B22a149	袁　　珂	《山海经》中有关少数民族的神话　《神与神话》*（王孝廉编）1988.651—626
B22a150	朱　越利	从《山海经》看道教神学的渊源　世界宗教研究 1989,(1),119—128
B22a151	何　　新	扶桑神话与日本民族起源:《山海经》中远古神话的新发现　学习与探索　1989,(4/5),21—29,35
B22a152	周　保国	开本草著作先河的《山海经》　中国医药报 1989.7.2
B22a153	袁　　珂	论《山海经》的神话性质:兼与罗永麟教授商榷　思想战线　1989,(5),13—36,46
B22a154	罗　永麟	论《山海经》的巫觋思想——兼答袁珂先生　民间文艺集刊　1990,(3),138
B22a155	王　大有	《山海经》是上古史书　人民日报　1990.2.2
B22a156	张　　志	人首蛇身的伏羲、女娲与蛇图腾崇拜:兼论《山海经》中人首蛇身之神的由来　西北民族学院学报 1990,(1)
B22a157	周　士琦	《山海经》"孟极"即"雪豹"考　中国科技史料 1991,(2),84—87
B22a158	沈　光海	《山海经》中的诸物得名之由来　湖州师范专科学校学报　1992,(1)
B22a159	杨　　义	《山海经》的神话思维　海南师范学院学报 1993,(1),1—7
B22a160	李　世康	《山海经》与毕摩比较研究　楚雄社会科学论坛 1993,(6),69—70,68
B22a161	杨　　卓	《山海经》研究进入新阶段——解开中国及世界历史之谜的探索　古籍整理研究学刊　1994,(3),15—20
B22a162	宁　稼雨	《山海经》与中国奇幻思维　南开大学学报

			1994,(3)
B22a163	胡　运鹏	试论《山海经》中黄帝的真实性　云南民族学院学报　1994,(4)
B22a164	刘　子敏	《山海经》"天毒"考　博物馆研究　1995,(4),40
B22a165	灵　　华	《山海经》概说　贵州教育学院学报　1995,(2)
B22a166	何　兆雄	《山海经》是巫医经　炎黄世界　1995,(2)
B22a167	王　廷洽	《山海经》所见之树神崇拜　当代宗教研究　1995,(2)
B22a168	胡　远鹏	论《山海经》是一部信史　中国文化研究　1995,(4)
B22a169	胡远鹏等	《山海经》研究的新突破　长沙水利电力师范学院学报　1995,(4)
B22a170	刘子敏等	简论"钜燕"与东北亚的若干古族——读《山海经》　民族研究　1995,(4),40—48
B22a171	刘子敏等	《山海经》貊国考　北方文物　1995,(4),53—55,52
B22a172	龙　文玲	陶渊明《读山海经》的幽愤与娱情　广西师范学院学报　1995,(4),91—93
B22a173	李　　立	论《山海经》中猪形神子的神话传说　社会科学战线　1995,(6),14—20
B22a174	胡　远鹏	《山海经》:揭开中国及世界之谜　淮阴师范专科学校学报　1995,17(3)
B22a175	胡　远鹏	《山海经》:中国科技史的源头　暨南大学学报　1996,(1),75—85
B22a176	张　　箭	《山海经》与原始社会研究:神话乎? 历史乎?　社会科学研究　1996,(2)
B22a177	宫　玉海	关于《山海经》与上古社会研究:历史需要什么样的澄清　社会科学研究　1996,(2)
B22a178	赵　沛霖	物占神话:原始物与神话的实用化:《山海经》研究之一　社会科学战线　1996,(3)
B22a179	郑　在书	再论中国神话观念:从文本的角度来看《山海经》《中国神话与传说学术研讨会论文集》*（上）

                    1996.3.91—102
B22a180   [日]竹野忠生； 论《山海经》的非神话性
           胡　远鹏   淮阴师范专科学校学报　1996,18(4),37—40
B22a181   方正已等   谈神塑艺术源于《山海经》　吉林师范学院学报
                    1996,(9/10),22—23
B22a182   赵　沛霖   中国神话的分类与《山海经》的文献价值　文艺
                    研究　1997,(1),96—105
B22a183   欧　阳健   从《山海经》看神怪观念的起源　上海师范大学
                    学报　1997,(1)
B22a184   赵　建军   《山海经》的神话思维结构　淮阴师范专科学校
                    学报　1997,19(2),19—23
B22a185   胡　远鹏   论现阶段《山海经》研究　淮阴师范专科学校
                    学报　1997,19(2)
B22a186   王　红旗   《山海经》之谜寻解　东方文化　1998,(5),73—77
JB22a001+ 伊藤清司   『中国の神獣・悪鬼たち―山海経の世界』　東
                    京　東方書店　1986
JB22a001   小川琢治   山海経篇目論　藝文 2(5)　1911.899—942：
                    『支那歷史地理研究』初集　弘文堂書房　1928
JB22a002   小川琢治   山海経篇目論補遺　藝文 2(8)　1911.1363—
                    1371：『支那歷史地理研究』初集　弘文堂書房
                    1928
JB22a003   小川琢治   山海経の錯簡について　藝文 2(10)　1911.
                    1688—1702：『支那歷史地理研究』初集　弘文堂
                    書房　1928
JB22a004   神田喜一郎 山海経より日観たる支那古代の山嶽崇拝　支
                    那学 2(5)　1922.332—348
JB22a005   中尾万三   山海経を読む(1—8)　本草 11—20　東京春陽
                    堂　1933—1934
JB22a006   高馬三良   山海経原始　大阪女子大学紀要 1　1951.18—
                    34
JB22a007   伊藤清司   山川の神々(1—3)――『山海経』の研究　史学

		1968,41(4),31—61:1969,43(1),73—106: 1969,43(2),29—78
JB22a008	岡本　正	山海経について――中国古代史研究巻一　東京　1969.383—398
JB22a009	伊藤清司	山海経と鉄　『森嘉兵衛教授退官記念論文集　社会経済史の諸問題』東京　法政大学出版局　1969.174—191
JB22a010	伊藤清司	古代中国の民間医療(1—3)――『山海経』の研究　史学　1970,42(4),41—62:1970,43(3),17—33:1971,43(4),39—87
JB22a011	松田　稔	『山海経』における災異　日本文学論究30　1971.121—128:『「山海経」の基礎的研究』　東京　笠間書院　1998
JB22a012	伊藤清司	『山海経』の薬物と太尾羊　民族学研究36(2)　1971.177—178
JB22a013	伊藤清司	古代中国の馬の調良呪術――『山海経』の研究　古代文化(古代学協会)24(4)　1972.107—113
JB22a014	伊藤清司	中国古代の妊娠祈願に関する呪的薬物――『山海経』の民俗学研究　中国学誌7(民俗専号)　1973.21—54
JB22a015	伊藤清司	『淮南子』墜形訓と『山海経』　中国古典文学大系月報59(平凡社)　1974
JB22a016	伊藤清司	なつめとオタマジャクシ――山海経の研究断片　中国大陸古文化研究7　1975.57—64
JB22a017	松田　稔	異形山岳神小考――『山海経』を中心として　漢文学会会報22　1976.46—56　『「山海経」の基礎的研究』　東京　笠間書院　1998
JB22a018	伊藤清司	山海経と軽石　史学48(4)　1978.100—101
JB22a019	伊藤清司	蔵羊と箴石――山海経の研究　『三上次男博士頌寿記念東洋史・考古学論集』　京都　朋友書店　1979.77—91
JB22a020	伊藤清司	巫祝と戦争――山海経の研究　『池田末利博士

古稀記念　東洋学論集』　廣島・池田末利博士古稀記念事業会（比治山女子短期大学内）1980. 241—258

JB22a021　伊藤清司　古代中国の戦禍・剣難回避の呪法——『山海経』の研究　史学 50　1980. 329—341

JB22a022　大久保荘太郎　山海経について　羽衣学園短大紀要 17　1981. 1—7

JB22a023　松田　稔　『山海経』における瑞祥　漢文学会会報 27　1981. 20—30　『「山海経」の基礎的研究』　東京　笠間書院　1998

JB22a024　松田　稔　『山海経』における山岳祭祀　国学院雑誌 83(2)　1982. 83—97　『「山海経」の基礎的研究』　東京　笠間書院　1998

JB22a025　松岡正子　人魚伝説——『山海経』を軸として　中国文学研究（早稲田大学）8　1982. 49—66

JB22a026　伊藤清司　『山海経』と玉　『中国古代史研究』5　東京　雄山閣　1982. 5—30

JB22a027　伊藤清司　中国古代の山岳神祭祀——山海経研究　『稲・舟・祭——松本信広先生追悼論文集』　東京　六興出版社　1982

JB22a028　松田　稔　古代中国における神格の形状——『山海経』を中心として　日本文学論究（国学院大学）42　1983：『「山海経」の基礎的研究』　東京　笠間書院　1998

JB22a029　松田　稔　『山海経』における動物観　国学院女子短期大学紀要 1　1983：『「山海経」の基礎的研究』　東京　笠間書院　1998

JB22a030　松同正子　刑天——『山海経』における「屍」と「舞」について　中国詩文論叢（早稲田大学）2　1983. 110—122

JB22a031　松田　稔　『山海経』における植物観　国学院女子短期大学紀要 2　1984：『「山海経」の基礎的研究』　東

京　笠間書院　1998

JB22a032　木内芳樹　『山海経』における古代説話の一考察　中国学研究(大正大学)4　1984

JB22a033　松田　稔　「五采鳥」考——山海経における鳳凰の系譜　漢文学会会報29　1984．19—30

JB22a034　松田　稔　陶淵明『読山海経』考　国学院高等学校紀要19　1984．229—260；『「山海経」の基礎的研究』東京　笠間書院　1998

JB22a035　木内芳樹　『山海経』に現われた古代説話の展開——帝俊説話を中心として　大正大学大学院研究論集9　1985．129—143

JB22a036　伊藤清司　『山海経』の民俗社会的背景
国学院雑誌86(11)　1985．140—155

JB22a037　伊藤清司　『山海経』研究上の一課題　史学55(1)　1985．1—17

JB22a038　木内芳樹　『山海経』名物・祭祀一覧　櫻美林大学中国文学論叢11　1986．29—67

JB22a039　松田　稔　『山海経』における風の記述——その神話的要素の考察　国学院女子短期大学紀要4　1986；『「山海経」の基礎的研究』　東京　笠間書院　1998

JB22a040　松岡正子　『山海経』西次三経と羌族——崑崙之丘と羌の雪山について(1—2)　中国文学研究(早稲田大学)　1986,(12),50—61；1987,(13)

JB22a041　松田　稔　『山海経』に見える太陽の記述——その神話的要素の考察　漢文学会会報31　1986．80—97；『「山海経」の基礎的研究』　東京　笠間書院　1998

JB22a042　松田　稔　転生の神話——『山海経』を中心とした中国神話の考察　学苑(昭和女子大学)1　1987；『「山海経」の基礎的研究』東京　笠間書院　1998

JB22a043	小南一郎	『山海経』研究の現状と課題　中国社会と文化2　1987
JB22a044	大形　徹	『山海経』の『山経』にみえる薬物と治療　『中国古代養生思想の総的研究』東京　平河出版社　1988
JB22a045	松田　稔	『山海経』五藏山経の水の神　漢文学会学報33　1988．15—24：『「山海経」の基礎的研究』　東京　笠間書院　1998
JB22a046	松田　稔	『山海経』における鉱物観　国学院女子短期大学紀要（創立5周年記念号）　1988：『「山海経」の基礎的研究』　東京　笠間書院　1998
JB22a047	松田　稔	中国古代の神——『山海経』山経と海経との関係　学苑（昭和女子大学）1　1988．167—178：『「山海経」の基礎的研究』　東京　笠間書院　1998
JB22a048	伊藤清司	異形の民——『山海経』の対周辺民族観　中国古代史研究（研文出版社）6　1989．159—181
JB22a049	阪谷昭弘	『山海経』黄帝女魃の形象について　学林（立命大学）13　1989．1—14
JB22a050	松田　稔	『山海経』海経における絵画的要素　学苑（昭和女子大学）1　1989：『「山海経」の基礎的研究』　东京　笠間書院　1998
JB22a051	松田　稔	『山海経』における山岳観　国学院中国学会報38　1992：『「山海経」の基礎的研究』　東京　笠間書院　1998
JB22a052	松田　稔	『山海経』の山経と海経　学苑（昭和女子大学）1　1992：『「山海経」の基礎的研究』　東京　笠間書院　1998
JB22a053	松田　稔	『山海経』郭璞注引書考　国学院短期大学紀要11　1993：『「山海経」の基礎的研究』　東京　笠間書院　1998
JB22a054	松田　稔	山岳祭祀における玉——『山海経』を中心とし

		て　漢文学会会報 36　1990. 7—26；『「山海経」の基礎的研究』　東京　笠間書院　1998
JB22a055	櫻井龍彦	『山海経』注にみる郭璞の「変化」論　中京大学教養論叢 34(3)　1993. 41—76
JB22a056	櫻井龍彦	郭璞『山海経』注の態度(上)(下)中京大学教養論叢　1993,34(4),1—24；1994,35(1),1—27
JB22a057	野崎充彦	鄭在書著『不死の神話と思想』——山海経・抱朴子・列仙伝・神仙伝にっいての研究　東方宗教 85　1995. 80—85
JB22a058	松田　稔	『山海経』の巫と『楚辞』　国学院中国学会報 41　1995. 1—14
JB22a059	伊藤直哉	陶淵明「読山海経」其四について　『中村璋八博士古稀記念東洋学論集』　東京　汲古書院　1996
JB22a060	田中紀子	山海経と信濃の人々　信濃 50(10)　1998. 64—74
JB22a061	松田　稔	『淮南子』地形訓と『山海経』　国学院雑誌 99(10)　1998. 1—20
JB22a062	大野圭介	『山海経』海内四経の成立　富山大学人文学部紀要 28　1998. 1—20
JB22a063	大野圭介	『山海経』大荒・海内経原始　富山大学人文学部紀要 30　1998

b. 《山海经》神话地理

B22b001+	卫挺生等	《山经地理图考》　台北华冈书店　1975
B22b001	顾　颉刚	王藏山经试探　史学论丛　1934,(1)
B22b002	王　以中	《山海经》图与职贡图　禹贡半月刊　1930,1(3)
B22b003	贺　次君	"山海经"图与职贡图的讨论　禹贡半月刊　1934,1(8),28—34
B22b004	王　从中	山海经图与外国图　史地杂志　1937,1(1),5—

10

B22b005	侯 仁之	海外西经海内西经与大荒西经海内经之比较 禹贡半月刊 1937,7(6/7),319—326	
B22b006	余 饶尔；王 静如	中国传说中之东罗马 中德学志 1940,1(4),660—663	
B22b007	江 绍原	读"山海经"札记(大荒四极之山和海中四渚) 知识与生活 1947,(14),25—28	
B22b008	徐 旭生	《山海经》的地理意义 地理知识 1955,(8)	
B22b009	曹 婉如	五藏山经和禹贡中的地理知识 科学史集刊 1958,(1)	
B22b010	赵 尺子	山海经时代的新疆 新疆研究* 1964	
B22b011	卫 挺生	南山经地理考释 东方杂志* 1969,3(1)	
B22b012	卫 挺生	东山经地理考释 东方复刊* 1969,3(3)	
B22b013	卫 挺生	北山经地理考释 东方杂志* 1971,5(6)	
B22b014	谭 其骧	《山经》河水下游及其支流考 中华文史论丛 1978,(7),173—192	
B22b015	张 国光	《山海经》黑水、赤水考实 活页文史丛刊(74) 1980.1—15	
B22b016	翁 经方	《山海经》中的丝绸之路初探 上海师范学院学报 1981,(2),63—69	
B22b017	每 君	释"飞鸟之所解其羽" 文史哲 1981,(3),81—82	
B22b018	顾 颉刚	山海经中的昆仑区 中国社会科学 1982,(1)	
B22b019	王 迹	西海、西海郡考察 青海社会科学 1983,(2)	
B22b020	谭 其骧	《王藏山经》的地域范围提要 《山海经新探》 1986.13—14	
B22b021	邓 少琴	《山海经》昆仑之丘应青藏高原巴颜喀拉山 《山海经新探》 1986.15—25	
B22b022	温 少峰	《五藏山经中次九经》地理考释 《山海经新探》 1986.16—43	
B22b023	徐 南州	试论招摇山的地理位置——兼论扭阳山 《山海经新探》 1986.44—58	

B22b024	张　国光	《山海经》西南之黑水即金沙江考——兼论赤水实指今之雅砻江与盘江　《山海经新探》 1986．59—72	
B22b025	孙　致中	《山海经》与《山海图》 河北学刊　1987,(1),57—62	
B22b026	伊　一	《山海经》与华南的古代民族文化　贵州民族学院学报　1988,(总18)	

c. 西王母

B22c001+	朱　传誉	《昆仑与西王母》*　台北　天一出版社　1982
B22c001	辰　伯	西王母与西戎（西王母与昆仑山之一）　清华周刊　1931,36(6),361—371
B22c002	吴　晗	西王母的传说　清华周刊　1932,37(1),38—60
B22c003	辰　伯	西王母与牛郎织女的故事　文学月刊　1932,3(1)
B22c004	王　光献	西王母故事的试探　民俗周刊（绍兴）　1933,(1)
B22c005	李　裕增	西王母即基洼（静观庐随笔）　河北博物院画报 1935,(87)
B22c006	吕　思勉	西王母考　说文月刊　1939,1(9),519—522：《吕思勉读史札记》 1982．1103—1106
B22c007	方　诗铭	西王母传说考（汉人求仙之思想与西王母）　东方杂志　1946,42(14),34—42
B22c008	江　行	西王母考　中央日报　1947.1.7、8
B22c009	于　豪亮	几块画像砖的说明（西王母）　考古通讯 1957,(4),106—112
B22c010	朱　芳圃	西王母考　开封师范学院学报　1957,(2),1—10
B22c011	凌　纯声	昆仑丘与西王母　民族学所集刊*　1966,(22)：《中国的边疆民族与太平洋文化》*　1997． 1569—1613

B22c012	劳 榦	几种古代史上不成问题的问题 大陆杂志* 1967,35(4)	
B22c013	虞 怡	西王母考 中国地震* 1971,(36)	
B22c014	李 发林	汉书中的九头人面兽(西王母) 文物 1974,(2)	
B22c015	施 芳雅	西王母故事的衍变 中国古典小说研究专辑*(一) 1979	
B22c016	林 祥征	西王母的变迁及其启示 山东师范学院学报 1980,(1),68—70	
B22c017	周 明	落叶归根:试谈我国神话中西王母形象之变迁 南充师范学院学报 1980,(2),39—43,38	
B22c018	汤 池	释郫县东汉画像西王母图中的三株树 考古 1980,(6),571	
B22c019	郭 元兴	西王母与西域 活页文史丛刊 1981,(125),1—10	
B22c020	萧 兵	西王母以猿猴为图腾考——《楚辞外证》之一 活页文史丛刊(125) 1981.10—30;《楚辞与神话》 1987.425—454	
B22c021	黄 文弼	古西王母国考 西北史地论丛 1981	
B22c022	李 德芳	试论西王母神话的演变 《民间文艺学文丛》 1982.33—53	
B22c023	库尔班·外力	"西王母"新考 新疆社会科学 1982,(3),75—80	
B22c024	雷 鸣夏	"穆天子会见西王母"画像石质疑 中原文物 1983,(3),80—83	
B22c025	孔 思阳	西王母传说的起源及其演变 青海师范学院学报 1984,(1),83—89	
B22c026	翁 银陶	西王母为东夷族刑神考 民间文学论坛 1985,(1),77—82	
B22c027	吕 继祥	关于西王母传说起源地的探索——也说西王母传说起源于东方 民间文学论坛 1986,(6),89—93	

B22c028	郑　志明	西王母神话的宗教演变　中国社会与宗教*　1986	
B22c029		敦煌文献中的"张骞乘槎"故事之探讨(谈及西王母、织女)　法商学报*　1986,(21)	
B22c030	姚　宝瑄	域外西王母神话初探　中国神话(一)　1987.264—273	
B22c031	姚　远	西王母神话源流新证　民间文艺季刊　1987,(1),19—36	
B22c032	王　迹	西王母与中国文学　青海师范专科学校学报　1987,(3)	
B22c033	李　丰懋	西王母五女传说的形成及其演变——西王母研究之一　东方宗教研究*　1987,(1)	
B22c034	本报记者	登天本无术、兔何戏月宫——兼谈西王母的神话形象　北京青年报　1987.1.30	
B22c035	蔡　大成	论西王母形象中的萨满教因素　云南社会科学　1988,(2),107—110,95	
B22c036	叶　舒宪	甲骨文"东母""西母"试解　唐都学刊　1989,(2)	
B22c037	吕　微	论昆仑神话的二分世界　民间文学论坛　1989,(2),44—50	
B22c038	李　笑野	旱魃西王母形象探讨　通化师范学院学报　1989,(3),41—44	
B22c039	王　景琳	西王母的演变　文史知识　1990,(1),94—97	
B22c040	何　光岳	西王母的来源的迁徙　青海社会科学　1990,(6),62—70	
B22c041	刘　映祺	西王母与泾川回山　中国道教　1991,(3),48—50	
B22c042	蒋　宗福	西王母的演变补说　文史知识　1991,(7),114—117	
B22c043	森　雅子； 金　佩华	西王母原型 世界宗教资料　1993,(1),34—38	
B22c044	胡　宗英	西王母形象的演变　上海道教　1993,(1),10—	

13

B22c045　　郑　杰文　　西王母神话的渊源及其在中原地区的流播和演变　滨州师范专科学校学报　1993,(1),41—45

B22c046　　孙　昌武　　探索西王母与七夕的奥秘．兼谈结构主义等等　古典文学知识　1993,(5),91—96

B22c047　　王　家佑　　西王母与西膜　中华文化论坛　1994,(2)

B22c048　　启　　良　　西王母神话考辨
　　　　　　　　　　　　湘潭大学学报　1994,(3),84—88

B22c049　　饶　宗颐　　谈古代神明的性别——东西王母说　中国书目季刊* 1994,27(4),72—75

B22c050　　武　　文　　简论西王母的政治理想及对后世的影响　青海社会科学　1994,(5)

B22c051　　荣　　宁　　试析西王母神话与羌族社会　青海民族研究　1995,(1)

B22c052　　赵　献春　　浅谈西王母神话演变的三个阶段　张家口师范专科学校学报　1995,(2),36—39

B22c053　　[日]曾布川宽；　汉、三国佛教遗物的图想——西王母和佛
　　　　　　潘　秋枫　　东南文化　1995,(2),75—77

B22c054　　范　三畏　　西王母神话探源：兼论二昊氏戎夷的关系　西北师范大学学报　1995,(6),89—94

B22c055　　尹　荣方　　西王母神话新论　民俗研究　1996,(2),71—95

B22c056　　张　　伟　　西王母会见周穆王地点国内外研究概况　兰州学刊　1996,(6)

B22c057　　沈　天水　　西王母原型　延边大学学报　1997,(2),126—131

B22c058　　王　　青　　魏晋时期的西王母传说以及产生背景　南京师范大学学报　1997,(3)

B22c059　　张　庆民　　西王母神话沿革阐释　齐鲁学刊　1998,(2),9—13

JB22c001+　小南一郎　　『西王母と七夕伝承』　东京　平凡社　1991

JB22c001　　山下寅次　　西王母の古伝に就きて　史学界 6(11)　1904

JB22c002	中山平次郎	支那古鏡銘の西王母に就いて　考古学雑誌 11(6)　1921. 324—332	
JB22c003	森　鹿月	西王母の話　風俗研究 39　1923	
JB22c004	濱上隆一	西王母説話の一考察　歴史と地理 48　1938	
JB22c005	佚　名	漢武会西王母図解　国華 49(4)　1939. 108	
JB22c006	澤村幸夫	西王母　満蒙 22年9号　1941	
JB22c007	斯波六郎	西王母伝説に就いて 東洋文化 223　1943. 18—23, 17	
JB22c008	下斗米晟	西王母説話変遷　富山大学文理学部文学紀要 3　1953. 59—70	
JB22c009	大橋あや	西王母伝説について　漢文学研究　1959	
JB22c010	山下　實	西王母伝説私考　鈴峰女子短大人文社会科学研究集報 14　1967. 1—20	
JB22c011	下斗米晟	西王母研究　大東文化大学漢学会誌 9　1969. 1—16	
JB22c012	下斗米晟	道教における西王母の地位と職司　大東文化大学紀要 8	
JB22c013	山口柚美子	西王母と崑崙山——その結合過程を検討する　漢文学会報(國學院大學)16　1971	
JB22c014	小南一郎	西王母と七夕伝承　東方学報(京都)46　1974. 33—81：『中国の神話と物語り——古小説史の展開』　東京　岩波書店　1984	
JB22c015	石井昌子	西王母考——アジア研究所第一回シルクロード学術科調査の旅から創大アジア研究 3　1982. 105—132	
JB22c016	森　雅子	西王母の原像——中国古代神話における地母神の研究　史学 56(3)　1986. 61—93	
JB22c017	森　雅子	セミラミスと西王母　オリエント 31(1)　1988	

d. 夸父

B22d001	孫　作云	夸父槃瓠犬戎考　中原新潮　1942, 1(1), 94—122	
B22d002	袁　珂	夸父和他的子民　雁侶　1956	

B22d003	许　钰	关于"夸父逐日"　中国青年　1956,(16),27—28	
B22d004	杜　而未	论夸父　《山海经神话系统》*　1976	
B22d005	奚　松	图说古代中国神话(夸父追日)　现代文学*　1977,(1)	
B22d006	高　国藩	夸父神话略谈 南京大学学报　1980,(1),119—121	
B22d007	龚　维英	《夸父逐日》神话新释　天津社会科学　1983,(5),88—92	
B22d008	王　红旗	也谈"夸父逐日"传说:与郑文光同志商榷　自然信息　1984,(1)	
B22d009	刘　城淮	《夸父追日》略谈　中州学刊　1984,(5),66—70	
B22d010	涂　元济	夸父逐日考　民间文艺集刊(六)　1984. 27—43;《神话、民俗与文学》(涂元济等著)　海峡文艺　1993. 11. 91—108	
B22d011	郭太平等	《夸父逐日》新解　许昌师范专科学校学报　1985,(1),13—15	
B22d012	张　振犁	夸父神话探源　《民俗调查与研究》　1988;《中原古典神话流变论考》(张振犁著)　1991. 5. 121—139	
B22d013	何　光岳	"夸父追日"神话的历史学思考　民间文艺季刊　1990,(3),19—28,251	
B22d014	周　来稳	夸父的悲喜剧——夸父神话及其演变的美学观照《神话与民俗》　1990. 74—88	
B22d015	王　博	"夸父逐日"神话揭秘　光明日报　1993. 2. 8(3)	
B22d016	星　舟	夸父追日的深层叙事原型　云梦学刊　1994,(4),47—51	
B22d017	霍　福	"夸父追日"之我见　青海教育学院学报　1995,(2)	
B22d018	蔡　永贵	《夸父逐日》的文化意蕴新解　宁夏大学学报　1995,(4),28—31,66	

B22d019	梁　　球	夸父的美学特征　惠州大学学报　1996,(1),67—70	
B22d020	张　启成	《山海经·夸父逐日》的本义　贵州教育学院学报　1998,(3),62—63	
JB22d001	大林太良	夸父と造父——構造分析の試み　国立民族学博物館研究報告 13(4)　1989.727—740	

23.《穆天子传》

B23-001＋	顾　　实	《穆天子传西征注疏》　上海　商务印书馆　1934
B23-002＋	张　公量	《穆天子传西征注疏》(书评)　大公报·图书馆副刊(天津)　1935.3.14(70)
B23-003＋	张　公量	顾实著《穆天子传西征注疏》评论　禹贡半月刊　1935,3(4),31—40
B23-004＋	求　　真	评《穆天子传西征注疏》　人文杂志　1935,6(4),本文1—4
B23-005＋	岑　仲勉	《中外史地考证·穆天子传西征概测》　北京　中华书局　1962
B23-006＋	卫　挺生	《穆天子传今考》　台北中国文化学院　1971
B23-001	刘　师培	穆天子传补释　国粹学报　1905,(50—53)
B23-002	丁　　谦	穆天子传地理考证　地学杂志　1915,6(7/8)说郛类 133—148;6(9),1—10;6(10),53—65;6(11),1—5
B23-003	叶　浩吾	丁氏穆天子传注证补　地学杂志　1920,11(5)
B23-004	顾　　实	穆天子传征西今地考　地学杂志 1921,12(1—10)
B23-005	释　　持	《穆天子传》书后　亚洲学术杂志　1922,(3),本文1—3
B23-006	顾　　实	《穆天子传》西征今地考　国学丛刊　1923,1(4),56—85
B23-007	克　　凡	穆天子传西征讲疏　出版周刊　1925,(109)

B23-008	黎　光明	穆天子传的研究　语历所周刊　1928,2(23),693—704；2(24),723—738	
B23-009	卫　聚贤	穆天子传研究 语历所周刊　1929,9(100),3972—4013	
B23-010	顾　实	穆天子传西征年历 东方杂志　1930,27(5),67—76	
B23-011	刘　盼遂； 江　庵	穆天子传古文考 学文　1930,(1),26—27	
B23-012	小川琢治	穆天子传考　《先秦经籍考》　1931	
B23-013	卫　聚贤	穆天子传研究　古史研究(一)　1931	
B23-014	邵　次公	穆天子传日月考　河南图书馆刊　1933,(3),1—13	
B23-015	小川琢治； 汪　馥	69 周穆王西征 文学期刊　1934,1(1)	
B23-016	张　公量	穆传山经合证　禹贡半月刊　1934,1(5),6—15	
B23-017	张　公量	穆传之版本及关于穆传之著述　禹贡半月刊　1934,2(6),18—26	
B23-018	张　公量	略论山海经与穆天子传　华北日报・史学周刊　1934.11.22	
B23-019	顾　实	穆天子传西征讲疏　禹贡半月刊　1935,3(4),41—46	
B23-020	于　省吾	穆天子传新证　考古社刊　1937,(6),275—286	
B23-021	小川琢治； 刘　厚滋	穆天子传地名考 禹贡半月刊　1937,7(6/7),125—139;《先秦经籍考》　1931	
B23-022	高　夷	读《穆天子传》随笔　古学丛刊　1939,(3),本文1—8	
B23-023	杨　宪益	穆天子传的作成及其作者　《零墨新笺》　1947	
B23-024	顾　颉刚	穆天子传及其著作年代　文史哲　1951,1(2),63—68	
B23-025	岑　仲勉	《穆天子传》西征地理概测　中山大学学报　1957,(2),26—48；中外史地考证(上)　1962	

B23-026	王　贞民	《穆天子传》简论　文史哲　1962,(5),69—72	
B23-027	卫　挺生	穆天子传考证　中国一周*(700)　1963	
B23-028	王　范之	《穆天子传》与所记古代地名和部族　文史哲　1963,(6),61—67,78	
B23-029	苏　尚翟	《穆天子传》及其他　联合报*　1964.8.3	
B23-030	卫　挺生	《穆天子传与山海经今考》的收获　中正学报(菲律宾)　1967,(1)	
B23-031	卫　挺生	一篇三千年前中国王者的远游日记　东方杂志*　1967,1(4)	
B23-032	梁　子涵	穆天子传杂考　中央图书馆馆刊*　1970,3(3/4)	
B23-033	赵　俪生	《穆天子传》中一些部落的方位考实　中华文史论丛　1979,(2),287—301	
B23-034	常　征	《穆天子传》是伪书吗？《穆天子传新注》序　河北大学学报　1980,(1),30—53;	
B23-035	何　农	穆天子传性质的有关问题考略　南充师范学院学报　1981,(4)	
B23-036	钱　伯泉	先秦时期的丝绸之路:《穆天子传》的研究　新疆社会科学　1982,(3),81—92	
B23-037	鲁　南	最早记录中原与西域交往的史诗:《穆天子传》新疆日报　1982.10.9	
B23-038	刘　肖芜	《穆天子传》今译　新疆社会科学　1982,(3),93—114	
B23-039	黄　刚蓝	穆天子会见西王母汉画像石考释　中原文物　1982,(1)	
B23-040	洪　安全	周穆王与西王母　故宫文物月刊*　1983,3(3)	
B23-041	李　福清; 王　士媛	《穆天子传》:古代文学作品 黑龙江民间文学(八)　1983	
B23-042	孙　致中	穆王西征与《穆天子传》　齐鲁学刊　1984,(2),76—82	
B23-043	莫　任南	从《穆天子传》和希罗多德《历史》看春秋战国时	

		期的中西交通　西北史地　1984,(4),50—58
B23-044	缪　文远	《穆天子传》是一部什么样的书　文史知识 1985,(1),26—32
B23-045	[苏]鲍·李福清; 王　士媛	古代文学典籍《穆天子传》　民间文学　1985,(10),35—39
B23-046	李　清安	评《穆天子传·译注与考证》　民间文学论丛 1990,(4),86
B23-047	刘　德谦	古代文学典籍《穆天子传》的一点补正　民间文学　1986,(7),57—59
B23-048	龚　维英	穆天子传是古神话与仙话的界碑　求索 1992,(3),95—97
B23-049	杨　义	《穆天子传》的史诗价值　东方论坛　1993,(2),63—76
B23-050	王　贻梁	《穆天子传汇校集释》　华东师范大学出版社 1994
B23-051	李　崇新	《穆天子传》的发现及流传　安徽教育学院学报　1994,(3)
B23-052	郑　杰文	《穆天子传》对《左传》文学手法的变革　文史哲 1994,(4),91—94
B23-053	王　贻梁	《穆天子传》的史料价值　华东师范大学学报 1994,(6),51—55
B23-054	李　崇新	《穆天子传》西行路线研究　1995,(2),41
B23-055	杨　善群	《穆天子传》的真伪及其史料价值　中华文史论丛(54)　1995.227—251
JB23-001	佐佐木照山	弐千九百年前西域探検日誌(穆天子伝研究)　東京　日高有倫堂　1910
JB23-002	小川琢治	穆天子伝考　『狩野教授還暦記念支那学論叢』京都　弘文堂　1928
JB23-003	市川　勇	穆天子西征伝説の性質に就いて　史苑 11(3/4)　1938.193—226
JB23-004	御手洗騰	『穆天子伝』成立の背景　東方学 26　1963:『古代中国の神々』　東京　創文社　1984.720—

745

JB23-005　森　雅子　穆王讚歌　史学 65(1/2)　1995. 49—75

24.《老子》、《庄子》、《列子》等与神话
a.《老子》

B24a001+　杜　而未　《老子的月神宗教》
　　　　　　　　　　台北　学生书局　1978；1984(4 版)
B24a002+　叶舒宪等　《老子文化解读》　武汉　湖北人民出版社
　　　　　　　　　　1994. 5. 1222p

B24a001　刘　国钧　老子神话考略　金陵学报　1934,4(2)
B24a002　罗　根泽　老子故事的演变与辨证　文化先锋　1943,3
　　　　　　　　　(1),15—18;3(2),14—18;3(3)缺
B24a003　钱　穆　中国古代传说中的博大真人　民主评论（港）
　　　　　　　　　1953,4(11)
B24a004　劳　榦　关东与关西的李姓和赵姓　史语所集刊*
　　　　　　　　　1960,31
B24a005　孙　克宽　唐以前老子的神话　大陆杂志*　1974,48(1)
B24a006　周　次吉　老子的神话　中央日报*　1978. 11. 24
B24a007　Craham;　老聃传奇的起源
　　　　　周　芬青　中国文化月刊*　1980,(13)
B24a008　萧　兵　《老子》与母性崇拜　中国妇女学研究（港）
　　　　　　　　　1989
B24a009　傅　光宇　老子与《尚书》　复旦大学学报　1996,(6),58—
　　　　　　　　　62
B24a010　叶　舒宪　老子哲学与母神原型　民间文学论坛　1997,
　　　　　　　　　(1),20—18

JB24a001+　楠山春樹　『老子伝説の研究』　東京　創文社　1979

JB24a001　鉄井慶紀　「老子」四十二章についての比較神話学的試論
　　　　　　　　　　東方学 55　1978. 18—32；『中国神話の文化人
　　　　　　　　　　類学的研究』　東京　平河出版社　1990.

		303—324
JB24a002	中鉢雅量	神話と老荘——古代人の宗教体験について『森三樹三郎博士頌寿記念東洋学論集』 1979. 203—218
JB24a003	中鉢雅量	老子と神話 『老子の世界』（加地伸行編） 東京 新人物往来社 1988;『中国の祭祀と文学』東京 創文社 1989

b.《庄子》

B24b001+	曹　础基	《庄子浅注》 北京中华书局 1982
B24b002+	杜　而未	《庄子宗教与神话》 台北　学生书局 1985
B24b003+	叶　舒宪	《庄子的文化解读——前古典与后现代的视界融合》 1997.8
B24b004+	吴　光正	解构、还原、创新：叶舒宪《庄子的文化解读》一书的研究思路　民族艺术　1998,(3),194—197
B24b001	方　书林	庄子中的古史　语历所周刊　1928,2(11),656—670
B24b002	李　行之	庄生"鲲化为鹏"说旁证　泾涛
B24b003	知　非	"逍遥游"及其他：中国古代对太空的向往　人民日报　1961.4.25
B24b004	叶　舒宪	庄子与神话　《中国神话与传说学术研讨会论文集》台北　汉学研究中心　1963.171—184
B24b005	陈　鼓应	庄子鲲鹏寓言的意义之展现　中国时报*　1964.12.21
B24b006	蔡　明田	庄子的混沌寓言　《中央日报》*　1978.9.12
B24b007	谈　文良	神技从何而来？《庄子》几则寓言的启示　扬州师范学院学报　1979,(1)
B24b008	赵　克	《庄子》寓言文学探索　黑龙江大学学报　1979,(3)
B24b009	朱　恩信	谈《庄子》寓言　新疆大学学报1980,(1),33—40
B24b010	邱　永山	略谈《庄子·内篇》寓言的特点　天津师范学院学报　1980,(5),46—48

B24b011	周　振甫	庄子《鹏与鷃雀》今译　文史知识　1981,(6), 48—52	
B24b012	杜　而未	庄子神话解释　文史哲学报*　1983,(32),13— 54	
B24b013	张　亨	庄子哲学与神话思想——道家思想溯源　东方文化*　1983,21(2),115—135	
B24b014	王　树森	《逍遥游》诠译　吉林大学学报　1984,(1)	
B24b015	杜　而未	庄子宗教与神话　恒毅*　1984,34(5)	
B24b016	孟　传书	《庄子》对神话形象的再创作　天津教育学院学刊　1986,(5)	
B24b017	齐　昀	论《逍遥游》的神话渊源　青海教育学院学报 1994,(1)	
B24b018	朱　任飞	从东海神木传说到庄子的鲲鹏扶摇意象　学习与探索　1996,(5),117—121	
B24b019	朱　任飞	昆仑、皇帝神话与《庄子》寓言　学术交流 1996,(6),100—104	
B24b020	朱　任飞	大海、神神崇拜与《庄子·秋水》寓言　求是学刊 1997,(1),69—79	
B24b021	赵　沛霖	庄子哲学观念的神话根源　文史哲　1997, (5),37—43	
B24b022	朱　任飞	上古神话传说中的"混沌母题"与《庄子》寓言 社会科学战线　1998,(1),118—126	
B24b023	朱　任飞	玄珠·昆仑神树·曲商之木：《庄子》中黄帝遗珠神话的原型考察　中州学刊　1998,(1),86—90	
JB24b001	赵允来	『莊子』と巫咸・神巫季咸の説話を中心として Philosophia　1985,(2),73—90,272	

c.《列子》

B24c001+	杨　伯峻	《列子集释》　北京中华书局　1979	
B24c001	孙　楷第	钓金龟故事溯源　图书馆学季刊　1931,5(2), 179—190	
B24c002	岑　仲勉	列子非晋人伪作　东方杂志　1948,44(1),41— 52	

B24c003	孟　志孙	对于《愚公移山》思想内容和表现方法的几点体会　语文教学　1951,(3),19—20	
B24c004	杜　而未	列子的几点意思　恒毅*　1959,8(10)	
B24c005	张　振犁	"愚公传说"调查记　民间文学　1979,(5),92—94,35	
B24c006	陈　连庆	列子与佛经的因袭关系　社会科学战线　1981,(1),19—26	
B24c007	陈　蒲清	富于科学幻想的例子寓言　常德师范专科学校学报　1982,(2)	
B24c008	吕　思勉	归虚　《吕思勉读史札记》　1982.397—398	
B24c009	刘　文英	《列子》对人工智能的猜想　光明日报　1982.11.29	
B24c010	徐　华龙	《列子》中的神话寓言　民间文学　1983,(4),100—104,109	
B24c011	黄　美媛	列子神话、寓言研究　师大国研硕论*　1985；国立台湾师大国文研究所集刊　1987,(31),1—146	
B24c012	徐　启斌	《愚公移山》新解　上饶师范专科学校学报　1994,(2)	
JB24c001	青木正児	神仙説から見た「列子」　支那学 2(1)　1921.28—48	

d.《诗经》

B24d001+	孙　作雪	《〈诗经〉与周代社会研究》　中华书局　1966	
B24d001	王　国维	尔雅草木虫鱼鸟兽名释例(上、下)　《观堂集林》　1921	
B24d002	糜文开等	诗经生民篇　人生　1964,27(9)	
B24d003	苏　雪林	诗经里的神话　文艺复兴*　1972,(31)	
B24d004	王　源娥	纬书中的神话　东吴大学中国文学系系刊*　1980,(6)	
B24d005	孙　适民	从《诗经》看中国远古英雄观　邵阳师范专科学校学报　1982,(4)	

B24d006	陈 炳良	《生民》新解:兼论《天问》中有关周初的史实 东方文化 1982,18(1/2)	
B24d007	吴 万居	诗经里之异常诞生神话与传说 孔孟月刊* 1985,23(7),24—31	
B24d008	韦 凤娟	《诗经》和楚辞所反映的人与自然的关系 文学遗产 1987,(1),19—27	
B24d009	韦 金岭	《诗经》恋歌所反映的古代"歌圩"习俗 广西民族学院学报 1988,(2),36—42	
B24d010	徐 燕平	《诗经》中动植物崇拜与爱情意识 上海师范大学学报 1990,(1),111—114	
B24d011	王 志民	从《诗经·齐风》看齐文化 东岳论丛 1990,(2),90—94	
B24d012	李 少雍	经学家对"怪"的态度:《诗经》神话脞议 文学评论 1993,(3),50—61	
B24d013	郭 丹	《诗经》恋歌与原始宗教信仰 江淮论坛 1993,(3),109—112	
B24d014	张 树波	《诗经》异文类型研究 河北学刊 1993,(5)	
B24d015	陈 建生	《硕鼠》是一篇祈鼠的贺祠 晋杨学刊 1993,(6)	
B24d016	罗 方龙	《生民》先民意识初探 柳州师范专科学校学报 1994,(1)	
B24d017	赵 沛霖	论《诗经》的神话学价值 文艺研究 1994,(3),97—105	
B24d018	姚 效先	读《诗经》说四灵 郑州大学学报 1994,(6),24—28	
B24d019	李 湘	《诗经》与中国葫芦文化——论匏瓠应用系列 中州学刊 1995,(5),86—92	
B24d020	王 钟陵	人神斗争:文化英雄的悲剧:《大雅·生民》新解 求是学刊 1996,(1),89—91	
JB24d001	中鉢雅量	詩経における神婚儀礼 東方宗教 66 1985.45—66:『中国の祭祀と文学』 東京 創文社 1989	

JB24d002　　久富木成大　「気」の操作と祭祀——『国語』と『詩経』をめぐ
　　　　　　　　　　　つて　金澤大學文学部論集（行動科学・哲学
　　　　　　　　　　　篇）17　1997

e.《吕氏春秋》、《淮南子》

B24e001+　陈　奇猷　《吕氏春秋校释》　上海　学林出版社　1984

B24e001　　顾　颉刚　周汉风俗和传说琐拾：读《吕氏春秋》及《淮南子》
　　　　　　　　　　　笔记　民俗学集镌（二）　1932．本文1—21

B24e002　　席　泽宗　淮南子天文训述略　科学通讯　1963,（6）

B24d003　　陈　　述　可敬的英雄：读《淮南子》小札
　　　　　　　　　　　哈尔滨文艺　1981,（1）,64,63

B24d004　　杨　荫深　略谈《淮南子》中的神话和传说
　　　　　　　　　　　民间文学论坛　1982,（1）,23—25

B24d005　　于　大成　淮南子的文学价值
　　　　　　　　　　　中华文化复兴月刊*　1982,15(10)

B24d006　　钟肇鹏等　论《淮南子》宇宙观的唯心主义性质
　　　　　　　　　　　晋阳学刊　1983,（5）,72—76

B24d007　　张　啸虎　论《淮南子》的文采
　　　　　　　　　　　北方论丛　1983,（6）,43—47

B24d008　　牟　钟鉴　《吕氏春秋》与《淮南子》的比较分析
　　　　　　　　　　　哲学研究　1984,（1）,45—50

B24d009　　黎　孟德　《淮南子》美学思想初探
　　　　　　　　　　　四川师范学院学报　1984,（1）,27—33

B24d010　　罗　永麟　《淮南子》中的道教神仙思想和仙话
　　　　　　　　　　　中国民间文化　1992,（2）,82—99

JB24e001　森　雅子　中国古代における地母神——『呂氏春秋』を中心
　　　　　　　　　　　とした一考察　宗教研究271　1987．375—376

JB24e002　館野止美　伊尹の出生——『呂氏春秋』〈本味篇〉についての神話学的哲学的観点からの一試論
　　　　　　　　　　　呂氏春秋研究3　1989．13—22

JB24e003　三条彰久　『呂氏春秋』と伊尹説話
　　　　　　　　　　　中国古代史研究6　1989

f.《史记》及其他

B24f001+ 钱　穆　　　《史记地名考》 香港 龙门书店 1968

B24f001　韩　一鹰　　史记中的神话传说和初民遗俗材料索引　广州培正中学图书馆刊 1934,1(2)

B24f002　徐　文珊　　司马迁的史学力避神话　学园* 1973,8(6)

B24f003　杨　迅　　　论《史记》的民间文学色彩　江西大学学报 1980,(2),78—83

B24f004　田　宗尧　　王充对汉代迷信思想的驳斥　书目季刊* 1981,15(1)

B24f005　张　寿仁　　汉高祖的政治神话　文艺复兴* 1982,(129)

B24f006　李　丰懋　　十洲传说的形成及其衍变　中国古典小说研究专集*（六） 1983

B24f007　杨　荫深　　《论衡》中的神话与传说　民间文学论坛 1985,(4),58—60

B24f008　徐　文珊　　由文化人类学看司马迁史记　中华文化复兴月刊* 1984,17(5)

B24f009　王　钟陵　　神话与汉代神学——王充不理解神话辨　文学评论 1989,(1),98—105,80

B24f010　侯　忠义　　《史记》与神话传说《史记驳学》研究之一　北京大学学报 1993,(5),78—85

B24f011　表　达　　　《史记》的志怪和司马迁的思想　南都学坛 1995,(5),12—17

JB24f001　相良克明　　史記に見ゆる周公説話　東洋史会紀要 1 1936

25. 中古文学与神话
a 综论

B25a001+ 刘　叶秋　　《魏晋南北朝小说》 上海古籍出版社 1978

B25a002+ 高大鹏编著　《造化的钥匙:神仙传》 台北时报出版公司 1981(2版)

B25a003+ 王　国良　　《魏晋南北朝志怪小说研究》 台北文史哲出版社 1984

B25a004+	李 剑国	《唐前志怪小说史》 天津 南开大学出版社 1984
B25a001	滕 固	中世人的苦闷与游仙的文学 小说月报(中国文学研究) 1927,17(号外),第11篇,1—4
B25a002	朱 壬秋	神怪小说 世界日报副刊 1928.8.30
B25a003	赵 景深	汉魏六朝小说 中国文学月刊 1934,1(1)
B25a004	赵 景深	汉魏六朝小说中的民间故事 妇女旬刊 1935,19(19—20)
B25a005	朱 光潜	游仙诗 文学杂志 1948,3(4),1—14
B25a006	刘 叶秋	魏晋南北朝志怪小说间论 《古典小说论丛》 1959
B25a007	吴 恕	南北朝的民间文学 畅流* 1967,35(3)
B25a008	马 小梅	两汉魏晋南北朝的小说 文海* 1968,(12)
B25a009	吴 宏一	六朝鬼神怪异小说与时代背景的关系 现代文学* 1971,(44)
B25a010	王 次登	六朝文士所著之志怪小说 东吴中文学系刊* 1975,(1)
B25a011	张 少真	产生六朝鬼神志怪小说之时代背景 东吴中文系系刊* 1976,(2)
B25a012	李 亦园	"唐璜的门徒"之外:对神灵怪异作品的剖析 中国论坛* 1967,2(9)
B25a013	澎 湃	唐代的神怪传奇 中华文艺* 1979,17(2)
B25a014	澎 湃	魏晋时代的鬼怪小说 中华文艺* 1979,(95)
B25a015	李 剑国	战国古小说《汲冢琐语》考论 南开大学学报 1980,(2),51—56
B25a016	Deaoskin; 赖 瑞和	六朝志怪与小说的诞生 中外文学* 1980,9(3)
B25a017	叶 庆炳	"六朝志怪与小说的诞生"读后 中外文学* 1980,9(3)
B25a018	杨 荫深	从《汉书·艺文志》小说家中试探西汉的民间传说故事 《民间文学论丛》 1981

B25a019	李　丰懋	六朝精怪传说与道教法术思想　《中国古典小说研究专集》*（三）　1981	
B25a020	李　剑国	论汉代志怪小说（上、下）　南开大学学报 1982,(1),53—57,77;(2),57—62,76	
B25a021	李　剑国	志怪叙略　《古典小说戏曲探艺录》　1982. 108—126	
B25a022	李　剑国	六朝志怪中的洞窟传说　天津师范大学学报 1982,(6),75—79	
B25a023	何　满子	《唐前志怪小说辑释》小引 南开大学学报　1984,(5),25—26	
B25a024	李　剑国	地理博物体志怪小说的产生和发展　南开大学学报　1984,(5),8—17	
B25a025	金　荣华	从六朝志怪小说看当时传统的神鬼世界　华学季刊*　1984,5(3)	
B25a026	吕　清泉	魏晋志怪小说与古代神话关系之研究　台大中研硕论*　1986	
B25a027	陈　文新	魏晋南北朝小说中的仙鬼怪形象及其悲剧意蕴 武汉大学学报　1992,(3)	
B25a028	时　桂声	论中国神怪小说　苏州大学学报　1993,(4)	
B25a029	李正民等	中国古典小说中的狐意象　山西大学学报 1994,(2)	
B25a030	李　剑峰	中国古代小说中狐意象的流变　青年思想家 1994,(3)	
B25a031	王　立	中国古典文学中的流水意象　中国社会科学 1994,(4),162—175	
B25a032	徐　志平	"人化异类"故事从先秦神话到唐代传奇之间的流传　台大中文学报*(6)　1994.357—397	
B25a033	李　明劼	《孔雀东南飞》神话考　云南民族学院学报 1995,(1),79—81	
B25a034	朱　迪光	神话原型与中国古代三大名著　衡阳师范专科学校学报　1996,(5),23—27	
JB25a001	金　文京	中国民间文学与神话传说研究——敦煌本「前漢	

劉家太子伝(変)」を例として　史学 66(4) 1997. 119—136

b.《洛神赋》

B25b001　王　孝廉　帝女神话——洛神　《中国文化新论》*　1982

B25b002　张　亚新　略论洛神形象的象征意义　中州学刊　1983,(6),100—102,112

B25b003　吴　光兴　神女归来——一个原型和"洛神赋"　文学评论 1989,(3),122—127

B25b004　谢　聪辉　帝女神话人神之恋研究　台湾师大国文研究硕士论文 *　1994

B25b005　林　向民　神女生涯原是梦:古代文学作品中的人神之恋现象　历史大观园　1994,(3),62—63

B25b006　朱　桢　河洛神话产生真相新探　齐鲁学刊　1995,(6),28—32

B25b007　周澍田等　《洛神赋》主旨新议　学习与探索　1998,(1),120—123

c.《水经注》

B25c001　许　翰章　水经注神话表解　南风　1933,8(1)

B25c002　郑　德坤　水经注版本考　燕京学报　1934,(15)

B25c003　郑　德坤　"水经注"故事略谈　华文月刊　1942,1(3),21—31

B25c004　谭　家健　试论《水经注》的文学成就　文学遗产　1982,(4),1—11

d.《搜神记》

B25d001+　干　宝撰;　《搜神记》
　　　　　江绍原校注　北京中华书局　1979

B25d002+　顾　希佳　《〈搜神记〉选译》　杭州　浙江古籍出版社 1985. 184p

B25d003+　顾　希佳　《〈搜神后记〉选译》　杭州　浙江古籍出版社 1987. 135p

B25d001　丰　田穰;　搜神记搜神后记源流考(上、下)
　　　　　颐　安　中和月刊　1942,3(5),40—51;1942,3(6),45—

57

B25d002	英　英	干宝及其搜神记	中央日报 1948.1.4
B25d003	罗　邦本	读搜神记	新生报* 1949.7.9
B25d004	刘　叶秋	略谈《搜神记》	语文学习 1956,(12),16—19
B25d005	刘　叶秋	读《搜神记》札记	读书月报 1957,(8),17—18
B25d006	范　宁	关于《搜神记》	文学评论 1964,(1),86—92
B25d007	周　次吉	干宝与《搜神记》	中央日报* 1970.11.18—19
B25d008	许　建新	搜神记校注	师大国研硕论* 1974
B25d009	胡　幼峰	干宝搜神记考	幼狮月刊* 1974,40(1)
B25d010	区　荣光	从"搜神记"看神话世界	粤风 1981,(1)
B25d011	段　熙仲	《搜神记》与《世说新语》 南京师范学院学报 1981,(3),24—28	
B25d012	王　国良	汪氏校注本搜神记评介：兼谈研究六朝志怪的基本态度和方法 《中国古典小说研究专集》* 1981	
B25d013	屈　育德	谈谈《搜神记》中的民间创作 民间文学 1982,(6),100—104,52	
B25d014	程　毅中	志怪小说的代表作《搜神记》 文史知识 1985,(6),22—27	
JB25d001	小南一郎	干寳「搜神記」の編纂（上）（下） 東方学報（京都） 1997,(69):1998,(70)	
JB25d002	大橋由治	『搜神記』編纂時における説話の改変について——『風俗通義』との比較を中心として 東洋文化復刊80 1998	
JB25d003	大村由紀子	明末における『搜神記』出版について——当時の知識人の小説評価にむけて 東洋文化復刊80 1998	

e. 唐代传奇及诗歌

B25e001	陈　怡真	洞庭波兮：柳毅传中的人神恋爱 中国时报* 1976.9.7	
B25e002	廖　玉蕙	《柳毅传》与我国水神故事 中国文化复兴月	

刊*1983,16(9)

B25e003	程　　蔷	《酉阳杂俎》和民间文学　民间文学　1982, (11),55—61
B25e004	杨　宪益	《酉阳杂俎》里的英雄降龙故事　《译余偶拾》1983
B25e005	周　静书	李白的诗歌与神话　宁波师范专科学校学报 1982,(1),51—54
B25e006	周　静书	古代神话与李白诗歌　民间文学研究文集 1982
B25e007	邓　裕华	略论神话传说对唐传奇的影响　民间文艺季刊 1989,(4),219—228
B25e008	程　　蔷	唐人传奇与神话原型——兼论文人创作与民俗文化的关系　民间文学论坛　1990,(4),4—11
JB25e001	近藤春雄	中国の龍宮譚——唐代小説を中心に　愛知女子短大紀要 2　1951

f. 其他

B25f001+	周　次吉	《神异经研究》　台南日月出版社　1977
B25f002+	张　华撰；范宁校证	《博物志校证》 北京中华书局　1980
B25f003+	唐　久宠	《博物志校释》　台北学生书局　1980
B25f004+	王　嘉撰；齐治平校注	《拾遗记》 北京中华书局　1981
B25f005+	段成式撰	《酉阳杂俎》　北京中华书局　1981

B25f001	左　　海	博物志　齐鲁学报　1941,(2),243—247;《吕思勉读史札记》1982.1295—1299
B25f002	左　　海	拾遗记　齐鲁学报　1941,(2),247—250;《吕思勉读史札记》1982.1300—1303
B25f003	左　　海	神异经　齐鲁学报　1941,(2),242—243;《吕思勉读史札记》1982.1294—
B25f004	左　　海	述异记　齐鲁学报　1941,(2),250—253;《吕思勉读史札记》1982.1304—

B25f005	周　次吉	读《拾遗记》　中央日报*	1971. 4. 19—20
B25f006	吕　兴昌	评汉武内传　现代文学*	1971,(44)
B25f007	王　富祥	博物志疏证　台东师范专科学校学报*	1976,(4)
B25f008	程　蔷	《博物志》在中国神话学史上的地位　中国神话（一）　1987	
JB25f001	黑田真美子	六朝・唐代における幽婚譚の登場人物——神婚譚との比較　日本中国学会報48　1996	
JB25f002	高西成介	六朝志怪小説に見られる死後の世界　中国中世文学研究（中国中世文学会）30　1996	

26. 明清及近代小说与神话

a. 综论

B26a001	钱　静方	开辟演义考　《小说丛考》	1957. 1—4
B26a002	龚　维英	古神话与明清长篇小说　《明清小说研究》（三）　1988	

b. 《西游记》

B26b001	赵　景深	西游记在民俗学上之价值　《童话论集》　1927. 109—113	
B26b002	铎	评《西游记》与《封神》　新晨报	1929. 1. 1
B26b003	胡　念贻	谈西游记中的神魔问题　《中国古典文学论丛》　1957	
B26b004	郑　振铎	西游记的演化　《中国文学研究》（上）	1957
B26b005	苏　雪林	龙马　大学生活（港）	1959,4(12)
B26b006	李　希凡	西游记的演化及其神话浪漫精神的特色　《论中国古典小说的艺术形象》　1961	
B26b007	曹　仕邦	《西游记》若干情节本源初探　中国学人*	1970,(1)
B26b008	陈　炳良	中国的水神传说和西游记　书和人*	1971,(177)
B26b009	陈　炳良	中国的水神和《西游记》　国语日报*	1971. 12. 25

B26b010	曹　仕邦	《西游记》若干情节的本源二探　幼狮月刊*　1975,41(3)	
B26b011	傅　述先	《西游记》中五圣的关系　中华文化复兴月刊*　1976,9(5)	
B26b012	曹　仕邦	《西游记》若干情节的本源三探　集萃*　1981,(5)	
B26b013	郑　明娴	火焰山故事的形成　中外文学*　1982,10(11)	
B26b014	吴　达芸	天地不全:西游记主题试探　中外文学*　1982,10(11)	
B26b015	张　静二	论西游记故事中的龙马　中外文学*　1982,11(6)	
B26b016	苏　兴	《西游记》的女儿国　江海学刊　1982,(6),86—90	
B26b017	郑　明娴	西游记赏析:西游记与神话传说　新文艺*　1982,(320)	
B26b018	陈　辽	《西游记》究竟是怎样一部小说:兼评对《西游记》的几种误解　安徽大学学报　1983,(1)	
B26b019	曹　仕邦	《西游记》若干情节的本源六探　书月季刊*　1983,17(2)	
B26b020	巴人遗作	《西游记》论　晋阳学刊　1983,(5)	
B26b021	李　时人	《西游记》闹天宫故事形成考辨　徐州师范学院学报　1984,(2)	
B26b022	黄　永年	今本《西游记》袭用《封神演义》说辨正　陕西师范大学学报　1984,(3)	
B26b023	白　盾	论《西游记》的童话特征　光明日报·文学遗产　1984.5.8(637)	
B26b024	汪　瑰曼	也谈《西游记》中神话和童话的交融　光明日报·文学遗产　1984.6.16(643)	
B26b025	陶　思炎	《西游记》是神话和童话的交融吗?也谈《西游记》的构成原料　光明日报·文学遗产　1984.8.7(649)	
B26b026	李　欣夏	《西游记的文学体裁特征》　光明日报·文学遗	

产 1984.9.11(654)

B26b027	姚　政	巫术·神话·宗教——《西游记》中所反映的宗教观念　《明清小说研究》(一)　1985.123—139
B26b028	袁　珂	试论神话小说《西游记》　《西游记研究》(一)　1986
B26b029	袁　珂	《西游记》散论　《西游记研究》(二)　1988
B26b030	龚维英	《西游记》系仙语小说述论　《明清小说研究》(二)　1988
B26b031	李润强	《降魔变文》、《破魔变文》与《西游记》：谈敦煌变文和古代神话小说的渊源关系　社会纵横　1994,(4),19—31,42
JB26b001+	入谷仙介	『「西遊記」の神話学』　東京　中央公論社　1998
JB26b001	中鉢雅量	西遊記の成立　中国文学報35：『中国の祭祀と文学』　東京　創文社　1989

c.《西游记》：孙悟空

B26c001	郑明娳	孙行者与猿猴故事　古典文学*(一)　1979
B26c002	张传藻等	从唐玄奘和孙悟空的籍贯问题看淮海民间传说对《西游记》的影响　淮阴师范专科学校学报　1980,(2)
B26c003	那宗训	西游记中的孙悟空　中外文学*　1982,10(11)
B26c004	张静二	论西游故事中的悟空 中外文学*　1982,10(11)
B26c005	萧　兵	无支祁哈奴曼孙悟空通考 文学评论　1982,(5),66—82
B26c006	萧相恺	为有源头活水来：《西游记》孙悟空形象探源　贵州文史丛刊　1983,(2),84—92
B26c007	刘毓忱	孙悟空形象的演化：再评"化身论" 文学遗产　1984,(3),57—64
B26c008	龚维英	孙悟空与夏君　学术月刊　1984,(7),80—81
B26c009	李胜阳	美猴王的演变　西部学坛　1993,(5),37—44

B26c010	林　蔚文	论福建的猴神崇拜——兼论其与《西游记》中孙悟空的关系　民间文学论坛　1992,(2),13—18	
JB26c001	成行正夫	孫悟空と白猿伝説 芸文研究 34　1975. 30—40	
JB26c002	澤田瑞穗	孫悟空神　中国文学研究 5　1979. 18—28	

d. 《西游记》:猪八戒

B26d001	冯　汉镛	孙悟空与猪八戒的来源　东南日报　1948. 4. 21
B26d002	黄　永武	猪八戒的由来　南洋商报　1981. 11. 19
B26d003	旷　　源	闲话猪八戒　山茶　1982,(5),65—66
B26d004	龚　维英	猪八戒的形象的渊源　文学遗产增刊(十五) 1983
B26d005	阮　昌锐	传薪集(11):猪的传奇故事　海外学人 * (130) 1983

e. 《四游记》

B26e001	阿　　丁	四游记的内容及其比较 天地人　1936,(7),6—13

f. 《封神演义》

B26f001+	卫　聚贤	《封神榜故事探源》(上、下)　香港伟典印务所 1960
B26f001	胡　　适	关于封神传通信　民间文学汇刊　1926,(1)
B26f002	耳　　耶	论封神榜　太白　1934,1(3),151—154
B26f003	顾　肇仓	封神演义考　文化与教育旬刊　1935,(75), 38—42
B26f004	李　光璧	封神演义考证　中和月刊　1941,2(12),4—33
B26f005	可　永雪	《封神演义》的精华和糟粕何在？　光明日报 1956. 7. 1
B26f006	刘　世德	《封神演义》的思想内容和艺术描写　光明日报 1956. 12. 9
B26f007	卫　聚贤	封神中的神仙妖怪(一)　春秋 * 1976,24(3)

B26f008	龚 鹏 程	以哪吒为定位看封神演义的天命世界 中外文学* 1980,9(4)	
B26f009	张 强	论哪吒 淮阴师范专科学校学报 1981,(4)	

g.《红楼梦》

B26g001	佚 名	《红楼梦》中的蛇足:仍未脱尽神话窠臼 庸报·文艺副刊(天津) 1938.1.8
B26g002	李 祁	林黛玉神话的背景 大陆杂志* 1965,30(10)
B26g003	黄 美序	《红楼梦》的世界性神话 幼狮月刊* 1971,34(3)
B26g004	傅 述先	《红楼梦》的神话和幽默:从刘姥姥看《红楼梦》之一 中国时报* 1974.5.27—28
B26g005	许 素兰	由红楼梦之神话原型看贾宝玉的历幻定劫 中外文学* 1976,5(3)
B26g006	刘 绍铭	《红楼梦》的神话与寓言结构 中华日报* 1976.10.22—23
B26g007	萧 兵	通灵宝玉和绛珠仙草:《红楼梦》小品(二则) 红楼梦学刊 1980,(2),154—156
B26g008	陈 炳良	《红楼梦》中的神话和心理 红楼梦学刊 1980,(3),185—200
B26g009	杨 光汉	《红楼梦》卷首神话解:《雪芹胸中有共工》 第八章 思想战线 1980,(6),76—82
B26g010	宋 德胤	论曹雪芹与民间文学 红楼梦学刊 1982,(1),57—74
B26g011	李 希凡	"神话"和"现实":《红楼梦》艺境探微 文史哲 1982,(4)
B26g012	苏 鸿昌	论《红楼梦》中的神话描写所展示的美学思想和艺术构思 红楼梦学刊 1982,(4),93—123
B26g013	朱 松山	"冰弦"、"灵兔捣药"和"霜娥" 红楼梦研究集刊(八) 1982.374:373
B26g014	陈 炳良	红楼梦中的神话和心理 中外文学* 1983,11(12),70—84
B26g015	李 建中	《红楼梦》的神话楔子及其作用 民间文艺季刊

1986,(2),51—56

B26g016　李　庆信　《红楼梦》前五回中亚神话建构及其艺术表现功能　红楼梦学刊　1992,(3),19—42

B26g017　梅　新林　《红楼梦》神话新探　红楼梦学刊　1992,(3),43—65

B26g018　刘　继保　大观园神话与母亲原型　人文杂志　1992,(5),121—125,119

B26g019　潘　承玉　也说《红楼梦》的石头神话　中南民族学院学报 1994,(6)

h.《聊斋志异》

B26h001　高　明阁　《聊斋志异》里的神话题材的作用　光明日报 1962.7.22

B26h002　孙　一珍　《聊斋志异》与《搜神记》
山西师范学院学报　1981,(2)

B26h003　叶　舒宪　穷而后幻:《聊斋》神话解读
人文杂志　1993,(4)

i.《镜花缘》

B26i001　铏东一蟹　中国小说丛考(初集卷四)　小说月报　1913,4(4),35—44

B26i002　沅　君　镜花缘与中国神话　语丝　1925,(54),14—19

B26i003　孙　佳讯　再辩《镜花缘》传说　学术　1940,(3),157—164

B26i004　王　季文　镜花缘神话国度研究　辅大中硕论文*　1979

B26i005　孙　佳讯　《镜花缘》和古代神话传说　《初犁集》(上)　南京　1982.160—172:
《〈镜花缘〉公案辨疑》　1984

j.《老残游记》

B26j001　龚　鹏程　从梦幻与神话看老残游记的内在精神
幼狮月刊*　1978,48(5);《中国小说史论丛》*
1984

k.《故事新编》

B26k001　吴　戈　"羿"与"禹":鲁迅小说人物之二　江淮文学 1956,(10),41—50

B26k002	谢　德铣	大禹：中国的脊梁（鲁迅后期小说《理水》的人物形象分析）　绍兴师范专科学校学报　1981,(4)	
B26k003		《故事新编》研究论著索引(1942.2——1983.6)　文学研究动态　1984,(3)	

27. 道教神话
a　综论

B27a001+	傅　勤家	《中国道教史》　上海　商务印书馆　1937
B27a002+	李叔还编	《道教大辞典》*　台北　巨流图书公司　1979
B27a001	南　宫生	苏州玄妙观的神话　申报　1934.6.30
B27a002	王　宁初	关于武当山〔真武大帝〕　逸经　1937,(29)
B27a003	孙　克宽	道教茅山宗神话　广文月刊*　1969,(1、3)
B27a004	李　丰懋	六朝仙境传说与道教之关系　中外文学　1980,8(8)
B27a005	王　宜峨	道教圣地——武当山　道协会刊　1982,(10)
B27a006	李　丰懋	神话与道教文学　联合报*　1983.7.29
B27a007	刘　守华	道教与中国民间故事传说　思想战线　1983,(2),37—47
B27a008	龚　鹏程	中国古代宗教与神话　道教文化　1983,3(8—9)
B27a009	萧　登福	汉魏六朝道教经书开天创世说　东方杂志　1989,23(5—6)
B27a010	刘　守华	中国道教与神话　民间文学论坛　1991,(5),4—9
B27a011	王　青	道教神话研究　文学遗产　1993,(2),115—116
B27a012	丁　荷生	闽台道教与民间诸神崇拜　中央研究院民族所研究集刊*　1993,(73),33—52
B27a013	张　学成	端公戏与道教　云南戏剧　1993,(5)
B27a014	刘　守华	道教信仰与中国民间故事类型　黄淮学刊　1996,(2),49—50

B27a015	杨 儒宾	道家的原始乐园思想 《中国神话与传说学术研讨会论文集》 1996.3. 125—170
B27a016	吕 美生	"云雨"与"合气"的宗教(神话)原型及其诗歌衍变 学术月刊 1998,(3),92—99
JB27a001+	橘 樸	『道教と神話伝説——中国の民間神話』 東京 改造社 1948
JB27a001	大淵忍爾	初期の儸説について 東方宗教 2 1952
JB27a002	小野四平	呂洞賓伝説について 東方宗教 32 1968. 50—69
JB27a003	神塚淑子	道教儀礼と龍 日中文化研究 3 勉誠社 1992
JB27a004	内野熊一郎	道教的仙祖の生態信仰相源流型と現行本堯舜二典—源分割型との一私考 漢学研究 31 1993. 1—17
JB27a005	山田利明	道教神像の崇拝 東洋大学中国哲学文学科紀要 3 1995. 17—33

b. 神话与仙话

B27b001+	河北人民出版社汇编出版	《神话、仙话、佛话》 1986.9. 165p
B27b002+	冷 立等	《中国神仙大全》 沈阳 辽宁人民出版社 1990
B27b003+	郑土有等	《中国仙话》 上海 上海文艺出版社 1990
B27b004+	罗 永麟	《中国仙话研究》 上海 上海文艺出版社 1993.5
B27b005+	刘 东远	为"仙话"立言——罗永麟《中国仙话研究》 中国民间文化 1994,(2),248
B27b006+	梅 新林	《仙话:神人之间的魔幻世界》 上海三联书店 1993.6
B27b007+	陈 力	拓展一个新领域——简评《仙话:神人之间的魔幻世界》 中国民间文化 1994,(1),248—250
B27b001	严 既澄	神仙在儿童读物上的位置 教育杂志 1922,14(7)

B27b002	吕　一鸣	恐惧与神仙故事　时事新报·学灯　1924.2.26	
B27b003	亦　梦	神与小孩子的几个关系　民俗周刊　1929,(61/62)	
B27b004	黄　翼	神仙故事之特点　民众教育季刊　1933,3(1)	
B27b005	黄　翼	论神仙故事　时事新报·学灯　1934.1.28	
B27b006	黄　华节	烂柯山传说的起源和转变 太白　1935,2(2—3)	
B27b007	海　鸣	谈神仙　古今月刊　1942,(1)	
B27b008	王　心如	炳烛杂志(神仙传)　新西北月刊　1943,6(10)	
B27b009	张　星烺	道家仙境之演变及其所受地理之影响　中国学报　1944,1(3)	
B27b010	闻　一多	神仙考　文艺复兴　1947,3(5):闻一多全集(一)　1948	
B27b011	董　赛婉	中国民间的神　星岛日报·民风双周刊(港)　1950,(40)	
B27b012	班　友书	试谈民间文艺遗产中的神仙和妖怪 光明日报　1955.6.12	
B27b013	杜　而未	古代仙山仙境与仙者　恒毅*　1962,11(6)	
B27b014	杜　而未	抱朴子论仙资料选释　恒毅*　1962,11(7)	
B27b015	杜　而未	神仙传中的仙者　恒毅*　1962,11(7)	
B27b016	杜　而未	列仙传中的仙者　恒毅*　1962,11(11)	
B27b017	吴　怡	中国神仙学的流变 思想与时代*　1965,(131),14—17	
B27b018	李　辉英	汉代的神仙故事及其他　东方*(中国戏曲小说专号)　1968	
B27b019	周　绍贤	神仙思想之由来　建设*　1969,18(2)	
B27b020	周　绍贤	神仙之说倡自齐人　建设*　1969,18(7)	
B27b021	黄　翼	神仙故事之特点　《民间文学专号》*(钟敬文编)　台北　东方文化供应社　1970.83—90	
B27b022	(日)小川环树； 张　桐生	中国魏晋以后的仙乡故事 幼狮月刊*　1974,40(5)	

B27b023	唐　亦璋	神仙思想与游仙诗研究　淡江学报* 1976,(14)	
B27b024	澎　湃	秦汉时代的神仙故事　中华文艺*(94) 1978	
B27b025	黄　博靖	神仙思想之由来　古今谈* 1980,(180)	
B27b026	汪　冰凌	"月老系红绳"探源　山海经 1982,(8)	
B27b027	王　孝廉	试论中国仙乡传说的一些问题　文史学报* 1982,(12),49—71	
B27b028	李　威熊	中国神仙信仰的形成与谈神仙文学　中华文艺复兴月刊* 1983,16(3)	
B27b029	江　宝钗	神仙思想之原始初探　中华文化复兴月刊* 1985,18(12),41—45	
B27b030	马　晓宏	吕洞宾神仙信仰溯源　世界宗教研究 1986,(3),79—95	
B27b031	龚　维英	月下老人原为女性　社会科学辑刊 1988,(1),41—	
B27b031	郑　土有	汉代仙话繁荣的文化渊源及其价值　民间文艺季刊 1988,(2)	
B27b033	何　新	中国神话中狐狸精怪故事新解(几个古代文化之谜的揭破)　书林 1988,(1):《何新集》 1988	
B27b034	萧　登福	先秦神仙思想及神仙修炼术(上、下)　东方杂志 1989,23(5—6)	
B27b035	苏　文擢	道教"神仙"说对中国文化的影响　广州日报 1990.1.31(6)	
B27b036	罗　永麟	神仙思想与乱世哲学　民间文艺季刊 1990,(2),201—215	
B27b037	郑　土有	中国神仙信仰的历史发展　民间文艺季刊 1990,(2),223—241	
B27b038	郑　土有	论民俗活动中的神仙信仰　民俗研究 1990,(3),95—103	
B27b039	姚　立江	狐狸精怪故事别解——兼与龚维英、何新先生商榷　民间文学论坛 1990,(5)	
B27b040	刘　锡诚	九尾狐的文化内涵　民间文学论坛 1990,(6)	

B27b041	郑　土有	仙话:神仙信仰的文学　中外文学* 1990,19(7)	
B27b042	张　立洲	试论中原古典神话与道教的关系　《神话与民俗》 1990	
B27b043	萧　登福	先秦古籍所见之神与仙(上、下)　东方杂志 1990,23(8—9)	
B27b044	罗　永麟	八仙故事及信仰形成的社会历史原因和影响　中国民间文化　1991,(1),24—41	
B27b045	王家佑等	蜀中八仙考　四川文物　1991,(5),17—19	
B27b046	金　煕	神仙的诱惑——苏州民间"轧神仙"活动调查　中国民间文化　1992,(1),168—177	
B27b047	郑　土有	仙界:中国人理想中的"极乐园"——论仙界的产生、发展及其文化功能　中国民间文化　1991,(2),21—38	
B27b048	郑　土有	仙化现象:中国民间神灵的独特演变规律　思想战线　1991,(2),34—41	
B27b049	袁　珂	巨人:齐鲁神话与仙话的艺术概括　思想战线 1991,(4),45—49,55	
B27b050	郑　土有	中国古代神话仙话化的演变轨迹　民间文学论坛　1992,(1),3—13	
B27b051	周　俐	古代遇仙小说仙境通道的特征　淮阴师范专科学校学报　1993,(3)	
B27b052	龚　维英	不死药传说与女人的因缘　贵州文史丛刊 1993,(3)	
B27b053	龚　维英	女人和不死药的关系的始末　学术月刊　1993,(12),37—40,50	
B27b054	周　俐	仙境一日,世上千年:古代遇仙小说的分析　苏州大学学报　1993,(4)	
B27b055	罗　永麟	道家思想、仙话与中国民间文化　中国民间文化 1994,(3),192—206	
B27b056	周　俐	仙境之光:古代遇仙小说的再生隐喻　明清小说研究　1994,(1)	

B27b057	朱　迪光	中国古代人类与精怪的性爱纠葛　衡阳师范专科学校学报　1994,(2)	
B27b058	陈　建宪	论中国天鹅仙女故事的类型　民族文学研究　1994,(2),62—68：复印报刊资料　1994,(10)	
B27b059	周　濯衢	为神仙立传纵横谈　通俗文学评论　1994,(2),89—91	
B27b060	周　俐	鹤：羽化升仙的中介——试论仙话小说中的鹤　淮阴师范专科学校学报　1994,(3),31—35	
B27b061	纪　德君	从神仙小说看唐代文人的精神世界　海南大学学报　1994,(4),61—66	
B27b062	车锡伦等	中国的精怪信仰和精怪故事：兼谈神仙、鬼、怪故事系列　扬州师范学院学报　1994,(3)	
B27b063	陈　宏	狐狸精文化原型的阐述　北方论丛　1995,(2),38—43	
B27b064	龚　维英	古神话和仙话中地祇的变性探研　池州师范专科学校学报　1996,(1),46—49	
B27b065	刘　宗迪	翩然起舞,羽化成仙：神话丛考之二　攀枝花大学学报　1996,(4),16—21	
B27b066	龚　维英	从历史发展考察妇女与不死药的关系　民间文学论坛　1996,(4),34—41	
B27b067	大形　澈；洪　伟民	松乔考——关于赤松子和王子乔的传说　复旦大学学报　1996,(4),97—105	
B27b068	朱　迪光	中国古代精怪故事中的精怪人化　衡阳师范专科学校学报　1997,(4),50—55	
JB27b001	窪　德忠	王重陽の遇仙説話に就いて　東亞論叢6　1948	
JB27b002	杉本直治郎・御手洗勝	神仙伝説と帰墟伝説　東方学論集2　1954	
JB27b003	澤田瑞穂	神仙説話の研究　天理大学学報66　1970.1—26	
JB27b004	吉田隆英	仙人子安のこと　日本中国学会報33　1981.171—184	
JB27b005	櫻井龍彦	王子喬・赤松子伝説の研究(1—3)	

		龍谷紀要　1984,6(1),170—220;1984,6(2),148—177;1985,7(1),196—220
JB27b006	吉原浩人	「天台山の王子信（晋）」考——『列仙伝』から『熊野権現御垂跡緣起』への架橋　東洋の思想と宗教 12　1995. 79—111
JB27b007	大形　徹	松喬考——赤松子と王子喬の伝説について（改）　古代学研究（古代学研究会）137　1997

c. 玉皇、王母

B27c001+	陈　健宪	《玉皇大帝信仰》　北京　学苑出版社　1994.7.175p
B27c001	钱　畊莘	儿时的如是我闻（第一章神话篇）　艺风　1936,4(1)
B27c002	张　政烺	玉皇姓张考　责善半月刊　1940,1(8)
B27c003	朱　芳圃	玉皇名号溯源　新中华　1948,6(10)
B27c004	陈　香	古今文人笔下的王母娘娘　艺文志＊(127) 1976
B27c005	延　泽民	从一个山庄想到万千个山庄〔玉皇〕　民间文学 1984,(6)
JB27c001	山下　寶	東王公伝説私考　鈴峯女子短大人文社会科学研究集報 15　1968. 57—71

d. 七仙女

B27d001	娄　子匡	七仙女神话：董永行孝　文坛＊ 1967,(79)
B27d002	沈　云龙	董永遇仙的神话和古迹　传记文学　1975,16(3),29—32
B27d003	晓　林	从《天仙配》说神话戏　中国青年报　1979.1.20
B27d004	王　兆乾	董永故事的演变　黄梅戏艺术　1981,(2)
B27d005	高　国璠	《天仙配》故事的起源演变及其影响　民间文学论坛　1983,(1),28—39
B27d006	车　锡伦	也谈董永故事的起源和演变——与高国璠同志商榷　民间文学论坛　1983,(4),46—52
B27d007	班　友书	董永传说演变史考　民间文学论坛　1986,(6),

44—50

| B27d008 | 王 健伟 | 汉画"董永故事"源流考 四川文物 1995,(5),3—7 |

e. 二郎神

B27e001+	杨 向奎	《李冰与二郎神》
B27e002+	杨 向奎	《李冰与二郎神》自序 责善半月刊 1941,1(19)
B27e001	容 肇祖	二郎神考 民俗周刊 1929,(61/62);《中国民间传说论集》(王秋桂编) 台北 联经出版公司 1980.237—258
B27e002	樊 演	二郎神的传说 民俗 1929,(47)
B27e003	樊 演	二郎神的转变 民俗周刊 1929,(61/62)
B27e004	叶 德均	关于二郎神的诞日 民俗周刊 1929,(81)
B27e005	钱 南杨	曲牌上的二郎神 民俗周刊 1929,(85/89)
B27e006	陈 墨香	二郎神考 剧学月刊 1933,2(12)
B27e007	雪 侬	谁是老郎神 剧学月刊 1934,3(9)
B27e008	黄 芝岗	二郎神的演变 《中国的水神》 1934
B27e009	陈 志良	灌口水神考:中国水神神话的另一研究 新垒月刊 1935,5(1)
B27e010	易 君在	李冰父子治水考 今文月刊 1943,2(1)
B27e011	冯 沅君	元剧中二郎斩蛟的故事 说文月刊 1943,3(9)
B27e012	谭 正璧	二郎神故事的演变 大众 1943,(2)
B27e013	卫 聚贤	二郎 说文月刊 1943,3(9)
B27e014	杨 向奎	李冰治水考 经世日报·禹贡周刊 1946.9.13、20、27;1949.10.4、11(5—9)
B27e015	刘 宝绵	平话中的二郎神 《宋元伎艺杂考》 1953
B27e016	李 思纯	灌口氏神考 《江树十论》 1957
B27e017	蜀 客	二郎神与李冰不相干 羊城晚报 1964.8.2
B27e018	周 燕谋	二郎神与梅山七怪:封神演义与西游记 公论报* 1965.8.5—9
B27e019	陈 万鼎	古戏中的二郎神 中央日报* 1967.8.10

B27e020	苏 雪林	谈二郎神	四川文献＊(63) 1967
B27e021	苏 雪林	二郎神与猎人星	四川文献＊ 1967,(64)
B27e022	苏 雪林	三谈二郎神	四川文献＊ 1968,(65)
B27e023	四川省灌县文教局	都江堰出土东方李冰石像	文物 1974,(7)
B27e024	桑 秀云	李冰与二郎神	中研院成立五十周年纪念论文集＊ 1974
B27e025	苏 同炳	二郎神	人物与掌故丛谈＊ 1974
B27e026	林 郁姝	谈二郎神	中国戏剧集刊＊ 1978,(1)
B27e027	金 维诺	《搜山图》的内容与艺术表现	故宫博物院院刊 1980,(3)
B27e028	杨 继忠	二郎神小考	文史知识 1982,(1)
B27e029	许 肇鼎	李冰与二郎	历史知识 1983,(4)
B27e030	王 秋桂	二郎神传说补考	民俗曲艺＊(22) 1983.1—26
B27e031	于 权	二郎擒孽龙	旅游天府 1984,(4)
B27e032	罗 荣泉	李冰的神化与蜀王杜宇冤案	贵州文史丛刊 1986,(1),24—32
B27e033	萧 兵	二郎神故事的原始与嬗袭	中国神话(一) 1987
B27e034	王 纯五	灌口二郎神神话探索	民间文学 1987,(7)
B27e035	李 耀仙	二郎神考	四川师范学院学报 1998,(1),23—28
B27e036	焦 杰	灌口二郎神的演变	四川大学学报 1998,(11),21—25
JB27e001	内田道夫	二郎神伝説について——伝説の傾向	漢学会雜誌8(3) 1940.104—111
JB270002	澤村幸夫	灌口二郎伝	満蒙 22年11、12号 1940或1941
JB27e003	吉田隆英	二郎神孜	集刊東洋学(東北大)33 1975.44—62

f. 碧霞元君

B27f001　容　　庚　　碧霞元君庙考　京报副刊·妙峰山进香专号 1925.5.23

B27f002　罗　香林　　碧霞元君　民俗周刊　1929,(69/70),1—67

B27f003　新　　　　金顶妙峰山碧霞元君　北平晨报　1934.5.14—18

B27f004　罗　香林　　妙峰山与碧霞元君　民俗学论丛*　1966

B27f005　陶　　阳　　宗教神与神话中的神:论泰山女神碧霞元君　东岳论丛　1983,(2)

B27f006　刘　守华　　碧霞元君形象的演化及其文化内涵　《妙峰山·世纪之交的中国民俗演变》(刘锡诚主编) 1996.2.60—68

B27f007　邢　　莉　　碧霞元君——道教的女神　《妙峰山·世纪之交的中国民俗演变》(刘锡诚主编)　1996.2.69—79

g. 城隍神

B27g001+　郑土有等　《中国城隍信仰》　上海三联书店　1994.2

B27g001　容　　媛　　东莞城隍庙图说　民俗周刊　1929,(41/42)

B27g002　邓　嗣禹　　城隍考　史学年报　1935,2(2)

B27g003　邓　嗣禹　　城隍史略　大公报　1935.12.13

B27g004　余　维炯　　我国城市守护神城隍研究　文化与教育旬刊 1936,(81—84)

B27g005　邓　嗣禹　　城隍爷的历史　广播周报　1937,(134)

B27g006　林　衡道　　台北的城隍、三姑娘妈　公论报*　1950.7.10

B27g007　黄　德时　　城隍的由来和霞海城隍庙　台北文物*　1953,2(3)

B27g008　何　培夫　　台湾城隍信仰之意义　史学*　1975,(2),77—86

B27g009　李　冕世　　谈城隍神的崇拜——中国古老神祇之一　史迹勘考*　1978,(6)

B27g010　曾　玉昆　　谈旧城、说城隍　高雄文献*　1983,(13)

B27g011	杨　明锷	威灵赫赫的城隍爷——从笔记小说看历代城隍的形象　民俗曲艺＊(36)　1985.80—91
B27g012	刘　魏铭	从城隍爷的传说谈民间宗教的社会功能　民俗曲艺＊(36)　1985.91—95
B27g013	民俗曲艺	五月十三迎城隍　民俗曲艺＊(36)　1985.96—103
B27g014	梅	宜兰头城城隍爷全家福　民俗曲艺＊(46)　1987.171—172
B27g015	吴　季芬	五月十三霞海城隍生(田野笔记)　民俗曲艺＊(48)　1987.144—145
B27g016	宋　光宇	霞海城隍因何威灵赫赫　民俗曲艺＊(60)　1989.87—91
B27g017	王　景琳	神界的地方官——城隍　文史知识　1990,(3),81—86
B27g018	荣　真	中国城隍祭祀三题　对外经济贸易大学学报　1990,(4),62—67
B27g019	宋　光宇	霞海城隍与台北的发展　台湾史田野研究通讯＊(16)　1990.1—3
B27g020	邱　麟翔	迎城隍,话稻江　台北文献＊(92)　1990.67—77
B27g021	滨岛敦俊; 许　檀	明初城隍考 社会科学家　1991,(6),22—30
B27g022	赵　杏银	论城隍神信仰　浙江师范大学学报　1993,(1),87—91,45
B27g023	王　琰玲	城隍故事研究　中国文化大学中文研究所硕士论文＊　1994.230p
JB27g001	那波利贞	支那に於ける都市の守護神に就きて(上)(下)　支那学　1934,7(3);1935,7(4)
JB27g002	窪　德忠	台湾中・北部における城隍神信仰　『鈴木俊先生古稀記念　東洋史論叢』　山川出版社　1975.165—180

h. 灶神

B27h001+ 杨　福泉　《灶与灶神》　北京　学苑出版社　1994.7

B27h001　梁　祷　灶神的研究　东方杂志　1926,(24)
B27h002　梁绳祎　灶神的研究　东方杂志　1929,23(24)
B27h003　雪　白　灶君　民俗周刊　1929,(86—89)
B27h004　陈兆麟　灶司上天　民间（杭州）　1932,(9)
B27h005　丁菊生　灶司神　民间月刊（杭州）　1932,(9)
B27h006　丐　尊　灶君与财神　文学　1934,2(1)
B27h007　张谦安　祀灶与送穷　逸经　1937,(23)
B27h008　胡　嘉　汉人祀灶考　逸经　1937,(21)
B27h009　希　古　灶王爷本姓张　民众报　1940.1.28
B27h010　陈　陆　灶中和月刊　1940,1(2)
B27h011　杨　堃　灶神考　汉学　1944,(1),108—167:《民族研究文集》　1991
B27h012　周瘦鹃　谈谈送灶　文汇报　1957.1.23
B27h013　憨　围　灶神与祀灶　畅流*　1960,20(12)
B27h014　荫　续　送灶神话的来源　联合报*　1962.1.28
B27h015　念　原　祀神源流考　联合报*　1962.1.28
B27h016　易笑侬　灶神考　联合报*　1963.1.20
B27h017　陈毓杰　灶神与祀灶　中央日报*　1964.2.6
B27h018　娄子匡　闽南灶神神话　自立晚报*　1967.2.5
B27h019　徐玉虎　"送灶神"考　中央日报*　1967.2.8
B27h020　朱介凡　灶神故事传说　中央日报*　1967.2.8—10
B27h021　何锜章　灶神考源　大陆杂志*　1967,35(12)
B27h022　郑康民　中国祀灶的起源与发展
　　　　　　　　东方杂志*　1968,1(8)
B27h023　苏同炳　灶王爷掌故　故事传说与历史*　1969
B27h024　娄子匡　灶神漫话　自立晚报*　1969.2.10
B27h025　朱介凡　古代祀灶习俗　东方杂志*　1969,2(10)
B27h026　朱介凡　灶神故事传说　中央日报*　1969.10.28
B27h027　沈仪永　岁尾年头话灶神　建设*　1970,18(9),38—40

B27h028	李　冕世	论灶神:台湾民间奉祀的又一古老神祇　史迹勘考* 1977,(5),18—27	
B27h029	李　岳勋	中国神话里的"灶神":兼谈"与其媚于奥、宁媚于灶"的涵义　艺文志*(161)　1979.44—46	
B27h030	袁　珂	漫话灶神和祭灶　散文　1980,(2):《袁珂神话论文集》　1982	
B27h031	黄　明	中国祀灶的起源与发展　今日中国(116)　1980.150—161	
B27h032	齐　光	灶君与祭灶　文物天地　1982,(3)	
B27h033	雨　辰	关于"祭灶"的传说　民间文学　1983,(2)	
B27h034	慕　占民	漫话"祭灶"　乡音　1983,(4)	
B27h035	钟　音	漫谈"祀灶"的故事　今日中国(152)　1984	
B27h036	老　军	灶神小考　风俗　1986,(1)	
B27h037	孙　梅花	祭灶与灶神传说及其社会文化基础　民间文学论坛　1989,(2),30—34	
B27h038		司命真君——灶神　台湾新生报*　1989.9.13	
B27h039	卢　锦堂	灶王传说与灶王纸马　中央图书馆馆刊*(新)1992,25(1)	
B27h040	简　淑娟	歇后语中的"灶王爷"形象探源　中国国学*1992,(22),249—256	
B27h041	章　海荣	火塘锅庄与灶神　贵州民族研究　1993,(4),87—93	
B27h042	詹石窗等	火与灶神形象演变考　世界宗教研究　1994,(1),81—92	
B27h043	杨　福泉	汉族灶神与中国少数民族灶神的比较研究　中国民间文化　1994,(4),105—123	
B27h044	覃　萍	试论灶神传说的生成演变　桂海论丛(南宁)1995,(增刊),142—144,193	
B27h045	林　继富	灶神形象演化的历史轨迹及文化内涵　华中师范大学学报　1996,(1),99—105	
B27h046	林　继富	珞巴族灶神论析　民间文学论坛　1996,(2)	
B27h047	林　继富	汉族,少数民族灶神信仰比较研究民俗研究	

			1997,(1),66
B27h048	李　立	文化价值含量与汉代灶神传说的演变　孝感师范专科学校学报　1997,(3),67—72	
JB27h001	狩野直喜	支那の竈神に就いて　哲学研究 4(7)　1919	
JB27h002	金　孝敬	竈神に関する信仰　民族学研究 1(1)　1935	
JB27h003	上妻隆栄	祭竈の研究　東亜経済涛研究 25(6)　1940 或 1941	
JB27h004	守屋美都雄	「かまど神」考　史学雑誌 57(2)　1948	
JB27h005	津田左右吉	シナの民間信仰における竈神　東洋学報 32(2)　1949	
JB27h005	吉岡義豊	中国民間の竈信仰について――　つだ博士の論說にちなんで　宗教文化 1　1949	
JB27h006	池田末利	支那に於ける竈祭の起源　宗教研究 134　1953. 1—13	
JB27h007	窪　徳忠	かまど神と城隍神――天理参考館所藏の神符　天理参考館報 10　1997. 7—28	
JB27h008	余　澜	中国のかまど神と農耕儀礼について――地方誌民俗資料の整理を中心として　都立大人文学報 292　1998. 103—118

i. 门神

B27i001+	胡　万川	《钟馗神话与小说研究》　台北　文史哲出版社　1980	
B27i002+	胡　万川	《钟馗神话与小说研究》　自序　台北　文史哲出版社　1980	
B27i003+	王　子今	《门祭与门神崇拜》　上海　三联书店　1996. 304p	
B27i001	无　名	钟馗考　中国文学(温州)　1934,(2)	
B27i002	傅　衣凌	桃符考　国立中山大学文史学研究所月刊　1934, 2(3/4)	
B27i003	黄　华节	桃符考　东方杂志　1934,(4),31	
B27i004	贼　菌	谈钟馗　新闻报　1935. 6. 5	
B27i005	贼　菌	钟馗考　星洲日报　1935. 6. 25

B27i006	张　锦城	钟馗考　北平晨报艺圃　1935.12.4	
B27i007		肉钟馗的故事　时事新报　1936.6.23	
B27i008		钟馗在日本　新闻报　1936.6.24	
B27i009	张　寿林	关于门神　中央日报·民风副刊　1937.3.18—25(24—25)	
B27i010	棣　华	门神之各种传说　警声杂志　1941,2(2)	
B27i011	江　东山	端午节话钟馗　中央日报　1948.6.14	
B27i012	宋　志黄	钟馗捉鬼　中央日报　1948.6.24	
B27i013	大　方	钟馗故事的衍变　大陆杂志*　1952,4(11)	
B27i014	蒋　君章	门神的真实故事　中兴评论　1954,1(3)	
B27i015	张　钦成	门神的起源及其演变　畅流*　1961,23(1)	
B27i016	叶　凤	钟馗　台湾新闻报*　1962.6.5	
B27i017		门神究竟是谁　公论报*　1964.2.10	
B27i018	杨　羽君	年俗故事:门神、财神、火神　中华日报*　1967.2.14	
B27i019	娄　子匡	梦·画·诗里的钟馗　自立晚报*　1967.6.8	
B27i020	娄　子匡	端阳话钟馗　自立晚报*　1970.6.8	
B27i021	郭　立诚	关于民俗版画门神　历史博物馆馆刊*　1974,(7)	
B27i022	陈　友琴	从终葵说到钟馗　思想战线　1979,(4)	
B27i023	张　道一	门神话旧 民间文学　1980,(2)	
B27i024	温	门神画　美术史论丛刊(一)　1981	
B27i025	金　玉	贴门神　山西民间文学　1982,(3)	
B27i026	何　世刚	门神和春联的来历　采风　1982,(19)	
B27i027	马　雍	钟馗考　文史(十三)　1982	
B27i028	张　道一	钟馗的传说及其艺术 民间文学论坛　1983,(4)	
B27i029	程　毅中	钟馗补说　文史(十九)　1983	
B27i030	何　新	文史新考("钟馗考"等)　学习与思考　1984,(5)	
B27i031	邓　森林	端午话钟馗　乡土　1984,(10)	

B27i032	王　正书	钟馗考实——兼论原始社会玉琮宗神像性质 中国民间文化　1993,(1),114—124	
JB271001	中村　乔	春聯と門神　立命館文学 367・368　1977	

j. 财神

B27j001+	吕　威	《财神信仰》　北京　学苑出版社　1994.10
B27j001	张　醉丐	祀财神　实报　1939.2.25
B27j002		财神爷源流考　公论报*　1964.2.10
B27j003	娄　子匡	俗文学中的聚宝盆和财神爷　自由谈*　1965,15(2)
B27j004	雍　叔	财神爷　联合报*　1965.2.2
B27j005	苏　同炯	财神爷　故事传说与历史*　1969
B27j006	陈　双凤	财神爷的种种传说　自由谈*　1982,33(1)
B27j007	吕　威	近代中国民间的财神信仰　中国民间文化 1994,(4)
B27j008	濮　文起	话说财神　华人文化世界　1996,(1),33—35

k. 关帝

B27k001	林　衡道	关帝信仰在台湾　台湾风物*　1976,26(2)
B27k002	李　锡光	关羽的神化琐议　广东民族学院学报　1993,(1),65—67,81
B27k003	童　家洲	试论关帝信仰传播日本及其演变　海交史研究 1993,(6),24—31
B27k004	李　福清	关羽肖像初谈　历史博物馆*　1994,4(4),6
B27k005	刘　永华	关羽崇拜的塑成与民间文化传统　厦门大学学报　1995,(2),78—84
B27k006	黄　旭涛	民间传说对关羽神化的影响　社会科学辑刊 1995,(3),150—151
B27k007	王　齐洲	论关羽崇拜　天津社会科学　1995,(6),80—85
B27k008	濮　文起	关帝文化浅谈　华人文化世界（天津）　1995,(7),19—21
B27k009	石　麟	"关公信仰"文化现象溯源　湖北师范学院学报 1996,(1),8—13,17

JB27k001	井上以智為	関羽信仰の普及(上)	福岡商大論叢 4 1951
JB27k002	井上以智為(講)	関羽信仰の普及	西日本史学 7 1951
JB27k003	大塚秀高	剣神の物語——関羽を中心として(上)(下) 埼玉大学教養学部紀要 1996,32(1);1997,32(2)	

l. 土地爷

B27l001	卢逮曾	山东中部的传说:土地爷 北大研究所国学门周刊 1925,(11)	
B27l002	顾颉刚	泉州的土地神 民俗周刊 1928,(2),1—8;1928,(3),8—12	
B27l003	竟 云	土地神的两个传说 星洲日报 1934.4.19	
B27l004	林衡道	土地公新论 公论报* 1949.9.12	
B27l005	林臣丰	"天不怕"和土地爷 民间文学 1961,(4)	
B27l006	宋龙飞	社祭之源、里社之神:从"福德正神"土地公谈起 艺术家* 1979,(48)	
B27l007	马广源	论土地神话 楚雄师范专科学校学报 1992,(2)	
B27l008	何星亮	土地神及其崇拜 社会科学战线 1992,(4),323—331	
B27l009	王增权	记一个形式独特的"土地公"——兼谈古代"石且"崇拜 广东民俗文化研究 1993,(1/2),13	
B27l010	马旷源	太岁:土地神话前考 运城师范专科学校学报 1994,12(2),35—37	
B27l011	吴南滨	《西游记》土地神形象的民俗考察 民俗研究 1994,(3),68—71	
B27l012	王永谦	中国的土地神信仰 中国民间文化 1994,(4),1—20	
JB27l001	須江 隆	社神の変容——宋代における土神信仰をめぐつて 文化58(1・2) 1994.94—114	
JB27l002	北田英人	1～6世紀における土地神生成の諸相 中国史学 6 1996.109—130	

m. 临水奶

B27m001	魏 应麟	临水奶　民俗周刊　1929,(61/62),1—20
B27m002	容 肇祖	与魏应麟先生讨论临水奶　民俗周刊　1929,(61/62),21—23
B27m003	魏 应麟	复容先生讨论临水奶　民俗周刊　1929,(61/62),24—27
B27m004	魏 应麟	道士师巫口中之临水奶及舍人哥　民俗周刊　1929,(61/62)
B27m005	魏 应麟	道士师巫口中之临水奶　民俗周刊　1929,(61/62),115—119
B27m006	容 肇祖	再与魏应麟先生论临水奶　民俗周刊　1929,(78),1—4
B27m007	林 其泉	台湾道教奉祀的女神——临水夫人　上海道教　1990,(1/2),60—61
B27m008	魏 永竹	临水夫人崇祀在台湾　台湾文献* 1991,42(1),209—234
B27m009	王 仿等	龙船儿——陈靖姑民间信仰之一　中国民间文化　1994,(3),181—185
B27m010	王 仿等	永嘉龙灯与陈十四娘娘——陈靖姑民间信仰之一　中国民间文化　1994,(4),105—123
B27m011	吴 刚戬	丽水陈十四夫人崇拜风俗　中国民间文化　1994,(4),151—154
B27m012	徐 起佳	龙泉县的陈十四夫人信仰风俗　中国民间文化　1995,(2),186—192
B27m013	沈 继生	泉州的陈靖姑信仰:泉邑西街奇仕妈宫的调查与考释　中国民间文化　1995,(2),193—198
JB27m001	廣田律子	中国の女性神とその芸能——浙江省説唱芸能鼓詞『陳十四夫人伝』　歴史と民俗14　1997.159—193

28. 佛教神话
a 综论

B28a001+ 杜 而未 《佛教原義的发明》* 台北 华明书局 1963

B28a002+ 杜 而未 《揭示佛经原義》* 台北 商务印书馆 1969

B28a001 吴 世谦 南洋的一种神话——三宝佛 民俗周刊 1928,(41/42),110—111

B28a002 董 仲琴 看了三宝佛神话以后 民俗周刊 1928,(41/42),112

B28a003 赵 帮彦 班禅活佛的神话 时事新报 1936.3.5

B28a004 李 安宅 拉卜楞寺的护法神:佛像象征意义举例 边政公论 1941,1(1)

B28a005 蒋 星煜 浴佛节的神话与风俗 文汇报 1957.5.5

B28a006 金 维诺 佛教画中的古代传说 美术 1958,(2)

B28a007 余 开来 归元寺的文物与神话 长江日报 1959.7.26

B28a008 台 静农 佛教故事与中国小说 《佛教与中国文学》 1978

B28a009 杨 宪益 汉明帝梦佛求经的神话 文汇增刊 1980,(4);《译余偶拾》 1983

B28a010 朴 庞 佛入中国诸种传说 中华文化复兴月刊* 1982,15(5)

B28a011 刘 守华 《大唐西域记》的民间文学价值 民间文艺集刊（二） 1982

B28a012 康 新民 火星菩萨和土地菩萨 乡土 1985,(6)

B28a013 潜 明兹 佛教文化与中国英雄史诗 民族文学研究 1994,(1),72—77

JB28a001+ 岩本 裕 『仏教説話研究序説』 法藏館 1967

JB28a001 金岡照光 中国民間における目連説話の性格 仏教史学 7(4) 1959.16—37

JB28a002 岩本 裕 目連救母伝説攷 国語国文（京大）35(9) 1966.1—22

JB28a003	河波　昌	神話と歴史に関する一論考——大乘佛教神話における歴史哲学的考察　東洋学研究 4 1970. 83—96	
JB28a004	劉　春江；田仲一成	江西青陽腔目連戲と宗教儀式活動　東洋文化（東京大学東洋文化研究所）71　1990. 39—53	

b. 观音

B28b001+	杜　林	《观音菩萨》　广州　广东人民出版社　1993.1　190p
B28b002+	邢　莉	《观音信仰》　北京　学苑出版社　1996
B28b001	董　仲琴	说子孙娘娘　民俗周刊　1928,(31)
B28b002	李　圣华	观世音菩萨之研究　民俗周刊　1929,(78),5—23
B28b003	于　因	观音的流传：中国神话漫谈　天地人　1936,(10)
B28b004	马　岱	释神篇　随笔丛刊（二）　1979
B28b005	赖　瑞和	妙善传说的两种新资料：评杜德桥《妙善传说》中外文学*　1980,9(2)
B28b006	泽田瑞德；前田一惠	鱼篮观音的传说　中华文学复兴月刊*　1980,13(8)
B28b007	李　南棣	细说观音　自由谈*　1980,31(12)
B28b008	王　福金	观音信仰与民间传说　民间文艺季刊　1988,(2),188—203
B28b009	邢　康	尊白衣观音为家神——谈辽朝初期的宗教信仰　内蒙古民族师院学报　1989,(3),80—85
B28b010	方　长生	观音"中国化"的范例——舟山民间的观音信仰　中国民间文化　1992,(1),151—167
B28b011	田　青	历史的性别——从观音菩萨的"变性"谈　东方　1996,(3),93—94
B28b012	李　利安	观音信仰对中国古代艺术的影响　华夏文化　1996,(4),34—35
JB28b001	澤田瑞穗	魚籃観音——その説話と文芸　天理大学学報

		30 1959.37—51
JB28b002	石川重雄	宋代祭祀社会と観音信仰——「迎請」をめぐつて 『中国の伝統社会と家族——柳田節子先生古稀記念』 東京汲古書院 1993.273—291
JB28b003	三尾裕子	台湾の女神の女性性——観音菩薩・媽祖・註生娘娘 アジア・アフリカ言語文化研究 48・49 1995.1—22

29. 民间神祇神话
a 综论

B29a001+	糜 春炜	《神之由来》 绿野书屋 1933
B29a002+	宗 立等	《中国民间诸神》 石家庄 河北人民出版社 1986.9
B29a003+	程 曼超	《诸神由来》 郑州 河南人民出版社 1987.7.279p
B29a004+	金 良年	《民间诸神(图)》 上海 上海三联书店 1991.6
B29a005+	乔 继堂	《中国崇拜物》 天津人民出版社 1991.8
B29a006+	周 宗廉	《中国民间的神》 长沙 湖南文艺出版社 1992.12
B29a007+	吴 正纲	心中的碑:读《中国民间的神》随想 博览群书 1993,(9),32
B29a008+	赵 杏银	《中国百神全书——民间神灵源流》 海口 海南出版社 1993.4.452p
B29a001	爱尔克斯	中国古代的诸神 民俗学集镌(2)东方书局影印本 1932.62—72
B29a002	曲 金良	神的产生及其演变述论 民俗研究 1987,(4),54—60
B29a003	刘 乃寅	诸神的启示 读书 1987,(4)
B29a004	孙 津	人的神话 文艺争鸣 1989,(2)
B29a005	吕 宗力	《中国民间诸神》台湾版重版叙言 民俗曲艺*

			(64) 1990.123—127
B29a006	包 伟民		韩森对南宋民间神祇变迁的探讨 中国史研究动态 1992,(5),18—21
B29a007	金 申		关于神王的探讨 敦煌学辑刊 1995,(1),55—62
B29a008	李 娓		从中国民间众神看人神关系 社会科学 1996,(4)

b. 天帝、天公

B29b001+	王 祥龄		《中国古代崇祖敬天思想》 台北 学生书局 1992.276p
B29b001	刘 夏		帝与天 北大研究所国学的月刊 1926,1(3)
B29b002	魏 建功		读"帝与天" 北大研究所国学的月刊 1926,1(3)
B29b003	冯 家升		契丹祀天之俗与其宗教神话风俗之关系 史学年报 1932,1(4),105—118
B29b004	杨 向奎		"帝"字说 史学论丛(一) 1934
B29b005	胡 厚宣		甲骨文所见殷代之天神 责善半月刊 1941,2(16),2—8
B29b006	胡 厚宣		殷代之天神崇拜 《甲骨学商史论丛》 1944
B29b007	赵 卫邦		秦祠白帝解 中国文化研究汇刊* 1950,(9)
B29b008	许 倬云		中国古代最高神的观念 台大史研所硕论* 1956
B29b009	胡 厚宣		殷卜辞中的上帝与王帝 历史研究 1959,(9—10)
B29b010	李 杜		先秦时期之天帝观 新亚书院学术年刊(港) 1961,(3),1—65
B29b011	黎 正甫		古文字上之天帝象义溯源 大陆杂志* 1965,31(2)
B29b012	周 长耀		中国历代祭天祀祖史实 恒毅* 1971,21(4),22—23;1971,21(5),21—23;1971,21(6),28—29
B29b013	Greel;		天神的源流

	黄　俊杰	大陆杂志* 1972,45(4)
B29b014	孙　光德	春秋时期上层社会的天神观　东亚季刊* 1974,5(3),13—27
B29b015	卓　克华	行郊考　台北文献* 1978,(45/46),427—444
B29b016	胡　红波	汉郊庙乐舞溯源　成功大学学报* 1979,(14),123—148
B29b017	胡　红波	三国郊乐舞考述　成功大学学报* 1980,(15),69—83
B29b018	李　近春	纳西族祭天初探　民族学研究(3) 1982. 160—172
B29b019	赵　鲁	《大黑天神》考释　民间文学论坛 1983,(4),21
B29b020	刘正厚等	敬苍浪　民俗研究 1986,(2),71
B29b021	甘　怀真	郑玄,王肃天神观的探讨　史原*(15) 1986. 173—187
B29b022	张　寅成	郑玄六天说之研究　史原*(15) 1986. 189—201
B29b023	刘　戡	神话传说中的天　民间文学论坛 1987,(6),50
B29b024	林　衡道	台湾民间的天公信仰 台北文献* 1971,(17/18),129—146
B29b025	高　丽珍	台湾民俗宗教之活动空间——以玄天上帝祭祀活动为例　台湾师大地理研究所硕士论文* 1988.123p
B29b026	王　素	也论高昌俗事天神　历史研究 1988,(3), 110—118
B29b027	杨　倩描	宋代郊祀制度初探　世界宗教研究 1988,(4), 75—81
B29b028	王　子今	汉代民间的"苍天"崇拜　世界宗教研究 1988,(6),75—78
B29b029	龚友德等	云南少数民族的天崇拜　云南教育学院学报 1989,(2),59—65
B29b030	金　天麟	浙江嘉善王家村"齐天"的调查　民间文艺季刊 1990,(1),135—159

B29b031	陈 世良	天山之"天"与袄郊之"袄"——西北地区宗教文化的一个侧面 敦煌研究 1990,(4),47—56
B29b032	袁 德星	上帝与上天——古代宗教信仰和古器物之关系 故宫文物月刊* 1990,8(7),66—79;1990,8(9),108—125;1991,8(12),16—29;1991,9(1),40—55;复印报刊资料 1992,(7),97—100
B29b033	傅 安辉	侗族祭天初探 中央民族学院学报 1992,(2),20—23
B29b034	张 荣明	论殷周上帝观 齐鲁学刊 1992,(4),5—55
B29b035	刘 德增	秦汉时期对天上诸神的祭祀 山东教育学院学报 1992,(4),48—52,44
B29b036	[日]吉村铃	所谓"天人"及中国早期天人像 中国历史博物馆 1993,(1),38—49
B29b037	王 志耀	略论三代的天神上帝观念及其演变 世界宗教研究 1993,(1),93—100
B29b038	李 向平	古中国天帝、天命崇拜的本质新探 世界宗教研究 1993,(2),61—70
B29b039	张 荣明	周代"天"神话驳证 天津师大学报 1993,(3)
B29b040	朱 凤瀚	商周时期的天神崇拜 中国社会科学 1993,(4),191—211
B29b041	关 英	漫话满族祭天享鹊习俗 北方文物 1994,(1),73
B29b042	孙 家洲	秦汉祭天礼仪与儒家文化 孔子研究 1994,(2),54—62
B29b043	万 依	祭天乐舞小考 故宫博物院院刊 1994,(2),14—18
B29b044	周锡银等	藏族原始宗教中的天崇拜 青海社会科学 1994,(4),89—94
B29b045	傅 光宇	大黑天神神话在大理地区的演变 思想战线 1995,(5),54—58
B29b046	范 洪贵	壮泰各族对"天"的信仰与崇拜 广西民族研究 1996,(3)

B29b047	洪　玉凡	蒙古族崇拜天的文化观	
		青海民族学院学报　1996,(3)	
JB29b001	津田左右吉	上代シナに於ける天及び上帝の観念　東方学報 12(3)　1922. 296—318；『津田左右吉全集』18　東京　岩波書店　1965	
JB29b002	池田末利	釈帝・天——上代支那に於ける祖神崇拝と自然神崇拝　広島大学文学部紀要 3　1953. 23—43	
JB29b003	好並隆司	中国古代祭天思想の展開——巫祝と医術　思想 608　1975. 96—114	

c. 天妃妈祖

B29c001＋	程　大城	《妈祖传》*　新人出版社　1955	
B29c002＋	蔡　相辉	《台湾的王爷与妈祖》　台北　台原出版　1989. 221p	
B29c003＋	夏　文	掀开宗教的面纱，对本土信仰在认识——读蔡相辉《台湾的王爷与妈祖》的联想　史联杂志*(14)　1989. 6. 137—139	
B29c004＋	陈　信雄	蔡相辉著《台湾的王爷与妈祖》评价　华岗文科学报*(17)　1989. 12. 373—380	
B29c005＋	曾　昭璇	《天后的奇迹》　北京　中华书局　1991. 9	
B29c006＋	李　露露	《妈祖信仰》　北京　学苑出版社　1994. 7. 146p	
B29c001	含　凉生	天妃娘娘　小说世界　1927,16(14)	
B29c002	温　仇史	女神天后　新生・民间文学专号　1927	
B29c003	顾　颉刚	天后　民俗周刊　1929,(41/42),1—8	
B29c004	容　肇祖	天后　民俗周刊　1929,(41/42),9—18	
B29c005	魏　应麟	关于天后　民俗周刊　1929,(61/62),130—131	
B29c006	谢　云声	异代同居的天后与吴真人　民俗周刊　1929,(61/62),56—63	
B29c007	周　振鹤	天后　民俗周刊　1929,(61/62),41—55	

B29c008	薛　澄清	关于太后之研究及其他的通讯　民俗周刊 1929,(78),75—77	
B29c009	谢　云声	关于研究天后资料书目　民俗周刊　1929, (86—89),123—127	
B29c010	容　肇祖	自跋天后　民俗周刊(广州)　1929,(86—89), 150—155	
B29c011	郭　坚	谈南海夫人　民俗汇刊(汕头)　1931,(1/20) (合订)	
B29c012	清　水	天后娘娘　民间(杭州)　1932,(10)	
B29c013	玄　玄	龙母志异　工商日报(港)　1934.7.1	
B29c014	朱　犖	妈生　粤风　1935,1(2)	
B29c015	朱　杰勤	福建水神天妃考　南洋学报(新)　1950,6(1)	
B29c016	陈　育崧	天妃考信录　南洋学报(新)　1952,8(2); 台北县文献丛辑*(一)　1953	
B29c017	谢　金选	神秘的关渡妈祖　台湾风物*　1954,4(2)	
B29c018	文　泉	圣女妈祖的故事　台湾风物*　1955,5(1)	
B29c019	孙　祖基	海神妈祖　台湾风物*　1956,6(1)	
B29c020	韩　槐准	古代华南海舶奉祀的神研究 新加坡年刊(新)　1957	
B29c021	庄　德	妈祖史事与台湾的信奉　台湾文献*　1957,8 (2)	
B29c022	李　献璋	妈祖传说的原始形态　台湾风物*　1960,10 (10—12)	
B29c023	李　献璋	元明地方志的妈祖传说之演变　台湾风物* 1961,2(1),20—38	
B29c024	赵　光裕	妈祖的研究:访李献璋博士　自立晚报* 1961.4.30	
B29c025	夏　琦	妈祖传说的历史发展　幼师学志*　1962,1(3), 1—37	
B29c026	夏　琦	妈祖信仰的地方　幼师学志*　1962,1(4),1— 32	
B29c027	李　献璋	以三教搜神大全与天妃娘妈祖传为中心来考察

		妈祖传说　台湾风物* 1963,13(2)
B29c028	孙　家骥	北平的谢娘娘与民间的妈祖　台湾风物* 1963,13(2)
B29c029	李　献璋	琉球蔡姑婆传说考证关联妈祖传说展开　台湾风物* 1963,13(5)
B29c030	隽　梅	妈祖的身世和传说　生力月刊* 1971,4(44),35—36
B29c031	杜　而未	妈祖的几点传说　新动力* 1971,23(12),6
B29c032	谭　君炎	妈祖与台湾　青溪*(56) 1972.107—109
B29c033	黄　师樵	妈祖婆的考据与在台的"神迹" 台北文献* 1976,(36),133—151
B29c034	白　萍	关于妈祖　新动力* 1976,28(8)
B29c035	朱　介凡	妈祖信仰的历史背景:中国谚语志玄理篇　中华文化复兴月刊* 1977,10(5)
B29c036	李　献璋	《妈祖的信仰》自序　大陆杂志* 1980,60(1),34—36
B29c037	苏　俊郎	妈祖的脚步——从大甲到北港　综合月刊*(138) 1980.46—57
B29c038	李　丰	妈祖传说的原始及其演变 民俗曲艺*(25) 1983.119—152
B29c039	阮　昌锐	民间对妈祖的崇拜　今日中国(147) 1983
B29c040	汪　曾琪	水母　北京文学 1984,(11)
B29c041	石　文	妈祖·天妃·天后宫　新民晚报 1984.5.1
B29c042	朱　天顺	妈祖信仰的起源及其在宋代的传说 厦门大学学报 1986,(2)
B29c043	许　志刚	妈祖神话考论 民间文学论坛 1986,(4),87—90
B29c044	杨　宗等	论天妃崇拜的历史内涵 民间文学论坛 1987,(6),81
B29c045	许　更生	妈祖传说的审美价值浅议 学习月刊(福州) 1987,(12)
B29c046	蔡　秀女	大甲妈祖进香记(田野笔记)

		民俗曲艺*(47) 1987.135—139
B29c047	林　汉泉	白沙屯妈祖进香记(田野笔记)
		民俗曲艺*(47) 1987.141—144
B29c048	吴　季芬	妈祖成道千年祭(田野笔记)
		民俗曲艺*(50) 1987.130—134
B29c049	邹　霆	莆田湄洲妈祖神庙纪事
		中国建设 1988,(1),30
B29c050	陈国强等	台湾的妈祖崇拜——闽台宗教信仰和风俗渊源
		福建论坛 1988,(1),66
B29c051	李　天锡	妈祖信仰在华侨中传播的原因及其启示
		世界宗教研究 1988,(4),92—101
B29c052	Watson,James L.；	神明的标准化——华南沿海地区天后之提倡(960—1960)
	潘　自莲	思与言* 1988,26(4),369—397
B29c053	张　大任	宋代妈祖信仰起源探究
		福建论坛 1988,(6),48—52
B29c054	宋　兆麟	海神妈祖——从女巫到海神
		民俗画刊 1989,(4)
B29c055	陈　登风	鹿耳门妈祖庙史事简说
		台湾风物* 1989,(15),135
B29c056	杨　识昌	妈祖史考——朱衣妈祖,海人的尊崇护神　台南文化*(27) 1989.97—105
B29c057	石　万寿	康熙以前台澎妈祖庙的建置——妈祖研究之二
		台湾文献* 1989,40(3),1—28
B29c058	陈国强等	妈祖信仰的民俗调查　厦门大学学报　1990,(1),103—107
B29c059	金　涛	乘泗列岛的天后和关帝信仰　民间文学论坛 1990,(2),78—80
B29c060	陈　在正	台湾中部平普族的汉化与妈祖信仰　台湾研究集刊* 1990,(2/3),140—149
B29c061	林　其琰	论妈祖文化现象——"五缘"文化的传承与变异
		上海道教 1990,(3/4),19—23

B29c062	林　美容	彰化妈祖信仰圈所表现的台湾人宗教文化　现代学术研究*　1990,(3),193—220	
B29c063	谢　重光	妈祖与我国古代河神,海神的比较研究　福建学刊　1990,(3)	
B29c064	李　立纲	妈祖信仰与中华文化传统　福建论坛　1990,(4),33—37	
B29c065	谢　重光	妈祖崇拜宗教类型之我见　福建论坛　1990,(4),38—43	
B29c066	欧孟秋等	历代诗咏与妈祖信仰　福建论坛　1990,(4),44—47	
B29c067	朱　天顺	妈祖信仰应与当前社会相协调　厦门大学学报　1990,(4),80—84	
B29c068	郭　庆文	台湾妈祖信仰的渊源特色与活动　社会科学战线　1990,(4),327—329	
B29c069	陈宠章等	试论妈祖信仰的宗教属性　社会科学战线　1990,(4),338—341;理论学习月刊　1990,(7),51—53	
B29c070	林　惠中	由人到神:历代妈祖封神的政治的社会心理基础　社会科学战线　1990,(4),342—346	
B29c071	周　世耀	海上女神妈祖与妈祖崇拜　文史知识　1990,(5),27—31;国文天地*　1990,5(11),94—96	
B29c072	金　文亭	闽台崇祀妈祖比较研究　理论学习月刊　1990,(7),48—50	
B29c073	杨　振辉	明代妈祖信仰的趋势及其原因　理论学习月刊　1990,(7),54—56	
B29c074	李　献璋	妈祖传说的开展　汉学研究*　1990,8(1),287—307	
B29c075	林　其泉	关于妈祖神化前的几个问题　思与言*　1990,28(3),133—143	
B29c076	石　万寿	清代妈祖的封谥——马祖研究之三　台湾文献*　1990,41(1),139—151	

B29c077	林　美容	彰化妈祖信仰圈　中央研究院民族学研究集刊*（68）1990.41—104	
B29c078	石　万寿	宋元明妈祖的封谥　历史学报*（成大）(17) 1991.129—146	
B29c079	高　梁	《天妃娘娘传》故事源流考:兼论海神天妃兴衰时代背景　明清小说研究（南京）1991,(3),134—147	
B29c080	张　桂林	试论妈祖信仰的起源,传播及其特点　史学月刊　1991,(4),27—33	
B29c081	林　永村	笨港聚落的形成与妈祖信仰重镇的确立　台湾文献*　1991,41(2),333—340	
B29c082	杨　琼	闽台两岸的天妃崇拜　民俗研究　1992,(2),58—65	
B29c083	林　惠中	妈祖由人到神的发展历史轨迹——从历史褒封、祭文化及民间传说分析妈祖　中国民间文化　1992,(2),112—120	
B29c084	张　桂林	福建商人与妈祖信仰　福建师范大学学报　1992,(3),105—110	
B29c085	林　美容	彰化妈祖信仰圈内的曲馆与武馆:南投县部分　台湾文献*　1992,43(2),35—105	
B29c086	林　美容	彰化妈祖信仰圈内的曲馆和武馆——台中县部分　台湾文献*　1992,43(4),61—142	
B29c087	陈　焕文	妈祖信仰及其在宁波的影响　宁波师范学院学报　1993,(1),73—77	
B29c088	马　昌仪	妈祖传说与文化轨迹　烟台师范学院学报　1993,(1)	
B29c089	郁　龙余	妈祖崇拜与中外文化交流　文化杂志*　1993,(13/14),104—109	
B29c090	石　万寿	妈祖身世传说　台湾文献*　1993,44(2/3),45—55	
B29c091	李　丰	妈祖与儒,释,道三教　历史月刊*（63）1993.34—42	

B29c092	黄 美英	妈祖香火与神威的建构	
		历史月刊*(63) 1993.43—46	
B29c093	无 逸	民国以来妈祖研究概说	
		历史月刊*(63) 1993.54—60	
B29c094	林 文豪	寻访湄洲妈祖庙的历史踪迹	
		历史月刊*(68) 1993.22—24	
B29c095	王 樾	"妈祖"崇拜与亚洲古代民族文化关系	
		新疆文物 1994,(2),41—47	
B29c096	李 玉昆	妈祖信仰在北方港的传播	
		海交史研究 1994,(2),111—118	
B29c097	谢 重光	闽西客家地区的妈祖信仰	
		世界宗教研究 1994,(3),74—84	
B29c098	杨 永占	清代对妈祖的敕封与祭祀	
		历史档案 1994,(4),92—95	
B29c099	黄 美英	台湾妈祖的香火仪式 自立晚报* 1994.	
		2.264p	
B29c100	张 涛	芷江天后宫——内地妈祖文化的明珠	
		怀化师范专科学校学报 1995,(1),37	
B29c101	谭 世宝	论妈祖信俗的性质及中国学术与宗教的多元化	
		发展 学术研究 1995,(5),85—89	
B29c102	张 询	女神信仰与妈祖崇拜的比较研究 中央研究院	
		民族学研究所集刊*(79) 1995.185—203	
B29c103	汪 梅田	论妈祖民间传说，民间信仰之形成 民间文学	
		论坛 1996,(1),10—19	
B29c104	徐 宜安	从闽台两地的妈祖信仰看海峡两岸的同根同源	
		黄淮学刊 1996,(2),54—57	
B29c105	邱 树森	妈祖现象与伊斯兰教的中国化 宁夏社会科学	
		1997,(39)	
JB29c001+	李 献璋	『媽祖信仰の研究』 泰山文物社 1979	
JB29c002+	可兒弘明	書評:『媽祖信仰の研究』 史學雜誌 91(3)	
		1982	

JB29c001	斯波浦人	媽祖様の由来　東洋38年9号　1935	
JB29c002	宇宿　捷	媽祖の信仰と薩南片浦林家の媽祖に就いて　史学15(3)　1936	
JB29c003	李　献璋	三教捜神大全と天妃娘媽伝を中心とする媽祖伝説の考察　東洋学報39(1)　1956.76—108	
JB29c004	李　献璋	媽祖伝説の原初形態　東方宗教11　1956.61—82	
JB29c005	李　献璋	元明の地方志に現れた媽祖伝説の演変　東方学13　1957.29—49	
JB29c006	李　献璋	明廷の海外宣諭より見たる媽祖の伝播——特に鄭和の西征における霊験について　中国学誌1　1964.113—139	
JB29c007	窪　徳忠	茨城県に媽祖信仰を尋ねて　大正大学総合佛教研究所年報18　1996.17—34	

d. 龙王、龙母

B29d001	赵　帮彦	九子母考　史语所集刊　1921,2(3)	
B29d002	胡　寄尘	中国小说中之龙王　文艺丛谈(一)　1928	
B29d003	李　岳南	关于海龙王与龙女故事的分析　《神话故事、歌谣、戏曲散论》　1957	
B29d004	刘　士光	简评《王小和龙女》：兼谈神话故事　阜阳文艺1959,(7)	
B29d005	杨　知勇	论龙女神话与故事　山茶　1983,(3),66	
B29d006	高　旅	龙的故事　《持故小集》　1984	
B29d007	骆　宾基	龙王庙两尊主体相悖的塑像考　民间文学论坛1986,(6),15—19	
B29d008	王　三庆	四海龙王在民间通俗文学上的地位　汉学研究*（国际研讨会论文专号）　1990,8(1),327—346	
B29d009	吕　洪年	古今龙王信仰概观　文史知识　1991,(8),90	

e. 姜太公

B29e001	杨　筠如	姜姓的民族与姜太公的故事　语历所周刊	

			1929,7(81)；古史辨(二) 1930
B29e002	陈 子怡	原始的齐国与太公的人格	女师大艺术系刊 1930,1(3)
B29e003	杨 文蔚	姜太公的故事	民俗 1930,(101)
B29e004	陈 子展	姜太公在此	太白 1934,1(8)
B29e005	许 长乐	姜太公	国魂*(193) 1961
B29e006	袁 珂	姜太公(中国神话辞典摘抄)	活页文史丛刊(73) 1980
B29e007	载 乐志	姜太公考：《史记·齐太公世家》探疑	中华文史论丛 1980,(3)
B29e008	李 震	史记齐世家《姜太公传》考实	东方杂志* 1981,14(8)
B29e009	李 震	史记齐太公世家《姜太公传》考实	文艺复兴*(126) 1981
B29e010	刘 逸生	闲话姜太公封神	《神魔国探奇》(港) 1988

f. 杜宇

B29f001	王 孝廉	远游与望乡——杜宇传说及其他	中国时报* 1978.9.6
B29f002	罗 开玉	"鳖灵决玉山"纵横谈——兼析"蜀王本纪"的写作背景	四川师院学报 1984,(4)
B29f003	张 启成	古蜀杜宇神话传说新探	贵州社会科学 1990,(6),48

g. 紫姑神

B29g001	胡 寄尘	紫姑与文人纠葛	文艺丛谈(小说世界丛刊)(二) 1931
B29g002	娄 子匡	迎紫姑	草野 1931,5(3)
B29g003	江 之璜	关于紫姑神	民国日报·民俗周刊(杭州) 1931,(36)；民俗学集镌(一) 1931
B29g004	黄 石	迎紫姑之史的考察	民俗学集镌(一) 东方文化书局印影本 1931.155—167；开展月刊 1931,5(10/11)
B29g005	娄 子匡	紫姑的姓名	民俗学集镌(一) 1931.275—

		278： 开展月刊 1931,5(10/11)	
B29g006	方　九鹤	华舍请灰脚姑娘　民间月刊(绍兴)(9)　1932	
B29g007	茂　　康	绍兴请坑三姑娘　民间月刊(绍兴)(9)　1932	
B29g008	黄　　石	再论紫姑神话　民众教育季刊　1933,3(1),2—11：《民间文学专号》：(钟敬文等编)　台北　东方文化供应社　1970.91—102	
B29g009	叶德均等	紫姑神：献给黄石先生　民国日报·民俗周刊(杭州)　1933,(77/79)	
B29g010	李　鹏翔	坑三姑娘　太白　1935,2(4)	
B29g011	顾　　良	紫姑在三林堂——记"邀请坑三姑娘"　歌谣周刊　1937,2(37),7—8	
B29g012	闻　国新	紫姑神的传说　北平晨报·谣俗周刊　1937.6.13	
B29g013	朱　介凡	关于"厕神"的传说　中央日报*　1971.1.15—17	
B29g014	涂元济等	紫姑及其传说　民族作家　1986,(2),123；《神话、民俗与文学》　1993.227—241	
B29g015	黄　景春	紫姑信仰的起源、衍生及特征　民间文学论坛　1996,(2)	
B29g016	田　祖海	论紫姑神的原型与类型　湖北大学学报　1997,(1)	
B29g017	龚　维英	厕神源流演变探索　贵州文史丛刊　1997,(3)

h. 其他

B29h001+	陈　履生	《神画主神研究》　北京　紫禁城出版社　1987	
B29h002+	李　　乔	《中国行业神崇拜》　北京　中国华侨出版公司　1990.494p	
B29h003+	刘　晔原	一部开阔眼界的信仰文化新著——评《中国行业神崇拜》　民间文学论坛　1991,(1),68	
B29h001	江　绍原	人物鬼神的名　贡献　1928,1(7)	
B29h002	潘　达仁	关于"睡庙求医"　语丝　1928,4(8)	
B29h003	翁　国梁	水井神　民俗周刊　1929,(86/89)	

B29h004	钱　畊莘	五通神和铁算盘	民间(杭州)　1932,(5)
B29h005	丁　菊生	眚神　民间(杭州)　1932,(9)	
B29h006	李　家瑞	关于妓家供神的传说　天地人　1936,(10)	
B29h007	李　家瑞	添仓祀仓神　实报　1940．3．2	
B29h008	许　同莘	说行　东方杂志　1943,39(13)	
B29h009	崇　璋	送瘟神　小实报(北京)　1943．9．19	
B29h010	翁　囵运	"摄魂碑"(碑帖神话)　文汇报　1957．1．9	
B29h011	朱　士贻	"活财神"沈万三的神话　艺文志*　1969,(41)	
B29h012	张　道斌	邦都神话琐记　艺文志*　1973,(91)	
B29h013	杜　而未	所谓道路之神　恒毅*　1974,24(5)	
B29h014	倪　新	二月八与赌神　采风(上海)　1981,(9)	
B29h015	缪　亚奇	二月八与祠山大帝　乡土　1982,(9)	
B29h016	王家祐等	丰都"鬼城"考　四川史研究通讯　1983,(1)	
B29h017	许　志刚	祖道考　世界宗教研究　1984,(1),131—135	
B29h018	莫　高	三星高照福禄寿　风俗　1985,(2)	
B29h019	张　福三	原始工匠神形象的沉浮　云南民族学院学报 1986,(3)	
B29h020	李　稚田	瘟神及送瘟神习俗探微　民间文艺季刊 1990,(1)189—201	
B29h021	周　翟街	论梨园始祖神与保护神——兼论梨园神研究中的失误　民间文学论坛　1991,(3),29—34	
B29h022	姚　元江	"狐狸谷神说"质疑:与日本学者吉野裕子先生商榷　呼兰师专学报　1992,(2),16—20	
B29h023	游　修龄	农业神话和作物(特别是稻)的起源　中国农史 1992,(3),7—11	
B29h024	赵　国庆	牧畜庇护神　民族　1993,(3)	
B29h025	顾　东英	"武婆婆"考略:广西师公土俗神考析之一　民族艺术　1993,(4),78—84	
B29h026	段　友文	山西煤区民俗与煤神崇拜　民俗研究　1993,(4),86—90	
B29h027	马　咏梅	山东沿海的海神崇拜　民俗研究　1993,(4),81—85	

B29h028	康　群	仙、方土、三神山　社会科学论坛　1995,(1)	
B29h029	蔡利民等	太湖渔民的保护神:夏禹　中国民间文化 1995,(2),146—169	
B29h030	邱　国珍	景德镇陶瓷业的行业神崇拜　中国民间文化 1995,(2),286—296	
B29h031	韦　中权	常州民间的宅神信仰　中国民间文化　1995, (2),307—314	
B29h032	廖　奔	戏神辨踪　民俗研究　1996,(1),45—48	
B29h033	刘传武等	潮神考略　东南文化　1996,(4),49—53	
B29h034	金　涛	东亚海神信仰考述　民间文学论坛　1997,(3), 53—63	
B29h035	王　学泰	天地会"西鲁"神话之解析　文史知识　1997, (10),9—17	
B29h036	叶　舒宪	中国上古地母神话发掘——兼论华夏"神"概念的发生　民族艺术　1997,(3),29—45	
JB24h001	宫川尚志	項羽神の研究　東洋史研究 3(6)　1938. 481—503	
JB29h002	内田道夫	項羽神物語　東方学 12　1956. 25—39	
JB29h003	細谷草子	干将莫邪説話の展開 文化(東北大)33(3)　1970. 48—71	
JB29h004	山田利明	中国の学問神信仰初探　東洋学術研究 14(4) 1975. 141—157	
JB29h005	谷口義介	杜伯幽鬼の物語——中国古代の説話の変遷 立命館大学 373・374　1976. 580—643：『中国古代社会史研究』　京都　朋友書店　1988	
JB29h006	町田吉隆	窯神について——陝西・河南・山西の瓷窯を中心に　立命館文学 537　1994. 228—256	

30. 地方神话
a. 综论

B30a001	钟　敬文	中国的地方传说　开展月刊　1931,1(10/11)： 民俗学集镌(二)　1931	

B30a002	钟　敬文	地方决定的传说	民众教育月刊	1937,5(4、5)
B30a003	许　　钰	地方风物传说简论	民间文学	1983,(12)
B30a004	乌　丙安	论中国风物传说圈	民间文学论集(二)	1984
B30a005	董　晓萍	"迁移型"风物传说类型研究　民间文学论集(二)　1984		

b. 广东地区

B30b001+	徐　松石	《粤江流域人民史》	中华书局	1939
B30b002+	吴　玉成	《粤南神话研究》　台北　1932(初刊):东方文化供应社影印　1974		
B30b001	黄　昌祚	澎州民间神话	民俗周刊	1928,39(4),42
B30b002	愚　　民	广州地方传说的片段	民俗周刊	1929,(72)
B30b003	黄　有琚	水尾婆与文昌从前的"社会"	民俗周刊	1929,(78)
B30b004	刘　万章	序粤南神话及其它	《粤南神话及其它》	1933
B30b005	羽　　衣	韶州的神话	工商日报(港)	1936. 2. 6
B30b006	游　　子	韩江的神话	工商日报(港)	1936. 2. 21
B30b007	游　　子	湘子桥的神话	工商日报(港)	1936. 2. 26
B30b008	羽　　衣	韶州的神话	工商日报(港)	1936. 4. 13
B30b009	刘　万章	粤南神话传说漫谈　中央日报·民风副刊　1937. 3. 4、11(22—23)		
B30b010	朱　　谷	神话、羊城、动物城徽	羊城晚报	1965. 9. 30
B30b011	谢　华等	美妙的神话世界	罗浮山文艺	1979,(1)
B30b012	蔡　懋棠	岁末谈祭神	台湾风物*	1997,29(3),98—109

c. 闽、台地区

B30c001+	魏　应麟	《福建三神考》	国立中山大学语历所	1929.5　124p
B30c001	钟　敬文	中国蛋民文学一脔　小说月报·中国文学研究　1927,(17)(号外)		
B30c002	魏　应麟	五代闽史稿之一:宗教与神话　中大语历所周刊　1929,7(75)		
B30c003	陈　延进	厦门之新年风俗	民俗周刊	1929,(53/55)
B30c004	谢　云声	闽南神诞表	民俗周刊	1929,(61/62)

B30c005	叶　竹君	厦门人对神的迷信　民俗周刊　1929,(61/62),140—144	
B30c006	魏　应麟	福建三神考序　民俗周刊　1929,(66),1—3	
B30c007	魏　应麟	福建三神考序自序　民俗周刊(福州)　1930,(1)	
B30c008	刘　强	起传岩神话　福建文化　1932,1(6)	
B30c009	今　由	福建神话研究的第一页　福建文化　1933,1(7)	
B30c010	柳　絮	福建民族的起源神话　中央日报·民风副刊　1937.6.17(37)	
B30c011	王镜清讲	福建长泰之话盘神话　星岛日报·民风双月刊(港)　1948.9.16(1)	
B30c012	毓　文	宜兰开辟记　台湾风物*　1952,2(5)	
B30c013	赖　姗姗	神的生辰在台湾　台湾风物*　1952,2(6)	
B30c014	朱　锋	"鲲鯓王"与"水守爷"　南瀛文献*　1953,1(1)　半屏山神话　高市风物　1955,1(1)	
B30c015	琅山房旧稿	南鲲鯓庙志　南瀛文献*　1955,2(3/4)	
B30c016	吴　新荣	台南县寺庙神杂考　南瀛文献*　1955,2(3/4)	
B30c017	朱　锋	台湾神诞表　南瀛文献*　1955,2(3/4)	
B30c018	林　衡道	台湾的石神　台湾风物*　1960,10(4)	
B30c019	施　博尔	滑稽神:关于台湾傀儡戏的神明　民族学所集刊*　1966,(21)	
B30c020	刘　枝万	台湾之瘟神庙　民族学所集刊*　1966,(22)	
B30c021	许　牧野	兰阳平原开发前的神奇故事:蛇首人身怪物　中国时报*　1967.3.18	
B30c022	范　珍辉	神、庙及宗教英才:台湾宗教三个案研究　社会学刊*　1968,(4)	
B30c023	林　衡道	台湾民间信仰的神明　台湾文献*　1976,26(4):27(1)	
B30c024	刘　昌博	台湾搜神记(一)　中外杂志*　1977,21(6)	
B30c025	高贤治等	台湾旧惯习俗信仰(四、五)　台湾风物*　1979,29(1—2)	
B30c026	陈　胜昆	瘟神——王爷公(台湾民间医学)　健康世界*	

1979,(47)

B30c027	莫　珍莉	台湾搜神记——凶巴巴的司法神　天然* 1980,1(5)	
B30c028	钟　华操	台湾地区神明之由来补述　台湾文献*　1980,3 (3),165—181	
B30c029	阮　昌锐	台湾民间崇信的神灵　艺术家*　1981,(74—75)	
B30c030	钟　华操	台湾地区神明的由来补述(续):道家的神　台湾文献*　1981,32(4)	
B30c031	马　莉	台湾山地神话研究　文大民族与华侨所硕论* 1982	
B30c032	阮　昌锐	传薪集(13)——台湾的神灵　海外学人,(132) 1983.40—48	
B30c033	许　金顶	闽南开漳圣王崇拜试论　华侨大学学报 1990,(2),85—92	
B30c034	颜　章炮	台湾民间的守护神信仰　厦门大学学报　1991, (2),97—102	
B30c035	朱　天顺	闽台两地的王爷崇拜　台湾研究集刊(厦门) 1993,(3)	
B30c036	颜　章炮	台湾民间若干神祇由来辨误　台湾研究集刊* 1995,(2),41—46	
JB30c001	前嶋信次	台湾の瘟疫神、王爺と送瘟の風習に就いて　民族学研究 4(4)　1938	
JB30c002	植野弘子	台湾南部の王醮と村落　文化人類学(アカデミア出版会)5　1988	
JB30c003	松本浩一・古屋信平	王爺醮祭の儀礼空間　『神々の祭祀』 東京　凱風社　1989	
JB30c004	島岡成治・西垣安比古	台湾ヤミ族の神話的世界と〈住まう〉こと　太平洋地域研究所研究紀要　1990, (1),71—83	
JB30c005	三尾裕子	〈鬼〉から〈神〉へ——台湾漢人の王爺信仰について　民族学研究 55(3)　1990.243—268	

JB30c006	高橋晋一	神様は船に乗つて　民俗宗教（東京堂出版）3 1990
JB30c007	長澤利明	台湾アミ族における巫術師の修行儀礼　民族学研究 56(1)　1991．107—116
JB30c008	鈴木満男	王爺とヨンドウンと　文学 57　1989：『環東シナ海の古代儀礼』　東京第一書房　1994
JB30c009	石田憲司	台湾南部の真武神信仰について——特に清朝統治下の台南を中心として　東方宗教 85 1995．24—40
JB30c010	鄭　正浩	瑤池金母信仰についての一考察　東洋文化研究所紀要（東京大学）132　1997
JB30c011	鄭　正浩	台湾における瑤池金母信仰の思想と儀礼 ノートルダム清心女子大学紀要 21(1)（文化編） 1997
JB30c012	植野弘子	閩南地域の王爺廟再興——台湾との交流をめぐつて　『東アジアの現在——人類学的研究の試み』（末成道男編）　風響社　1997

d. 其他地区

B30d001+	张自修编	《丽山古迹名胜志》　西安　陕西省出版局 1985
B30d002+	刘　逸生	《神魔国探奇》　香港　中华书局　1988
B30d003+	袁　爱国	《泰山神文化》
B30d004+	山　　曼	登山探神十八盘：读袁爱国《泰山神文化》　民俗研究　1992,(2),102—103,101：《民间文学专号》　台北　东方文化供应社　1970．35—58
B30d001	顾　颉刚	东岳庙的七十二司　歌谣周刊　1924,(50)
B30d002	顾　颉刚	东岳庙游记　歌谣周刊　1924,(61)
B30d003	顾　颉刚	北京东岳庙和苏州东岳庙的司官的比较　京报副刊　1926．1．29(399)
B30d004	孙　传讯	海上仙女（江苏灌云神话三篇）　秋野　1928,2 (5)

B30d005	曹　松叶	金华城的神　民俗　1929,(85—89),33—56	
B30d006	李　敬泰	关中之民间文学(续)　西北研究　1933,(8)	
B30d007	安　在	西华传说种种　艺风　1934,2(12)	
B30d008	李　光信	山西通志中的山川崇拜　食货半月刊　1936,4(3)	
B30d009	王　素林	豫北天然神话　艺风　1936,4(1)	
B30d010	金　受申	北京神话活动——供痘神娘娘　立言画刊　1942,(191),19—20	
B30d011	李　震一	洞庭湖的神话　中央日报　1947.9.2	
B30d012	王　崧兴	马太守之守教与神话　中研院民族研究所集刊*　1961,(12),107—178	
B30d013	胡　小池	洞庭湖上的神话　湖南文献*　1976,4(2)	
B30d014	贾　文斌	故乡的神　中原文献　1978,10(1),29—39	
B30d015	黄　立懋	燕子矶的景色与神话　艺文志*　(149)　1978	
B30d016	董华祥等	盐源县的两则民间传说、神话与生产实际　凉山彝族奴隶制研究(一)　1981	
B30d017	罗　载光	读《九嶷山传说》　民间文学　1982,(4)	
B30d018	吕　成元	沙坡头的神话传说　宁夏日报　1983.9.12	
B30d019	柳　家奎	话说"大阿福"(无锡)　人民日报　1984.12.8	
B30d020	韩　宗氏	伏牛山中传奇神话：南召民间故事趣谈　中原文献*　1984,16(7)	
B30d021	傅　光诗	孔庙、孔府、孔林古建中的神话和趣闻　群众艺术(山东)　1984,(6)	
B30d022	朱　大可	城市神话及其游戏规则　中外文学(锦州)　1987,(6)	
B30d023	莫　高	谈江南的神话　《神话新论》　1987.297—312	
B30d024	汪　玢玲	东北神话与古代女权　黑龙江民族丛刊　1988,(1)	
B30d025	马　少侨	千奇百怪的梅山神话　楚风　1989,(5/6)	
B30d026	[美]D.C.汪　玉祥	葛维汉；四川诸神民间文学论坛　1989,(5/6)	
B30d027	张　余	晋南的神话与传说　民间文学论坛　1990,	

(2),62

B30d028　赵　振兴　湖南古代神话传说摭读　湖南师范大学学报 1990,(2),39

B30d029　石　奕龙　蔡塘的村神祭祀　民间文学论坛　1992,(4),56—62

B30d030　潘　国英　苏州民间的人鬼信仰及其祭亡习俗　东南文化 1993,(6),90—94

B30d031　汪　玢玲　长白山——自然保护神崇拜的文化内涵　社会科学战线　1994,(6),192—197

B30d032　鲁　牛　潮汕游神与南极大帝考释　汕头大学学报 1995,(1)

B30d033　杨　德聚　论泰山神话故事的道德观　山东农业大学学报 1995,(1),105—108

B30d034　唐　朝亮　龙游县地方神信仰调查　中国民间文化 1995,(2),49—55

B30d035　金　天麟　浙江嘉善县地方神记略　中国民间文化 1995,(2),64—91

B30d036　王召里等　淳安县地方神信仰调查　中国民间文化 1995,(2),92—101

B30d037　欧　粤　上海五库地区的神信仰　中国民间文化 1995,(2),102—115

B30d038　山　曼　山东人的保护神：秃尾巴老李　中国民间文化 1995,(1),199

B30d039　李　淮荪　沅水上游的土著神杨公探略　怀化师范专科学校学报　1995,(3),55—59

B30d040　吴　天明　魂归泰山：三神山神"版本"研究　山东师范大学学报　1997,(增),197—198

JB30d001　川野明正　雲南省の五通神信仰——保山市五郎廟と独脚五郎・五郎神の精怪伝承　東京都立大学人文学報 292　1998.119—134

31. 民间传说与神话
a.《牵牛织女》

B31a001+	洪　淑苓	《牛郎织女研究》*　台北　学生书局　1988	
B31a001	商　　君	七夕　北平平晨　1924.8.6、7	
B31a002	万　　曼	牵牛和织女的故事　学灯·文学周刊　1924.9.22、29	
B31a003	钟　敬文	七夕风俗考略　语历所周刊　1928,(11/12),298—312	
B31a004	徐　中舒	古诗十九首考〔"迢迢牵牛星"诗〕　语历所周刊　1929,6(65),2613—2629	
B31a005	程　云祥	潮州的七月　民俗周刊(广州)　1929,(73),14—23	
B31a006	清　　水	七夕漫谈　民俗周刊(广州)　1929,(81),16—27	
B31a007	戈　宝权	关于几个中国鬼　文学周报　1929,(7)(合订)	
B31a008	黄　　石	七夕考　妇女杂志　1930,16(7),87—96	
B31a009	姚　世南	七夕谈　民俗汇刊(汕头)　1931,(1—20)(合订本)	
B31a010	钟　敬文	中国的天鹅处女故事　民众教育季刊　1933,3(1)	
B31a011	周　越然	牛郎织女　太白　1934,1(4),197—198	
B31a012	雪　　峰	七夕考　新闻报　1934.8.16	
B31a013	竺　　同	七夕的民间传说考证　时事新报　1934.8.16、17	
B31a014	英　　茵	七夕从乞巧说到天河配　北平晨报　1935.8.5	
B31a015		七夕的民间传说的考证　星州日报　1935.8.18	
B31a016		介绍一民间神话　晨报副刊　1936.8.23	
B31a017	中　　玉	七夕的故事　国闻周报　1936,13(33),39—42	
B31a018	欧阳飞云	牛郎织女故事之演变　逸经　1937,(35)	
B31a019	范　　宁	七夕牛女故事的分析　边疆人文　1946,3(3/	

4),9—32

B31a020	一　华	牛郎织女的故事　科学与生活　1946,1(7)
B31a021	伊　兵	评《牛郎织女》　解放日报　1949.9.24
B31a022	法　枢	介绍《牛郎织女》　当代日报　1949.11.20
B31a023	陈　毓罴	谈牛郎织女的故事　光明日报　1950.5.28
B31a024	露　鹤	七夕的故事　公论报*　1950.8.22
B31a025	夏　天	牛郎和织女　艺术生活　1951,(5/6),18—20
B31a026	陈　涌	什么是"牛郎织女"正确的主题　文艺报　1951,4(11—12),48—50
B31a027	艾　青	谈"牛郎织女"　人民日报　1951.8.31
B31a028	何　茵	牵牛织女　中央日报*　1952.8.26
B31a029	卫　明	谈《牛郎织女》　新民报晚刊*　1953.7.16
B31a030	赵　景深	关于牛郎织女的传说　新民报晚刊*　1953.7.20
B31a031	李　战	关于《牛郎织女》　甘肃日报　1953.8.22
B31a032	不　牙	牛郎与织女　联合报*　1954.8.5
B31a033	李　岳南	对牛郎织女的主题思想及其他　《民间戏曲歌谣散论》　1954
B31a034	范　宁	牛郎织女故事的演变　文学遗产丛刊(一)　1955.421—433
B31a035	大　方	牵牛织女　中央日报*　1956.8.12
B31a036	李　岳南	由《牛郎织女》来看民间故事的思想性和艺术性：就初中《文学》课本的一篇谈起　北京文艺　1956,(8),37—38,26
B31a037	端木蕻良	关于牛郎织女　北京文艺　1956,(11),26—27
B31a038	刘　守华	慎重地对待民间故事的整理编写工作：从人民教育出版社整理的《牛郎织女》和李岳南同志的评论谈起　民间文学　1956,(11),49—52
B31a039	李　岳南	读"慎重地对待民间故事的整理编写工作"后的几点商榷　民间文学　1957,(1),25—29
B31a040	李　岳南	论牛郎织女故事的衍变及其思想性、艺术性　《神话故事、歌谣、戏曲散论》　1957.1—7

B31a041	罗　永麟	试论"牛郎织女"　民间文学集刊(二)　1957	
B31a042	凌　　风	天上人间话七夕　中央日报*　1958.8.26	
B31a043	问　　渠	牛郎织女故事的两条发展道路　安徽日报 1961.9.7	
B31a044	邝　利安	七夕传说考源　文学世界*　1961,(31)	
B31a045	黄　锦堂	月帐星河次第开:牵牛织女故事　建设* 1962,11(3)	
B31a046	郑　康成	七夕考源　建设*　1967,16(4)	
B31a047	皮　述民	牛郎织女神话的形成　南洋大学学报(新) 1971,(5)	
B31a048	王　孝廉	牵牛织女的传说　幼师月刊*　1974,46(1); 《中国神话与传说》*　1977	
B31a049	陆　素贞	漫谈七夕　建设*　1975,14(3)	
B31a050	温　茂华	七夕史话　建设*　1975,24(3)	
B31a051	朱　介凡	牛郎织女神话传说　幼师文艺*　1977,46(2), 4—22	
B31a052	王　孝廉	牵牛织女传说的研究 《从比较神话到文学》*　1977	
B31a053	赵　仲邑	蜗庐温笔:牛郎织女故事的演变　随笔　1979, (2),205—207	
B31a054	汤　　池	西汉石雕牵牛织女辨　文物　1979,(2),87— 88,84	
B31a055	金　慧萍	动人的传说、美好的愿望:《牛郎织女》简析　教学与研究　1980,(2)	
B31a056	胡　鸿生	美丽的神话、动人的故事:《牛郎织女》试析　教学与进修　1980,(3)	
B31a057	徐　宗荣	试谈《牛郎织女》主题思想和语言特点　中学语文　1980,(3)	
B31a058	翟　　秀	《牛郎织女》简说　语文教学研究　1980,(3/4)	
B31a059	刘　守华	略谈《牛郎织女》　语文教学与研究　1980,(5)	
B31a060	丰　　人	漫谈《牛郎织女》的教学　语文战线　1980,(7), 28—29	

B31a061	吕　洪年	牛郎织女故事的产生、流传和影响　语文战线 1980,(7),30—32	
B31a062	王　俊峰	《牛郎织女》的思想和艺术　山西教育　1980, (10),28—29,46	
B31a063	袁　柯	织女庙(中国神话辞典摘抄)　活页文史丛刊 (82)　1980.8	
B31a064	阵　辰辉	千载恋颜万古幽情——牛郎织女故事　中华日报＊　1981.8.6	
B31a065	陈　庆元	《迢迢牵牛星》成诗于东汉补证　南京师范学院学报　1981,(3),97—98	
B31a066	葛　世钦	《牛郎织女》的历史演变　教学通讯　1981,(7)	
B31a067	芥　子	听牛郎织女美丽神话看耿耿星河造化之巧　工商时报＊　1982.2.26	
B31a068	沈　谦	迢迢牵牛星——神话爱情与诗的交融　中华日报＊　1982.2.24	
B31a069	胡　诸伟	牛郎织女的故事与诗词　知识窗　1982,(6),15	
B31a070	陈　丹	河鼓＝(星名琐谈)　天文爱好者　1982,(8),11	
B31a071	柯　原	七夕探源	
B31a072	曹　道衡	"星桥"三释　字词天地　1983,(1)	
B31a073	孙　续恩	关于"牛郎织女"神话故事的几个问题　孝感师范专科学校学报　1983,(2),26;《湖北省民间文学论文选》　1983.3—7;武汉大学学报　1985, (3),103—107,95	
B31a074	罗　启荣	七夕乞巧　中国年节　1983	
B31a075	龚　维英	民间文学比较举隅　乡音　1984,(2),53—55	
B31a076	易　重廉	牛郎织女故事　楚风　1984,(1),75—78	
B31a077	谭　学纯	天河恨、长城泪、《牛郎织女》、《孟姜女》比较赏析　镇江师范专科学校教学与进修　1984,(3)	
B31a078	简　松村	中国星辰神话传说中的七夕　故宫文物月刊＊ 1984,2(5),(总17),99—104	
B31a079	王　崶	牛郎织女故事三说　南昌晚报　1984.11.23	
B31a080	王　崶	牛郎织女故事又一说　南昌晚报　1984.11.30	

B31a081	孙　续恩	《牛郎织女》神话故事三题　民间文学论坛 1985,(4),27—32	
B31a082	姚　宝瑄	牛郎织女传说源于昆仑神话考　民间文学论坛 1985,(4),17—26	
B31a083	肖　远平	试从系统观点看民间传说故事《牛郎织女》的魅力　广西民间文学丛刊(十三)　1986.193—198	
B31a084	屈　育德	牛郎、织女与七夕乞巧　文史知识　1986,(7),48—53	
B31a085	洪　淑苓	牛郎织女研究　台大中文硕论*　1987	
B31a086	洪　淑苓	牵牛织女故事中"鹊桥"母题的衍变　中外文学*　1987,16(3),71—87	
B31a087	洪　淑苓	"牵牛织女"原始信仰初探　民俗曲艺*(51) 1988.79—97	
B31a088	洪　淑苓	"牛郎织女"在俗文学中的特色　中外文学*　1988,17(3)	
B31a089	徐　传武	漫谈古籍中的银河牛女　枣庄师范专科学校学报　1988,(8),34—38	
B31a090	徐　传武	漫话牛女神话的起源和演变　文学遗产 1989,(6),42—47	
B31a091	赵　逵夫	连接神话与现实的桥梁——论牛女故事中乌鹊架桥情节的形成及其美学意义　社会科学(北京)　1990,(1),74—79	
B31a092	赵　逵夫	论牛郎织女故事的产生与主题　西北师范大学学报　1990,(4),56—63	
B31a093	张　振犁	牛郎织女神话新议　《中原古典神话流变论考》上海文艺出版社　1991.161—185	
B31a094	田　富军	牛织故事与"仙女下嫁穷汉"原型新探　零陵师范专科学校学报　1998,(1),61—67,83	
JB31a001	長井金風	天風始原義(牽牛織女由來)　藝文8(3)　1917	
JB31a002	申　不出	牽牛織女後日譚　中央2(9)　1934	
JB31a003	出石誠彦	牽牛織女説話の考察　文学思想研究(早稲田大	

		学文学部)8 1928：『支那神話伝說の研究』東京 中央公論社 1943. 111—138
JB31a004	細谷みよ子訳	牛郎と織姫——内蒙古の七夕説話 中国 92 1971. 34—45
JB31a005	八木澤元	七夕説話と中国文学 『宇野哲人先生白寿祝賀記念 東洋学論叢』 東京 正文館 1974. 1147—1173
JB31a006	家井 眞	牽牛織女相会伝説起源攷 二松学舎大学論集（昭和54年度） 1980. 55—78
JB31a007	中 村 喬	牽牛織女私論および乞巧について——中国の年中行事に関する覺え書き 立命館文学 439—441 1982. 282—308
JB31a008	竹 田 晃	織女の神業——研究ノート 人文科学科紀要（東京大学教養学部）81（国文学・漢文学） 1985. 121—138
JB31a009	金 亨 哲	「七夕」について——「七夕」伝承の受容と変容の諸相 東アジア研究 6 1994. 88—101
JB31a010	張 明 遠	中国の七夕祭と中元祭——先祖崇拝の比較研究 比較民俗研究 10 1994. 133—139

b.《白蛇传》

B31b001	秦 女等	白蛇传考证 中法大学月刊 1933,(3—4)
B31s002	李 岳南	论白蛇传神话及其反抗性 北京文艺 1951,2(1)：新华月报 1951,4(1):《民间戏曲歌谣散论》 1954
B31b003	程 毅中	从神话传说谈到"白蛇传" 光明日报 1954. 4. 12
B31b004	适 越	被剥落的神话色泽（关于神话戏"白蛇传"） 光明日报 1956. 11. 3
B31b005	李 岳南	论白蛇传神话 《神话故事、歌谣、戏曲散论》 1957. 15—24
B31b006	王 襄	《白蛇传》神话的镇江一源 人民日报 1962. 6. 5

B31b007	王　骧	白蛇传说故事探源　民间文学论文集　1982	
B31b008	吕　洪年	白蛇传说古今谈　民间文学论坛　1984,(3),21—26	
B31b009	王　骧	白蛇传故事三议　民间文学论坛　1984,(3),16—20	
B31b010	陈　勤建	白蛇形象中心结构的民俗渊源及美学意义　民间文艺集刊(六)　1984	
JB31b001	近藤忠義	「白蛇伝」と「蛇性の婬」　日本文学(日本文学協会)6(2,3,5,8～10)　1957—1958	
JB31b002	柳沢三郎	「白蛇伝」の変遷に関する覚書　日本文学(日本文学協会)6(5)　1957	
JB31b003	波田野太郎	白蛇伝補攷　横浜市立大学論叢(人文科学系列)16(1)　1964. 152—193	
JB31b004	富永一登	「白蛇伝」遡源考——六朝・唐・宋の蛇説話　学大国文 30(田中利明教授追悼号)　1987. 21—41	
JB31b005	山口健治	白蛇伝の世界——白蛇伝物語の変遷について『いま・日本と中国を考える』　神奈川新聞社　1989	
JB31b006	山口健治	民話と小説——白蛇伝の場合『中国通俗文藝への視座』　東京　東方書店　1998

c. 《孟姜女》

B31c001+	顾颉刚等	《孟姜女故事论文集》　北京　中国民间文艺出版社　1983	
B31c001	陈　勤建	孟姜女形象的神话机制　民间文艺季刊　1986,(4)	
B31c002	巫　瑞书	巫风、楚文化与孟姜女　民间文艺季刊　1986,(4)	
JB31c001	飯倉照平	孟姜女民話の原型　都立大人文学報 25　1961	
JB31c002	波多野太郎	孟姜女故事綜説　横浜市立大学論叢 24(1)(人文科学系列)　1973. 146—182

32. 考古研究与神话
a. 综论

B32a001+ 曾照燏等 《沂南古画像石墓发掘报告》 北京 文化部文物管理局 1956

B32a002+ 李 发林 《山东画像石研究》 济南 齐鲁书社 1982

B32a003+ 郭 沫若 《卜辞通集》(17)(考古学专刊·甲种第九号) 北京 科学出版社 1983

B32a004+ 王伯敏编释 《古肖形印臆释》 上海 上海书画出版社 1983

B32a005+ 辛文生编 《颐和园长廊画故事》 北京 中国旅游出版社 1983

B32a006+ 张 光直 《考古学专题六讲》 北京 文物出版社 1986

B32a007+ 安全愧编 《中国考古》 上海 古籍出版社 1992.12

B32a008+ 陆 思贤 《神话考古》 北京 文物出版社 1995.12. 370p

B32a001 刘德增等 《神话考古》中的新神话 民俗研究 1998,(1), 76—79

B32a002 陆 思贤 关于《神话考古》中的"新神话"——答刘德增、邹建二先生 民俗研究 1998,(3),84

b. 史前期

B32b001+ 西安半坡博物馆编 《半坡仰韶文化纵横谈》 北京 文物出版社 1988

B32b002+ 严 文明 《仰韶文化研究》 北京 文物出版社 1989

B32b003+ 林 华东 《河姆渡文化初探》 杭州 浙江人民出版社 1992.4

B32b001 茫 子 中国原始的宗教图像 艺文杂志 1945,3(3)

B32b002 老 武 关于西安半坡人面形彩陶花纹形象的商榷 考古通讯 1956,(6),81—83

B32b003 于 兆泮 谈史前我国图腾美术 艺术杂志* 1960,2(6)

B32b004 唐 蓝 从大汶口文艺的陶器文字看我国最早的文化年代 光明日报·史学 1977.7.14

B32b005	唐　蓝	中国有六千多年的文明史:论大汶口文化是少昊文化　大公报在港复刊三十周年纪念(港)1978	
B32b006	严　文明	甘肃彩陶的源流　文物　1978,(10),62—76	
B32b007	萧　兵	西安半坡人面鱼纹新解　陕西师范大学学报1979,(4),47—50	
B32b008	祁　庆富	大汶口陶文与东夷泰岳文化　活页文史丛刊1982,(144),1—8	
B32b009	苏　北庆	从莒县陵阳河出土文物看少昊文化的发展　临沂师范专科学校学报　1983,(2)	
B32b010	翁牛特旗文化馆	内蒙西翁牛特旗、三星他拉村发现玉龙　文物　1984,(6),6、10	
B32b011	孙　守道	三星他拉红山文化玉龙考　文物　1984,(6),7—10	
B32b012	高广仁等	中国史前时代的龟灵与犬牲　《中国考古学研究——夏鼐先生考古五十年纪念文集》　文物出版社　1986. 57—71	
B32b013	巴家云等	仰韶文化的鱼纹和鸟纹不是图腾崇拜　西南师大学报　1988,(4),79—83	
B32b014	刘　方复	良渚"神人面纹"析　文物天地　1990,(2),28—32	
B32b015	刘　云辉	仰韶文化"鱼纹""人面鱼纹"内含二十说述评:兼论"人面鱼纹"为巫师面具形象说　文博1990,(4),64—75	
B32b016	陆　思贤	半坡"人面鱼纹"为月相图说　文艺理论研究1990,(5),75—81	
B32b017	黄　宣佩	关于良渚文化"神像"的探讨　史前研究辑刊1990—1991. 145—148, 144	
B32b018	周　德均	"双鸟朝阳"考释　中国民间文化　1991,(1),182—200	
B32b019	刘　方复	"鸟衔鱼纹"析　文物天地　1991,(2),34—37	

B32b020	张　洪庆	鱼鸟纹饰的文化内涵　装饰　1991，(4)，43—44	
B32b021	王　育成	仰韶人面鱼纹与史前人头崇拜　江汉考古　1992，(2)，24—35，23	
B32b022	陈　忠来	河姆渡"双鸟　日"探幽　中国民间文化　1993，(1)，91—101	
B32b023	孙　维昌	良渚文化陶器细刻纹饰论析　中国民间文化　1993，(4)，1—11	
B32b024	王　宜涛	半坡仰韶人面鱼纹含义新识　文博　1995，(3)，35—45	
JB32b001	伊東忠太	夔文について　考古学雑誌 27 (2)　1937. 76—88	
JB32b002	高馬三良	甲骨文の神々　女子大文学（大阪女子大）4　1952	
JB32b003	赤塚　忠	甲骨文に見える神々　『中国古代の宗教と文化』東京　角川書店　1977	
JB32b004	工藤元男	秦簡研究から浮上した禹の行方をめぐつて　創文 401　1998	

c. 青铜器及商周时期

B32c001+	容　庚	《商周彝器通考》(18)　北京　哈佛燕京学社　1941
B32c002+	容　庚等	《殷周青铜器通论》(19)（考古学刊·丙种第二号）　北京　科学出版社　1958
B32c003+	郭　宝钧	《中国青铜器时代》　北京　三联书店　1963
B32c004+	马　承源	《中国古代青铜器》　上海　上海人民出版社　1982
B32c005+	张　光直	《中国青铜时代》　北京　三联书店　1983；台北　联经出版公司　1987
B32c006+	马　承源	《商周青铜器纹饰》　1984
B32c007+	赵　丽雅	读《商周青铜器纹饰》的启示　民间文学论坛　1985，(2)，94—95

B32c008+	张　光直	《中国青铜时代》（二）　台北　联经出版公司 1990	
B32c001	陈　仁涛	周代造像（土神、六畜神） 金匮论古初集（港）　1952	
B32c002	郭　沫若	关于晚周帛画的考察　人民文学　1953，（11），108	
B32c003	郭　沫若	关于"晚周帛画"的补充说明　人民文学 1953，（12），108	
B32c004	马　承源	漫谈战国青铜器上的画像　文物　1961，（10）， 26—30	
B32c005	邹　志良	兽面纹　故宫季刊*　1968，2（8）	
B32c006	唐兰遗作	中国青铜器的起源与发展　故宫博物院院刊 1979，（1），4—10	
B32c007	孙　作云	中国古代器物纹饰中所见的动植物　科技史文集（四）　1980	
B32c008	马　恩	我国北方古代动物纹饰　考古学报　1981， （1），45—61，104	
B32c009	张　光直	商周青铜器上的动物纹样　考古与文物 1981，（2），53—68；《中国青铜时代》 1983	
B32c010	王　小勤	商周青铜器及其装饰　南艺学报　1981，（3）， 62—68	
B32c011	张　光直	中国古代艺术与政治：续论商周青铜器上的 动物纹样　新亚学术集刊（港）　1983，（4）	
B32c012	葛　治功	试述我国古代图腾制度的遗痕在商周青铜器上 的表现　南京博物院集刊　1983，（6）	
B32c013	马　承源	商周青铜器纹饰总述　《商周青铜奇纹饰》 1984	
B32c014	吴　开婉	云南青铜文化中的乐舞艺术　民族文化 1984，（1），17—20	
B32c015	张　英群	试论河南战国青铜器的画像艺术　中原文物 1984，（2），4—12	

B32c016	刘　敦愿	谈谈中国古代青铜器艺术牛的纹样问题　考古与文物　1984，（4），42—45	
B32c017	徐　恒彬	青铜器时代广东人的形象和习俗——在香港"广东先秦考古艺术研究会"上讲稿之一部分　民族民间艺术（二）（广东）　1986．70—74	
B32c018	刘　士莪	周原青铜器与西周文明　西北大学学报　1989，（3），57—62	
B32c019	张　增祺	云南的青铜文化　中国建设　1989，（5）	
B32c020	罗　丰	固原青铜文化初探　考古　1990，（8），743—750	
B32c021	李　枝彩	试论滇西南地区的青铜文化　东南文化　1992，（1），83—86	
B32c022	萧　兵	鹿与鹿角的象征功能：兼论楚文物、萨满文化圈和南方铜鼓纹的角鹿、麒麟　淮阴师范专科学校学报　1994，（1），43—50	
B32c023	王　纪潮	三星堆综目式青铜面具的人类学意义　四川文物　1994，（6），3—11，62	
B32c024	史　继忠	青铜时代与青铜文化　贵州民族研究　1995，（4），61—66	
B32c025	张　振玉	商铜与商代青铜器纹饰的特点　华夏文化　1996，（4），48—49	
JB32c001	伊藤道治	殷周の青銅器と神神　日本美術工藝408　1979	
JB32c002	徐　朝龍	縦目仮面、「燭龍」と「祝融」——三星堆文明における青銅「縦目仮面」と中国古代神話伝説との接点　史林77（4）　1994．493—529	
JB32c003	徐　朝龍	中国古代における「神樹伝説」の源流　日中文化研究6　勉誠社　1994．184—206

d．龙蛇纹

B32d001	陈　仁涛	大理石龙　金匮论古初集（港）　1952	
B32d002	邱　新民	爪却陶盂上的蛇纹　民报（新）　1966．9．19：东南亚古代史地论丛（新）　1969	

B32d003	邹 志良	龙与龙纹　故宫季刊* 1967，2（2）	
B32d004	陈 仲玉	殷代骨器中的龙形图案之分析 史语所集刊* 1969，41（3）	
B32d005	刘 渊监	甲古文中所见的书画同源　中国文字* 1970.38	
B32d006	石 志廉	谈谈龙虎尊的几个问题　文物 1972，（11），64—66	
B32d007	谭 旦冏	春秋铜器的新编年与龙纹的演变　故宫季刊* 1973，7（4）	
B32d008	谭 旦冏	春秋时代龙纹的演变　东吴大学中国艺术史集刊* 1973，（1）	
B32d009	谭 旦冏	战国时代龙纹的续变　中国艺术史集刊* 1974，（3）	
B32d010	刘 其伟	我国的龙纹装饰艺术　艺术零缣* 1974	
B32d011	谭 旦冏	"肥遗"和"龙凤配"　东吴大学中国艺术史集刊* 1976，（6）	
B32d012	袁 德星	双龙纹簋的装饰及其相关问题　故宫季刊* 1977，12（1）	
B32d013	张 道一	龙纹考（附：龙生十子）　民俗曲艺* 1982，（79），49—90	
B32d014	尤 仁德	商代玉雕龙纹的造型与纹节研究　文物 1981，（8）	
B32d015	谭 旦冏	明瓷的龙凤纹　东吴大学中国艺术史集刊* 1982，（12）	
B32d016	邹 志良	玉器纹饰中龙纹的研究　历史学报* 1982，（6）	
B32d017	刘 郭愿	山西石楼出土龙纹铜觥的装饰艺术与族属问题 文史哲 1983，（5），58—63	
B32d18	邢 捷等	古文物纹饰中龙的演变与断代初探　文物 1984，（1），75—80	
B32d019	芮 传明	古代蛇形文饰考　史林 1995，（3），22—29	
B32d020	于 振玮	龙纹图像的考古学依据　北方文物 1995，	

			(4)，23—27
B32d021	蒋　书庆		起飞的太阳鸟：半城鱼鸟纹初探　西北师范大学学报　1992，(3)，78—104
B32d022	李　朝远		兽面纹鱼查　两神像：关于异地文化相似性的一个问题　文物天地　1995，(4)，34—37
JB32d001	赤塚　忠		鯀禹と水盤紋　甲骨学 8　1961．135—136
JB32d002	赤塚　忠		鯀・禹と殷代銅盤の龜・龍図像　古代学 11 (4)　1964．273—301：『中国古代文化史』(『赤塚忠著作集』1) 東京　研文社　1988

e. 饕餮纹

B32e001	孙　作云		饕餮考：中国铜器花纹之图腾遗痕的研究　中和月刊　1944，5 (1—3)
B32e002	岑　仲勉		饕餮即图腾并推论我国青铜器之缘起　东方杂志　1945，41 (5)
B32e003	赵　擎寰		饕餮纹样溯源　说文月刊　1945，5 (3/4)，29—36
B32e004	董　作宾		饕餮食人卣　大陆杂志＊　1954，9 (2)
B32e005	谭　旦冏		饕餮纹的构成　史语所集刊外编・第四种＊　1960
B32e006	高　至喜		商代的酒器：饕餮食人卣　新湖南报　1963．7．14
B32e007	杨　希枚		论饕餮纹与饕餮　中国民族通讯＊　1966，(5)
B32e008	艾　芙莲		饕餮纹和道　故宫季刊＊　1968，3 (1)
B32e009	虞　怡		饕餮考释　中华文化复兴月刊＊　1969，2 (2)
B32e010	何　联奎		就民族学观点论我国古器物中之"饕餮"　故宫季刊＊　1970，4 (4)
B32e011	袁　德星		饕餮纹的界说　故宫季刊＊　1974，9 (2)
B32e012	孙　作云		说商代"人面方鼎"即饕餮纹鼎　河南文博通讯　1980，(1)，20—24
B32e013	刘　郭愿		《吕氏春秋》"周鼎著饕餮"说质疑：青铜器兽面纹样含义之探索　考古与文物　1982，(3)，

83—88

B32e014	张　敏	兽面纹与饕餮纹　南京博物院集刊　1983，(6)
B32e015	邱瑞中	商周饕餮纹更名立体龙首纹说　内蒙古师范大学学报　1989，(4)，68—75
B32e016	吴琦幸	饕餮新证（古代青铜器图纹研究）　上海社会科学院学术季刊　1989，(2)，174—180
B32e017	李学勤	良渚文化玉器与饕餮纹的演变　东南文化　1991，(5)，42—48
B32e018	李学勤	论二里头文化的饕餮纹铜饰　中国文物报　1991，(40)
JB32e001	石田幹之助	饕餮紋の原義について　考古学雜誌 18（4）1928．183—202；『東亞文化史叢考』（東洋文庫）　東京　1973．599—624
JB32e002	關野雄	饕餮文異形盉　国華 822　1960．371—372
JB32e003	伊藤道治	饕餮紋の彼方　『中国古代王朝の形成』　東京　創文社　1975
JB32e004	伊藤道治	殷代宗教と社会——「饕餮文の彼方」補正　史林 58（3）　1975．106—120
JB32e005	林巳奈夫	所謂饕餮紋は何を表わしたものか——同時代資料による論証　東方学 56　1984．1—97

f. 战国时期

B32f001	饶宗颐	长沙楚墓时占神物画卷考释　东方文化（港）1954，1(1)
B32f002	董作宾	论长沙出土之缯画　大陆杂志*　1955，10(6)
B32f003	孙作云	长沙战国时代楚墓出土帛画考　开封师范学院学报(5)　1960．111—115
B32f004	孙作云	长沙战国时代楚墓出土帛画考　人文杂志　1960，(4)
B32f005	安志敏	长沙战国缯画及其有关问题　文物　1963，(9)，48—60
B32f006	严一萍	楚缯书新考　中国文学*　1967，(26)；1968，(27，28)

B32f007	饶　宗颐	楚缯书之摹本及图像　故宫季刊＊ 1968，3 (2)	
B32f008	饶　宗颐	楚缯书疏证　史语所集刊＊ 1968，(40)	
B32f009	王健民等	曾侯乙墓出土的二十八宿青龙白虎图像　文物 1979，(7)，40—45	
B32f010	刘　彬徽	楚国彩绘木雕屏小考　江汉考古 1980，(2)，68—70	
B32f011	王　仁湘	研究长江战国楚墓的一幅帛画　江汉论坛 1980，(3)，85—88	
B32f012	熊　传新	对照新旧摹本谈楚国人物　江汉论坛 1981，(1)，90—94	
B32f013	刘　敦愿	试论战国艺术品中的鸟蛇相斗题材　湖南考古辑刊 1982，(1)	
B32f014	张正明等	凤斗龙虎图像考释　江汉考古 1984，(1)，96—100	
B32f015	萧　兵	引魂之舟：楚帛画新解（又名战国楚帛画与《楚辞》神话）　湖南考古辑刊 1984，(2)：《楚辞与神话》 1987	
B32f016	刘　信芳	中国最早的物候历月名——楚帛书月名及神祇研究　中华文史论丛（53） 1994	
B32f017	杨　宽	楚帛书的四季神像及其创世神话　文学遗产 1997，(4)，4—12	
JB32f001	林巳奈夫	戦国時代の画像紋（1—3）　考古学雑誌 1961，47 (3)，27—49；1962，47 (4)，20—48；1962，48 (1)，1—21	
JB32f002	林巳奈夫	長沙出土戦国帛画考　東方学報（京都）36 1964．53—97	
JB32f003	林巳奈夫	長沙出土楚帛画の十二神の由来　東方学報（京都）42 1971．1—63	
JB32f004	林巳奈夫	長沙焉王堆一号墓出土の帛画　Museum267 1973	
JB32f005	稲畑耕一郎	曾侯乙墓の神話世界　中国文学研究（早稲田	

大学）17　1991

g. 镇墓兽

B32g001	蔡　季襄	战国木雕社神像考　学术　1940，（3），68—76；1940，（4），42—46	
B32g002	杨　宽	论长沙出土的木雕怪神像　文物周刊　1946，（13）	
B32g003	童　书业	明器中的"辟邪"器座　文物周刊　1947，（35）	
B32g004	庄　严	关于避邪　大陆杂志*　1951，3（4）	
B32g005	孙　作云	我国考古学界的重大发现、信阳楚墓解：兼论大"镇墓兽"及其他　史学月刊　1957，（12），23—28	
B32g006	王　瑞明	"镇墓兽"考　文物　1979，（6），85—87	
B32g007	陈　跃均	"镇墓兽"略考　江汉考古　1983，（3），63—67	
B32g008	邹　志良	古玉介绍之23——有翼兽与避邪　故宫文物月刊*　1985，2（11），117—121	
B32g009	邱　东联	"镇墓兽"辨考　江汉考古　1994，（2）	
B32g010	郑　曙斌	楚墓帛画镇墓兽的灵魂观念　江汉考古　1996，（1），81—85，89	
JB32g001	松崎のね子	戦国楚の木俑と鎮墓默について　駿台史学　82　1991．1—24	

h. 汉代帛画及漆画

B32h001+	文物出版社编《长沙楚墓帛画》　北京　文物出版社　1973	
B32h002+	湖南省博物馆《马王堆汉墓研究》　长沙　湖南人民出版社　1981	

B32h001	岛田贞彦； 毕　任庸	人首蛇身图 逸经　1927，（22）
B32h002	刘　铭恕	吐鲁番发现的熊首图案绢布之考察 论文月刊　1943，3（10），173—174
B32h003	吴　作人	读马王堆西汉帛画后：画笔随录 文物　1972，（9），41—42

B32h004	商 志谭	马王堆一号汉墓"非衣"试释	
		文物 1972,(9),43—47	
B32h005	安 志敏	长沙新发现的西汉帛画试探	
		考古 1973,(1),43—53	
B32h006	孙 作云	长沙马王堆一号汉墓出土画幅考释	
		考古 1973,(1),	
B32h007	马 雍	论长沙马王堆汉墓出土帛画的名称和作用	
		考古 1973,(2),118—125	
B32h008	孙 作云	长沙出土的汉墓帛画试释	
		光明日报 1973.8.6	
B32h009	孙 作云	马王堆一号汉墓漆棺画考释	
		考古 1973,(4),247—254	
B32h010	李 家浩	江陵凤凰山八号汉墓"龟盾"漆画试探 文物	
		1974,(6),62—65	
B32h011	郭 在贻	从马王堆一号汉墓漆棺画谈到《楚辞·招魂》	
		的"土伯九约" 杭州大学学报 1978,(2),	
		91—93	
B32h012	刘 敦愿	马王堆汉墓帛画中的若干神话问题 文史哲	
		1978,(4),63—72	
B32h013	钟 敬文	马王堆汉墓帛画的神话史意义 中华文史论丛	
		1979,(2),75—98:《钟敬文民间文学论	
		集》(上) 1982.121—147	
B32h014	周 士琦	马王堆汉墓帛画日月神话起源考	
		中华文史论丛 1979,(2),99—103	
B32h015	萧 兵	马王堆帛画与楚辞(22) 考古 1979,(2),	
		171—137,80:《楚辞与神话》 1987.46—88	
B32h016	萧 兵	马王堆帛画与楚辞(23) 江苏师范学院学报	
		1980,(1),35—38:《楚辞与神话》 1987.	
		68—74	
B32h017	萧 兵	马王堆帛画与楚辞(24) 浙江师范学院学报	
		1980,(2):《楚辞与神话》 1987.58—68	
B32h018	萧 兵	羽人、相鸟、观凤鸟:《马王堆帛画与楚辞》一	

		则 兰州大学学报 1980，（2），58—61：《楚辞与神话》 1987. 74—84
B32h019	萧　兵	马王堆帛画与楚辞（25） 淮阴师范专科学校学报 1980，（2）：《楚辞与神话》 1987. 46—52
B32h020	马　鸿增	论汉初帛话的人首蛇身像及天界圈 南艺学报 1980，（2）
B32h021	熊　传新	马王堆一号汉墓"非衣"帛画与楚国风俗和神话楚风 1981，（1）
B32h022	孙　心一	我国古代绘画艺术的珍宝：长沙马王堆一号汉墓帛画简解 史学月刊 1981，（3），94—95
B32h023	鲍　昌	马王堆汉墓帛画新探 活页文史丛刊（115） 1981. 1—16
B32h024	郑　慧生	人蛇斗争与马王堆一号汉墓漆棺画斗蛇图 中原文物 1983，（3），72—76
B32h025	苏　健	汉画中的神怪御蛇和龙壁画考 中原文物 1985，（4）
B32h026	林　河	一幅消失了的原始神话图卷——马王堆汉墓彩绘与楚越神话和丧葬习俗的比较研究 民间文学论坛 1986，（4），80—86
B32h027	张　国荣	汉墓帛画天神与"九歌"天神的比较研究 民间文艺季刊 1987，（1），59—66
B32h028	李　学勤	再论帛书十二神 湖南考古辑刊（四） 1987. 10
B32h029	傅　举有	长沙马王堆汉墓研究综述 求索 1989，（2），115—120：1989，（3），109—114
B32h030	国立故宫博物院	神话传说——汉画选 故宫文物月刊* 1989，7（7）
B32h031	吴　荣曾	我国汉代的"操蛇神怪"及有关神话迷信的变异 文物 1989，（10），46—52
B32h032	周　世荣	马王堆汉墓的"神祇图"帛画 考古 1990，

			(10)
B32h033	李　零	马王堆汉墓"神祇图"应属辟兵图　考古 1991，(10)
B32h034	刘　弘	四川汉墓中的四神功能初探：兼谈巫山铜牌上的人物的身份　四川文物　1994，(2)
B32h035	李　真玉	试论汉画中的蟾蜍　中原文物　1995，(3)，34—37
B32h036	林　琳	论"羽人""裸氏"　广西民族研究　1996，(2)，5
B32h037	崔　华等	从汉画中的水旱神画像看我国汉代的新旧风俗　中原文物　1996，(3)，60—65，88

i. 汉代画像石

B32i001+	容　庚	《汉武梁祠画像》　北京　燕京考古学社　1936
B32i002+	刘志远等	《四川汉代画像砖与汉代社会》　北京　文物出版社　1983
B32i003+	吴　增德	《汉代画像石》　北京　文物出版社　1984.6. 182p
B32i001	刘　师培	古今画学变迁论　国粹学报　1907，3 (1)
B32i002	姚振华译	后汉画像石说　东方杂志　1908，5 (10)
B32i003	容　庚	汉武梁祠画像考　大公报・艺术周刊　1935. 10. 26、11、2
B32i004	滕　固	南阳汉画像石刻之历史的及风格的考察　《张菊生先生七十生日纪念论文集》　1937
B32i005	孙　次舟	汉武氏祠画像一二考释　历史与考古　1937，(3)
B32i006	常　任侠	巴县沙坪坝出土之棺画像研究　金陵学报 1938，8 (1/2)
B32i007	常　任侠	沙坪坝出土之石棺画像研究　说文月刊 1939，1 (10—11)，711—718
B32i008	劳　榦	论鲁西画像三石　史语所集刊　1939，(8)，93—128

B32i009	杨　寿祺	武氏祠画像与题字　说文月刊　1940，2（1），433—435	
B32i010	刘　铭恕	汉武梁祠画像中黄帝蚩尤古战图考　中国文化研究汇刊　1942，（2），339—365	
B32i011	马　小进	汉代武梁祠画像题字　广州大学学报（复刊）1949，1（1），65—68	
B32i012	刘　铭恕	关于沂南汉画像　考古通讯　1955，（6），65—67	
B32i013	孙　作云	评"沂南古画像石墓发掘报告"：兼论汉人的主要迷信思想　考古通讯　1957，（6），77—87	
B32i014	孙　崇文	略谈汉代画像石及其史料价值　历史教学　1957，（12），37—39	
B32i015	于　豪亮	祭祀灵星的舞蹈的画像砖的说明　考古通讯　1958，（6），63—64	
B32i016	曾　昭燏	关于沂南画像石墓中画像的题材和意义：答孙作云先生　考古　1959，（5），245—249	
B32i017	夏　鼐	洛阳西汉壁画墓中的星像图　考古　1965，（2），80—90；《考古学与科技史》　1979	
B32i018	谢　国祯	汉代画像考（上）　《周叔弢先生六十生日纪念论文集》（港）　1967	
B32i019	张　克明	汉武氏祠石刻考述　历史博物馆馆刊　1969，（6）	
B32i020	关　野贞；姚　振华	后汉画像石说　《考古学论集》（港）　1969	
B32i021	常　任侠	河南新出土汉代画像石刻试论　文物　1973，（7），49—53	
B32i022	李复华等	郫县出土东汉画像石棺图像略说　文物　1975，（8），63—65	
B32i023	孙　作云	河南密县打虎亭东汉画像石墓雕像考释　开封师范学院学报　1978，（3），59—77	
B32i024	吴增德等	南阳汉画像石中的神话与天文　郑州大学学报　1978，（4），79—88	

B32i025	吴增德等	漫谈南阳汉画像石中的角抵戏 郑州大学学报 1979，(1)，100—104	
B32i026	吴增德等	古代的太阳神话与汉画像石 光明日报 1979. 4. 18	
B32i027	浪 滔	汉代的北斗七星图 中国青年报 1980. 2. 21	
B32i028	河南省博物馆	河南永城固上村汉画像石墓 河南文博通讯 1980，(1)，37—41	
B32i029	吕 品	河南南阳汉画像石中的动物形象 考古与文物 1980，(4)，104—107	
B32i030	吕 品	中岳汉三阙上的画像初探 中原文物 1981，(专号)	
B32i031	周 到等	河南汉画中的远古神话考略 史学月刊 1982，(2)，23—29	
B32i032	韩 连武	南阳汉画像石星图研究 南阳师范专科学校学报 1982，(3)	
B32i033	张 一民	扁鹊"鸟首人身"考 活页文史丛刊(107) 1982. 6	
B32i034	刘志远等	汉代画像砖中的神话题材 《四川汉代画像砖与汉代社会》 1983	
B32i035	阎 修山	南阳汉画像石刻掠影 光明日报 1983. 10. 1	
B32i036	夏 超雄	汉墓壁画、画像石题材内容试探 北京大学学报 1984，(1)，63—76	
B32i037	孙 世文	汉代角抵戏初探：对汉画像石中的角抵戏的考察 东北师范大学学报 1984，(4)，67—71	
B32i038	张秀清等	郑州汉画像砖题材丛考 东南文化 1987，(3)	
B32i039	王 今栋	南阳汉画像与古代神话 美术史论 1988，(4)，27—41	
B32i040	崔 陈	汉代画像石中巴蜀祖神像窥探 四川文物 1990，(4)，22—28	
B32i041	赵殿增等	"天门"考——兼论四川汉画像砖(石)的组合与主题 四川文物 1990，(6)，3—11	
JB32i001+	土居淑子	『古代中国の画像石』 京都 同朋舎 1986.	

231p

JB32i002+ 渡部　武　　　『画像が語る中国の古代』　東京　平凡社 1991

JB32i003+ 林巳奈夫　　　『石に刻まれた世界——画像石が語る古代中国の生活と思想』　東京　東方書店　1992

JB32i004+ 土居淑子　　　『古代中国考古・文化論叢』東京　言叢社 1995. 354p

JB32i001　関野　貞　　　後漢の石廟及び画像石（1—3）　国華　1909，19（225），189—199；19（227），245—257；20（233），107—114

JB32i002　原田淑人　　　漢画像石に見える怪物の意義に就いて　考古学雑誌5（12）　1915. 809—810

JB32i003　長広敏雄　　　武氏祠左右室第九石の画像について　東方学 31　1961. 95—116

JB32i004　土居淑子　　　武氏祠画像石「水陸交戦図」の一解釈　史林 48（3）　1965. 97—116

JB32i005　林巳奈夫　　　漢代画像石の神話的樹木について　泉屋博古館紀要15　1998　1—24

j. 汉代壁画及其他

B32j001+ 本　社编　　　《汉画里的故事》　郑州　河南人民出版社 1981

B32j002+ 张　金仪　　　《汉镜所反映的神话传说与神仙思想》　台北 国立故宫博物院　1981

B32j001　姚　鉴　　　汉代的神仙画　艺文杂志　1944，2（9）
B32j002　孙　海波　　汉甲观画堂画九于母　国学月刊　1945，1（6）
B32j003　　　　　　　汉代的石"飞廉"　光明日报　1960. 8. 3
B32j004　孙　作云　　汉代司命神像的发现　光明日报　1963. 12. 4
B32j005　李　发林　　汉画中九头人面兽　文物　1974，(12)，82—86
B32j006　孙　作云　　洛阳西汉壁画墓中的傩仪图：打鬼迷信、打鬼图的阶级分析　郑州大学学报　1977，(4)，

　　　　　　　　　　　　94—104

B32j007　孙　作云　洛阳西汉卜千秋墓壁画考释　文物　1977，
　　　　　　　　　　　（6），17—22

B32j008　张　明华　长沙马王堆汉墓桃人考　文史（七）　1979.
　　　　　　　　　　　96

B32j009　萧　　兵　卜千秋墓猪头神试说　中原文物　1981，(3)，
　　　　　　　　　　　53

B32j010　管　维良　汉魏六朝铜镜中神兽图像及其铭文考释　江汉
　　　　　　　　　　　考古　1983，(3)，85—93

B32j011　马　子云　汉石狸力兽初探　故宫博物院院刊　1983，
　　　　　　　　　　　(4)，29、91

B32j012　叶　其峰　汉肖形印的内容及其艺术特色　故宫博物院院
　　　　　　　　　　　刊　1984，(1)，51—56，48

B32j013　苏　　健　美国波士顿美术馆藏洛阳汉墓壁画考略　中原
　　　　　　　　　　　文物　1984，(1)，22—25

B32j014　伍德煦等　武威雷台汉墓出土铜奔马命名商榷　西北师范
　　　　　　　　　　　学院学报　1984，(3)，31—38

B32j015　姜　求铁　汉代墓室壁画研究——兼论汉画对高名丽墓室
　　　　　　　　　　　壁画之影响　中国文化大学硕士论文*　1989

B32j016　王　子岗　试论四川东汉崖墓研究价值　四川文物
　　　　　　　　　　　1987，(2)，24—27

JB32j001+　駒井和愛　『玄武図紋私考——池内博士還歷記念東洋史論
　　　　　　　　　　　叢』　東京　座右寶刊行社　1940．315—328

JB32j002+　林巳奈夫　『漢代の神神』　京都　臨川書店　1989

JB32j003+　中鉢雅量　畫像石鏡背等の神神の世界を解明——評林巳
　　　　　　　　　　　奈夫の『漢代の神神』　東方 10　1990

JB32j001　関野　貞　支那山東省に於ける漢代墳墓の表飾
　　　　　　　　　　　東京　1916

JB32j002　八木奘三郎　四神と十二肖属との古画　人類学雑誌（386）
　　　　　　　　　　　1919，34 (8)，251—260

JB32j003　原田淑人講演　漢代の絵画　史林 13 (1)　1928．162

JB32j004　坪井良平　評「南ロシアとロストフツエフ支那に於ける

丙　作品研究

		動物紋」　考古学　1930，1（1），50—51
JB32j005	佚　　名	漢武会西王母図解　国華49（4）　1939.108
JB32j006	量　博満	石中誕生譚と石製墓　日中文化研究6　勉誠社　1994

k. 铜鼓

B32k001+	蒋　廷瑜	《铜鼓史话》　北京　文物出版社　1982
B32k002+	蒋　廷瑜	《铜鼓艺术研究》　南宁　广西人民出版社　1988
B32k003+	严昌洪等	《中国鼓文化研究》　南宁　广西教育出版社　1997.1
B32k004+	谢　　放	文化研究的新思路（评《中国鼓文化研究》）中国社会科学　1998，(6)，201—203

B32k001	洪　　声	广西古代铜鼓研究　考古学报　1974，(1)，45—90
B32k002	蒋　廷瑜	从铜鼓看对云雷的自然崇拜　文物天地　1981，(3)，42
B32k003	潘　世雄	广西铜鼓纹饰的意义　《古代铜鼓学术讨论会论文集》　1982
B32k004	白　天明	文山铜鼓　民族文化　1984，(1)，35—37
B32k005	房　仲甫	我国铜器之海外传播　思想战线　1984，(4)，44—51
B32k006	凌纯声等	东南亚铜鼓装饰纹样的新解释　贵州社会科学　1984，(4)，8—72，92
B32k007	萧　　兵	铜鼓图纹与沧源岩画　中国古代铜鼓讨论文集（二）1985
B32k008	唐　文元	试析南方铜鼓与中原文化的渊源关系　贵州文史丛刊　1989，(4)，29—35
B32k009	席　克定	贵州博物馆馆藏铜鼓研究 贵州文史丛刊　1989，(4)，36—43
B32k010	万　斗云	中国南方民族铜鼓文化起源考辨　贵州民族研究　1990，(3)，31—37

B32k011	杨　权等	侗族与铜鼓　贵州民族研究　1990，(3)，38—44
B32k012	王　清华	西南民族铜鼓文化之谜　民族学　1990，(2/3)，69—93
B32k013	林　蔚文	记越濮民族铜鼓船纹的几个问题　中南民族学院学报　1990，(4)，87—93
B32k014	罗　勋	试谈铜鼓、岩画与壮族神话的内在关系　中央民族学院学报　1991，(1)，84—88
B32k015	张　伦笃	打倡：铜鼓纹饰·屈原《九歌》　中州学刊　1991，(1)，105—109
B32k016	杨　豪	岭南铜鼓图像、纹饰剖析　《南方民族考古》（三）　1991．33—51
B32k017	覃　彩銮	蛙纹铜鼓的文化内涵及社会功能初探　广西民族研究　1997，(3)，59—66
JB32k001	鈴木正崇	銅鼓の儀礼と世界観についての一考察——中国・広西壮族自治区の白褲瑶の事例から　史学 64（3/4）　1995．13—31

l. 岩画

B32l001＋	汪　宁生	《云南沧源岩画的发现与研究》　北京　文物出版社　1985
B32l002＋	盖　山林	《阴山岩画》　呼和浩特　内蒙古人民出版社　1987
B32l003＋	陈　兆复	《中国岩画发现史》　上海人民出版社　1991．9
B32l004＋	覃彩銮等	《左江岩画艺术寻踪》　南宁　广西人民出版社　1992
B32l005＋	苏　北海	《新疆岩画》　乌鲁木齐　新疆美术摄影社　1994
B32l006＋	盖　山林	《中国岩画学》　北京　书目文献出版社　1995
B32l007＋	罗　晓明	《贵州岩画——描述与解读》　贵阳　贵州人民出版社　1997

B32l001	盖 山林	乌兰察布草原与人迹动物蹄印岩画初探 乌兰察布文物 1982,（2）	
B32l002	萧 兵	连云港将军岩画的民俗神话学研究 淮阴师范专科学校学报 1983,（3）,14—17	
B32l003	盖 山林	连云港将军崖石画题材刍议 徐州师范学院学报 1983,（4）,114—120	
B32l004	盖 山林	再谈贺兰山、阴山地带人面形岩画的年代和性质 学习与探索 1983,（5）,129—135	
B32l005	周 星	中国古代岩画中所见的原始宗教 世界宗教研究 1984,（1）,113—122	
B32l006	陈 履生	将军岩画考 艺苑 1984,（2）,24—29	
B32l007	周 民震	花山崖画前的沉思 民族文学 1986,（2）,91—92,96	
B32l008	宋 兆麟	左江崖画考察记 文物大地 1986,（2）,34	
B32l009	兰 多民	左江崖画当是蛙神图 中央民族学院学报 1986,（3）,92—94	
B32l010	杨 天佑	云南的原始岩画 云南省博物馆建馆35周年论文集 1986	
B32l011	徐 康宁	推原神话与沧源岩画中的解释性图形 云南美术通讯 1987,（2）	
B32l012	邓 启耀	创世纪：留在岩画上的时代——云南民族文化与岩画 美术 1987,（8）,53—56	
B32l013	宋 耀良	呼图壁岩画对马图符研究 文艺理论研究 1990,（5）,82—85	
B32l014	邓 启耀	"灵"与"象"的神话——云南岩画与宗教心理 中国民间文化 1991,（1）,108—135	
B32l015	盖 山林	内蒙古雅布赖山洞窟手形岩画发现与研究 文艺理论 1991,（3）	
B32l016	盖 山林	北方草原岩画与原始思维 文艺理论研究 1992,（1）	
B32l017	户 晓辉	动物图像鱼生殖巫术——岩画和甲骨文,金文中的例证 西域研究 1993,（1）,8—20	

B32l018	鄂・苏日台	北方民族的民俗文化与北方岩画　内蒙古社会科学　1993,（5）
B32l019	胡　邦铸	文献资料中的新疆岩画　《丝绸之路岩画艺术》（周青葆编）　新疆人民出版社　1993
B32l020	韦　晓康	从广西左江岩画看壮族传统体育文化的远古渊源　中央民族学院学报　1994,（3）,67—68
B32l021	蒋　立群	镇江原始"鸟岩雕"的发现与研究　社会科学战线　1994,（3）
B32l022	周　延良	内蒙古桌子山岩画太阳形象和生殖文化内涵考论　中国文化研究　1994,夏,115—120
B32l023	邱　钟仑	也谈沧源岩画的年代和族属　云南民族学院学报　1995,（1）,26
B32l024	魏　良	岩石雕绝非原始社会作品　西域研究　1995,（3）,113
B32l025	埃尔迪・米克洛什兹	遍及欧亚中部的匈奴鍑及其岩画形象　新疆师范大学学报　1995,（4）,35
B32l026	罗晓明等	贵州古代岩画研究——图像识别与考释　贵州大学学报　1996,（1）,39—50
B32l027	罗晓明等	贵州岩画的文化学释义　贵州文史丛刊　1996,（2）,31—37
B32l028	罗晓明等	贵州岩画中的符号——十字形符号与图形符号释义　贵州大学学报　1996,（3）,56—63
JB321001	櫻井龍彥	手形・足形攷——中国の事例を中心として　名古屋大学中国語学文学論集10　1997.1—30

m. 其他

B32m001	刘　铭恕	古器物上的十二属神像　历史与考古　1937,（3）,18—19
B32m002	宽　正	明器群中的动物像　文物周刊　1946,（15）
B32m003	陈　仁寿	龙纹透雕大铜　金匮论古初集（港）　1952
B32m004	孙　作云	敦煌画中的神怪画　考古　1960,（6）,24—34
B32m005	俞　伟超	"大武兵"铜戚与巴人的"大武"舞　考古　1963,（3）

B32m006	孙 太初	云南古代画像石刻内容考　学术研究（云南）1963，（5），58—65	
B32m007	马 汉骥	云南晋宁石寨山出土铜器研究：若干主要人物活动图像试释　考古　1963，（6），319—329	
B32m008	马 承源	关于"大武舞戚"的铭文及图像　考古　1963，（10），562—564	
B32m009	俞 伟超	"大武"舞戚续记　考古　1964，（1），54—57	
B32m010	马 承源	再论"大武舞戚"的图像　考古　1965，（8），413—415	
B32m011	叶 耐霜	中国画里的神话　建设*　1965，13（12）	
B32m012	那 志良	鸾纹　包遵彭先生纪念论文集*　1971	
B32m013	石 志廉	战国小儿骑兽玉佩和猛虎食人玉佩　文物　1978，（4），90	
B32m014	秦 浩	南方唐墓的形制与随葬品　南京大学学报　1982，（1），72—79	
B32m015	冯 光生	珍奇的"夏后开得乐图"　江汉考古　1983，（1），76—78	
B32m016	杨 静荣	陶瓷装饰纹样："吴牛喘月"考　故宫博物院院刊　1984，（2），62—63	
B32m017	李 学勤	西北坡"龙虎墓"与四象的起源　中国科学院研究生院学报　1988，（5），75—78	
B32m018	连 劭名	"鸟鱼石爷图"的宗教与哲学意义　文物天地　1991，（2），36—39	
B32m019	宋 兆麟	蝶形器研究　《尹达纪念文集》　1993	
B32m020	王 伟章	从马家窑文化的新发现——舞蹈彩陶盆谈古羌人的审美意识　青海社会科学　1996，（2）	
B32m021	国 光红	生民神话与《大武》乐：兼说"大武"戚　南方文物　1997，（2），91—95	
JB32m001	中村久四郎	支那美術特に絵画の起源及び其原始古話伝説について　史学雜誌　16（1）　1905．26—41	
JB32m002	中山平次郎	支那神獸鏡と健駄羅芸術　考古学雜誌　10（6）　1920．306—325	

JB32m003	中山平次郎	支那古鏡銘の西王母について　考古学雑誌 11（6）　1921. 324—332
JB32m004	広瀬者巽	雷紋地鳳凰鏡に就いて　考古雑誌 15（10）　1925. 615—619
JB32m005	梅原末治	方格規矩四神鏡に就いて　考古雑誌 15（7）　1925. 456—469
JB32m006	矢島恭介	螭龍紋鏡　考古学雑誌 23（2）　1933. 116
JB32m007	丸茂守一	満州出土怪人面考　古代文化 12（2）　1942. 209—213
JB32m008	丸茂武重	満州出土怪獣装飾考　古代文化　1942. 333—337
JB32m009	矢島恭介	夔鳳鏡と獣首鏡とについて　考古学雑誌 33（5）　1943. 244—246
JB32m010	佐藤武敏	中国古代に於ける動物紋様をめぐる若干問題　史学雑誌 57（12）　1950. 1150
JB32m011	米澤嘉圃	中国古代説話画の表現方法　文学 42（3）　1974. 49—57
JB32m012	林巳奈夫	中国古代の獣面をめぐつて　Museum301　1976. 71—28
JB32m013	多賀浪砂	中国「鏡」説話考　中国文学論集（九大）6　1977
JB32m014	飯島武次（解説）	都江堰出土の李冰石像と持臿石人像　古代文化 32（3）　1980. 55
JB32m015	林巳奈夫	獣環・鋪首の若干をめぐつて　東方学報（京都）57　1985. 1—74
JB32m016	時雨　彰	古代中国銅鏡に表現された四神図の系譜　国学院大学大学院紀要 29（文学研究科）1998. 323—344
JB32m017	小南一郎	神亭壺に見る仏教受容の一様相　東方学会創立 50 周年纪念論文集　1997

33. 比较研究
a 综论

B33a001+ 李 达三 《比较文学研究之新方向》 台北 联经出版公司 1978

B33a001 钟 敬文 中国印欧民间故事之相似 文学周报 1928，6 (7)，181—188；《钟敬文民间文学论集》（下）1985. 240—244

B33a002 崔 载阳 野人个体的原来与界限 民俗周刊 1928，(23/24)，1—11

B33a003 中外财神考 时事新报 1936. 6. 2—3

B33a004 陷湖的传说（欧亚两洲） 北平晨报·歌谣民俗周刊 1937. 6. 27 (4)

B33a005 苏 雪林 宇宙与造物主 大陆杂志* 1952，4 (7)

B33a006 苏 雪林 中外神话互相发明倒证数则 大陆杂志* 1968，(3)

B33a007 陈 鹏翔 中西文学里的火神研究 中外文学 1976，5 (2)

B33a008 枕 书 中国的河伯与西方的海神 海洋文艺 1980，7 (5)

B33a009 欧 凯 中土原始神话的比较研究 政大中文研究所硕士论文* 1981

B33a010 萧 兵 比较、比较文学 淮阴师范专科学校学报 1981，(1)，20—27

B33a011 秦 家华 比较文艺学与民族民间文学 山茶 1982，(6)，31—36

B33a012 陶 思炎 比较神话研究法刍议 江海学刊 1982，(5)，73—77

B33a013 莱伯尔森； 古代海底人初探
殷 罡 飞碟探索 1983，(2)，31—34

B33a014 吕 应钟 四种神话解释（飞碟） 飞碟探索 1983，(5)，43—44

B33a015	萧 兵	太阳的子孙：比较神话文学笔记之一 民间文学论坛 1983，(4)，14—20；《初犁集》1984．21—39	
B33a016	萧 兵	英雄的神与水怪的化身斗法：从后羿、天王郎、赫拉克里斯到二郎神、孙悟空《比较文学论文集》 1983；《中国比较文学》（四） 1985．1—29	
B33a017	冯 天瑜	中外洪水神话比较 语文教学与研究 1983，(4)，43—44	
B33a018	赵双之等	东西方神话美比较 《比较文学论文集》1984．53—64；《中外比较文学研究》（一）（下） 1990	
B33a019	萧 兵	世界神话传说里的英雄弃子 国外文学 1984，(3)，63—77；《中国文化的精英——太阳英雄神话比较研究》 1989．273—362（题目改为《世界性的弃子故事及其类型》）	
B33a020	萧 兵	婚姻考验和各种神话：比较神话学笔记 思想战线 1984，(3)，82—90	
B33a021	龚 维英	中外古神话传说比较研究举隅 贵州文史丛刊 1985，(3)，98—101	
B33a022	萧 兵	射手英雄面面观——从几个神话模式看中西文化因子的趋同性 中国比较文学成立大会论文 1985	
B33a023	陈 挺	东西方神话传说论析 《中国比较文学》（四）1985．30—45	
B33a024	罗 国安	龙与宙斯——人类起源的神话比较 《中国比较文学》（四） 1985．59—69	
B33a025	潘 雄等	从中外神话比较看我国神话的科学研究价值——兼评古代北方民族史诗过早消歇论 民间文学 1986，(1)，26—27，8	
B33a026	王 一川	"兴"与"酒神"——中西诗原始模式比较 北京师范大学学报 1986，(4)，20—27	

B33a027	李　锦山	世界各民族有关泥土造人神话之比较　历史知识　1986，（5），42—43	
B33a028	李　子贤	东西方女儿国神话之比较研究　思想战线　1986，（6），41—48	
B33a029	蔡　茂松	中国神话有普罗米修斯吗？——兼论比较文学的平行研究方法　雷州师范专科学校学报　1987，（1），36—45	
B33a030	韦　兴儒	神话平行与交叉比较刍议　花溪文坛　1987，（3—4）	
B33a031	陶　思炎	论水难英雄　民间文学论坛　1987，（4），28—34	
B33a032	李　福清	汉民族与近邻诸族神话中的若干共同主题　南风　1987，（5），59—61	
B33a033	谢　选骏	中外神话造型比较　文艺学习　1987，（6），40—42	
B33a034	斗　　勇	中西神话对哲学的影响比较　江西社会科学　1987，（6）	
B33a035	萧　　兵	从几个神话模式看东西文化因子的趋同性　深圳大学学报　1987，（增刊），9—16	
B33a036	谢　选骏	神话与民族精神的比较研究　深圳大学学报　1987，（增刊）	
B33a037	龚　维英	东西"凤凰涅槃"比较研究　苏州大学学报　1988，（2），65—68，73	
B33a038	姚　宝瑄	神话的证词——东西方民族心理演变规律初探　民间文学论坛　1989，（1），13—19，25	
B33a039	杨　传鑫	苏联远东与北方少数民族的神话和传说　中南民族学院学报　1989，（5），116—120，123	
B33a040	马　东郭	中西古代宗教神话之比较　理论与创作　1989，（6），63—69，74	
B33a041	萧　　兵	比较文化三原则　淮阴师范专科学校学报　1990，（2），37—42	
B33a042	李　祝亚	中西古代神话寻异　贵州民族学院学报	

		1990，(3)，25—31，17
B33a043	马 焯荣	中西异质文化背景中的不同神话文学传统 湖南师范大学学报 1990，(6)，107—109
B33a044	饶 宗颐	近东开辟神史诗前言——中外史诗上天地开辟与造人神话之初步比较研究 汉学研究* 1990，8 (1)，781—793： 民间文学国际研究会论文专号第二册
B33a045	袁 鹤翔	中西神话观念的形成 中外比较文学研究（一）（下） 1990
B33a046	德 柱	西方神话故事与蒙古族史诗原型之比较 昭乌达蒙师范专科学校学报 1991，(3)
B33a047	赵 沛霖	祖先崇拜与中国古代神话：兼论中西神话不同历史命运的宗教思想根源 天津社会科学 1992，(6)，83—89，48
B33a048	张 玉安	东南亚神话的分类及其特征 东南亚纵横 1994，(2)，12—16
B33a049	何 文祯	中西神话与中西文化传统 河北大学学报 1994，(2)
B33a050	傅 治平	神话与民族意识：中西神话比较浅探 社会科学战线 1994，(2)，113—119
B33a051	彭 兆荣	和谐与冲突：中西神话原型中的"二女一男" 中国比较文学（2） 1994．105—121
B33a052	傅 治平	神话与民族意识：中西神话比较浅探 社会科学战线 1994，(3)，271—277
B33a053	董 庆生	古代中西方神话比较 安徽教育学院学报 1994，(3)，6—7
B33a054	郎 樱	东西方屠龙故事比较研究 新疆大学学报 1995，(3)
B33a055	何 文祯	从中西神话看中西方传统的善恶观 贵阳师范专科学校学报 1995，(4)
B33a056	雷 华	"神女"与"女神"：从上古神话看中、西女性意识的差异 四川师范学院学报 1996，(1)，

16—21

B33a057　梁　工　中外神话差异性概论　中州学刊　1997，（2），108—112

B33a058　王　立　中国古代文学中的海岛巨人母题：兼与西方、中亚传说比较　学术交流　1997，（2），97—101

B33a059　周　天　中西神话同异论　中国比较文学 1997，（2），90—99

B33a060　王　列生　互阐指令系统与比较神话学　中国比较文学 1997，（3），85—95

B33a061　安尼瓦尔·赛迈提　创史神话之比较研究　新疆大学学报 1997，（4）

B33a062　杨　昭华　中西神话的历史差异与文学的进步　求索 1998，（1），102—105

B33a063　王　毅　中西方神话内涵及其文化传统　文史杂志 1998，（4），21—24

b. 中国各民族神话的比较研究

B33b001+　曾　勤良　《台湾民间信仰舆封神演义之比较研究》*　台北 华正书局　1984

B33b002+　刘　守华　《民间故事的比较研究》　北京　中国民间文艺出版社　1986. 257p

B33b003+　谢　选骏　《神话与民族精神——几个文化团的比较》　济南　山东文艺出版社　1986. 10. 420p

B33b004+　萧　兵　《中国文化的精英——太阳英雄神话比较研究》 上海　上海文艺出版社　1989. 990p

B33b005+　蔡　铁鹰　插翅试雄飞——萧兵和他的玄鸟之梦　淮阴师范专科学校学报　1989，（2），8—10

B33b006+　袁　珂　比较神话学运用的丰硕成果——读萧兵关于太阳英雄神话比较研究的一部新著　思想战线 1990，（4），41—44

B33b007+　杨冶经等　《通古斯——满语族神话比较研究》　台北　洪叶文化有限公司　1997

B33b001	沈 雁冰	各民族的开辟神话 民铎杂志（上海） 1926，7（1），1—12：《神话研究》 1981.32—42	
B33b002	陈 兼善	我们的老祖宗 民铎杂志 1928，6（2）	
B33b003	玄 珠	自然界的神话 一般 1928，4（1），209—229：《神话研究》 1981.43—62	
B33b004	黄 仲琴	禹在中国西南部之传说及与杜宇传说之比较 语历所研究周刊 1928，5（59/60），2289—2290	
B33b005	安 在	关于人类过去和未来的传说 艺风 1934，2（12），18	
B33b006	凌 纯声	云南卡瓦族与台湾高山族的猪头祭 考古人类学刊* 1953，（2）	
B33b007	文 崇一	楚的水神与华南龙舟赛神 中研院民族所集刊* 1961，（1）：《中国古文化》 1990	
B33b008	毕 长扑	高山族猓猓族与古代中国古籍中的射日神话及其解说 台湾文献* 1970，21（4）	
B33b009	苏 绍业	屈原与九歌中的女神：由凌波的湘君至黑脸的妈祖 中央日报* 1973.8.20	
B33b010	方 善柱	昆仑天山与太阳神 大陆杂志* 1974，49（4）	
B33b011	杜 而未	天地终穷的传说 恒毅* 1977，26（7）	
B33b012	杜 而未	凌空而飞的传说 考古人类学刊* 1980，（41）	
B33b013	刘 敦愿	古代关于"狼孩"的传说 大自然 1981，（1）	
B33b014	谢 忠正	殷周至上神之信仰与祭祀比较研究 师大国文所博士论文* 1981	
B33b015	袁 珂	古代神话中的换头术 山海经 1982，（1），31	
B33b016	王 美逢	汉族同西南少数民族神话传说关系初探 少数民族文艺研究（一） 1982.34—50	
B33b017	杨 知勇	同源异流，各放异彩：傣族、布依族民间文学比较研究 《傣族文学讨论会论文集》（云南）1982.76—100	
B33b018	刘 文英	关于天盖、天柱传说的比较研究 中央民族学	

院学报　1983，(1)，86—89

B33b019　龚　维英　民间文学比较举隅　乡音　1984，(2)

B33b020　张　爱中　壮汉射日神话比较　南宁师范学院学报　1984，(4)

B33b021　杨　知勇　从彝苗两族神话看创世神话的思想特征：彝族苗族神话比较研究之一　云南社会科学　1984，(4)，102—107

B33b022　郑　海　神话和机智人物故事的审美意识比较　山茶　1984，(6)，83—86

B33b023　彭　兆荣　从"泥土造人"的神话比较看"土"和"人"的关系——"推原神话"学习偶得　贵州大学学报　1985，(2)，89—92

B33b024　林　河　马王堆汉墓飞衣帛画与楚辞神话、南方民族神话比较研究　民间文学论坛　1985，(3)，12—23；《神话新探》　1986．202—214　（题改为：南方民族神话、楚辞与马王堆汉墓飞衣帛画比较研究）

B33b025　王　美逢　试论汉族同西南少数民族神话传说的关系　中央民族学院学报　1985，(4)，67—72

B33b026　阎　云翔　纳西族汉族龙故事的比较研究　民间文学论坛　1986，(1)，6—16

B33b027　赵　志辉　"三仙女的传说"与"玄鸟生商"比较研究　民间文学论坛　1986，(1)，24—29

B33b028　陈　立浩　妹榜妹留与女娲——苗汉人类起源神话之比较　贵州民族研究　1986，(1)，99—105；《少数民族文学论文集》（四）　1987．5．193—209

B33b029　蒙　有义　试论布努瑶与汉族远古神话的异同　河池师范专科学校学报　1986，(1)；广西社会科学　1986，(2)，165—176；广西民间文学丛刊（十三）　1986．7．65—78

B33b030　过　伟　侗族史诗与萨天巴神系　广西社会科学　1986，(2)，158—164

B33b031	过　伟	壮、侗、瑶创世女神之比较研究　广西师范学院学报　1986，（4），91—98；《神话新论》1987．215—226；《岭南十二枝花》　1990.5．146—156
B33b032	杨　世光	纳西族与羌族的柚树神话与白石神话之比较　山茶　1986，（4），56—59；《云南民间文艺源流新探》　1986．12．220—225
B33b033	叶　绪民	原始思维在英雄神话中的制约作用——中国少数民族英雄神话与外国汉民族英雄神话的比较探讨　民族文学研究　1986，（5），59—65
B33b034	韦　日平	壮族神话和其他民族神话的比较　广西民间文学丛刊（十三）　1986，（7），79—87
B33b035	农　学冠	壮族《布洛陀》与瑶族《密洛陀》比较　《神话新探》　1986．434—447
B33b036	杨　照辉	藏族普米族创世神话的比较　《神话新探》1986．606—612
B33b037	傅　锡壬	楚辞天问篇与山海经比较研究　《山川寂寞衣冠泪》*　1987
B33b038	朱筱文等	从我省畲族的《祖图》与瑶族的《过山榜》的对比研究探讨其渊源关系　《畲族研究论文集》1987．204—212
B33b039	张　国荣	汉帛画天神与《九歌》天神的比较研究　民间文艺季刊　1987，（1），59
B33b040	徐　华龙	我国南北方太阳神话之比较　广东民族学院学报　1987，（1），99—104
B33b041	过　伟	毛南、瑶、汉盘古神话的比较研究　广西民族学院学报　1987，（3），60—63
B33b042	龚　维英	试论雷神性别的演变——汉壮族雷神神话比较　社会科学战线　1987，（3），325—329
B33b043	姚　宝	牛郎织女·格拉斯青·召树屯比较研究——兼论中国古代对印度的影响　民族文学研究　1987，（5），78—84

B33b044	张　　越	"乌古斯传"与突厥神话　民族文学研究 1987，(6)，62—65	
B33b045	吴　佺新	苗族古歌与侗族古歌的比较研究　黔东南社会科学　1988，(1)，55—59	
B33b046	陈　　烈	纳西族祭天文化与商周祭天文化的比较　民间文艺季刊　1988，(1)，183—200	
B33b047	萧　　兵	谷神与水的母题　淮阴师范专科学校学报 1988，(3)，45—53	
B33b048	王　　嵩	中国文化史上的千古疑谜——中华各民族龙故事的比较研究　文艺理论家　1988，(4)，46—49	
B33b049	章　虹宇	原始巫神（鬼）与神话之神的比较研究　世界宗教研究　1988，(4)，102—113	
B33b050	张　振犁	从古代神话的流变看楚文化与中原文化的交融　《巫风与神话》　1988.33—52	
B33b051	刘敦励等	古代中国人和纳华玛雅人的祈雨及雨神　《民俗调查与研究》　1988.710—715	
B33b052	韦　兴儒	神话的平行与交叉比较研究——兼及贵州各民族神话特性　《贵州古文化研究》　1989.76—87	
B33b053	陈　　烈	纳西族《祭天古歌》和《楚辞·九歌》艺术特色的比较　边疆文化论丛（二）　1989.140—145；中南民族学院学报　1990，(1)，48—54，70	
B33b054	李　建国	苗族神话与巫楚神话之比较　贵州文史丛刊 1989，(3)，144—151	
B33b055	巫　瑞书	湖南文化与楚文化关系管窥　湖南师范大学学报　1990，(1)，28—32	
B33b056	邢　　莉	中国少数民族神话与汉族神话比较之管窥　民族文学研究　1990，(2)，75—79	
B33b057	郑　恒雄	从道家观看汉族和布依族的变形神话　汉学研究*　1990，8 (1)，751—761	

B33b058	杨 树喆	壮族人类起源神话与汉族人类起源神话的比较 民族艺术 1991，(2)，46—55
B33b059	周 延良	论汉藏神话的审美活动 青海社会科学 1991，(2)
B33b060	杨 昭辉	羌族普米族宗教巫术文化比较 云南社会科学 1991，(3)
B33b061	张 贞海	《史纪：舜本纪》与敦煌《舜子变》之比较研究 民俗曲艺* (72/73) 1991.169—182
B33b062	崔 羲秀； 紫 荆	朝鲜族和满族的始祖传说比较 延边大学学报 1992，(1)，38—42
B33b063	张 文元	我国南方民族创世神话比较研究 云南文史丛刊 1992，(2)，7—15
B33b064	朱 德普	傣族原始土地崇拜和古代汉族社神比较 中央民族学院学报 1992，(2)，15—19
B33b065	杨 世章	《楚辞·九歌》与苗族巫歌比较探讨 贵州民族研究 1992，(3)，79—88
B33b066	叶 舒宪	发梦：性梦的精神启悟功能：比较神话学札记 淮阴师范专科学校学报 1992，(3)，53—54
B33b067	韦 日平	壮族神话和其他民族神话的比较 广西大学学报 1992，(4)
B33b068	高 文汉	中国神话比较研究 民俗研究 1993，(1)
B33b069	马 昌仪	敖包马尼堆之象征比较研究 黑龙江民族丛刊 1993，(3)，106—112
B33b070	邢 莉	北方少数民族女神神话的萨满文化特征：与中原区越女神神话之比较 民族文学研究 1993，(4)，24—30
B33b071	张 彦平	史诗中祈子仪式的比较研究 民族文学研究 1993，(4)，9—14，48
B33b072	林 建华	试论壮汉神话，民俗互相渗透和影响 广西民族学院学报 1993，(4)
B33b073	谢 忆	杜米与后羿：汉彝神话之比较 毕节师范专科学校学报 1994，(3)，56—59

B33b074	杨·巴依拉; 德·达林泰	蒙汉创世神话比较 内蒙古师范大学学报　1994，(4)，34—40
B33b075	夏　敏	图腾时代的几个母题——藏瑶文化比较札记 民间文学论坛　1995，(2)，2—7
B33b076	崔　柳生	茅盾对中外神话的比较研究　广西教育学院学报　1995，(2)，59—64
B33b077	冷　卫国	新的艺术思维范型——神话、《诗经》屈原艺术思维异同比较　东方论丛　1995，(2)，46—51
B33b078	敖　行维	黔西北彝族《指路经》与苗族《指路》的比较研究　贵州民族研究　1995，(2)
B33b079	左　宏阁	浅谈西南少数民族与汉族神话传说中的"主神"之地位　西北第二民族学院学报　1995，(3)，34
B33b080	史　军超	变形的整化趣味：哈尼族、汉族变形神话比较　民族文学研究　1995，(3)，22—28
B33b081	罗　义群	苗族神话与《天问》神话比较　民族论坛　1995，(4)，75—81
B33b082	顾　希佳	龙、蚕故事的比较研究　民间文学论坛　1995，(4)，53—57，80
B33b083	都　兴智	从始祖神话传说看东北古代民族与中原民族的关系　辽宁师范大学学报　1995，(5)，70—72
B33b084	王　继英	叙事文学发展轨迹（神话、传说、故事比较研究）　贵州民族学院学报　1996，(1)，31—34
B33b085	葛桂录等	人类困境的基础：《公无渡河》与《创世纪始祖犯罪》比较读解　淮阴师范专科学校学报　1996，(3)，15—18
B33b086	黄　任远	满——通古斯语民族有关熊、虎、鹿神话比较研究　黑龙江民族丛刊　1996，(3)，102—106
B33b087	杨　治经	阿布卡赫赫化身创世与盘古开天辟地：满——通古斯语民族与汉族化生型宇宙起源神话比较　黑龙江民族丛刊　1996，(3)，107—109
B33b088	陈　蒲清	古朝鲜族族源神话与古代朝中文化关系　求索

		1996，(3)
B33b089	白　庚胜	东巴神话之神山象征及其比较　民族文学研究 1996，(3)，31—36
B33b090	何　廷瑞	台湾土著的神话传说比较研究　美国印地安纳大学民俗研究博士论文　1996
B33b091	鹿　以鹿	台湾原住民与大陆南方民族的洪水神话比较 民间文学论坛　1997，(1)，32—41
B33b092	黄　任远	通古斯——满语族宇宙起源神话比较　北方民族　1997，(2)，106—108
B33b093	杨　治经	《海伦格格补天》与"女娲补天"的异同——满通古斯语民族与汉族人神创型宇宙起源神话比较　黑龙江民族研究丛刊　1997，(2)，108—110
B33b094	佟　中明	论锡伯族和蒙古族神话传说及英雄故事的共性问题　民族文学研究　1997，(2)，60—64
B33b095	孙　悟湖	汉族、藏族、蒙古族天神观演变比较　中央民族学院学报　1998，(1)

c. 中国与日本的比较

B33c001	查　士元	中日神话之比较　小说世界　1927，16 (14)
B33c002	君岛久子； 樊　少骥	龙神（龙女）传说和龙舟 云南文物　1982，(12)
B33c003	乌　丙安	藏族故事《斑竹姑娘》与日本《竹取物语》 民间文艺季刊（四）　1983．36—61
B33c004	日伊藤清司； 白　希智	日本神话与中国神话：试论其比较研究的观点 民间文艺论集（四）　1983
B33c005	（日）君岛久子； 龚　益善	关于金沙江竹娘传说：藏族传说与《竹取物语》 民间文学论坛　1983，(3)，26—38
B33c006	林　保尧	中日古代文化交流——考察：黄泉国神话六朝志怪说死生观　淡江学报*　1984，(21)，15—35
B33c007	郎　樱	槃瓠神话与日本犬婿型故事比较研究　民间文

　　　　　　　　　　学论坛　1985，(3)，66—70

B33c008　马　名超　"伊玛堪"、"苏昆"、"柔卡拉"——中国、日本北方渔猎民族英雄史诗形体论　民间文学论坛　1986，(1)，17

B33c009　张　紫晨　中日开辟神话的比较　北京师范大学学报 1986，(4)，28—35

B33c010　林　保尧　中日古文化交流的考察——黄泉国神话与六朝志怪小说的生死观比较　东方宗教研究　1987，(1)

B33c011　杨　万智　人与神的位置——云南哈尼族与日本倭族创世神话比较　民间文学论坛　1987，(3)，49—55；《边疆文化论丛》(一)　1988.8.81—88

B33c012　(日) 伊藤清司；陈　晓林　神话中的性——被视为妇女和母体的葫芦　民间文艺季刊　1987，(4)，248—256，217

B33c013　房　建昌　倭纳与《中日神话学辞典》　社会科学研究 1987，(5)，100

B33c014　张　麟声　中日神话比较　晋阳学刊　1988，(5)，100—102，109

B33c015　李　天送　中国的神话故事对日本小说《竹取物语》的影响　厦门大学学报　1988，(2)，133—138

B33c016　(日) 伊藤清司；高　鹏　日本神话与中国神话　《中外比较文学论文集》　1988.1—12

B33c017　傅　光宇　白族"海舌"神话与日本出云"浮岛"神话　云南社会科学　1989，(6)，95—98

B33c018　赵　乐甡　中日两国上古神话的比较　《中日文学比较研究》　1990.8.6—15

B33c019　张　国荣　日本开辟神话与湘沅开辟神话之比较　益阳师范专科学校学报　1991，(2)，29—33

B33c020　陈　建宪　荆楚巫风与日本古俗　江汉论坛　1991，(9)，57—62；《中日民俗的比较与交流》　1993

B33c021　陈　建宪　引魂之舟——楚人物龙凤帛画与日本珍原古坟壁画的比较研究　艺术与时代　1991，(10)；

		《楚文艺论集》湖北美术出版社　1992
B33c022	郭　华等	中日典籍神话的构成及其文化形态　青海师范大学学报　1992，(1)，49—54
B33c023	高　文汉	中日神话比较研究　民俗研究　1993，(1)
B33c024	冷　德熙	政治神话与纬书研究：关于汉朝的纬书和日本人的《纬书集成》 北京大学学报　1993，(1)，102—106
B33c025	宋　兆麟	中国妈祖与日本姊妹神　民俗研究　1993，(3)，52—58
B33c026	大林太良	东亚有关海的民间信仰　《中日民俗的异同和交流》　北京大学出版社　1993.4
B33c027	马　兴国	中日史前神话探微　东北师范大学学报　1993，(5)，47—52
B33c028	大林太良	东亚有关海的民间信仰　《中日民俗的异同和交流》　1993.4
B33c029	周　星	中国和日本的石敢当　《民族学研究所资料汇编》(8)　1993.11.88—116
B33c030	李　子贤	太阳的隐匿与复出（中日太阳神话比较研究的一个视点）　思想战线　1994，(6)，42—48
B33c031	徐　晓光	古羌神话与日本神话传说的比较　日本学刊　1994，(6)，99—108
B33c032	金　文学	中国日本韩国天鹅处女传说谱系比较研究　社会科学辑刊　1994，(6)，137—141
B33c033	大林太良； 喻　权中	赌誓神话与日本神话比较研究中的问题 黑龙江社会科学　1995，(3)，52—55（日本神话必携　1982）
B33c034	黄　任远	"飞由合"与"伊纳鸟"崇拜——中国赫哲族和日本阿伊努文化比较研究之一　黑龙江社会科学　1996，(6)，49—51
B33c035	林　河	中日稻作文化与傩文化比较 广西民族学院学报　1997，(4)
B33c036	徐　晓光	遥远的"女儿国"神话——中国彝族"女儿国"

		神话与日本"女儿国"神话的比较 《中国比较文学》(四) 1997. 77—87
B33c037	徐宏图等	从"禹祭"到"泥祭"(中日洪水神话比较) 民族艺术 1998,(2),82—92；复印报刊资料（古代、近代文学） 1998,(11),38—45
JB33c001+	広畑輔雄	『記紀神話の研究――その成立における中国思想の役割』 東京 風間書房 1977
JB33c002+	伊藤清司	『「花咲爺」の源流――日本と中国の説話比較』 東京 ジヤパン・パブリッシヤーズ 1978
JB33c003+	伊藤清司	『日本神話と中国神話』 東京 学生社 1979 (1981重印)
JB33c004+	黒羽 寧	『中国と日本の神話と文明』 東京 西田書店 1987
JB33c005+	李 国棟	『日中文化の源流――文学と神話からの分析』 東京 白帝社 1996
JB33c001	中澤見明	日本神祇祭祀と支那古典に見える神祇崇拝 (1—2) 史学雑誌 1924,35(6),482—495；35(8),680—691
JB33c002	出石誠彦	日本神話と支那神話 理想（特集 日本神話）1940：『日本精神』 大観堂 1943；『支那上代思想史研究』（改訂版） 福村書店 1947
JB33c003	松本信広	竹中生誕譚の源流 史学 25(2) 1951；『日本民族文化の起源』 東京 講談社 1978. 313—364
JB33c004	山崎道夫	中国神話の二類型とわが古説 東京学芸大学研究報告 3 1953
JB33c005	波多野鹿之助	日本・中国の治水説話 人文学 9 1953
JB33c006	荻原淺男	記紀所収の日月眼生伝の一考察―特に中日の日月眼生伝との対比を中心に 古事記年報 1 1953；『日本神話』（日本文学研究資料叢書）東京 有精堂 1970. 153—160

JB33c007	松前　健	伊邪那岐伊邪那美二尊と伏羲女媧の神話　宗教研究 174　1963
JB33c008	松前　健	伊弉諾・伊弉冉二尊と伏羲・女媧の神話　国学院大学紀要 5　1964. 153—186
JB33c009	君島久子	中国の羽衣説話——日本の説話との比較　中国大陸古文化研究 1　1965. 17—28
JB33c010	広畑輔雄	盤古説話と記紀神話　漢文学会会報 24　1965. 24—38；『記紀神話の研究——その成立における中国思想の役割』東京　風間書房　1977
JB33c011	伊藤清司	南部中国の民間説話——日本の説話との関係におつて　日本人類学会・日本民族学会連合大会 21 回紀要　1967
JB33c012	伊藤清司	昔話「花咲爺」の祖型日本と南中国の昔話　『金関丈夫博士古稀記念論集：日本民族と南方文化』　東京　平凡社　1968：『「花咲爺」の源流』東京　ジヤパン・パズリッシヤーズ　1978. 44—80
JB33c013	伊藤清司	日本神話と中国——人祖異常児出生伝承　伝統と現代（復刊）1（1）　1970：『日本神話と中国神話』　東京　学生社　1979. 60—76
JB33c014	窪　德忠	沖縄の習俗と信仰——中国との比較研究　東京大学東洋文化研究所　1971
JB33c015	内田道夫	日本説話と中国の説話——『日本霊異記』『今昔物語』を中心に　東北大学日本文化研究所研究報告 5—6　1971. 1—27
JB33c016	伊藤清司	日本神話と中国神話——イザナギ・イザナミの近親相姦　国文学解釈と鑑賞 460　1972；『日本神話と中国神話』東京　学生社　1979. 77—86
JB33c017	君島久子	金沙江の竹娘説話——チベット族の伝承と「竹取物語」　文学 41（3）　1973. 112—126

JB33c018	広畑輔雄	黄泉訪問神話　民族学研究 38（1）　1973.1—18：『記紀神話の研究——その成立における中国思想の役割』　東京　風間書房　1977
JB33c019	広畑輔雄	皇祖神タカミムスビの成立に関する一考察——その中国思想との関連における　日本中国学会報 25　1973. 189—203　『記紀神話の研究——その成立における中国思想の役割』東京　風間書房　1977. 62—94
JB33c020	鉄井慶紀	ヒルコ神話・ヒノカグツチ神話と中国　日本中国学会報 25　1973. 175—188：『中国神話の文化人類学的研究』　東京　平河出版社　1990. 705—729
JB33c021	伊藤清司	蓬莱島説話と国引き神話　『日本神話の比較研究』（大林太良編）　政法大学出版局　1974：『日本神話と中国神話』　学生社　1979
JB33c022	君島久子	嫦娥奔月考——月の女神とかぐゃ姫の昇天　武藏大学文学会雑誌 5（1/2）　1974. 31—50
JB33c023	瀧澤精一郎	馬娘婚姻譚に関する二三の臆説　漢文学会会報（国学院大学）21（西岡弘博士還暦記念号）1975. 86—95
JB33c024	広畑輔雄	国生み神話——中国思想の役割　日本中国学会報 27　1975. 188—202：『記紀神話の研究——その成立における中国思想の役割』　東京　風間書房　1977
JB33c025	鉄井慶紀	宇宙創造神話のモチーフにおける日中神話　アジア文化 101（4）　1975：『日本神話研究（2）』（大林太良・伊藤清司編）　学生社　1977：『中国神話の文化人類学的研究』東京　平河出版社　1990. 98—125
JB33c026	鉄井慶紀	国生み神話——中国との関係　国語教育（高

知大学）24　1976：『中国神話の文化人類学的研究』　東京　平河出版社　1990.730—753

JB33c027　伊藤清司　神話と民話——中国雲南省ナシ族の伝承と「古事記」　伝統と現代7（3）　1976

JB33c028　伊藤清司　中国神話と日本神話——創世神話　月刊言語5（1）　1976：『日本神話と中国神話』　東京　学生社　1979

JB33c029　松本信広　日本神話の比較研究——海幸山幸物語と槃瓠伝説　『講座　日本の神話』11　東京　有精堂　1977：『日本民族文化の起源』　東京　講談社　1978.20—49

JB33c030　伊藤清司　日本神話と中国神話——その比較研究上の視点　『講座　日本神話』11　『日本神話の比較研究』　有精堂　1977：『日本神話と中国神話』東京　学生社　1979

JB33c031　伊藤清司　系譜型神話の諸相——日本と中国の神話の比較　『講座日本文学　神話（下）』　至文堂　1977：『日本神話と中国神話』　東京　学生社　1979.139—167

JB33c032　西嶋定生　草薙剣と斬蛇剣　江上波夫教授古稀記念論集（歴史篇）　1977.1—25

JB33c033　伊藤清司　江南海洋民文化と日本神話　国文学解釈と教材の研究（学燈社）23（14）　1978：『日本神話と中国神話』東京　学生社　1979.125—138

JB33c034　安藤重和　『斑竹姑娘』考——『竹取物語』との先後をめぐつて　古代文化34（7）　1982.37—41

JB33c035　広畑輔雄　日本書紀神武伝説と周武王故事　日本中国学会報36　1984.248—261

JB33c036　大林太良　「白娘子」と「化け鯰」——中国江南の伝説と日本の海幸山幸神話　口承文藝研究9　1986

JB33c037　伊藤清司　西南中国の火把節起源伝説——斎藤実盛虫送

り伝説との比較 『新嘗の研究 3 稲作と信仰』（新嘗研究会） 学生社 1988

JB33c038 福永光司 「ぉもち」の創世神話と道教神学 思想 775 1989.4—10

JB33c039 白鳥芳郎 日本及び中国の神話・伝説の構成とその世界観——占星術家によつて創作された中国の神話 上智史学 34 1989.13—61

JB33c040 郎　櫻 中国少数民族のトーテム神話伝説および日本への流伝 『日本民間伝承の源流』（君島久子編） 東京 小学館 1989

JB33c041 伊藤清司 ォォナムチ神話と中国の民話 東アジアの古代文化（大和書房）66 1991

JB33c042 佐野公治 中国の郊祀と日本の大嘗祭——神々の座をめぐつて 中国—社会と文化 7 1992.183—198

JB33c043 諏訪春雄 本地物と人神——中国三層宇宙観と日本の中世的世界像 芸能史研究 117 1992.1—16

JB33c044 曾根誠一；包　敏 『斑竹姑娘』関係資料集成 花園大学研究紀要 24 1992.189—207

JB33c045 犬飼公之 人間生成の神話（2）——古代日本と古代中国 ギリスト教文化研究所研究年報 27 1993.51—80

JB33c046 櫻井龍彦 神話と儀礼——（太陽信仰と祭儀）日中比較の視点から 名古屋大学中国語学文学会会報 4 1995.2—4

JB33c047 繁原　央 日中難題说話の比较研究 国学院中国学会報 42 1996

JB33c048 犬飼和雄 酒折宮問答歌と中国神話 社会労働研究 42(4) 1996.1—22

JB33c049 李　均洋 日・中両民族の雷神思想の源流（1）、（2） 日本研究（国際日本文化究センター紀要） 1996.13、47—61；1996.15 105—128

JB33c050 高橋宣勝・松岡優美 オシラサマと昔話「蚕神と馬」 言

　　　　　　　　　　語文化部紀要（北海道大学）32　1997

JB33c051　梁継国・張愛萍　「大禹治水」より「土母治水」へ——中日洪水神話に関する比較研究　コミユニケーション学科論集（茨城大学人文学部）3　1998

JB33c052　梁継国・張愛萍　「鰲」と「鯰」——中日地震神話に関する比較研究　コミユニケーション学科論集（茨城大学人文学部）4　1998

JB33c053　項　　青　　龜ガ女になる話——浦島伝説の源流　創造のアジア2　勉誠出版　1998

JB33c054　小南一郎　　馬頭娘（蚕神）をめぐる神話と儀礼——おしらさまの原郷をたずねて　『女神・聖と性の民族学』（田中雅一編）　東京　平凡社　1998

JB33c055　高橋　稔　　中国古代の養蚕神の伝説と現在日本の東北地方に伝承されている養蚕神の物語との関係について——馬と娘の恋愛物語の発生について　文部省国際学術研究成果報告書（山形大学教育学部・吉林師範学院）　1998

d. 中国与韩国（朝鲜）的比较

B33d001　钟　敬文　　老獭稚型传说底发生地：三个分布于朝鲜、安南及中国同型传说的发生地域的试断　艺风　1934，2（12），49—65；《钟敬文民间文学论集》（下）　1985．128—148

B33d002　钟　敬文　　老獭稚型传说之发生地　文科研究所集刊　1943，（1）

B33d003　孙　作云　　东北亚细亚民族诞生传说之研究　中国画日同学会季刊　1944，3（4）

B33d004　林　宝琮　　古史传说中之中韩关系　树德学报＊　1975，（3）

B33d005　尹　　顺　　中韩两民族古代神话之比较　台湾政大硕士论文＊　1979

B33d006　桑　秀云　　东夷与朝鲜的关系　边政研究所年报＊　1983，

丙 作品研究

(14)

B33d007　王　孝廉　朱蒙神话：中韩太阳神话比较研究之一　大陆杂志* 1985，71（4），12—25

B33d008　崔　义秀　朝鲜和满族的始祖传说的比较
　　　　　紫　　荆　延边大学学报　1992，（1），38—42

B33d009　苑　　利　韩民族与中国白族鸡龙神话比较　民族文学研究　1998，（3），25—29

B33d010　朱　恒夫　韩族始祖神话的文化意义及中韩始祖神话比较　民族艺术　1996，（4），1—12

B33d011　苑　　利　"白马"、"白鸡"现瑞与"金马碧鸡"之谜——韩半岛新罗神话与中国白族神话现瑞母题的比较研究　民族文学研究　1996，（4），31—42

e. 中国与印度的比较

B33e001　孔　拉第；　战国时中国所受印度的影响
　　　　　衡　聚贤　古史研究（二）　1934

B33e002　霍　世休　唐代传奇文与印度故事　文学　1934，2（6），1051—1066

B33e003　刘　铭恕　再论中印传说文学之关涉　历史与考古　1937，（1），7—14

B33e004　苏　雪林　"天问"里的印度诸天搅海故事　东方杂志　1944，40（9）

B33e005　苏　雪林　孙悟空与猪八戒的来源　东南日报　1948.4.21

B33e006　季　羡林　三国两晋南北朝正史里的印度传说　《中印文化关系史论丛》　1957

B33e007　吴　晓玲　"西游记"和罗摩延书　文学研究　1958，（1），163—169

B33e008　裴　普贤　中印文学关系研究（上）　大学生活（港）　1958，4（5）

B33e009　赵　朴初　月亮和兔子的故事　人民文学　1962，（8），75—76

B33e010　苏　雪林　舜的故事与印度史诗：天问历史问题（夏代部

			分） 成功大学学报* 1967，（2）
B33e011	饶	宗颐	楚缯书之摹本及图像——三首神、肥遗与印度古神话之比较 故宫季刊* 1968，3（2）
B33e012	卢	元骏	我国俗文学与印度文学之关系 书目季刊* 1972，7（2）
B33e013	杜	而未	中印的宇宙之母 恒毅* 1976，25（9）
B33e014	顾	子欣	孙悟空与印度史诗 人民日报 1978.11.13
B33e015	季	羡林	印度文学在中国 文学遗产 1980，（1），144—145
B33e016	糜	文开	中印文学关系举例 中外文学* 1981，10（1）
B33e017	蔡	国梁	孙悟空的血统 学林漫录（2） 1981
B33e018	朱	彩荻	孙悟空与印度猴王的亲缘关系 文化娱乐 1981，（4），41
B33e019	刘	毓忱	关于孙悟空"国籍"问题的争论和辨析 作品与争鸣 1981，（8），73—76
B33e020	季	羡林	三国两晋南北朝正史与印度传说 《印度古代语言论集》 1982
B33e021	萧	兵	无支祁哈奴曼孙悟空通考 文学评论 1982，（5），66—82
B33e022	高登智等		"蓝嘎西贺"与"罗摩衍那"之异同 思想战线 1983，（5），74—79
B33e023	杨	宪益	萨宝新考 《译余偶拾》 1983
B33e024	朱	昌利	印度东北地区民族族源和习俗研究：与中国滇藏和缅北一些民族比较 南亚研究 1984，（1），39—48
B33e025	巴人遗作		印度神话对《西游记》的影响 晋阳学刊 1984，（3），46—50
B33e026	阎	云翔	印度的那伽与中国的龙 《中国比较文学》（四） 1985.46—58
B33e027	陈邵群等		试论两个神猴的渊源关系——印度神猴哈奴曼与中国神猴孙悟空的比较 暨南学报 1986，（1），68—76，50

丙　作品研究　587

B33e028	渼　　之	中国比较文学学会首届学术讨论会比较神话学专题简况　中国神话（一）　1987．353—365
B33e029	孙　金祥	从《九歌》与《俱梨吠陀》看先民异己力量的人格化　国外文学　1990，（2），43
B33e030	叶舒宪等	从中印洪水神话看文化的传播与异变　学习与探索　1990，（5），4—11
B33e031	赵　国华	热与光、苦行与精进——略论中印太阳和火神话及相关的宗教问题　南亚研究　1991，（4），21—30
B33e032	马　衍森	说"楚"、"道"、"空"：兼谈比较视野中的中印古代文化　中国文化研究　1994，夏
B33e033	龚　维英	中印创始神话比较研究　南都学坛（南阳）1995，（4），28—32
B33e034	李　　源	试揭石钟山窟"阿盎白"之谜：兼论印度和云南少数民族女神神话　大理文化　1995，（6）
B33e035	郁　龙余	女神文学与女性文学——中印文学比较一例　北京大学学报　1996，（3），76—80
B33e036	魏　丽明	中印开辟神话刍议　北京大学学报　1996，（东方文化研究专刊），32—38

f. 中国与希腊的比较

B33f001+	叶　舒宪	《高唐神女与维纳斯——中西文化中的爱与美的主题》　北京　中国社会科学出版社　1997.12
B33f001	徐　　匀	中国的淘金传说与希腊神话　民俗周刊（广州）1930，（103），1—2
B33f002	程　　憬	中国的羿与希腊的赫克利斯　安徽大学季刊　1936，1（3），15—30
B33f003	程　　憬	后羿与赫克利斯的比较　国立中央大学文史哲季刊　1943，1（2），139—166
B33f004	苏　雪林	希腊伏羲　中华日报*　1955．5．4
B33f005	苏　雪林	盗火者受桎故事之流变　"中央日报"*　1957．

			12.3
B33f006	蔡　懋棠	诗经上的"星"　大陆杂志* 1960, 21 (8)	
B33f007	郑　恒雄	神话中的变形：希腊及布、农神话比较（一）中外文学* 1974, 3 (6)	
B33f008	乐　蘅军	中西神话中悲剧英雄的造缘：Ⅰ、悲剧英雄在中国古神话中的造像　中外文学* 1975, 4 (3)	
B33f009	齐　邦媛	中西神话中悲剧英雄的造缘：Ⅱ、希腊神话与史诗中的悲剧英雄　中外文学* 1975, 4 (3)	
B33f010	古　添洪	希拉克主斯与后羿的比较研究　中外文学* 1975, 4 (7)	
B33f011	汤　雄飞	中国神话与希腊神话中道德观之差异　中外文学* 1979, 8 (7)	
B33f012	陈　铁镔	荷马史诗与《诗经》史诗的比较研究　锦州师范学院学报　1981,（4），52—60	
B33f013	施　梓云	世界神话里的盗火英雄：比较文学札记　淮阳师范专科学校学报　1982,（3），30—36	
B33f014	吴　德安	《诗经》和荷马史诗：谈文学的民族个性　秋水（港）　1982,（3）	
B33f015	叶　春生	欧洲的牛郎织女神话　南方日报　1982.8.22	
B33f016	吴　超	牛郎织女和七弦金琴　民间文学　1984,（7），53	
B33f017	萧　兵	盗火英雄——夸父与普罗米修斯：东西方英雄神话比较研究之一　活页文史丛刊（198）1984.1—30	
B33f018	朱维元等	中国古代神话与古希腊神话比较——东西方神话美比较　《比较文学论文集》　1984	
B33f019	黄　春	希腊神话与中国神话中几个主要人物的对比　南风　1985,（3），77—79	
B33f020	施　梓云	中国和希腊古代神话中主神比较　淮阴师范专科学校学报　1986,（3），3—35	
B33f021	刘　晔原	普罗米修斯之火与鲧之息壤　民间文学论坛	

1986，(5)，53—59

B33f022　杨　　琳　　希腊神话与白族神话的比较　《神话新探》
　　　　　　　　　　　1986.10.399—411

D33f023　吴　瑞裘　　古希腊和我国早期变形神话的比较　民间文艺
　　　　　　　　　　　季刊　1987，(1)，88—101

B33f024　罗　昌奎　　神、主神、属性及其他——中希古代神话比较
　　　　　　　　　　　梧州地区教师进修学院　1987，(1)

B33f025　翁　银陶　　论夏、商、周三代思想影响下的汉族古神话特
　　　　　　　　　　　色：中希神话之比较研究　中州学刊　1987，
　　　　　　　　　　　(5)，85—88

B33f026　姚　　远　　"正常"与"早熟"儿童之我见（中希神话比
　　　　　　　　　　　较）　民间文学论坛　1987，(5)

B33f027　汪　玢玲　　中国的普罗米修斯：拖亚拉哈和托阿思都
　　　　　　　　　　　哩——东西方盗火英雄比较研究　民间文艺季
　　　　　　　　　　　刊　1988，(3)，110—118；北方民族　1988，
　　　　　　　　　　　(1)，118—123

B33f028　陈　守成　　我国主神与希腊主神的根本区别　民间文学论
　　　　　　　　　　　坛　1989，(1)，26—30

B33f029　苏　文菁　　宙斯、盘古及其他——希腊神话的系统与中国
　　　　　　　　　　　神话的非系统　福建师范大学学报　1989，
　　　　　　　　　　　(2)，50—55

B33f030　刘　城淮　　原生态神话与次生态神话：中国神话与希腊神
　　　　　　　　　　　话的比较　民间文艺季刊　1990，(2)，10—26

B33f031　过　　伟　　侗族女神与希腊女神群之比较研究　民族艺术
　　　　　　　　　　　1990，(2)，134—141

B33f032　傅爱民等　　羿与赫剌克勒斯——兼论中西神话中的英雄观
　　　　　　　　　　　平原大学学报　1990，(3)，60

B33f033　郭　振华　　太阳之路与生命的永恒——夸父、吉尔伽美什
　　　　　　　　　　　的比较　民间文学论坛　1990，(6)，39—43

B33f034　屏　　辑　　华夏族系盗火神话与普罗米修斯的比较　民间
　　　　　　　　　　　文学论坛　1991，(1)

B33f035　刘　明琪　　作为小说的希腊和中国的神话　陕西师范大学

学报 1991,（1）

B33f036　冷　德熙　中国古代与希腊神话和哲学关系之比较　北京大学学报　1992,（3），60—68,59

B33f037　武　文　盗火与窃壤：普罗米修斯和鲧的比较　兰州大学学报　1993,（1），115—122

B33f038　李　珞珈　神话传说中的民族特点透视：中国与希腊上古神话比较研究　河南财经学院学报　1993,（2），94—99

B33f039　陶　嘉炜　从神的种类看中希神话的差异　上海师范大学学报　1993,（4），90—96

B33f040　吴　童　中希神话审美特征寻异
重庆师范学院学报　1994,（1），17—23

B33f041　李　建东　中国和希腊神话的几点异同　河南师范大学学报　1994,（2），62—66

B33f042　［日］若松宽　《格斯尔》与希腊神话　民族文学研究　1994,（2），92—94；内蒙古社会科学　1994,（3）

B33f043　杨　乃乔　神话的本体反思：关于希腊神话和华夏神话审美态的悖立比较研究　社会科学战线　1994,（5），202—210

B33f044　郎　樱　《玛纳斯》与希腊史诗之比较　民族文学研究　1995,（1），9—12,22

B33f045　廖　练迪　神话的魅力——中国与希腊神话之比较　嘉应大学学报　1995,（2），45—49

B33f046　赵　林　论希腊神话与中国神话的文化意蕴　江汉论坛　1995,（2）

B33f047　张　朝柯　希腊丢卡列翁洪水神话溯源——巴比伦、希腊洪水神话的比较　民间文学论坛　1995,（3），33—38

B33f048　刘　渊　同主题变奏："嫦娥奔月"和"美狄亚出逃"的比较研究　外国文学研究　1995,（4），63—65

B33f049　沈　芸　中国希腊神话题材比较　江苏教育学院学报

1995，(4)，54—57

B33f050	沈　芸	中国、希腊神话之比较　淮海文汇　1995，(11)，34—36
B33f051	姜　岳斌	古代希腊与中国日月神话的文化暗示　威宁师范专科学校学报　1996，(4)，50—52
B33f052	金　烨	中国、希腊神话历史之比较　宁德师范专科学校学报　1996，(4)，19—27
B33f053	张　淑英	人类童年时代的两块瑰宝：古希腊神话和中国远古神话之比较　齐齐哈尔师范学院学报　1996，(4)，19—27
B33f054	鞠　辉等	尊德与崇力：以汉画中的神话题材谈中国神话和希腊神话　中原文物　1997，(1)，87—90
B33f055	张　淑英	人类童年时代的两块瑰宝：古希腊神话和中国远古神话之比较　齐齐哈尔师范学院学报　1997，(4)
B33f056	张　敏	优美与崇高——中国和古希腊神话的美学形态辨异　学术与探索　1997，(5)，106—109
B33f057	杨　纯	《九歌》与希腊神话　云梦学刊（岳阳）1998，(1)，4—5
B33f058	曹　蕾	英雄与人欲——从中、希神话英雄故事侧面透视不同的文化精神　牡丹江师范学院学报　1998，(2)，45—46
B33f059	张　立新	论希腊和中国古代神话的史学意识　贵阳师范专科学校学报　1998，(3)，38—42

g. 中国与亚太地区的比较

B33g001	王　桐龄	历史上亚洲民族之研究（附：洪水说）　学术与教育　1924，1(1)
B33g002	陆　万美	极东神话之诸研究　历史科学　1933，(6—7)
B33g003	刘　咸	亚洲狗祖传说考　中国文化研究所集刊　1941，1(?)
B33g004	凌　纯声	东南亚古文化研究发凡　新佳报副刊·民族学研究专刊*　1950，(3)

B33g005	凌　纯声	中国古代海洋文化与亚洲地中海　海外月刊* 1954，(9)	
B33g006	凌　纯声	台东的吐舌人缘及其在太平洋区的类缘　民族学所集刊* 1956，(2)	
B32g007	凌　纯声	古代中国及太平洋区的犬祭　民族学所集刊* 1957，(3)	
B33g008	凌　纯声	太平洋区嚼酒文化的比较研究　民族学所集刊* 1958，(5)	
B33g009	周　自强	古代凤凰与今南洋风鸟的研究　中研民族所集刊* 1967，(24)	
B33g010	凌　纯声	中国远古与太平、印度两洋的帆筏船方舟和楼船的研究　民族学所专刊* 1970，(16)	
B33g011	胡　汉君	从菲律宾神医谈到中国神仙　新闻天地* 1978，(1561)	
B33g012	杨　丽珍	试论傣族和东南亚的泼水节及其传说　民间文艺集刊（三）　1982．281—295	
B33g013	陈　江	"泛越文化"与"原越文化"论——试论中国百越文化与东南亚、大洋洲群岛周邻文化比较之理论框架　广西民族研究　1993，(3)	
B33g014	孟　昭毅	中越神话传说比较谈　解放军外语学院学报 1994，(2)，94—99，108	
JB33g001	明石貞吉	「老獺雅伝說の安南異傳」の霊物と天文との関係に就つて　民族学研究1(2)　1935．132—138	
JB33g002	伊藤清司	犬と穀物——東亞における穀物起源伝承に関する一考察　史学40(2・3)　1967．21—41；『「花咲爺」の源流』　東京ジヤパン・パブリッシヤーズ　1978	
JB33g003	大林太良	中国・東南アジアの星型羽衣說話　東南アジア・インドの社会と文化（上）　1980．323—343	

h. 中国与其他国家及地区的比较

B33h001　　胡　寄尘　　识宝回子和江西人（阿拉伯化的中国神话）
　　　　　　　　　　　　小说世界　1927，16（14）

B33h002　　徐　　求　　黄帝之囿与巴比伦之县园　地学杂志　1930，
　　　　　　　　　　　　(1)

B33h003　　觉　明泽　　哥伦布发现美洲与契丹传说之关系　东方杂志
　　　　　　　　　　　　1931，28（22），49—58

B33h004　　廖　世功　　古代中国与世界之关系　人文月刊　1932，1
　　　　　　　　　　　　(4)，本文 1—4；1932，3（5），本文 1—8；
　　　　　　　　　　　　1932，3（6），本文 1—7；1932，3（7），本文
　　　　　　　　　　　　1—8

B33h005　　陈　廷璠　　巴比伦与中国古代天文历法比较研究　国立中
　　　　　　　　　　　　山大学文史学研究所月刊＊　1934，3（2）

B33h006　　苏　　梅　　屈原《天问》里的旧约创世纪　说文月刊
　　　　　　　　　　　　1944，4（合刊），983—997

B33h007　　苏　雪林　　西亚中国死神的对照　文艺创作＊　1953，(29)

B33h008　　刘　敦励　　古代中国与中美马耶人的祈雨与雨神崇拜　民
　　　　　　　　　　　　族学所集刊＊　1957，(4)

B33h009　　杜　而未　　中巴星象神话比较研究　文史哲学报＊　1960，
　　　　　　　　　　　　(9)

B33h010　　文　崇一　　亚洲东北与北美西北及太平洋岛生传说　民族
　　　　　　　　　　　　学所集刊＊　1961，(12)，75—101

B33h011　　凌　纯声　　中国的封禅与西河流域的昆仑文化　民族学所
　　　　　　　　　　　　集刊＊　1965，(19)

B33h012　　杨　希枚　　论殷周时代高层建筑之"京"昆仑与西亚之
　　　　　　　　　　　　Zikkuot（上下）　大陆杂志＊　1967，35（5）：
　　　　　　　　　　　　35（6）

B33h013　　谢　扶雅　　周易与新旧约全书：中国最古经典与基督教圣
　　　　　　　　　　　　经之比较　中国文化月刊　1981，(19)

B33h014　　萧　　兵　　雄虺、应龙和羽蛇：中国和美洲一个神话文学
　　　　　　　　　　　　因子的比较　淮阴师范专科学校学报　1983，
　　　　　　　　　　　　(1)，21—31

B33h015	王　雪	古墨西哥与中国的龙　北京晚报　1984.1.10	
B33h016	尉迟葵	操蛇而舞　光明日报　1984.4.7	
B33h017	柯　杨	中国的山魈和巴西的林神：中国与美洲印第安人古代文化近似的又一证据　民间文学论坛　1984，(2)，67—70	
B33h018	董乐山	夏娃与女娲　读书　1984，(6)，135—138	
B33h019	林耀华	荷花·扶桑·墨西哥——略谈中墨古代文化之交流　活页文史丛刊 (7)，1—9	
B33h020	马昌仪	文化英雄论析——印第安神话中的兽人时代　民间文学论坛　1987，(1)，54—63	
B33h021	叶舒宪	中国明堂、埃及金字塔、美洲太阳庙　陕西师范大学学报　1989，(1)，55—63	
B33h022	德　柱	《圣经》神话原型与蒙古族史诗神话原型之比较研究　昭乌达蒙师范专科学校学报　1992，(4)，44—52	
B33h023	张奎武	上帝与女娲：论《圣经》与中国上古神话中的"创世说"　外国文学研究　1993，(4)，60—65	
B33h024	高福进	古代埃及与中国的太阳崇拜之比较研究　复旦大学学报　1994，(5)，98—103，34	
B33h025	王　燕	中伊创生神话比较　外国文学评论　1992，(4)，103—108	
B33h026	傅光宇	诸葛亮南征传说及其在缅甸的流播　民族艺术研究　1995，(5)	
JB33h001	猪野又藏	中国古代と波斯古代伝説比較　東洋文化（無窮会）14　1925. 66—79	
JB33h002	上原專禄	西洋及び中国に於けむ帝王伝説　東洋文化　1950，(2)，1—21	

34. 杂论

a. 神话与女性

B34a001　张鼻羿　女神和女人：中国古代神话学习札记　丹东师

		范专科学校学报　1979，（1）
B34a002	黎　　洪	请勿唐突少女之神　江淮论坛　1986，（2）
B34a003	过　　伟	揭开女神之秘　《神话新探》　1986
B34a004	傅　朗云	东北古代女神考述　图书馆学研究*　1987，（2），152
B34a005	李　景江	试论女神及其产生的心理结构　民间文艺季刊　1987，（3）
D34a006	谢　选骏	中国古籍中的女神：一群没有爱情的原始雕像　民间文学论坛　1988，（1）：《神与神话》*　1988.3.173—210
B34a007	和　钟华	论东巴教的女性崇拜及其演变　云南师范大学学报　1991，（4），27—33
B34a008	哈　布尔	上古华夏女神研究　内蒙古社会科学　1991，（5），73—80，72
B34a009	周　晓薇	中国的战争女神：九天玄女　文史知识　1991，（8），101—104
B34a010	孙　绍先	上古女性神族 民间文学论坛　1992，（3），5—12
B34a011	宋　　抵	北方民间参拜生育女神琐谈　北方民族　1992，（3），107—108
B34a012	常　勤毅	"维纳斯环带"：人体文化的摇篮与共振　学术交流　1992，（5），115—118
B34a013	任　　芬	辽西女神庙祖先崇拜说　历史月刊（62）1993.78—81
B34a014	刘　晔原	中国俗文学中的女神模式　民间文学论坛　1993，（3），32—35，71
B34a015	陆　思贤	红山文化裸体女神像的神话考察　文艺理论研究　1993，（3），78—84
B34a016	汤　　池	试谈滦平后台子出土的石雕女神像　文物　1994，（3）
B34a017	袁珂、龚维英	关于《女神的失落》的学者通信　六安师范专科学校学报　1994，（4），71

B34a018	潜　明兹	上古转型期女性文化的象征　中国民间文化 1994，(4)，155—164	
B34a019	张　星德	红山文化女神之性质及地位考　辽海文物学刊 1995，(2)，36—42	
B34a020	萧　兵	创新与求证——读龚维英《女神的失落》有感　江淮论坛　1995，(2)，110—111	
B34a021	宋　兆麟	中国史前的女神信仰　中国历史博物馆馆刊 1995，(2)	
B34a022	沈　光明	太阳意象：过去经验的回忆—《女神》研究之一　湖北师范大学学报　1995，(5)，91	
JB34a001	秋葉隆	女人国の神聖婚姻　宗教研究　1929，新 6 (2)，1—14	
JB34a002	松田壽男	女国に就いての考　『池内博士還暦記念東洋史論叢』東京　座右寶刊行社　1940．793—822	
JB34a003	佐　藤	女国と蘇炸　東洋史研究（九州大学）6 (6) 1942．409—442	
JB34a004	平田昌司	書評：デイヴィッド・ホークス「女神の探求」中国文学報（京大）26　1976	
JB34a005	平木康平	娘娘神成立考——中国母神の研究（1）　東方宗教 60　1982．48—68	
JB34a006	川村　湊	環東シナ海の女神信仰　日中文化研究 9　勉誠社　1996	

b. 高禖

B34b001	唐　嘉弘	西周"高禖"源流考——兼论巫术文化的历史地位　人文杂志　1987，(6)，30	
B34b002	毛　忠贤	高禖崇拜与《诗经》的男女聚会及其渊源　江西师范大学学报　1988，(4)，16—23	
B34b003	周　幼涛	高禖形象的演变与汉字中的生殖文化密码　文史知识　1992，(11)，103—107	
B34b004	陈　云洪	四川寒带高禖画像砖初探　四川文物　1995，(1)，15—18	

JB34b001	小林太市郎	高禖考　支那学 10　1942. 193—227
JB34b002	池田末利	高禖信仰の成立——古代中国の原始母神　広島大学文学部紀要（哲学）24（1）　1965. 79—96：『中国古代宗教史研究』　東京　東海大学出版会　1981
JB34b003	鉄井慶紀	高禖の起源についての一試論　東方宗教 30　1967. 20—34：（改題：高禖の起源について）『中国神話の文化人類学的研究』　東京　平河出版社　1990. 29—51
JB34b004	栗原圭介	高禖考　大東文化大学漢学会誌 10　1971. 8—23

c. 十二生肖

B34c001	黄　仲琴	十二生肖神　民俗图报　1929,（61/62）
B34c002	邓　尔雅	地支与十二禽　岭南学报　1931, 2（1）
B34c003	阎　文儒	十二辰相属考（缪拉民及羽田氏说质疑）　边疆研究季刊　1940,（1）
B34c004	盖	十二属　中和月刊　1941, 2（3）
B34c005	泽　甫	十二生肖考　东方文化　1943, 2（3）
B34c006	章　卷盖	十二生肖、十二支神像　文物周刊　1946,（5）
B34c007	黄　永年	"十二神像"补考　文物周刊　1947,（49）
B34c008	孝　推	十二生肖的源流　中华日报*　1955.12.6
B34c009	娄　子匡	"十二生肖漫谈"自序　中华日报*　1967.11.13
B34c010	刘　平衡	蛇年与十二生肖　艺坛*　1977,（108）
B34c011	树　滋	十二生肖代表什么？　艺海杂志*　1978, 2（3）
B34c012	于　怒泽	外国人眼中的中国星相——十二生肖　今日生活*　1978,（147）；1979,（148）
B34c013	刘　尧汉	"十二兽"历法起源于原始图腾崇拜　《彝族社会历史研究文集》　1980
B34c014	路永烈等	十二生肖略考　历史知识　1981,（2）
B34c015	张　秉伦	十二生肖与动物崇拜　大自然　1984,（1）

d. 其他

B34d001+	谢 雪时	《古塔的神话及其他》 北京 中国青年出版社 1957
B34d002+	周 次吉	《神异经研究》 台北 文津出版社 1986

B34d001	鲁 迅	关于多岛神话 热风（四十二） 1919
B34d002	胡 适	狸猫换太子的演变 现代评论 1925，1（14—15）
B34d003	颉 刚	伯劳的故事 语丝 1925，(37)
B34d004	胡 寄尘	隐语与神话 《文艺丛谈》（一） 1928.6
B34d005	郑 师许	柳翠传说考 小说世界 1929，18（4）
B34d006	钟 敬文	我国古代民众关于医学的知识 民众教育季刊 1932，2（1）
B34d007	周 作人	古恶诗话 《夜读抄》 1934.9
B34d008	赵 帮彦	火化起源之神话 中央日报 1934.11.2
B34d009	钟 敬文	文物起源神话 艺风 1935，3（9），51—55；《民间文艺谈薮》1981，191—193
B34d010	周 作人	男身化女身 妇女与儿童 1935
B34d011	钟 敬文	关于说明神话：写在《民俗园地》的说明神话专号之前 妇女与儿童 1936，20（9），377—378
B34d012	叶 镜铭	说明神话 孟姜女 1937，1（1）
B34d013	叶 德均	猴姓娘型故事略论 民俗季刊 1937，1（2），181—205
B34d014	韩 儒林	吐蕃古史与传说研究 文史哲季刊 1943，1（2）
B34d015	朱 祖明	塔弓寺与其神话 康导月刊 1943，5（2/3）
B34d016	卫 惠林	人物交感与人兽合体的神话 民族学研究集刊 1943，（3）
B34d017	范 义田	明家人之语文及其传说 东方杂志 1943，39（11）
B34d018	姜 蕴刚	国史开辟探原 《历史艺术论》 1944

B34d019	庄　严	关于辟邪　大陆杂志* 1951，3（4）	
B34d020	凌　纯声	台湾的航海帆筏及其起源　民族学所集刊* 1956，（1）	
B34d021	铁　穆	历史与神　人生（港）　1959，（2）	
B34d022	朱　介范	民国俗文学史料——中国神话的趣味　畅流* 1961，23（9）	
B34d023	杜　而未	中国古代泛神论解释　新铎声* 1962，（7）	
B34d024	孙　隆基	先秦古朴的天道观：中国古代神话思想的研究　台大青年* 1969，58（2）	
B34d025	丁　啸	中国地理、民族、文物与传说史　民族学研究所集刊* 1970（29）	
B34d026	沈　明璋	中国古史神话与传说的今译　中等教育* 1971，22（3）	
B34d027	乐　蘅军	中国原始变形神话试探（上、下）　中外文学* 1974，2（8—9）；《古典小说散论》* 1976；《中西比较文学论集》* 1988.278—306	
B34d028	魏　成光	关于中国神话　中华日报.文教与出版* 1977.3.31	
B34d029	杜　而未	天地终穷的传说　恒毅* 1977，16（7）	
B34d030	李　亦园	"冰心食人"神话　中国时报副刊* 1978.11.3；《宗教与神话论集》* 1998.1.422—425	
B34d031	李　亦园	自杀神话　中国时报副刊* 1979.3.19；《宗教与神话论集》* 1998.1.426—429	
B34d032	杜　而未	游牧民族文化圈的至上神　恒毅* 1979，28（11）	
B34d033	王　孝廉	巴山夜雨——古代建国神话之一　联合报副刊* 1980.5.26	
B34d034	乌　丙安	略谈氏族祖先传说　民间文艺集刊（一） 1981.124—130	
B34d035	杨　荫深	试探西汉的民间传说故事　民间文学论丛（一）　1981	
B34d036	孙　广德	我国正史中的政治神话　社会科学论丛	

　　　　　　　　　　　　　　　1982,（30）,29—76

B34d037　缪　咏禾　　略论人和异类恋爱的故事　民间文艺集刊（4）
　　　　　　　　　　　　1983.77—91

B34d038　杨　知勇　　人祖英雄的形成及其基本特征　民族文学研究
　　　　　　　　　　　　1984,（4）,133—140

B34d039　琼　　林　　石油的神话　台湾新闻报*　1984.9.23

B34d040　徐　振辉　　《魏二郎》在神话及民歌发展上的地位　民间文
　　　　　　　　　　　　艺季刊　1986,（1）

B34d041　李　亦园　　传说与课本——吴凤传说及其相关问题的人类
　　　　　　　　　　　　学探讨　国立编译馆馆刊*　1989,18（1）；
　　　　　　　　　　　　《宗教与神话论集》*　1998.1.374—413

B34d042　胡　万川　　中国的江流儿故事　汉学研究*（民间文学国
　　　　　　　　　　　　际研讨会论文专号）1990,8（1）

B34d043　刘　明琪　　作为小说的希腊和中国神话　陕西师范大学学
　　　　　　　　　　　　报　1991,（1）,53—59

B34d044　丁　一凡　　十八世纪流行于法国的中国神话　国外文学
　　　　　　　　　　　　1991,（2）,133—138

B34d045　赵　沛霖　　试论奴隶制时代神话　天津社会科学　1991,
　　　　　　　　　　　　（2）,60—66

B34d046　郭　于华　　死亡起源神话略考　民间文学论坛　1991,
　　　　　　　　　　　　（3）,19—24

B34d047　金　永平　　干将、莫邪的传说及演化　苏州大学学报
　　　　　　　　　　　　1991,（3）,97—99

B34d048　舒　　燕　　试论猿猴抢婚故事的起源　民间文学论坛
　　　　　　　　　　　　1992,（1）,52—56,17

B34d049　章　俊弟　　中国戏剧中的人神恋神话原型　戏剧研究
　　　　　　　　　　　　1992,（4）

B34d050　何　　平　　论圣人与圣王神话：古代政治神话论纲之二
　　　　　　　　　　　　天津社会科学　1993,（1）,58—63

B34d051　鹿　忆鹿　　难题求婚模式的神话原型　民间文学论坛
　　　　　　　　　　　　1993,（2）,8—12

B34d052　石　　峰　　临界与神秘：神话中"半人"形象生成研究

		贵州师范大学学报　1993，(3)，42—45
B34d053	李　文实	西陲地名的语言考察　中国历史地理论丛 1994，(1)
B34d054	杜　奋嘉	"有意味的形式"：论我国古代神话传说中肖像演变　浙江大学学报　1994，(2)，75—81
B34d055	王凤春等	试论感性神话源于生殖崇拜　松辽学刊　1994，(4)，38—44，37
B34d056	陈　金文	试论我国上古神话对原始先民性爱生活的反映 临沂师范专科学校学报　1994，(4)，55—59
B34d057	肖　远平	生命底蕴的拓展——"鱼姑娘"型故事初探 贵州民族学院学报　1995，(3)，79—83
B34d058	容　世诚	北斗戏的神话与仪式　中研院民族学研究所集刊＊(79)　1995．63—86
B34d059	罗　明成	"开弓射箭"母题的研究　民族文学研究 1996，(2)
B34d060	史　建群	帝王神话与社会整合　中州学刊　1996，(4)，113—116
B34d061	郝　兆矩	关于朱元璋及其辅臣的神话传说　中州学刊 1996，(5)，121—124
B34d062	傅　宇光	"额头生人"传说考释　思想战线　1996，(6)
B34d063	程　依荣	20世纪法国文学中的中国神话 法国研究　1997，(1)，47—54
B34d064	王　丽华	中国神话地名的类型及文化意蕴探索　东南文化　1997，(2)，81—85
B34d065	刘　宽亮	远古神话中"人首兽身"现象之我见　学术论丛　1997，(2)，94—97
B34d066	叶　舒宪	中国上古地母神话发掘——兼论华夏"神"概念的发生　民族艺术　1997，(3)，29—45
B34d067	姚　锐	禅宗理念的江湖叙事——对民间故事《憨憨泉》的神话原型批评　齐齐哈尔社会科学　1997，(4)，46—48
B34d068	刘　庆	话中国古代战神形象的演变　广西民族学院学

报　1997，(4)，50—54

B34d069　李　明洁　从季节神话看悲喜剧一体化根源　云南民族学院学报　1997，(4)

B34d070　王　小盾　汉藏语猴祖神话的谱系　中国社会科学　1997，(6)，147—168

B34d071　段　春旭　神话故事与古典小说中的九天玄女　福建论坛　1998，(3)，52—53

B34d072　蔡　哲茂　烛龙神话的研究　政治大学学报＊(68)　1994．3．4—65

B34d073　儿玉六郎　见于荀子的古传语的引用　《神与神话》＊(王孝廉编)　1988．3．569—598

JB34d001＋　大林太良　『東アジアの王権神話』　東京　弘文堂　1984

JB34d001　出石誠彦　上代支那の異常出生説話について　民族　1929，(1)，103—126；『支那神話伝説の研究』　東京　中央公論社　1943：1973(増訂版)　139—162

JB34d002　佐仲　壮　漢高赤帝説話発生の由来に就いて　史学研究　4(3)　1933．482—489

JB34d003　市川　勇　支那に於ける半獣半人神崇拝の起源　史苑15(2)　1943．72—94

JB34d004　清水泰次　沈萬三説話考　史観(早大)(34・35)　1951

JB34d005　森　鹿三　公輸子に関する二三の説話　東方学報(京大)3(21)　1952

JB34d006　石田幹之助　胡人買宝譚補遺　日本大学文学部研究年報6　1955

JB34d007　後藤基巳　荒遠の奇人国　『中国の神話伝説』(稲田孝編)　東京　河出書房新社　1959

JB34d008　鈴木　正　沈萬三説話の分析　史観(早大)72　1965.2—36

JB34d009　君島久子　中国の羽衣説話——その分布と系譜　芸文研究24　1967．20—24

JB34d010　加藤常賢　弗忌考　東京支那学報14　1968．1—21；『中

		国古代文化の研究』　東京　角川書店　1980
JB34d011	君島久子	中国の羽衣説話──その分布と系譜　日本中国学会報21　1969. 234—249
JB34d012	君島久子	羽衣覚書──飛翔と変身　芸文研究27　1969. 411—421
JB34d013	澤田瑞穂	出米石の伝説　中文研究（天理大）11　1970. 50—56
JB34d014	君島久子	東洋の天女──中国におけるその変遷の過程　文学40（2）　1972. 108—114
JB34d015	澤田瑞穂	宝精篇　天理大学学報78　1972. 1—40
JB34d016	山田　統	燕王噲子之伝説　国学院大学紀要12　1974. 1—35
JB34d017	福田俊昭	「秋胡故事」覚書　大東文化大学漢学会誌13　1974. 33—44
JB34d018	澤田瑞穂	神婚伝説　中国文学研究（早大）　1975，（1）
JB34d019	貝塚茂樹	英雄の誕生　『貝塚茂樹著作集』5　東京　中央公論社　1976. 349—381
JB34d020	澤田瑞穂	漂着神考　漢文学学会報（国学院大学）26　1980. 7—15
JB34d021	櫻井龍彦	捨子攷──棄子型神話伝説の研究（一）（二）　龍谷紀要　1986，8（2），176—205；1987，9（1），1—37
JB34d022	大林太良	中国古代の馬車の神話　『中国の歴史と民俗』　東京　第一書房　1991. 25—39
JB34d023	劉福德　古瀬順一	母子神について　群馬大学教育学部紀要（人文・社会科学編）46　1997

J

中国少数民族神话研究

一、综合研究

1. 综论

A01-001+ 凌 纯声 《中国边疆民族与环太平洋文化》（上，下册） 台北 联经书局 1979.（上）791p；（下）793—1710p

A01-002+ 朱 宜初 《民族民间文学散论》 昆明 云南人民出版社 1980. 9. 199p

A01-003+ 朱宜初等主编 《少数民族民间文学概论》 昆明 云南人民出版社 1983. 12. 331p

A01-004+ 罗 汉田 大胆的实践 勇敢的探索——读《少数民族民间文学概论》 民族文学研究 1985，(1)，130—132

A01-005+ 毛星主编 《中国少数民族文学》（上、中，下） 长沙 湖南人民出版社 1983. 7（上）701p；1983. 9（中）900p；1983. 11（下）583p

A01-006+ 毛 星 《中国少数民族文学》序 民间文学论坛 1982，(2)，1—14

A01-007+ 肖 莉等 绚丽多姿、光华四溢的我国少数民族文学：大型著作《中国少数民族文学》问世 民族文学研究 1984，(1)，137—140

A01-008＋　田兵等编选　《中国少数民族神话论文集》　南宁　广西民族出版社　1984.4. 397p

A01-009＋　王治新等编　《贵州民族民间文学论文集》　贵阳　贵州人民出版社　1984.4. 341p

A01-010＋　杨亮才等　《中国少数民族文学》　北京　人民出版社　1985. 298p

A01-011＋　陶　立璠　《民族民间文学基础理论》　南宁　广西民族出版社　1985.10. 375p

A01-012＋　兰　君　简评《民族民间文学基础理论》　民族文学研究　1987，(1)，94—95

A01-013＋　应　昌　立足实际，锐意开拓——读陶立璠《民族民间文学基础理论》　山茶　1988，(1) 63—64

A01-014＋　陶　立璠　《中国少数民族神话资料汇编》(1—3集)　北京　中央民族学院科研处　1985；第一集343p；第二集259p；第三集380p

A01-015＋　张　福三　《原始人心目中的世界》　昆明　云南民族出版社　1986.6. 410p

A01-016＋　中国少数民族文学学会编　《神话新编》　贵阳　贵州人民出版社　1986.10. 641p

A01-017＋　李景江等　《中国民族民间文学基础》　长春　吉林大学出版社　1986

A01-018＋　谷　德明　《中国少数民族神话》(上、下)　北京　中国民间文艺出版社　1987

A01-019＋　中央民族学院少数民族文艺研究所编　《中国民族民间文学》(二册)　北京　中央民院出版社　1987.5. 798p

A01-020＋　覃光广等　《中国少数民族宗教概览》　北京　中央民院出版社　1988.8. 460p

A01-021＋　潘定智等编　《贵州神话史诗论文集》　贵阳　贵州民族出版社　1988.11. 340p

A01-022＋　袁　珂　《中国民族神话词典》　成都　四川省社会科学院出版社　1989.3. 387p

A01-023+	孟慧英	《活态神话——中国少数民族神话研究》 天津 南开大学出版社 1990.4. 300p
A01-024+	郎樱	有益的探索,可喜的成果——《活态神话》评介民族文学研究 1991,(1),83
A01-025+	钟敬文	评介《活态神话——中国少数民族神话研究》 民族文学研究 1993,(3),83—84
A01-026+	吉克·尔达则伙述:《我在神鬼之间》——一个彝族祭司的自述 刘尧汉整理 昆明 云南人民出版社 1990.5. 255p
A01-027+	蓝鸿恩等	《中国各民族宗教与神话大词典》 北京 学苑出版社 1990.10. 900p
A01-028+	李子贤	《探寻一个尚未崩溃的神话王国》 云南 云南人民出版社 1991.3.328p
A01-001	马学良	垦边人员应该多识当地民俗与神话 边政公论 1945,4(1)
A01-002	杨亮才	丰富多彩的少数民族民间文学 民间文学 1959,(9),115—119
A01-003	贾芝	谈解放后采录少数民族口头文学的工作 文学评论 1964,(5),43—60
A01-004	朱宜初	论我国各族民间文学的相互影响 山茶 1980,(1),196—204
A01-005	刘俊田等	少数民族文学在中国文学发展中的地位 文学评论 1980,(5),88—92
A01-006	陶立璠等	论少数民族文学对中国文学史的贡献 中南民族学院学报 1981,(1)
A01-007	朱宜初	论少数民族文艺的起源与发展 《民间文学论丛》 1981. 91—110
A01-008	朱宜初	研究民族民间文学的意义和要求 南风 1981,(5)
A01-009	范玉梅	几个少数民族的族名来源 民间文学 1981,(10),86—90
A01-010	马学良	关于少数民族民间文学的搜集、整理问题 民

　　　　　　　　　　　　间文艺集刊（一）　1981．181—197

A01-011　　熊　永忠　　少数民族的狗图腾　民族文化　1982，（2），19

A01-012　　陶　学良　　试论少数民族的神话史诗　民间文学论坛　1982，（3），65—74：《云南少数民族文学论集》（二）　1983．107—128

A01-013　　谷　德明　　论少数民族神话的历史地位　西北民族学院学报　1983，（1），66—77：民族文学研究　1984，（2），49—56

A01-014　　蒙　　宪　　《妈勒访天边》不应列为神话　南宁师范学院学报　1983，（2），114—115

A01-015　　鲁　　兵　　谈创世史诗　民间文学　1983，（2），119—122

A01-016　　陶　立璠　　中国少数民族神话的体系和分类　民族文学研究　1984，（2），57—67

A01-017　　戈　　丁　　谫论少数民族民间文学研究　南宁师范学院学报　1984，（4），3—7，25

A01-018　　谷　德明　　我国少数民族斗争神话初探　西北师范学院学报　1984，（4），70—75

A01-019　　徐新今等　　少数民族神话初探　《中国少数民族神话论文集》（四）　1984．282—297

A01-020　　叶　　郎　　少数民族神话学术讨论会在黔召开　光明日报　1984．9．6

A01-021　　邓　敏文　　新的起点、新的探索：中国少数民族神话学术讨论发言概述　文学研究通讯（中国少数民族）　1984，（4）

A01-022　　叶　　郎　　中国少数民族神话学术讨论会在贵州兴义召开　山茶　1984，（6），94：民间文学论坛　1985，（1），90—91

A01-023　　王　　松　　论少数民族神话在中国文学史上应有的地位　云南民族学院学报　1985，（1），58—63

A01-024　　邓　敏文　　历史的足迹　科学的印记——中国少数民族神话琐记　黔东南社会科学　1985，（1），57—61

A01-025　　郑　　谦　　关于编写少数民族文学史的一些理论问题（其

			中有与神话研究有关论述） 思想战线 1985，(2)，35—42；民族文谈 1985.11—47
A01-026	陶	立璠	关于少数民族神话的传播研究 中央民族学院学报 1985，(3)，74—79；《神话新探》1986.10.145—159
A01-027	白	崇人	少数民族射日神话探微 南风 1985，(4)，68—73
A01-028	谢选骏等		两面观：中国少数民族神话的文化特质 民族文学研究 1986，(2)，41—46
A01-029	潘	定智	评"两兄弟和两姐妹"的科学价值 苗岭风谣 1986，(2)
A01-030	巫	瑞书	少数民族故事讲述家纵横谈 民族纵横 1986，(3)
A01-031	刘	亚湖	结合我国少数民族神话谈神话的"永久魅力"《神话新探》 1986.10.283—295
A01-032	李	子贤	活形态神话刍议 西北师范学院学报 1987，(4)，87—92；《边疆文化论丛》（一） 1988.29—34
A01-033	唐	呐	民族起源神话初探 《少数民族文学论集》（三） 1987.90—102
A01-034	张福三等		试论我国少数民族神话形象的特征及其意义 中国神话（一） 1987.6.87—98
A01-035	吴建新等		试论神话和哲学的关系——兼论少数民族神话中哲学研究的重点 贵州民族研究 1988，(4)，143—149
A01-036	李	炳泽	简论我国少数民族语言起源神话 民间文学论坛 1988，(4)，69—74
A01-037	杨	昌鑫	在楚崇龙影响下的少数民族图腾神话故事 《巫风与神话》 1988.223—237
A01-038	陈	立浩	少数民族神话思维特征试论 贵州民族研究 1989，(1)，148—157
A01-039	孟	慧英	神话的原始艺术特点——中国少数民族神话研

		究一　民族文学研究　1989,（5），66—70
A01-040	何　积全	竹王传说初探　《贵州古文化研究》　1989. 5. 230—255
A01-041	龚　维珍	中国少数民族禁忌习俗的探索　民族学（3/4）1990
A01-042	郎　樱	中国少数民族图腾神话及其在日本的流传　《民间传承论文集》　1989
A01-043	李　明	少数民族神话与美　南风　1990,（6），61—65
A01-044	王　人恩	各民族神话呈现相似现象的原因初探　西北师范大学学报　1990,（6），36—41
A01-045	高　力	试论少数民族的生死观　思想战线　1991,（3），58—63
A01-046	张　崇根	台湾少数民族的神话与传说　甘肃民族研究　1993,（1/2）：中南民族学院学报　1994, 14（1），53—57
A01-047	彭　书麟	论中古时期民族文化的大交流——我国少数民族古代审美文化研究　青海民族学院学报　1994,（1），294
A01-048	夏　爵蓉	人类早期的艺术记录——我国少数民族创世史诗巡礼　西南民族学院学报　1994,（3），26—31, 69
A01-049	李　清	渲染美的原始内涵——评《中国少数民族原始艺术》　青海民族学院学报　1995,（3）
A01-050	谢　世忠	神话解析与国家文化——中国少数民族神话诠释的社会主义意识形态　《中国神话传说学术研究会论文集・下》*　1996. 3. 433—454
JA01-001+	白鳥芳郎	『華南文化研究史』．六興出版　1985
JA01-002+	覃　光广	『中国少数民族の信仰と習俗』（上）（下）　東京　第一書房　1993

2. 南方地区少数民族神话
a. 综论

A02a001+ 杨　成志　《云南民族调查报告》　广州　中山大学　1930

A02a002+ 范　义田　《云南古代之史的分析》重庆　商务印书馆　1944

A02a003+ 岑　家梧　《西南民族文化论丛》　商务印书馆　1949

A02a004+ 何　愈　《西南少数民族及其神话》　北京新世纪出版社　1951

A02a005+ 本书编写组　《云南各族古代史略》　昆明　云南人民出版社　1977

A02a006+ 中国哲学史学会云南省分会编　《云南少数民族哲学·社会思想资料选辑第一辑》　昆明　编者刊　1981

A02a007+ 思想战线编辑部编　《西南少数民族风俗志》　昆明　中国民间文艺出版社（云南版）　1981.11.

A02a008+ 汪　宁生　《中国西南民族的历史与文化》　昆明　云南民族出版社　1989

A02a009+ 李　子贤　《探寻一个尚未崩溃的神话王国——中国西南少数民族神话研究》　昆明　云南人民出版社　1991

A02a010+ 杨　知勇　《西南民族生死观》　昆明　云南教育出版社　1992

A02a011+ 史　波　《神鬼之祭：中国西南少数民族传统宗教文化研究》　昆明　云南教育出版社　1993.10. 222p

A02a001　杨　成志　云南民族调查报告　语历所周刊　1930，11 (129—132)，4971—5100

A02a002　马　子华　云南民间传说　大众画报　1934，(10)

A02a003　钟　敬文　南蛮种族起源神话之异式　艺风　1935，3 (4)，55—58

A02a004　楚　图南　中国西南民族神话的研究　西南边疆　1938—1940，(1)，32—41：(2)，61—66：(7)，57—60

A02a005	陈　志良	僿俗札记　说文月刊　1940，2（9），578—608	
A02a006	芮　逸夫	西南少数民族虫兽偏旁命名考略　人类学集刊 1941，2（1/2），113—164，附改正—189	
A02a007	马　学良	云南土民的神话　西南边疆　1941，（12），19—28；《云南彝族礼俗研究文集》　1983. 115—129	
A02a008	丁　潇	西南民族考释　边政公论　1942，1（7/8）	
A02a009	陶　云逵	几个云南藏缅语系土族的创世故事　边疆研究论丛　1942/1943，（2），1—2	
A02a010	岑　家梧	西南部族之舞乐　文讯　1942，4（1）	
A02a011	毛筠如等	西南边疆民间文学　东方杂志　1943，39（15），55—58	
A02a012	孙　诞光	西南民族与汉族同源的证据　说文月刊 1944，3（12），57—62	
A02a013	江　应梁	西南边区的特种文字〔彝族、苗族文字起源神话〕　边政公论　1945，4（1），26—29；《西南边疆民族论丛》　1948	
A02a014	马　学良	垦边人员应多识当地之民俗与神话　边政公论 1945，4（1），35—36	
A02a015	李　乔	云南各少数民族的民间文学　民间文学　1955，（6），49—59	
A02a016	昆明作协红河民间文学调查小组　红河区民间文学调查报告　民间文学　1957，（9），85—91		
A02a017	白　木	喜读云南出版的四部民间叙事诗　民间文学 1960，（1），81—83	
A02a018	宋　恩常	试论云南边疆山区民族的原始艺术　学术研究 1964，（2），21—38	
A02a019	晓　雪	谈云南的几部民族史诗　思想战线　1978，（4），43—50	
A02a020	李　之惠	云南少数民族神话初探　中央民族学院学报 1978，（4）	
A02a021	秦　家华	试谈云南少数民族民间文学与宗教的关系　思	

想战线　1978，(5)，39—45

A02a022　秦　家华　"各民族是亲兄弟"：云南几部民族史诗中有关民族团结的描写　云南日报　1979.9.2

A02a023　秦　家华　云南民族民间文学中的无神论思想　思想战线　1979，(3)，51—56，17

A02a024　李　子贤　试论云南少数民族的洪水神话　思想战线　1980，(1)，40—45；《云南少数民族文学论集》（一）　1983．121—134；《中国少数民族神话论文集》　1984．147—158

A02a025　李　子贤　云南少数民族神话初探　民族文化　1980，(2)，2—4

A02a026　黄　惠琨　云南民族民间文学研究三题　山茶　1980，(2)，130—136；《云南少数民族文学论集》（二）　1983．20—37

A02a027　李　子贤　浅说我省少数民族的太阳神话　云南日报　1980．4．19

A02a028　秦　家华　试论云南民族民间文学的历史价值　思想战线　1980，(4)，80—86

A02a029　李　子贤　"诗领域中第一颗成熟的果实"：谈我省少数民族的创世史诗　云南日报　1980．10．2

A02a030　杨　毓骧　云南少数民族的人类起源神话　民族学报　1981，(1)，263—270

A02a031　秦　家华　《天问》与云南少数民族神话　思想战线　1981，(1)，61—66，60；《中国少数民族神话论文集》　1984．4．159—169

A02a032　石　安达　云南少数民族的远古文学　民族文学　1981，(3)，94—96

A02a033　张　福三　云南少数民族的史诗和叙事长诗　民族文化　1981，(3)，3—5

A02a034　卢　央等　云南四个少数民族天文历法情况调查报告　中国天文学史文集（一）　1981

A02a035　任　武　我国南方民族的原始宗教　云南社会科学

			1982，(1)，42—52
A02a036	李　国文	云南少数民族《创世纪》中关于世界形成的朴素唯物主义思想　云南历史所研究集刊　1982，(1)：中央民族学院学报　1985，(4)，18—21
A02a037	郑　　海	从云南少数民族神话看神的演变——兼论人类早期审美观念的发展　云南社会科学　1982，(4)，82—89：《云南少数民族文学论集》(二)　1983. 179—195
A02a038	邓　启耀	从云南少数民族的原始艺术看原始思维的特征　思想战线　1982，(5)，78—85：《云南少数民族文学论集》(二)　1983. 67—83
A02a039	伊藤清司；	眼睛的象征：中国西南少数民族创世神话的研究
	马孝初等	民族译丛　1982，(6)，39—44
A02a040	杨　长勋	关于广西神话中的"葫芦"　广西民间文学丛刊（七）　1982. 83—87
A02a041	李　昆声	云南原始文化族系试探　云南社会科学　1983，(4)，76—83
A02a042	郑　　凡	创世者的古歌　云南日报　1983. 11. 30
A02a043	李　子贤	南方少数民族史诗的类型　民族文化　1984，(1)，6—8
A02a044	李　子贤	略论南方少数民族原始性史诗发达的历史根源　民族文学研究　1984，(1)，67—73
A02a045	百田弥荣子；	对中国西南少数民族造神之浅见
	李　岩峰	民族译丛　1984，(1)，45—47
A02a046	徐　华龙	西南少数民族弃子神话研究　《中国少数民族神话论文集》　1984. 4. 171—183
A02a047	萧　　兵	多功能的山川祭——广西花山崖画研究　美术史论季刊　1984，(4)，1—40
A02a048	李　子贤	简论云南少数民族神话的分类及特点　思想战线　1984，(5)，70—77
A02a049	杨　长勋	广西洪水神话中的葫芦　民间文艺集刊（六）

1984．15—26

h02a050	杨　昌鑫	略论南方少数民族的太阳神形象　吉首大学学报　1985，(2)，36—41
A02a051	农　冠品	广西少数民族创世史诗及古歌　广西民族学院学报　1985，(3)，31—34
A02a052	彭秀枢等	《九歌》是沅湘间少数民族的祭歌　吉首大学学报　1985，(4)，60—64
A02a053	杨　琼华	西南谷物起源神话的类型及其历史内涵　山茶　1986，(2)，23—26
A02a054	秦　亭	浅论西南洪水神话中的木鼓　山茶　1986，(2)，19—22
A02a055	龚友德等	云南少数民族的猎神崇拜　云南教育学院学报　1986，(3)，69—72，86
A02a056	邓　启耀	超自然神秘力量的一个原始象征——云南各族神话和造型艺术中蛇的文化背景浅析　民间文艺季刊　1986，(3)，1—23　《民间文艺源流新探》　1986.12　196—205
A02a057	秦　家华	论云南民族民间文学的文化价值　思想战线　1986，(5)，37—44
A02a058	龚友德等	云南少数民族的石崇拜　《宗教论稿》　1986.3．268—279
A02a059	龚友德等	云南少数民族的山崇拜　《宗教论稿》　1986.3．253—267
A02a060	饶　芸子	浅谈云南少数民族太阳神话　民族文学研究集刊（一）　1987．136—147
A02a061	潘定智等	神话、史诗与民族文化—贵州神话史诗学术讨论会记略　贵州民族学院学报　1987，(2)，51—52
A02a062	龚　友德	云南少数民族的祖先崇拜　云南教育学院学报　1987，(4)
A02a063	光　翟	创世纪：留在崖壁上的时代——云南民族文化与崖画　美术月刊　1987，(8)，53—56

A02a064	刘　亚湖	活形态的南方少数民族史诗和古歌　民间文学 1987，(8)，41—42	
A02a065	邓　启耀	云南少数民族宗教美术概述　《云南民间美术文集》　1987	
A02a066	杨　敏悦	西南少数民族的拜火习俗和火神话　中央民族学院学报　1988，(1)，81—84，94	
A02a067	郭　思九	试论云南各民族中火的神话传说　《边疆文化论丛》（一）　1988．75—80	
A02a068	申　戈	云南原始社会艺术初论　四川文物　1988，(4)，3—8	
A02a069	潘　年英	中国南方神话的结构原则及其文化精神　《贵州神话史诗论文集》　1988．32—42	
A02a070	韦　兴儒	论贵州天地神话中的宇宙星云观　《贵州神话史诗论文集》　1988．66—72	
A02a071	徐　华龙	南方民族太阳神话研究　《贵州神话史诗论文集》　1988．99—113	
A02a072	张　建章	试析德宏州原始宗教崇拜种类　世界宗教研究　1989，(1)，134—142	
A02a073	耿　德铭	怒江流域史前文化探析　思想战线　1989，(6)，86—91	
A02a074	陈　烈	云南高原栗木崇拜习俗探源　三月三　1989，(12)，44—46，41	
A02a075	朱　文东	贵州少数民族民俗中的原始宗教　《贵州民俗论文集》　1989．11．154—162	
A02a076	伊藤清司； 王汝澜等	人类的两次起源——中国西南少数民族的创世神话 民族文学研究　1990，(1)，81—91	
A02a077	张　寿祺	我国西南民族的"芦笙文化"及其地理分布　社会科学战线　1990，(1)，323—333	
A02a078	邵　凿耕	云南少数民族民间文学相似雷同问题　民族论坛　1990，(2)，70—73	
A02a079	吴　永章	南方民族虎图腾遗俗浅说　吉首大学学报	

			1990，(2)，77—80
A02a080	王　　建	论云南少数民族的原始信仰及其表现形式　云南文史丛刊　1990，(3)	
A02a081	刘　小兵	魂舟·船棺·沉木神话——古代南方民族文化研究之一　民间文艺季刊　1990，(3)，6—18	
A02a082	佘　仁澍	云南高原上的原始巫　民间文学论坛　1990，(5)，65—73	
A02a083	覃　圣敏	广西壮侗语诸民族龙蛇观念的研究　社会科学家　1990，(6)	
A02a084	李　子贤	云南少数民族谷物起源神话诸相　日本DOLMN再刊三号	
A02a085	黄　　泽	云南氐羌系民族的天神神话与祭天　中国民间文化　1991，(4)，28—41	
A02a086	屈　小强	西南各民族先竹图腾崇拜及其遗存　贵州文史丛刊　1991，(4)	
A02a087	王　海涛	云南大黑天神　中国历史博物馆馆刊　1992，(1)，62—67；　云南师范大学学报　1992，(3)，22—25	
A02a088	张　文元	我国南方民族创世神话比较研究　云南文史丛刊　1992，(2)	
A02a089	孙　　均	神秘的滇中民族图腾调查与思考　戏剧艺术　1992，(2)，32—35	
A02a090	许　守根	云南少数民族的创世神话与中华民族精神　云南师范大学学报　1992，(3)	
A02a091	晓　　根	云南少数民族《创世纪》传说特征探析　云南师范大学学报　1992，(5)，73—78	
A02a092	宫　哲兵	试论南方少数民族神话传说与风俗习惯的关系　中央民族学院学报　1992，(6)	
A02a093	庄　吉发	猴族猴街——云南少数民族的猴图腾　故宫文物月刊　1992，9 (11)，42—49	
A02a094	王　四代	"英雄神话"辨析　云南民族学院学报　1993，(3)	

A02a095	庄　吉发	鸡族鸡街——云南少数民族鸡图腾崇拜　故宫文物月刊　1993，10（10），20—27	
A02a096	廖　伯琴	西南民族原始宇宙观研究　民俗研究　1994，(1)，52—59	
A02a097	张　福	从文献资料看南方民族感生神话的内涵　云南师范大学学报　1994，(2)，28—34；复印报刊资料（民族文学）　1994，(5)，45—51	
A02a098	杨　志明	云南少数民族史诗与神话的原始生命意识　云南民族学院学报　1994，(3)，46—49	
A02a099	张　福三	云南民族创世史诗中的自主意识　云南民族学院学报　1994，(4)，25—32	
A02a100	朱　德普	勐腊的勐心和勐神概述　云南师范大学学报　1994，(4)	
A02a101	朱　德普	勐卯勐神内涵及与勐卯古国史事互记　思想战线　1994，(6)，80—85	
A02a102	顾　有识	壮侗语诸族梅山教人物神祇考　广西民族研究　1995，(3)，29	
A02a103	傅　光宇	大黑天神神话在大理地区的演变　思想战线　1995，(5)，54—58	
A02a104	李　子贤	中国云南少数民族的山神神话与民俗　《中国神话传说学术研究会论文集》*（汉学研究中心）　1996.3.471—484	
A02a105	罗　江文	论云南少数民族文字起源神话　思想战线　1996，(6)，67—70	
A02a106	望　平	西南少数民族的竹崇拜　民族团结　1996，(8)	
A02a107	王　路平	论贵州少数民族古歌中的朴素唯物主义宇宙观　贵州文史丛刊　1997，(1)	
A02a108	张　福	从民族材料寻觅西南民族的远古图腾　云南师范大学学报　1997，(1)	
A02a109	杨　正权	图腾崇拜与西南民族服饰文化　贵州民族研究　1997，(3)，105—111	
A02a110	傅　光宇	"女国"神话特殊妊娠方式探析　民族文学研究	

1998, (4) 3

JA02a001+ 飯倉照平編　『雲南の民族文化』　東京　研文出版　1983

JA02a001　伊藤清司　西南中国諸族の說話・伝說に関する研究と出版の動向　民族学研究 25（3）　1961

JA02a002　村上順子　西南中国の少数民族にみられる洪水神話――ミヤオ・ヤオ族・イ語系諸族を中心として　古代日本と東アジア（東アジアの古代文化別冊）　東京　大和書房　1975. 97—118

JA02a003　伊藤清司　目のシンボリズム―西南中国少数民族の創世神話の一研究
中国大陸古文化研究 9・10　1980

JA02a004　百田弥栄子　伝承に見る中国西南少数民族の創造神管見――雷神、竜神、天鶏天狗に関連して　民族学研究 46（2）　1981

JA02a005　谷野典之　雲南少数民族の創世神話　『雲南の民族文化』　東京　研文出版　1983

JA02a006　伊藤清司　雲貴高原のまろゥど神　季刊自然と文化（財団法人観光資源保護財団）24　1989

JA02a007　君島久子　幻の夜郎国――竹王神話をめぐつて　『東アジアの創世神話』　東京　弘文堂　1989. 79—101

JA02a008　伊藤清司　二度の人類起源――中国西南少数民族の創世神話　『東アジアの創世神話』　東京　弘文堂　1989

JA02a009　谷野典之　創世神話にみる雲南貴州少数民族の宇宙観　自然と文化 24　1989

JA02a010　伊藤清司　神判と巫師――西南中国を中心に　『白鳥芳郎教授古稀記念論叢　アジア諸民族の歴史と文化』　東京　六興出版社　1990. 5—14

JA02a011　大林太良　華南少数民族の作物起源神話　『白鳥芳郎教授古稀記念論叢　アジア諸民族の歴史と文化』

		東京　六興出版社　1990
JA02a012	蒲原大作	華南の創世神話に結びつく北方的要素　宗教学論集16　1990
JA02a013	李　子賢；	雲南少数民族における穀物起源神話の諸相（上）（下）
	谷野典之	DOLMEN4・5　1990，（4），175—184：1991，（5），147—157
JA02a014	范　宏貴	壮族および瑤族の山の神　日中文化研究4　勉誠社　1993
JA02a015	君島久子	幻の夜郎国（其の二）—悲劇の英雄像　聖徳学園岐阜教育大学紀要21　1993
JA02a016	斉藤逵次郎	西南中国少数民族の洪水神話と龍　環太平洋研究2（名古屋経済大学）　1999

b. 盘瓠神话

A02b001+	农　学冠	《盘瓠神话新探》　南宁　广西人民出版社　1994.2
A02b001	余　永梁	西南民族起源的神话——盘瓠　语历所周刊　1928，3（35/36），1203—1209
A02b002	钟　敬文	"西南民族起源的神话——盘瓠"书后　语历所周刊　1928，3（35/36），1210—1212
A02b003	松村武雄	狗人国试论　民众教育季刊　1933，3（1）
A02b004	钟　敬文	盘瓠神话的考察　同仁（日文刊）　1936，10（2—4）：《钟敬文民间文学论集》　1984.101—127
A02b005	江　应梁	苗黎传说中的狗崇拜　古代文化（7）
A02b006	马　绍房	宣威河东营调查记　西南边疆　1940，（8）
A02b007	陈　志良	盘瓠神话与图腾崇拜　说文月刊　1940，2（4），57—72
A02b008	岑　家梧	盘瓠传说与瑶畲的图腾崇拜（附表）　责善半月刊　1941，2（7—8）
A02b009	孙　作云	夸父盘瓠犬戎考　中原新潮　1942，1（1）
A02b010	岑　家梧	盘瓠传说与瑶畲的图腾制度　法商学术汇刊

			1946，(1)：《西南民族文化论丛》 1949
A02b011	廷　贵等	考苗族崇拜对象种种：评盘瓠问题　贵州民族研究　1980，(2)，82—89
A02b012	龙　海清	湘西溪州铜柱与盘瓠文化　苗岭　1980，(5)，1—14
A02b013	吴善淙等	盘瓠正名三题　苗岭　1980，(5)，15—22，14
A02b014	农　学冠	关于盘瓠神话　民族文学研究（内部）　1981，(3)，59—66：《中国少数民族神话论文集》1984.4.205—216
A02b015	侯　绍庄	"盘瓠"源流考　贵州民族研究　1981，(4)，22—33
A02b016	石　光树	从盘瓠神话看苗、瑶、畲三族的渊源关系　中央民族学院学报　1982，(3)，79—82：《瑶族研究论文集》　1985.67—73：《畲族研究论文集》　1987.53—59
A02b017	马　少侨	盘瓠蛮初探　湖南民族研究　1983，(1)：《湘西自治州编历史讨论会论文集》
A02b018	黄　钰	跳盘王　广西画报　1983，(3)
A02b019	刘　保元	瑶族古典歌谣集成《盘王歌》管探　中央民族学院学报　1983，(3)，89—93
A02b020	莫　高	盘瓠讨论在浙江　民间文学研究动态　1984，(2)，45—48
A02b021	蓝　克宽	论盘瓠王的崇高美　南宁师范学院学报　1984，(4)，26—30
A02b022	龙　海清	盘瓠神话的始作者　民间文学论坛　1984，(4)，46—54：《神话新探》　1986.10.308—328
A02b023	胡　仲实	也论盘瓠神话　广西师范学院学报　1985，(4)，34—42
A02b024	吴　永章	盘瓠考述　思想战线　1986，(2)，35—42
A02b025	何　光岳	盘瓠氏的起源及对葫芦的运用和崇拜　中南民族学院学报　1987，(1)，72—78，80

A02b026	谭子美等	麻阳苗族盘瓠崇拜遗俗调查 民族学与现代化 1987，(3)，30—32	
A02b027	今　　旦	台江苗族的盘瓠传说 贵州民族研究 1987，(3)，136—139	
A02b028	郭　长生	试述"盘瓠"图腾的龙的因素 贵州民族研究 1987，(3)，140—145	
A02b029	陈　晓红	盘瓠神话情节类式探析 中国神话（一） 1987．6．255—263	
A02b030	晓　　钟	盘瓠传说辨略 《畲族研究论文集》 1987．239—247	
A02b031	李　本高	盘瓠与盘古刍议 民族论坛 1988，(2)，35—39	
A02b032	雷　金松	畲瑶盘瓠神话比较 民族文学研究 1988，(3)，83—88	
A02b033	陈　逢源	盘瓠与盘古传说初探 东吴大学中文系系刊* 1988，(14)	
A02b034	龙　海清	从系统论看盘瓠神话及其他 《巫风与神话》 1988．53—73	
A02b035	刘　城淮	盘瓠诞生人类神话的演进 《巫风与神话》 1988．74—90	
A02b036	天　　娇	与"盘瓠是苗族始祖"论者商榷 民族论坛 1989，(1)，53—57	
A02b037	娜　西卡	盘瓠传说与畲族文化 广西民族研究 1989，(1)，95—100	
A02b038	赵　廷光	试论盘古和盘瓠与瑶族的关系 中央民族学院学报 1989，(2)，10—18	
A02b039	何　光岳	论盘瓠氏的起源、分布与迁徙：兼议盘瓠与葫芦的关系 中央民院学报 1989，(2)，19—26，39	
A02b040	李　　默	盘古·盘古庙与瑶人的关系 中央民族学院学报 1989，(2)，31—33	
A02b041	龙　海清	从盘瓠崇拜看苗族图腾文化 《苗族文化论丛》	

　　　　　　　　　　　　1989

A02b042　谭子美等　麻阳苗族盘瓠崇拜概述　《苗族文化论丛》
　　　　　　　　　　　　1989

A02b043　林　　河　"盘瓠神话"访古记——盘瓠神话民俗研究之一
　　　　　　　　　　　　民间文艺季刊　1990，(2)，27—42

A02b044　孟　慧英　盘瓠神话与畲族的盘瓠信仰　民族文学研究
　　　　　　　　　　　　1990，(2)，69—74

A02b045　赵　海洲　麻阳苗族盘瓠文化的特点　民族论坛　1990，
　　　　　　　　　　　　(3)，65—69

A02b046　徐　华龙　盘瓠神话的历史和文化价值　民族文学研究
　　　　　　　　　　　　1991，(1)，72—76

A02b047　韩　伯泉　畲族家世神话盘瓠"龙麟"与"白犬"考释
　　　　　　　　　　　　广东民族学院学报　1991，(3)，6—12

A02b048　周　生来　盘瓠形象对瑶族文化的影响
　　　　　　　　　　　　民族文学研究　1991，(3)，50—53，49

A02b049　张　应和　"狗父神母"考略　民族文学研究　1991，(3)，
　　　　　　　　　　　　54—58

A02b050　龙　海清　湘西溪州铜柱与盘瓠文化　民族文学研究
　　　　　　　　　　　　1991，(3)，59—64，72

A02b051　吴善淙等　盘瓠正名三题　民族文学研究　1991，(3)，
　　　　　　　　　　　　65—68

A02b052　蓝　万清　论畲族盘瓠传说的演变　民族文学研究　1991，
　　　　　　　　　　　　(3)，69—72

A02b053　罗　汉田　全国盘瓠文化讨论会综述　民族文学研究
　　　　　　　　　　　　1991，(3)，73

A02b054　谭　子美　"漫水龙歌"与"盘瓠崇拜"　贵州民族研究
　　　　　　　　　　　　1991，(4)，53—56

A02b055　石　忠仁　湖南五溪地区盘瓠文化遗存之研究　中南民族
　　　　　　　　　　　　学院学报　1991，(5)，75—79，85

A02b056　钟　敬文　盘瓠神话的考察　汉声(28)　1991.4.69—
　　　　　　　　　　　　76

A02b057	万　建中	试论盘瓠神话和苗族族源　中南民族学院学报 1992，(1)，50—52	
A02b058	吴　泽顺	盘瓠神话的深层结构　中南民族学院学报 1992，(2)，31—34	
A02b059	万　建中	盘瓠文化研究概述　民族研究动态　1992，(4)，20—29	
A02b060	李　本高	瑶族盘瓠崇拜内涵论　民族论坛　1993，(1)	
A02b061	蔡　村	瑶族葫芦传人与盘瓠开族神话浅析　民族论坛 1993，(1)	
A02b062	李　仪	也论盘瓠氏的起源　怀化师范专科学校学报 1993，(4)，11—13	
A02b063	苑　利	盘瓠神话源出北方考　民族文学研究　1994，(1)，47—54	
A02b064	周　德麟	湖南怀化市的盘瓠文化遗存　民族研究　1994，(3)，68—70，24	
A02b065	雷阵鸣等	再论把"盘瓠"神话当做畲族史实之虚妄 中南民族学院学报　1995，15（6），75—79	
A02b066	李学钧等	瑶族盘瓠神话与渡海神话和象征意义　广西民族学院学报　1996，(1)，75—80	
A02b067	吴　晓东	盘瓠，王爷；盘古，老爷　民族文学研究 1996，(4)，34—38，33	
A02b068	何　颖	盘瓠崇拜与民族命运　民族文学研究　1997，(4)，54—58	
JA02b001	鈴木健之	槃瓠説話の考察──（上）（中）　東洋文学研究（早大）　1970，(18)，22—38；1971，(19)，35—47	
JA02b002	白鳥芳郎	評皇券牒に見られる盤古伝説とヤ才族の十八神像　上智史学17　1972. 23—51	
Jh02b003	松本信広	槃瓠伝説について　『日本民族文化の起源』3 東京　講談社　1978	
JA02b004	百田弥栄子	槃瓠をめぐる神話──伝承曼荼羅への投影図 『白鳥芳郎教授古稀記念論叢　アジア諸民族の	

　　　　　　　　　　　歴史と文化』　東京　六興出版社　1990
JA02b005　王　孝廉　盤瓠信仰與盤古神　西南学院大学国際文化論集 13（1）　1998．303

3．北方地区少数民族神话

A03-001+　吕　光天　《北方民族原始社会形态研究》　银川　宁夏人民出版社　1981．2．522p

A03-002+　傅朗云等　《东北民族史略》　长春　吉林人民出版社　1983．8．229p

A03-003+　张碧波主编　《北方文化研究》　黑龙江　黑龙江教育出版社　1989

A03-001　之　徒　白山黑水间的传说　凯旋　1948，（3）

A03-002　杜　而未　游牧民族文化圈的至上神　恒毅*　1979，28（11）

A03-003　胡　振华　西北地区的少数民族及其民间文学　民族文学研究　1981，（1—2），183—197

A03-004　马　名超　从乌苏里到额尔古纳——东北边缘地区少数民族原始神话辨迹　民间文学研究动态（一）1983．7—15

A03-005　张　越　新疆少数民族神话初探　新疆民族文学 1985，（2），110—117；《神话新探》　1986．10．215—226

A03-006　程　迅　北方民族崇熊图腾说质疑　北方民族　1989，（1），122—128

A03-007　杨　传鑫　苏联远东与北方少数民族的神话和传说　中南民族学院学报　1989，（5），116—120，123

A03-008　鄂·苏昭　北方狩猎民族原始艺术　内蒙古社会科学 1990，（1），58—65

A03-009　斯钦巴图·色　阿尔泰语民族树木崇拜略论　新疆师范大学学报　1991，（1），21—26

A03-010　陈冬季等　西域民族创世神话与宇宙　西部学坛　1991，（2）

A03-011	詹莫尼斯；吉尔格勒	论神名"乌里根"的语义 北方民族 1992，(1)，98—101
A03-012	李 竞成	试论新疆地区神话的特征与功能 民族文学研究 1992，(2)，46—50
A03-013	李 竞成	西域神话简论——西域民族文学研究之二 西部学坛 1992，(3)，1—9
A03-014	黄 任远	北方通古斯满语族神话探析 北方民族 1992，(4)
A03-015	黄 任远	北方通古斯——满语族神话浅析 黑龙江社会科学 1993，(2)
A03-016	吴 楚克	论中国北方少数民族审美特征的缘起与表现 内蒙古社会科学 1993，(4)
A03-017	邢 莉	北方少数民族女神神话的萨满文化特征——与中原区域女神神话的比较 民族学研究 1993，(4)，24—30
A03-018	郎 樱	英雄的再生——突厥语族叙事文学中英雄人的母题研究 民间文学论坛 1994，(3)
A03-019	李 竞成	西域游牧民族的创世神话——《迦萨甘创世》 西部学坛 1994，(3)，1—5
A03-020	陈 作宏	突厥语民族神鹰母题的文化特色 民族文学研究 1994，(4)，18—25
A03-021	陈 作宏	神鹰——一个古老的世界性母题 民间文学论坛 1995，(1)，54—60
A03-022	瑶 一琳	俄境黑龙江下游通古斯满语民族原始信仰中的凶神 黑龙江民族丛刊 1995，(1)，116
A03-023	张 埔白	长白山古民族的神话和传说 北方民族 1995，(1)
A03-024	都 兴智	从始祖神话传说看东北古代民族与中原民族的联系 辽宁师范大学学报 1995，(5)，70—72
A03-025	孟 慧英	满——通古斯语民族神话 满族研究 1996，(3)
A03-026	黄 任远	满——通古斯语民族有关熊、虎、鹿神话比较

		研究　黑龙江民族丛刊　1996，(3)
A03-027	吕　　霞	西北少数民族神话内容的审美思想　青海民族研究　1996，(4)，40—46
A03-028	吕　　霞	西北少数民族神话艺术表现形式的审美思考　青海民族学院学报　1997，(1)，79—83
A03-029	戴　佩丽	新疆突厥民族神话刍议　中央民族学院学报　1997，(1)，73—78
A03-030	于　济源	珲春口碑文学与东北亚文化圈　北方民族　1997，(1)
A03-031	黄　任远	通古斯——满语族宇宙起源神话比较　北方民族　1997，(2)
A03-032	姚　凤等	通古斯——满语民族那乃人的神话传说　北方民族　1997，(2)
A03-033	李　竞成	西域民族创世神话与宇宙观：西域民族文化研究之三　西部学坛　1992，(2)
A03-034	黄　任远	关于通古斯——满语族神话特色的思考　民族文学研究　1997，(3)，22—26
A03-035	黄　任远	满——通古斯语族诸民族鸟神话研究　黑龙江民族丛刊　1997，(3)，104—106
A03-036	黄　任远	关于通古斯——满语族英雄神话的思考　民族文学研究　1998，(3)，17—19
JA03-001	内藤虎次郎	東北亜細亜諸国開闢伝説　民族と歴史 1（4）1919
JA03-002	三品彰英	満鮮諸族の始祖神話に就いて—その境域性と歴史的意義の究明　史林 26（4）　1941
JA03-003	田中克彦	「北方系神話」について　文学 39（11）1971．117—124

二、分论

1. 回族（汉藏语系）

B01-001+ 李　树江　《回族民间文学史纲》　银川　宁夏人民出版　1989.6　374p

B01-001　李　树江　五彩缤纷的回族民间文学　新月　1982，(3)

B01-002　马　文彪　回族有神话吗？与李树江同志商榷　新月　1983，(4)，124—125

B01-003　何　川江　宁夏回族民间文学与宗教　朔方　1983，(9)

B01-004　李　树江　初答《回族有神话吗》　新月　1984，(2)，109—110

B01-005　何　克俭　回族有没有神话　宁夏日报　1984.4.14

B01-006　杨　继国　从"回族没有神话"谈起：兼论神话的族属问题　宁夏日报　1984.4.21

B01-007　何　川江　我对回族神话之管见　宁夏日报　1984.5.26

B01-008　谷德明等　论回族神话的源与流　新月　1984，(3)

B01-009　吕　稼祥　云南回族龙神话初探　民族文学研究　1984，(3)，128—131

B01-010　李　树江　回族神话研究三题　宁夏大学学报　1984，(4)，52—58

B01-011　李　树江　论回族民间文学研究中的几个问题　宁夏大学学报　1985，(1)，11—18

B01-012　李　树江　再答《回族有神话吗》——兼与谷德明谷少悌同志商榷　新月　1985，(2)，130—133

B01-013　马　冬芳　回族神话漫谈　青海民族学院学报　1985，(3)，100—103

B01-014　谷　少悌　特殊的回族文学现象　西北民族学院学报　1986，(1)，56—62

B01-015　纪　过　近年来回族文学的研究概述　宁夏大学学报　1986，(1)，34—42

B01-016	马 文彪	回族与神话 《神话新探》 1986.10. 547—561	
B01-017	马 德胜	也谈回族神话 青海民族学院学报 1987，(1)，117—119	
B01-018	谷 德明	论回族神话的多元构成 西北民族学院学报 1988，(1)，61—65	
B01-019	谷 少俤	"回族神话"辨 西北民族学院学报 1988，(2)，104—110	
B01-020	沙 存善	再论回族有神话吗？ 沙州 1990，(2)	
B01-021	杜磊等译	穆斯林的陵基及其民间传说——考证回族渊源的重要依据 甘肃民族研究 1989，(2/3)	
JB01-001	胡 軍；	中国回族の民間說話（2）——人類起源・回族起源説話（続）	
	田中瑩一	島根大学教育学部 国語教育論叢3 1993	

2. 畲族 (汉藏语系苗瑶语族苗语支)

B02-001	沈 作乾	畲民调查记 东方杂志 1924，21 (7)，56—71
B02-002	沈 作乾	括苍畲民调查记（续） 北京大学研究所国学门周刊 1925，(5)
B02-003	胡 传楷	畲民见闻记 禹贡半月刊 1934，1 (12)
B02-004	何 联奎	畲民的图腾崇拜 民族学研究集刊 1936，(1)，235—238
B02-005	柳 云	关于畲民 逸经 1936，(19)
B02-006	新 广	畲民的起源及其风俗 中央日报 1937.2.4
B02-007	新 广	畲民的起源及其风俗 新运导报 1937，(8)
B02-008	凌 纯声	浙南畲民图腾文化的研究 人类学集刊 1939，1 (2)
B02-009	钱 一鸣	浙江畲民生活与历史传说 天地间 1940，(6)
B02-010	凌 纯声	畲民图腾文化的研究 史语所集刊 1948，(16)，127—173；《中国边疆民族与环太平洋文化》（上） 1979. 277—323

编号	作者	标题及出处
B02-011	王克旺等	关于畲族来源 中央民族学院学报 1980，(1)，89—91：《畲族研究论文集》 1987. 213—227
B02-012	蒋 炳钊	畲族之源初探 民族研究 1980，(4)：《畲族研究论文集》 1987. 95—109
B02-013	蔡 铁民	畲族民间文学概况 榕树文学丛刊（一） 1980. 232—241
B02-014	李 正午	谈畲族史诗《铇王歌》 福建日报 1980. 7. 12
B02-015	蓝荣清等	畲族祭图腾风俗 浙江民俗 1981，(3)
B02-016	蒋 炳钊	从《盘瓠王歌》探讨畲族来源和迁徙 民族学研究（三） 1982. 69—77
B01-017	郑 海	从云南少数民族图腾神话看人类早期的审美活动 思想战线 1982，(1)，44—48，92：《云南民间文艺源流新探》 1986. 206—211
B02-018	赵 卫邦	略论我国西南少数民族的图腾制度 思想战线 1982，(3)，8—13
B02-019	张 文藻	畲族《盘古歌》序（附：畲族《盘古歌》） 中南民族学院学报 1982，(4)
B02-020	王 树村	畲族始祖狗王图卷 美术研究 1984，(2)
B02-021	唐 宗龙	读《三公主的凤冠》的搜集整理 民间文学论坛 1984，(2)，91—95
B02-022	吴 刚戟	畲族神话传说始祖称谓问题辨析 民间文学论坛 1985，(4)，95—96
B02-023	宋 兆麟	畲族祖图 文物天地 1985，(6)
B02-024	陈 香白	潮州畲族《祖图》初探 《畲族研究论文集》 1987. 248—256
B02-025	张 崇根	畲族族源新证——畲族与"东夷"关系初探 《畲族研究论文集》 1987. 73—94
B02-026	石 奕龙	关于畲族族源的若干问题 《畲族研究论文集》 1987. 123—136
B02-027	钟 昌瑞	也谈畲族族源 《畲族研究论文集》 1987.

		161—170
B02-028	周　沫照	关于畲族祖籍和民族形成问题　《畲族研究论文集》　1987．175—182
B02-029	周　沫照	江西畲族略史　《畲族研究论文集》　1987．281—286
B02-030	陈国强等	福建畲族图腾崇拜　中央民族学院学报　1989，(2)，27—30
B02-031	雷　国强	浙江宣平地区畲族巫医习俗的考察　民间文艺季刊　1989，(2)，200—213
B02-032	陈　训光	论粤东畲族的族源及其图腾崇拜　汕头大学学报　1990，(1) 50—56
B02-033	姜　永兴	畲族图腾祭祀盛典——"招兵"　广西民族研究　1990，(1)，91—93，58
B02-034	姜　永兴	析广东九连山畲族的图腾崇拜　中南民族学院学报　1990，(6)，33—37
B02-035	韩　常先	畲族的图腾文化　浙江学刊　1991，(2)
B02-036	蓝　兴发	从畲族风俗刊其"多图腾"：兼说畲族的族源　民间文学论坛　1991，(6)，32—37
B02-037	吴　露生	畲族图腾崇拜及其舞蹈生发的观念心态　民族艺术　1992，(3)，164—170
B02-038	麻　健政	从惠安钟厝社会信仰看畲族的民族意识　福建论坛　1992，(5)，28—31
B02-039	韩　常先	畲族图腾文化新论　中央民族学院学报　1993，(1)，28—33；复印报刊资料　1993，(5)，103—108
B02-040	黄　向春	畲族的凤凰崇拜及其渊源　广西民族研究　1996，(4)，96—102

3. 瑶族（汉藏语系苗瑶语族瑶语支）

a 综论

B03a001+	黄书光等	《瑶族文学史》　南宁　广西人民出版社　1988
B03a002+	刘　保元	《瑶族文化概论》　南宁　广西民族出版社

1993.174p
B03a003+ 云南民族研究所编 《瑶族文化论》 昆明 云南人民出版社 1993.185p
B03a004+ 郭大烈等 《瑶族文化研究》 昆明 云南人民出版社 1994.272p

B03a001 庞 新民 广西瑶山调查杂记 史语所集刊 1932,4（1）
B03a002 刘 伟民 广东北江瑶人的传说与歌谣 民俗季刊 1937,1（3），1—11
B03a003 江 应梁 广东瑶人之宗教信仰及其经咒 民俗季刊 1937,1（3）:《西南边疆民族论丛》 1948
B03a004 王 兴瑞 广东北江瑶人的经济社会 民俗季刊 1937,1（3）
B03a005 徐 益棠 广西象平间瑶民之宗教及其宗教的文献 边疆研究论丛 1941,（1），53—69
B03a006 陈 志良 东陇瑶之礼俗与传说（广西特种部族研究资料之一） 说文月刊 1941,3（2/3）
B03a007 胡 耐安 粤北之过山瑶 建设研究 1941,5（4）
B03a008 陈 志良 广西蛮瑶的传说 社会研究 1942,（46）
B03a009 梁 钊韬 粤北乳源瑶民的宗教信仰 民俗季刊 1943,2（1/2）
B03a010 陈 志良 广西东陇瑶的礼俗与传说 说文月刊 1945,5（3—4）
B03a011 陈 志良 恭城大土瑶的礼俗与传说 风土什志 1948,2（2）
B03a012 温 成林 板瑶的故事 广西日报 1949.2.11
B03a013 胡 耐安 说瑶 政治大学学报 1960,（2）:边疆论文集*（一） 1964
B03a014 杨 成志 瑶歌的社会历史体现 民间文学 1962,（1），96—101
B03a015 陈 维刚 瑶族以歌授史 广西日报 1980.8.9
B03a016 萧 亭等 历史的遗响，时代的回声:《瑶族歌堂曲（盘古

		书)》的研究整理后记　粤风　1981，（1）
B03a017	白鳥芳郎	从《评皇券牒》看瑶人的分布与盘护（盘瓠）传说　民族译丛　1980，（3），55—58，75
B03a018	罗　庶长	瑶寨风情〔兄妹婚神话〕　广西民间文学丛刊（四）　1981. 125—140
B03a019	徐仁瑶等	瑶族《过山榜》析　中央民族学院学报　1981，（2），29—36；《瑶族研究论文集》　1985. 131—145
B03a020	张　有隽	瑶族宗教信仰史略（一）　广西民族学院学报　1981，（3）；《瑶族研究论文集》　1985. 456—472
B03a021	张　有隽	试论近代瑶族原始宗教转化为宗教的几种情况　广西民族研究参考资料（一）　1981
B03a022	韩　肇明	瑶族原始社会婚姻遗俗研究〔洪水神话〕　贵州社会科学　1982，（1），68—72
B03a023	农　学冠	瑶族民间文学简论　学术论坛　1982，（1），101—104
B03a024	白鳥芳郎； 纪　仁	《评皇券牒》与瑶族的形成 西南民族研究动态　1982，（3）
B03a025	容　观夐	瑶族与古越族的关系——《评皇券牒》看瑶族的早期历史　中南民族学院学报　1982，（3），7—12
B03a026	黄　书光	瑶族文学与宗教的关系　广西民间文学丛刊（七）　1982. 90—98
B03a027	盘　永乾	谈谈瑶族文学的特征　广西民间文学丛刊（五）　1982. 152—157
B03a028	刘　保元	试谈瑶歌的历史价值　民间文学　1982，（7），81—87
B03a029	宋恩常等	金平县城关镇路黑浪（老街）瑶族道教调查〔五谷出世歌〕　《云南苗族瑶族社会历史调查》　1982
B03a030	常见纯一；	昂星团的婚姻及其背景：试述瑶族中流传的两

		个七星姐妹婚姻故事的关系及世界观
	纪　仁	民族研究译　1983，(3)
B03a031	杨庭硕等	白裤瑶传统信仰寨神剖析　学术论坛　1983，(6)，85—89；《瑶族研究论文集》　1985.473—480
B03a032	张　有隽	瑶族的宗教信仰　民族学报（三）　1983.441—455
B03a033	陈　炳良	广西瑶族洪水故事研究　幼狮学志＊　1983，17(4)
B03a034	李　维信	试论瑶族《过山榜》 广西民族学院学报　1984，(3)，29—34，23；《瑶族研究论文集》　1985.146—157
B03a035	黄　书光	漫谈瑶族造人神话 广西民间文学丛刊（十二）　1985.18—26
B03a036	高　国扬	过山瑶神话初探 广西民间文学丛刊（十二）　1985.27—37
B03a037	洪　玮	瑶族神话类析与猜想　《神话新探》　1986.448—469
B03a038	黎　汝标	瑶族龙神断想　南风　1987，(1)
B03a039	盘　承乾	瑶族宗教仪式及其音乐舞蹈　广西民族研究　1987，(3)，70—73
B03a040	玉　时阶	白裤瑶的宗教信仰　广西民族研究　1987，(3)，73—80
B03a041	蓝　怀昌	中国瑶族古代文化特质概述　民族艺术　1987，(3)
B03a042	杨　成志	瑶族开天辟地神话　民间文学论坛　1987，(6)，44—45
B03a043	黎　汝标	瑶族龙神话与龙崇拜断想　《贵州神话史诗论文集》　1988.129—135
B03a044	黎　琳	瑶族先民的哲学思想初探 民族论坛　1988，(3)
B03a045	许　文清	论连南排瑶的神话故事　《瑶族研究论文集》

1988．7．177—188

B03a046　孟　慧英　瑶族的祖先崇拜体系
　　　　　　　　　广西师院学报　1989，（2）

B03a047　张　劲松　太阳树神话与瑶族长鼓　民族艺术（南宁）
　　　　　　　　　1990，（4），178—189：中央民族学院学报
　　　　　　　　　1991，（3），75—80

B03a048　刘　保元　论宗教与瑶族民间文学的关系
　　　　　　　　　中南民族学院学报　1990，（5），1—4

B03a049　唐　桂军　从瑶族图腾看瑶族的审美意识
　　　　　　　　　广西民族研究　1991，（3），109—114

B03a050　瑶族文化研究小组　瑶族犬图腾崇拜的意蕴
　　　　　　　　　零陵师范专科学校学报　1991，（4）

B03a051　赵　永明　瑶族招魂简述
　　　　　　　　　广东民族学院学报　1992，（1），40—44

B03a052　杨　鹤书　论排瑶神话传说的哲学思想及社会功能
　　　　　　　　　中南民族学院学报　1992，（5），73—77

B03a053　孙　秋云　湘西桂北地区当代瑶族人家宗教信仰的变迁
　　　　　　　　　贵州民族研究　1993，（3）

B03a054　王　立新　瑶山祭坛及良渚文化神徽含意的初步解释
　　　　　　　　　江汉考古　1994，（3），42—47

B03a055　彭　兆荣　《评皇券牒》的母题结构
　　　　　　　　　中南民族学院学报　1994，（4）

B03a056　赵　砚球　梅山神——过山瑶的狩猎神
　　　　　　　　　广西民族学院学报　1994，（4）

B03a057　宫　哲兵　从祭山神看瑶族原始宗教活动的一些特点
　　　　　　　　　民族论坛　1995，（2），66

B03a058　农　学冠　瑶族神话的文化因子剖析
　　　　　　　　　广西民族学院学报　1995，（3），51—54

B03a059　彭　　谦　瑶族的宗教信仰——祖先崇拜
　　　　　　　　　黑龙江民族丛刊　1996，（2），96—99

B03a060　陈　路芳　瑶族神话传说中的哲学思想试析
　　　　　　　　　广西民族学院学报　1996，（4），28—30

B03a061	周 瑞宣	瑶苗族源新探　广西民族研究　1997,（2），65	

b.《盘王歌》

B03b001	李 文柱	谈《盘王歌》的产生、形成和发展　广西民间文学丛刊（五）　1982.131—135
B03b002	刘 保元	瑶族古典歌谣集成《盘王歌》管探　中央民族学院学报　1983,（3），89—93
B03b003	墨 溪	《盘王歌》简析　广东社会科学　1983,（3），126—132
B03b004	李 文柱	瑶族《盘王歌》初探　广西民间文学丛刊（十三）　1986
B03b005	杨 德	瑶族盘王节及其舞探说　民族艺术　1987,（1），1
B03b006	黄 钰	瑶族《盘王歌》初探　中央民族学院学报　1987,（6），74—78；《瑶族研究论文集》　1988.7.46—62
B03b007	刘保元等	瑶族《盘王歌》的最早抄本　中央民族学院学报　1989,（6）
B03b008	赵 登厚	从《盘王歌》看瑶族歌谣的特色　民族论坛　1990,（4）

c.《密洛陀》

B03c001	韦 其麟	瑶族创世史诗《密洛陀》 南宁师范学院学报　1981,（1）
B03c002	陆 桂生	瑶族史诗《密洛陀》初探 广西大学学报　1982,（1），60—67
B03c003	蒙 冠雄	"布努"民族的百科全书：瑶族民间史诗《密洛陀》　广西民间文学丛刊（五）　1982.135—141
B03c004	蓝 克宽	瑶族史诗《密洛陀》初探　广西民间文学丛刊（八）　1982.80—93
B03c005	覃 茂福	瑶族的"密洛陀"母神崇拜　世界宗教研究　1986,（1），143—152
B03c006	陆 桂生	《密洛陀》崇高美试探　广西大学学报　1987,

(1)，72—75，88

B03c007	农　学冠	《密洛陀》与瑶族文化　民族文学研究　1988，(5)，79—84	
B03c008	韦　英思	广西瑶族神话《密洛陀》的思想价值　民族论坛　1989，(2)，56—59	
B03c009	何　　颖	对瑶族神话《密洛陀》和《盘瓠》的深层思考　社会科学探索(南宁)　1989，(3)	
B03c010	刘　紫玲	布努瑶创世史诗《密洛陀》　民族文学研究　1989，(6)，32—34	
B03c011	陈　汉杰	简评瑶族创世古歌《密洛陀》　中南民族学院学报　1989，(6)，23—29	
B03c012	陆　桂生	瑶族史诗《密洛陀》的创世特点　广西大学学报　1993，(4)，82—88；复印报刊资料 1993，(10)，94—100	

4. 苗族 (汉藏语系苗瑶语族苗语支)

a 综论

B04a001+	凌　纯声	《湘西苗族调查报告》　上海　1947
B04a002+	田兵等编著	《苗族文学史》　贵阳　贵州人民出版社 1981.10. 437p
B04a003+	过　　竹	《苗族神话研究》　南宁　广西人民出版社 1988
B04a004+	杨　鹍国	《苗族服饰——符号与象征》　贵阳　贵州人民出版社　1997

B04a001	鸟居龙藏；杨　成志	苗族的名称区别及地理上的分布与神话　语历所周刊　1928，3 (35/36)，1213—1230
B04a002	盛　襄子	湖南之苗瑶　新亚细亚　1934，8 (4)
B04a003	童　振藻	黔苗对于竹王的信仰　民族　1935，3 (11)
B04a004	芮　逸夫	苗族的洪水故事与伏羲女娲的传说　人类学集刊　1938，1 (1)：《中国民族及其文化论稿》　(下)　1972. 1029—1061　附后记；伏羲、女娲 1068—1077

B04a005	徐　中舒	跋苗族的洪水故事与伏羲女娲的传说　人类学集刊　1938，1（1）：《中国民族及其文化论稿》1972．1062—1068	
B04a006	王　文萱	苗人起源传说之研究　新政治　1938，1（2），72—77	
B04a007	吴　泽霖	苗族中祖先来源的传说　革命月报·社会旬刊　1938．5．19（4、5）：民族学论文集（一）1941：《贵州苗夷社会研究》　1942	
B04a008	陈　赤子	苗人杀人的神话　社会研究　1940，（1）	
B04a009	吴　泽霖	苗族中的神话传说　社会研究　1940，（1）	
B04a010	马　长寿	苗瑶之起源神话　民族学研究集刊　1940，（2），135—153	
B04a011	罗　荣宗	苗族之祖先崇拜　国师季刊　1941，（10），59—66	
B04a012	陈　国钧	生苗的人祖神话　社会研究　1941，（20）	
B04a013	陈　赤子	生苗的人祖神话　社会研究　1941，（21）	
B04a014	罗　荣宗	苗胞之图腾信仰与其祀典　益世报·边疆研究周刊　1941．11．6、13（39—40）	
B04a015	杨　汉先	大花苗移乌撒传说考　中国文化研究汇刊　1942，（2），421—460	
B04a016	杨　汉先	大花苗的氏族　中国文化研究　1943，（3）	
B04a017	岑　家梧	西南部族之舞乐〔伏羲女娲〕　文讯　1943，4（1），23—33	
B04a018	李　德芬	雷公存在于洪水故事中的意义　新流　1944，1（5），20	
B04a019	江　应梁	苗人来源及其迁徙区域　边政公论　1944，3（4—5）	
B04a020	行　　丁	苗胞社会传说中的"灵哥卜算"　社教通讯　1944，1（7）	
B04a021	Clark；李　茂郁	苗人中开天辟地之传说　新中华（复刊）　1945，3（6），96—103	
B04a022	楚　　人	苗人传说里的人类祖先　广西日报　1948．	

11.11
B04a023	李　锡贡	苗瑶迁徙的传说　广西日报　1948.11.19	
B04a024	唐　春芳	贵州苗族的民歌　民间文学　1955，(8)	
B04a025	贾　芝	《美丽的仰阿莎》不是毒草　萌芽　1959，(18)	
B04a026	苗族文学史编写小组	苗族的文学　文学评论　1959，(6)，1—16	
B04a027	贵州省民间文学工作组	关于《洪水滔天歌》　民间文学　1960，(10)，41—42，53	
B04a028	吕　微芬	试论苗族的洪水神话　民间文学　1966，(1)，121—133	
B04a029	管　东贵	川南雅雀苗的神话传说　史语所集刊*　1974，45(3)，437—466	
B04a030	格　迪斯；王　慧琴	苗族的起源　民族史译文集（五）　1978.1—44	
B04a031	容　观㚖	试谈长沙马王堆一号、二号汉墓的族属问题　民族研究　1979，(1)	
B04a032	杨　汉先	贵州威宁县苗族古史传说　贵州民族研究　1980，(1)，7—15	
B04a033	管　东贵	川南苗歌　书目季刊*　1980，4(2)	
B04a034	张　永国	关于苗族的图腾崇拜问题　贵州民族研究　1980，(1)，90—92	
B04a035	唐　春芳	苗族民间文学简介（上）　苗岭　1980，(5)，36—38，19	
B04a036	陈　一石	川南苗族古代传说试探　贵州民族研究　1981，(4)，33—41	
B04a037	欧阳评深	枫木篇：试论苗族自称族名的源流，兼论蚩尤的族属问题　南风　1981，(6)，72—78	
B04a038	宋　兆麟	苗族拉龙与吃姊妹饭　民族学通讯　1981，(18)	
B04a039	龙　文玉	苗族的招魂风俗与屈原的招魂作品　吉首大学学报　1982，(1)	
B04a040	陈一石等	苗族原始宗教试探　贵州民族研究　1982，	

			（2），123
B04a041	吴	通美	试论《九歌》与苗族民歌、民俗的关系　贵州文史丛刊　1982，（2）
B04a042	苏	晓星	黔东南地区苗族文学发展简论　贵州民族学院学报　1982，（1），45—50
B04a043	吴	雪涛	苗族古史刍议　民族研究　1982，（6），36—41
B04a044	李	廷贵	苗族先民关于人的朴素唯物主义观念　贵州社会科学　1983，（3），13—18
B04a045	苗	青	湘西苗族史诗评介　南风　1983，（4），73—80，8
B04a046	何	彪等	苗族古歌《枫木歌》的人类起源观初探　贵州民族研究　1983，（4），106—112
B04a047	雷	安平	古代苗族哲学思想再探讨　湘潭大学学报　1983，（4）
B04a048	宋	兆麟	苗族的招龙仪式　世界宗教研究　1983，（3），138—147
B04a049	何	光岳	祝融氏和九黎的来源与变迁——论苗族的一支主要先民　学术论坛　1984，（1）
B04a050	岑	秀文	榕江县八开苗族地区的原始宗教　贵州民族研究　1984，（1），122
B04a051	吴	通美	《从开亲歌》探讨苗族古代婚姻制度　贵州民族研究　1984，（1），181—188
B04a052	廷	贵等	苗族古代文学　贵州文史丛刊　1984，（2），93—102
B04a053	燕	宝	"姜央"小考　南风　1984，（3），74—75
B04a054	梁	彬等	苗族民间故事简述　南宁师范学院学报　1984，（4）
B04a055	宋	兆麟	台江苗族的祭祖盛典——"吃牯脏"的研究　世界宗教研究　1984，（4），127—139
B04a056	张	岳奇	"蚩尤"能否引作苗族族源　民族研究　1984，（4），51—52
B04a057	唐	琳	《牛郎织女》传说在清水江苗族中的变异　南宁

			师范学院学报 1984,(4),43—45
B04a058	刘 宗碧		苗族上古神话钩沉 贵州社会科学 1985,(1),69—73
B04a059	杨 昌鑫		清乾嘉苗民起义历史传说传奇性初探——兼谈神话与传说的关系 教师进修学院院刊 1985,(1)
B04a060	杨 正伟		试论苗族始祖神话与图腾 贵州民族研究 1985,(1),51—59;《贵州古文化研究》1989.143—159
B04a061	马 少侨		试论苗族先民的鸱鹗图腾崇拜 湖南民族研究 1985,(2)
B04a062	黎明选摘		究苗族神话,探汉族神话 民间文学之友 1985,(2)
B04a063	岑 秀文		原始宗教对八开苗族的影响 贵州社会科学 1985,(2),80—83,70;复印报刊资料 1985,(7),83—87
B04a064	侯 绍庄		论台江苗族的神话传说 贵州社会科学 1985,(5),12—16
B04a065	韦 仕元		融水苗族原始宗教初探 民族理论研究通讯 1986,(2),46
B04a066	隆 名骥		苗族风俗中的祖先崇拜 吉首大学学报 1986,(2),66—70
B04a067	覃 桂清		苗族古代的生殖器崇拜 民间文学论坛 1986,(3),9—14
B04a068	石 宗仁		苗族多神崇拜初探 中南民族学院学报 1986,(4),11—17;《苗族史文集》1986
B04a069	李 子和		苗族鸟图腾崇拜争议 贵州民族研究 1986,(4),86—88
B04a070	翁 家烈		从《山海经》窥索苗族族源 《山海经新探》1986.109—124
B04a071	宫 哲兵		"伏羲作八卦"辨——论阴阳八卦源于苗蛮 中南民族学院学报 1987,(1),81—84

B04a072	宋　兆麟	苗族吃姊妹饭与造文字　古今掌故 1987，（2）	
B04a073	燕　　宝	苗族族源探　民间文学论坛　1987，（3），23—30	
B04a074	潘　年英	苗族神话与楚文化的关系　贵州民族研究 1987，（3），160—164	
B04a075	李　延贵	苗族哲学思想述略　贵州民族研究　1987，（3），146—151	
B04a076	张　　晓	苗族神话的怪圈　花溪文谈　1987，（3/4），12—14	
1304a077	李　建国	苗族神话与《天问》的神话历史化之比较　花溪文坛　1987，（3/4），21—24	
B04a078	李　子和	论《苗族史诗》中的图腾神话　贵州社会科学 1987，（4），33—36	
B04a079	过　　竹	苗族史诗中关于天地形成的辩证唯物主义思想　黔东南社会科学　1987，（4），70—73，75	
B04a080	李　子和	苗族"远古史歌"与民俗　南风　1987，（4），71—75	
B04a081	张　　晓	论苗族神话的内在结构与原始思维　贵州文史丛刊　1987，（4），142—147	
B04a082	杨　昌鑫	试论湘西苗族神话、传说的龙　《少数民族文学论集》（三）　1987.174—188	
B04a083	过　　竹	苗族先民思维的认识建构——《苗族史诗》探微　贵州社会科学　1987，（8），37—41	
B04a084	践　　各	试析《苗族史诗》的崇高美　《贵州神话史诗论文集》　1988.296—309	
B04a085	赵　海洲	湘西苗族崇龙的特点　《巫风与神话》　1988.238—248	
B04a086	伍　新福	论苗族的宗教信仰和崇拜　中南民族学院学报 1988，（2），21	
B04a087	林　　河	城步苗族对太阳神的崇拜　民间文艺季刊 1988，（2），204—214；《苗族文化论丛》1989	

B04a088	马　少侨	《九歌・东皇太一》与苗族椎牛祭　民间文艺季刊　1988，(3)，205—210：《苗族文化论丛》1989. 43—53	
B04a089	何　积全	苗族射日神话溯源　贵州社会科学　1988，(8)，42—47，64	
B04a090	潘　光华	从苗族古歌、神话探索苗族婚姻的演变和发展　《贵州神话史诗论文集》　1988. 287—295	
B04a091	燕　宝	从苗族神话、史诗探苗族族源　《贵州神话史诗论文集》　1988. 234—256	
B04a092	刘　之侠	苗族神话的分类及其审美趣味　《贵州神话史诗论文集》　1988. 53—65	
B04a093	王　慧琴	试析苗、楚文化关系　《苗族文化论丛》1989	
B04a094	吴　晓萍	苗族民间口头文学反映的胚胎状态的无神论　贵州民族研究　1989，(2)，86—91，98	
B04a095	黄　春	苗族神话与原始宗教　南风　1989，(2)，77—80	
B04a096	李　建国	苗族神话与巫楚神话之比较　贵州文史丛刊　1989，(3)，144—151	
B04a097	潘　定智	丹寨苗族的谷神崇拜　民间文学论坛　1989，(3)，69—75：《贵州古文化研究》　1989. 127—142	
B04a098	钟　涛	清水江苗族龙文化　《贵州古文化研究》1989. 1—26	
B04a099	杨　正伟	论苗族始祖神话与图腾　《贵州古文化研究》1989. 143—159	
B04a100	燕　宝	苗族宗教神话探幽　《贵州古文化研究》1989. 160—172	
B04a101	罗　义群	苗族"巫术艺术"论　《贵州古文化研究》1989. 173—183	
B04a102	汪　龙午	虎在黔西北苗族民间文学中的意象内涵　《贵州古文化研究》　1989. 298—306	

编号	作者	篇名及出处
B04a103	胡 伟	论台江苗族神话传说的特色 南风 1989, (6), 63—65
B04a104	伍 新福	略论苗族的宗教信仰和崇拜 《苗族文化论丛》 1989.1—17
B04a105	隆 名骥	论苗族原始宗教中的祖先崇拜 《苗族文化论丛》 1989.18—30
B04a106	杨 正义	苗族的龙崇拜和雷山苗族招龙 《苗族文化论丛》 1989.79—89
B04a107	邓 亚平	湘西苗族赛龙舟和龙崇拜 《苗族文化论丛》 1989.90—93
B04a108	钟 涛	清水江苗族龙文化初探 《苗族文化论丛》 1989.94—110
B04a109	嵇 信群	观念外化与龙图腾——关于贵州苗族图腾的识别 《贵州民俗论文集》 1989.137—141
B04a110	杨 正伟	苗族民俗与民间文学 《贵州民俗论文集》 1989.209—215
B04a111	杨 文金	试论"蛊"在苗族社会中的产生及其变异 《贵州民俗论文集》 1989.343—348
B04a112	燕 宝	苗族宗教与神话 苗侗文坛 1990, (1), 29—38, 45
B04a113	夏 之乾	谈谈苗族的神判法 吉首大学学报 1990, (1), 54—60
B04a114	力 木	从巫词谈到苗族鬼信仰的起源 民族论坛 1990, (1), 48—52
B04a115	罗 义群	论苗语巫术艺术的接受效应 黔东南民族师范专科学校学报 1990, (1)
B04a116	李 炳泽	苗语与苗族神话 苗侗文坛 1990, (2), 76—84
B04a117	杨 元龙	苗族女性崇拜遗迹初探——"偎傩"祭祀活动调查 苗侗文坛 1990, (2), 1—9
B04a118	杨 正存	苗族对偶婚的缩影——论苗族洪水神话的婚姻观 吉首大学学报 1990, (3), 33—36

编号	作者	题目
B04a119	胡晓东等	苗族"枫木"崇拜浅析 民间文学论坛 1990，(3)，51—57
B04a120	杨　芸	龙、盘瓠、接龙祭、龙舟——苗族的龙与龙文化 广西民族研究 1990，(3)，56—61
B04a121	吴　健伟	黔东南苗族民间剪纸初考　民间文学论坛 1990，(3)，88—90，60
B04a122	杨　鹍国	服饰、历史、神话——苗族女性艺术简论　民间文学论坛 1990，(3)，80—87
B04a123	王　岚	论苗族盘瓠崇拜属于图腾崇拜　西南民族学院学报 1990，11 (4)，15—20
B04a124	刘　伯齐	古代苗族"狗图腾"正义　中南民族学院学报 1990，(4)，98—100
B04a125	黄　昆源	古代苗族"狗图腾"正义　中南民族学院学报 1990，(4)，101—106
B04a126	过　竹	始祖母、祭祀崇拜、娱神乐人——苗族芦笙与芦笙文化　民族艺术 1990，(4)，197—205
B04a127	沈　飞	试论苗族牛角图腾　贵州民族研究 1991，(1)，72—78
B04a128	吴　曦云	苗族的图腾和盘瓠　中南民族学院学报 1991，(3)，57—69
B04a129	李　健国	试论苗族神话中的月神形象　南风 1991，(3)，71—76
B04a130	李　健国	试析苗族神话的文化意义　《走向世界大潮》（贵州省民族文化学会编） 1991.10. 211—218
B04a131	杨　光全	试论苗族巴茅文化　《走向世界大潮》（贵州省民族文化学会编） 1991.10. 289—298
B04a132	杨　鹍国	龙、鸟、牛：苗族图腾崇拜三题　贵州社会科学 1992，(1)，37—41
B04a133	杨　德	苗族占卜试析　贵州民族研究 1992，(1)，82—85
B04a134	杨　文金	苗族的竹崇拜与竹王传说渊源　贵州文史丛刊

		1992,（4），85—90，84
B04a135	罗 义群	从头饰看苗族的图腾文化　中央民族学院学报 1993,（1）
B04a136	城 国祥	清镇苗族的鸡图腾遗俗　南风　1993,（3）
B04a137	欧 胜吉	浅论苗族神话故事　黔东南社会科学　1993,（4）
B04a138	赵 振纪	苗族洪水神话·善恶故事　山茶　1993,（4）
B04a139	杨 鹩	苗族鹿角崇拜探源　中南民族学院学报 1993,（5），65—66
B04a140	余 丰	功能指向与心理暗示：从《苗族古歌·枫木歌》看黔东南苗族图腾代系发展　贵州文史丛刊 1993,（5）
B04a141	梁 兴兰	苗族的牛崇拜　贵州文史丛刊　1993,（6），83—85
B04a142	杨 鹃国	鬼、神、人：苗族服饰的巫教精神　贵州社会科学　1994,（2），80
B04a143	雷 安平	试论苗族先民的天人观　云南民族学院学报 1994,（4），49—52
B04a144	杨 昌树	谈苗族芦笙与祭祀　黔东南社会科学　1995,（4），52
B04a145	苏 晓星	苗族神话　南风　1995,（5），44—47
B04a146	海 力波	苗族图腾信仰管窥　民族论坛　1996,（1）
B04a147	雷 秀武	试论黔东南苗族图腾问题　贵州民族研究 1996,（2），123—131
B04a148	杨 曲强	试论苗族原始宗教的社会历史作用　贵州民族研究　1996,（2），141—145
B04a149	刘 代霞	赫章苗族原始宗教初探　毕节师范专科学校学报　1996,（4）
B04a150	吴 逢明	苗龙文化及苗龙艺术造型的审美特征　贵州文史丛刊　1996,（5），89—91
B04a151	王 平	苗族竹文化探析　湖北民族学院学报　1997,（1）

B04a152	陈　啸	试析苗族的龙崇拜及其造型艺术的演变　贵州民族研究　1997，(2)
B04a153	吴　晓东	苗族《蚩尤神话》与涿鹿之战　民族文学研究　1998，(4)，18
JB04a001	石川成邱	苗族の伝說　東洋雜誌 27 (9)　1914
JB04a002	鈴木正崇	龍の顕現——貴州苗族の世界観の諸相　文化人類学 8　アカデミア出版会　1990
JB04a003	生明慶二	神と音の黙契——苗族の祭祀芸能にみる響きの古代性　学習院大学東洋文化研究所調査報告 31　1990. 71—91
JB04a004	曾　士才	苗族の「憑きもの」に関する覚書　『中国の歴史と民俗』　東京　第一書房　1991. 113—126
JB04a005	鈴木正崇	苗族の神話と祭祀　日中文化研究 3　勉誠社　1992
JB04a006	伊藤清司	苗族の鼓社祭と神話　日中文化研究 3　勉誠社　1992

b.《苗族古歌》

B04b001	马学良等	关于苗族古歌　民间文学　1956，(8)，58—62
B04b002	农　冠品	"哈迈"和苗族古歌　广西日报　1962. 7. 14
B04b003	田　兵	试论苗族神话与东方民族的关系：《苗族古歌》的前言　《苗族古歌》　1979；《中国少数民族神话论文集》　1984. 307—318
B04b004	陶　立璠	试论苗族古歌中的神话　南风　1980，(1)；《少数民族文学论集》（一）1983. 46—57；《中国少数民族神话论文集》　1984. 4. 319—332；《民族民间文学论文集》　1984. 95—111
B04b005	潜　明兹	奇异的神话诗：评苗族古歌　民族团结　1980，(2)，31—33
B04b006	潘　光华	壮丽的苗族民间神话古歌：《苗族古歌》简介　贵州日报　1980. 3. 10
B04b007	陈　立浩	苗族古歌拟人化的表现手法　民族文学研究

1981，(3)，12—18

B04b008　潘　定智　谈《苗族古歌》中的姜央　民族文学研究 1981，(3)，55—58；《少数民族文学论文集》(一)　1983.58—64；《中国少数民族神话论文集》　1984.380—386

B04b009　马　少侨　苗族人民壮丽的史诗喜读《苗族古歌》　南风 1981，1(6)，66—71；《民族民间文学论文集》 1984.83—94

B04b010　陈　鸿志　苗族古歌里的朴素唯物主义思想　贵阳师范学院学报　1982，(1)，12—17

B04b011　马　学良　古代苗族人民生活的瑰丽画卷〔苗族古诗〕 民间文学论坛　1982，(1)，43—47；《中国少数民族神话论文集》　1984.298—306

B04b012　石　开忠　从《苗族古歌》看苗族先民的哲学思想　贵州民族学院学报　1982，(1)，93—96

B04b013　吴　晓萍　试从《苗族古歌·开天辟地歌》看苗族先民的自然观　南风　1982，(3)，66—69；1982，(4)，77—80；《中国少数民族神话论文集》 1984.365—379；《民族民间文学论文集》 1984.67—82

B04b014　刘　之侠　从巨人群像看《苗族古歌》的美学价值　贵州文史丛刊　1984，(1)，88—93

B04b015　陈　立浩　试论《苗族古歌》的美学价值　贵州民族研究 1984，(1)，156—171；《中国少数民族神话论文集》　1984.333—364

B04b016　田光辉等　《苗族古歌》的哲学思想初探　贵州民族研究 1984，(1)，172—180

B04b017　庹　修明　苗族人民的瑰丽史诗：《苗族古歌》介绍　民间文学论坛　1984，(2)，79—82

B04b018　王　素琴　苗族古歌的美学思想初探　南风　1984，(6)，77—80

B04b019　吕　崇岭　苗族"古歌"人物形象的民族特征　昭通师范

			专科学校学报　1984，总（8）
B04b020	陈　立浩	浅谈《苗族古歌》的拟人化　《中国少数民族神话论文集》　1984.387—397
B04b021	李　子和	巨人的诗篇：简论《苗族古歌》的巨人形象　民间文学　1986，(3)，57—59
B04b022	朱　文东	苗族古歌中的哲学萌芽　贵州民族研究　1986，(3)，146—151
B04b023	李　子和	论《苗族古歌》产生的时代　黔东南社会科学　1986，(4)，68—73，86
B04b024	陈　立浩	从苗族创世古歌看神话思维的神秘性　思想战线　1986，(4)，69—71，86
B04b025	吴　　渺	苗族古歌简论　民族文学研究　1987，(1)，80—84
B04b026	林　忠亮	苗族古歌与民俗　南风　1987，(3)，64—68
B04b027	张　　晓	从苗族古歌看其原始思维　贵州民族研究　1987，(3)，152—156
B04b028	山　　民	试析《苗族古歌》的史料价值　贵州民族研究　1987，(4)，159—166
B04b029	李　子和	论《苗族古歌》的时代特征　民族文学研究　1987，(5)，79—84
B04b030	田　　兵	从《苗族古歌》看古代南人与东人的关系　南风　1987，(6)，60—72，80
B04b031	刘　之侠	试论《苗族古歌》中的发明发现神话　贵州社会科学　1987，(12)，31—35
B04b032	潘　定智	苗族古歌三议　思想战线　1987，(6)，48—53，59；《贵州神话史诗论文集》　1988.11.176—194
B04b033	杨　鹍国	论苗族古歌的原始文化心理　贵州文史丛刊　1988，(2)，94—100，106《贵州古文化研究》　1989.27—41
B04b034	陈　立浩	从苗族创世古歌看神话思维的感官性　思想战线　1988，(3)，39—42

B04b035	张　　晓	论苗族古歌中的鸟崇拜及其他　南风　1988，(4)，76—78，8	
B04b036	张　　晓	论苗族古歌的系统与非系统　贵州社会科学　1988，(6)，61—64，60	
B04b037	刘　之侠	从《苗族古歌》看苗族先民的审美意识特征　民族文学研究　1988，(6)，60—64	
B04b038	杨　培章	试论《苗族古歌》巨人群像的形象美　《贵州神话史诗论文集》　1988.310—322	
B04b039	张　　晓	苗族古歌与苗族文化　《文艺探索与比较研究》　1988	
B04b040	李　子和	论苗族远古史歌中的金银神话　民间文学论坛　1989，(1)，49—55：《贵州古文化研究》　1989.88—102	
D04b041	杨　正伟	论苗族古歌繁荣的文化渊源　贵州民族学院学报　1989，(3)，91—98，35	
B04b042	杨　正义	论《苗族古歌》的神体系　中南民族学院学报　1989，(6)，30—37	
B04b043	张　　晓	苗族古歌所体现的价值意向探讨　中南民族学院学报　1989，(6)，38—43	
B04b044	徐　积明	苗族古歌《开天辟地》哲学思想再研究　中南民族学院学报　1989，(6)，44—45，43	
B04b045	陈　立浩	神话思维二题——读苗族创世古歌　《贵州古文化研究》　1989.103—116：苗侗文坛　1990，(1)，1—12，28	
B04b046	钱　正杰	川南苗族古歌传说的特殊史料价值　贵州民族研究　1990，(1)，22—24	
B04b047	段　宝林	《苗族古歌》与史诗分类学　贵州民族研究　1990，(1)，22—28	
B04b048	杨　正伟	苗族古歌的传承研究　贵州民族研究　1990，(1)，28—35	
B04b049	杨　正伟	论苗族古歌生态　民间文学论坛　1990，(3)，16—21	

B04b050	巴　茅	祭天古歌——独有的文献价值　文艺报 1990.1.6（2）	
B04b051	刘　宗碧	从苗族"古歌"看原始思维的概貌和特征 《走向世界大潮》（贵州省民族文化学会编） 1991.10.142—151	
B04b052	杨　述周	《苗族古歌》漫笔　黔东南民族师专学报 1992,（2），25—27	
B04b053	祝　注先	"中国苗族古歌"简论　民间文学论坛　1994, (4), 42	
B04b054	石　宗仁	略述中国"苗族古歌"的历史和文化　民族文化研究　1996	

5. 仡佬族（汉藏语系）

B05-001+	王　戈丁	《仡佬族、毛南族、京族文学概况》　南宁　广西人民出版社　1982.11.161p
B05-001	鬼　方	仡佬人的传说　文艺与生活　1947,3（3）
B05-002	潘定智等	云贵高原的古梅：仡佬族民间文学简介（上）　苗岭　1981,（5），44—47
B05-003	万　斗云	仡佬族地戏与古代零祭及刑天·无首　贵州文物　1983,（2），57—60
B05-004	叶　正乾	仡佬族的三大节日　南风　1984,（1），55—59

6. 壮族（汉藏语系壮侗语族壮傣语支）

a 综论

B06a001+	胡　仲实	《壮族文学概论》　南宁　广西人民出版社　1982.6.273p
B06a002+	黄　宝山	《壮族文学概论》序　南宁师范学院学报　1982,（2）
B06a003+	欧阳若修等	《壮族文学史》　南宁　广西人民出版社　1986
B06a004+	欧阳若修	《壮族文学史》绪论（上、下）　广西师范学院学报　1983,（4）；1984,（2）

B06a005+	韦 其麟	《壮族民间文学概观》 南宁 广西人民出版社 1988	
B06a006+	丘 振声	《壮族图腾考》 南宁 广西教育出版社	
B06a007+	梁 庭望	沿波溯源，不倦求索序丘振声《壮族图腾考》 民族艺术 1994,(12),205—208	
B06a008+	廖 明君	壮族图腾崇拜的文化考析——读丘振声《壮族图腾考》 学术论坛 1998,(1),101—104	
B06a001	陈 之亮	侬人的礼俗与传说 说文月刊 1941,3(5),135—152	
B06a002	胡 仲实	壮族文学概论 南宁师范学院学报 1980,(1)	
B06a003	蓝 鸿恩	壮乡风采录 广西民间文学丛刊（二） 1980.47—95：《广西民间文学散论》 1981.89—137	
B06a004	程 德祺	从凿齿国说起 民族文化 1980,(3)	
B06a005	农 学冠	壮族歌圩的源流 广西民间文学丛刊（三） 1981.1—15：《少数民族文学论集》（一） 1983.258—269	
B06a006	蓝 鸿恩	金龙峒采风札记 《广西民间文学散论》 1981.79—88	
B06a007	梁 庭望	壮族图腾初探 学术论坛 1982,(3),76—78	
B06a008	蒙 宪	壮族神话雷公形象考略 广西民间文学丛刊（七） 1982.62—82	
B06a009	蓝 鸿恩	壮族神话简论 三月三 1983,（创刊号），52—65	
B06a010	农 学冠	壮族神话的美学意义 学术论坛 1983,(3),100,封底：广西民间文学丛刊（九） 1983.14—20	
B06a011	周 宗贤	残存在壮族社会中的原始婚姻家庭形态 民族学研究（五） 1983.285—296	
B06a012	苏 志刚	壮族神话中雷公形象的产生 学术论坛 1983,(6),103—104,89	

B06a013	杨　长勋	试论广西神话传说中的"食人之风"　广西民间文学丛刊（九）　1983．205—214	
B06a014	黄　庆印	壮族的宗教思想试探　广西民族学院学报　1984，(1)，35—41	
B06a015	红　波	壮家的牛节　民族文化　1984，(1)，57—58	
B06a016	吴　伟峰	壮族图腾概述　三月三　1984，(1)，89—94	
B06a017	黄　全安	花山崖壁画反映的古代壮族生活　三月三　1984，(3)，63—68	
B06a018	黄　庆印	壮族古代哲学思想探源　广西民族学院学报　1984，(4)，38—44	
B06a019	周　作秋	论壮族的创世史诗《布洛陀》　广西师范大学学报　1984，(4)，43—50，62	
B06a020	蓝　鸿思	壮族人民历史生活的画卷：《壮族民间故事选》前言　南宁师院学报　1984，(4)，46—48，51	
B06a021	胡　仲实	试论雷神形象的历史演变　南宁师范学院学报　1984，(4)，10—17，2	
B06a022	苏　志刚	壮族神话中雷公形象的产生　学术论坛　1984，(6)	
B06a023	岑　贤安	壮族神话中的唯物主义萌芽　学术论坛　1984，(6)，44—46	
B06ab24	蓝　鸿恩	壮族青蛙神话剖析　广西民间文学丛刊（十二）1985．10—17；《中国神话》（一）　1987．45—51	
B06a025	郭　辉	想象奇特，意趣盎然的壮族神话《布洛陀》文学知识　1985，(7)，24—25	
B06a026	罗　教杰	壮族龙神话故事探源　广西民间文学丛刊（十三）　1986．107—122	
B06a027	梁旭达等	试论壮族先民的原始宗教　广西民族研究　1986，(4)，87—93，111	
B06a028	于　欣等	壮族图腾遗风的新发现——原始神奇的"蚂拐舞"简介　民族艺术　1987，(1)，213—215	
B06a029	宋　兆麟	青蛙崇拜与稻作农业——壮族蚂拐节试析　民	

		间文学论坛　1987，(2)，4—11
B06a030	蒙　　宪	壮族神话雷公形象考略　《少数民族文学论集》(三)　1987．158—173
B06a031	覃彩銮	壮族神话初探　民族论坛（长沙）　1987，(2)，75—81
B06a032	蒙　　宪	壮族神话美学基因谈——美学理论学习札记　广西民族研究　1987，(4)，123—127
B06a033	黄成贤	壮族先民的雷神崇拜——左江流域崖壁画性质初探　广西民族研究　1988，(1)，107—114
B06a034	覃圣敏等	左江崖壁画和壮族祖先崇拜　世界宗教研究　1988，(1)，145—154
B06a035	张　　雄	从自然崇拜到祖先崇拜的历史画卷——论"瓯骆"人崖壁画主题　广西民族研究　1988，(1)，97—106
B06a036	郭　　辉	壮族文化探源　广西民族研究　1988，(1)，74—81
B06a037	覃剑萍	壮族蛙婆节初探　广西民族研究　1988，(1)，70—73
B06a038	苏　　珊	乐土的构想——壮族史诗《布洛陀》初探　广西民族研究　1988，(1)，81—84
B06a039	梁庭望	花山崖壁画——壮族上古的形象历史　中央民族学院学报　1988，(2)，46—51
B06a040	覃彩銮	壮族古代哲学思想初探　广西民族研究　1988，(3)，110—117
B06a041	郭俊明	试论壮、苗、布依、侗、瑶、水诸民族神话中的雷神　《贵州神话史诗论文集》　1988．114—128
B06a042	韦苏文	壮族神话与民族心理　中南民族学院学报　1990，(1)，23—25
B06a043	黄达武	刘三姐与图腾崇拜　贵州民族研究　1990，(2)，48—54
B06a044	覃彩銮	壮族神话学术价值初探　广西民族研究

1990，（2），96—102

B06a045	黄　达武	三姐化石的原始意义　广西民族研究　1990，（1），75—80
B06a046	黄　达武	刘三姐的双重身份——歌仙与巫师　中南民族学院学报　1990，（4），56—60
B06a047	覃　彩銮	壮族自然崇拜简论　广西民族研究　1990，（4）
B06a048	韦　苏文	壮族禁忌和女性　南方文坛　1990，（6）
B06a049	高　立士	云南曲靖地区壮族的原始宗教　云南民族学院学报　1991，（2），21—26
B06a050	宋　国忠	原始巫教与民族性格：壮族蚂拐节研究　广西民族研究　1991，（2），80—86
B06a051	黄　达武	壮族古代蛇崇拜初探　广西民族研究　1991，（1/2），108—111
B06a052	伍　小东	蛙、铜鼓、人：壮族蛙饰现象及其民俗思想　广西民族研究　1991，（1/2），119—122
B06a053	陈　文领	壮族石狗考略：兼谈壮族先民的图腾及其演变　广西民族研究　1991，（2）
B06a054	蓝　鸿恩	蛟龙·鸟·雷神·青蛙：论壮族先民的文化观念的变迁　民间文艺　1991，（3），25—47
B06a055	丘　振声	壮族蛙图腾神话　民族艺术　1991，（4），1—18
B06a056	丘　振声	壮族图腾研究综述　学术研究动态　1991，（12）
B06a057	陈　文博	壮族石狗考略：兼谈壮族先民的图腾及其演变　广西民族研究　1992，（2），70—76
B06a058	邱　璇	壮族的榕树崇拜　广西民族研究　1992，（2），75—79
B06a059	顾　乐真	壮族师公土俗神"莫一大王"考　广西民族研究　1992，（3），61—67
B06a060	覃　德彩	莫一大王原型显隐结构内涵与壮民族文化心理　民间文学论坛　1992，（5），15—20
B06a061	覃　晓航	"六鸟圣母"与壮族的鸟鸟崇拜　中南民族学院

			学报 1993,（2）
B06a062	丘	振声	壮族的蛇图腾 民间文学论坛 1993,（2），43—47
B06a063	覃	晓航	"六乌圣母"：壮族鸟神崇拜的原型 广西民族研究 1993,（3），79—83
B06a064	覃	彩銮	壮族地区原始文化论述 广西民族研究 1993,（4）
B06a065	丘	振声	壮族鸟图腾考 民族艺术 1993,（4），1—21
B06a066	岑	家荣	娅六甲神话在母题识别研究上的价值 民族艺术 1993,（4），34—41
B06a067	蓝	鸿恩	壮族原始哲学初探：壮族古代文化思考 民族艺术 1994,（1）
B06a068	熊	远明	崇尚劳动创造的美德——《布洛陀》价值观之二 广西民族研究 1994,（1）
B06a069	丘	振声	壮族花图腾考 学术论坛 1994,（1），58—63
B06a070	邵	志忠	图额、蛟龙、凤水龙——壮族龙图腾及其文化演变初探 民族艺术 1994,（2），69—85
B06a071	熊	远明	追求和谐宁静 向往安定和平——《布洛陀》价值观之一 广西民族研究 1994,（2）
B06a072	邵	志忠	壮族神话文化建构初探 广西民族研究 1994,（2），86—93
B06a073	熊	远明	人类自身价值的肯定《布洛陀》价值观之一 民族文学研究 1994,（3），76—80
B06a074	覃	茂福	从行孝歌及其演唱俗仪看壮族祖先崇拜的特点 广西民族研究 1995,（2）
B06a075	韦	玖灵	古代壮族的朴素自然观及其与宗教的关系 广西大学学报 1995,（6），90—96
B06a076	范	宏贵	壮泰各族对"天"的信仰与崇拜 广西民族研究 1996,（3），87—90
B06a077	杨	树哲	壮族远古创世神话的外形之式与内涵意蕴 东方丛刊 1996,（4），208—229
B06a078	韦	小明	壮族社神探迹 广西民族研究 1997,（2），51

编号	作者	题目 出处
B06a079	覃　萍	壮族人类起源神话的社会科学价值　广西民族研究　1998，(2)，44—47
B06a080	徐　赣丽	壮族《布洛陀经诗》哲学意蕴初探　广西民族研究　1998，(2)，38—42
JB06a001	乾　尋	『マナス』叙事詩——キルギス族民間文学の紹介　口承文藝研究5　1982
JB06a002	西脇隆夫	中国におけるキルギス族英雄叙事「マナス」の研究　中国—社会と文化8　1993．268—276

b.《布伯》

编号	作者	题目 出处
B06b001	贺祥麟等	评壮族民间叙事诗《布伯》及其整理　红水河　1959，(8)，34—42
B06b002	莎　红等	我们是这样整理"布伯"的　红水河　1959，(8)，46—47
B06b003	蓝鸿恩等	关于《布伯》的整理　民间文学　1959，(8)，83—87
B06b004	习嘉裕等	成功的尝试（评"布伯"的整理）　红水河　1959，(9)，30—32
B06b005	杨　焕典	不能否定"布伯"　红水河　1959，(9)，33—34
B06b006	覃　建真	从"布伯"的传说谈起　红水河　1959，(9)，35—36
B06b007	郑乃臧等	"布伯"的几个情节改得对　红水河　1959，(10)，85—88
B06b008	林梅枝等	值得商榷的问题（评对"布伯"的整理）　红水河　1959，(10)，88—90
B06b009	朱汝声等	"布伯"的主题思想及其他　红水河　1959，(11)，32—33
B06b010	红　鹰	分歧在哪里？　红水河　1960，(2)，34—36
B06b011	蓝　鸿恩	人的觉醒：论布伯的故事（附录：布伯的故事）　广西民间文学丛刊（二）：1980．9—36；《广西民间文学散论》　1981．1—28；《中国少数民族神话论文集》　1984．123—146

7. 布依族 (汉藏语系壮侗语族壮傣语支)

B07-001+ 田兵等主编 《布依族文学史》（初稿） 贵阳 贵州大学中文系等印 1981. 429p

B07-002+ 田　兵等 《布依族文学史》 南宁 广西民族出版社 1983

B07-003+ 王清士等 《布依族文学史》 贵阳 贵州人民出版社 1983. 9. 455p

B07-004+ 贵州省社科院文学所编 《布依族文学史》 贵阳 贵州人民出版社 1983

B07-005+ 贵州省社科院《布依族文学史》编写组 《布依族文学史》（绪论） 贵州社会科学 1982，(2)，78—79

B07-006+ 原　上草 关于《布依族文学史》 南风 1984，(4)，76—77

B07-007+ 罗　国凡 第一部《布依族文学史》问世 南风 1984，(4)，78—79

B07-001 岑　家梧 贵州仲家作桥的道场与经典 边政公论 1945，4 (2/3)，13—22：《西南民族文化论丛》 1949

B07-002 杨　路塔 高原风采一枝梅：布依族民间文学简介（上） 苗岭 1981，(2)，16—18

B07-003 陈　立浩 布依族洪水神话略论 贵州民族研究 1982，(3)：《中国少数民族神话论文集》 1984. 217—225 作者名为吴渺

B07-004 李　秀书 趣味盎然的布依族古歌：《十二层天、十二层海》读后 南风 1983，(2)，78—79：《民族民间文学论文集》 1984. 183—186

B07-005 李　子和 论布依族古歌《安王和祖王》 贵州文史丛刊 1983，(2)，67—74

B07-006 伍　文义 试论布依族《古歌》中的哲学思想 贵州社会科学 1983，(3)，1—7，12

B07-007	伍 文义	试论布依族《赎买经柔番沃番钱》的初期国家观 贵州民族研究 1983，(4)，126—134	
B07-008	杨 明	试论布依族古歌中的朴素自然观 贵州民族研究 1984，(2)，123—128，33	
B07-009	刘 之侠	独具特色的布依族古歌《十二层天十二层海》 民族文学研究 1984，(3)，123—127	
B07-010	李 子和	布依族民间文学与布依族人民的审美观 贵州文史丛刊 1984，(3)，106—113	
B07-011	李 明	试论《赛胡细妹造人间》 南风 1984，(6)，71—74	
B07-012	韦 光	布依族文学的历史画卷——浅评《布依族文学史》 南风 1985，(1)，77—79	
B07-013	君 讴	布依族文学的源流 文学报 1985．3．28	
B07-014	康 家伟	布依族古歌中的原始意识 贵州民族研究 1985，(4)，68—73	
B07-015	汛 河	布依族神话初探 贵州民族研究 1986，(1)，106—110：《贵州神话史诗论文集》 1988．43—52	
B07-016	熊 冬华	民族文学研究的可喜成果——评《布依族文学史》 贵州社会科学 1986，(2)，61—64	
B07-017	李 子和	论布依族神话浪漫幻想色彩对后世民间文学的影响 南风 1986，(5)，62—68	
B07-018	周 国茂	布依族古歌《造万物》的认识价值 南风 1986，(6)，72—79	
B07-019	雷 天佑	从《造万物》和《天问》看楚辞对布依族古歌的影响 南风 1987，(3)，69—73	
B07-020	黎 汝标	从布依族远古神话看其原始思维 南风 1987，(4)，76—80	
B07-021	孟 慧英	布依族的神话与宗教 贵州民族研究 1987，(4)，113—121	
B07-022	黄 义仁	布依族的图腾崇拜 贵州民族研究 1987，(4)，122—125	

B07-023	周　国茂	殡凡经：布依族的文学宝库　南风　1988，(1)，69—76，18；《贵州古文化研究》1989.280—297	
B07-024	孙定朝等	布依族《祭祀经》初探　贵州民族研究　1988，(2)，154—156	
B07-025	陈　红	试论布依族神话　南风　1988，(3)，62—66	
B07-026	张　林	论布依族古歌《造万物》的美学特征　南风　1988，(4)，55—61	
B07-027	农　文成	试论布依族的人类起源神话　南风　1988，(5)，68—71	
B07-028	周　国茂	殡凡经文化功能初探　民族文化研究　1988，(6)	
B07-029	郭　懋	布依族创世史诗《造万物》的认识价值　《贵州神话史诗论集》1988.205—218	
B07-030	梁　懿	浅谈布依族神话英雄的美学意义　南风　1989，(3)，71—74	
B07-031	罗　兴兵	布依族寨神崇拜溯源　《贵州民俗论文集》1989.114—118	
B07-032	罗　竹香	布依族的宗教信仰与禁忌初探　黔东南社会科学　1989，(3)，59—61	
B07-033	黎　汝标	从布依族神话看其原始哲学思想　《贵州古文化研究》1989.42—51	
B07-034	罗　河	从神话传说中看布依族的农耕文化　黔南民族　1990，(1)，9—11	
B07-035	马启忠等	布依族民间信仰的稻耕文化特点　民间文学论坛　1990，(3)，34—38	
B07-036	吴　世荣	试论布依族的原始宗教观念　《走向世界大潮》(贵州省民族文化学会编)　1991.10.170—177	
B07-037	谷　因	祭祀大禹：布依族"六月六"节探源　贵州民族学院学报　1996，(1)	

8. 傣族 (汉藏语系壮侗语族壮傣语支)

B08-001＋ 祜　巴勐：《论傣族诗歌》
　　　　　岩　温扁　昆明　中国民间文学出版社（云南版）　1981.
　　　　　130p

B08-002＋ 王　松　一个重要的发现　山茶　1981，(2)，137—
　　　　　138:《论傣族诗歌》　1981．1—4

B08-003＋ 岩　温扁　谈谈《论傣族诗歌》的搜集和翻译　山茶
　　　　　1981，(2):《论傣族诗歌》　1981

B08-004＋ 王　国祥　新出土的明珠——评介一部傣族诗论　云南日
　　　　　报　1981．8．29

B08-005＋ 李　赞绪　一部重要的傣族诗歌理论著作　山茶　1981，
　　　　　(3)

B08-006＋ 王　松　《傣族诗歌发展初探》　北京　中国民间文艺出
　　　　　版社　1983．5．315p

B08-007＋ 王松主编　《傣族文学简史》　昆明　云南民族出版社
　　　　　1988

B08-008＋ 张　公瑾　《傣族文化研究》　昆明　云南民族出版社
　　　　　1988

B08-009＋ 岩　峰等　《傣族文学史》　昆明　云南民族出版社
　　　　　1995．10．831p

B08-001　陶　云逵　一个摆夷神话　中国青年　1942，7 (1)，
　　　　　152—155

B08-002　今　可　摆夷神话　康藏文化　1944，1 (1)

B08-003　陶　云逵　车里摆夷之生命环　边疆研究论丛　1949，(3)

B08-004　李　从宗　漫话傣族传说　云南日报　1962．6．21

B08-005　宋　兆麟　景洪访古　云南日报　1962．11．10

B08-006　朱　宜初　傣族神话中的黄帝和蚩尤　云南日报　1963．3．
　　　　　28

B08-007　宋　恩常　西双版纳傣族神话与古代家庭　思想战线　1978，
　　　　　(2)，77—84:《中国少数民族神话论文集》

1984. 239—253

B08-008	朱宜初等	谈傣族文学　思想战线　1978，（3）
B08-009	黄　惠焜	傣族文学和傣族历史：兼论文中互证及其它　思想战线　1979，（1），82—91
B08-010	朱　宜初	傣族古老神话漫步　民族文化　1980，（1），7—9，25
B08-011	黄　惠焜	傣族来源的传说　民族文化　1980，（1），12—13
B08-012	王　松	傣族长诗与傣族赞哈　思想战线　1980，（3）
B08-013	方　峰群	浅谈阿銮故事与佛教的关系　山茶　1981，（2），82—84
B08-014	吴　秉璞	西双版纳傣族原始社会时期婚姻形态试探　民族学研究（二）　1981
B08-015	史　军超	九隆石雕初识　云南社会科学　1981，（2），102—104
B08-016	王　松	傣族文学概况　云南民族文学资料（三）　1981
B08-017	王　军	小乘佛教及其对傣族文化的影响——傣族文化史研究之一　云南省历研所研究集刊　1981，（3—4）
B08-018	杨　振昆	略论小乘佛教和傣族文学的关系　思想战线　1981，（6），39—42
B08-019	刀　保尧	泼水节及其它：傣族古代神话传说小议　孔雀　1981，（19）
B08-020	潜　明兹	试论傣族英雄史诗《兰戛西贺》　中南民族学院学报　1982，（1），96—108
B08-021	杨　胜能	泼水节：傣历的新年　版纳　1982，（2），2—4
B08-022	刀　永明	龙舟竞渡史考　版纳　1982，（2），73—75
B08-023	刀　瑞廷	傣族文学与佛教的关系　版纳　1982，（3）
B08-024	李　子贤	傣族葫芦神话溯源　民间文艺集刊（三）　1982．50—66；《傣族文学讨论会论文集》（《山茶》编辑部编）　1982．14—31

B08-025	杨　丽珍	试论泼水节及其传说　《傣族文学讨论会论文集》　1982.212—221
B08-026	朱　宜初	谈傣族的传说　版纳　1982,（4），69—72
B08-027	杨灿震等	一份可贵的傣族哲学思想史料：《论傣族诗歌》一书中的哲学思想介绍　云南社会科学　1982,（4），43—48
B08-028	史　宗龙	傣族古歌谣与傣族原始宗教　思想战线　1982,（6），46—51；《云南少数民族文学论集》（二）　1983.238—253
B08-029	龚　友德	古代傣族歌谣神话中的哲学萌芽　民族文化　1983,（2）
B08-030	王　军	傣族源流新探：傣族文化史研究之三　云南省历史研所研究集刊　1983,（2），318—357
B08-031	江　应梁	部落时代的傣族史　西南民族研究（一）　1983.93—117
B08-032	韩　培根	试谈《论傣族诗歌》的哲学思想　版纳　1983,（4），69—72
B08-033	徐　西华	从傣族《招魂词》看《楚辞·招魂》以及《黄庭经》的体内神信仰　山茶　1983,（5），32—39；《云南民间文艺源流新探》　1986.12.41—49
B08-034	刘　辉豪	傣族原始宗教的踪迹　《傣族文学学术论文集》　1983.191—194
B08-035	伍　雄武	关于古代傣族的原始宗教　哲学研究　1983,（11），70—74；复印报刊资料　1984,（1），58—62
B08-036	王　军	泼水节的源流传说　民族文化　1984,（3），35—36
B08-037	冯　寿轩	傣族叙事诗对神话的继承与发展　民族文化　1984,（2），7—9；《云南民间文艺源流新探》　1986.12.133—138
B08-038	冯　寿轩	傣族神话在叙事诗中的创新　思想战线

			1984，(4)，93—96，92
B08-039	王　松	傣族创世神话与百越族群　山茶　1986，(4)，68—71
B08-040	王　松	关于"羽人"的争议——读《地上的西顿和天上的西顿》　民间文学　1986，(12)，60—61
B08-041	方　周	傣族古歌的三个时期　孔雀　1986，(3)，63—64
B08-042	岩　峰	章哈与傣族原生性文化　山茶　1987，(4)
B08-043	秦家华	傣族古代稻作文化　思想战线　1988，(5)，44—50
B08-044	岩温扁	关于傣族创世史诗《巴塔麻嘎捧尚罗》的几个问题　思想战线　1988，(2)，52—54
B08-045	岩　峰	傣族原始先民与原始文化　山茶　1988，(6)，69—74
B08-046	岩　峰	傣族新年与家耕神话　民族文学研究集刊（三）1989．101—112
B08-047	东方既晓	九隆：从神话到传说　边疆文化论丛（二）1989．70—76
B08-048	鹿忆鹿	试论傣族的感生故事　汉学研究*　1990，8(1)，763—780
B08-049	刘辉豪	创世英雄与氏族英雄在傣族人心目中的地位——傣族神话史诗《巴塔麻嘎捧尚罗》评介民族文学研究　1990，(3)，85—92
B08-050	马　曜	傣族文化的历史轨迹　贵州民族研究　1993，(2)
B08-051	朱德普	古代傣族原始宗教文化向山区民族渗透试探　中央民族学院学报　1993，(5)，47—52
B08-052	张晓晖	论傣族原始禁忌的起源及社会功能　云南民族学院学报　1994，(1)
B08-053	朱德普	红河州勐拉傣族原始宗教崇拜觅踪　宗教学研究　1994，(1)，19—25
B08-054	朱德普	红河上游傣族原始宗教崇拜探微　世界宗教研

究 1995,（2）

B08-055	朱　德普	傣族的图腾　民族研究　1995,（6）,45—49	
B08-056	朱　德普	红河上游傣族原始宗教崇拜的固有特色——并和西双版纳、德洪等地之比较　中央民族大学学报　1996,（1）	
B08-057	朱　德普	湾甸傣族原始宗教文化鳞爪　云南文史丛刊　1996,（2）	
B08-058	朱　德普	傣族召武定故事本原和孟定地名历史演变考说　中央民族学院学报　1997,（1）	
B08-059	鲁　愿兵	小乘佛教在傣族地区的传播及其与原始宗教的关系　云南民族学院学报　1997,（4）,65—68	
JB08-001	長谷川清	滇緬タイ系諸王国の政治統合と創世神話　紀尾井史学4　1984	

9. 侗族 (汉藏语系壮侗语族壮傣语支)

B09-001+	张民主编	《侗族简史》　贵阳　贵州民族出版社　1985.10
B09-002+	张人位等	《侗族文学史》　贵阳　贵州民族出版社　1988.12
B09-003+	王　平凡	祝贺与希望——《侗族文学史》读后感　民族文学研究　1990,（1）
B09-004+	朱　慧珍	《侗族民间文艺美论》　南宁　广西人民出版社　1988
B09-005+	杨全编著	《侗族民间文学史》　北京　中央民族学院出版社　1992.6.324p
B09-001	杨国仁等	侗乡文采映山红：侗族民间文学简介　苗岭　1980,（1）,38—40,22
B09-002	杨通山等	侗族民间故事简论（《侗族民间故事选》前言）广西民间文学丛刊（三）　1981
B09-003	林　河	论"侗款"与侗俗　湘潭大学学报　1982,（民间文学增刊）,39—49

B09-004	张　　民	萨岁考略　贵州民族研究　1982，(3)，26	
B09-005	骆　晓戈	鸟人，愿你高高地飞翔　主人翁　1982，(10)	
B09-006	陈　维刚	广西侗族的蛇图腾崇拜　广西民族学院学报 1982，(4)，63—64	
B09-007	刘　东远	风情、风俗、风物：读《侗族民间故事选》随想　南风　1983，(3)，7—79	
B09-008	龙　耀宏	侗族先民关于自然和人类起源的朴素观念　贵州民族研究　1983，(4)，113—117	
B09-009	杨　昌嗣	侗族古代哲学思想初探　吉首大学学报 1984，(2)	
B09-010	朱　吉成	论侗族史诗中雷神的形象　黔东南社会科学 1984，(2)，44—48：《神话新探》　1986. 494—502	
B09-011	王　胜先	侗族族源考略　贵州民族研究　1984，(2)，95—103	
B09-012	龙　耀宏	侗族的原始宗教　贵州民族学院学报　1986，(3)，88—92	
B09-013	过　　伟	侗族史诗与萨天巴神系　广西社会科学 1986，(2)，158—164	
B09-014	杨　保愿	论侗族上古神话　广西民间文学丛刊（十三） 1986.17—64	
B09-015	邓敏文等	侗族文学小史　黔东南社会科学　1986，(1)，54—65	
B09-016	杨　保愿	侗族萨神系神话正误之辨析　《神话新探》 1986.480—493	
B09-017	杨　秀禄	侗族洪水神话及兄妹婚神话浅议　黔东南民族师范专科学校学报　1987，(1)	
B09-018	王　胜光	试就《姜良姜妹》与《莎岁》浅谈侗族原始神话和人物传说　《神话新探》　1986.503—507	
B09-019	普　　虹	远古时期侗族的"耶"　黔东南社会科学 1987，(1)，57—61	

B09-020	吴　培生	再探楚辞与侗族风俗文学　贵州民族研究 1987，(1)，141—146	
B09-021	过　伟	揭开女神之谜——兼论《侗族远祖歌》的社会历史意义与艺术特色　《神话新探》　1986. 470—479	
B09-022	杨　秀禄	侗族原始神话产生演变规律试探　苗侗文坛 1988，(2)，9—17	
B09-023	杨　秀禄	侗族原始神话的取样与结构　南风　1988，(3)，72—76：《贵州古文化研究》　1989. 117—126	
B09-024	廖　小安	走出图腾——试论侗族鼓楼的图腾属性　贵州民族学院学报　1988，(3)，63—66	
B09-025	吴　全新	侗族先民对图腾的崇拜与反叛　南风　1988，(4)，79—80	
B09-026	杨　绍涛	民族史诗初探——兼评侗族远祖歌《嘎茫莽道时嘉》　民族艺术　1988，(4)，39—47	
B09-027	潘　年英	侗族鱼图腾考　民间文学论坛　1988，(5/6)，36—41；《贵州古文化研究》　1989. 184—195	
B09-028	潜　明兹	侗族《嘎茫莽道时嘉》　中南民族学院学报 1989，(2)，13—18，12	
B09-029	苗　延秀	为侗族神话史诗《嘎茫莽道时嘉》辨析　民族艺术　1989，(3)，153—163	
B09-030	陆　志银	试论侗族葫芦神话　南风　1989，(5)，55—58	
B09-031	陈　默溪	关于侗族"萨崇拜"的调查和探讨　苗侗文坛 1990，(1)，13—28	
B09-032	杨　通山	三乡萨神崇拜调查　苗侗文坛　1990，(1)，39—45	
B09-033	杨　保愿	侗族萨文化考释　苗侗文坛　1990，(2)，10—19，9	
B09-034	张　民	"萨天巴"责疑：兼说侗族的至高无上女神萨岁　贵州民族研究　1990，(2)，—17	
B09-035	邓　敏文	"萨岁"试析　贵州民族研究　1990，(2)，	

			18—24
B09-036	黄　才贵	侗族堂萨的宗教性质　贵州民族研究　1990，(2)，25—33	
B09-037	吴　正辉	侗族萨神系崇拜及其文化意义　苗侗文坛　1990，(2)，30—35，84	
B09-038	杨　通山	三乡萨神崇拜调查　贵州民族研究　1990，(2)，38—40	
B09-039	王　冶新	侗族"萨崇拜"种种　民间文学论坛　1990，(3)，39—47	
B09-040	吴　世华	侗"萨"时代初探；三江林溪萨神遗迹调查　贵州民族研究　1990，(2)，41—42	
B09-041	苗　延秀	侗族史《嘎茫莽道时嘉》辨析　广西民族研究　1990，(3)，80—85	
B09-042	石　佳能	侗族神话初探　中南民族学院学报　1990，(4)，29—34	
B09-043	苗　延秀	侗族远古之神"萨天巴"是杜撰出来的吗？——致侗族文学学会的公开信　民族艺术　1990，(4)，83—85	
B09-044	李　权弟	从创世女神萨天巴看侗族传统文化心理　中南民族学院学报　1990，(5)，34—40	
B09-045	张　世珊	侗族信仰文化　中央民族学院学报　1990，(6)，56—60	
B09-046	吴　　浩	侗族歌谣神话人物形象审美说　广西民族学院学报　1991，(2)	
B09-047	吴　世华	侗族史诗《嘎茫莽道时嘉》是个人创作　民族艺术　1991，(2)，108—121	
B09-048	萧　　川	侗族创世神话与史诗的哲学思想论析　淮化师专学报　1991，(4)，9—12	
B09-049	杨　秀录	侗族创世神话的历史价值和科学价值　西南民院学报　1991，(4)，19—25	
B09-050	张　　民	试探"萨岁"神坛源流　贵州民族研究　1991，(4)，27—35	

B09-051	侯　桥坤	侗族原始宗教的特点和功能探微　贵州民族研究　1992，(1)，78—81
B09-052	石　佳能	侗族神话初探　南风　1992，(2)
B09-053	吴　世华	"十三萨神系"质疑——评《嘎茫莽道时嘉》　民间文学论坛　1992，(4)，70—76
B09-054	吴　能夫	侗族崇拜来源再探　怀化师范专科学校学报　1993，(4)，1—5，13
B09-055	佟德富等	侗族古歌中的原始思维的发展及神话问题　贵州民族研究　1993，(4)，141—148
B09-056	陈　维刚	贵北侗族的蛇崇拜　广西民族研究　1993，(4)，91—94，60
B09-057	龙　迅	侗族巫术文化叙论　贵州民族研究　1994，(1)，53—64
B09-058	吴　定勇	九侗侗族萨岁年崇拜论　西南民族学院学报　1994，(3)
B09-059	石　佳能	侗族神话与侗族先民的哲学观　黔东南社会科学　1995，(2)，35：民族论坛　1996，(1)
B09-060	廖　开顺	侗族神话与侗族幻象和意象文化心理　民族论坛　1995，(2)，61：黔东南社会科学　1995，(3)，43
B09-061	张　民	探侗族的祖先崇拜　贵州民族研究　1995，(3)，46—51
B09-062	廖　开顺	侗族远古神话传说的美学基因　贵州民族研究　1995，(3)，111—119：中央民族学院学报　1996，(1)
B09-063	张　民	水牛是侗族图腾对象　黔东南社会科学　1995，(4)，44
B09-064	杨　宝愿	侗族蜘蛛崇拜文化　民族艺术　1997，(2)
B09-065	杨　玉梅	浅析侗族神话中的原始生命意识　苗侗文坛　1998，(1)，52—57
JB09-001	長谷川清	始源の祖母——トン族の女神崇拝と社会統合　『東アジアの創世神話』　東京　弘文堂

1989. 102—123

10. 水族 (汉藏语系壮侗语族侗水语支)

B10-001+ 范　禹等　《水族文学史》　贵阳　贵州人民出版社　1987

B10-001　岑　家梧　水书与水家来源　社会科学论丛　1948. 新：
《西南民族文化论丛》　1949

B10-002　岑　家梧　水家仲家风俗志　《西南民族文化论丛》
1949

B10-003　燕　宝　金凤凰之歌：水族民间文学简介（上）　苗岭
1980，(3)，45—48

B10-004　宋兆麟等　三都县荣耀村水族的画像石墓　贵州民族研究
1983，(1)，194—202

B10-005　潘　世质　水族民间文学简介　南风　1985，(2)，76—79

B10-006　潘　朝霖　水族的雷神　社会科学战线（长春）　1987，
(3)，330—333：《贵州古文化研究》　1989.
196—204

B10-007　雷　广正　水族原始宗教与民间文化　贵州民族研究
1989，(4)，132—138

B10-008　孟　慧英　水族的神话与宗教生活　贵州民族研究
1989，(4)，155—161

B10-009　潘　朝霖　水家祈雨活动"敬霞"试探　贵州民族学院学
报　1989，(4)，36—42

B10-010　潘　朝霖　水族铜鼓文化　民间文学论坛　1990，(3)，
63—64，30

B10-011　刘　世彬　水族民俗故事与水族的起源　南风　1990，
(3)，68—70

B10-012　潘　朝霖　水族"敬霞"试析　南风　1990，(5)，68—
70，75

B10-013　王　品魁　《水书》探源　贵州文史丛刊　1991，(3)，
137—140

B10-014　潘　世质　水族洪水神话的原始文化　南风　1991，(5)，

72—75

B10-015　刘　日荣　《水书》中的干支初探　中央民族学院学报 1994,（6）

B10-016　王　品魁　《水书》二十八宿　贵州文史丛刊　1996,（2）, 56—62

B10-017　汪　宁生　水、苗、壮、彝诸族使用铜鼓的习俗　《神与神话》*（王孝廉编）　台北联经事业有限公司 1988.3.739—760

11. 毛南（难）族（汉藏语系壮侗语族侗水语支）

B11-001+　《毛南族简史》编写组　《毛南族简史》　南宁　广西民族出版社　1984.3.79p

B11-002+　蒙国荣等　《毛南族文学史》　南宁　广西人民出版社 1992.7.386p

B11-001　蓝　阳　毛难族族源初探　三月三　1984,（4）,115—120

B11-002　过　伟　毛南族神谱初录　广西师范学院学报　1988,（1）,77—84；《岭南十二枝花》　1990.157—171

B11-003　孟　慧英　毛难族的宗教与神话　广西民族研究　1989,（2）,94—100

B11-004　蓝　树辉　毛南族原始宗教初探　广西民族研究　1989,（4）,119—124

B11-005　韦秋桐等　论毛南族的创世神话　河池师范专科学校学报 1992,（4）

B11-006　韦秋桐等　论毛南族龙神话　河池师范专科学校学报 1996,（1）,61—66

B11-007　谭亚洲等　论毛南族的唱师文学　民族文学研究　1997,（4）,35—39

12. 仫佬族 (汉藏语系壮侗语族侗水语支)

B12-001+ 王　戈丁　《仫佬族毛难族京族文学概况》　南宁　广西人民出版社　1982

B12-002+ 龙殿宝等　《仫佬族文学史》　南宁　广西教育出版社　1993.8. 389p

B12-001　戈　丁　仫佬族的文学　南宁师范学院学报　1969,(6)

B12-002　罗　日译　从仫佬族依饭节谈起　南宁师范学院学报 1984,(4), 100—102

13. 黎族 (汉藏语系壮侗语族黎语支)

B13-001　刘　咸　海南黎人文身之研究　民族学研究集刊 1936,(1), 197—233

B13-002　王　兴瑞　海南岛黎人来源试探　西南边疆　1939,(7), 36—43

B13-003　陈　之亮　西南采风录　说文月刊　1941,3(1)

B13-004　秦　牧　宣扬友爱的民族传说（关于黎族起源）　人民日报　1957.2.8

B13-005　岑　家梧　黎族母系民族制的遗迹　史学月刊　1957,(9)

B13-006　云　博生　论黎族的传说故事　粤风　1981,(1)

B13-007　陈久金等　黎族天文历法调查报告　中国天文学史文集（二）　1981

B13-008　云　博生　试论黎族的传说故事　《少数民族文学论集》（一）　1983. 183—197

B13-009　詹　慈　黎族原始宗教浅析　岭南文史　1983,(1), 112—118

B13-010　陈　凤贤　论黎族血缘婚和血缘家族的遗迹　民族研究论文集（二）　1983

B13-011　李　贻昭　黎族妇女文身及其传说　民族作家　1987,(2), 117—118

B13-012　韩　伯泉　简论黎族民间故事中的民族观　广西民族研究

　　　　　　　　　　　　　　1987，(4)，49—52
B13-013　　韩　伯泉　　民间故事与民族观念——从黎族民间传说谈起
　　　　　　　　　　　　民族文学研究　1988，(2)，25—27
B13-014　　杨　志军　　海南岛白沙县南阜村的黎族葬礼　广西民族研
　　　　　　　　　　　　究　1989，(4)，90—94
B13-015　　梅　伟兰　　试论黎族的蛇图腾崇拜　广东民族学院学报
　　　　　　　　　　　　1990，(2)，62—65
B13-016　　马　姿燕　　黎族与古越族图腾崇拜之比较　广东民族学院
　　　　　　　　　　　　学报　1990，(3)，38—40，52
B13-017　　黎　宇宇　　论神话传说在海南旅游经济中的作用　广东民
　　　　　　　　　　　　族学院学报　1990，(3)，101—104
B13-018　　邢　植朝　　浅谈黎族洪水神话中的人文特点　民族文学研
　　　　　　　　　　　　究　1991，(1)，68—71
B13-019　　董　　旭　　海南黎族的石崇拜　海南大学学报　1993，
　　　　　　　　　　　　(3)，31—31
B13-020　　陈　　睿　　论黎族文身与刀耕火种文化　中央民族学院学
　　　　　　　　　　　　报　1998，(5)

14. 藏族 (汉藏语系藏缅语族藏语支)
a　综论

B14a001＋　青海民院中文系编著　《藏语文学史简编》　西宁　青海人
　　　　　　　　　　　　民出版社　1960
B14a002＋　中央民院《藏族文学史》编写组　《藏族文学史》　成都
　　　　　　　　　　　　四川民族出版社编写组编著　1985．9．691p
B14a003＋　奥地利内贝斯基　《西藏的神灵和鬼怪》　海牙出版　1956；
　　　　　　　　　　　　奥地利格拉茨　1975
B14a004＋　丹珠昂奔　　《佛教与藏族文学》　北京　中央民族学院出版
　　　　　　　　　　　　社　1988
B14a005＋　于　乃昌　　《西藏审美文化》　拉萨　西藏人民出版社
　　　　　　　　　　　　1989
B14a006＋　丹珠昂奔　　《藏族神灵论》　北京　中国社会科学出版社
　　　　　　　　　　　　1990

B14a007+ 马学良等 《藏族文学史》上下 成都 四川民族出版社 1994.9. 1065p

B14a001 罗桑雀尼季马等 西藏之原始宗教 学术汇刊 1937，(1)，59—71

B14a002 黄 籀青 西藏民族是黄帝子孙之后裔说 人文月刊 1937, 8 (2)，1—8

B14a003 冷 亮 西藏上古史之探讨 边政公论 1941, 1 (3/4)

B14a004 韩 儒林 土蕃古史与传说研究 文史哲季刊 1943, 1 (1), 93—104

B14a005 资 料室 神话中的西藏（采风录） 风土杂志 1949, 3 (1), 6

B14a006 李 霖灿 西藏史 边疆文化论集（三） 1953

B14a007 前 流 读"青稞种籽的来历" 民间文学 1958，(4)，38—39

B14a008 赵 家烈 泽当传说和古迹小志 民族团结 1963, (2/3), 43—44

B14a009 孙 剑冰 一首解释谷物种子来源的歌 民间文学 1963，(4)，88—91

B14a010 霍 夫曼;
李 冀诚 西藏的民间宗教 世界宗教资料 1980，(3)，35—40，48

B14a011 倪 金奎 勒巴舞 彩云 1981，(1)

B14a012 王 家祜 "白马藏人"的宗教信仰 世界宗教研究 1981，(3)，153—157

B14a013 孙 尔康 苯教初探 世界宗教研究 1981，(3)，121

B14a014 葛尔迈. 桑木旦;
陈观胜等 《苯教史》（汉译本）导言 青海民族学院学报 1981，(3)，45

B14a015 催成群觉等 藏族天文历法史略 自然辩证法学术研究 1982，(1)

B14a016 张 学忠 关于果洛的古老传说 青海民族学院学报 1982，(3)，68—72

B14a017 韦 刚 藏族族源探索 西藏研究 1982，(3)

B14a018	段　克兴	西藏原始宗教——苯教简述　西藏研究 1983,（1），76	
B14a019	许　国英	谈谈藏族对猕猴的图腾崇拜　青海社会科学 1983,（4），107—110	
B14a020	佟　锦华	藏族神话漫谈　格桑花　1983,（3—4）	
B14a021	吴　蓉章	四川省平武县白马藏区采风报告［洪水神话］ 民间文学论坛　1984,（1），90—93	
B14a022	格　勒	藏族苯教的巫师及其巫术活动　中山大学学报 1984,（2），89—99	
B14a023	杨　士宏	简介藏族创世史诗——"世巴塔义"　西北民族学院学报　1984,（3），38—41	
B14a024	李　家瑞	川西北藏族地区苯教的历史及其特点初探　世界宗教研究　1984,（3），144	
B14a025	格　勒	藏族苯教的几种神　民族文化　1984,（6），8—11	
B14a026	于　乃昌	神话漫语　邦锦梅朵　1984,（3—6）	
B14a027	杨　元芳	从敦煌古藏文冀邦的神话看党项的经济与宗教信仰　西南民院学报　1985,（2），32—41	
B14a028	佟　锦华	简析藏族神话　西南民族学院学报　1985,（3），73—77	
B14a029	格　勒	藏族苯教名称的由来　民族文化　1985,（6），20：报刊复印资料（中国少数民族）　1986,（1），111—112	
B14a030	丹珠昂奔	读藏族神话"猕猴变人"　中央民族学院学报 1986,（1），98—100	
B14a031	格　勒	藏族苯教的起源与发展问题探讨　世界宗教研究　1986,（1），124	
B14a032	谢　继胜	藏族白色崇尚探索　民间文学论坛　1986,（3），15—20	
B14a033	谢　继胜	牦牛图腾型藏族族源神话探索　西藏研究 1986,（3），129—136	
B14a034	霍　夫曼；	西藏的苯教	

	李　冀成	西藏研究　1986，（3），138
B14a035	李　家瑞	关于苯教的几个问题　西北民族学院学报 1986，（4），47
B14a036	杨　　明	川西北牧区游牧部落的苯教　世界宗教研究 1986，（4），128
B14a037	王　　尧	藏族的古歌和神话　青海社会科学　1986，（5），91—97
B14a038	徐　一青	藏族的图腾神话　社会科学参考（青海）1986，（9），19—25
B14a039	呈　　人	略谈藏族风俗习惯与宗教信仰的关系　邦锦梅朵　1986．11．12
B14a040	丹珠昂奔	藏族的自身有神观念——谈阳神和战神　西藏研究　1987，（4），34—37
B14a041	谢　　热	苯教与藏族习俗　民族研究　1987，（4），61—64
B14a042	耿　予方	丰富多彩的藏族民间文学　西藏群众文艺 1988，（1/2），93—104
B14a043	拉　　措	也谈苯教的名义和起源问题　西北民族学院学报　1988，（2），35—44
B14a044	谢　　热	藏族习俗中的苯教遗迹　青海社会科学 1988，（2），103
B14a045	谢　继胜	藏族苯教神话探索　民族文学研究　1988，（4），9—17
B14a046	谢　继胜	藏族山神神话及其特征　西藏研究　1988，（4），83—97
B14a047	索南才让	苯教的形成及其信仰　青海社会科学　1988，（4），93—97
B14a048	谢　继胜	藏族土地神的变迁与方位神的形成　青海社会科学　1989，（1），92—95，102
B14a049	琼　　珠	藏族创世神话散论　民族文学研究　1989，（2），45—51
B14a050	田　必伟	藏族原始宗教观念演变浅析　西藏研究

1989，(3)，67—72

B14a051　林　继富　藏族天梯神话　民族文学研究　1989，(4)，93—94，87

B14a052　谢　继胜　藏族神话的分类特征及其演变　民族文学研究　1989，(5)，77—83

B14a053　鸿　　飞　白马藏人的原始综合艺术　民间文学论坛　1989，(6)，59—62

B14a054　和　建华　藏族的创世、族源神话　民族文学研究集刊（三）　1989．86—100

B14a055　谢　继胜　西藏众神谱——《西藏的神灵和鬼怪》简介　民族文学研究　1990，(1)，80

B14a056　林　继富　藏族的石崇拜探微　西藏研究　1990，(1)，138—146

B14a057　多杰仁青　神话与文学（藏文）　中国藏学　1990，(2)

B14a058　林　继富　藏族神湖与生育信仰　民间文学论坛　1990，(2)，23—24

B14a059　杨　　明　试论藏族游牧部落的牦牛图腾　西南民族学院学报　1990，(5)，55—59，89

B14a060　徐　定远　试析石棉藏族的原始信仰和崇拜　西南民族学院学报　1990，(6)，17—21

B14a061　廖　东凡　望果节，农民的娱神节　雪域文化　1990，(秋)，18—19

B14a062　郭　周虎　牦牛图腾崇拜　雪域文化　1990，(秋)，47—48

B14a063　李　　燕　试论藏族神话中的自然历史观　西南民族学院学报　1991，(1) 52—55

B14a064　林　继富　藏族鸟崇拜的自然历史渊源　中国民间文化　1991，(1)，66—76

B14a065　周　锡银　试析苯教的征兆与占卜　西藏研究　1991，(1)，64—74

B14a066　林　继富　藏族天梯神话发微　西藏研究　1992，(1)，102—109

B14a067	谢　继胜	战神杂考——据格斯尔史诗和战神祀文对战神威尔玛、十三战神和风马的研究　中国藏学　1991,（4），42—73
B14a068	林　继富	藏族神话与原始审美　西藏艺术研究　1992,（2）
B14a069	张　　慧	藏族神话的三元结构　雪域文化　1992,（春）
B14a070	孙　林等	藏族乌龟神话及其神秘主义宇宙观散议　民族文学研究　1992,（2），39—45
B14a071	林　继富	藏族苯教信仰中的古老崇拜　青海社会科学　1992,（4），95—103
B14a072	郗　　萌	藏族"猕猴变人"神话的探索　西北民族学院学报　1993,（1）
B14a073	林　继富	藏族人类起源神话初探　雪域文化　1993,（1）
B14a074	陈　　竹	试析藏族的审美心理——思维模式　华中师范大学学报　1993,（1），47—51，111
B14a075	孙　　林	藏族苯教神话的象征思维及其固有模式概述　西北民族学院学报　1993,（2），47—54
B14a076	马　吉祥	藏族佛教神灵世界探秘　群众天地　1993,（2）
B14a077	德吉卓玛	藏族创世神话与宗教　西南民族学院学报　1993,（4），63—65：中国藏学　1995,（2）
B14a078	周　锡银等	藏族原始宗教中的山崇拜　青海社会科学　1993,（4）
B14a079	林　继富	藏族箭神略论　中国民间文化　1993,（4），175—187
B14a080	林　继富	藏族神话的哲学思想初探　邦锦花　1993,（4）
B14a081	降边嘉措	关于"央"的观念及藏族先民的自然崇拜　西藏研究　1994,（1），99—104
B14a082	谢　　热	论古代藏族的自然崇拜　青海社会科学　1994,（3）
B14a083	阎　文义	藏族箭崇拜习俗及其文化内涵　中国藏学　1994,（3）
B14a084	周　锡银	藏族原始宗教中的天崇拜　青海社会科学

			1994，(4)，89—94
B14a085	张	慧	藏族神话特征研究　西藏研究　1994，(4)，83—90
B14a086	张	慧	对藏族神话研究的几点认识与思考　西藏艺术研究　1995，(4)
B14a087	王	兴先	华日地区一个藏族部落的民族学调查报告——山神和山神崇拜　西藏研究　1996，(1)
B14a088	丹巴拉姆		藏族灶神琐闻　中国西藏　1996，(3)
B14a089	张	庆有	藏区神山、神湖溯源　西藏艺术研究　1996，(2)
B14a090	李	学琴	藏族神话的特点与认识价值　西藏民族学院学报　1996，(3)，38—46
B14a091	角	巴杰	藏族神话故事略析　中国藏学（藏文）　1996，(3)

b. 《格萨尔王传》

B14b001	王	映川	《格萨尔王传》的神话色彩与现实基础　西藏文艺　1981，(6)，68—70，88
B14b002	王	映川	"格萨尔史诗"的神话系统与宗教关系　西藏研究　1982，(2)，55—67
B14b003	王	映川	试论格萨尔的形象塑造及史诗的时代背景　少数民族文学论集（一）　1983．12—29
B14b004	潜	明兹	《格萨尔王传》的宗教幻想与艺术真实　文学遗产　1983，(1)，133—143
B14b005	徐	国琼	论《格萨尔》史诗的神话色彩　西藏研究　1986，(1)，69—78：《神话新探》　1986．594—605
B14b006	尕藏才旦		时代的画卷历史的写照——史诗《格萨尔王传》内涵之历史真实性及其它　格萨尔研究（二）　1986．162—184
B14b007	降边嘉措		浅析《格萨尔》与宗教的关系　西藏研究　1986，(2)，111—118
B14b008	谢	元真	《格萨尔王传》与萨满教——苯教文化——兼论

		《格萨尔王传》的始创年代 格萨尔研究（三） 1988．181—198
B14b009	周　　炜	《格萨尔》的哲学思想 西藏研究 1989，（1）
B14b010	索　　代	试论《格萨尔王传》产生的背景及倾向 西藏研究 1989，（1）73—78
B14b011	降边嘉措	关于藏族英雄史诗《格萨尔》的产生年代 攀登 1989，（2）
B14b012	张　晓明	《格萨尔》原始雏形的形成期 中国藏学 1989，（3）
B14b013	央全卓嘎	从《格萨尔王传》管窥藏族宗教信仰及民俗 民族文学研究 1989，（5），89—92
B14b014	张　晓明	论《格萨尔》的历史化和神化 格萨尔研究（四） 1989．45—64
B14b015	徐　国琼	论"格萨尔骑征唐喀"及其在史诗中的神话内涵 格萨尔研究（四） 1989．17—44
B14b016	周　望潮	《格萨尔王传》研究中的宗教问题 西藏研究 1989，（4），81—85
B14b017	王　哲一	谈谈（格萨尔）时代精神的不可超越性 民族文学研究 1989，（6），12—16
B14b018	王　沂暖	《格萨尔学集成》序一 青海社会科学 1990，（1）
B14b019	降边嘉措	《格萨尔学集成》序二 青海社会科学 1990，（1）
B14b020	杨　恩洪	生活的写照，历史的画卷——从《格萨尔王传》看古代藏族社会与宗教 民族文学研究 1990，（3），11—16
B14b021	索　　代	谈《格萨尔王传》的文化价值 西北民族学院学报 1990，（4）
B14b022	杨　恩洪	《格斯尔》说唱形式与苯教 西藏研究 1991，（3），151—156，150
B14b023	朗　　吉	从《格斯尔王传》中看远古藏族的图腾崇拜 西藏研究 1991，（4），5—14

B14b024	丹珠昂奔	《格斯尔王传》与藏族文化圈　西藏研究 1991，(4)，24—31
B14b025	李　源	藏族《格斯尔》与白族的金鸡崇拜　西藏研究 1991，(4)，69—75
B14b026	丹珠昂奔	《格斯尔王传》的神灵系统；兼论相关的宗教问题　民族文学研究　1992，(1)，27—34
B14b027	徐　国琼	论藏族史诗《格斯尔》中的巫文化因素　中国民间文化　1992，(2)，58—73
B14b028	周锡银等	《格斯尔王传》中的藏族原始宗教　西藏研究 1993，(2)，90—101
B14b029	周　炜	《格斯尔王传・取王山水晶国》描述的巫术活动探讨　青海社会科学　1993，(2)，92—97
B14b030	何　天慧	《格斯尔》与藏族神话　西北民族学院学报 1993，(4)，38—43
B14b031	何　天慧	《格斯尔》中的原始文化特征　甘肃社会科学 1995，(2)
B14b032	［瑞典］博・阿内・伯格利；张　岩	代言神巫与《格斯尔史诗》——论格斯尔及流行于西藏与拉达克代言神巫中间的格斯尔史诗 民族文学研究　1996，(1)，86—93
B14b033	恰嘎旦正	《格斯尔王传》中的图腾崇拜　中国西藏 1996，(4)
B14b034	何　天慧	《格斯尔》中的三界及三界神灵信仰　青海民族研究　1997，(4)
B14b035	潜　明兹	从《格斯尔》巫术层次窥其文艺民俗　西藏民俗　1997，(4)
B14b036	何天慧等	论《格斯尔》与藏族牛崇拜文化　西藏研究 1998，(1)，91—95
B14b037	周锡银等	《格斯尔》与藏族原始烟祭　青海社会科学 1998，(2)，98—105

15. 门巴族、珞巴族、僜人、夏尔巴人 (汉藏语系)

B15-001　于　采闻　门巴族民间文学概况　西藏民族学院学报 1980，(1)

B15-002　洛　思　从博嘎尔民间传说看洛巴族的起源和社会发展　西藏民族学院学报　1980，(1)

B15-003　于　采闻　珞巴族民间文学概况　西藏民族学院学报 1980，(2)

B15-004　于　乃昌　珞巴族社会神话　广西民族学院学报　1987，(2)，60—63

B15-005　冀　文正　珞巴族男性生殖器崇拜　雪域文化　1989，(1)

B15-006　于　乃昌　痴迷的信仰与痴迷的艺术——珞巴族的原始宗教与文化　中国藏学　1989，(2)

B15-007　张　学仁　达木珞巴乡的图腾文化与狗　雪域文化 1989，(3)

B15-008　于　乃昌　原始思维与珞巴族文学审美特性的生成　民族文学研究　1991，(4)，22—26

B15-009　于　乃昌　珞巴族神话与生殖崇拜　民间文学论坛 1991，(5)，15—25

B15-010　理　明　从珞巴族神话传说看人类婚姻家庭的发展　邦锦花　1993，(2)

B15-011　林　子　珞巴族的自然崇拜　西藏民族研究　1993，(3)

B15-012　陈　启新　我国第一部系统论述珞巴族的民族学专著——《珞巴族的社会和文化》　民族研究　1993，(3)，12—14

B15-013　林　继富　珞巴族灶神论析　民间文学论坛　1996，(2)，53—58

B15-014　资　料室　闷域的传说（采风录）　康藏研究月刊 1948，(7)：风土杂志　1948，2 (4)

B15-015　吴　从众　僜人父权制的家庭与婚姻　民族研究　1980，(1)

B15-016　张　江华　僜人的原始宗教及其社会影响　西南民族学院

　　　　　　　　学报　1989，（2），63—69
B15-017　　陈　景源　僜人的原始宗教　中央民族学院学报　1994，
　　　　　　　　（4），45—50
B15-018　　陈　乃文　夏尔巴人源流探索　中央民族学院学报　1983，
　　　　　　　　（4），44—47，23

16. 彝族 (汉藏语系藏缅语族彝语支)

B16-001＋　庄　学本　《西康夷族调查报告》　西康省政府　1941.
　　　　　　　　152—168
B16-002＋　中国科学院民族研究所四川调查组　《凉山西昌地区彝族历
　　　　　　　　史调查资料选辑》北京　编著刊　1963
B16-003＋　刘　尧汉　《彝族社会历史调查研究文集》　北京　民族出
　　　　　　　　版社　1980
B16-004＋　贵州省民族研究所毕节地区翻译组译　《西南彝志选》　贵
　　　　　　　　阳　贵州人民出版社　1982
B16-005＋　本书编写组　《凉山彝族奴隶社会》　北京　人民出版社
　　　　　　　　1982. 5
B16-006＋　马　学良　《云南彝族礼俗研究文集》　成都　四川民族出
　　　　　　　　版社　1983
B16-007＋　罗国义等译　《宇宙人文论》　北京　民族出版社　1984
B16-008＋　刘　尧汉　《中国文明源头新探——道家与彝族虎宇宙观》
　　　　　　　　昆明　云南人民出版社　1985. 277p
B16-009＋　杨继中等　《楚雄彝族文学简史》　昆明　中国民间文艺出
　　　　　　　　版社云南版　1986. 465p
B16-010＋　马　学良　《彝族文化史》　上海人民出版社　1989
B16-011＋　刘　小幸　《母体崇拜——彝族祖灵芦葫溯源》　昆明　云
　　　　　　　　南人民出版社　1990. 180p
B16-012＋　杨继林等　《中国彝族虎文化》　昆明　云南人民出版社
　　　　　　　　1992
B16-013＋　钟　仕民　《彝族母石崇拜及其神话》　昆明　云南人民出
　　　　　　　　版社　1992. 10. 108p
B16-014＋　普　珍　《道家混沌哲学与彝族创世神话》　昆明　云南

		人民出版社　1993.11
B16-015+	普　　珍	《中华创世葫芦——彝族破壶成亲·魂归壶天》云南民族出版社　1993
B16-016+	傅　光宇	《创世之光》　广西民族出版社　1993
B16-017+	李立主编	《彝族文学史》　成都　四川民族出版社　1994.1.668p
B16-018+	巴嫫阿依	《彝族祖灵信仰研究》　成都　四川民族出版社　1994.8
B16-001	刘　　复译	傈僳人的创世纪　语丝　1927，(132)，221—223
B16-002	杨　成志	罗罗文的起源及其内容一般　语历所周刊　1930，11（125/128）
B16-003	杨　成志	云南罗罗族的巫师及其经典　中大文史辑刊　1931，1（1）
B16-004	马　绍房	夷边的人祖神话　边疆　1939，(39)
B16-005	雷　金流	广西镇边县的罗罗及其图腾遗迹　公余生活半月刊　1940，3（8/9）
B16-006	陶　云逵	大寨黑彝之宗族与图腾制　边政公论　1942，1（1）
B16-007	马　学良	云南倮族（白夷）之神话　西南边疆　1942，(15)
B16-008	马　长寿	凉山罗夷的族谱〔战争神话〕　边疆研究论　1942/1943，(2)，51—83
B16-009	马　鸿纲	倮㑩的经典文学　边疆服务　1943，1（2）
B16-010	马　学良	云南寻甸县黑夷作祭礼俗记　旅行杂志　1943，17（3），9—14
B16-011	王　拱璧	倮㑩传说的人种由来　边疆通讯　1943，1（5），1—3
B16-012	雷　金流	云南澂江倮倮的祖先崇拜　边政公论　1944，3（9），31—36
B16-013	马　学良	黑夷风俗之一：除祸祟　边政公论　1944，3

			(9)，27—30；《云南彝族礼俗研究文集》 1983.55—62
B16-014	马	学良	黑夷作斋礼俗及其与祖筒之关系　边疆人文 1944，1（5/6），6—10
B16-015	裔		倮倮传说中的火把节　边疆服务　1945，（9）
B16-016	马	学良	从倮㑩神话中所见的倮汉同源说　经世日报・禹贡周刊　1946.11.29（16）
B16-017	马	学良	倮族的巫师"呗耄"和"天书"　边政公论 1947，6（1），43—52；《云南彝族礼俗研究文集》　1983.15—34
B16-018	马	学良	从倮㑩民族名称中所见的图腾制度　边政公论 1947，6（4），49—54
B16-019	陈	宗祥	西康栗僳、水田（彝）民的图腾制　边政公论 1947，6（4），54—58；1947，7（1），1—4
B16-020	陈	宗祥	倮㑩的宗教　边政公论　1948，7（1），40—49
B16-021	马	学良	彝文作祭献药供牲经译注　史语所周刊 1948，10（1），577—666；《云南彝族礼俗研究文集》　1983.223—262
B16-022	马	学良	㑩㑩民的祭礼研究　学原　1948，2（2），31—47；《云南彝族礼俗研究文集》　1983.63—110
B16-023	马	学良	倮族的招魂和放蛊　边政公论　1948，7（2），38—40　《云南彝族礼俗研究文集》　1983.35—39
B16-024	马	学良	彝文作斋经译注　史语所集刊　1949，（14）；《云南彝族礼俗研究文集》　1983.196—222
B16-025	柯	化龙	大凉山罗罗族的起源　星岛日报・民风双周刊（港）　1949，（19—20）
B16-026	傅	懋勣	倮倮传说中的创世纪　星岛日报・民风双周刊（港）　1949，（22）
B16-027	裔		倮倮传说中的火把节　星岛日报・民风双周刊（港）　1949，（27）

B16-028	马　鸿钢	倮倮的经典文学　星岛日报·民风双周刊（港）1950，(38)	
B16-029	马　学良	彝族的祖先神话和历史记载　历史教学 1951，2 (4)，27—28	
B16-030	云南省民族民间文学楚雄调查队	论彝族史诗（梅葛）　文学评论　1959，(6)，55—70	
B16-031	云南省民族民间文学红河调查队	关于"阿细的先基"的几个问题　边疆文艺　1959，(8)，37—39；读书　1960，(2)	
B16-032	长　山	《梅葛》简介　民间文学　1959，(9)，113—114	
B16-033	陶　建基	劳动和斗争的赞歌：读彝族史诗《梅葛》　人民日报　1961.2.8	
B16-034	郑　康民	倮倮传说中的创世纪　大陆杂志*　1961，22 (2)，5—8，13	
B16-035	罗　香林	云南撒尼人择日历书与十二生肖问题　东方杂志　1967，(1)	
B16-036	郭　永亮	倮㑩宗教研究序编　珠海学报（港）　1976，(9)	
B16-037	刘　尧汉	从民族学资料试探彝族与羌、夏、汉的历史渊源　思想战线　1979，(5)，60—63	
B16-038	桑　秀云	倮倮为氏试证　大陆杂志*　1979，59 (4)	
B16-039	马　学良	彝文经典和彝族的原始宗教　世界宗教研究 1980，(2)	
B16-040	鹏　里	彝族人民生活的百科全书：介绍彝族史诗《梅葛》　金沙江文艺　1980，(3)，70—71	
B16-041	刘　尧汉	"十二鲁"历法起源于原始图腾崇拜　《彝族社会历史调查研究文集》　1980.78—99	
B16-042	刘　尧汉	中华民族的原始葫芦文化　《彝族社会历史调查研究文集》　1980.218—237	
B16-043	宋　恩常	彝族的原始宗教　世界宗教研究　1981，(1)，150—156	

编号	作者	题名	出处
B16-044	余　宏模	彝族毕摩简论	凉山彝族奴隶制研究　1981，(1)
B16-045	宋　兆麟	纳日人的刻画符号	凉山彝族奴隶制研究　1981，(1)
B16-046	罗希吾戈	撒尼人的火把节	山茶　1981，(2)
B16-047	李　明	谈彝族史诗《阿细先基》	西南民族学院学报　1981，(2)，84—93
B16-048	肖　崇素	彝族的神话、传说和史诗	《民间文学论丛》　1981．160—176
B16-049	秦　家华	梅葛的科学价值	民族文化　1981，(4)，3—5
B16-050	李　延良	彝族史诗《勒俄特依》的哲学思想	中央民族学院学报　1981，(4)，9—12，8
B16-051	冯　利	略论古代彝族的自然哲学	西南民族学院学报　1981，(4)，13—20
B16-052	何　耀华	彝族的图腾与宗教的起源	思想战线　1981，(6)，73—80
B16-053	郭　思九	史诗《梅葛》与彝族民俗	昆明师范学院学报　1982，(2)，63—69；《云南少数民族文学论集》1983
B16-054	李　国文	彝族史诗《查姆》中的哲学思想	云南省历研所集刊　1982，(2)，572—586
B16-055	萧　崇素	美丽的传说、丰富的史影：凉山彝族民间故事一瞥	民间文艺集刊（二）　1982．113—145；《民间文学论文选》　1981．134—154
B16-056	王天玺等	略论彝族古代时空观的发展	贵州民族研究　1982，(3)
B16-057	岭光电等	凉山彝族的原始宗教信仰	贵州民族研究　1982，(3)，135—
B16-058	陈　世军	《西南彝志》中的朴素的自然观	贵州民院研究　1982，(3)
B16-059	朱　叶	一部优美的彝族说唱文学	民族文化　1982，(4)，8—9

B16-060	何　耀华	彝族的自然崇拜及其特点　思想战线　1982，(6)，69—79	
B16-061	夏　光辅	彝族史诗的朴素辩证思想　民族文化　1983，(1)，2—5	
B16-062	李　延良	彝族文献《宇宙源流》哲学思想浅析　贵州社会科学　1983，(1)，48—51	
B16-063	陈久金等	彝夏太阳历五千年——从彝族十月太阳历看夏小正原貌　云南社会科学　1983，(1)	
B16-064	范　元昌	龙飞凤舞的彝族服饰艺术　山茶　1983，(1)，62—65	
B16-065	郭　思九	谈彝族神话史诗《查姆》　山茶　1983，(1)，57—61	
B16-066	李　国文	彝族史诗《查姆》中的哲学思想　中央民族学院学报　1983，(2)，28—33	
B16-067	夏　光辅	彝族毕摩及其经典的思想史考察　云南省历研所集刊　1983，(2)，366—392	
B16-068	马　学良	明代金石文献中所见的彝族的宗教信仰　世界宗教　1983，(2)，60—72	
B16-069	田　光辉	彝族著作《宇宙人文化》的哲学思想初探论《中国哲学史》　1983	
B16-070	陈　英	《西南彝志》概述　西南民族研究（一）1983．466—475	
B16-071	萧　崇素	原始的探索，童年的幻想：凉山彝族民间神话一瞥　西南民族学院学报　1983，(4)，20—29	
B16-072	安　尚育	贵州彝族《洪水泛滥史》初探　贵州民族研究　1983，(4)	
B16-073	罗　家修	彝族历法是阴历不是太阳历　西南民族学院学报　1983，(4)，72—80	
B16-074	何　耀华	试论彝族的祖先崇拜　贵州民族研究　1983，(4)，153—168	
B16-075	罗　永翔	彝族神话的思想特点刍议　民族文化　1983，(5)，24—27，37	

B16-076	罗希吾戈	从英雄史诗《英雄支格阿龙》看彝族古代社会　山茶　1983，(5)，57—61，39
B16-077	马　学良	灵竹和图腾　《云南彝族礼俗研究文集》1983．1—14
B16-078	汪　宁生	云南永胜彝族（他鲁人）的原始婚姻形态　西南民族研究（一）　1983．310—353
B16-079	杨　智勇	彝族支系白依人的精神文化　民族调查研究　1984，(1)
B16-080	诺海阿苏	从《门米间扎节》看彝族先民的哲学思想　金沙江文艺　1984，(1)，82—83
B16-081	李国文等	古代彝族自然哲学之探讨　中国哲学史研究　1984，(1)，85—94
B16-082	李　伟卿	略论彝族史诗《梅葛》中的原始哲学观念"尾"　云南民族学院学报　1984，(1)，59—66
B16-083	张福三等	《西南彝志》中的英雄史诗成分　民族文化　1984，(1)，2—6；1984，(2)，2—3，9
B16-084	朱　叶	谈彝族"八方图"　民族文化　1984，(1)，8
B16-085	萧　崇素	彝族史诗的珍宝——《洪水纪略》　民间文学论坛　1984，(1)，37—45
B16-086	萧　崇素	活的化石：谈彝族史诗手写本偶感　四川民族工作　1984，(试刊)，41
B16-087	E．威耶尔；刘达成等	倮罗人　民族译丛　1984，(1)，47—50
B16-088	刘　尧汉	道家和道教与彝族虎宇宙观（上、下）　贵州民族研究　1984，(1)，77—98；1984，(2)，104—122
B16-089	孟铸群等	彝族古代混沌说和清浊说探析　西南民族学院学报　1984，(2)，21—26
B16-090	傅　光宇	试论彝族创世史诗中的人类起源神话　山茶　1984，(2)，58—62
B16-091	陶　学良	九隆源流探索：彝族神话研究之一　民间文学论坛　1984，(2)，47—51

B16-092	刘尧汉等	彝族和土家族同源于虎伏羲 吉首大学学报 1984，（2）
B16-093	吉木惹河	话说冬月年 民族文化 1984，（4），6—8
B16-094	郭 思九	彝族远古时代的生活与历史：《查姆》试论 彝族文化（年刊） 1984
B16-095	安 文新	浅谈彝族史诗中的神 彝族文化（年刊） 1984
B16-096	夏 扬	试谈楚雄彝族反映远古社会的几个民间文学资料 彝族文化（年刊） 1984
B16-097	聂 鲁	鲁魁山彝族图腾制 彝族文化（年刊） 1984
B16-098	普 珍	彝族原始宗教的系统性 世界宗教研究 1985，（1），137—145
B16-099	宋 兆麟	纳日人的葬礼 世界宗教研究 1985，（2），140—174
B16-100	陈 立浩	从彝族神话传说看远古社会 贵州民族研究 1985，（2），73—82
B16-101	冯 利	论彝族史诗《勒俄特依》 贵州民族研究 1985，（2），83—93
B16-102	杨 继中	从母系制到父系制的折光反映——谈两篇彝族神话 金沙江文艺 1985，（4），81—85
B16-103	熊 述碧	试论《勒俄特依》的艺术价值 西南民族学院学报 1985，（4），73—78
B16-104	普 珍	彝族原始宗教与科学 《彝族文化研究文集》 1985．147—159
B16-105	刘 尧汉	彝族文化对国内外宗教、哲学，科学和文学的影响 《彝族文化研究文集》 1985．26—104
B16-106	唐 楚臣	彝族火神话与中华火文化——火文化发展史之探索 《彝族文化研究文集》 1985．249—272
B16-107	杨 和森	从彝族的图腾层次看夏、商、周的原生图腾 《彝族文化研究文集》 1985
B16-108	罗希吾戈	彝族传统文化与彝族渊源 《民族文谈》（云

南） 1985．313—341

B16-109　朱　琚元　彝语支地名与中国民族地名学　《彝族文化研究文集》 1985．225—248

B16-110　何　耀华　彝族的图腾崇拜　《中国少数民族宗教》 1985

B16-111　罗希吾戈　彝族人类起源神话与云南古人类　《神话新探》 1986．420—433

B16-112　杨　敏悦　创世史诗《阿细先基》初探　中央民族学院学报　1986，(4)，85—88

B16-113　韩　秉明　从彝族的虎图腾谈起　南风　1986，(4)，75

B16-114　王　光荣　活着的广西彝族神话　广西民间文学丛刊（十三） 1986．100—106

B16-115　陶　学良　寓实于玄的彝族史诗　《彝族文学杂俎》 1986．77—91

B16-116　陶　学良　论九隆　《彝族文学杂俎》 1986．92—106

B16-117　唐　楚臣　从图腾到图案——论彝族马樱花神话的产生及其演变　《云南民间文艺源新探》 1986．244—250；民间文学论坛 1987，(2)，12—19

B16-118　王　光荣　浅谈彝族神话及其民族特色　广西师范学院学报　1987，(3)

B16-119　李　明　彝族史诗《勒俄特依》初探　民族文学研究　1987，(增刊)，84—87，56

B16-120　庹　修明　原始粗犷的彝族傩戏《撮泰吉》(变人戏)　贵州民族学院学报　1987，(4)，67—72

B16-121　陶学良等　彝族创世史诗的主要特点　《少数民族文学论集》(四) 1987．86—99

B16-122　罗希吾戈　从史诗《英雄支格阿龙》看彝族古代社会　《西南民族研究》 1987

B16-123　马　学良　彝族原始宗教调查报告　贵州民族研究　1988，(1)，75

B16-124　李　生福　云南彝族神话创世史诗同源异流浅析　贵州民族研究　1988，(2)，143—150

B16-125	米　武作	再探《勒俄特依》的多功能性　西南民族学院学报　1988,（2），74—81	
B16-126	冯　利	凉山彝族史诗《勒俄特依》寻踪　中央民族学院学报　1988,（4），70—74	
B16-127	朱　叶	探索彝族神话《支格阿龙》的秘密　凉山文艺　1988,（2），80—83	
B16-128	李　明	彝族原始文学的历史观　民族　1988,（3）	
B16-129	唐　楚臣	彝族民间文学中的虎图腾　民族文学研究　1988,（3），89—92	
B16-130	庹　修明	论彝族傩戏"撮泰吉"的原始形态　民间文学论坛　1988,（5/6），50—56	
B16-131	李　明	彝族《天地祖先歌》探析　《贵州神话史诗论文集》　1988.323—335	
B16-132	高　立士	彝族密且人的原始宗教　思想战线　1989,（1），70—73	
B16-133	罗　曲	"鹰"的隐喻——对彝族土家族两则神话的探析　西南民族学院学报　1989,（2），50—55	
B16-134	冯　利	史诗的历史观念——从彝族史诗《勒俄特依》谈起　民族文学研究　1989,（4），65—69	
B16-135	易　谋远	论彝族的原始宗教　贵州社会科学　1989,（6），19—24	
B16-136	陈　英	贵州彝文古籍的文化价值　《贵州古文化研究》　1989.64—75	
B16-137	安　文新	试谈彝族神话与宗教　《贵州民俗论文集》　1989.163—169	
B16-138	阿　南	迥然有别的创世历程与英雄业绩——几部彝族创世史诗与英雄史诗的比较　民族文学研究集刊（三）　1989.113—126；民族文学研究　1990,（3），24—30	
B16-139	卢　云	"金马碧鸡"神话的形成及其南迁　思想战线　1990,（1），39—44	
B16-140	罗　曲	彝族竹崇拜文化初探　西南民族学院学报	

1990,（2），27—29

B16-141　安　尚育　彝族古神话文化意义的阐释　民间文学论坛 1990,（3），31-33

B16-142　马　而子　凉山彝族马都崇拜渊源之我见　民俗研究 1990,（4），45—49

B16-143　王　四代　彝族毕摩教简论　世界宗教研究　1990,（4），66—75

B16-144　淡　远　从彝族原始宗教的祭祀活动看民间民族文化的演变　贵州文史丛刊　1990,（4），141—114

B16-145　殷　大雄　彝族虎图腾质疑　思想战线　1990,（5），42—47

B16-146　王　路平　古代彝族宇宙生论探析　贵州社会科学　1990,（6），19—25

B16-147　唐　楚臣　虎图腾崇拜遗迹——彝族虎节纪实　民间文学论坛　1990,（6），57—63

B16-148　罗　曲　彝族竹崇拜文化探源　中国民间文化　1991,（1），56—65

B16-149　孙　官生　红河彝族原始宗教的遗存调查　民族学　1991,（1）

B16-150　张　福　云南阿拉彝族的萨玛和女神崇拜　云南师范大学学报　1991,（1）

B16-151　马　摘　彝族虎头图腾说质疑　民间文学论坛　1991,（1）

B16-152　李　明　谈彝族史诗《阿细的先基》　西南民族学院学报　1991,（2），84

B16-153　刘　尚乐　从母系社会向父系社会转化的"活化石"——读彝族神话《石尔俄特寻父买父记》　中国民间文化　1991,（4），80—81

B16-154　于　锦秀　从彝文《指路经》看近存彝族原始宗教系统的类型　世界宗教研究　1991,（4），40—52

B16-155　易　荣远　论彝族之起源　中国史研究　1991,（4），26—28

B16-156	罗　巫研	彝族血崇拜刍议　贵州民族研究　1991，(4)	
B16-157	田　光辉	"彝族古歌"的朴素哲学思想初探　《走向世界大潮》(贵州省民族文化学会编)　1991.10. 133—141	
B16-158	普　珍	破壶成亲、魂归壶天：彝族葫芦崇拜试析　贵州民族研究　1992，(1)，11—17	
B16-159	唐　楚臣	阴阳学说与彝族万物雌雄观　民间文学论坛　1992，(1)，22—26	
B16-160	罗　曲	濮，彝与竹崇拜文化　中南民族学院学报　1992，(1)	
B16-161	陶　颖	《梅葛》透露的古代社会信息　云南师范大学学报　1992，(4)，76—81	
B16-162	何　自国	彝族人类产生说　民间文学论坛　1992，(5)，21—24	
B16-163	唐　楚臣	《梅葛》散论　民族文学研究　1993，(1)，54—60	
B16-164	陈　世鹏	彝族婚媾类洪水神话琐议　贵州民族研究　1993，(1)，136—142	
B16-165	赵　国庆	浅谈彝族民俗中的巫术文化　山茶　1993，(1)	
B16-166	杨　伟民	试论弥渡彝族神话传说的审美意识　大理文化　1993，(2)	
B16-167	唐　楚臣	彝族虎仪与傩事　民族艺术　1993，(2)	
B16-168	聂　鲁	彝族神话故事　民间文学　1993，(3)	
B16-169	陈　英	论彝族先民天、地、人"三界"哲学、科学体系　贵州民族学院学报　1994 (1)，76—79	
B16-170	方　士杰	彝族跳弓节的原始宗教烙印　中南民族学院学报　1994，(2)，61—64	
B16-171	陈　世鹏	原始宗教对彝族传统文学的影响　贵州文史丛刊　1994，(2)	
B16-172	易　谋远	《诗》"绵绵瓜瓞、民之初生"是葫芦崇拜吗？——和刘尧汉先生商讨　云南民族学院学报　1994，(3)，71—74	

B16-173	赵 晓江	从彝族神话传说及丧葬仪式看套路武术的雏形 云南民族学院学报 1994,(4),37—40	
B16-174	易 谋远	彝族祖灵葫芦的"熔炉"能陶冶出中华民族的民族精神吗？—— 与刘尧汉先生商榷 广西民族学院学报 1995,(1),46	
B16-175	王 德习	浅论彝族先民的神创万物观和原始的朴素辩证思想 贵州民族学院学报 1995,(1),57—61,66	
B16-176	王 丽珠	彝族的祖先崇拜和道教文化 中国道教 1995,(2),16—18	
B16-177	杨 甫旺	彝族"里颇"原始宗教信仰述略 楚雄社科论坛 1995,(2)	
B16-178	谢 剑	撒梅人神话和传说的分析：从人类学看少数民族在汉人社会的适应 《中国神话与传说学术研讨会论文》 台北汉学研究中心 1995	
B16-179	罗洪蓉芝	论彝族的自称和图腾及其关系 西南民族学院学报 1996,(1)	
B16-180	朱 崇先	彝族的葫芦神话与古代遗俗 中国典籍与文化 1996,(1),49—54	
B16-181	王 德慧	浅论彝族的信仰与禁忌 贵州民族学院学报 1996,(1),65—69	
B16-182	巴莫曲布嫫	彝族祝咒经诗《紫孜尼楂》的巫化叙事风格 民间文学论坛 1996,(3),18—22	
B16-183	朱 叶	彝族神话《支格阿龙》研究 凉山文学 1996,(6)	
B16-184	打西阿且	彝族与竹 西南民族学院学报 1997,(增刊)	
B16-185	斯琴高娃	彝族的虎图腾 中国民族博览 1997,(1)	
B16-186	蔡 富莲	彝族的水崇拜 贵州民族研究 1997,(2)	
B16-187	李 光辉	浅溪彝族竹文化意蕴 楚雄师范专科学校学报 1997,(2)	
B16-188	李 子贤	大凉山美姑县彝族神话与宗教民俗 楚雄师范专科学校学报 1998,(2),8—16	

B16-189	鹿　以鹿	彝族天女婚洪水神话　民间文学论坛　1998，(3)，22—27	
JB16-001	鳥居龍藏	猓玀の宗教と神話　東京人類学会雑誌 276　1909　『鳥居龍藏全集』7　東京　朝日新聞社　1976	
JB16-002	鳥居龍藏	猓玀の神話　東京人類学会雑誌 279　1909　『鳥居龍藏全集』7　東京　朝日新聞社　1976	
JB16-003	陳　荊和	哀牢夷九隆伝説の探討　民族学研究 17（3/4）1953．1—19	
JB16-004	齊藤達次郎	ロロ族の洪水神話　アカデミア 63　1968	
JB16-005	谷野典之	貴州省西南部イ族のイ文経典にみえる「六祖神話」の形成について　立教大学研究報告（人文）47　1988	
JB16-006	櫻井龍彦	混沌からの誕生——「西南彝志」を中心としたイ族の創世神話　『東アジアの創世神話』東京　弘文堂　1989．53—78	
JB16-007	君島久子	哀牢夷の九隆神話　『中国の歴史と民俗』東京　第一書房　1991．73—93	
JB16-008	櫻井能彦	彝族の祖先崇拝と他界観　『中国の歴史と民俗』東京　第一書房　1991．95—112	
JB16-009	櫻井能彦	彝族の家支制度と祖先崇拝　中国研究集刊昃号　1993．27—46	
JB16-010	楊　正権	彝族の生命の神々への崇拝　日中文化研究 9　勉誠社　1996	

17. 哈尼族 (汉藏语系藏缅语族彝语支)

B17-001＋	中国科学院民族研究所云南调查组	《哈尼族简史简志合编》（初稿）　北京　编者刊　1964
B17-002＋	《民族问题五种丛书》云南省编委会编	《哈尼族社会历史调查》　昆明　云南民族出版社　1982
B17-003＋	毛　佑全	《哈尼族的文化初探》　昆明　云南民族出版社

		1991.1
B17-004+	孙　官生	《古老·神奇·博大——哈尼族文化探源》　昆明　云南人民出版社　1991
B17-005+	杨　万智	《祈生与死御——哈尼族原始习俗寻踪》　昆明　云南大学出版社　1992
B17-006+	王　尔松	《哈尼族文化研究》　北京　中央民族大学出版社　1994.192p
B17-001	张　镜秋	墨江水癸的布都人　边疆通讯　1943，1（12），5—13
B17-002	傅光宇等	哈尼族文学简介　思想战线　1979，(5)，92
B17-003	刘　曙	谈哈尼族民俗与民间文学的关系　山茶　1981，(1)，149—151
B17-004	杨万智等	"克玛"的由来　民族文化　1981，(4)，54—55
B17-005	毛　佑全	哈尼族原始图腾及其族称　思想战线　1982，(6)，52—53
B17-006	毛　佑全	试谈哈尼族的"贝玛"　版纳　1983，(4)，57—59
B17-007	杨　生周	哈尼族神话传说故事与习俗　中央民族学院学报　1984，(3)，121—122
B17-008	史　军超	谈哈尼族迁徙史诗断想　思想战线　1985，(6)，51—56
B17-009	李　斯傅	哈尼族原始宗教调查　红河民族语文古籍研究　1987，(1/2)
B17-010	史　军超	神话和史诗的悲剧——哈尼族文化精神论（一）　金沙江文艺　1987，(5)，75—88
B17-011	白　宇等	哈尼族神话史诗浅析　民族文学研究　1987，(6)，75—78
B17-012	史军超等	迁徙史诗断想——从哈尼族迁徙史诗谈起　少数民族文学论集（四）　1987．30—43
B17-013	哀　牢月	哈尼族开辟神话与其它民族的比较研究　思茅

		文艺　1988，（4）
B17-014	李　子贤	鱼——哈尼族神话中生命、创造、再生的象征　思想战线　1989，（2），43—48
B17-015	史　军超	哈尼族神话中的不死药与不死观　民族文学研究　1989，（2），52—61
B17-016	史　军超	不死药与不死观——哈尼族"不死药"神话研究　边疆文化论丛（二）　1989．46—56
B17-017	阿　罗	独特文化背景下的哈尼族神话传说　边疆文化论丛（二）　1989．84—91
B17-018	杨　万智	天神与人神——哈尼族心目中的神灵世界　民族文学研究集刊（三）　1989．56—70
B17-019	李　庆安	哈尼族社神崇拜意识及其特点　民族学　1990，（2），16—25
B17-020	孙　官生	从传说与历史看哈尼族族源　云南社会科学　1990，（2），40—45
B17-021	李　庆安	哈尼族自然神灵观念与村寨格局　民族学　1990，（3/4），14—17
B17-022	李　克忠	绿春哈尼族"昂玛吐"（祭寨神）仪式及其禁忌调查　民族学　1990，（3/4）
B17-023	史　军超	哈尼族迁徙史诗在中国文学史上的地位——哈尼、汉族迁徙史诗比较　思茅文艺　1990，（3）
B17-024	李　子贤	牛的象征意义试探——以哈尼族神话、宗教礼仪中的牛为切入点　民族文学研究　1991，（2），24—30
B17-025	施　荣华	论西双版纳哈尼族的神话　云南民族学院学报　1992，（2），27—31
B17-026	毛　佑全	哈尼族的"莫批"和原始宗教残遗　中央民族学院学报　1992，（3），44—48
B17-027	傅　光宇	哈尼族奕车人锥栗树崇拜的文化特色　世界宗教研究　1993，（4），102—111
B17-028	伍　雄武	哈尼族哲学思想的萌芽　思想战线　1993，（5），43—48

B17-029	毛　佑全	哈尼族祖先崇拜文化内涵　云南社会科学　1993，(6)，73—79	
B17-030	戴　　抗	从巫术到审美：哈尼族传统文化中的审美　思想战线　1993，(6)，74—79	
B17-031	李　国文	论哈尼族社会中的原始宗教　云南民族学院学报　1994，(1)，31—35	
B17-032	李光荣等	论哈尼族神话的崇高美　民族文学研究　1994，(1)，61—66，26	
B17-033	毛　佑全	人与神之间的中介：兼论哈尼族原始宗教及其"莫批"　昆明社会科学　1994，(2)	
B17-034	陈　子昆	试析哈尼族神话中的神统世系　民族文学研究　1995，(1)，90—94	
B17-035	李　子贤	红河流域哈尼族神话与梯田稻作文化　思想战线　1996，(3)，45—50	
B17-036	毛　佑全	论哈尼族祖先崇拜的文化内涵　中南民族学院学报　1996，(5)	
B17-037	史　军超	哈尼族神话传说中记载的人类第一次脑体劳动大分工　云南民族学院学报　1997，(3)，39—44	
B17-038	李　光荣	论哈尼族神话的优美　民族文学研究　1998，(2)，80—85；复印报刊资料（古代，近代文学）1998，(9)，310—315	
B17-039	史　军超	哈尼族文化英雄论　民族文学研究　1998，(3)，3—9	
B17-040	卢　朝贵	哈尼族社会原始宗教祭师与巫师　边疆文化论丛（三）	
B17-041	李　斯傅	哈尼族民间神祀浅析　边疆文化论丛（三）	
JB17-001	曹　　紅	雲南省ハニ族の神話と日本神話　東アジアの古代文化66　大和書房　1991	

18. 傈僳族 (汉藏语系藏缅语族彝语支)

B18-001　张　征东　傈僳宗教之人类来源传说　边疆服务　1947，

			(24)
B18-002	陈　宗祥	西康傈傈水田民族之图腾制度　边政公论 1947，6（4），54—58；1948，7（1），1—4	
B18-003	陶　云逵	碧罗雪山之傈傈族　史语所集刊　1948，(17)，327—408	
B18-004	刘　达成	谈谈傈傈族民间文学　思想战线　1978，(6)，81—87	
B18-005	杨毓才等	傈傈族的氏族图腾崇拜　民族文化　1981，(3)，10—12，17	
B18-006	杨　光民	傈傈族原始宗教初探　世界宗教研究　1982，(4)，136—146	
B18-007	和　段琪	夜读《深山夜话》　怒江　1984，(1)	
B18-008	井　原	傈傈族文学一瞥　文学报　1985.7.25	
B18-009	李　汝春	一曲赞颂劳动创造的古歌　原野　1985，(3)	
B18-010	张　桥贵	论傈傈族原始宗教　云南民族学院学报　1990，(2)，46—52	
B18-011	陈　一	傈傈族原始宗教与原始文化　中央民族学院学报　1991，(6)，44—49	
JB18-001	徐琳・木玉璋	傈傈族『創世記』研究　アジア・アフリカ語の計数研究 18　1981．1—227	

19. 纳西族 (汉藏语系藏缅语族彝语支)

B19-001+	傅　懋绩	《丽江麽些象形文〈古事记〉研究》　华中大学 1948	
B19-002+	赵　银棠	《玉龙旧话》　昆明　著者刊　1949	
B19-003+	李霖灿编委员会	《麽些经典译注六种》　台北　中华丛书委员会　1957．212p	
B19-004+	李霖灿编译	《麽些经典译注九种》　台北　中华丛书编审委员会印行　1978．312p	
B19-005+	云南省民族民间文学丽江调查队	《纳西族文学史》（初稿）　昆明　云南人民出版社　1959	
B19-006+	云南省民族民间文学丽江调查队编写	《纳西族文学史》（初	

		稿） 昆明 云南人民出版社 1960（初版）	
B19-007+	林　向肖	从纳西族神话产生的时代说起——对《纳西族文学史》（初稿）的一点商榷　玉龙山　1981，(3)，87—92	
B19-008+	和钟华等	纳西族文学的发展概况及其特色——《纳西族文学史》绪论　玉龙山　1990，(3)	
B19-009+	詹承绪等	《永宁纳西族的阿注婚姻和母系家庭》　上海　上海人民出版社　1980	
B19-010+	王承权等	《云南四川纳西族文化习俗的几个专题调查》　北京　中国社会科学院民族所民族学研究系　1981	
B19-011+	和志武编译	《纳西族东巴经选译》　昆明　云南省社科院东巴文化研究室　1983	
B19-012+	严汝娴等	《永宁纳西族的母系制》　昆明　云南人民出版社　1983	
B19-013+	和　志武	《纳西东巴文化》　长春　吉林教育出版社　1989	
B19-014+	伍雄武编	《纳西族哲学思想史论集》　北京　民族出版社　1990	
B19-015+	白庚胜等	《国际东巴文化研究集萃》　昆明　云南人民出版社　1993．365p	
B19-016+	和钟华主编	《纳西族文学史》　成都　四川民族出版社　1998．2．828p	
B19-001	吴　泽霖	麽些人之社会组织与宗教信仰　边政公论　1945，4 (4/5/6)，28—32；1945，(7/8)，9—19	
B19-002	李　霖灿	释"丽江木氏宗族谱碑"　大陆杂志* 1954，9 (3)：《麽些研究论文集》* 1984．7．179—196	
B19-003	李　霖灿	麽些族迁徙路线之寻访——祭祖经典一段之研究　历语所集刊* 1951，(23)（傅斯年先生纪	

念论文集）

B19-004	李　乔	玉龙雪山　民族团结　1957，（2）
B19-005	李　霖灿	麽些族的洪水故事　民族学所集刊*　1957，（3），41—86
B19-006	芹春强等	纳西文学简介　边疆文艺　1957，（4），48—50
B19-007	刘　超	丽江散记〔火把节神话〕　民间文学　1958，（1），32—42
B19-008	李　霖灿	麽些人的干支纪时　大陆杂志*　1959，18（5），136—140
B19-009	远　明	纳西族史诗《创世纪》　边疆文艺　1961，（1），42—44
B19-010	赵　净修	纳西族的"东巴经"　云南日报　1962.6.7
B19-011	娄　子匡	麽些族洪水传说　联合报*　1962.3.31
B19-012	宋　兆麟	云南永宁纳西族的葬俗——兼论仰韶文化的葬俗　考古　1964，（4）
B19-013	李　霖灿	麽些族的故事　民族学所集刊*　1968，（26），121—207：《麽些研究论文集》*　1984.285—393
B19-014	张　俊芳	略谈纳西族民间文学　思想战线　1978，（5）
B19-015	王　承权	永宁纳西族的民间传说和女神崇拜　思想战线　1980，（2），64—66
B19-016	林　向肖	神的世界与人的气息——纳西族神话初探　玉龙山　1980，（3），82—86
B19-017	君岛久子；海　兰	纳西（麽些）族的传说及其资料　民族译丛　1980，（5），44—46，70
B19-018	朱宝田等	纳西族东巴经中的天文知识　中国天文学史文集（二）　1981
B19-019	林　向萧	东巴经与纳西族古代文化　思想战线　1981，（3），62—66：《东巴文化论集》　1985.7—15
B19-020	李　国义	纳西族古代哲学思想初探　中国哲学史研究　1981，（2）：《东巴文化论集》　1985.268—280：《纳西族哲学思想史论集》　1990

B19-021　林　向箫　东巴经与纳西族文学的关系　山茶　1982，(3)，40—43

B19-022　和　力民　从《创世纪》看古代纳西族社会　玉龙山　1982，(4)，76—80

B19-023　兰　伟　东巴画的种类及其特色：纳西族东巴画初探之一　玉龙山　1982，(4)，60—67

B19-024　杨　学政　摩梭人和普米族、藏族的女神崇拜　世界宗教研究　1982，(2)，104—114

B19-025　杨　福泉　纳西族的古典神话与古代家庭　思想战线　1982，(4)，70—76：《云南少数民族文学论集》（二）　1983．149—164

B19-026　李　子贤　谈永宁纳西族的神话及史诗　民族文化　1982，(6)，6—9

B19-027　刘　文英　从《创世纪》看纳西族的原始宇宙观念　哲学研究　1982，(11)，66—71，25：《东巴文化论集》　1985．281—293：《纳西族哲学思想史论集》　1990．52—64

B19-028　杨　德　纳西族古代舞蹈与东巴跳神经书　舞蹈论丛（四）　1982．70—76

B19-029　木　丽春　纳西族的图腾服饰——羊皮　民族文化　1982，(5)：《东巴文化论集》　1985．265—267

B19-030　王　一之　向神话探索生活的哲理类：谈纳西族长诗《查热丽思》及其作者戈阿干　民族团结　1982，(9)，33—34

B19-031　李　子贤　论丽江纳西族洪水神话的特点及其所反映的婚姻形态　思想战线　1983，(1)，29—36，78：《云南少数民族文学论集》（二）　1983．129—148：《中国少数民族神话论文集》　1984．254—269：《东巴文化论集》　1985．245—261

B19-032　王　立政　丽江纳西族"木氏宦谱"　民族文化　1983，(1)

B19-033	天　六	纳西族的门神　玉龙山　1983，(1)，90—91
B19-034	和　志武	略论纳西族的东巴教和东巴文化（上、下）玉龙山　1983，(1)，92—99；1983，(2)，58—63；世界宗教研究　1983，(1)
B19-035	李　国文	从象形文字看古代纳西族时间观念的形成　哲学研究　1983，(1)
B19-036	郭　大烈	东巴文化及其研究概况　云南民族学院学报 1983，(1)，92—94
B19-037	李　国文	纳西族象形文字东巴经中关于人类自然产生的朴素观　云南省历研所集刊　1983，(2)；社会科学战线　1984，(3)，48—55，47；《东巴文化论集》　1985．173—188
B19-038	邓　少琴	纳西族史札记　西南民族研究（一）　1983．118—141
B19-039	兰　伟	东巴画与东巴文：纳西族东巴画初探之二　玉龙山　1983，(3)，94—99
B19-040	和　发源	一份珍贵的舞蹈遗产：纳西族《东巴舞谱》整理后记　玉龙山　1983，(3)，89—91
B19-041	木　丽春	纳西族的门神　民族文化　1983，(3)；《东巴文化论集》　1985．262—264
B19-042	杨　学政	摩梭人的女神崇拜和阿注婚姻　玉龙山 1983，(4)，66—69
B19-043	张　云卿	纳西族文艺调查　《纳西族社会历史调查》 1983．33—55
B19-044	郭　大烈	国内纳西族研究述译　云南社会科学　1983，(5)
B19-045	杨　世光	试论纳西族的东巴文学　思想战线　1983，(6)，53—58；《东巴文化论集》　1985．333—343
B19-046	雷　宏安	牦牛舞漫谈〔创世神话〕　民族文化　1983，(6)
B19-047	和　钟华	色彩灿烂的画卷〔评论东巴经神话〕　云南日

报 1983.12.21

| B19-048 | 赵　净修 | 东巴经文学漫话　山茶　1984，（1），62—64，16 |

| B19-049 | 王　震亚 | 试论纳西族创世史诗的基本思想及其形成　民族文学研究　1984，（1），74—78：《东巴文化论集》　1985.367—375 |

| B19-050 | 和　志武 | 纳西象形文东巴经目录　世界宗教研究　1984，（1），192—212 |

| B19-051 | 和　钟华 | 纳西族神话的特点　云南民族学院学报　1984，（2），33—41：《神话新探》　1986.329—347 |

| B19-052 | 杨　福泉 | 纳西族人猴婚配神话刍议　民间文学论坛　1984，（3），77—79 |

| B19-053 | 王　承权 | 纳西族山神崇拜初析　民族学研究（七）　1984.272—280 |

| B19-054 | 和　明远 | 论纳西族民间文学的崇高美　山茶　1984，（6），38—41 |

| B19-055 | 林　向肖 | 对纳西族创世神话本来面目的探讨——《创世纪·开天辟地》校注札记　《神话新探》　1986.359—375 |

| B19-056 | 何　密 | 从纳西族神话看神话的消亡——兼谈对"广义神话"观点的看法　民族文谈（云南）　1985.106—120 |

| B19-057 | 赵　净修 | "术"是什么？——《东巴经》神话中一个名词的辨析　玉龙山　1985，（2），84—86 |

| B19-058 | 李　静生 | 纳西族东尼经翻译札记　玉龙山　1985，（2），87—91 |

| B19-059 | 君岛久子； | 纳西（么些）族的传说及其资料——以《人类迁徙记》为中心 |
| | 白　庚胜 | 民族文学研究　1985，（3），131—134 |

| B19-060 | 冯　寿轩 | 东巴教的原始综合性　《东巴文化论集》　1985.55—63 |

| B19-061 | 杨　学政 | 永宁纳西族的达巴教　《东巴文化论集》 |

			1985.64—75
B19-062	和　力民	《创世纪》看古代纳西族社会	《东巴文化论集》1985.223—230
B19-063	杨　福泉	纳西族的古典神话与古代家庭	《东巴文化论集》1985.231—244
B19-064	李　近春	浅谈纳西族史诗《创世纪》	民族学研究（6）1985.245—259：《东巴文化论集》1985.352—366
B19-065	杨　世光	东巴神话的形象美	《东巴文化论集》1985.376—386
B19-066	木　丽春	纳西族的图腾服饰——羊皮	《东巴文化论集》云南人民出版社　1985
B19-067	阎　云翔	纳西族汉族龙故事的比较研究	民间文学论坛 1986，(1)，6—16
B19-068	和　志武	论纳西象形文东巴经《鲁般鲁绕》	思想战线 1986，(1)，63—69
B19-069	宋　兆麟	俄亚纳西族的伙婚仪礼	云南民族学院学报 1986，(1)
B19-070	杨　福泉	纳西族东巴经中的"黑""白"观念探讨	世界宗教研究　1986，(2)，140—147
B19-071	宋　兆麟	女儿国之歌	民间文学　1986，(4)
B19-072	陈　烈	《黑白战争》的历史真实性与文学价值	民间文学　1986，(4)
B19-073	杨　世光	纳西族东巴神话的形象美	《神话新探》1986.348—358
B19-074	李　国文	纳西族象形文字东巴经中的五行学说	《宗教论稿》　1986
B19-075	杨　学政	达巴教与东巴教比较研究	《宗教论稿》1986.103—196
B19-076	王　世英	纳西族源于古羌论质疑	玉龙山　1987，(1)，83—85，77
B19-077	杨　福泉	论纳西先民的飞禽崇拜	玉龙山　1987，(4)，

52—58

B19-078　白　庚胜　《黑白之战》象征意义辨　民间文学研究
　　　　　　　　　1987，(6)

B19-079　李　　捷　灿烂的纳西族东巴文化　玉龙山　1988，(1)，
　　　　　　　　　66—68

B19-080　和　宝林　试论东巴文化中的木石崇拜　玉龙山　1988，
　　　　　　　　　(1)，69—72

B19-081　陈　　烈　纳西族祭天文化及其与殷商周祭天文化的比较
　　　　　　　　　民间文艺季刊　1988，(1)，183—200

B19-082　和　钟华　神话内涵与文化背景——纳西族创世神话研究
　　　　　　　　　之一　玉龙山　1988，(2)，43—48

B19-083　和　品正　纳西族先民审美意识初探　玉龙山　1988，
　　　　　　　　　(3)，51—54

B19-084　杨　世光　东巴文化研究的新拓展——《东巴文化论集》
　　　　　　　　　概述　云南民族学院学报　1988，(3)

B19-085　陈　　烈　论纳西族英雄史诗《黑白战争》　民族文学研
　　　　　　　　　究　1988，(6)，65—69，59

B19-086　和　钟华　纳西族创世神话与古羌文化　民族文学研究集
　　　　　　　　　刊（二）　1988．70—86

B19-087　诹访哲朗；　从创世神话看纳西族的游牧民族性和农耕民性
　　　　　姜　　铭　云南民族学院学报　1989，(2)，34—42

B19-088　陈　　烈　论纳西族的《祭天古歌》　民间文学论坛
　　　　　　　　　1989，(3)，49—54

B19-089　陈　　烈　东巴神话原始审美意识的多重结构　民间文艺
　　　　　　　　　季刊　1989，(4)，120—131，251

B19-090　杨　福泉　论纳西族巫师"桑尼"　云南民族学院学报
　　　　　　　　　1990，(1)，44—50

B19-091　和　力民　论东巴文化在古代纳西族社会历史中的作用
　　　　　　　　　民族工作　1990，(1)，31—34

B19-092　巴　　茅　《祭天古歌》：独有的文献价值　文艺报　1990．
　　　　　　　　　1．6

B19-093　和　力民　东巴教的性质：兼论原始宗教界说　思想战线

		1990，(2)，31—36
B19-094	李　缵绪	从神界看人界——《祭天古歌》试析　云南日报 1990.3.14
B19-095	李　静生	纳西族东巴教中的祭龙仪式及其社会功能　思想战线　1990，(3)，59—64
B19-096	杨　知勇	从东巴教的祭天看原始宗教仪式的内涵与功能　世界宗教研究　1990，(4)，55—65
B19-097	雷　昀	东巴经的伦理思想及其对历史观的意义　《纳西族哲学思想史论集》　1990
B19-098	毕　国明	论古代纳西族哲学思想的特点及其根源　《纳西族哲学思想史论集》　1990.14—27
B19-099	王　震亚	纳西族史诗《崇搬图》的基本思想及其历史根源《纳西族哲学思想史论集》　1990.65—73
B19-100	杨　志明	纳西族史诗、神话中的哲学唯心主义萌芽　《纳西族哲学思想史论集》　1990.176—186
B19-101	和　钟华	东巴族的巫文化　云南文史丛刊　1991，(2)
B19-102	木　丽春	记纳西族的原生和次生图腾　云南师范大学学报　1991，(4)，34—40
B19-103	杨　福泉	论纳西族生命神"肆"　思想战线　1992，(3)，48—53；报刊复印资料　1992，(10)，90—95
B19-104	陈　烈	从纳西族东巴神话外来神祇体系看东西方文化的交融　中国民间文化　1993，(3)
B19-105	李　静生	纳西族东巴文化研究三题　思想战线　1993，(5)，56—59，77
B19-106	［英］杰克逊	纳西族神话和仪式的结构　《国际东巴文化研究集粹》（白庚胜编译）　云南　人民出版社　1993.6
B19-107	［日］伊藤清司	从口诵神话到笔录神话——语部与纳西族的东巴　《国际东巴文化研究集粹》（白庚胜编译）　1993.6.302—313
B19-108	［日］伊藤清司	神话与民间故事——大穴牟迟与纳西族利思

			的难题求婚故事 《国际东巴文化研究集粹》（白庚胜编译） 1993.6.314—330
B19-109	王	耐夫	浅析纳西族古文化中的"怪诞"形态与现象 民族艺术研究 1995，(1)
B19-110	齐腾达次郎；白 庚胜		纳西族东巴教神话与蒙古叙事诗 民族文学研究 1995，(3)，85—89，96
B19-111	白	庚胜	东巴文化中的巴格图龟蛙辩释 云南民族学院学报 1995，(4)，73—78
B19-112	白	庚胜	东巴神话之神山象征及其比较 民族文学研究 1996，(3)
B19-113	陈	烈	东巴神话论 民族艺术研究 1996，(4)，27—44
B19-114	杨	福泉	略论纳西族东巴教中的箭 民族研究 1996，(4)，54
B19-115	陈	烈	东巴神话论 民族艺术研究 1996，(6)，27—44
B19-116	白	庚胜	纳西族祭天民俗中的神树考释 云南民族学院学报 1997，(2)
B19-117	陈	烈	英雄史诗《黑白战争》主题思想的形成 民族文学研究 1998，(2)，75—79：复印报刊资料 1998，(11)，316—320
B19-118	王	政	从东巴经看纳西人审美意识 民族文学研究 1998，(3)，22—24
JB19-001	村井信幸		Mo-So（Na-Khj）族の文献中の洪水神話 中国大陸古代文研究 8 1978
JB19-002	君島久子		納西族の伝承とその資料—「人類遷徙記」を中心として 中国大陸古文化研究 8 1978.4—16
JB19-003	斎藤達次郎		ナシ族の宗教と創世神話 人文科学論集 37（名古屋大学人文科学研究会） 1986
JB19-004	斎藤達次郎		ナシ族の龍説話 人文科学論集 41（名古屋大学人文科学研究会） 1987

JB19-005	斎藤達次郎	ナシ族の龍説話とトンパ教開祖　比較文化研究 7　1988
JB19-006	山口如夫・北村皆男	雲南・モソ族の女神と洞窟　DOLMEN 再刊 1 号　ヴイジユアル・フォークロア社　1989. 75—92
JB19-007	村井信幸	西南中国少数民族の創世神話—ナシ族の『人類遷徙記』を中心として　君島久子編『日本民間伝承の研究』　東京　小学館　1989
JB19-008	斎藤達次郎	ナシ族のトンバ教神話とモンゴル叙事詩　『白鳥芳郎教授古稀記念論叢　アジア諸民族の歴史と文化』　東京　六興出版社　1990. 71—83
JB19-009	斎藤達次郎	ナシ族の洪水神話とモンゴル叙事詩　比較文化研究 12　1993
JB19-010	新島　翠	永寧納西族の創世神話—母系制の反映として　聖徳学園岐阜教育大学紀要 25　1993
JB19-011	佐野賢治	白地の東巴文化——麗江納西族予備調査の一光景　比較民俗研究 11　1995. 23—26
JB19-012	丸山　宏	納西族の民俗宗教に関する諸問題——道士・サニ・ドンパについて　比較民俗研究 11　1995. 27—37
JB19-013	白　庚勝	サンド信仰民俗考　比較民俗研究 11　1995. 38—53
JB19-014	木　仕華	納西族"三多"神考　比較民俗研究 11　1995. 54—63
JB19-015	飯島吉晴	ナシ族民俗調査中間報告　比較民俗研究 11　1995. 85—109
JB19-016	村井信幸	西南中国のナシ族の神話に現れる龍　東洋研究（大東文化大学）123　1997

20. 拉祜族 (汉藏语系藏缅语族彝语支)

B20-001+ 《民族问题五种丛书》云南省编委会编　《拉祜族社会历史调

查》（一）　昆明　云南人民出版社　1982

B20-001　刘　辉豪　勤劳勇敢的颂歌：史诗《牡帕密帕》整理札记　思想战线　1979，（2），94—95

B20-002　陶　学良　一部优美的神话叙事诗《牡帕密帕》　边疆文艺　1979，（3），70—72

B20-003　扎　雷　浅谈《牡帕密帕》　云南日报　1980.5.18

B20-004　和　即仁　拉祜族的族称和人名　民族文化　1980，（3）

B20-005　杨　德　鹌鹑舞：拉祜族舞蹈简介　舞蹈　1981，（2）

B20-006　姚　天金　谈《牡帕密帕》中的厄莎　民族文化　1982，（2）9

B20-007　李　扎约　拉祜族原始通信方法　民族文化　1982，（5）

B20-008　杨　知勇　人的神性与神化的自然的斗争：《扎努扎别》试论　民间文学论坛　1984，（3），73—77

B20-009　群　讴　拉祜族创世史诗及其他　文学报　1986.4.24

B20-010　赵　櫓　羌文化的适应与整合——《扎努扎别》神话辨析　民族文学研究　1989，（4），31—36；《边疆文化论丛》（二）　1989.77—83

B20-011　晓　根　拉祜族女性崇拜观念探析　云南民族学院学报　1992，（1），31—34

B20-012　晓　根　拉祜族厄莎神的形象塑造　云南民族学院学报　1994，（4），41—45

B20-013　张　强　拉祜族厄莎神的演变　云南民族学院学报　1994，（4），46—48

B20-014　晓　根　拉祜族厄神形象塑造中传统与现实结合的特征　高等学校文科学报文摘　1995，（2）

21. 白族 (汉藏语系藏缅语族彝语支)

B21-001+　徐　嘉瑞　《大理古代文化史》　昆明　云南大学西南文化研究室　1949

B21-002+　张文勋主编　《白族文学史》　昆明　云南人民出版社　1959；修订版 1983. 565p

B21-003+　徐　嘉瑞　《大理古代文化史稿》　北京　中华书局　1978

B21-004+	赵　橹	《论白族神话与密教》　昆明　中国民间文艺出版社（云南版）　1983．160p	
B21-005+	《民族问题五种丛书》云南省编委会　《白族社会历史调查》　昆明　云南人民出版社　1983		
B21-006+	李　缵绪	《白族文学史略》　昆明　中国民间文艺出版社（云南版）　1984．3．355p	
B21-007+	王　明达	读《白族文学史略》　大理文化　1985，（4）	
B21-008+	白族故事卷集成办公室编　《白族神话传说集成》　昆明　中国民间文艺出版社（云南版）　1986		
B21-009+	杨　海涛	绚丽多彩的白族生活画卷：《白族神话传说集成》评价　山茶　1988，（1），64—65	
B21-010+	李　缵绪	《白族神话传说集成》序　昆明　中国民间文艺出版社（云南版）　1986	
B21-011+	赵　橹	《论白族龙文化》　昆明　云南大学出版社　1990	
B21-012+	杨　政业	《白族本主文化》　昆明　云南人民出版社　1994．226p	
B21-001	马　学良	云南倮族（白夷）之神话：发在1942前　《云南彝族礼俗研究文集》1983．11．130—154	
B21-002	丁	西南民族考释〔九隆神话〕　边政公论　1942，1（7/8），64—74	
B21-003	范　义田	明家人之　语文及其历史传说　东方杂志　1943，39（11）	
B21-004	徐　嘉瑞	南诏初期宗教考　东方杂志　1945，41（10）	
B21-005	芮　逸夫	南诏史　边疆文化论集（三）　1953	
B21-006	徐　嘉瑞	大理古代文化史纲（文学艺术部分）　边疆文艺　1957，（7），55—60	
B21-007	陶　阳等	关于白族的长诗"打歌"　民间文学　1958，（1），92—98	
B21-008	郑　绍堃	试论白族龙的神话的产生及发展　文学评论　1959，（6），103—111	

B21-009	张　旭	白族的原始图腾虎与鸡　大理文化　1979，（4）	
B21-010	赵　橹	九隆神话探源　山茶　1980，（3），127—130　《中国少数民族神话论文集》　1984．186—192	
B21-011	服　民	漫谈白族神话故事　大理文化　1980，（5）	
B21-012	李　缵绪	远古时期的白族文学　大理文化　1981，（1）	
B21-013	周　祜	白族民间传说中有关"龙"的故事的探索　大理文化　1981，（2）	
B21-014	张　旭	白族图腾漫笔　山茶　1981，（4），73—78	
B21-015	张　建中	碧江白族原始图腾见闻　怒江　1982，（1）	
B21-016	赵　橹	《望夫云》神话辨析　山茶　1982，（2），26—28	
B21-017	宋　恩常	白族本主崇拜刍议　云南社会科学　1982，（2），54—59	
B21-018	施　立卓	白族"打歌"考略　大理文化　1982，（6）	
B21-019	张　锡禄	白族对鱼和海螺的原始崇拜初探　云南社会科学　1982，（6），79—82	
B21-020	赵　怀仁	白族神话、传说艺术特点初探　《少数民族文学论集》（一）　1983．206—213	
B21-021	吴　承柏	白族在彝文史书及毕摩中的流传情况　大理文化　1983，（2）	
B21-022	赵　橹	论观音神话　山茶　1983，（2）	
B21-023	杨　士杰	试论白族原始宗教的自然物崇拜和龙崇拜　云南省历史所研究集刊　1983，（2），411—427	
B21-024	李　缵绪	白族的龙神话和"本主"神话　山茶　1983，（3），59—66：《中国少数民族神话论文集》　1984．193—204	
B21-025	杨　知勇	论龙女神话与故事　山茶　1983，（3），66—70	
B21-026	段　鼎周	九隆神话的厄运　民族文化　1983，（4），11—13	
B21-027	张　锡录	白族姓名初探　民族学研究（五）　1983	
B21-028	杨　明	试论白族的自然崇拜及其特点　贵州民族研究　1983，（4），169—178	

B21-029	赵 橹	《大黑天神》考释 民间文学论坛 1983，(4)，21—27	
B21-030	乐 夫	本主和本主神话 民族文化 1983，(5)，13	
B21-031	菡 芳	白族的虎崇拜 民族文化 1983，(6)，18—19	
B21-032	张 增祺	滇王国时期的原始宗教和人祭问题 云南文物 1983，(14)	
B21-033	杨 秉礼	白族《创世纪》源流初探 思想战线 1984，(2)，88—94	
B21-034	赵 橹	白族崇龙思想的渊源 山茶 1984，(4)，52—57	
B21-035	段 寿桃	本主在大理 云南日报 1985.1	
B21-036	赵 橹	悲壮而崇高的诗篇——论《望夫云》神话之魅力 民族文学研究 1985，(2)，99—105	
B21-037	赵 橹	白族龙神话与宗教 民族文谈 （云南）1985，(4)，68—105	
B21-038	赵 橹	白族龙神话与诸夏文化之关系 民间文艺季刊 1986，(1)，170—180	
B21-039	周 百里	白族与龙 山茶 1986，(5)，51—53	
B21-040	李 源	从白族远古神话看白族族源 《神话新探》1986.376—386	
B21-041	赵 橹	白族龙神话源于自然崇拜 《神话新探》1986.387—398	
B21-042	段 寿桃	洱源西山白族神话与原始宗教 《神话新探》1986.412—419	
B21-043	李 缵绪	白族神话的内涵、外延及其分类 《大理白族自治州第一次民间文学讨论会资料集》 1986	
B21-044	杨 秉礼	白族打歌《创世纪》源流初探 民族文学研究 1987，(增刊)，72—83；《边疆文化论丛》(一) 1988.146—153	
B21-045	段 寿桃	谈《白国因由》 民族文学研究集刊（二）1988.36—49	
B21-046	王 明达	本主崇拜的产生及本主故事的时代特征 《边

疆文化论丛》（一） 1988．235—243

B21-047　王立智等　洱源白族本主信仰调查　山茶　1988，（2），64—65

B21-048　杨　宪典　大理白族本主崇拜研究　云南师范大学学报　1988，（4），74—85

B21-049　章　虹宇　白族"伸浓上滴"习俗考察　民间文学论坛　1988，（5/6），123—129

B21-050　杨　新旗　石宝山的原始文化初探　大理文化　1988，（6），45—47，29

B21-051　傅　光宇　试论白族地方性开辟神话的民族特色　思想战线　1989，（3），42—48

B21-052　杨　宪典　大理白族原始宗教——巫教调查研究　云南师范大学学报　1989，（4），50—55

B21-053　李　缵绪　白族的火崇拜和火文化论　《边疆文化论丛》（二）　1989．17—22

B21-054　赵　寅松　白族的本主信仰　民俗　1989，（6）

B21-055　张　福三　白族本主崇拜及其传说的人间性和世俗化　《边疆文化论丛》（二）　1989．120—135

B21-056　傅　光宇　略论南诏文学的文化环境　云南民族学院学报　1990，（1）

B21-057　卢　云　"金鸡碧马"神话的形成及其南迁

B21-058　章　正举　鹤庆白族祭祀本主习俗调查　世界宗教研究　1990，（3），66—76

B21-059　章　虹宇　白族"打歌"漫谈　民族艺术　1990，（4），213—220

B21-060　傅光宇等　拉玛人的"佐"崇拜　大理文化　1990，（6）

B21-061　张　旭　白族的原始图腾虎与金鸟　《大理白族史探索》　1990．59—71

B21-062　王　丽珠　白族"本主"信仰研究　民间文学研究动态　1991，（1），24—27

B21-063　李　东红　白族本主崇拜思想诌议　云南民族学院学报　1991，（2），5—10

B21-064	刘　小兵	"火烧松明楼"传说与火把节的原始文化内涵　民间文学论坛　1991，(2)，20—25	
B21-065	袁　珂	白族"望夫云"神话阐释　思想战线　1992，(2)，41—43、40	
B21-066	杨　政业	白族本主信仰概貌　云南民族学院学报　1992，(2)	
B21-067	周　百里	大理白族本主神话传说的调查　山茶　1992，(5)	
B21-068	詹　承绪	白族的原始宗教与精神文明建设　云南社会科学　1994，(1)，54—60：复印报刊资料　1994，(5)，80—86	
B21-069	杨　仕	试论白族本主崇拜的性质　中南民族学院学报　1994，(1)，58—63	
B21-070	赵　橹	白族"本主"信仰的文化内涵　云南学术探索　1994，(4)	
B21-071	朱　恒夫	望夫石传说考论　江海学刊　1995，(4)，163—168	
B21-072	张　继	从白族本主神话传说看本主神的分类体系　云南文史丛刊　1997，(3)	
JB21-001	牧野　巽	雲南民家族の祖系傳說　民族学研究 14 (3) 1950	

22. 景颇族 (汉藏语系藏缅语族景颇语支)

B22-001+	勒包齐娃	《景颇族创世史诗》　北京　民族出版社　1992.5. 440p	
B22-002+	罗　致平	把我国神话研究向前推进一步——喜读勒包齐娃《景颇族创世史诗》　民族研究　1994，(1)，68—75	
B22-001	杜　国林	云南景颇族的宗教信仰　人文科学杂志　1958，(2—3)，4—16	
B22-002	段胜鸥等	景颇山上盛开的斑色花：景颇族文学简况　山	

			茶　1980，（1）
B22-003	珍　华	景颇族的木脑（总戈）　民族文化　1980，
		（2），58
B22-004	宋恩常	景颇族的原始宗教习俗　社科战线（长春）
		1982，（4），204—209
B22-005	桑耀华	景颇族的原始宗教与两个文明　大理师范专科
		学校学报
		1985，（1），42
B22-006	桑耀华	景颇族的原始宗教　世界宗教研究　1985，
		（1），129—136
B22-007	勤　厚	景颇族口头文学　文学报　1987，2，15
B22-008	王亚南	论少数民族口头文化的形态特征——从景颇族
		传统仪式古歌谈起　思想战线　1987，（5），
		37—42
B22-009	何　峨	景颇族创世史诗中的鬼神　民族文化　1987，
		（5），38—40
B22-010	王亚南	景颇古风与"木脑示洞"　民族文学研究
		1989，（4），37—42
B22-011	马向东	追寻历史的轨迹——从目脑纵歌的传说看景颇
		族的原始社会　山茶　1990，（5），54—57
B22-012	桑耀华	景颇族的原始宗教与"贡龙"的起义　思想战
		线　1991，（1），74—78
B22-013	萧家成	景颇族创世史诗与神话　北京师范大学学报
		1995，（6），30—41

23. 土家族 (汉藏语系藏缅语族)

B23-001+	彭继宽等	《土家族文学史》　长沙　湖南文艺出版社
		1989
B23-002+	何联华	《土家族文学史》的特色　中南民族学院学报
		1990，（4）
B23-003+	亦　尊	喜读《土家族文学史》　中南民族学院学报
		1990，（4）

B23-004+	华　记	评新近出版的《土家族文学史》　中南民族学院学报　1990，（4）
B23-005+	张　先君	《土家族文学史》的意义价值、特色的问题　中南民族学院学报　1990，（4）
B23-001	潘　光旦	湘西北的"土家"与古代巴人　中国民族问题研究集刊（四）　1955
B23-002		土家族民间文艺一瞥　布谷鸟　1980，（6）
B23-003	彭　南均	土家族文学简介　吉首大学学报　1981，（1）
B23-004	彭　武一	土家族・巴人・盘瓠　西南民族学院学报　1982，（3），26—32
B23-005	贺　建成	《摆手歌》的艺术魅力　湘潭大学学报　1982，（民间文学增刊），48—55，47
B23-006	王　承先	古代的乌蛮与今天的土家族：土家族族源初探　中南民族学院学报　1984，（1），96—101
B23-007	田　发刚	试论土家族神话传说的形成及其特征　湖北民间文学论文集（三）　1984．163—175
B23-008	关　西堂	土家族崇虎与虎神话渊源　湘西教师进修学院院刊　1985，（1）
B23-009	吴善茂等	从《开天辟地与伏羲姐妹》看古代土家族的朴素哲学思想　吉首大学学报　1986，（2）
B23-010	彭　勃	略论土家族的神话故事　《神话新探》　1986．508—516
B23-011	杨　昌鑫	土家族崇虎与虎神话渊源　《神话新探》1986．517—531
B23-012	杨昌鑫等	土家族原始而朴素的道德观——评史诗《摆手》民间文学研究　1986，（5）
B23-013	罗　受伯	黔东土家族傩堂戏与楚文化关系之管见　贵州民族研究　1987，（2），140—144
B23-014	邓　光华	谈贵州土家族傩堂戏　贵州师范大学学报　1987，（2），1—8

B23-015	韩　致中	谭氏宗谱与图腾神话　民间文学论坛　1987，(5)，59—62	
B23-016	彭　林绪	土家族族源神话初探　鄂西大学学报 1989，(1)	
B23-017	曾　庆全	论土家族文学历史源流　鄂西大学学报　1989，(1)	
B23-018	陈廷亮等	试论土家族神话的特殊性　吉首大学学报 1989，(2)	
B23-019	彭　荣德	廪君神话的巫术内涵　民族论坛　1989，(2)，76—79	
B23-020	李　绍明	论土家族《摆手歌》的社会功能　民间文学论坛　1989，(6)，18—21	
B23-021	田　永红	土家族崇拜白虎与还人头愿　《贵州民俗论文集》　1989．170—180	
B23-022	田　永红	黔东北土家族傩戏与其原始宗教　吉首大学学报　1990，(1)	
B23-023	袁　德洪	"人祀"与"坛神"——鄂西土家族的祖先崇拜　湖北民族学院学报　1990，(2)	
B23-024	雷　翔	梯玛神系浅析　湖北民族学院学报　1990，(2)	
B23-025	游　俊	土家族原始宗教信仰略论　吉首大学学报 1991，(4)，64—72：复印报刊资料　1992，(5)，104—112	
B23-026	高　敬菊	武陵土家族虎文化钩沉　中南民族学院学报 1993，(5)	
B23-027	王　平	土家族竹文化探析　中南民族学院学报　1994，(1)，64—67	
B23-028	蒙　默	说虫一延：兼论廪君的族厉　中华文化论坛 1994，(2)	
B23-029	王　朝晖	从虎图腾到祭虎与忌虎：土家族虎文化现象简论　民族论坛　1994，(2)，67—72	
B23-030	张　应斌	土家族女神及其文化意蕴　民族论坛　1994，(3)，61—67	

B23-031	曹　毅	人神共存　虚实相衬——土家族歌谣的显著文化特征　湖北民族学院学报　1994，(3)	
B23-032	张　应斌	土家族土王与梯玛关系管见　中南民族学院学报　1994，(5)，44—47	
B23-033	蔡　元亨	图腾音乐——土家族民歌中的歌哭现象　中央民族大学学报　1995，(4)，41—48	
B23-034	向　柏松	土家族洞穴崇拜初探　中南民族学院学报　1995，(6)，71	
B23-035	彭　林绪	土家神话——开天辟地的辉煌篇章　民族　1995，(10)，45	
B23-036	朱　世学	论土家族白虎崇拜的起源与表现功能　湖北民族学院学报　1996，(1)	
B23-037	杨　颜玲	土家族虎、鹰、蛇图腾神话考略　恩施教育学院学报　1996，(1)	
B23-038	彭　林绪	土家族洪水神话的地域性差异　民族　1996，(2)	
B23-039	彭　继宽	土家族原始宗教述略　民族论坛　1996，(3)	
B23-040	彭　林绪	土家族的族源神话　民族　1996，(9)	
JB23-001	東　英寿	土家族の洪水型創世神話について　広島大学教養部文科報告31（1）　1995	

24. 羌族（汉藏语系藏缅语族）

B24-001＋	王　康	《神秘的白石崇拜：羌族的信仰与礼俗》　成都　四川民族出版社　1991	
B24-002＋	袁　珂	羌族神话与民间信仰：兼序《神秘的白石崇拜——羌族信仰习俗之研究》　文史杂志　1990，(6)，34—35	
B24-003＋	李　溪	神秘学的注释：读《神秘的白石崇拜》　民间文学论坛　1993，(4)，72—79	
B24-004＋	李明主编	《羌族文学史》　成都　四川民族出版社　1994.8	

B24-001	陶　然士	羌族历史、习俗和宗教　上海　1920	
B24-002	胡　鉴民	羌族之信仰与习俗　边疆研究论丛　1941，(1)，9—33	
B24-003	王　文萱	四川西部羌人之信仰　旅行杂志　1944，18(1)，117—125	
B24-004	吕　朝相	羌民生活一瞥〔端公神话〕　风土什志　1944，(3)，85—88	
B24-005	孙　家俭	羌民的宗教　边疆服务　1947，(3)	
B24-006	顾　颉刚	从古籍探索我国的西部民族——羌族　社会科学战线　1980，(1)，117—152	
B24-007	陈汛舟等	解放前羌族原始宗教管见　云南民族学院学报　1981，(1)	
B24-008	林　忠亮	试析羌族的古老神话　西南民族学院学报　1981，(2)，94—99，104	
B24-009	曾文琼等	羌族原始宗教考略　世界宗教研究　1981，(2)，125—135	
B24-010	邓　廷良	甲绒与牦牛羌　社会科学战线　1981，(2)，232—235	
B24-011	沈　仲常	从考古资料看羌族的白石崇拜遗俗　考古与文物　1982，(6)，59—61	
B24-012	矢　工等	羌族的宗教习俗和文化艺术　阿坝师范专科学校教学与研究　1983，(1)	
B24-013	冉　光荣	论甘青古代文化与羌族的关系　西南民族研究（一）　1983．214—234	
B24-014	林　向	羌族的"创世纪"神话：木姐珠与冉必娃　《人类学研究》　1984	
B24-015	罗　世泽	虚幻的神话、历史的折影：简介羌族民间史诗《羌戈大战》　民族文化　1984，(3)，21—22	
B24-016	邓　廷良	琼鸟与牦牛羌——兼谈图腾变迁的另一面　社会科学战线　1984，(3)，242—245	
B24-017	林　向	《羌戈大战》的历史分析：兼论岷江上游石棺葬	

			的族属 中国历史论丛（四川大学学报丛刊）1984，(20)
B24-018	李	子贤	一种特殊类型的英雄史诗——试论羌族史诗《羌戈大战》 民族文学研究 1985，(2)，84—89
B24-019	李	子贤	羌族始祖神话断想 民间文艺季刊 1986，(1)，150—169；《神与神话》*（王孝廉编）1988.3.713—738
B24-020	林	忠亮	从《羌戈大战》看史诗与神话传说的关系 民族文学研究 1987，(增刊)，88—90
B24-021	张	启成	后稷神话传说新探：论稷为夷、羌两族的后裔 贵州大学学报 1988，(4) 37—41
B24-022	唐	楚臣	神仙思想源于氐羌图腾崇拜 民间文学论坛 1988，(5/6)，30—35
B24-023	王	蔚	殷商羌族及岳神议 师大国研究硕士论文* 1988
B24-024	佘	仁澍	古《弹歌》与羌文化——《弹歌》研究断想 南风 1989，(2)，74—76，36
B24-025	汪	青玉	羌族神话结构试析 民间文学论坛 1989，(6)
B24-026	李	永年	四川羌族的白石崇拜 民俗 1990，(2)，2—4
B24-027	钱	安靖	论羌族的原始宗教 社会科学研究（成都）1990，(5)，65—72
B24-028	袁	珂	羌族神话与民间信仰：兼序《神秘的白石崇拜：羌族信仰习俗之研究》 文史杂志（成都）1990，(6)
B24-029	李	明	羌族神话《然比娃盗火》的文化内涵 文史知识 1991，(1)，23—24
B24-030	李	鉴踪	羌族的白石崇拜渊源探 民间文学论坛 1991，(1)，52—56
B24-031	李	鉴踪	羌族的配偶神信仰刍议 世界宗教研究 1991，(4)，91—97
B24-032	李	鉴踪	略论羌族的偶神信仰 中央民族学院学报

1992，(1)

B24-033　李　鉴踪　略论羌族配偶神信仰　中南民族学院学报 1992，(2)

B24-034　李　明　羌族神话纵横谈　西南民族学院学报　1992，(3)，49—54

B24-035　汪　青玉　论羌族的火崇拜　中国民间文化　1993，(3)，136—142

B24-036　汪　青玉　羌族的祭坛、神树及其信仰观　中南民族学院学报　1993，(3)

B24-037　杨　永忠　羌族原始宗教信仰　民族　1993，(11)

B24-038　钱　安靖　羌族原始宗教今昔　宗教学研究　1994，(4)，51—59

B24-039　李　璞　羌族神话与审美观念　文史杂志　1996，(2)，10—12

B24-040　金　绥之　羌族原始宗教祭司"释比"唱经研究　宗教学研究　1996，(4)

B24-041　杨　建吾　羌族原始宗教遗俗及其社会影响　青海社会科学　1997，(4)

JB24-001　松岡正子　羌族の山の神祭り　日中文化研究 4　勉誠社 1993

25. 普米族 (汉藏语系藏缅语族)

B25-001　思　清　普米族的火把节　民族文化　1981，(2)，11

B25-002　杨　学政　普米族的汗归教　世界宗教研究　1983，(2)，73—83

B25-003　宋　兆麟　普米族的二次葬　世界宗教研究　1985，(4)

B25-004　胡文明等　普米族史诗《创世纪·直呆木喃》的哲学思想　西南民族学院学报　1986，(2)，63—71，120

B25-005　章　虹宇　火石崇拜及其习俗——普米族民俗调查报告　民间文学论坛　1986，(3)，88—95

B25-006　杨　照辉　普米族神话与其他民族神话比较研究　民族文学研究集刊（三）　1989．127—138

B25-007　章　虹宇　普米族的"八卦图"　云南民族学院学报 1995，(2)，45

26. 怒族 (汉藏语系藏缅语族)

B26-001　杨　秉礼　谈怒族文学　思想战线 1979，(4)，40—43
B26-002　何　叔涛　碧江怒族命名的历史演变　民族文化 1981，(4)
B26-003　龚友德等　兰坪怒族的自然崇拜和图腾崇拜　中央民族学院学报 1986，(1)，67—69
B26-004　何　叔涛　碧江怒族的原始宗教　世界宗教研究 1985，(3)，141—150
B26-005　时　佑平　怒族、傈僳族是否经历过氏族制　民族研究 (五) 1983
B26-006　拓　荒　怒族宗教习俗浅析　怒江 1990，(1)，49—55
B26-007　罗　孟　贡山怒族的宗教信仰　民族学 1988，(1)，20—21
B26-008　叶　世富　论怒族宗教与文学　怒江民族研究 1985，(创刊号)
B26-009　何　叔涛　略论怒族原始宗教的特点及其演化　云南民族学院学报 1991，(2)，49—55；复印报刊资料 (少数民族) 1992，(8)，103—108

27. 独龙族 (汉藏语系藏缅语族)

B27-001+　《民族问题五种丛书》云南省编委会编　《独龙族社会历史调查》(一)　昆明　云南民族出版社　1981
B27-002+　云南省民族研究所　《独龙族社会历史综合考察报告》　昆明　编者刊　1983

B27-001　史　简　独龙河上的独龙族　民族团结 1957，(1)
B27-002　王　均　独龙族的穴居和巢居　民族调查研究 1983，(1)
B27-003　蔡　家麒　独龙族原始宗教考察报告　民族学报 1983，(3)，411

B27-004　　刘　达成　　独龙族民间文学概况　怒江　1984，（2）
B27-005　　段　炳昌　　独龙族创世神话的特色　怒江　1984，（2）
B27-006　　蔡　家麒　　独龙族原始宗教考察　社会科学战线　1984，
　　　　　　　　　　　（3），235—241：复印报刊资料　1984，（3），
　　　　　　　　　　　235—241
B27-007　　蔡　家麒　　独龙族原始宗教研究　世界宗教研究　1989，
　　　　　　　　　　　（4），134—142
B27-008　　洪　　俊　　独龙族的原始习俗和文化　《云南少数民族历
　　　　　　　　　　　史调查资料汇编》　1986

28. 阿昌族（汉藏语系藏缅语族缅语系）

B28-001　　张　国龙　　漫谈阿昌族民间文学　民间文学　1981，（1）
B28-002　　罗　秉森　　论阿昌族史诗中的唯物主义萌芽　民族文化
　　　　　　　　　　　1984，（2），16—18
B28-003　　阿　　南　　关于阿昌族神话史诗的报告　民间文学论坛
　　　　　　　　　　　1985，（5），73—80
B28-004　　邓启耀等　　阿昌族的原始宗教残余　《中国少数民族宗教
　　　　　　　　　　　初编》　1985
B28-005　　兰　　克　　关于阿昌族神话史诗的报告　《云南民间文艺
　　　　　　　　　　　源流新探》　1986．289—299
B28-006　　赵　　橹　　略论阿昌族的"盐婆"神　民族文学研究
　　　　　　　　　　　1987，（3），61—66
B28-007　　赵　　橹　　阿昌族大石崇拜与诸羌文化的辐射　民间文学
　　　　　　　　　　　论坛　1987，（6），75—80

29. 基诺族（汉藏语系藏缅语族）

B29-001+　刘　怡等　　《基诺族民间文学集成》　昆明　云南民族出版
　　　　　　　　　　　社　1989．11

B29-001　　杜　玉亭　　基诺族母系制残余及其向父系制的过渡　民族
　　　　　　　　　　　学研究（二）　1981
B29-002　　宋恩常等　　云南省景洪县巴雅、巴夺两村基诺族宗教调查

世界宗教研究 1982，(1)，130—150
B29-003　陈　平等　别具色香的山林之花：基诺族的文学　民族文化 1982，(1)，3—5
B29-004　郑　培庭　基诺族的打铁节　民族文化 1983，(4)，61
B29-005　刘　怡　从基诺族的鬼神崇拜看其原始宗教的网络　民间文学论坛 1990，(4)，67—74，66

30. 德昂族 (南亚语系孟高棉语族) (1985年前称崩龙族)

B30-001＋《民族问题五种丛书》云南省编委会编　《崩龙族社会历史调查》昆明　云南民族出版社　1981
B30-001　杨　知勇　崩龙族文学概况　思想战线 1979，(6)，90—94
B30-002　邓　启耀　崩龙（德昂）族原始宗教简述　《中国少数民族宗教初编》1985
B30-003　马　向东　德昂族神话史诗《达古达楞莱标》　云南民族学院学报 1991，(3)，47—51

31. 佤族 (南亚语系孟高棉语族)

B31-001＋　全国人大民族委员会办公室编　《云南省西盟卡佤族社会经济调查报告》（之二）北京编者刊 1958

B31-001　凌　纯声　云南卡瓦族与台湾高山族的猎首祭　考古人类学刊* 1953，(2)：《中国边疆民族与环太平洋文化》* 1979. 557—571
B31-002　刘　允缇　佤族文学简介　思想战线 1979，(1)，92—97
B31-003　茅　迪芳　佤族民间舞蹈介绍　舞蹈 1980，(1)，56—58
B31-004　田继周等　西盟佤族的自然宗教　世界宗教研究 1981，(2)，114—123
B31-005　杨　堃　马散大寨历史概述　《佤族社会历史调查》（二）1983
B31-006　邱鄂锋等　佤族历史故事"司岗里"的传说　《佤族社会历史调查》（二）1983. 158—209

B31-007	陈炯光等	沧源县单甲区戛驮寨社会经济调查〔洪水神话〕《佤族社会历史调查》（三） 1983. 131—146	
B31-008	王敬骝等	佤族的创世纪神话：司岗里探析 民族学研究（七） 1984. 255—271	
B31-009	宋　兆麟	民族学中人头祭与有关的考古资料 广西民族研究 1986,（1）,66—77,87	
B31-010	李　子贤	论佤族神话——兼论活形态神话的特征 思想战线 1987,（6）,40—47	
B31-011	杨　海涛	论佤族神话 云南教育学院学报 1990,（1）,89	
B31-012	朱　　霞	涵盖万有的生命意识：论佤族猎头祭的象征意义 民间文学论坛 1990,（2）,46—51	
B31-013	王　胜华	西盟佤族的猎头习俗与头颅崇拜 中国文化 1993,（秋）	
B31-014	大林太郎；谢　国先	印度支那北部佤族的人类起源神话 中国神话（一） 1987. 327—349	
JB31-001	李　子賢	中国雲南省佤族の神話と首狩り習俗 言語文研究所紀要（慶応大）19 1987	

32. 布朗族 (南亚语系孟高棉语族)

B32-001+	《民族问题五种丛书》云南省编委会编	《布朗族社会历史调查》（一） 昆明 云南人民出版社 1981	
B32-002+	《民族问题五种丛书》云南省编委会编	《布朗族社会历史调查》（二） 昆明 云南人民出版社 1982	
B32-003+	杨毓才等	勐海县布朗山章加寨布朗族社会调查 《布朗族社会历史调查》（二） 1982	
B32-001	颜　思久	布朗族宗教信仰 西南民族学院学报 1981,（2）,63—68	
B32-002	王　树五	布朗山布朗族的原始宗教 中国社会科学 1981,（6）,201—218	

33. 克木人 (南亚语系)

B33-001　王　敬骝　克木人村寨见闻〔图腾神话〕　民族文化 1980，(2)，38—39
B33-002　岩　永　克木人的氏族和图腾　云南群众文艺　1981，(2)，54—55
B33-003　高　力士　克木人的氏族图腾　文化与生活　1981，(10)
B33-004　颜　思久　克木人的氏族制造遗迹初探　云南省历史所研究集刊　1982，(2)
B33-005　玉　波迪　关于克木人图腾姓氏及传说的调查　山茶 1992，(1)

34. 维吾尔族 (阿尔泰语系突厥语族)

B34-001+　李　符桐　《回鹘史》　台北　文风出版社　1963
B34-002+　冯家升等编著　《维吾尔族史料简编上册》　北京　民族出版社　1981

B34-001　谈　萃英　维吾尔族的神话　大公报　1946.11.1
B34-002　刘　义棠　维吾尔族之原始宗教信仰　边政学报*　1964，(3)
B34-003　买买提江·沙迪克；试论维吾尔族史诗
　　　　　高正熙等　伊犁师范学院学报　1982，(1)
B34-004　程　溯洛　维吾尔族族源考　《向述先生纪念论文集》 1982．425—439；民族研究论文集（二） 1983．160—175
B34-005　郎　樱　从传说故事看古代维吾尔人的狼图腾崇拜　新疆民族文学　1984，(3)，126—128
B34-006　郎　樱　论维吾尔英雄史诗《乌古斯传》　民族文学研究　1984，(3)，92—106
B34-007　阿不都克里木·拉合曼　维吾尔神话初探　新疆大学学报 1985，(2)
B34-008　依不拉合木·木提依　论维吾尔族民间文学中的神话（维文）

遺产　1985，(3)
B34-009　阿布都拉等　维吾尔族女天神创世神话试析　民间文学
　　　　　　1985，(9)，47—48
B34-010　海热提江・乌斯曼　维吾尔族原始宗教初探（维文）　新疆
　　　　　　大学学报　1985，(4)，11—29
B34-011　依明江・艾合米提　神话、传说、民间故事及其比较研究
　　　　　　（维文）　遺产　1985，(4)
B34-012　巴吐尔・热吉甫　略谈民间口头文学中的宗教色彩　新疆师
　　　　　　范大学学报　1987，(1)
B34-013　王　煜　谈维吾尔民间文学　中央民族学院学报　1987，
　　　　　　(5)，78—81
B34-014　张　越　《乌古斯传》与突厥神话　民间文学研究
　　　　　　1987，(6)
B34-015　热　依罕　维吾尔族的熊图腾崇拜觅踪　民族文学研究
　　　　　　1988，(4)，35—38
B34-016　李　国香　为维族神话一辩　西北民族研究　1990，(2)，
　　　　　　77—86
B34-017　热拉依・达吾提　维吾尔族的图腾：狼的崇拜　新疆大学学
　　　　　　报　1991，(1)，65—71
B34-018　何　星亮　维吾尔族的早期信仰　民族研究　1995，(6)，
　　　　　　36—44
JB34-001　熱拉依・達吾提；　ウイグル族のトーテム——狼に対する
　　　　　　崇拜
　　　　　　高橋庸一郎　阪南論集（人文・自然科学）31（1）　1995.
　　　　　　27—34

35. 哈萨克族 (阿尔泰语系突厥语族)

B35-001+　阿吾里汗　《哈萨克民间文学概况》（哈文版）　新疆人民
　　　　　　出版社　1985
B35-002+　毕　寻　《哈萨克民间文学概论》　北京　中央民族出版
　　　　　　社　1992.1. 415p

编号	作者	篇名 出处
B35-001	苏 北海	哈萨克族的起源 人文杂志 1957，(5)
B35-002	尼合买提·蒙加尼	关于哈萨克民间创作及史诗的题材 遗产 1982，(1)
B35-003	杨 振明	哈萨克民间文学一瞥 新疆日报 1983.2.10
B35-004	陶 立璠	游牧民族的创世神话——读哈萨克族的《迦萨甘创世》 《新疆民族民间文学研究》 1986.3—10
B35-005	穆塔里甫	简述哈萨克神话和神奇故事 《神话新探》 1986
B35-006	毕 寻	萨满教信仰与哈萨克民间文学 中央民族学院学报 1990，(4)，86—90
B35-007	叶 尔肯	试探哈萨克族的神话体系 西部学刊 1992，(2)，88—92
B35-008	张 昀	哈萨克族原始信仰习俗的几个阶段 伊犁师范学院学报 1993，(1)，74—52
B35-009	木拉提·黑尼亚提	论哈萨克族创世神话的民族特征和哲学意义 新疆大学学报 1993，(3)，82—87
B35-010	周 建新	哈萨克族拜火尚白习俗新解 新疆大学学报 1995，(1)
B35-011	哈 德斯	哈萨克族传统习俗中的灵力崇拜 北方民族 1995，(1)
B35-012	木拉戾·菜尼亚提	从哈萨克族神话看其先民思维方式的演进 西域研究 1996，(4)，67—73

36. 柯尔克孜族 (阿尔泰语系突厥语族)

编号	作者	篇名 出处
B36-001+	张彦平等	《柯尔克孜民间文学概论》 克孜勒苏柯尔克孜文出版社 1992.11. 276p
B36-001	居素甫·玛玛依	新疆柯尔克孜族口头文学 新疆社会科学 1983，(2)
B36-002	陶 阳	史诗《玛纳斯》歌手"神授"之谜 民间文学论坛 1986，(1)，85—88
B36-003	郎 樱	《玛纳斯》与萨满文化 民间文学论坛 1987，

(1)

B36-004　张　彦平　论玛纳斯形象早期的神话英雄特质　民族文学研究　1989,（4）,84—87

B36-005　郎　樱　《玛纳斯》与柯尔克孜民间文学　民间文学论坛　1990,（2）

B36-006　阿塞拜·玛提利；　柯尔克孜族英雄史诗《玛纳斯》中的巫术和占卜
　　　　　忠　　录　西北民族研究　1991,（2）,91—100

B36-007　于　学斌　东北柯尔克孜族的祖先崇拜　民族　1993,（6）

B36-008　张　凤武　柯尔克孜族神话传说发微　中央民族学院学报　1994,（6）,73—79

B36-009　张　彦平　创世神话——原始初民的宇宙观：柯尔克孜族创世神话探析　西域研究　1995,（3）,61—66

B36-010　那木吉拉　《元史·地理志·西北地附录》吉利吉思传说考述　民族文学研究　1997,（3）,3—8,16

37. 撒拉族（阿尔泰语系突厥语族）

B37-001　冯　云龙　关于青海撒拉人之传说　边疆文艺　1945,（6）

B37-002　朱　刚等　撒拉族民间文学简介　青海民族学院学报　1979,（3/4）,109—113

B37-003　朱　　刚　从民间传说谈撒拉族之源　青海社会科学　1980,（3）,85—90

B37-004　朱　刚等　撒拉族民间文学简介　青海湖　1980,（7）,68—72

B37-005　马　学义　撒拉族民间文学简介　青海社会科学　1981,（4）,97—102

B37-006　马　成俊　撒拉族文化对突厥及萨满文化的继承　青海社会科学　1995,（2）,94

38. 裕固族（阿尔泰语系突厥语族）

B38-001　魏　泉鸣　裕固族民间文学初探　民间文学　1981,（7）,102—110

B38-002	杜　亚雄	裕固族东部地区民族研究——兼论东部裕固人的族源　艺苑（南京）　1982，(2)	
B38-003	吴　永明	裕固族族源初探　中南民族学学报　1984，(1)，34—41	
B38-004	陈宗振等	裕固族中的萨满——祀公子　世界宗教研究　1985，(1)，146—154	
B38-005	高　启安	裕固族珍贵的文化遗产——裕固族创世史诗的调查和介绍　民族文学研究　1990，(3)，73—77	
B38-006	武　文	裕固族《格斯尔故事》内涵及其原型　民族文学研究　1991，(1)，78—82	
B38-007	武　文	裕固族神话中的原始宗教"基因"与民俗中的遗传　民族文学研究　1991，(4)，27—33	
B38-008	武　文	宇宙建构的奇妙幻想：裕固族创世神话漫议　民族文学研究　1996，(1)，15—19	
B38-009	李　德辉	裕固族口碑古籍概述　甘肃民族研究　1996，(2)	
B38-010	黄　金钰	从裕固族山神崇拜看藏族文化的渗透力　1996，(3)	
B38-011	巴　战龙	裕固族文化中的狗崇拜及其先民的狼图腾　西北民族学院学报　1998，(1)，64—67	

39. 塔吉克族 (印欧语系伊朗语族)

B39-001	波　涛	塔吉克族的传说与生活　羊城晚报　1966.3.16
B39-002	塔北勒迪·乌守尔	塔吉克古典文学述略　新疆社会科学　1983，(2)
B39-003	西仁·库尔班	塔吉克人的鹰崇拜　民族文学研究　1998，(3)，20—21

40. 蒙古族 (阿尔泰语系蒙古语族)

B40-001+	齐木道吉等	《蒙古族文学简史》　呼和浩特　内蒙古人民出

		版社 1981
B40-002+	贾　融	蒙汉合作的科研新成果——评价《蒙古族文学简史》　草原　1982，（7）
B40-003+	邓林胡	值得称道的作品，令人欣喜的成就——读《蒙古族文学简史》（蒙文）　蒙古语言文学　1983，（2）
B40-004+	策·达姆丁苏祭等	《蒙古文学概要》（上下册）（蒙文）呼和浩特　内蒙古人民出版社　1983
B40-005+	D.僧格仁钦编	《蒙古神话》　呼和浩特　内蒙古教育出版社　1990
B40-006+	荣苏赫等	《蒙古族文学史》　沈阳　辽宁民族出版社　1994.4
B340-007+	蔡志纯等编著	《蒙古族文化》　北京　中国社会科学出版社　1993.466p
B40-001	郑　美枚	成吉思汗时代——蒙古游牧民族的自然崇拜与人物崇拜　中兴史学*　1965，（3），24—30
B40-002	齐木道尔吉	蒙古族绚丽多彩的民间文学　内蒙古社会科学　1980，（2—3）
B40-003	札　木苏	《蒙古秘史》与古代英雄史诗　草原　1980，（4）
B40-004	邓启耀等	云南蒙古族文学概况　云南少数民族文学资料（一）　1980
B40-005	梁一儒等	蒙古族神话传说初探　草原　1981，（1），67—71
B40-006	齐木道吉	蒙古族神话传说浅析　民族文艺论丛　1981，（1）
B40-007	加勒丹诺娃；邢　克	蒙古语族的拜火及其在喇嘛教中的反映　资料与情报（15）　1981，（1）
B40-008	郑　英德	东胡与蒙古族习俗的相似性——蒙古族探源　南开史学　1981，（2）
B40-009	苏目巴达拉哈	蒙古族源之新探　内蒙古社会科学　1981，

(5)

B40-010　阿　奇尔　　论蒙古民族的远祖传说问题："孛儿贴赤那"就是"苍狼"吗？　内蒙古社会科学　1981，(5)

B40-011　哈勘楚伦　元朝秘史"四勇士"与"四狗"之考辩　边政研究所年报　1981，(12)

B40-012　樊　保良　浅议蒙古族古代宗教信仰　兰州学刊　1982，(4)

B40-013　刘　生秀　蒙古族"尚白"俗浅析　民族研究　1982，(4)，79—80

B40-014　阿·太白等；关　巴等　卫拉特蒙古民间文学概况　新疆民族文学　1982，(2)

B40-015　梁一儒等　论蒙古族史诗　民间文学论坛　1982，(3)

B40-016　德·沙海　卫拉特蒙古民间文学研究　新疆社会科学　1983，(1)

B40-017　杨　绍猷　蒙古族的早期信仰和成吉思汗的宗教政策　民族研究　1983，(1)

B40-018　一　儒　古老的传说：《化铁出土》　内蒙古日报　1983.4.23

B40-019　唐　吉恩　从神话到英雄史诗——谈蒙古族英雄史诗的产生过程　青海民族学院学报　1985，(1)，76—82；少数民族文学论集（四）　1987.21—29

B40-020　满　都夫　论蒙古族神话（蒙文）　蒙古语言文学　1985，(1)

B40-021　阿·太白　新疆卫拉特蒙古神话研究　新疆民族文学研究　1985，(2)

B40-022　特那木吉　卫拉特蒙古神话的分类与特征初探　新疆民族文学研究　1985，(3)

B40-023　斯　琴　内蒙古研究蒙古神话传说的概况（蒙文）　内蒙古大学学报　1985，(4)

B40-024　甄　金　试论《蒙古秘史》原文　内蒙古师范大学学报　1986，(2)

B40-025　和·宝音巴图　论英雄降服妖魔的神话故事（蒙文）　内蒙

古社会科学 1986，(3)

B40-026　宝音德力格尔　神话故事的一些特性（蒙文）　西拉沫沦 1986，(3)

B40-027　乌兰察夫　蒙古族原始宗教观念初探　内蒙古社会科学 1986，(6)，45—49

B40-028　齐木道吉　蒙古族神话传说浅说　《神话新探》 1986. 568—581

B40-029　阿尔丁夫　蒙古族"天光"感生神话来源论　内蒙古大学学报 1987，(2)，85—92

B40-030　乌冉其木格　论火崇拜（蒙文）　蒙古语言文学 1987，(3)

B40-031　巴　雅尔　蒙汉创世神话故事之比较（蒙文）　内蒙古师范大学学报 1988，(2)

B40-032　格　日乐　系统的分析蒙古族神话史诗（蒙文）　金钥匙 1988，(4)

B40-033　乌兰察夫等　科尔沁萨满教试析　内蒙古社会科学 1988，(5)，41—46

B40-034　格　日乐　从《英雄古那干》看神话史诗的艺术特点与审美特征（蒙文）　内蒙民族师范学院学报 1988，(4)，93—101

B40-035　邓　启耀　云南蒙古族的习俗和口头文化　民族文学研究集刊（二） 1988. 319—334

B40-036　孟和乌力吉　蒙古族神话故事原型初探（蒙文）　内蒙古大学学报 1989，(1)

B40-037　赵　永铣　蒙古族创世神话与萨满教九十九天说新探　内蒙古社会科学 1989，(4)，82—88

B40-038　特·纳木吉拉　关于卫拉特神话（蒙文）　启明星 1990，(1)，53—65

B40-039　Ч. 阿龙喜　蒙古人的几种熊崇拜习俗　蒙古学资料与情报 1990，(3)，52—54

B40-040　扎　拉嘎　关于"苍狼白鹿"的美丽传说及其他——纪念《蒙古秘史》 七百五十周年　民族文学研究 1990，(4)，77—83，94

B40-041	谷　粟	论布里亚特蒙古族的原始崇拜　北方民族 1991，(1)，115—118	
B40-042	[苏] C. H. 涅克柳多夫； 申　屠榕	关于蒙古神话研究的几个基本问题 内蒙古社会科学　1991，(2)，90—93	
B40-043	阿　尔夫	关于蒙古族传说中的马几其原名考　内蒙古社会科学　1992，(4)，103—107	
B40-044	赵　永铣	论蒙古族文学与神话传说　内蒙古社会科学 1993，(1)，83—88	
B40-045	额尔德木图	论蒙古族原始宗教——孛额　昭乌达蒙师范专科学校学报　1993，(1)，24—38	
B40-046	蔡　尼玛	论元代蒙古族宇宙论　昭乌达蒙师范专科学校学报　1993，(2)	
B40-047	阿尔丁夫	感天狼而生、还是感光而生：关于《元朝秘史》中阿阑豁阿感生神话传说新探之一　黑龙江民族丛刊　1993，(2)，58—61	
B40-048	宝音德力根	蒙古金马驹神话传说及其母题变异之探讨　昭乌达蒙师范专科学校学报　1993，(2/3)，33—38	
B40-049	阿尔丁夫	图腾还是神道设教：关于《元朝秘史》中阿阑豁阿感生神话传说新探之二　内蒙古师范大学学报　1993，(4)，47—53	
B40-050	王　孝廉	蒙古族源流及其始祖传说　西南学院大学国际文化论集　1993，8 (1)，145—158	
B40-051	周　玲	蒙古族的自然崇拜　殷都学刊　1994，(4)	
B40-052	姚　凤	布里亚特蒙古族的自然崇拜　北方民族 1994，(4)	
B40-053	波·少布	蒙古民族的马文化　内蒙古社会科学　1994，(9)	
B40-054	吴　彤	蒙古族神话传说中的自然题材和观念　内蒙古社会科学　1995，(2)，14—18	
B40-055	陈　刚龙	论蒙古族的独眼巨人故事　西北民族学院学报	

　　　　　　　　　　　　1996，（1），194—201，230
B40-056　个日勒扎布　论蒙古《格斯尔》的天——滕格里　内蒙古社
　　　　　　　　　　　会科学　1996，（1）
B40-057　欧　　军　　蒙古族数字观念探微　黑龙江民族丛刊
　　　　　　　　　　　1996，（2），93—95
B40-058　陈　　烨　　蒙古族图腾问题质疑　内蒙古社会科学　1996，
　　　　　　　　　　　（6）
B40-059　满　都呼　　蒙古族神话简论　中央民族学院学报　1997，
　　　　　　　　　　　（1），78—82
B40-060　策·憎格　　蒙古人的飞禽崇拜　西北民族学院学报　1997，
　　　　　　　　　　　（2），199—208
B40-061　洪玉范等　　青海蒙古族祭海神习俗　黑龙江民族丛刊
　　　　　　　　　　　1997，（3），98
B40-062　金　　海　　蒙古族创世神话深层结构的文化人类学阐释
　　　　　　　　　　　内蒙古社会科学　1997，（6）
B40-063　波·少布　　蒙古人的崇牛意识及其遗存文化　中央民族学
　　　　　　　　　　　院学报　1998，（5）
JB40-001　内藤虎次郎　蒙古開闢の伝說　藝文4（12）　1913
JB40-002　村上正二　　モンゴル部族の族祖伝承（1）（3）——とくに
　　　　　　　　　　　部族制社会の構造に関連して　史学雑誌
　　　　　　　　　　　1964，73（7），1—34；1964，74（8），36—64
JB40-003　高原武雄　　蒙古人の始祖説話について　愛知工業大学研
　　　　　　　　　　　究報告6　1971.3—6

41. 土族（阿尔泰语系蒙古语族）

B41-001　席元麟等　　土族民间文学简介　青海民族学院学报　1979，
　　　　　　　　　　　（3—4），114—117
B41-002　李　友楼　　土族神话故事简介　青海社会科学　1981，
　　　　　　　　　　　（3），118—120
B41-003　马　光星　　关于土族神话"阳世的形成"　青海民族学院
　　　　　　　　　　　学报　1981，（4），90—91
B41-004　星　全成　　也谈土族是否有神话的问题　青海民族学院学

报　1983，（3），69—73

B41-005　马　光星　凤凰山下传遗音：土家神话史诗简介　民族文化　1984，（2），14—15

B41-006　蔡　西林　土族民间文学概述　青海民族学院学报　1990，（4）

B41-007　马　光星　略论土族的神话史诗《混沌周末》——兼与王殿同志商榷　《神话新探》　1986．562—567

B41-008　李　钟霖　论土族神话和传说　中央民族学院学报　1992，（5），86—88

42. 东乡族 (阿尔泰语系蒙古语族)

B42-001　武　文　东乡族蛙精故事考　民族文学研究　1994，（4），39—44，51

43. 达斡尔族 (阿尔泰语系蒙古语族)

B43-001　奥卜勒·巴尔丁　新疆达斡尔族口头文学　新疆社会科学　1983，（2），80—82

B43-001　徐　平　达斡尔民族的宗教生活　北京大学研究生学刊　1990，（1），107—112，117

B43-003　吴　宝良　达斡尔族图腾试析　中央民族学院学报　1990，（2），20—22

B43-004　毅　松　达斡尔族民间神话故事的哲学思想　内蒙古社会科学　1991，（4），52—57

B43-005　巴音宝图　达斡尔族神话和传说　中央民族学院学报　1991，（6），74—79

B43-006　塔　娜　达斡尔族萨满族 HOLIER 神探源　内蒙古社会科学　1996，（4）

B43-007　（英）卡罗爽·查弗雷；　一则关于熊和男孩变为男人的达斡尔神话

　　　　　　朝　戈金　民族文学研究　1994，（4），86—91，55

44. 鄂温克族 (阿尔泰语系通古斯满语族通古斯语支)

B44-001	吕　光天	论古代鄂温克人的群婚家族及氏族的产生　考古　1962，(8)，420—424	
B44-002	马名超等	鄂温克族民间文学概况　求是学刊　1981，(1)，47—53，21	
B44-003	巴音宝图等	论鄂温克族民间文学　内蒙古社会科学　1983，(1)，79—86，120	
B44-004	朝　克	鄂温克人神秘的自然崇拜　百科知识　1991，(4)	
B44-005	汪　丽珍	鄂温克族的神灵崇拜　北方民族　1992，(1)，95—98	
B44-006	宁　昶英	图腾的忏悔——论鄂温克人的猎熊、祭熊仪式　社会科学辑刊　1992，(2)，104—111；复印报刊资料　1992，(3)，85—91	
JB44-001	萩原真子	エヴェンキ族の創世神話　ユリイカ1　青土社　1985	

45. 鄂伦春族 (阿尔泰语系通古斯满语族通古斯语支)

B45-001+	徐昌汉等	《鄂伦春族文学》　哈尔滨　北方文艺出版社　1993．7．384p	
B45-001+	秋　浦	《鄂伦春社会的发展》　上海　上海人民出版社　1978	
B45-003+	中国民间文艺研究会黑龙江分编　《黑龙江民间文学第十一集》　哈尔滨　编者刊　1984		
B45-001	乔栋梁等	鄂伦春族的古老文化及其特点初探　内蒙古社会科学　1981，(5)，56—60	
B45-002	孟志东等	鄂伦春族宗教信仰简介　内蒙古社会科学　1981，(5)，66—69	
B45-003	王胜利等	鄂伦春族天文历法调查报告　中国天文学史文集（三）　1981	
B45-004	邓　文宽	鄂伦春族、赫哲族的物和天文知识说明了什么？	

		关于文学萌芽的几个问题　中国天文学史文集（二）　1981
B45-005	吕　光天	鄂伦春族的传说时代　《北方民族原始社会形态研究》　1981．2．75—87
B45-006	蔡　家麟	鄂伦春人的原始信仰与崇拜　民族学报（二）1982．289—304
B45-007	孟　淑珍	萨满布坎乌姆那特恩——鄂伦春族毕拉尔路人纪念性的祭神和娱乐性的敬神赛神活动调查　黑龙江民间文学（十八）　1983．238—249
B45-008	白　水夫	鄂伦春族人类起源神话探索：浅谈神话产生的三个基本因素　黑龙江民族丛刊　1986，（3），61—65
B45-009	白　水夫	鄂伦春民族人类起源神话浅探　民族文学研究1987，（3），57—60，66
B45-010	白　水夫	鄂伦春族神话研究——《无头神》　北方民族1989，（1），129—133
B45-011	赵　复兴	鄂伦春族原始宗教研究　内蒙古社会科学1990，（3），127—131
B45-012	赵　琳娜	从鄂伦春人的"神"崇拜看神的产生　朝阳师范专科学校学报　1990，（4），44—46
B45-013	李自然等	鄂伦春族精神世界中的树　民族　1995，（4），29
B45-014	韩　有峰	鄂伦春民间文学挖掘工作中的一个重要发现　黑龙江民族丛刊　1997，（1）
B45-015	孟　淑珍	鄂伦春民间文学的汉译与整理　黑龙江民族丛刊　1997，（1）
B45-016	瑜琼丰收	试论鄂伦春等北方狩猎民族神话中的崇熊意识　黑龙江民族丛刊　1997，（2）

46. 满族 (阿尔泰语系通古斯满语族满语支)

B46-001+	赵志辉等	《满族文学史》（第1卷）　沈阳　沈阳出版社1989

B46-002+　孟　慧英　《满族民间文化论集》　长春　吉林人民出版社 1990.2

B46-001　稻叶岩吉　满洲神话（12）　满蒙（大连）　1938，40（11）

B46-002　王　崇武　清开国传说与地理背景　盖世报·文史副刊 1942.8.27（13）

B46-003　福　克斯；布勒瑚里湖（清人发源神话中最近记述） 胡　隽吟　中德学志　1943，5（1/2），380—382

B46-004　陈　捷先　清国姓爱新觉罗考　大陆杂志*　1960，20（12）

B46-005　陈　捷先　论鸦鹊与清人神话之关系　《满州丛考》* 1963

B46-006　俞　智先　满族民间文学采风报告　民间文学　1980，(10)，45—51

B46-007　张　璇如　从传说看清朝先世的族源　黑龙江文物丛刊 1981，(1)

B46-008　宋　德胤　论满族文学在民间　黑龙江民间文学（一） 1981

B46-009　李　学智　满洲民族祭祀天神必祭神杆的史料与起因　满族文化*　1982，(2)

B46-010　程　迅　略论满族祭神杆之缘起　学术研究丛刊 1982，(2)，25—27

B46-011　斯蒂芬·杜兰特；　满族起源神话故事中的重复现象 胡　冬朵　民族译丛　1982，(6)，45—49

B46-012　马　名超　从乌苏里到额尔古纳：东北边缘地区少数民族原始神话辨踪（11）　民间文学研究动态 1983，(1)，7—16

B46-013　程　迅　试论满族所祀神杆与神石的来历及其性质　民间文学论坛　1983，(4)，71—77

B46-014　金　铄　满族神话　东北文献*　1984，15（1）

B46-015　宁　昶英　满族的族称沿革　民族文化　1984，(2)，29—

			30
B46-016	关 沫南	《满族神话故事集》序	黑龙江民间文学（十一） 1984．387—389
B46-017	金 天一	略谈满族故事讲述家傅英仁讲述的传说	民间文学论集（三） 1984
B46-018	乌 丙安	满族神话探索	满族研究 1985，（1）
B46-019	乌 丙安	满族神话探索之一：天地层、地震鱼、世界树	民间文学论集（三） 1985：中国神话（一） 1987
B46-020	程 迅	满族所祭之女神——佛托妈妈是何许人	民间文学论坛 1985，（3），32—35
B46-021	程 迅	鸦鹊是满族图腾说质疑	黑龙江民族丛刊 1986，（3），50—54，82
B46-022	汪 玢玲	论满族水神及洪水神话	民间文学论坛 1986，（4），15—24
B46-023	富 育光	满族火祭习俗与神话	民间文学论坛 1986，（4），25—32
B46-024	富 育光	论满族柳祭与神话	长春师院学报 1987，（2）
B46-025	富 育光	满族灵禽崇拜祭俗与神话探考	民族文学研究 1987，（3），40—48
B46-026	刘 永江	满族洪水神话属性异同论	求是学刊 1987，（4），64—67
B46-027	李 景江	满族洪水神话的发展演变	北方民族 1988，（1），124—132
B46-028	富 育光	满族的神谕	民族文学研究 1989，（3），14—21
B46-029	程 迅	满族神话传说与道教仙话	民间文艺季刊 1988，（4），77—91
B46-030	王 宏刚	论满族民俗中的方位观	《满族研究文集》 1989
B46-031	禹 宏	从传承方式表现内容看满族神话的民族特点——与华夏神话比较	民族文学研究 1990，

(2)，80—84

B46-032　郭　崇林　宁波阿城满族神话传说的文化背景比较　黑龙江民族丛刊　1990，(2)，96—99

B46-033　董　万仑　论满族三仙女神话的形成与价值　民族研究　1992，(3)，32—39

B46-034　汪　丽珍　满族民间文学中的信仰习俗　中央民族学院学报　1990，(3)，88—91

B46-035　韦　启昆　喜利妈妈崇拜及其佛朵妈妈的区别　满族研究　1992，(4)，75—80

B46-036　罗　绮　满族神话的民族特点　满族研究　1993，(1)，76—85

B46-037　汪　丽珍　关于满族的鸟文化　中央民族学院学报　1993，(2)

B46-038　阎　崇年　满族神杆祀神考源　历史档案　1993，(3)，81—85

B46-039　关　英　漫话满族祭天享鹊习俗　北方文物　1994，(1)，73

B46-040　宋和平等　满族石姓神本简述　满族研究　1994，(1)，53—61

B46-041　塔　娜　满族始祖女神"佛托妈妈"新探　内蒙古社会科学　1994，(2)，37—42

B46-042　宋和平等　满族野祭神本初探　民族文学研究　1994，(3)，28—34

B46-043　王　宏刚　民族的心灵风景：满族神话、史诗、长篇英雄传说鸟瞰　民族文学研究　1994，(3)，70—75，90

B46-044　文　钟哲　从满族民间文学作品中的女性形象看满族人民的妇女观　满族研究　1994，(4)

B46-045　庄　福林　满族的祖先崇拜　松辽学刊　1995，(1)

B46-046　郭　淑云　满族鸟崇拜及其对北方民族民俗的影响　西北民族研究　1996，(2)，15—21

B46-047　张　政　略论"喜利妈妈"从家谱到女神的演变　北方

文物 1997，(2)

JB46-001　稻葉岩吉　滿州神話とその展開　滿蒙 19 (11)　1938 或 1939
JB46-002　松村　潤　清朝の開国説話について　山本博士還暦記念東洋史論叢　1972. 431—442
JB46-003　王孝廉　滿洲族とその創世神話　西南学院大学国際文化論集　1993. 16

47. 锡伯族 (阿尔泰语系通古斯满语族满语支)

B47-001　郭　文清　锡伯族民间文学简介　伊犁河　1981，(2)
B47-002　贺　灵　锡伯族民间文学简介　伊犁师范学院学报 1986，(2)，34—43
B47-003　奇东山译；贺　灵　锡伯族过去的信仰和禁忌　民俗　1989，(11)
B47-004　佟　中明　锡伯族鹰崇拜观　民间文学论坛　1997，(3)
B47-005　佟　中明　论锡伯族和蒙古族神话传说及英雄故事的共性问题　民族文学研究　1997，(2)

48. 赫哲族 (阿尔泰语系通古斯满语族满语支)

B48-001+　凌　纯声　《松花江下游的赫哲族》　史语所单刊　1934
B48-002+　徐昌翰等　《赫哲族文学》　哈尔滨　北方文艺出版社 1991. 12. 445p

B48-001　赵　振才　从民族名称看赫哲族的起源　求是学刊 1980，(1)，111—117；1980，(2)，104—110
B48-002　王胜利等　赫哲族天文历法调查报告　中国天文学史文集（二）　1981
B48-003　马　名超　三江赫哲族的"伊玛堪"文学　北方论丛 1982，(4)，45—50
B48-004　李　薰风　赫哲族英雄叙事诗《满斗莫日根》　民族文学研究　1983，(1)，119—126，100
B48-005　赵　振才　赫哲伊玛堪中的阔力　黑龙江民间文学（十二） 1984

B48-006	黄　任远	从民间传说看赫哲族民族历史、海猎生活、民族英雄和地方风物　黑龙江民间文学（十二）1984
B48-007	黄任远等	"伊玛堪"名称原始意义探析　黑龙江民族丛刊 1988，(4)
B48-008	宋　德胤	论"伊玛堪"的民俗美　黑龙江民族丛刊 1988，(4)
B48-009	黄　任远	赫哲族的原始信仰　民俗研究 1989，(2)
B48-010	隋　书今	赫哲族民间文学研究　黑龙江民族丛刊 1989，(2)
B48-011	何日莫奇	谈谈"伊玛堪"　黑龙江民族丛刊 1989，(4)
B48-012	傅　郎云	赫哲"伊玛堪"探源　黑龙江民族丛刊 1990，(1)，76—79
B48-013	徐　昌翰	赫哲神话浅析　黑龙江社会科学 1990，(1)
B48-014	黄　任远	伊玛堪多元文化结构探析　黑龙江民族丛刊 1990，(2)，90—92；中国民间文化 1991，(4)，42—50
B48-015	徐　昌翰	赫哲神话漫议　民族文学研究 1991，(1)，58—62
B48-016	丰　收	赫哲族鱼图腾考　黑龙江民族丛刊 1991，(2)，108—110
B48-017	陈　华	不能认为赫哲族以鱼为图腾崇拜　黑龙江民族丛刊 1992，(2)，102—103
B48-018	黄　任远	赫哲族原始信仰浅议　黑龙江社会科学 1994，(2)，58—61
B48-019	黄　任远	赫哲族原始信仰和原始宗教　宗教 1996，(3—4)
B48-020	喻　权中	赫哲——那乃族天神神话　黑龙江社会科学 1996，(6)，43—48
B48-021	黄　任远	浅谈赫哲族人、阿伊努人的原始崇拜观　黑龙江民族丛刊 1997，(1)
B48-022	喻　权中	变形于世界神话体中的"哈多"：赫哲——那乃

族创初始神话的异型比较　黑龙江社会科学　1998,（3），47—53

49. 朝鲜族 (阿尔泰语系)

B49-001　吕　思勉　貊族考〔朱明、朱蒙神话〕　中山文化教育馆季刊　1934,（1）

B49-002　汪　治荪　箕子朝鲜考〔朱蒙神话〕　学原　1947, 1（4）

B49-003　姜　莲淑；
　　　　　紫　荆　朝鲜族巫歌探析
　　　　　延边大学学报　1983,（4）

B49-004　树　枫　浅谈朝鲜族神话悲剧的美学价值　延边大学学报　1988,（1）

B49-005　张　春植　萨满教与朝鲜族神话传说　延边大学学报　1989,（1）

B49-006　姜　莲淑　反映于巫歌的朝鲜族神话遗产　延边大学学报　1989,（1）

B49-007　金　永奎　从神话看朝鲜族的太阳崇拜思想（朝文）　文学与艺术　1990,（6）

B49-008　金　喜成　朝鲜族的神语与古代歌谣　满族研究　1991,（3）

B49-009　金　东勋　朝鲜族神话类型与体系新探　满族研究　1992,（1），71—74

B49-010　佟德富等　论朝鲜族宗教信仰与炕柜文化　黑龙江民族丛刊　1993,（1）

B49-011　金　锦子　朱蒙传说初探　民族文学研究　1993,（2），38—42

B49-012　傅　郎云　朝鲜民族族源神话传说新探　北方民族　1994,（2）

B49-013　傅　郎云　朝鲜民族族源神话研究　黑龙江民族丛刊　1995,（2）

B49-014　陈　蒲清　古朝鲜族族源神话与古代朝中文化关系　求索　1996,（3）

50. 京族 (京语)

B50-001+　苏维光等　《京族文学史》　南宁　广西教育出版社 1993.5

B50-001　杨　长勋　论京族没有神话　广西民族研究　1985，(2)
B50-002　　　　　　广西杨长勋论京族没有神话　民间文学论坛 1986，(3)
B50-003　过　伟等　京族民间信仰与神谱初录　广西大学学报 1992，(1)，90—94

51. 台湾各少数民族 (高山族等)

B51-001+　李　亦园　《台湾土著民族的社会与文化》　台北　联经出版公司　1982
B51-002+　陈国强等　《高山族文化》*　学林出版社　1988
B51-003+　许　功明　《鲁凯族的文化与艺术》　台北　稻乡出版社　1991
B51-004+　(日)宫本延人；《台湾的原住民族》
　　　　　魏　桂邦　台中　晨星出版社　1992
B51-005+　[日]左滕文一；《台湾原住种族之原始艺术研究》*
　　　　　陈　佩云　南天书局校印
B51-006+　浦　忠成　《台湾邹族的风土神话》　台北　台原出版社 1993
B51-007+　尹　建中　《台湾山胞各族传说故事与传说文献编纂研究》
　　　　　台北　"内政部"　1994
B51-008+　刘　其伟　《台湾原住民文化艺术》　台北　雄狮图书股份有限公司　1995.6

B51-001　范　泉　台湾高山族的传统文学　文艺春秋　1947，5(2)
B51-002　佚　名　泰雅族之发祥传说　公论报　1949.7.11
B51-003　黄　景良　关于台湾民族的神话传说　公论报　1949.

			9.19、26
B51-004	林　衡道	台湾山地同胞的人类起源说	公论报＊ 1949.10.31
B51-005	林　衡道	山胞的发祥地传说	公论胞＊ 1950.1.16
B51-006	林　衡道	台湾山胞的太阳月亮传说	公论报＊ 1950.7.24
B51-007	曹　永和	高山族关于地震的传说	公论报＊ 1951.12.14
B51-008	陈　正希	台湾矮人的故事	台湾风物＊ 1952,2（1—2）
B51-009	林　衡道	台湾山胞传说之研究	文献专刊＊ 1952,3（1）
B51-010	林　衡道	台湾山胞的来历	中国一周＊ 1954,（2/3）
B51-011	李　亦园	来义乡排湾族种箕模人的探究	民族学研究集刊＊ 1956,（1）
B51-012	许　世珍	台湾高山族的始祖创世传说	民族学研究所集刊＊ 1956,（2）
B51-013	林　衡道	赛夏族矮灵祭歌词	民族学研究集刊＊ 1956,（2）
B51-014	陈　国钧	台东金山乡的排湾族	大陆杂志＊ 1956,13（9）
B51-015	杜　而未	阿美族神话研究	大陆杂志＊ 1958,16（12）
B51-016	河　流	兰屿创世神话	联合报＊ 1958.9.15
B51-017	任　先民	台湾排湾族的古陶壶	民族研究所集刊＊ 1960,（9）
B51-018	杜　而未	台湾邹族的几个神话	大陆杂志＊ 1960,20（10）
B51-019	孙　家骥	台湾故事传说与大陆征（？）日与射日	台湾风物＊ 1962,12（1）
B51-020	林　衡立	台湾土著民族射日神话之分析	民族学研究所季刊＊ 1962,（13）,99—114
B51-021	王　崧兴	马太安阿美族的故事	民族学研究集刊＊ 1962,（14）

B51-022	林　衡道	山胞传说研究指南　台湾风物* 1963，13（4）	
B51-023	龙　宝麟	排湾族的创世神话　边政学报* 1964，(3)	
B51-024	山　人	台湾山地民族的神鬼观　自由太平洋 1964，8（9）	
B51-025	杜　而未	再说排湾一神主义　恒毅* 1965，14（6）	
B51-026	杨　宗元	泰雅人的风俗与传说　台北文献* 1965，(8)	
B51-027	娄　子匡	泰雅族的鬼故事　联合报* 1965.8.29	
B51-028	邱　明忠	台湾史前时代与现在土著族之宗教　神学与教会* 1966，6（1）	
B51-029	陈　春钦	向天湖赛夏族的故事　民族学研究集刊* 1966，(21)	
B51-030	费　罗礼	邹族神话之研究　民族学研究集刊* 1966，(22)	
B51-031	司马习贤	台湾先住民的神话　中国时报* 1967.3.25	
B51-032	陈　春钦	赛夏族的宗教及其功能　民族学研究集刊* 1968，(26)	
B51-033	义　德	曹族的洪水传说　中央日报* 1970.1.30	
B51-034	陈　香	台湾先住民多姿多彩的神话　中国时报* 1973.7.18—19	
B51-035	杜　而未	排湾族的故事与神话　考古人类学刊* 1973，(33/34)	
B51-036	管　东贵	川南鸦雀苗的神话与传说　历史语言研究所集刊* 1974，45（3）	
B51-037	丘　其谦	从布农神话看亲属结构　民族社会学报* 1975，(13)，9—27	
B51-038	李　亦园	伦理与认知困境的解脱——几则山地神话的解释与欣赏　中国时报副刊* 1978.6.19：《宗教与神话论文集》* 1998.1.418—421	
B51-039	刘　斌雄	雅美族渔人社会的始祖传说　民族学研究集刊* 1980，(50)	
B51-040	张　振发	邹族山肥之传说与禁忌　嘉义文献* 1981，(12)，40—44	
B51-041	陈　慧蓉	台湾高山族的始祖创世传说　台湾博物* 1982，2（1）	

B51-042	马　莉	台湾山地神话之研究　中国文化大学民族与华侨研究所硕士论文* 1982
B51-043	思　奇	试论高山族洪水神话的几种形式　民间文学论坛　1986，(2)
B51-044	王　孝廉	台湾高山族的始祖传说　《神与神话》* 1988.3，677—711
B51-045	蔡　铁民	论高山族图腾与祖灵崇拜的价值取向　1990，(2)，25—29
B51-046	李　文苏	俯仰天地，返璞归真——高山族人祖神话漫议　文史知识　1990，(5)，78
B51-047	尚　武	高山族洪水神话断想　文史知识　1991，(3)，69—71
B51-048	张　崇根	台湾少数民族的神话与传说　甘肃民族研究　1993，(1—2)，48—59　中南民族学院学报　1994，(1)
B51-049	浦　忠成	台湾邹祖神话研究　台湾文化大学博士学位论文* 1994
B51-050	陈　茂泰	泰雅族与阿美族口语体现中的神话思维　《中国神话与传说学术研讨会论文》　台北汉学研究中心　1995
B51-051	谢　继昌	布农族神话传说思维的探讨　《中国神话与传说学术研讨会论文》　台北汉学研究中心　1995
B51-052	曾　思奇	高山族的雕绘艺术与原始崇拜　中国典籍与文化　1996，(1)
JB51-001	蜂矢宣朗他	タバロンに伝承されたアミ族神話伝說集　南方文化16　1989.137—244
JB51-002	長澤利明	台湾アミ族における巫術師の修行儀礼　民族学研究56 (1)　1991.107—116
JB51-003	三富正隆	台湾蘭嶼ヤミ（Yami）族における空間認識と世界観の変容　地理学評論66 (8)　1993.489—459